東洋大学附属牛久中学校

〈収録内容〉

便利な DL コンテンツは右の QR コードから

解答用紙

※データのダウンロードは 2025 年 3 月末日まで。
※データへのアクセスには、右記のパスワードの入力が必要となります。 ⇒　675789

〈合格最低点〉

※学校からの合格最低点の発表はありません。

本書の特長

実戦力がつく入試過去問題集

- ▶ 問題 …………… 実際の入試問題を見やすく再編集。
- ▶ 解答用紙 …… 実戦対応仕様で収録。
- ▶ 解答解説 …… 詳しくわかりやすい解説には、難易度の目安がわかる「基本・重要・やや難」の分類マーク（下記参照）。各科末尾には合格へと導く「ワンポイントアドバイス」を配置。採点に便利な配点つき。

入試に役立つ分類マーク

基本 確実な得点源！
受験生の 90%以上が正解できるような基礎的、かつ平易な問題。
何度もくり返して学習し、ケアレスミスも防げるようにしておこう。

重要 受験生なら何としても正解したい！
入試では典型的な問題で、長年にわたり、多くの学校でよく出題される問題。
各単元の内容理解を深めるのにも役立てよう。

やや難 これが解ければ合格に近づく！
受験生にとっては、かなり手ごたえのある問題。
合格者の正解率が低い場合もあるので、あきらめずにじっくりと取り組んでみよう。

合格への対策、実力錬成のための内容が充実

- ▶ 各科目の出題傾向の分析、合否を分けた問題の確認で、入試対策を強化！
- ▶ その他、学校紹介、過去問の効果的な使い方など、学習意欲を高める要素が満載！

解答用紙ダウンロード 解答用紙はプリントアウトしてご利用いただけます。弊社ＨＰの商品詳細ページよりダウンロードしてください。トビラのＱＲコードからアクセス可。

---

famima PRINT 原本とほぼ同じサイズの解答用紙は、全国のファミリーマートに設置しているマルチコピー機のファミマプリントで購入いただけます。※一部の店舗で取り扱いがない場合がございます。詳細はファミマプリント（http://fp.famima.com/）をご確認ください。

UD FONT 見やすく読みまちがえにくいユニバーサルデザインフォントを採用しています。

東洋大学附属牛久中学校

生徒数　197名
〒300-1211
茨城県牛久市柏田町1360-2
☎029-872-0350
常磐線牛久駅　スクールバス８分または徒歩25分
スクールバス(牛久駅・守谷・つくばみらい・TX・つくば中央・つくば東・阿見・稲敷・千葉ニュータウン・龍ケ崎、計10ルート)

きめ細かな進学指導で 他大学受験も多い 進学実績が近年上昇中

URL	https://www.toyo.ac.jp/ushiku/

プロフィール

自ら考え、判断し、行動できる生徒に

1887（明治20）年に創設された東洋大学の附属校として、1964（昭和39）年に高等学校、2015年に中学校が開設。東洋大学建学の精神である「諸学の基礎は哲学にあり」を基本理念に、深く考える力と本質に迫る健全な批判精神を培い、将来社会に貢献できる人材の育成にあたっている。

環境

活躍の場を広げる充実の施設

2016年完成の校舎は、自然の光を取り入れるべく配慮した明るい校舎で、各フロアに自習室・小休憩スペース(通称ポケット)を配置。全生徒にChromebookを導入しており、ICTを活用した課題探究型授業も展開されている。700名収容可能な講堂の他にも、３つの中ホール、大演習室などの施設が整い、約５万冊の蔵書のある図書館の他、バスケットコート２面の取れる体育館、400mタータントラック完備の人工芝グラウンド、野球場、弓道場、武道場、テニスコート(７面人工芝)といったスポーツ施設も充実。全館Wi-Fi完備。食堂も併設されている。

カリキュラム

急がずあせらず入試対策も計画的に

中学高校の６年間を独自のカリキュラムで教育する中高一貫の共学校。原則的にすべての生徒が中学校から高等学校に内部進学する。内部進学した生徒は、高校からの入学生とは別コースに在籍し、中学・高校の教育課程を早期に修了して、高３次（６年目）には希望進路の実現に向けた指導に入る。

週６日34時間の豊富な授業数で、主要５教科は公立校に比べて1.3倍の授業数を確保。学習進度に応じて７時間目の講習も行う。

また、建学理念の下にグローバル人材育成に向けた教育を実践しており、そのために「教養」「哲学」「国際理解」「キャリア」「課題探究」の５科目による特設教科『グローバル探究』を行っている。中３の３月に、課題探究発表会を行っており、一人ひとりが深めた課題についてポスターセッションを行っている。

英語教育

中１でAll English Days（２日間）、中２でフィリピン語学研修（１週間）、中３でオーストラリアホームステイ（２週間）と毎年全員が参加する英語行事を実施。毎年３月には３学年縦割りで校内スピーキングコンテストを行っている。「話す」経験を意識した学校行事を設定している。

英検取得率

2023年度	中学３年生	（69名中）
２級以上	10名	14.5%
準２級以上	29名	42.0%
３級以上	56名	81.2%

ICT機器は教育に必要不可欠となっており、入学時に全員がChromebookを購入する。Googleとスクールタクトを駆使し、生徒の学びを深める活動を行っており、グローバル人材に必要な情報活用力や表現力を育成する。

学校生活

「凛」とした制服

制服は「コムサデモード・スクールレーベル」。ジャケットは男女ともに東洋大学のスクールカラーである“鉄紺”を使用している。

中学のクラブは、運動部がテニス・陸上競技・弓道・男子バレー・女子ダンスなど13、文化部は英語・演劇・和楽など７ある。

学校行事として、語学研修の他に、スポーツフェスティバル、文化祭、芸術鑑賞を実施している。文化祭では、中学２年生で行う「英語で落語」が伝統行事となっている。芸術鑑賞は、笠間でのろくろ体験や歌舞伎鑑賞を行っている。

英語で落語

進路

9割以上が大学進学 東洋大学への推薦も

中学校卒業後は、併設の附属牛久高校の中高一貫コースに所属する。一貫コースでは中学校から継続する課題探究が自らの進路の範囲を広げ、大学進学への大きな力になっている。

進路実績として、毎年30名ほどの国公立大学・難関私立大学への合格者を出しており、在籍の９割以上が大学へ進学している。東洋大学への附属推薦については、在学中の学業成績や人物評価等を総合的に判断し本校より推薦する。

トピックス

志願者へのアドバイス

本校の入試は、基礎基本から６割、発展内容４割を基準に出題している。まずは教科書の内容をしっかり理解することが必須。発展内容は、これからの社会を生き抜く上で必要な「考える力」も求められる内容となっている。これらの問題には、「試験対策をする」というよりは「試験を楽しむ」という姿勢を持ってほしい。

2024年度入試要項

試験日　＜適性検査型・英語特別＞11/20午前・午後　＜専願＞12/2午前　＜一般第1回＞1/5午前　＜一般第2回＞1/21午前　＜総合型＞2/7午前

試験科目　＜適性検査型＞適性＋面接　＜英語特別＞英（面接含む）＋課題作文　＜専願・一般＞国・算・理・社＋面接　＜総合型＞総合問題（国・算・理・社）＋面接

2024年度	募集定員	受験者数	合格者数	競争率
専願	30	39	36	1.1
適性／英語	30	115/12	91/12	1.3/1.0
一般／総合		75/1	69/1	1.1/1.0

過去問の効果的な使い方

① **はじめに**　ここでは，受験生のみなさんが，ご家庭で過去問を利用される場合の，一般的な活用法を説明していきます。もし，塾に通われていたり，家庭教師の指導のもとで学習されていたりする場合は，その先生方の指示にしたがって，過去問を活用してください。その理由は，通常，塾のカリキュラムや家庭教師の指導計画の中に過去問学習が含まれており，どの時期から，どのように過去問を活用するのか，という具体的な方法がそれぞれの場合で異なるからです。

② **目的**　言うまでもなく，志望校の入学試験に合格することが，過去問学習の第一の目的です。そのためには，それぞれの志望校の入試問題について，どのようなレベルのどのような分野の問題が何問，出題されているのかを確認し，近年の出題傾向を探り，合格点を得るための試行錯誤をして，各校の入学試験について自分なりの感触を得ることが必要になります。過去問学習は，このための重要な過程であり，合格に向けて，新たに実力を養成していく機会なのです。

③ **開始時期**　過去問との取り組みは，通常，全分野の学習が一通り終了した時期，すなわち6年生の7月から8月にかけて始まります。しかし，各分野の基本が身についていない場合や，反対に短期間で過去問学習をこなせるだけの実力がある場合は，9月以降が過去問学習の開始時期になります。

④ **活用法**　各年度の入試問題を全問マスターしよう，と思う必要はありません。完璧を目標にすると挫折しやすいものです。できるかぎり多くの問題を解けるにこしたことはありませんが，それよりも重要なのは，現実に各志望校に合格するために，どの問題が解けなければいけないか，どの問題は解けなくてもよいか，という眼力を養うことです。

算数

どの問題を解き，どの問題は解けなくてもよいのかを見極めるには相当の実力が必要になりますし，この段階にいきなり到達するのは容易ではないので，この前段階の一般的な過去問学習法，活用法を2つの場合に分けて説明します。

☆偏差値がほぼ55以上ある場合

掲載順の通り，新しい年度から順に年度ごとに3年度分以上，解いていきます。

ポイント1…問題集に直接書き込んで解くのではなく，各問題の計算法や解き方を，明快にわかるように意識してノートに書き記す。

ポイント2…答えの正誤を点検し，解けなかった問題に印をつける。特に，解説の 基本 重要 がついている問題で解けなかった問題をよく復習する。

ポイント3…1回目にできなかった問題を解き直す。同様に，2回目，3回目，…と解けなければいけない問題を解き直す。

ポイント4…難問を解く必要はなく，基本をおろそかにしないこと。

☆偏差値が50前後かそれ以下の場合

ポイント1～4以外に，志望校の出題内容で「計算問題・一行問題」の比重が大きい場合，これらの問題をまず優先してマスターするとか，例えば，大問2までをマスターしてしまうとよいでしょう。

理科

理科は1から順番に解くことにほとんど意味はありません。理科は，性格の違う4つの分野が合わさった科目です。また，同じ分野でも単なる知識問題なのか，あるいは実験や観察の考察問題なのかによってもかかる時間がずいぶんちがいます。記述，計算，描図など，出題形式もさまざまです。ですから，解く順番の上手，下手で，10点以上の差がつくこともあります。

過去問を解き始める時も，はじめに1回分の試験問題の全体を見通して，解く順番を決めましょう。得意分野から解くのもよいでしょう。短時間で解けそうな問題を見つけて手をつけるのも効果的です。くれぐれも，難問に時間を取られすぎないように，わからない問題はスキップして，早めに全体を解き終えることを意識しましょう。

社会

社会は1から順番に解いていってかまいません。ただし，時間のかかりそうな，「地形図の読み取り」，「統計の読み取り」，「計算が必要な問題」，「字数の多い論述問題」などは後回しにするのが賢明です。また，3分野(地理・歴史・政治)の中で極端に得意，不得意がある受験生は，得意分野から手をつけるべきです。

過去問を解くときは，試験時間を有効に活用できるよう，時間は常に意識しなければなりません。ただし，時間に追われて雑にならないようにする注意が必要です。“誤っているもの”を選ぶ設問なのに“正しいもの”を選んでしまった，“すべて選びなさい”という設問なのに一つしか選ばなかったなどが致命的なミスになってしまいます。問題文の“正しいもの”，“誤っているもの”，“一つ選び”，“すべて選び”などに下線を引いて，一つ一つ確認しながら問題を解くとよいでしょう。

過去問を解き終わったら，自己採点し，受験生自身でふり返りをしましょう。できなかった問題については，なぜできなかったのかについての分析が必要です。例えば，「知識が必要な問題」ができなかったのか，「問題文や資料から判断する問題」ができなかったのかで，これから取り組むべきことも大きく異なってくるはずです。また，正解できた問題も，「勘で解いた」，「確信が持てない」といったときはふり返りが必要です。問題集の解説を読んでも納得がいかないときは，塾の先生などに質問をして，理解するようにしましょう。

国語

過去問に取り組む一番の目的は，志望校の傾向をつかみ，本番でどのように入試問題と向かい合うべきか考えることです。素材文の傾向，設問の傾向，問題数の傾向など，十分に研究していきましょう。

取り組む際は，まず解答用紙を確認しましょう。漢字や語句問題の量，記述問題の種類や量などが，解答用紙を見て，わかります。次に，ページをめくり，問題用紙全体を確認しましょう。どのような問題配列になっているのか，問題の難度はどの程度か，などを確認して，どの問題から取り組むべきかを判断するとよいでしょう。

一般的に「漢字」→「語句問題」→「読解問題」という形で取り組むと，効率よく時間を使うことができます。

また，解答用紙は，必ず，実際の大きさのものを使用しましょう。字数指定のない記述問題などは，解答欄の大きさから，書く量を考えていきましょう。

算数　出題傾向の分析と合格への対策

●出題傾向と内容

近年の出題形式は，[1]が計算，[2]が一行問題，[3]以下が独立した大問であり，全体の小問数は25題前後である。

出題内容は「割合と比」・「平面図形」・「速さの三公式と比」「表とグラフ」が四大分野であり，難問は見当たらず基本問題・標準問題を中心に出題される。過去の出題の特徴の1つとして「小数の四捨五入」の問題が含まれ，もう1つは「論理・推理」の問題が含まれていたが，年度によって出題されないこともある。

これまでは「流水算・通過算・時計算」，「ニュートン算」などの出題はないが，来年度以降に備えて，これら各分野の基本もおさえて練習しておこう。

学習のポイント

各分野の基本・標準問題の習得を第一の目標にしよう。過去問を利用して本校の出題傾向，設問の表現の特徴に慣れること。

●2025年度の予想と対策

「計算」…計算の工夫を利用する。「割合」…割合の三用法を確認する。「論理・推理」…配布されたカードの数字，人や物の配置，ランチメニューの組み合せ，重さが違う硬貨の特定などについて出題されており，過去問，その他の類題を練習して解き方に慣れておこう。「図形」…対角線の長さから正方形の面積を求める方法，角度，作図，展開図を組立ててできる立体の体積などについて，出題されており，会話文にそって問題が構成される場合もある。

[1]・[2]の各問題について全問正解できるだけの基礎力をつけることが第一であり，各分野ごとに基本・標準問題の解き方を練習しよう。

▼年度別出題内容分類表

※　よく出ている順に☆，◎，○の３段階で示してあります。

出題内容			2022年		2023年		2024年	
			専願	1回	専願	1回	専願	1回
数と計算		四則計算	○	○	○	○	○	○
		概数・単位の換算	○		○	☆	○	○
		数の性質	○		○			○
		演算記号						☆
図形		平面図形	☆	☆	☆	☆	☆	◎
		立体図形	○	○				
		面積	○	○	○	○	○	○
		体積と容積	○	○				
		縮図と拡大図	○	○	☆			
		図形や点の移動	○					
速さ		三公式と比	☆	☆	☆	☆	☆	☆
	文章題	旅人算			○	○	○	○
		流水算						
		通過算・時計算						
割合		割合と比	☆	☆	☆	☆	☆	☆
	文章題	相当算・還元算						
		倍数算	○				○	○
		分配算						
		仕事算・ニュートン算				○		○
文字と式								
2量の関係(比例・反比例)							○	
統計・表とグラフ			☆	☆	☆	☆	☆	☆
場合の数・確からしさ			☆					☆
数列・規則性			☆	☆	○		☆	○
論理・推理・集合				◎			☆	☆
その他の文章題		和差・平均算						○
		つるかめ・過不足・差集め算					○	○
		消去・年令算	○	○			○	
		植木・方陣算			○			

東洋大学附属牛久中学校

算数 ――グラフで見る最近3ヶ年の傾向――

最近3ヶ年に出題されたすべての問題を内容別に分類・集計し，全体に対して何パーセントくらいの割合になっているかを示しました。

▨……50校の平均　　■……東洋大学附属牛久中学校

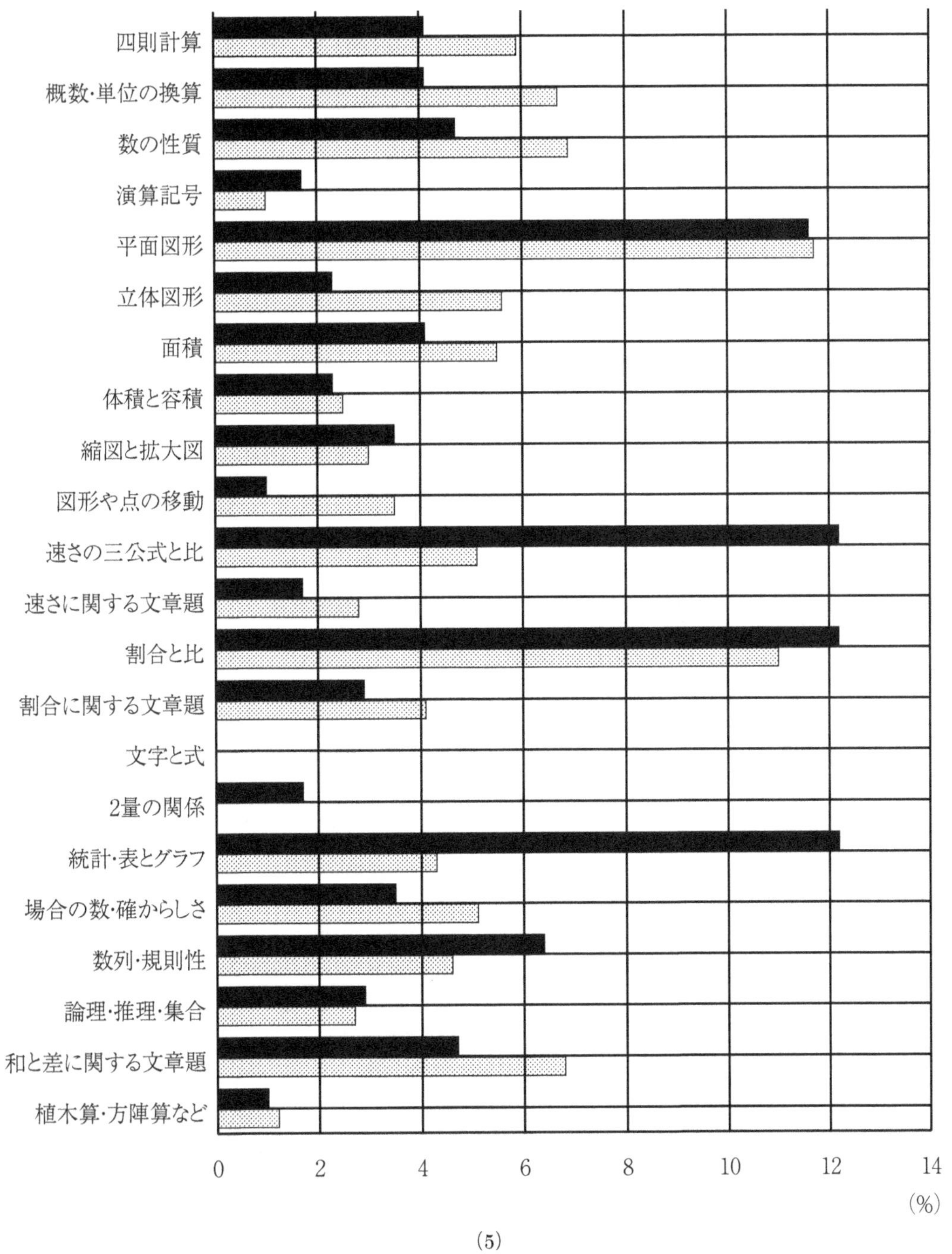

理科　出題傾向の分析と合格への対策

●出題傾向と内容

社会と合わせての出題で，大問1と2が理科の問題である。基本的な知識を問う問題が目立つが，専願，1回ともに，実験を主題とした読解力をともなう思考力を試す出題である。また，実験からわかることを長めの記述で答える問題も数題みられる。

試験時間は50分であり，すべての問題を解くのに十分な時間ではある。しかし，上記のように問題文の読み込みに時間がかかる出題や，社会との兼ね合いもあるので，効率よく問題を解く工夫をする必要がある。

✔学習のポイント

基本～標準レベルの問題を数多く解いて，典型的な問題の解き方を身につけよう。

●2025年度の予想と対策

来年度も今年度と同様に，問題文の意味の読み取りに時間がかかる問題が出題されると考えられる。問題文の意味を素早く正確に読み取る練習を普段の学習から心がけよう。また，余裕を持った試験時間を作るために，やさしい問題から解き始め，難度の高い問題を後回しにするなどの工夫を，入試問題演習や模擬テストなどで実践することも大切である。普段から時間を気にした学習を行おう。また，社会とのバランスも考え，得意な教科から先に取りかかるのも有効な方法である。

理科の問題は，全体的に基本から標準レベルの問題が多い。基本的な知識問題や典型的な計算問題を数多く学習して慣れておくことが大切である。

▼年度別出題内容分類表

※　よく出ている順に☆，◎，○の３段階で示してあります。

出題内容		2022年 専願	2022年 1回	2023年 専願	2023年 1回	2024年 専願	2024年 1回
生物	植物		◎		◎	○	○
	動物	◎			○		☆
	人体	○	○	☆	○	○	
	生物総合					○	
天体・気象・地形	星と星座	○					
	地球と太陽・月						○
	気象		○	☆	○	☆	○
	流水・地層・岩石	☆					
	天体・気象・地形の総合						
物質と変化	水溶液の性質・物質との反応				☆		
	気体の発生・性質	☆		○			
	ものの溶け方		☆			○	
	燃焼		○			☆	
	金属の性質						
	物質の状態変化					○	◎
	物質と変化の総合						
熱・光・音	熱の伝わり方						
	光の性質			◎			
	音の性質						○
	熱・光・音の総合						
力のはたらき	ばね						◎
	てこ・てんびん・滑車・輪軸			○		☆	
	物体の運動	◎	☆				
	浮力と密度・圧力			☆			
	力のはたらきの総合						
電流	回路と電流	◎		◎			
	電流のはたらき・電磁石				◎	○	
	電流の総合						
実験・観察		☆	☆	◎	☆		☆
環境と時事／その他							

東洋大学附属牛久中学校

理科 ――グラフで見る最近3ヶ年の傾向――

最近3ヶ年に出題されたすべての問題を内容別に分類・集計し，全体に対して何パーセントくらいの割合になっているかを示しました。

▨……50校の平均　　■……東洋大学附属牛久中学校

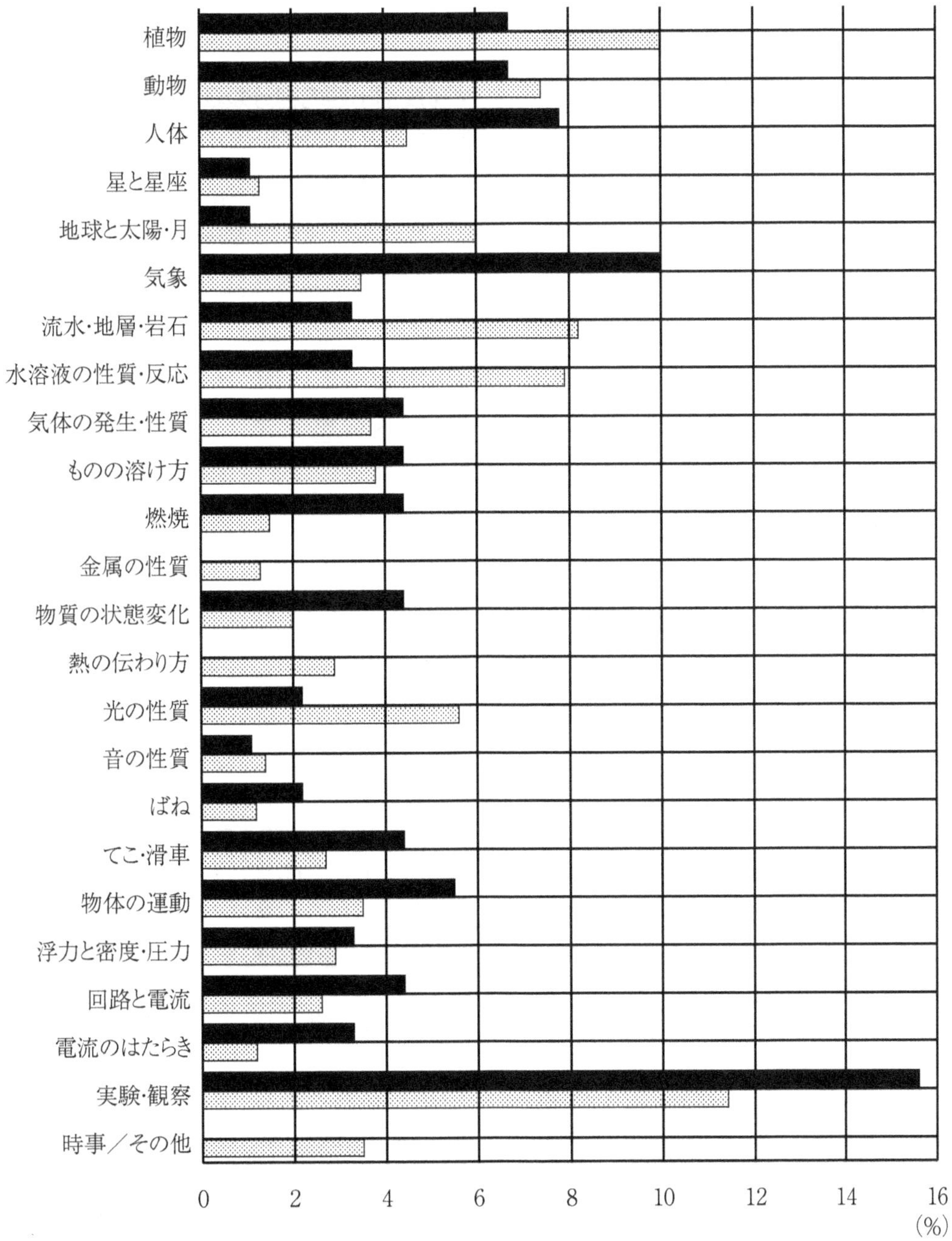

社会　出題傾向の分析と合格への対策

●出題傾向と内容

今年も昨年同様に，一般，専願ともに，3分野の総合問題＋地理，それぞれ2題の大問であった。各大問の中に時事問題が数問はいっていた。大部分が語句記入で，記述式も3～5問あった。地理は，日本の国土と自然を中心に，農業，工業，商業・経済一般などが，雨温図，図表，略地図や市街地の地図などの資料活用形式で出題された。歴史は，古代から現代にわたって，日本の政治・社会・経済などについて重要事項が出題された。政治は，政治のしくみを中心に，憲法や国際社会や時事問題などが出題された。

学習のポイント

地理：諸地域の特色をつかもう。
歴史：各時代の特色をつかもう。
政治：政治のしくみを中心に理解しよう。

●2025年度の予想と対策

来年度も基本～標準レベルで，小問数も20問程度と予想されるが，記述式問題も必ず3～5問は出題されるであろう。

地理では，教科書の重要語句をおさえた上で，地図や雨温図，他の統計資料も読み取れるようにしておこう。歴史では，政治・社会・経済などの歴史の流れを年表で把握した上で，各時代の特色及び重要人物と出来事の因果関係を理解しておこう。政治では，政治のしくみ，憲法，国際社会などの基本的内容を理解した上で，インターネットを活用して内外の報道に関心を高め，時事問題に強くなろう。また，多くの大問が，各分野総合問題として出題されるので，出題率の高い重要事項を，3分野を関連させて理解するとともに正確に記述できるように書いて説明する練習をしておこう。

▼年度別出題内容分類表

※　よく出ている順に☆，◎，○の３段階で示してあります。

出題内容			2022年		2023年		2024年	
			専願	1回	専願	1回	専願	1回
地理	日本の地理	地図の見方						◎
		日本の国土と自然	☆	☆	◎	☆	☆	☆
		人口・土地利用・資源			○			
		農業	◎	◎	○	○	○	◎
		水産業				○		
		工業		◎			○	○
		運輸・通信・貿易			○			
		商業・経済一般	◎		○	○	○	
	公害・環境問題		○	○	○		◎	○
	世界の地理							
日本の歴史	時代別	原始から平安時代	☆	◎	☆	○	◎	☆
		鎌倉・室町時代	◎	◎	◎	○	◎	◎
		安土桃山・江戸時代	○	○	☆	◎	○	☆
		明治時代から現代	☆	◎	◎		☆	◎
	テーマ別	政治・法律	☆	☆	☆	☆	☆	☆
		経済・社会・技術	◎	◎	◎	◎	◎	◎
		文化・宗教・教育	○	○				○
		外交	○	○	○	○		
政治	憲法の原理・基本的人権		◎	◎		◎	○	○
	政治のしくみと働き		◎		☆	☆	◎	☆
	地方自治							
	国民生活と福祉		○		○			
	国際社会と平和		○	○	○	○	◎	
時事問題			◎	○	◎	○	◎	○
その他			◎		◎	○	○	○

東洋大学附属牛久中学校

社会 ――グラフで見る最近3ヶ年の傾向――

最近3ヶ年に出題されたすべての問題を内容別に分類・集計し，全体に対して何パーセントくらいの割合になっているかを示しました。

……50校の平均　　……東洋大学附属牛久中学校

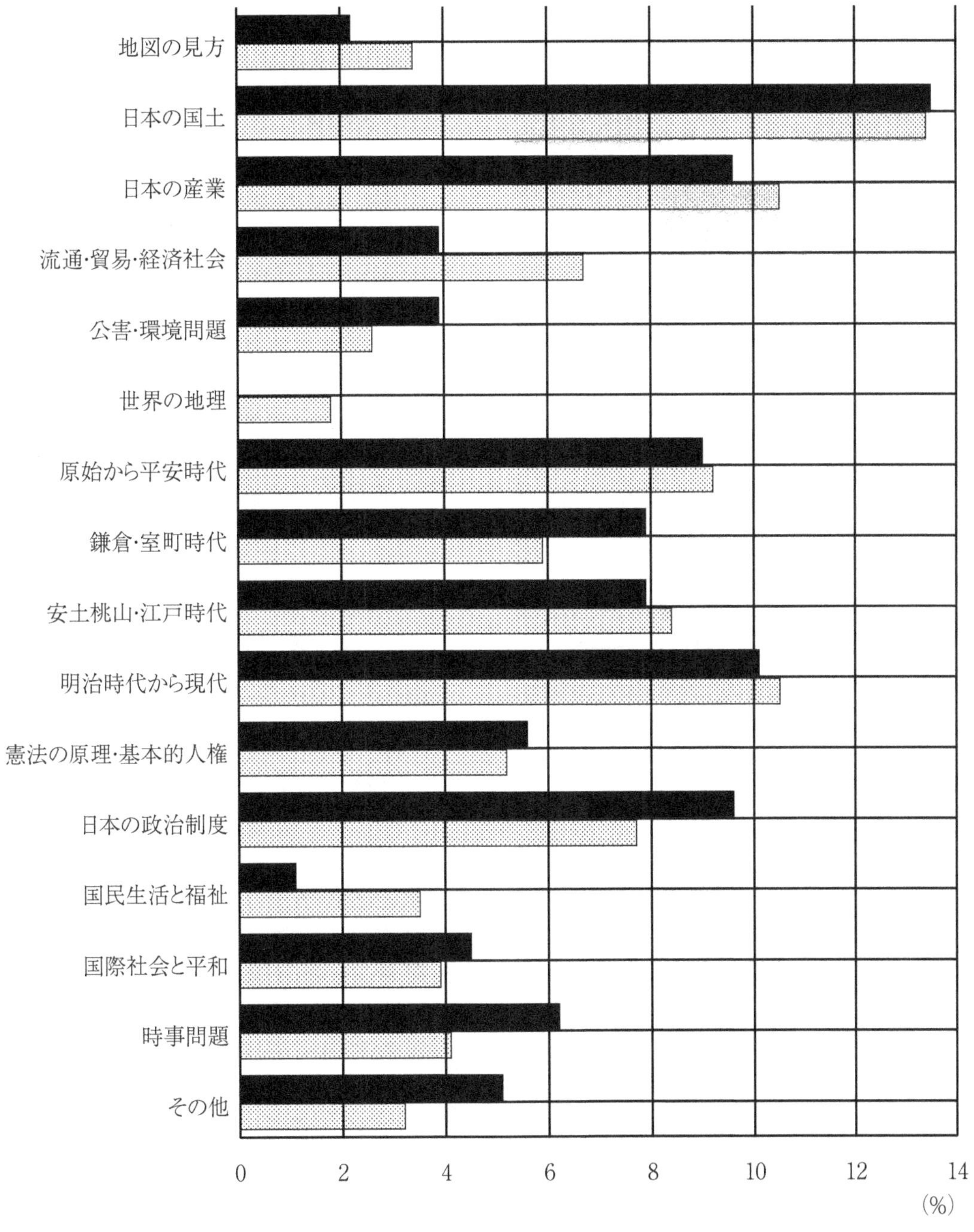

国語　出題傾向の分析と合格への対策

●出題傾向と内容

独立した知識問題1題と長文読解問題1題の構成が続いている。知識問題は，ことばの用法，つまり文法事項に絞られる傾向にあり，特に，主語・述語・修飾語は必出である。読解問題は，説明的文章・随筆が取り上げられるようだ。受験生の年齢に無理のない内容が選ばれている。 ただし，設問は内容を問うものはもちろん，接続語，ことばの意味などはば広く問われている。さらに，最終問題に150～200字の作文が出題されることが特徴である。長文読解が1題とはいえ，大型の作文が控えていることを念頭に時間の調整が必要だ。

学習のポイント

文の成分を中心に知識問題をしっかり学習しよう！　作文の練習はおりにふれて書いてみよう！

●2025年度の予想と対策

長文は，説明的文章から出題される割合が高い。最終問題の作文に関連して，自分の意見や考えを問えるような内容の文章が選ばれる可能性が高い。新聞やニュースなどで社会的に問題になっているような話題に関心を持つことも大切である。知識問題は，主語・述語・修飾語など文の構成を問う設問，言いかえ問題などを中心にした学習が欠かせない。知識問題の出題傾向や，長文問題の設問内容，作文の出題などから考え，文章の内容をしっかり読み取る力，また，年齢相応のきちんとした文を書ける力を求めている色合いが強い。このような力は国語の学習時間だけで身につけるものではなく，日々の生活の中での発言や言い回しなどで積み重ねていく努力で培っていく必要がある。

▼年度別出題内容分類表

※　よく出ている順に☆，◎，○の３段階で示してあります。

出題内容			2022年		2023年		2024年	
			専願	1回	専願	1回	専願	1回
内容の分類	読解	主題・表題の読み取り						
		要旨・大意の読み取り			○	○		
		心情・情景の読み取り						
		論理展開・段落構成の読み取り						
		文章の細部の読み取り	☆	☆	☆	☆	☆	☆
		指示語の問題	○	○	○	○		
		接続語の問題		○	○	○	○	○
		空欄補充の問題	☆	☆	☆	☆		
	知識	ことばの意味	☆	☆	◎	◎	○	◎
		同類語・反対語		○	○	○		○
		ことわざ・慣用句・四字熟語	◎	◎	◎	◎	◎	◎
		漢字の読み書き	◎	◎	◎	◎	◎	◎
		筆順・画数・部首						
		文と文節	◎	◎	◎	◎	◎	◎
		ことばの用法・品詞	◎	◎	◎	◎	◎	◎
		かなづかい						
		表現技法	○					
		文学作品と作者						
		敬語						
	表現	短文作成	○	○	○	○	○	○
		記述力・表現力	◎	◎	☆	☆	☆	☆
文の種類		論説文・説明文	○	○	○	○	○	○
		記録文・報告文						
		物語・小説・伝記						
		随筆・紀行文・日記						
		詩(その解説も含む)						
		短歌・俳句(その解説も含む)						
		その他						

国語 ——グラフで見る最近3ヶ年の傾向——

最近3ヶ年に出題されたすべての問題を内容別に分類・集計し，全体に対して何パーセントくらいの割合になっているかを示しました。

……50校の平均　　……東洋大学附属牛久中学校

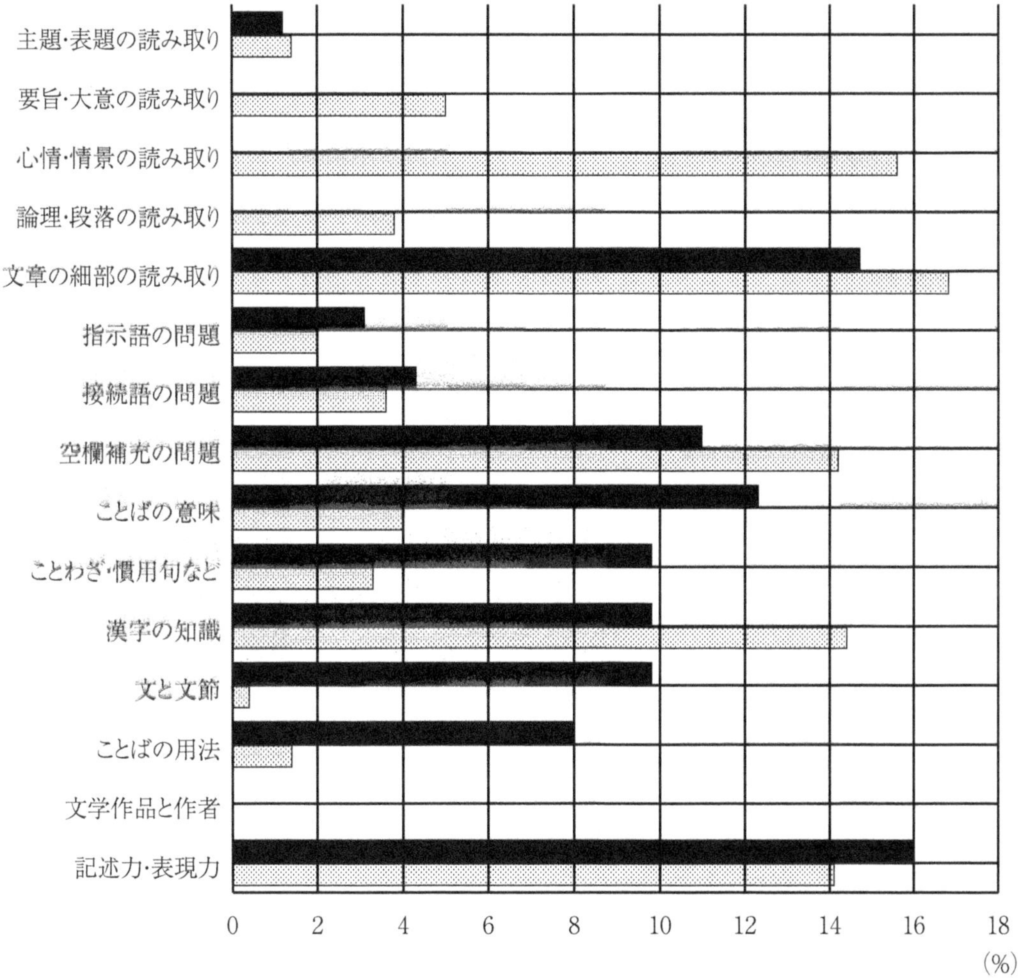

	論説文 説明文	物語·小説 伝記	随筆·紀行 文・日記	詩 (その解説)	短歌·俳句 (その解説)
東洋大学附属 牛久中学校	100%	0%	0%	0%	0%
50校の平均	47.0%	45.0%	8.0%	0%	0%

2024年度 合否の鍵はこの問題だ!!

(第1回一般)

算　数　[2] (5)

> 「鶴亀算」の問題ではあるが，基本のパターンではなく，「平均算」の考え方を利用する設定になっている。

【問題】

「1個5gのおもり」と「1個10gのおもり」と「1個20gのおもり」が合わせて40個あり，重さを量ると全部で460gだった。

「1個5gのおもり」と「1個20gのおもり」の個数は同じことが分かっている。

このとき，10gのおもりは何個か。

【考え方】

5gと20gの平均の重さ…(5＋20)÷2＝12.5(g)　　したがって，10gの重りは，

(12.5×40－460)÷(12.5－10)＝16(個) ←――――― 鶴亀算

理　科　[2]

大問2題で1題は総合問題であり，もう1題は各分野のテーマを絞った問題である。総合問題は小問集合問題であり，標準的なレベルの問題である。論述式の問題が多く，自分の考えを短くまとめる力が必要である。

今回，鍵となる問題として[2]を取り上げる。タヌキの生態に関する，データを読み取って思考する問題であった。

問1　肉食動物の歯の特徴は，犬歯が発達していて肉を引き裂くのに便利な点である。前歯の後ろに鋭い犬歯が確認される。

問2　表1から，4の□に入るのは昆虫類とわかる。昆虫類が活発に活動する春から夏の時期にかけて食べる割合が多いからである。

問3　表1より，木の実を主に食べるのは木の実ができる秋の時期であり，葉を多く食べるのは新緑が育つ春の時期で，農作物はジャガイモの収穫が6～7月，ダイコンが1～2月なのでその時期に多く食べていることがわかる。

問4　食肉目に含まれるので，主に鳥や小型哺乳類を食べているかというと，その割合は1年間で平均して10%以下である。このことから，植物を食料とする柔軟性がわかる。また，野生の植物だけでなく農作物も食べているので，里山の環境を利用し人間と共存していることもわかる。

本校の特徴としては，解答数に占める論述形式の解答が多く，考えを短くまとめて書く力が求められる。また，グラフの読み取りなど，与えられたデータから規則性や傾向などを読み取る力も必要である。そのため，単に知識を覚えるだけではなく，問題文を読んで推論させるような類題を普段から演習しておきたい。

社 会 ③C 問2, ④ 問1

③C問2　政治の三権分立をもとに思考力や社会的関心度を問う問題である。三権分立に関連したことは頻出で，その図(設問の図)は，入試問題で使われる回数が多いので，図をもとに三権の均衡と抑制をよく理解しておきたい。立法権を担う国会は，国権の最高機関であり，唯一の立法機関である。国会の働きは，法律の制定，予算の議決，条約の承認，内閣総理大臣の指名，憲法改正の発議，国政調査権の行使，弾劾裁判所の設置などがある。国会は，国民を代表して，国民の意見を反映させるための場所でもある。併せて，行政権を担う内閣と司法権を担う裁判所の働きも理解しておこう。三機関の働きを理解することで，三機関の均衡と抑制も正確に理解可能となるのである。

④問1　地理の農業に関する頻出の出題である。問題では，東京から近くかつ本校のある茨城県の農業の特色と関連させて，近郊農業を考察させている。近郊農業を簡潔に説明すると，都市の消費者向けに，都市から距離の近い地域で行われる農業のことである。新鮮さが求められる野菜や果物，花，鶏卵などが生産されている。都市で生活する人たちに向け，さまざまな作物が作られており，「都市近郊農業」といわれることもある。この農業は，消費者から近いという条件を活かし，新鮮な農産物の供給に加え，災害時の避難場所などの「防災機能」，農業体験や交流活動の場としての「交流・レクリエーション」や「教育・学習・体験の場」としても注目されていることも覚えておこう。

国 語 【一】問3,【二】問13

【一】 問3

使わなかった選択肢では，イの「意味深長」には，二つの意味があり，一つは簡単には理解できないような深い意味があること。また，裏に隠された意味があることもある。略して「イミシン」のような言い方をすることもある。カの「優勝劣敗」は，生存競争で力が強い者が勝ち残り，劣っている者が負けるということを表す四字熟語である。似た意味の四字熟語として「弱肉強食」・「適者生存」などがある。

【二】 問13

【こう書くと失敗する】

　サルなどとはちがい，人間だけが子ども時代が十年以上もフラットな時間を持っているから。

【なぜ失敗してしまうのか】

　この解答は，本文の「サルの場合～」で始まる段落にある言葉を使い，人間の子ども時間の長さを説明した部分から作ったものになる。確かに，この部分の，「長い子ども時間がある」ことは，解答文に必要な要素ではある。しかし，問われているのは「センス・オブ・ワンダー」を持つことができた理由なのだから，ただ子ども時間が長ければ，それが理由でセンス・オブ・ワンダーの獲得ができるわけではない。その長い時間で，何がセンス・オブ・ワンダーと結びつくのかまでを求めらていると考えよう。

MEMO

大切なことはメモしておこうネ！

2024年度

★★★★★★★★★★★★★★★★★★★★★★★

入　試　問　題

2024
年
度

2024年度

東洋大学附属牛久中学校入試問題（専願）

【算　数】（50分）　＜満点：100点＞

【注意】 定規・コンパス・電卓の使用を禁止します。

1 以下の問いの □ に当てはまる適切な数値を答えなさい。

(1) $27\times 4\div 2+24\div 8\times 3=$ □

(2) $\dfrac{2}{5}\div\left(\dfrac{3}{4}+0.5\right)+\dfrac{2}{5}=$ □

(3) $3.19\times 0.6+3.19\times 0.5-3.19\times 0.1=$ □

(4) $3\dfrac{3}{14}\times\dfrac{21}{\square}=2\dfrac{1}{2}$

2 以下の問いの □ に当てはまる適切な数値を答えなさい。

(1) 115cmのリボンがあります。$7\dfrac{5}{6}$cmを12本切り取り，さらに残りの$\dfrac{3}{7}$を使いました。このとき残りは □ cmです。

(2) 225個で6000円のアメがあります。このアメを135個購入すると □ 円です。

(3) 原価800円の商品に原価の７割の利益を見込んで定価をつけました。しかし，売れなかったので，定価の □ 割引きで売ったところ 288円の利益が出ました。

(4) 私とお父さんの年齢は合わせて61歳です。13年後，お父さんの年齢は私のちょうど２倍になります。現在の私の年齢は □ 歳です。

(5) Ａさんの貯金箱には500円玉と50円玉が合わせて23枚入っていました。これらをすべて100円玉にしたところ，61枚になりました。Ａさんは，はじめに500円玉を □ 枚持っていました。

3 下の図のように，線分AD上に２点Ｂ，Ｃがあります。
線分の比が AB：BC＝７：３，BC：CD＝４：５ のときAB：BC：CDを求めなさい。

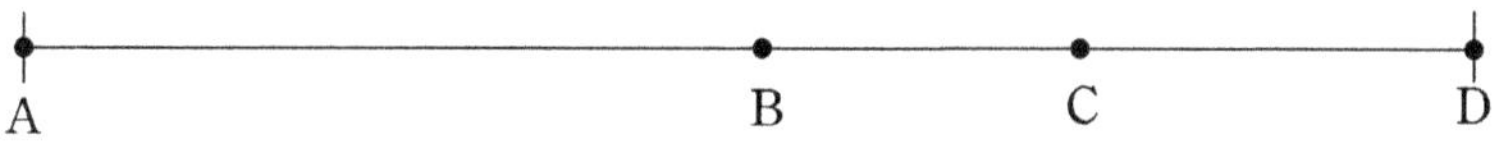

4 次のページの図のように，円Oにおいて直径ABを取り，円周上にAC＝ADとなるように点C，点Dを取りました。辺BCの延長線と辺ADの延長線の交点をE，辺ACの延長線と辺BDの延長線の交点をFとします。それぞれの角度が次のページの図の時，x の値を求めなさい。

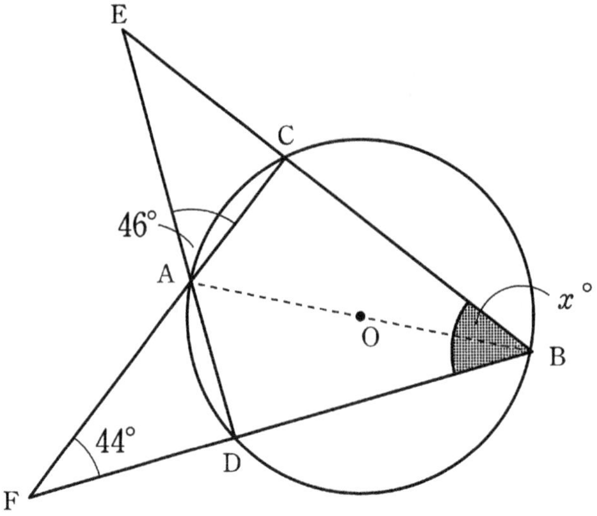

5 右の図のように，正方形ABCDがあり。辺BC上にBE：EC＝３：２となる点Eを，辺CD上にCF：FD＝２：３となる点Fをそれぞれとります。

△EFCの面積が32cm^2のとき，△BEDの面積を求めなさい。

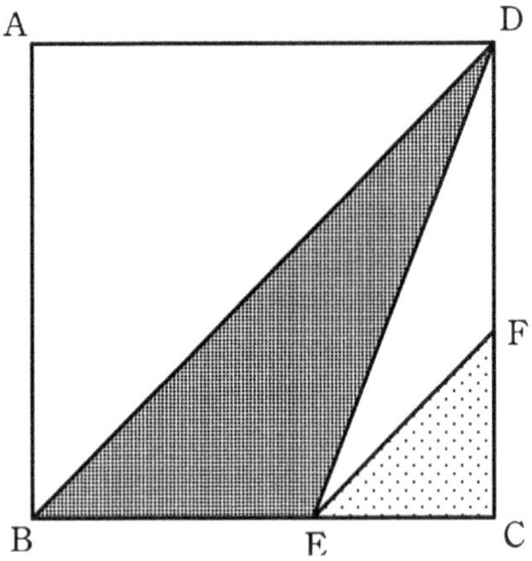

6 和人さんは家から歩いて図書館へ向かいました。和人さんが出発してから９分後に，お母さんは和人さんが忘れ物をしたことに気づき，自転車をつかって，毎分180mの速さで追いかけました。その２分後，和人さんも忘れ物に気づき，来た道を戻りました。グラフは，和人さんが家を出てからの時間と，２人の間の距離の関係を表したものです。ただし，家から図書館までは１本道とし，和人さんの歩いている速さは一定とします。

このとき，次のページの各問いに答えなさい。

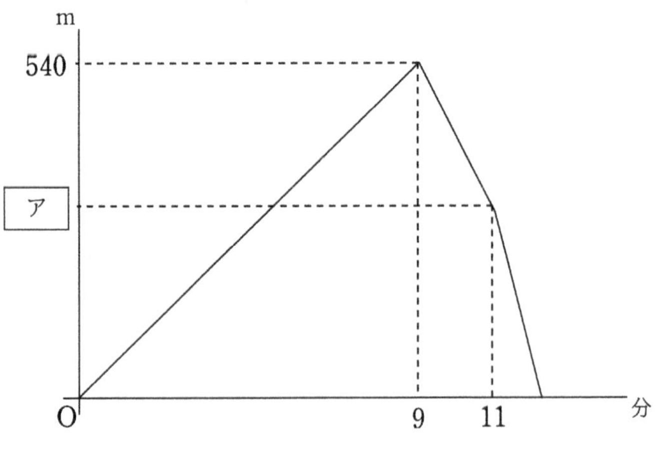

(1) 和人さんの歩く速さは毎分何mですか。

(2) グラフの [ア] に当てはまる数はいくつですか。

(3) 2人が出会うのは，和人さんが家を出発してから何分何秒後ですか。

7 和人さんと令子さんが「2進数」について会話をしています。以下の会話の [ア] ～ [カ] に当てはまる数値を答えなさい。

令子：2進数って知ってるかしら。

和人：「0と1の2つの数だけが使われてて，コンピューターはすべて2進数で計算されている」ってことくらいは知ってるよ。

令子：簡単に説明すると，0と1を使って小さい順に数を並べていけばいいのよ。順番が分かりやすいように最初は「0番目として，0」「1番目は，1」みたいにね。

和人：ということは，「2番目は，10」で，「3番目は [ア] 」ってことかな

令子：そうそう。飲み込みが早いわね。だから，「5番目は，101」で「9番目は，1001」よね。じゃあ問題ね。「13番目」はどう表すかしら

和人：順番に考えていけばいいんだから， [イ] でいいのかな。

令子：正解よ。そうしたら，逆に考えてもらって「110110」は何番目かしら。

和人：ケタが多くて大変だなぁ。数えれば何とかなるけど，もっとわかりやすい方法はないのかい。

令子：実は，あるのよ。「各位の1」がポイントで，簡単に言うと，「2番目の10は，2＋0」と考えられて，「11番目の1011は，8＋0＋2＋1」と考えられるの。

和人：ということは，「110110」は，これは [ウ] ＋ [エ] ＋0＋4＋2＋0つてことか。問題の「110110」は [オ] 番目ということだね。

令子：やるわね。実は，2進数はいつも使っている数字みたいに加減乗除ができるの。試しに足し算を考えてみましよ。「1000001＋111111」の答えは何番目になるかしら。

和人：全く仕組みが分からないよ。

令子：それぞれが何番目かを考えて答えを出す方法と，繰り上がりに注目する方法の2通りがあるわ。繰り上がりに注目するとあっという間ね。

和人：いつもやっている繰り上がりは，1つの位が10になったらケタを1つ上げるよね。

令子：そうそう。今回は0と1しかないから，1つの位が2になったらケタを1つ上げるのよ。

和人：なるほど。答えは [カ] 番目だね。

令子：すごいわ。今度，掛け算・割り算も教えてあげるわ。

8　下の路線図に示すような鉄道を利用して，A駅からH駅まで和人さんが行こうとしています。和人さんが進むルートとして以下の２つがあります。

ルート①「右回りの電車に乗り，B駅にてH駅行きの電車に乗り換えて行く」
ルート②「左回りの電車に乗り，始発駅であるC駅にて，H駅行きの電車に乗って行く」

A駅からの環状の電車は毎分「右回り」と「左回り」が発車しており，C駅からのH駅行き電車は，毎時00分と30分に発車しています。乗り換えに時間はかからず，ちょうど同じ時刻に駅でそれぞれの電車の到着と発車があった場合でも乗り換えはできるものとします。各駅からの所要時間は表の通りです。以下の問いに答えなさい。

※「毎分」とは，「１分ごと」という意味です。つまりA駅では，９時，９時１分，９時２分…と電車が発車しています。

各駅までの所要時間

A駅→B駅	10分
A駅→C駅	20分
C駅→B駅	7分
B駅→H駅	40分

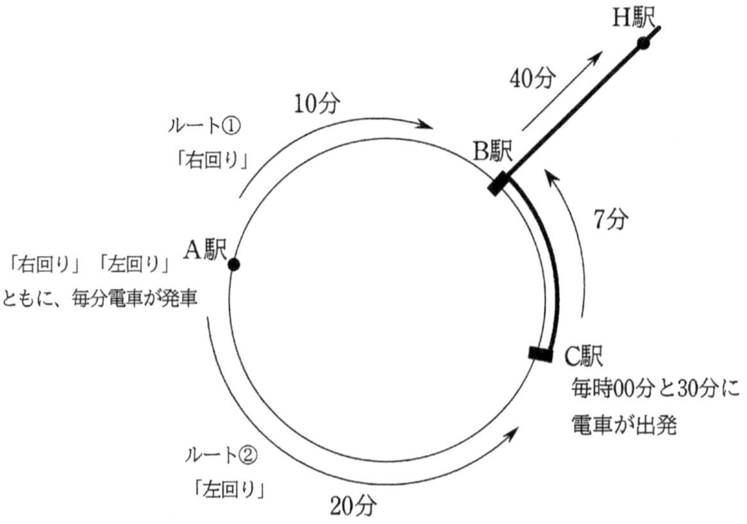

(1)　９時50分にA駅から「ルート①」の電車を使ってH駅に向かったとき，H駅到着するのは何時何分ですか。B駅での乗り換えの待ち時間も考慮に入れて答えなさい。

(2)　10時00分にA駅から「ルート②」の電車を使ってH駅に向かったとき，H駅到着するのは何時何分ですか。C駅での乗り換えの待ち時間も考慮に入れて答えなさい。

(3)　９時50分から10時20分の間でA駅から電車に乗るとき，どちらのルートを使っても，H駅に到着する時刻が同じになるのは，何時何分から何時何分の間ですか。

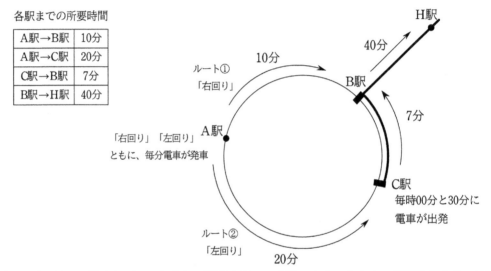

【理科・社会】（50分）　＜満点：100点＞

1　次の**A・B・C**の問いに答えなさい。

A．以下の問いに答えなさい

問１　動物の仲間のくらしかたを説明した以下の**ア～エ**の文のうち，正しいものを一つ選び記号で答えなさい。

ア　カエルは春になると，ほとんどえさを食べず静か過ごすようになる

イ　アゲハの幼虫は木の葉，成虫は花のみつを吸って暮らすので草食である

ウ　メダカは，産み付けた卵から生まれた幼魚の世話をして育てる

エ　ヘビは生まれてすぐは水中で過ごし，成長してから陸上で暮らす

問２　ヒトの体のうち，以下の①，②のはたらきをおこなう部分の名前を答えなさい。

①体外から取り入れた空気と血液のあいだで，酸素や二酸化炭素を交換《こうかん》する

②血液の中から不要なものをこしとり，尿《にょう》をつくる

問３　**図１**に表したのは，鉄芯《しん》にエナメル線を巻き付けて電磁石をつくったようすをかんたんに表したものです。この電磁石と比べ，N極S極の向きが反対で，鉄を引き付ける力がおよそ２倍になった磁石をつくるとすると，どのようなつくりになりますか。**図１**を参考にし，解答欄《らん》にその絵を描《か》きなさい。

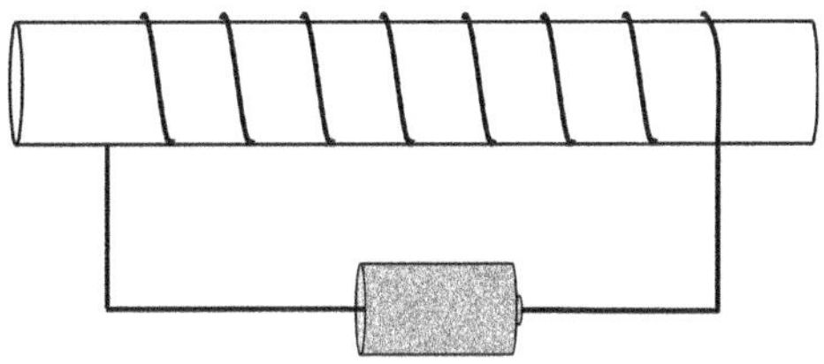

図１　鉄芯とエナメル線で作った電磁石

問４　温度を40℃にした食塩の飽和水溶液《ほうわすいようえき》と，同じく40℃のホウ酸の飽和水溶液があります。それぞれの水溶液からもっともかんたんに結晶《けっしょう》を取り出す方法について，下に示す**図２**を参考にして答えなさい。

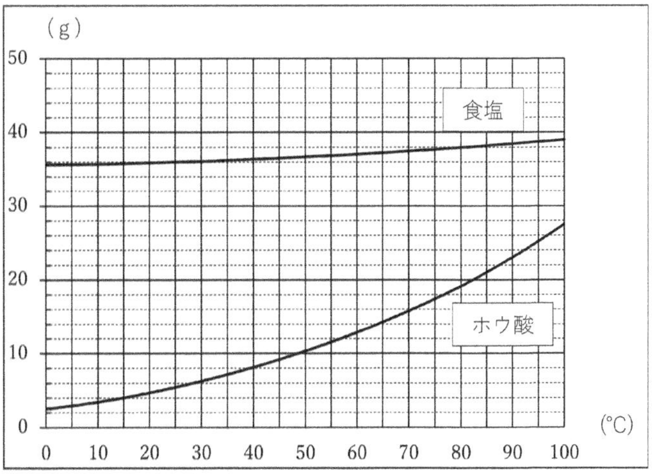

図２　100ｇの水に溶ける食塩とホウ酸の量の変化

問５　植物のおこなう「光合成」というはたらきについて，以下のことばをすべて用いてくわしく説明しなさい。

【　二酸化炭素　酸素　デンプン　】

Ｂ．空気を閉じこめることができるびんの中へ，図１のように火がついたろうそくを入れてしばらくたつと，ろうそくの火が消えました。

問１　火が消えた後のびんに石灰水を入れてふたをし，しっかりと振《ふ》りました。

⑴　石灰水はどうなりましたか。次のア～エから一つ選び記号で答えなさい。

ア　石灰水は変化しない

イ　石灰水は青むらさき色に変化する

ウ　石灰水は黄色に変化する

エ　石灰水は白色に変化する

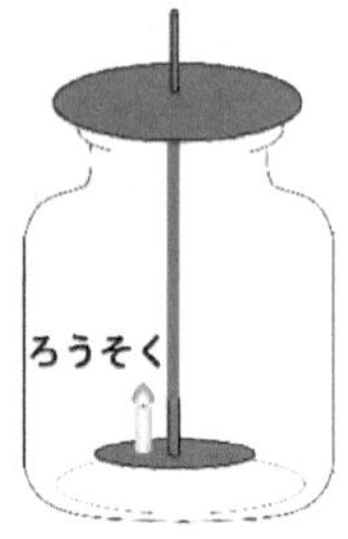

図１

⑵　この結果からびんの中にある気体が発生したことが分かります。その気体の名前を漢字で答えなさい。

問２　図１と同じびんを新しく用意し，その内部に半分水を入れ，同様にろうそくを入れて火が消えるまでの時間を比べました（図２）。図１と図２ではどちらの方が早く火が消えますか。解答欄に当てはまるかたちで，理由とともに説明しなさい。

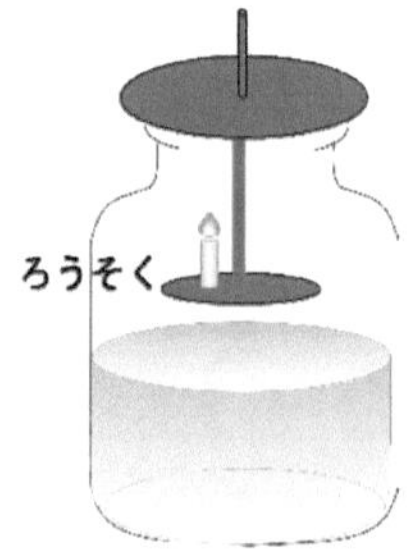

図２

問３　図３のような，図１より大きなびんを用意し，その中に火がついた３本のろうそくを高さだけ変わるように入れてふたをしたところ，ろうそくＣ，ろうそくＢ，ろうそくＡの順に消えていきました。この結果から予想できることを簡単な文で答えなさい。

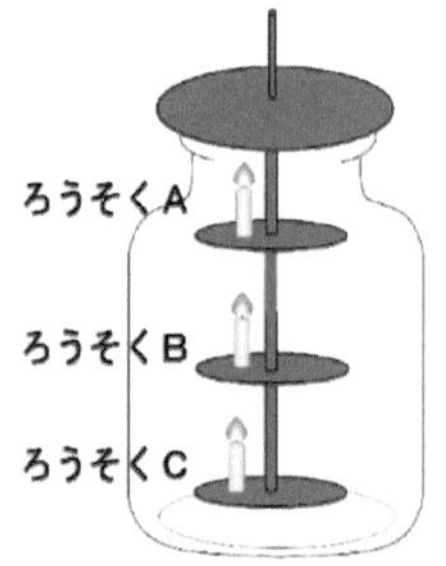

図３

Ｃ．次のページの図１，２は天井《てんじょう》に滑車《かっしゃ》をとりつけ，おもりと皿をおもさを無視できる糸でつないだようすです。滑車Ａは左右に同じ重さの物体がつるされたときに必ず動きます。あとの問いに答えなさい。

問１　図１のように，滑車Ａに100ｇのおもりと，20ｇの皿を糸でつなぎ，皿の上に10ｇの分銅をのせていきました。おもりを上昇させるには分銅は何個以上必要か求めなさい。

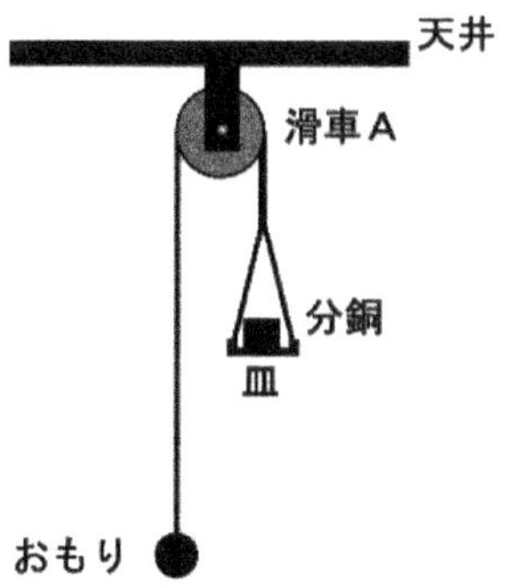

図１

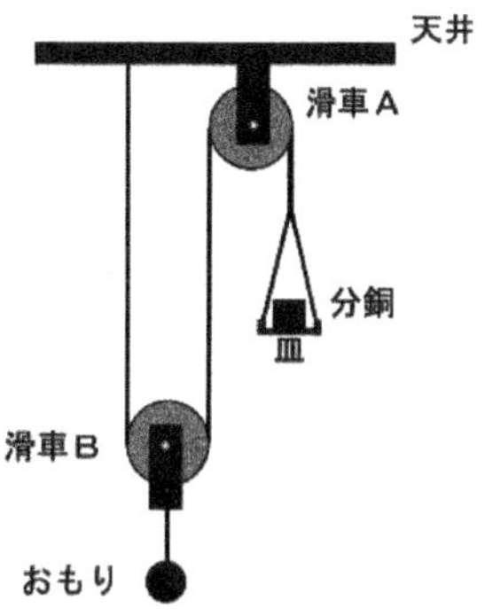

図２

問２　図２のようにおもさ20ｇの滑車Ｂを１つ増やしました。同じように100ｇのおもりと20ｇの皿を使用して実験したとき，おもりを上昇させるには10ｇの分銅は何個以上必要か求めなさい。

問３　図２において，おもりが60cm上昇したとき分銅を乗せた皿は何cm下降したかを求めなさい。

２　雪の降り方，とけ方に関する以下の文章を読み，あとの問いに答えなさい。

２月に令子さんの住んでいる茨城県で雪が降り，13cmも積もりました。とてもめずらしいことです。なぜ茨城県ではあまり雪が降らないのかを先生に聞いてみました。

令子：先生，なぜ茨城県はこんなに寒いのにあまり雪が降らないんですか。島根県や鳥取県は茨城県より冬の気温が高いのに，たくさんの雪が降りますよね。

	水戸（茨城県）		松江（島根県）	
	平均気温	積雪量合計	平均気温	積雪量合計
12月	5.6℃	1cm	7.0℃	11cm
1月	3.3℃	4cm	4.6℃	28cm
2月	4.1℃	6cm	5.0℃	25cm
3月	7.4℃	1cm	8.0℃	6cm

表１　水戸と松江における12～3月の平均気温と積雪量合計

（気象庁による平年値）

先生：それはですね，雪が降るための水蒸気のみなもとが，関東平野と日本海側の地方ではちがうからなんです。令子さん，日本海側に冬のあいだ多くの雪が降るしくみを習ったのを覚えていますか。

令子：えーと，大陸からふいてくる風が日本海を通るときに，海からの水蒸気をふくむようになり，［　　　　　　］雪が降る，でしたっけ。

先生：そうですね，だいたいあっています。ですが，その日本海からの水蒸気はいま説明してもらったしくみによって，関東平野にはほとんど届きません。

令子：では関東平野では，どこからやってくる水蒸気で雪が降るんですか。

先生：南の海から出たあたたかい水蒸気をふくんだ空気のかたまりが１月下旬《じゅん》ごろから定期的に関

東に近寄るようになります。この水蒸気のかたまりが近寄るタイミングに合わせて北から来る寒い空気のかたまりが南下してぶつかると，雪になることが多いですね。

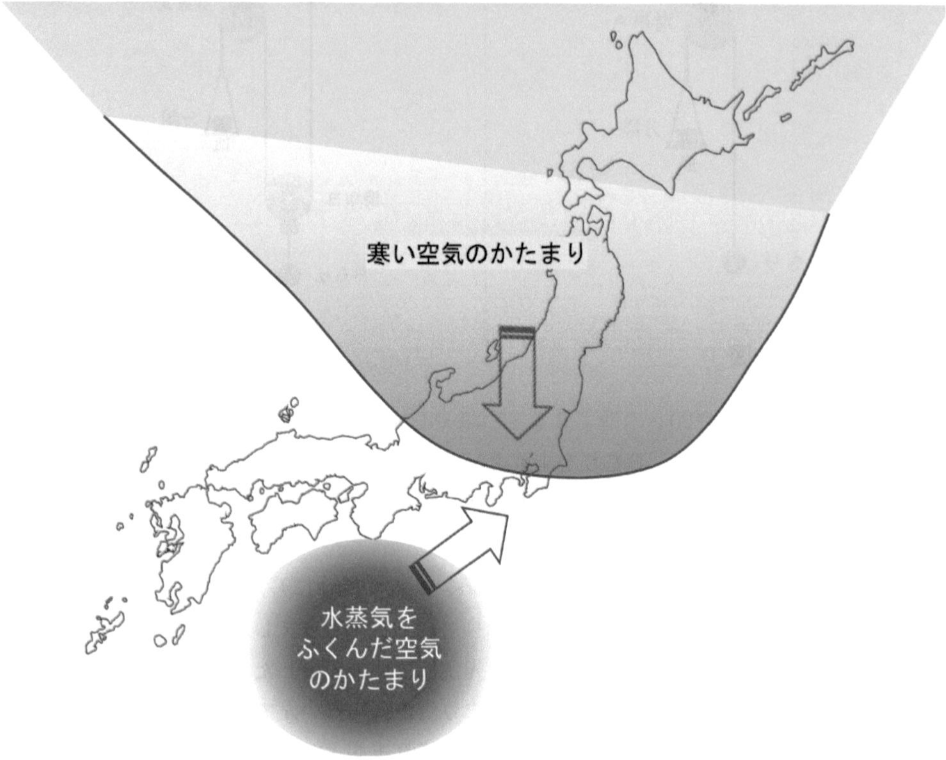

令子：ということは，関東地方で雪が降るときは，そのタイミングがうまく合ったときなんですね。

問１　関東地方の２月の季節変化について説明した文として正しいものを，以下の**ア**～**エ**より一つ選んで記号で答えなさい。

ア　昼の時間がだんだん長くなっていき，下旬にはウメやツバキの花が咲く

イ　昼の時間がだんだん短くなっていき，下旬にはヒガンバナが咲く

ウ　一か月を通して平均気温が大きく上がり，多くの樹木の若葉が生えそろう

エ　一か月を通し気温の変化は大きくないが，アジサイやアサガオが開花する

問２　先生の話を元に予想すると，「水蒸気をふくんだ空気のかたまり」が接近したときに「寒い空気のかたまり」が南下するタイミングが合わないと，関東地方はどのような天気になると予想されますか。解答欄に当てはまるかたちで答えなさい。

問３　下線部の，日本海側の雪の降り方を説明する部分において，空欄に当てはまる文を前後の内容とうまくつながるように答えなさい。

問４　次の文の下線部①，②，③の現象は液体・固体・気体の状態が，どのように変化したと説明できますか。解答欄の「□体から□体」のかたちに当てはまるように答えなさい。

『南の地方の①あたたかい海で，多くの水蒸気が発生し，その水蒸気から雲が発生した。雲は，寒い空気によって②内部まで冷やされて完全に雪雲となり，関東地方に大雪を降らせた。令子さんはうれしかったので降った雪を丸く固めて冷凍庫《れいとうこ》のなかにとっておいたが，③３か月後には見えないほど小さくなっていた。』

問５　下の図は，令子さんの家の周りの建物と道路を表したものです。令子さんは以下の①～③の条件を考えて，とけ残った雪による危険が無いように雪かきをしてしまおうと思います。

①自動車が通らない場所はとけ残りやすい

②建物の影になる場所はとけ残りやすい

③人が多く歩く場所はとけ残ると危ない

令子さんが最も優先して雪かきすべき場所はどこですか。**ア～コ**から一つ選んで記号で答えなさい。

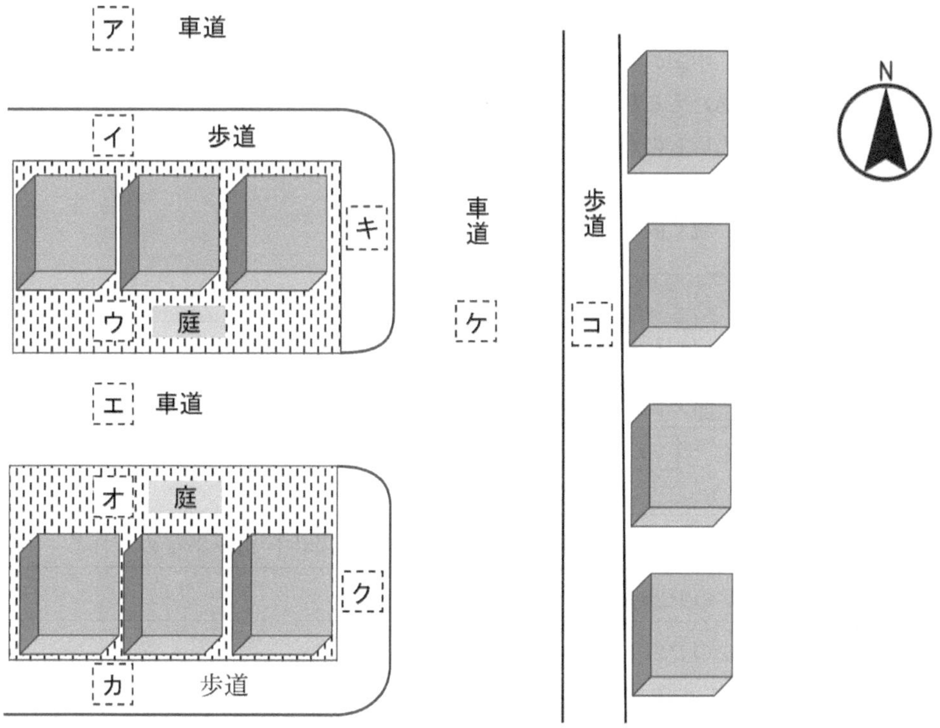

3　次の**A**・**B**・**C**の問いに答えなさい。

A．以下の問いに答えなさい。

問１　河のはんらんや海水のしん入を防ぐために，川岸や海岸にコンクリートや土砂で作られた施《し》設《せつ》を何といいますか。

問２　石油を原料にして，プラスチックや合成ゴム，化学肥料，合成洗剤などのさまざまな製品をつくる工業を何といいますか

問３　縄文時代に粘土を焼いてつくられた，女性をかたどったものが多い人形を何といいますか。

問４　戦国時代の武将で，1600年の関ケ原の戦いに勝利し，その後江戸幕府の初代将軍となった人物の名前を答えなさい。

問５　ごみ処理の問題に対応するために大切だと考えられている３Ｒとは，リデュース，リユース，リサイクルの３つのことを指している。このうち，リユースとは何かについて説明しなさい。

問６　日本国憲法には３つの原則があるが，「基本的人権の尊重」「平和主義」とあと１つは何か。漢字４文字で答えなさい。

B．次の(1)～(4)の文章を読んで，以下の問いに答えなさい。

(1) 内閣制度が発足した後，東アジアで初めての近代憲法である（　ア　）が定められた。

(2) 執権北条泰時の時代に，武士の法律としてはじめて文章化された（　イ　）が定められた。

(3) 武家諸法度が改められ，大名が１年ごとに江戸と領地を行き来する，参勤交代の制度が義務化された。

(4) 中国の制度を取り入れて，大宝律令が制定され，天皇を中心とした中央集権国家のしくみが整えられた。

問１　空欄《らん》（ア）（イ）に入る語句を答えなさい。

問２　下線部に関して，中国の唐の制度にならって実施《じっし》された，全国の人民の戸籍《こせき》を作り，６歳《さい》以上の男女に口分田をあたえる制度を何といいますか。

問３　(1)～(4)を時代の古いものから順にならべなさい。

C．以下の年表を見て，続く問いに答えなさい。

年	できごと
1992	「国連①気候変動枠組条約（ＵＮＦＣＣＣ）」が採択《さいたく》される
1995	ドイツで②国連気候変動枠組条約第１回締約国会議（ＣＯＰ１）開催《かいさい》
1997	ＣＯＰ３開催，「 X 議定書」が採択され，2020年までの枠組《わくぐ》みが定められる
2015	ＣＯＰ21開催，パリ協定が採択され，2020年以降の枠組みが定められる
2021	イギリスでＣＯＰ26開催
2022	エジプトでＣＯＰ27開催

問１　 X には，ある日本の都市の名前が入ります。その名称《めいしょう》を漢字２文字で答えなさい。

問２　下線部①に関して，気候変動問題への取り組みとして温室効果ガスの削減《さくげん》がある。以下の**ア**～**エ**のうち，温室効果ガスの削減にはつながらない取り組みを一つ選び，記号で答えなさい。

ア　企業《きぎょう》ごとに排出《はいしゅつ》できる温室効果ガスの量を決め，削減できた分を売ることができ，他の企業は購入《こうにゅう》した分の量をさらに排出することができることにする

イ　食品の廃棄物《はいきぶつ》などを再利用して，発電の燃料にする

ウ　原子力発電所の運転をすべて停止し，火力発電所に切りかえる

エ　温室効果ガスを発生させるガソリンなどの品に高い税金をかける

問３　下線部②に関して，国際連合と関係がある機関としてふさわしくないものを以下の**ア**～**エ**のうちから一つ選び記号で答えなさい。

ア　ユネスコ　　**イ**　安全保障理事会　　**ウ**　ユニセフ　　**エ**　国境なき医師団

問４　地球温暖化による深刻な問題のひとつに海面の上昇《じょうしょう》があります。このことに関して，(1)，(2)の各問いに答えなさい。

(1)　地球温暖化により海面が上昇するのはなぜだと考えられるか，「地上」ということばを用いて説明しなさい。

⑵　海面の上昇により，生活に大きな影響があるのはどのような土地に住んでいる人であると考えられるか。簡単に説明しなさい。

4　洋一くんと先生が夏休み明けに交わした会話の文をよく読んで，続く問いに答えなさい。

洋一：この前ニュースを見たら，雨が降らないせいで水不足が深刻になっているといっていました。ニュースでは①福島県の羽鳥ダムからの農業用水の供給が停止されて，稲作《いなさく》農家が困っているという話でした。

先生：羽鳥ダムは，四大公害病の（　1　）が起こったことで有名な阿賀野川につながっているけど，農業用水としては阿武隈川流域の白河市付近の農業に利用されているね。この水不足ではさすがに果樹栽培《さいばい》も困っているかな。

洋一：ニュースでは果樹栽培のことも言っていました。雨が降らなすぎていつもより小ぶりになっているといっていました。②石川県の手取川ダムでも貯水量が減っていて，発電や生活用水に悪影響《えいきょう》が出るかもしれないと言っていました。ところで，今年の夏の暑さが③畜産《ちくさん》業に影響をあたえているっていうニュースも聞きました。④新潟県では暑さのせいでウシやニワトリが死んでいるというニュースでした。また，卵の値段が上がるでしょうか。水不足の被害《ひがい》に対する補助金も検討しているといっていました。

先生：暑さは牛乳の生産量にも影響を与えそうだね。千葉県と茨城県の県境にもなっている（　2　）流域でもダムの貯水量が減っていて，節水のお願いがされているね。千葉県でも暑さの影響でカメムシが大量発生して，稲《いね》の成長に悪影響が出ていると言っていたね。全国的にも同じ現象が起きているそうだよ。

洋一：環境《かんきょう》と人間生活は色々な所で関係しているんですね。もっと調べてみたくなりました。

問1　空欄（1）（2）に入る語句を答えなさい。

問2　下線部④新潟県について，以下の雨温図は札幌・新潟・高松・那覇のいずれかのものです。あとの**ア**～**エ**から新潟県のものを選び，記号で答えなさい。

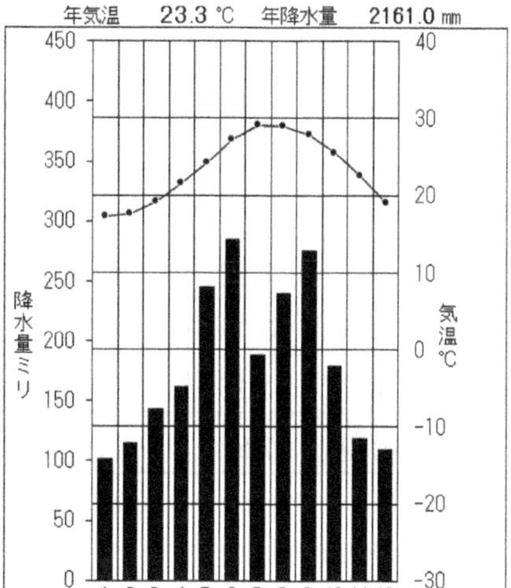

ア

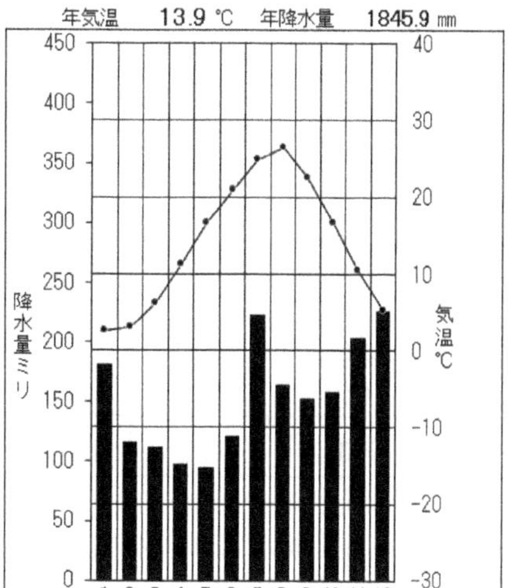

イ

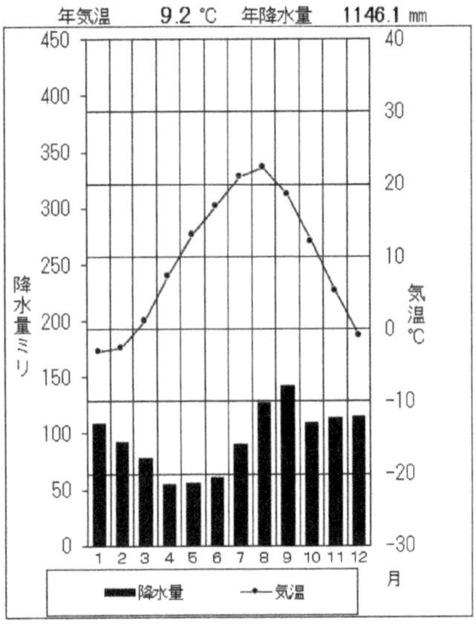

ウ

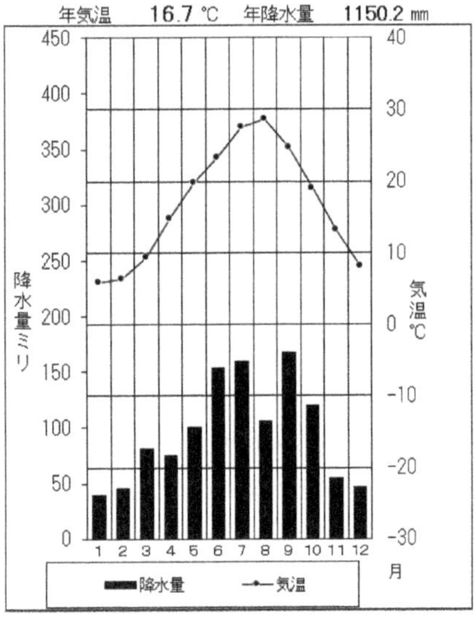

エ

問３　下線部②の石川県について，石川県で生産されている伝統工芸品を下のア～エから一つ選び記号で答えなさい。

ア　津軽塗　　イ　南部鉄器　　ウ　西陣織　　エ　輪島塗

問４　下線部①の福島県と，下線部③の畜産について，以下の表中の（ア）～（オ）から福島県にあたるものを，（カ）～（ク）からブロイラー（にわとり）にあたるものをそれぞれ選び記号で答えなさい。

【日本の農・畜産物の都道府県別生産量のランキング】（2020 年）

	（カ）		さくらんぼ		なし		もも	
1位	（ア）	21.4%	（イ）	75.6%	千葉	10.7%	（ア）	30.7%
2位	長野	19.8%	北海道	7.6%	長野	8.0%	（ウ）	23.1%
3位	（イ）	9.5%	（ア）	5.7%	（オ）	7.9%	長野	10.4%
4位	岡山	8.5%	青森	4.0%	（ウ）	7.4%	（イ）	8.6%

	乳牛		（キ）		（ク）		たまご	
1位	北海道	60.7%	鹿児島	13.3%	宮崎	21.8%	（オ）	8.8%
2位	栃木	3.9%	群馬	7.9%	（エ）	15.7%	鹿児島	7.2%
3位	熊本	3.3%	宮崎	7.8%	鹿児島	14.1%	千葉	6.0%
4位	（エ）	3.1%	北海道	7.6%	北海道	7.2%	広島	5.3%

問５　日本の河川とダムについて，あとの(1)，(2)の問いに答えなさい。

(1)　次のページの表は日本・世界の主な河川の河況係数《かきょうけいすう》※を比較したものです。この表から読み取れる日本の河川の特徴《とくちょう》を答えなさい。

※河況係数とは，その河の最大流量の数値を最小流量の数値で割った値

河川名	河況係数
信濃川	117
利根川	1782
石狩川	573
筑後川	8671

河川名	河況係数
ナイル川（エジプト）	30
ライン川（スイス）	18
ドナウ川（オーストリア）	4
コロラド川（アメリカ）	181

(2)　ダムの役割について，水力発電に利用する，生活・農業・工業などに利用する水を確保するという役割以外に，どのような役割があると考えられますか。

Bさん　そうだね。でも、もう中学生になったのだから、これからは指示を待つのではなく、自分でも考えて行動するようにしたいな。

Cさん　でも、初めて経験することについては、周囲の大人のアドバイスは必要だと思うな。

Dさん　そうだね。経験者のアドバイスがあれば、失敗することはないし、自分の負担も少なくなるよね。

Eさん　いずれにしても、中学生の時期にふさわしい生活や行動をできるよう頑張っていこう！

問13　文で述べている内容として、最も適切なものを次の中から一つ選び、記号で答えなさい。

ア　どちらも人気であった「鉄人28号」と「鉄腕アトム」であるが、筆者はリモコンを持つ人によって善にも悪にもなる「鉄腕アトム」をより評価している。

イ　中学生のユウマ君がやりたい放題やってしまったのは、両親の「自分で考えて行動しなさい」という言葉を「何でも思いのままだ」と誤解したためと推測できる。

ウ　カイト君は、母親に「傘を持って行きなさい」と言われて持って行ったが、雨は降らず、荷物も多い日だったため傘を持ち帰り忘れ、それを母親のせいにした。

エ　小学生時代は、箸《はし》でご飯を食べる訓練をするように、試行錯誤《しこうさくご》を繰り返しながら、身の回りのことや周囲との関係構築《こうちく》を上手にできるようになる訓練をする時期だ。

問14　二重傍線部「このユウマ君の言葉、あなたはどう思いますか」とありますが、この言葉についてのあなたの考えを、理由とともに書きなさい。また、もしあなたの周りにこのような考え方の人がいたとしたら、あなたはどう接しますか。百六十字以上二百字以内で書きなさい。また、書くときは次の《指示》と《きまり》に従いなさい。

《指示》

・解答は二段落形式とします。最初の段落にはあなたの考えを、次の段落にはあなたの接し方を書きなさい。

《きまり》

・氏名と題名は書きません。

・各段落の最初は一マス下げて書きます。

・「、」や「。」もそれぞれ一文字に数えます。ただし、行の一番上のマス目に「、」や「。」がきてしまうときは、前の行の最後のマス目に文字と一緒《いっしょ》に記入してかまいません。

・文章の途中《とちゅう》で段落をかえたときの残りのマス目は、文字数として数えます。

〈下書き用マス目〉

問5 傍線部4「大人へと近づくもう一歩次の段階」とありますが、筆者は「大人へと近づく」ために必要な能力は何であると述《の》べていますか。本文中から二十字以内で書き抜きなさい。

問6 空らん X ～ Z に入る語句の組み合わせとして最も適切なものを次の中から一つ選び、記号で答えなさい。

ア X せっかく　Y やっと　Z いつも
イ X やっと　Y ようやく　Z ふと
ウ X わざわざ　Y また　Z さっと
エ X いきなり　Y たぶん　Z やがて

問7 傍線部5「『自由って結構大変』っていう感想を持った」理由を、本文中の言葉を使って五十字以内で説明しなさい。

〈下書き用マス目〉

問8 傍線部6「未来」と同じ組み立ての熟語として正しいものを次の中から一つ選び、記号で答えなさい。

ア 勝負　**イ** 不安　**ウ** 新年　**エ** 豊富

問9 空らん あ ～ う にはA「～からの自由」・B「～への自由」のいずれかが入ります。それぞれ記号で答えなさい。

問10 傍線部7「でも大丈夫です」とありますが、「大丈夫」である理由として最も適切なものを次の中から一つ選び、記号で答えなさい。

ア きっかけやタイミングは人それぞれであるが、中学生の間には誰でも自然に大人＝自立に向かって新しい自分を作っていくようになるから。

イ まずはすべてを自分で決めて実行してみて、失敗したらその原因をよく考え、次につなげる経験を積み重ねていくことでできるようになるから。

ウ 成長の速度や課題に違いがあったとしても、「やりたい」「やるぞ！」という気持ちさえあれば、とにかく前に進むことができるから。

エ 自分で決めて実行するための挑戦を自分ひとりで実現するために、親や学校の先生など周囲の大人がサポートしてくれるから。

問11 傍線部8「一人ひとりによって違いはあった」とありますが、〈好みや考えは人によってそれぞれ違うということ〉を意味する四字熟語を答えなさい。ただし、解答らんの □ には同じ漢字が入ります。

問12 この文章を読んだ中学生がグループワークの中で交わした会話を読み、本文の内容を読み違《ちが》えている人を一人選びなさい。

Aさん 小学生のときは親や先生の指示がうるさいなあって思っていたけど、それは自分で行動するための訓練をしていたんだね。

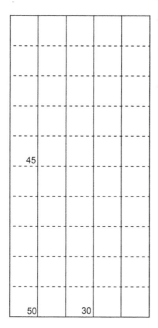

す。自由には「~からの自由（今）」と「~への自由（未来）」があるのです。さっきのユウマ君の「何をしてもいいんだ!」という言葉は「［あ］」を主張したのですね。

（中略）

中学生時代は、まず「［い］」を求めて大人や社会と向き合い、次に「［う］」に向かうために自分と向き合うようになっていくのです。なんだか難しそう、自分にできるかなって不安に思った人もいるかもしれません。7でも大丈夫《だいじょうぶ》です。意識するかしないか、時期が早いか遅いか、どんなことがきっかけになるかなど、8一人ひとりによって違いはあったとしても、誰でもみんな自然にそうなって、大人＝自立に向かって新しい自分をつくっていくようになるのです。

もちろん、誰でも最初から全部自分で決めて実行できるわけではありません。誰だって最初からお箸《はし》を上手に使ってご飯を食べることができなかったように、失敗をしながら体験を重ねていけば、必ずできるようになっていきます。小学生時代はそんな身の回りのことが自分でできるようになるための挑戦《ちょうせん》と失敗、そしてできたという喜びの繰《く》り返し、そのことを通した成長の時期であり、中学生時代は自分の意志や判断にb基づいて責任ある行動ができるようになるための挑戦と失敗、できたという喜びと、自分で考え決めていくことへと向かう成長の時期です。それは、自分という一人の人間がこれから生きていく生き方の基礎《きそ》となるドラマチックな時間です。もちろん、これも一人ひとり早い遅《おそ》いもあれば、課題の違《ちが》いはありますが、いずれにしても、一番大切なのは「やりたい」「やるぞ!」っていう気持ちです。まずはその気持ちさえあればオッケー。それさえあればとにかく前に進めます。

だって、それはあなたが一人だけで挑戦するのではないからです。お父さんお母さんはもちろん、おじいちゃんやおばあちゃん、親戚《しんせき》のおじさんやおばさん、それから先生や周りの大人たちも、みんなあなたのサポーターです。えっ、「自分の周りにはそんなわかってくれる人なんていない」っていう人、そんなことはありません。今挙げた中に、相談できる人がいない場合はもっとcシヤを広げてごらんなさい。友達や友達のお父さんお母さん、学校の先生だってdタンニンの先生だけでなくeホケン室の先生や教科の先生まで広げていけばきっと見つかりますよ。だから安心して挑戦し、どんどん失敗したり回り道をしたりしていきましょう。その中にはきっと「やった!」って思えることがあるはずです。自分でよく考えることなく周りから言われたことをその通りにやったり、逆にただ反発するだけではなく、自分でよく考えて自分の意志で行動するアトムのような人を目指してほしいと思っています。

（宮下　聡《さとし》著「中学生になったら」）

問1　傍線《ぼうせん》部a～eについて、カタカナは漢字に直し、漢字は読みを書きなさい。

問2　傍線部1「鉄腕アトムみたいになろう」とありますが、筆者は「鉄腕アトム」をどのような人の比喩《ひゆ》として使っていますか。「人」につながる形で、本文中から十八字で書き抜《ぬ》きなさい。

問3　傍線部2「ロボットになれってことじゃないんです」を書き言葉に直しなさい。

問4　傍線部3「それ」が指す内容を、本文中の言葉を使って二十字以内で答えなさい。

りして親や先生から「どうしてこんなことをしたんだ！」と叱《しか》られたとき、「だって○○がやろうって言ったんだもん」なんて言い訳をしている人も鉄腕アトムのレベルとは言えません。小学生までならそれも許されるかもしれません。でも、中学生になったら4大人へと近づくもう一歩次の段階に入ります。ですから自分で考えて、先を見通しながら行動する力をぜひつけていきたいものです。そういう力がつけられるような自分を目指す中学三年間にしてほしい、私はそう思っています。

　中学生になったユウマ君は、授業中に立ち歩いたり大声でおしゃべりしたりして、よくいろいろな先生から注意されています。あるとき、注意した先生にこんなことを言っていました。

「人間は自由なんだからボクは何をしてもいいんだ！」

　このユウマ君の言葉、あなたはどう思いますか。彼《かれ》はどうしてこんなことを言ったのでしょうか。ユウマ君のご両親は小学校の卒業式の日、彼にこんな話をしていました。

「これからはユウマも中学生。親にいちいち聞いてばかりいないで自分で考えて行動しなくちゃね」

　これまで親や先生から「○○しなさい」「○○してはいけません」と細かく言われ続けてきたユウマ君。この言葉を聞いて「これからは何でも思いのままだ」と誤解したのでしょうか。理由はどうあれ、自分の「やりたい」放題がまじめに授業を聞きたいと思っている人の「やりたい」を邪魔《じゃま》してしまっているのでした。彼の行動は学級会で問題とされ、「自由」の意味について考えるきっかけになりました。この話し合いをとおして自分のしたことの意味を理解した彼は、しっかり反省し「ごめんなさい」とみんなに謝ることができました。

　こんなこともありました。カイト君は、朝出かけるときにお母さんから「今日は雨が降るから傘《かさ》を持っていきなさい」と言われたので、傘を持って登校しました。でも結局雨は降りませんでした。ですから X 持っていった傘もそのまま持ち帰ることになってしまいました。しかも運悪く、その日は学校から持って帰らなければならないものが多かったので、傘はとても邪魔でした。大変な思いをして Y 家にたどり着いたのです。そのときカイト君は、お母さんにこう思いをぶつけました。「まったくもう、お母さんが傘を持っていけなんて言うからいけないんだよ。こんなに大変なことになっちゃったのはお母さんのせいだ！」。こんな経験はありませんか。

　小さいときには親や大人がいつもそばにいて、すべきことやしてはいけないことについて指示を出し、子どもはその通りにしていればだいたいうまくいっていたし、もしそれで困ったことがあれば Z 誰かが助けてくれました。うまくいかなかった不満は指示を出している人にぶつければよかったのです。誰かの指示で動いていたとき、失敗はその誰かのせいにすることができました。でも、自分で決めた行動の場合は誰のせいにもできません。結果はすべて自分が引き受けなければなりません。ですから「自分で決めていいよ」って言われたとき、「5自由って結構大変」っていう感想を持った中学生もいます。

　実は「自由」といってもいくつかの意味があります。一つはよりよい「今」を求める自由、自分を縛《しば》っている不自由さから解き放たれることです。これを「〜からの自由」と呼ぶことにしましょう。もう一つはよりよい「6未来」に向かう自由です。自分の願いや自分で考え決めたことに従って歩いていく自由です。私はこれを「〜への自由」と呼んでいま

【国語】（五〇分）〈満点：一〇〇点〉

【一】次の問いに答えなさい。

問1　次の①～③の文の、主語と述語を答えなさい。主語が省略されている場合は「なし」と答えなさい。

例）ぼくは　図書館に　本を　探しに　行った。

主語：ぼくは　述語：行った

①　暗い　夜空の　星が　キラキラと　美しく　光る。

②　ぼくは　動物の　中では　ゾウが　一番　好きだ。

③　明日は　遠足なので　今日は　早く　寝《ね》よう。

問2　次の各文の傍線《ぼうせん》部は、どこにかかる言葉ですか。例にならって答えなさい。

例）きれいな　赤い　花が　咲《さ》いている。　**答：花が**

①　水族館で　泳ぐ　魚たちは　とても　きれいで　おどろいた。

②　兄が　家の　前で　わたしを　呼んでいるのが　見えた。

③　なぜ　こんなにも　幸せな　気持ちに　なるのだろう。

問3　次の空らんにあてはまる四字熟語を後から選び、記号で答えなさい。同じ記号は重ねて使いません。

①　□の科学技術に、いかにわれわれがついてゆくかが問題である。

②　□に外国語を習得することはできない。

③　試験の結果を□の思いで待つ。

④　車を自転車に変えればお金はかからないし、健康にもよくて、□だ。

ア　朝三《ちょうさん》暮四《ぼし》　イ　一朝一夕《いっちょういっせき》　ウ　一喜《いっき》一憂《いちゆう》

エ　日進月歩《にっしんげっぽ》　オ　一挙両得《いっきょりょうとく》　カ　一日千秋《いちじつせんしゅう》

【二】次の文章を読んで、あとの問いに答えなさい。

「あなたが目指すのは鉄人28号ですか？　それとも鉄腕《わん》アトムですか？」

私は新入生に出会うといつもこう問いかけ、「1鉄腕アトムみたいになろう」と呼びかけています。「鉄腕アトムを目指せってどういうこと？」「ロボットになる気なんてありません」って思った人、ごめんなさい。2ロボットになれってことじゃないんです。昔々、「鉄腕アトム」と「鉄人28号」という大人気のロボットマンガがありました。もちろん少年であった私もこのマンガに夢中になっていました。どちらもとても強いヒーローロボットなのですが、大きな違《ちが》いがあります。3それは鉄人28号が人間のaソウサするリモコンで動くの対して、鉄腕アトムは自分で考えて動き、喜んだり悲しんだりという感情も恐怖心《きょうふしん》もある人間のようなロボットだということです。「鉄人28号」はリモコンを持つ人によって正義の味方にも悪魔《あくま》の手先にもなります。それは自分の意志を持たず誰かの言う通りに動くロボットだからです。反対に鉄腕アトムは自分で考えて行動しますから、悪魔の手先にはなりません。小学校時代のうちに、もう鉄腕アトムレベルになったという人もいるかもしれませんね。でも「次何をするの？」「できないからやって」なんて誰《だれ》かに言ってばかりいませんか？　自分がどうしたらいいか自分で考えることをせずに、誰かの指示を待って動いてばかりいる人は、まだまだ鉄腕アトムレベルとは言えません。それから、何かいけないことをしたり失敗した

2024年度

東洋大学附属牛久中学校入試問題（第１回一般）

【算　数】（50分）　＜満点：100点＞

【注意】 定規・コンパス・電卓の使用を禁止します。

1 以下の問いの □ に当てはまる適切な数値を答えなさい。

(1) $56 \times 6 \div 3 + 72 \div 9 \times 4 =$ □

(2) $4\frac{2}{3} \div \left(3\frac{1}{4} - 1.5\right) + 0.4 =$ □

(3) $2.74 \times 0.3 + 27.4 \times 0.25 - 2.74 \times 0.8 =$ □

(4) $3\frac{3}{11} \div \frac{\square}{33} = 13\frac{1}{2}$

2 以下の問いの □ に当てはまる適切な数値を答えなさい。

(1) 水そうの中に56Ｌの水があります。$2\frac{1}{9}$Ｌの計量カップ18杯分の水を使い，さらに残りの水の$\frac{7}{12}$を使いました。このとき残りは □ Ｌです。

(2) 135個で3900円のアメがあります。このアメを6500円分購入すると □ 個購入できます。割合の考えを使って，整数で答えなさい。

(3) 原価600円の商品に原価の60％の利益を見込んで定価をつけました。しかし，売れなかったので，定価の30％引きで売ったところ □ 円の利益が出ました。

(4) プールに蛇口が２つあります。Ａの蛇口をつかうと48分で水がたまります。Ｂの蛇口をつかうと16分で水がたまります。Ａの蛇口とＢの蛇口両方から水を出すと，プールの水は □ 分でたまります。

(5) 「１個５ｇのおもり」と「１個10ｇのおもり」と「１個20ｇのおもり」が合わせて40個あります。重さを計ると全部で460ｇでした。「５ｇのおもり」と「20ｇのおもり」の個数は同じことがわかっています。このとき，10ｇのおもりは □ 個あります。

3 下の図のように，線分ＡＤ上に２点Ｂ，Ｃがあります。
線分の比が ＡＣ：ＣＤ＝９：２，ＢＣ：ＣＤ＝３：５ のときＡＢ：ＢＣ：ＣＤを求めなさい。

4　右の図のように正八角形の内部に，線分BDを１辺とする正三角形と線分BHを１辺とする正三角形が組み合わさっています。このとき，x の値を求めなさい。

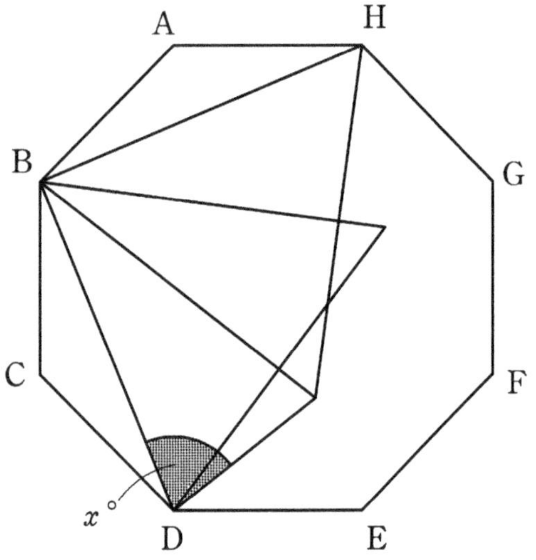

5　右の図のように，正方形の中に円が内接していて，さらにその円の中に正方形が内接しています。このとき，円に内接している正方形（▒部）の面積を求めなさい。

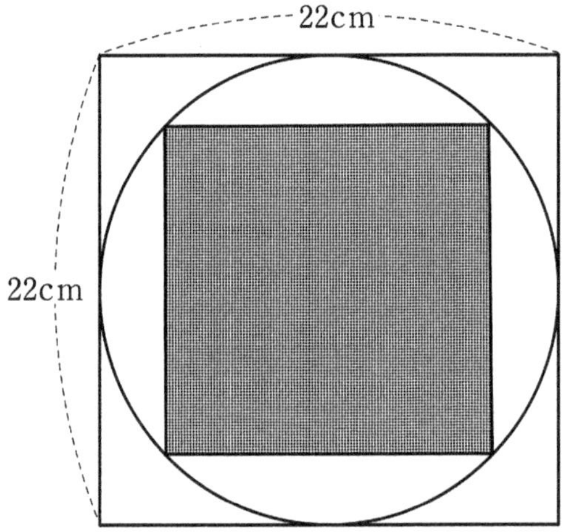

6　和人さんは歩いて，令子さんは自転車でＡ地点からＢ地点まで行くのに同時にスタートにしました。和人さんはＡ地点からＢ地点まで，毎分60mの速さで歩きます。令子さんは，毎分360mの速さで進んでいましたが，Ｂ地点から１km手前の場所で，自転車がパンクしてしまい，修理するのに40分かかりました。修理が終わった後，令子さんは毎分300mの速さでＢ地点に向かいました。２人が同時にＢ地点に着いたとするとき，以下の問いに答えなさい。ただし，Ａ地点からＢ地点までは一本道とし，令子さんは自転車のパンク修理をしている間，進んでいないものとします。

(1)　令子さんが自転車のパンクの修理の後，Ｂ地点まで進むのにかかった時間は何分何秒ですか。

(2)　令子さんの自転車がパンクした時，和人さんはＢ地点まで，あと何mの地点にいますか。

(3)　２人がＡ地点からＢ地点までかかった時間は何分何秒ですか。

7　令子さんと和人さんは以下のゲームについて会話をしています。あとの問いに答えなさい。

【ゲーム】
表にそれぞれ「と」，「う」，「よ」，「う」の文字の書かれたカードが1枚ずつ，全部で4枚あり，すべて表向きで置かれている。どのカードも裏には何も書いてない。サイコロを投げるたびに，以下のルールに従ってカードを裏返す。

と　う　よ　う

<ルール>
- **1の目が出たら，「と」のカードを裏返す。**
- **2，3の目が出たら，「う」のカードを裏返す。**
- **4の目が出たら，「よ」のカードを裏返す。**
- **5の目が出たら，4枚のカードすべてを裏返す。**
- **6の目が出たら，何もしない。**
- **すべてのカードを裏向きにした人の勝ち。**
- **令子さんからサイコロを振る。**

<会話文>
令子：私から始まるのね。１回目のサイコロで私か勝つには，ア の目を出せばいいわね。
和人：まぁ，そんな簡単にいかないでしょ。２回目のサイコロで僕が勝つのはどういうときだろう。
令子：私のサイコロの目によるんじゃないかしら。
和人：そうだね。もし，令子さんが イ の目を出してくれたら，僕が２回目に勝てる可能性が出てくるけど，令子さんが１回目に イ 以外の目を出した場合は，２回目で僕が勝てる可能性がないなぁ。
令子：このゲーム私がだいぶ有利じゃない。３回目で私が勝つ可能性があるのはどんな状況かしら。
和人：２回目が終わった段階で，３回目で令子さんが勝つ可能性があるのは次の①～④の４通りだね。表を見てみてよ。

2回目が終わって令子さんが勝つ可能性のある状況

	と	う	よ	う	令子さんが勝つためのサイコロの目
①	表	裏	裏	裏	ウ
②	裏	裏	表	裏	4
③	裏	表	裏	表	2，3
④	表	表	表	表	エ

令子：表に整理してくれてありがとう。２回目が終わって①になるのは，

『１回目に「１」の目が出て，２回目に「５」の目が出るとき』（以降「１→５」と表します）があるわね。

和人：そういうことだね。２回目が終わって①になるのは，「１→５」の他にもあるよ。

令子：そうよね。「１→５」を含めると，全部で５通りあるわね。私が勝つためには，①の状況になってから，$\boxed{\text{ウ}}$ の目を出せばいいのよね。だから，①の状況から私が勝つのは５通りあるってことよね。

和人：そうだよ。だから，それを②～④でも繰り返せば，３回目で令子さんが勝つための目の出し方の数が分かるね。

問題

(1) 文章中の $\boxed{\text{ア}}$ ，$\boxed{\text{イ}}$ に入る値を答えなさい。

(2) 表の $\boxed{\text{ウ}}$ ，$\boxed{\text{エ}}$ に入る値を答えなさい。

(3) 会話文中にもありましたが，２回目終了時に①の状況になる目の出し方は全部で５通りあります。「１→５」以外のうちの１つを答えなさい。

(4) ２回目終了時に③の状況にある目の出し方は何通りですか。

(5) ３回目で令子さんが勝つ目の出し方は全部で何通りですか。

$\boxed{8}$ 分数Ａを帯分数にしたときの整数部分を［Ａ］と表すことにします。

たとえば，$\left[\frac{2}{7}\right]=0$，$\left[\frac{9}{7}\right]=1$，$\left[\frac{14}{7}\right]=2$ などのようになります。

いま，［　］の中に入る値が「分母が７，分子が奇数」のときを考えます。以下の問いに答えなさい。

(1) $\left[\frac{19}{7}\right]+\left[\frac{21}{7}\right]+\left[\frac{23}{7}\right]$ の値を求めなさい。

(2) $\left[\frac{1}{7}\right]+\left[\frac{3}{7}\right]+\left[\frac{5}{7}\right]+\cdot\cdot\cdot+\left[\frac{11}{7}\right]+\left[\frac{13}{7}\right]$ の値はいくつですか。

(3) $\left[\frac{1}{7}\right]+\left[\frac{3}{7}\right]+\left[\frac{5}{7}\right]+\cdot\cdot\cdot$ と足していきます。その和が初めて300を越えたとき，$\left[\quad\right]$ の中の数はいくつですか。仮分数で答えなさい。

【理科・社会】（50分）　＜満点：100点＞

1　次のＡ・Ｂ・Ｃの問いに答えなさい。

Ａ．以下の問いに答えなさい。

問１　天気の変化について説明した文として正しいものを以下の**ア**～**エ**から一つ選んで記号で答えなさい。

ア　台風は５月から６月にかけて日本に接近し，強い風雨をもたらす

イ　晴れの日はふつう，太陽が真南にくる時刻にその日の最高気温を記録する

ウ　雲のうち，大きく垂直に発達し強い雨をもたらすものを高層雲という

エ　雨を降らす雨雲は，およそ西から東の方向へと移動していく

問２　大昔の生物のすがたをほぼ保ったままの状態が地層の中から見つかるものを何といいますか。漢字で答えなさい。

問３　９月のある時刻に，下の**図１**に示すような位置と形で月が観察できました。この日から７日後の同じ時刻に見える月について，①およその位置を記号で答え，②その形を解答欄に絵で描《か》いて答えなさい。ただし新月を答えるときは言葉で「新月」と記すこと。

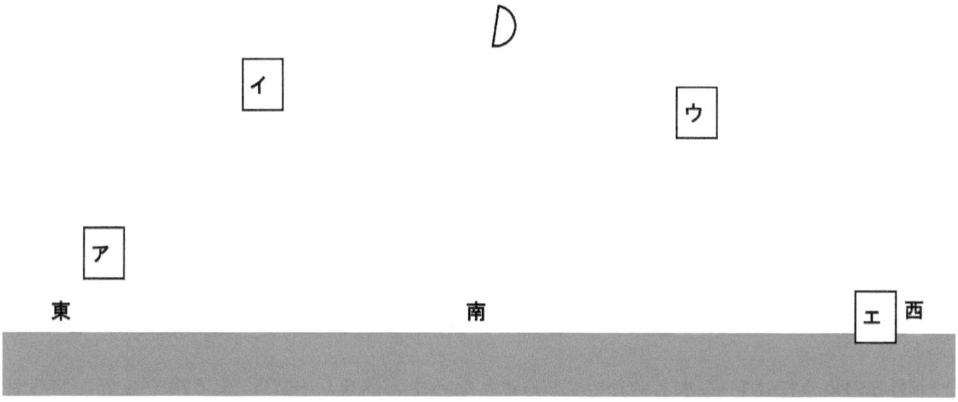

図１

問４　エンドウの発芽に水分が必要であることを調べるには，二つの実験を行って結果を比べる必要がある。その二つの実験の内容と予想される結果をそれぞれ説明しなさい。

問５　**図２**に示す木琴の音の高さについて調べるために**実験１**を行いました。この結果から音の高さとたたいた木の長さの関係について簡単な文章で説明しなさい。

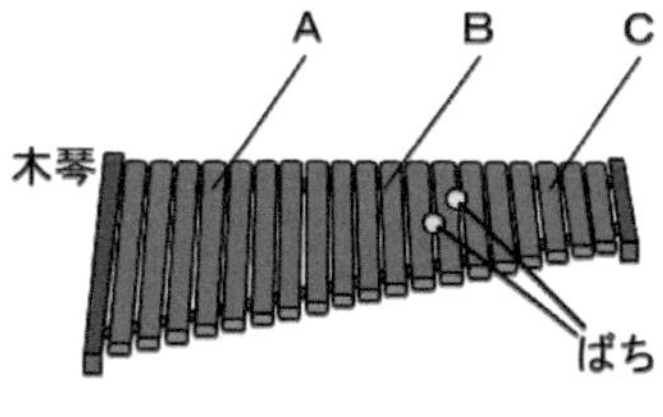

図２

実験１

【手順】　手順１　木琴のＡ，Ｂの順に同じ強さでたたく。
手順２　木琴のＢ，Ｃの順に同じ強さでたたく。
手順３　木琴のＡ，Ｃの順に同じ強さでたたく。

【結果】　・手順１ではＡよりＢの方が高い音がした
・手順２ではＣよりＢの方が低い音がした
・手順３ではＣの方が高い音がした

B．図３に示すばねと磁石の性質に関して以下の問いに答えなさい。

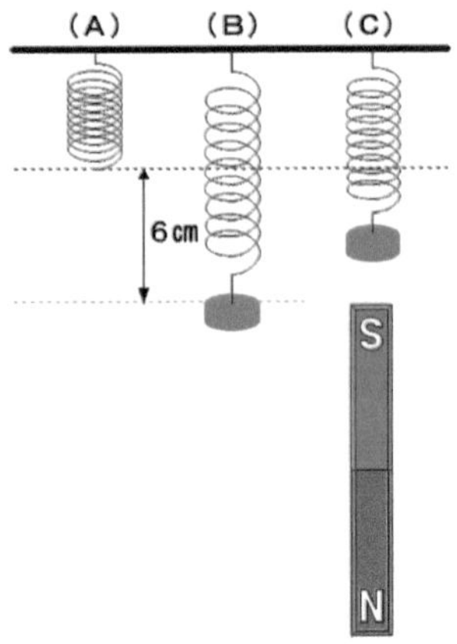

図３

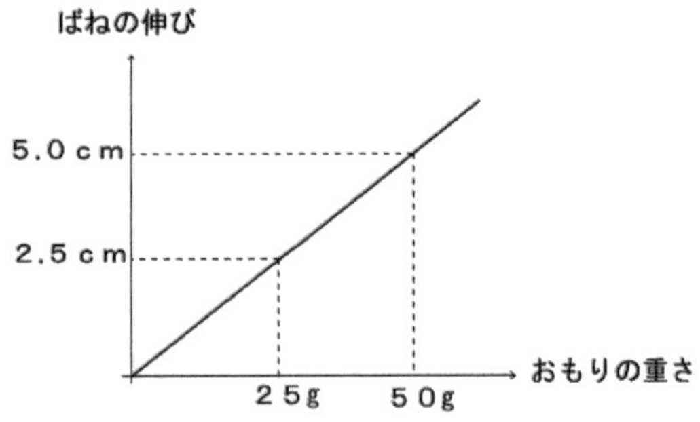

図４

問１　ばねに25ｇと50ｇのおもりをぶら下げ伸《の》びの長さを調べたところ，図４のグラフのようになりました。このばねに10ｇのおもりをぶら下げたとき，ばねは何㎝伸びるか求めなさい。

問２　図３（B）のようにばねに円ばん型の磁石をつり下げたとき，ばねははじめの長さから６㎝伸びました。磁石の重さは何ｇか求めなさい。

問３　図３（C）のようにばねに円ばん型の磁石をつり下げたまま，下から棒磁石を近づけてある高さで止めたところ，ばねの伸びは４㎝となりました。棒磁石は円ばん型の磁石に何ｇ分の力をあたえているか求めなさい。

C．形が変わるプラスチック製の容器に水を入れてこおらせる実験をします。以下の問いに答えなさい。

問１　図５のように10℃の水と合わせて300ｇとなった容器を，－20℃まで冷やしてこおらせたのち，図６のように再び重さを測定しました。こおらせたあとの上皿てんびんのつりあいについて正しく説明したものを以下のア～ウから一つ選んで答えなさい。

ア　300ｇのおもりとつりあう

イ　約280ｇのおもりとつりあう

ウ　約320ｇのおもりとつりあう

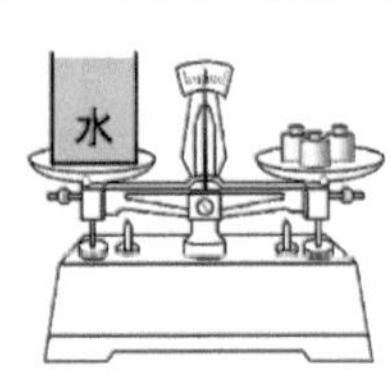

図５

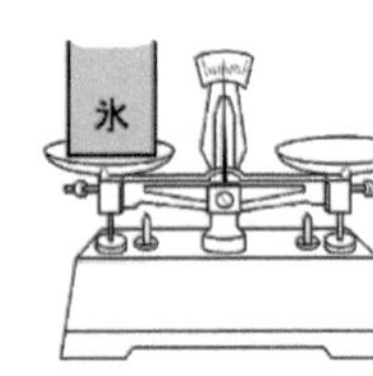

図６

問２　水をこおらせる実験を，形の変わらないガラス製の容器に変えて行ったところ，容器は割れてしまいました。その原因を説明した以下の文に当てはまることばを答えなさい。

水は液体から固体になると，（　①　）が（　②　）なるため

問３　－20℃の氷100cm^{3}の重さと，10℃の水100cm^{3}の重さをくらべたとき，重さが大きいのはどちらですか。問１，問２の結果をまとめながら，理由と答えを簡単な文で説明しなさい。

2　タヌキの生活に関する以下の文章を読み，あとの問いに答えなさい。

人間の生活する範囲《はんい》で，野生化してともに生きている動物にはネコやネズミなどがいますが，タヌキもそのうちの一種です。古い時代から広く人里で生活をしており，現代においても，東京23区などの都市化が進んだ地域にも生息しています。その理由は何でしょうか。

タヌキの頭骨《とうこつ》（頭部の骨）を見てみましょう。タヌキはもともとイヌやネコと同じ「食肉目」の仲間であり，その祖先は肉食であったと考えられます。①頭骨にもその特徴《とくちょう》を見ることができます。ではタヌキは常に他の動物を食べて暮らしているのでしょうか。

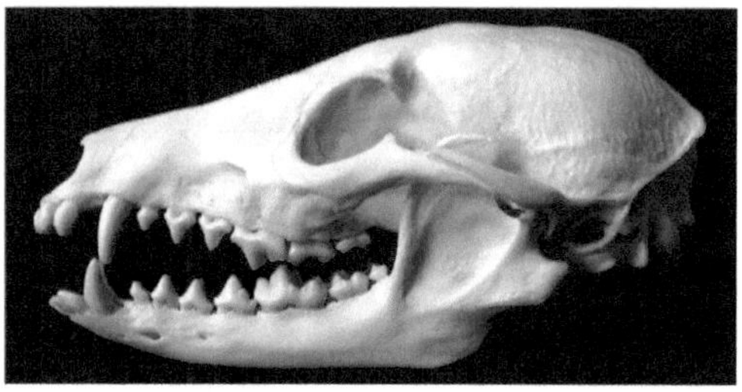

図１　タヌキ頭骨（「高知県立のいち動物園」蔵）

里山地区※における，タヌキの食物を分析した研究結果から考えてみましょう。次のページのグラフは，東京都西部の里山地区においてタヌキのフンを分析《ぶんせき》し，１～５のそれぞれの種類の食物を食べているタヌキの割合について，１年間の変化をあらわしたものです。

（※里山地区：人間の生活範囲の近くにある，農地や森林が混ざった地区）

１．木の種（サクラ，クワ，ギンナン）など

２．葉

３．果実や農作物（ジャガイモ，ダイコン）など

４．［　　　］など

５．鳥，小型哺乳《ほにゅう》類

このグラフからわかるように，②柔軟《じゅうなん》に食物を変えられることが，里山から都市化の進んだ地域まで，多様な環境《かんきょう》でタヌキが生息できることの理由の一つであると考えられます。

問１　下線部①について，タヌキの頭骨に観察される肉食動物の特徴をひとつ簡単な文章で答えなさい。

問２　「**４．［　　　］など**」の空欄《らん》にあてはまる食物について，次のページの**表１**のグラフを見ると，暖かくなる５月と，夏の盛りである７～８月に食べる割合が高いが，気温が下がる10～11月は特に低いことがわかる。これらの特徴から予測される空欄に当てはまる食物の種類として正しいものを**ア**～**エ**より一つ選び記号で答えなさい。

ア　昆虫類　　**イ**　キノコ類　　**ウ**　コメ　　**エ**　どんぐり類

問３　タヌキの食物の食べ方について説明した以下の**ア**～**オ**の文章のうち，あやまっているものを二つ選び記号で答えなさい。

ア　寒さが一番厳しい時期は，保存性の高い木の種を主に食べていることがわかる

イ　冬が終わって新芽が伸《の》びる時期に，葉を食べるタヌキの割合が最も大きくなる

ウ　秋になり生物の死滅《しめつ》が進む10～11月には，果実や農作物を食べるタヌキの割合が増加する

エ　鳥・小型哺乳類を食べているタヌキは１年間を通じて平均すると10％以下である

オ　ジャガイモが収穫《しゅうかく》される６～７月とダイコンが収穫される１～２月に，それらを食べるタヌキの割合が増加する

問４　下線部②「柔軟《じゅうなん》に食物を変えられること」に関して，以下の(1)・(2)の側面について問題文の内容から考えると，タヌキには食物の利用についてどのような柔軟さがあると言えますか。それぞれ「～～という柔軟さ」の形で終わる２行以内の文章で説明しなさい。

(1)　食肉目に含《ふく》まれる動物であるという側面

(2)　里山の環境を利用するという側面

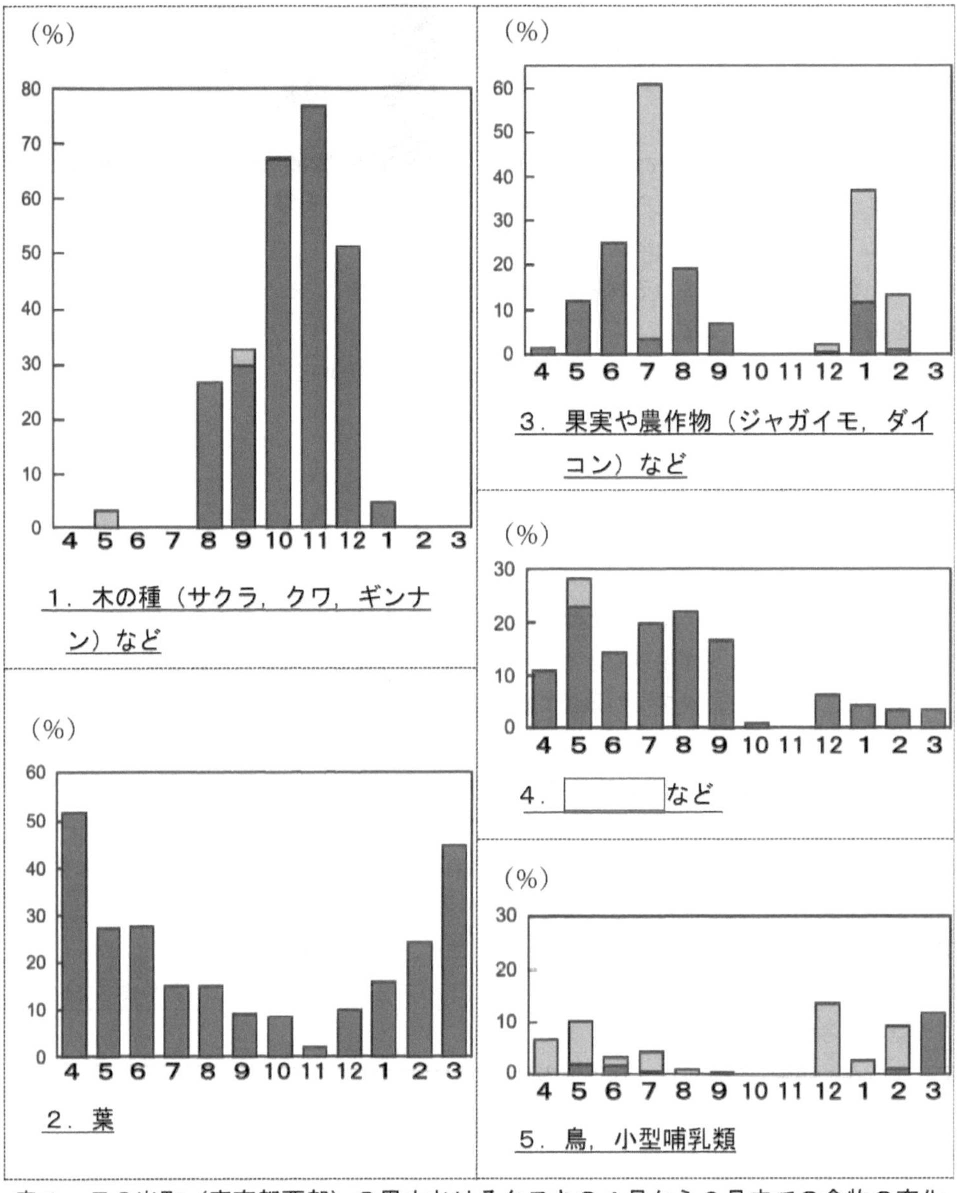

表１　日の出町（東京都西部）の里山おけるタヌキの４月から３月までの食物の変化

たて軸《じく》のパーセント（%）は，その食物のこん跡《せき》がふんの中から発見された割合を示す。また，グラフの色の濃さの違いはここでは問題にしない。

（東京野生生物研究所，2006より一部抜粋）

3　次のＡ・Ｂ・Ｃの問いに答えなさい。

Ａ．以下の問いに答えなさい。

問１　愛知県の豊田市などで生産が盛んであり，部品として鉄鋼やゴム，ガラスなどをつくる工業とも密接に結びついている日本の重要な工業製品で，日本の輸出を支える製品になっているものは何ですか。

問２　海底で地震《じしん》が発生したり，火山が爆発《ばくはつ》したりすることで，海底の地形が急激に変化して海面が盛り上がり，大きな波が沿岸におし寄せる自然現象をなんといいますか。

問３　源平の戦いで平氏をほろぼし，鎌倉に武士の政権をつくり，1192年に征夷大将軍となった人物の名を答えなさい。

問４　織田信長の死後，太閤検地や刀狩を実施《じっし》したことで知られる，1590年に全国を統一した人物の名を答えなさい。

問５　1923年の９月１日に関東地方南部でおこった大地震とその被害《ひがい》のことを何といいますか。名《めい》称《しょう》を答えなさい。

問６　日本にある米軍基地が最も集まっている都道府県はどこかを答えなさい。

問７　日本国憲法の三大義務は「教育を受けさせる義務」，「勤労」とあと一つは何か答えなさい。

Ｂ．次の⑴～⑷は，日本の紙幣《しへい》（紙のお金）に描《えが》かれる人物や建物について説明した文です。これらを読んで，下の問いに答えなさい。

⑴　首里城の守礼門は中継貿易で栄えた琉球王国の時代に作られたもので，琉球王国が成立したのは，ちょうど室町幕府の６代将軍が就任した時期にあたります。

⑵　（　①　）は，最後の将軍徳川慶喜につかえ，幕府の滅亡後は租税《そぜい》・貨幣《かへい》・銀行などの新制度の準備にかかわり，また，多くの会社の設立にもかかわりました。

⑶　聖徳太子は，おばの推古天皇の時代に，蘇我馬子らとともに政治にかかわりました。この時代には，中国の政治を参考にして色々な改革が行われました。

⑷　遣唐使の停止を進言したことで知られる（　②　）は，のちに右大臣まで出世しましたが，藤原氏の策略で失脚《しっきゃく》し，九州の大宰府に行くことになりました。死後は学問の神様として信仰《しんこう》されることになりました。

問１　空欄《らん》（①）（②）に入る語句を答えなさい。

問２　⑴～⑷を時代の古いものから順にならべなさい。

問３　下線部について，この時代の政治として間違《まちが》っているものを，ア～エの文から一つ選び記号で答えなさい。

ア　家がらや出身に関係なく，能力や功績で人物を役人に取り立てる冠位十二階を制定した

イ　東大寺が建てられ大仏がつくられるなど，仏教を積極的に取り入れた

ウ　朝廷の仕事に対する役人の心がまえを示した十七条の憲法を制定した

エ　中国の制度や文化を取り入れるために，遣隋使を派遣した

C．以下の図を見て，続く問１～３に答えなさい。

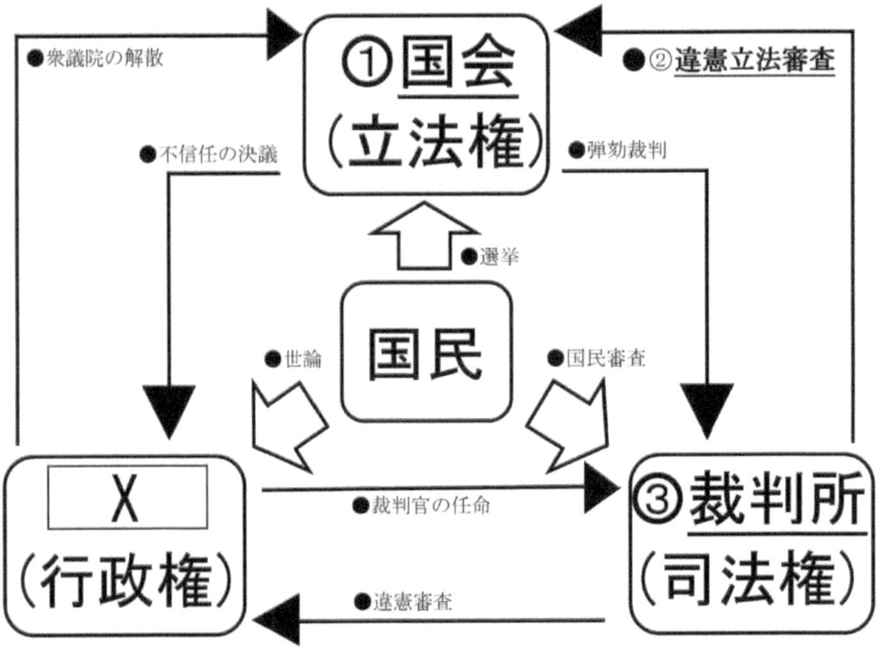

問１　図中の X に入る，行政権を担う機関を何というか答えなさい。

問２　下線部①に関して，以下の文ア～エのうち，国会のはたらきとして正しくないものを一つ選び記号で答えなさい。

ア　憲法の改正を提案する　　**イ**　総理大臣を指名する

ウ　国の予算を決める　　**エ**　学校や図書館などの施設《しせつ》を管理する

問３　以下の各問いに答えなさい。

(1)　下線部②に関して，違憲立法審査権とは何か，説明しなさい。

(2)　下線部③に関して，裁判所には，いくつかの種類があるが，このうち(1)の権限の最終的な決定権を持っているため，「憲法の番人」と呼ばれる裁判所の名称《めいしょう》を答えなさい。

4　まどかさんのクラスでは，社会の授業でグループごとに分かれて都道府県について調べて発表することになりました。まどかさん，たろうさん，はなこさん，りょうさんのグループは茨城県について調べることにしました。以下はまどかさんたちのグループによる発表の様子です。これを読んで，続く各問いに答えなさい。

まどかさん：わたしたちのグループは茨城県について調べました。茨城県はA関東地方の北部に位置する，B３つの県と海に囲まれている県です。茨城県の名前の由来は，昔ある人が，茨で城を築いたという伝説からきているそうです。多くの部分はC江戸時代までは常陸の国とよばれていました。

たろうさん：県の大きさは全国で24番目の約6000㎢で，人口は約290万人です。また，D県庁所在地は水戸市です。江戸時代には，徳川家の藩がおかれており，水陸交通の要所として発展し，政治，経済，文化のあらゆる面で発展しました。

はなこさん：茨城県は，農業が盛んで，白菜やれんこん，ピーマンなど，生産量日本一のものがたくさんあります。

たろうさん：農業が盛んな理由は，E温暖な気候に加えて，茨城県が［　X　］にあることから，商品を新鮮《しんせん》に安く届けることができるからです。

りょうさん：茨城県は，農業のほかにも工業が盛んで，F日立市の電気機械産業や，つくば市の宇宙産業などが有名です。

まどかさん：調べてみて分かったことは，茨城県が歴史とともに発展してきたことや，野菜などの生産で，たくさんの日本一のものがあることです。今度調べるときは，歴史遺産の建物などについて，詳《くわ》しく調べてみたいと思いました。

問１　［X］に合うように，適切な文をつくりなさい。

問２　茨城県の人口密度を求め，小数第１位を四捨五入して，整数で答えなさい。

問３　下線部A～Dには間違《まちが》いを含んでいるものが１つある。間違いを含《ふく》んでいるものをA～Dのうちから一つ選び記号で答え，正しく直した文を書きなさい。

問４　下線部Eに関して，次の４つの雨温図は茨城県（水戸），北海道（札幌），新潟県（新潟），沖縄県（那覇）のいずれかである。このうち，茨城県（水戸）にあたるものをあとのア～エのうちから一つ選び記号で答えなさい。

ア

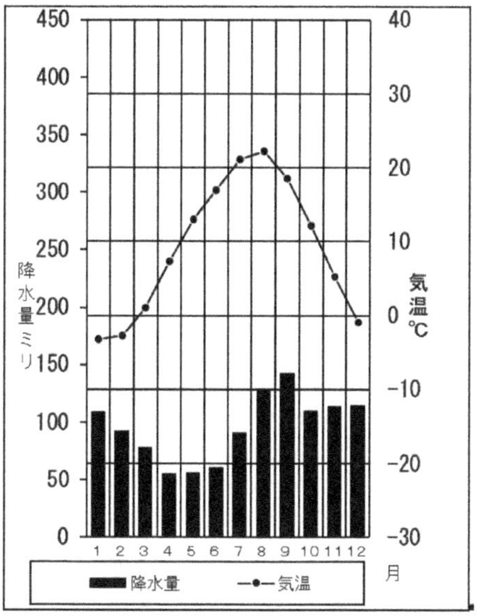

イ

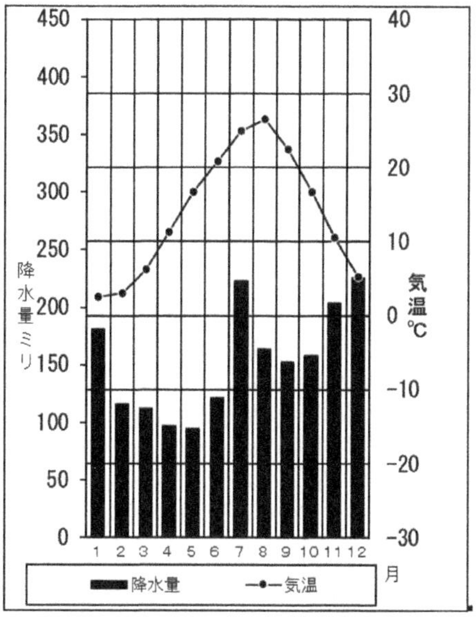

ウ

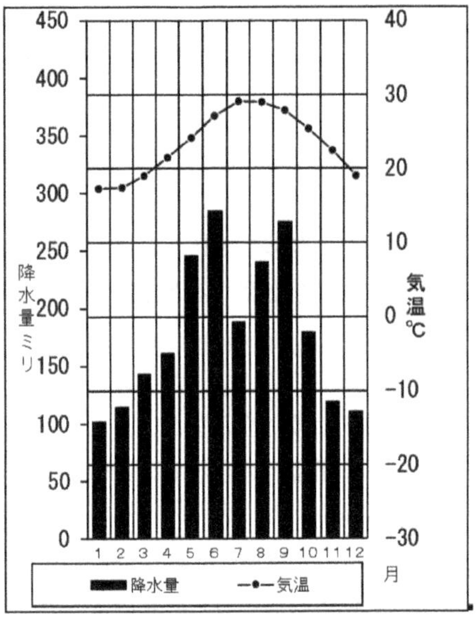

エ

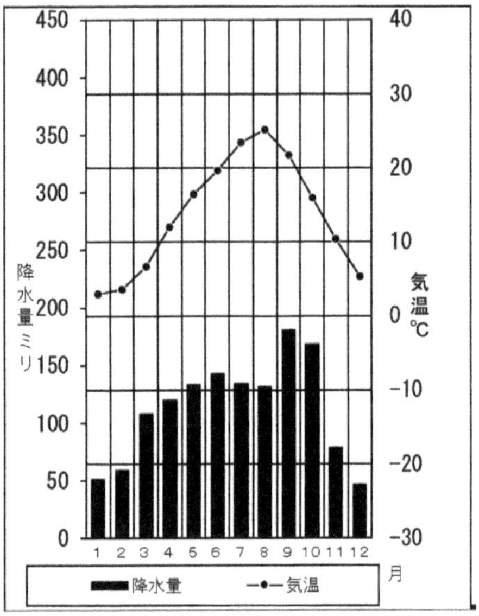

問５　下線部Ｆに関して，以下の地図は日立市の一部を示したものである。りょうさんは地図を見ながら，もし自分が飲食店を出店するならどこにするか考えることにしました。以下の地図の①・②のうち，りょうさんが決める場所はどちらになると思うか選び，記号で答えなさい。また，なぜりょうさんはその場所にしようと考えたのかという理由について，地図から読み取れる情報をもとに，具体的に40字以上60字以内で説明しなさい。

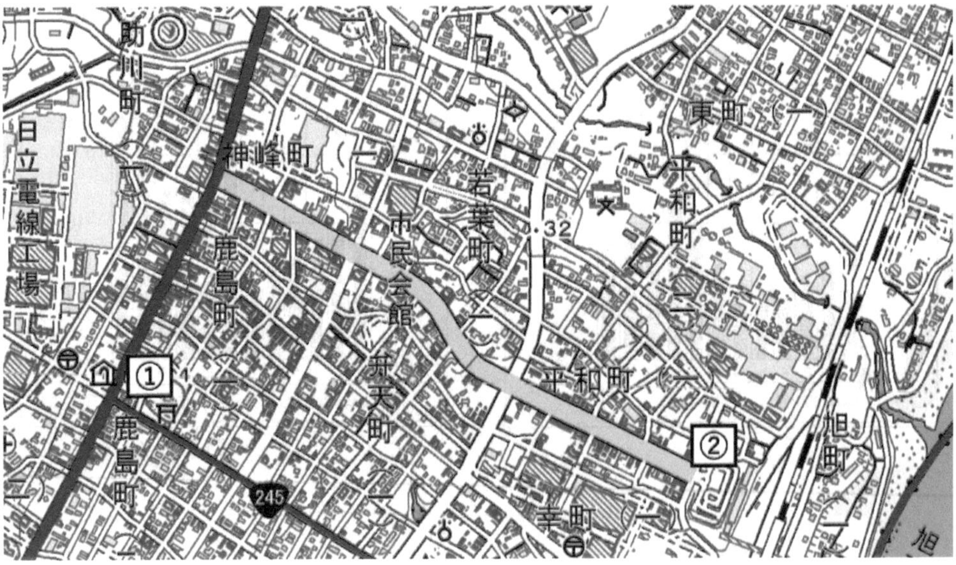

問14　本文で述べている内容として、最も適切なものを次の中から一つ選び、記号で答えなさい。

ア　この世界の喜びや感激などを一緒に再発見し、感動を分かち合ってくれる大人がそばにいなければ、センス・オブ・ワンダーを感じることはできない。

イ　多くの親は、子どもの好奇心に答えることができない自分を発見し、どうしてよいか分からなくなり、子どもの質問から目をそむけるようになってしまう。

ウ　大人は誰もが、子どものころの夏の光の輪郭や草の上の香り、蝉しぐれの声などを、強烈なリアリティをもってまざまざと思い出すことができる。

エ　現在の私たちの社会制度や文明、文化のすべてが、子どもの遊びを基盤として生まれたことは、ロジェ・カイヨワやホイジンハが述べている通りだ。

問15　この文章を読んだ中学生がグループワークで交わした次の会話を読み、本文の内容を**読み違えている人**を一人選びなさい。

Aさん　小学生は遊べるから子どもだけど、勉強や部活で忙しい中学生は確かに子ども時代とは言えないよね。

Bさん　うん、中学生は思春期の始まりだから、だんだん「センス・オブ・ワンダー」を失っていってしまうのかもしれないよ。

Cさん　そうかもしれないけど、せっかく高校受験がないのだから、「遊び」の心を忘れずに学校生活を送って、いろいろなことに感動していきたいね。

Dさん　そうだね。これからも「センス・オブ・ワンダー」の記憶を忘れないようにすれば、悩んでいるときにヒントになるかもしれないね。

Eさん　そうやって「センス・オブ・ワンダー」を感じながら成長して、子どもと一緒に感動できる大人になりたいな。

問16　本文の中では「遊びの中で学ぶことができた」「遊びを介《かい》して試すことができた」「遊びの中で発見することができた」と述べられています。あなたのこれまでの経験の中で、「遊び」から学んだこと・発見したことを百六十字以上二百字以内で書きなさい。また、書くときは次の《きまり》に従いなさい。

《きまり》

・氏名と題名は書きません。

・各段落の最初は一マス下げて書きます。

・「、」や「。」もそれぞれ一文字に数えます。ただし、行の一番上のマス目に「、」や「。」がきてしまうときは、前の行の最後のマス目に文字と一緒《いっしょ》に記入してかまいません。

・文章の途中《とちゅう》で段落をかえたときの残りのマス目は、文字数として数えます。

ますか。その部分を二十四字で書き抜きなさい。

問６　傍線部５「人工」の対義語を本文中の漢字二字で答えなさい。

問７　傍線部６「『知る』ことは『感じる』ことの半分も重要ではない」とはどういうことですか。最も適切なものを次の中から一つ選び、記号で答えなさい。

ア　「知る」ことよりも「感じる」ことの方が大切である

イ　「知る」ことは「感じる」ことよりも重要である。

ウ　「知る」ことで「感じる」ことの価値が理解できる。

エ　「感じる」ことで「知る」ことの重要性がわかる。

問８　傍線部７「種子をはぐくむ肥沃《ひよく》な土壌《どじょう》」とありますが、「種子」「土壌」はそれぞれ何をたとえたものですか。本文中から十字以上十五字以内で書き抜きなさい。

問９　傍線部９「うのみ」の意味としてもっとも適切なものを次の中から一つ選び、記号で答えなさい。

ア　自分の考えにあったものだけを選びとること。

イ　何もかも他人にまかせて、自分では考えないこと。

ウ　物事の内容を十分に考えずに、そのまま受け入れること。

エ　物事の意味を十分理解して、真実を知ること。

問10　空らん X ～ Z に入る語句の組み合わせとして最も適切なものを次の中から一つ選び、記号で答えなさい。

ア　X　しかし　Y　だから　Z　つまり

イ　X　なぜなら　Y　だが　Z　もしくは

ウ　X　しかも　Y　そこで　Z　そのため

エ　X　ところが　Y　あるいは　Z　そのうえ

問11　傍線部10「ほとんど差がない」という意味の故事成語を漢字五文字で書きなさい。

問12　傍線部11「これが私の仮説である」とありますが、どのような疑問に対する「仮説」なのか、次の中から最も適切なものを一つ選び、記号で答えなさい。

ア　大人になり「センス・オブ・ワンダー」を失ってしまうのは、加齢や老化による不可避的な時間経過のためなのだろうか。

イ　生物としてはほとんど差がないサルとくらべ、人間の子どもの五感が研ぎ澄まされているのはなぜか。

ウ　人間が、長い子ども時代のあとに急激な成熟期を迎えるという他の生物とは異なる成長パタンを取る意味はなにか。

エ　大人になると倦怠と幻滅にとらわれ、自然という力の源泉から遠ざかり、つまらない人工的なものに夢中になるのはなぜか。

問13　傍線部12「人間以外にセンス・オブ・ワンダーの感受性はないはずだ」とありますが、なぜ人間だけが「センス・オブ・ワンダー」をもつことができたのですか。本文中の言葉を使って四十五字以内で説明しなさい。

〈下書き用マス目〉

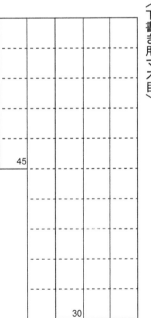

夢中になること」が不可避《ふかひ》的に起きると。カーソンはその理由までは書かなかったが、それは、子ども時代の終わりが、大人になること（性的な成熟）のトレードオフ※12にあることなのだ。

　とはいえ、私たちは、センス・オブ・ワンダーを全く失ってしまうことにはならない。自分のセンス・オブ・ワンダー体験を憶《おぼ》えておくことができるし、思い出すこともできる。自分の原点として参照することもできる。あるいはこの先を生きていくための転回点にすることすらできる。

（レイチェル・カーソン著　上遠恵子訳「センス・オブ・ワンダー」）

※1　洞察…よく見通すこと。見抜くこと。
※2　畏敬…相手をすぐれた人物と思い、おそれうやまうこと。
※3　倦怠…いやになってなまけること。
※4　幻滅…理想と現実のちがいにがっかりすること。
※5　情緒…ある物事に触れたときに起こるしみじみとした感情。
※6　肥沃…土地が肥えていて農作物がよく育つこと。
※7　賛嘆…ふかく感心してほめること。
※8　リアリティ…現実感。真実性。
※9　遊びをせんとやうまれけん…「梁塵秘抄」の一句。〈遊びをしようとしてこの世にうまれてきたのだろうか。〉の意。
※10　ロジェ・カイヨワ…（一九一三～一九七八）フランスの哲学者、評論家。
※11　ホイジンハ…（一八七二～一九四五）オランダの歴史学者。
※12　トレードオフ…本来は交換の意味で、一方を立てれば他方が他方がおろそかになること。

問１　傍線《ぼうせん》部ａ～ｅについて、カタカナは漢字に直し、漢字は読みを書きなさい。

問２　傍線部１「大人になる前に澄《す》みきった洞察力《どうさつりょく》や、美しいもの、畏《い》敬《けい》すべきものへの直観力をにぶらせ、あるときはまったく失ってしまいます」とありますが、〈Ａ〉〈Ｂ〉の二つの文章を通して述べられている内容として最も適切なものを次の中から一つ選び、記号で答えなさい。

ア　加齢《かれい》や老化などによって洞察力《どうさつりょく》や直感力がにぶってくるから。
イ　仕事や人間関係などのさまざまなことに悩《なや》むようになるから。
ウ　厳しい生存競争の中で苦労が増え、遊ぶ余裕《よゆう》がなくなるから。
エ　経験を積むことで、驚《おどろ》いたり感激したりすることが減るから。

問３　傍線部２「善良」と同じ組み立ての熟語を次の中から一つ選び、記号で答えなさい。

ア　悪人　イ　加入　ウ　出席　エ　増減

問４　傍線部３「センス・オブ・ワンダー」とありますが、文章〈Ｂ〉の筆者はこれをどのような感性と訳していますか。本文中の言葉を使って二十字以内で説明しなさい。

〈下書き用マス目〉

問５　傍線部４「大人になる」、傍線部８「子ども時代」について次の問いに答えなさい。

(1)　傍線部４「大人になる」ことを文章〈Ｂ〉ではどのように表現していますか。本文中から八字で書き抜《ぬ》きなさい。

(2)　傍線部８「子ども時代」を文章〈Ｂ〉ではどのように説明してい

デンシはすべて共通している。サルと比べたら、もう10ほとんど差がないといってもいいくらいだ。［Y］人間はそんなに威張《いば》ることはできない。

でも、ひとつだけ、他の生物と人間が異なることがある。サルとでさえ大きく違っている。それは何かと言えば、人間には、ことさら長い子ども時代がある、ということである。子ども時代、というのは文字通り、大人になるまでの時間のことだ。［Z］、生物学的に見て、性的に成熟するまでの期間、と定義できる。

サルの場合、多くは、生後五年ほどで性的に成熟する。対して人間は？　五歳《さい》や六歳はまだ赤ちゃん同然、何もひとりではできない。十代前半で身体的には第二次性徴《せいちょう》期を迎《むか》えるが、実際に子どもを持つようになるのは、一般《いっぱん》的に言って、もっとずっと後のことになる。つまりヒトには特別に長い長い、子ども時間が与《あた》えられている、ということだ。しかも、多くの生物は幼体（幼虫）から一直線に成虫に向かうのに、人間の場合だけ、子ども時代は十年以上ものフラットな時間であり、そのあと急激な性成熟（思春期）を迎える、という変則的な成長パタンをとる。これはいったい何を意味するのだろう。

大人になると、つまり性的成熟を果たすと、生物は苦労が多くなる。パートナーを見つけ、食糧《しょくりょう》を探し、敵を警戒《けいかい》し、巣をつくり、縄張りを守らなければならない。そこにあるのは闘争《とうそう》、攻撃《こうげき》、防御《ぼうぎょ》、警戒といった、待ったなしの生存競争である。対して、子どもに許されていることはなんだろう？　遊びである。性的なものから自由でいられるから、闘争よりもゲーム、攻撃よりも友好、防御よりも探検、警戒よりも好奇心、それが子どもの特権である。つまり生産性よりも常に遊びが優先されてよい特権的な期間が子ども時代だ。

効率を考えると、生まれてから、できるだけ早く生殖年齢《せいしょくねんれい》に達して、子孫をどんどん残すことの方が一見有利にみえる。しかし、なかなか成熟せず、長い子ども時間を許された生物（つまりヒトの祖先のサル）がたまたまあるとき出現した。彼《かれ》はあるいは彼女《かのじょ》は、遊びの中で学ぶことができた。遊びの中で発見することができた。遊びを介《かい》して試すことができたのだ。そしてなによりも、世界の美しさと精妙《せいみょう》さについて、遊びを通して気づくことができたのだ。センス・オブ・ワンダーの獲得《かくとく》である。もともと環境《かんきょう》からの情報に鋭敏《えいびん》に反応できるよう、子どもの五感は研《と》ぎ澄《す》まされている。これが人間の脳を鍛《きた》え、知恵《ちえ》を育《はぐく》み、文化や文明をつくることにつながった。こうして人間は人間たらしめられた。11これが私の仮説である。※9遊びをせんとやうまれけん。12人間以外にセンス・オブ・ワンダーの感受性はないはずだ。

※10ロジェ・カイヨワの遊びの社会論や※11ホイジンハの『ホモ・ルーデンス』の遊びの文化論を待つことなく、現在の私たちの社会制度、文明、文化はすべて、子どもの遊びを基盤《きばん》としている。ゲームが経済行為《こうい》となり、そのルールが法律となった。

だから逆にいえば、大人になることは獲得《かくとく》のプロセスではないのだ。むしろ喪失《そうしつ》の物語なのである。色気づくことは、闘争《とうそう》、競争、警戒《けいかい》といった行動が優先されるということであり、身体や知覚のリソースはそちらへ振《ふ》り向けられる。その分、世界に対するセンス・オブ・ワンダーは曇《くも》りがちにならざるをえない。

カーソンはいう。「やがて大人になるとやってくる倦怠《けんたい》と幻滅《げんめつ》、私たちが自然という力の源泉から遠ざかること、つまらない人工的なものに

気がつき、しばしばどうしてよいかわからなくなります。そして、

「自分の子どもに自然のことを教えるなんて、どうしたらできるというのでしょう。わたしはそこにいる鳥の名前すら知らないのに！」

と嘆《なげ》きの声を上げるのです。

わたしは、子どもにとっても、どのようにして子どもを教育すべきか頭をなやませている親にとっても[6]「知る」ことは「感じる」ことの半分も重要ではないと固く信じています。

子どもたちがであう事実のひとつひとつが、やがて知識や知恵《ちえ》を生みだす種子だとしたら、さまざまな※5情緒《じょうちょ》やゆたかな感受性は、この[7]種子をはぐくむ※6肥沃《ひよく》な土壌《どじょう》です。幼い[8]子ども時代は、この土壌を耕すときです。

美しいものを美しいと感じる感覚、新しいものや未知なものにふれた時の感激、思いやり、憐《あわ》れみ、※7賛嘆《さんたん》や愛情などのさまざまな形の感情がひとたびよびさまされると、次はその[d]タイショウとなるものについてもっとよく知りたいと思うようになります。そのようにして見つけだした知識は、しっかりと身に付きます。

消化する能力がまだそなわっていない子どもに、事実を[9]うのみにさせるよりも、むしろ子どもが知りたがるような道を切りひらいてやることのほうがどんなにたいせつであるかわかりません。

文章〈B〉

センス・オブ・ワンダー。私の一番好きな言葉である。直訳すれば、驚く感性。何に驚《おどろ》くのか、と言えば、自然の美しさ、あるいは、その精《せい》妙《みょう》さに対して。本書の訳者、上遠恵子《かみとおけいこ》の名訳によれば、神秘さや不思議さに目を見はる感性、となる。

誰《だれ》もが、自分のセンス・オブ・ワンダー体験を持っている。

（中略）

センス・オブ・ワンダーを受け止める子どもの五感には驚くべきものがある。視覚、嗅覚《きゅうかく》、聴覚《ちょうかく》、肌《はだ》感覚……どれをとっても限りなく鋭敏《えいびん》だ。今でも、あの夏の日のくっきりとした光の輪郭《りんかく》や、草や土の香り、蝉《せみ》しぐれの声、強い日差しが皮膚《ひふ》を焼く感覚。それをまざまざと思い出すことができる。ところが不思議なことに、大人になるとそんな強烈《きょうれつ》な※8リアリティがすべての感覚から失われてしまっていることに気づかされる。

カーソンもこう書いている。

「子どもたちの世界は、いつも生き生きとして新鮮《しんせん》で美しく、驚《おどろ》きと感激にみちあふれています。残念なことに、わたしたちの多くは大人になる前に澄《す》みきった洞察力《どうさつりょく》や、美しいもの、畏敬《いけい》すべきものへの直観力をにぶらせ、あるときはまったく失ってしまいます」

これは大人になると仕事や人間関係のよしなしごとに悩《なや》まされるようになるから、あるいは加齢《かれい》や老化による不可避《ふかひ》的な時間経過によるものなのだろうか。

私は必ずしもそうではないと思っている。それはこういうことだ。

人間は自分のことを特別な生物と思っている。 X 実はそれほど特別ではない。細胞《さいぼう》のレベルでみるとつくりやしくみは酵母《こうぼ》やハエとほとんどかわりがない。[e]イデンシの数だって、酵母やハエに比べればちょっとは多いけれど、何十倍も違《ちが》うということはないし、基本的なイ

【国　語】〈五〇分〉　〈満点：一〇〇点〉

【一】次の問いに答えなさい。

問１　次の①～③の文の、主語と述語を答えなさい。主語が省略されている場合は「なし」と答えなさい。

例）ぼくは　図書館に　本を　探しに　行った。

　主語：ぼくは　述語：行った

①長身の　選手は　速い　球を　遠くまで　投げた。

②夏の　空を　彩る　花火は　日本が　誇る　芸術だ。

③教科の　中では　体育が　一番　得意だ。

問２　次の各文の傍線部《ぼうせん》は、どこにかかる言葉ですか。例にならって答えなさい。

例）きれいな　赤い　花が　咲《さ》いている。　答：花が

①はい、わたしは　それが　一番　よいと　思います。

②大きな　一本の　木が　ぼくたちの　前に　転がっていた。

③昨日は　朝から　強い　雨が　降っていた。

問３　次の空らんにあてはまる四字熟語を後から選び、記号で答えなさい。同じ記号は重ねて使いません。

①短距離走で□の記録が作られたことに人々は驚いた。

②クラスのみんなは□に私の案に賛成してくれた。

③彼は□のところだったが、なんとか助かった。

④田舎で□の暮らしをするのが夢だと父は言う。

ア　異口同音《いくどうおん》　イ　意味深長《いみしんちょう》　ウ　危機一髪《ききいっぱつ》

エ　空前絶後《くうぜんぜつご》　オ　晴耕雨読《せいこううどく》　カ　優勝劣敗《ゆうしょうれっぱい》

【二】次の文章を読んで、あとの問いに答えなさい。

文章〈A〉はレイチェル・カーソン著「センス・オブ・ワンダー」より、文章〈B〉は「センス・オブ・ワンダー」への福岡伸一《ふくおかしんいち》の寄稿《きこう》である。

文章〈A〉

　子どもたちの世界は、いつも生き生きとして新鮮《しんせん》で美しく、驚《おどろ》きと感激にみちあふれています。残念なことに、わたしたちの多くは[1]大人になる前に澄《す》みきった※1洞察力《どうさつりょく》や、美しいもの、※2畏敬《いけい》すべきものへの直観力をにぶらせ、あるときはまったく失ってしまいます。

　もしもわたしが、すべての子どもの成長を見守る[2]善良な妖精《ようせい》に話しかける力をもっているとしたら、世界中の子どもに、生涯《しょうがい》消えることのない「[3]センス・オブ・ワンダー＝神秘さや不思議さに目を見はる感性」を[a]授けてほしいとたのむでしょう。

　この感性は、やがて[4]大人になるとやってくる※3倦怠《けんたい》と※4幻滅《げんめつ》、わたしたちが自然という力の源泉から遠ざかること、つまらない[5]人工的なものに[b]ムチュウになることなどに対する、かわらぬ解毒剤《げどくざい》になるのです。

　妖精の力にたよらないで、生まれつきそなわっている子どもの「センス・オブ・ワンダー」をいつも新鮮にたもちつづけるためには、わたしたちが住んでいる世界の喜び、感激、[c]神秘などを子どもといっしょに再発見し、感動を分かち合ってくれる大人が、少なくともひとり、そばにいる必要があります。

　多くの親は、熱心で繊細《せんさい》な子どもの好奇心《こうきしん》にふれるたびに、さまざまな生きものたちが住む複雑な自然界について自分が何も知らないことに

2024年度

東洋大学附属牛久中学校入試問題（適性検査型）

【適性検査Ⅰ】（45分）　＜満点：100点＞

[1]　けんたさんとゆうかさんが０，１，２，３，３ の数字が書かれた５枚のカードを使って話しています。

けんた：この５枚のカードから３枚のカードを選んで，色々な３けたの整数を作ってみよう。

ゆうか：３けたの整数だから，百の位に０はこないよね。

けんた：そういうことだね。

ゆうか：例えば，３けたの偶数だったら何通りできるかな。

けんた：偶数だから一の位のカードは０または２だね。

ゆうか：一の位が０の場合，３けたの整数は [あ] 通りできるよ。一の位が２の場合も同様に考えて，３けたの偶数は全部で [い] 通りできることがわかるね。

問題１　会話文中の [あ]，[い] にあてはまる数を書きなさい。

けんた：じゃあ次に３けたの整数で３の倍数になるものは何通りあるか数えてみよう。

ゆうか：えっ，３けたの３の倍数はちょっと難しくないかな。

けんた：だいじょうぶ。各位の数の和が３の倍数であればその整数は３の倍数になるんだ。

ゆうか：じゃあ，例えば５枚のカードの中から０，３，３を選ぶと，０＋３＋３＝６が３の倍数だから０，３，３で作られる３けたの整数は３の倍数になるということね。

けんた：そうだよ。だからこの場合３けたの整数は303，330の２通りなんだ。

ゆうか：０，３，３以外でも３枚の数の和が３の倍数になる選び方があるから，他の場合も考えて３けたの整数で３の倍数になるものの個数を数えてみよう。

けんた：他の場合も考えてみたら３けたの整数で３の倍数になるものは全部で [う] 通りだ。

問題２　会話文中の [う] にあてはまる数を書きなさい。

[2]　けんたさんとゆうかさんはそれぞれが作った立体を見ながら話をしています。

ゆうか：１辺が24㎝の正方形の折り紙をこの図（**図１**）の折り線の通りに折ると，三角すい（**図２**）ができたよ。

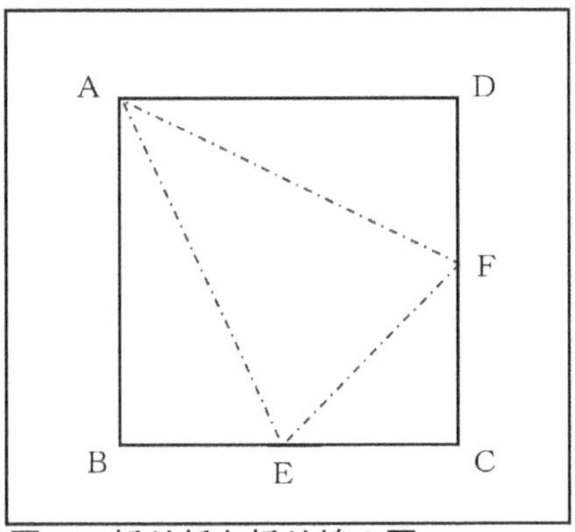

図１　折り紙と折り線の図

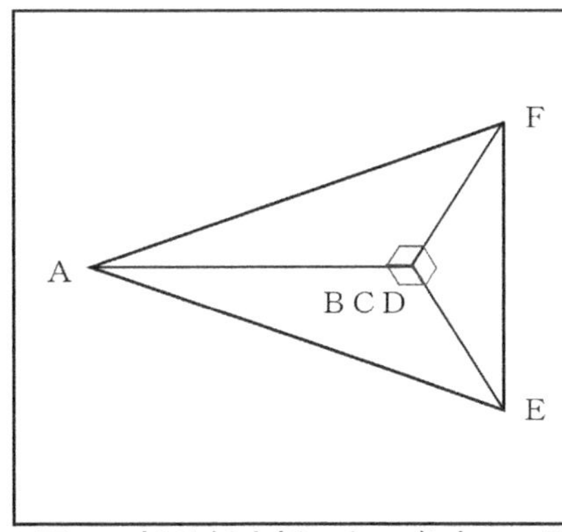

図２　折り紙を折った三角すいの図

けんた：点ＥとＦがそれぞれ辺BCとCDの真ん中の点だから，正方形の３つの頂点が１点に集まるんだね。

ゆうか：この三角すいの体積を求めたいんだけど，底面の三角形AEFの面積がなかなか求められないの。

けんた：たしかにこの面積を求めるのは難しそう。見方を変えて別の面を底面と考えてみたらどうかな。

ゆうか：なるほど，それなら求められるかもしれない。

問題１　ゆうかさんの三角すいの体積を求めなさい。

けんた：ぼくはこの発ぽうスチロール製の１辺が16㎝の立方体から点Ｋ，Ｐ，Ｑを通る面で切り取って三角すいＧ－ＫＰＱを作ったよ。（図３）このＰ，Ｑはそれぞれ辺JG，GHの真ん中の点なんだ。

ゆうか：へえ，切り口がきれいに切られているね。

けんた：この三角すいの表面積を求めたいんだよ。

ゆうか：これって私がさっき折り紙で作った三角すいに似ているね。

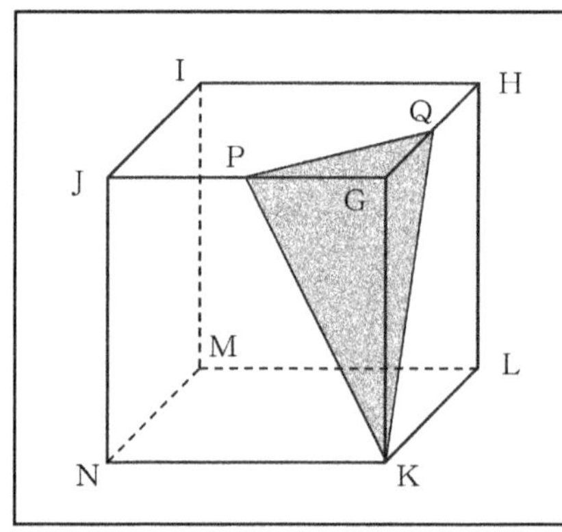

図３　立方体から切り取られる三角すいの図

問題２　けんたさんの三角すいＧ－ＫＰＱの表面積を求めなさい。

３　次の会話文を読んで後の問いに答えなさい。

れいな：何を書いているのかな。

かずま：実験計画だよ。今日の授業で，①インゲンマメの種子が発芽するには，「水」，「空気」，「適した温度」の３つの条件が必要だって習ったよね。本当にそうなのかを確かめるための実験計画を立てているんだよ。

れいな：良く書けているね。ただ，「空気」と「適した温度」が必要なことを確かめる実験はこの条件で大丈夫だけど，②「水」が必要なことは，この条件では調べられないよ。

かずま：本当だ。教えてくれてありがとう。自分だけでは気づけなかったよ。条件を直して実験してみよう。

・・・・・・・・・・・・・・・・・・数日後・・・・・・・・・・・・・・・・・・・・

かずま：実験の結果から考えると，やっぱり種子の発芽には「水」，「空気」，「適した温度」の３つの条件が必要みたいだね。

れいな：自分達で実験をしてみると，きちんと納得できるからいいよね。でも，かずまくんはまだ納得できていない様子だね。

かずま：そうなんだよ。実験をしているうちに，インゲンマメが発芽するには，「光」が必要なんじゃないかなと思ってしまったんだよね。だから，本当に「光」が必要じゃないことを確かめてみたいと思ったんだ。

れいな：なるほどね。じゃあ，私も手伝うね。③かずまくんが作った実験計画を見ると，きちんと書けているみたいだね。さっそく実験に取りかかろう。

・・・・・・・・・・・・・・・・・・数日後・・・・・・・・・・・・・・・・・・・・

かずま：「光」がなくても発芽しているね。やっぱりインゲンマメが発芽するのに「光」は必要ないんだね。でも，すべての植物がそうなのかな。

れいな：インターネットで調べてみると，レタスやタバコのように発芽に「光」が必要なものもあるみたいだね。

かずま：そうなんだ。植物って面白いね。もっと色々調べてみたいな。

問題１　下線部①（インゲンマメ）について述べた文として正しいものを，次のア～エからすべて選びなさい。

ア　種子には，発芽するために必要なデンプンが蓄《たくわ》えられている。

イ　種子の中の子葉は小さくあまり発達していない。

ウ　花粉がおしべの先につくことで受粉がおこる。

エ　発芽後に成長するために適した温度は必要ではない。

問題２　下線部②（「水」が必要なことは，この条件では調べられないよ）について，かずまくんは図１のような実験の準備をしていた。この条件では調べられない理由を答えなさい。また，どこを直せばよいかを答えなさい。なお，適した温度で実験を行ったものとする。

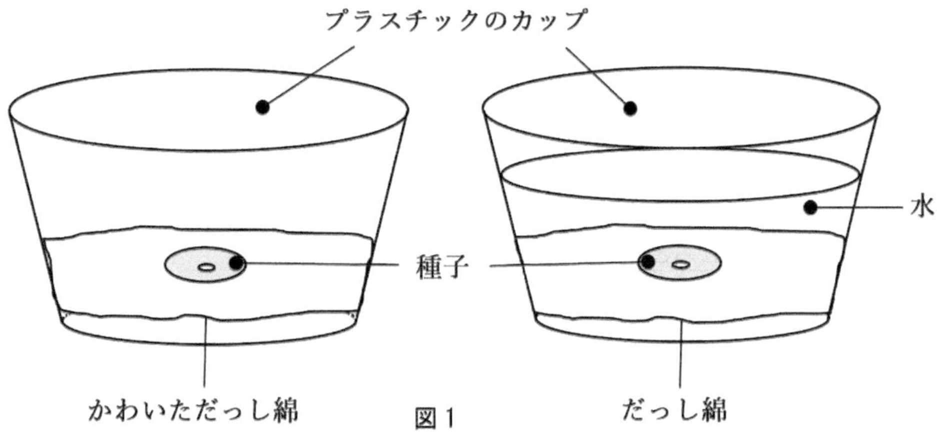

図１

問題３　下線部③（かずまくんが作った実験計画）はどのようなものであったと考えられるか。以下の２点を満たすように説明しなさい。

・「変える条件」と「変えない条件」の言葉を用いる。

・どのような結果が得られればよいかを書く。

4　次の会話文を読んで後の問いに答えなさい。

かずま：もう９月なのに，なんでこんなに暑いんだろう。

れいな：今年は本当に暑いよね。ニュースでは，2023年の夏は過去最高を大きく上回る圧倒的な暑さだったと報道されていたよ。

かずま：こんなに暑いと，熱中症《ねっちゅうしょう》の人が増えたり，作物が枯《か》れてしまったりするなどの影響があったんじゃないかな。

れいな：前に地球温暖化について授業で習ったよね。①二酸化炭素濃度の増加が原因と考えられていると先生が言っていたよ。

かずま：本を読んでいたら図１のグラフが出てきたよ。このグラフは，岩手県の綾里《りょうり》と日本の最東端《さいとうたん》にある東京都の南鳥島《みなみとりしま》で観測《かんそく》した平均二酸化炭素濃度を表しているよ。

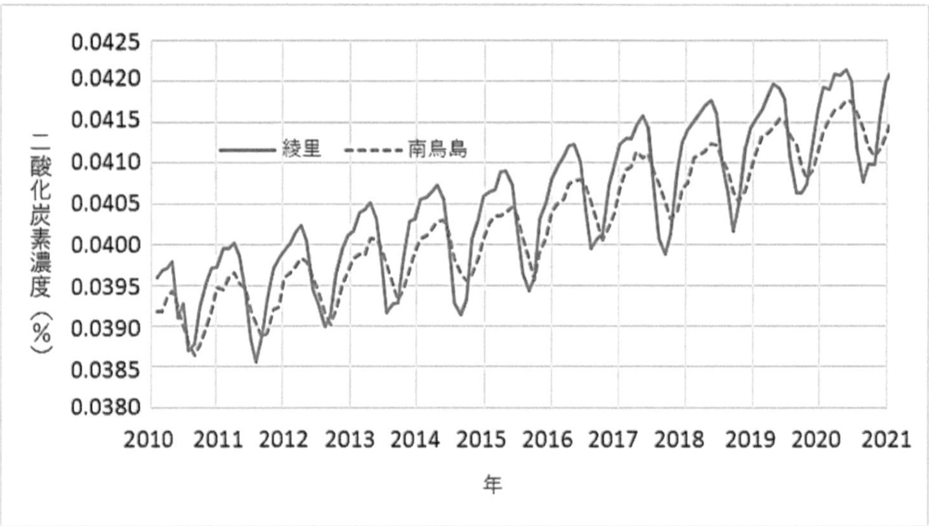

図１（気象庁のデータをもとに作成）

れいな：どちらの場所も，毎年増えたり減ったりしているね。②夏と冬で二酸化炭素の濃度が増減をくりかえすのはなぜだろうか。

かずま：それは，　あ　なんじゃないかな。

れいな：なるほど。それでは，綾里と南鳥島のグラフにも違いがあるね。③綾里と南鳥島の二酸化炭素濃度の比較からどのようなことが言えるかな。

かずま：２地点を比較すると，　い　と言えるんじゃないかな。

れいな：地球温暖化を食い止めるためには，二酸化炭素濃度の増加を防ぐための取り組みが大切になるね。

問題１　下線部①（二酸化炭素濃度の増加）の原因として正しいものを，次のア～エからすべて選びなさい。

ア　プラスチックのゴミを川や海に大量に捨てているため。

イ　石油や石炭などの燃料を大量に燃やしたため。

ウ　森林の大規模な伐採が行われているため。

エ　発光ダイオードによって使う電気の量が少なくなったため。

問題２　下線部②（夏と冬で二酸化炭素の濃度が増減をくりかえすのはなぜだろうか）について，会話文中の　あ　に入るように，その理由を書きなさい。

問題３　下線部③（綾里と南鳥島の二酸化炭素濃度の比較からどのようなことが言えるかな）について，会話文中の　い　に入るものとして最も正しいものを次のア～エから１つ選びなさい。

ア　南鳥島の方が二酸化炭素の増減が大きい　　イ　南鳥島の方が酸素の増減が大きい

ウ　綾里の方が二酸化炭素が平均してこい　　エ　綾里の方が酸素が平均してこい

5　かずまさんとれいなさんは，ハンドソープの成分表を見て液体の性質に興味《きょうみ》を持ち，下の液体A～Eを調べようとしています。以下の２人の会話文と２人が行った＜実験Ⅰ＞，＜実験Ⅱ＞を読んで，後の問題１～問題５に答えなさい。

A：食塩水　B：石灰水　C：塩酸　D：アンモニア水　E：炭酸水

かずま：このハンドソープに「弱酸性」と書いてあるよ。何だろう。

れいな：液体はその性質で大きく３つに分けることができて，酸性・中性・ あ 性と呼ばれるわ。

かずま：じゃあこのハンドソープは酸性ということなんだね。液体が何性かを調べる方法はあるのかな。

れいな：色々あるけど，リトマス紙を使うとその液体が何性かすぐに分かるわ。例えば液体A～Eの中で， い 色リトマス紙を う 色に変えるのはBとDよ。

かずま：おもしろいね。リトマス紙以外にも，これらの水溶液の違いを調べる方法はあるかな。

れいな：①液体を加熱して液体をじょう発させてみても，変化があるわね。

かずま：そうなんだ。次は液体A～Eの見た目だけど，Eの炭酸水だけ泡《あわ》が出ているね。

れいな：そうね。炭酸水は気体の二酸化炭素が水にとけたものなのよ。

かずま：そういえば聞いたことあるね。②銭湯へ行ったとき「炭酸泉《せん》」というお風呂があったよ。あの泡《あわ》は二酸化炭素だったんだね。じゃあ＜実験Ⅰ＞水に二酸化炭素をとかして，炭酸水を作ってみよう。

＜実験Ⅰ＞

①　図１のように水で満たしたペットボトルに二酸化炭素ボンベから二酸化炭素を送り，図２のようにペットボトルの$\frac{2}{3}$程度の二酸化炭素を集める。

②　水中でペットボトルのふたを閉め，ペットボトルをふり混ぜてしばらく放置すると図３のように③ペットボトルがへこんだ。

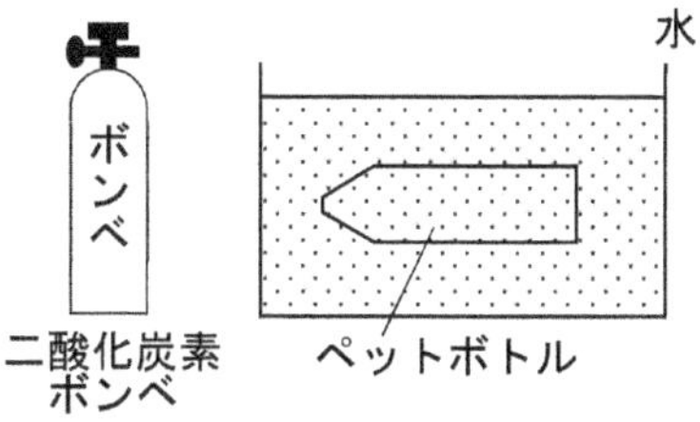

図１

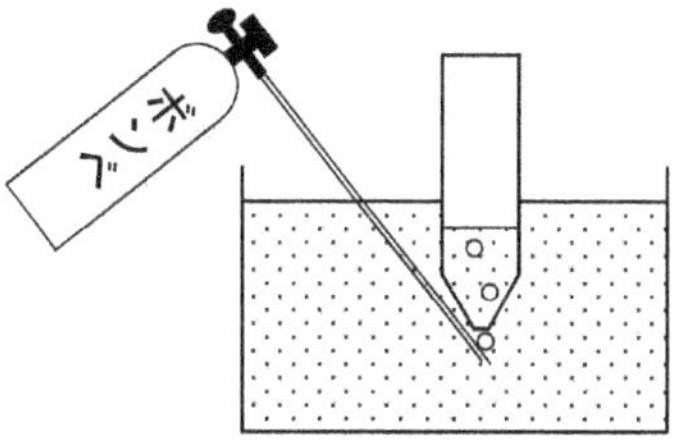

図２

図３

問題１　空欄 あ ～ う に入る適切な語句を書きなさい。

問題２　下線部①に関して，液体A～Eを加熱してじょう発させたとき，白い固体が残るのはどれか。A～Eから全て選び，記号で答えなさい。

問題３　下線部②に関連して，天然・自然の温泉に，強い酸性の湯がわき出る群馬県の草津《くさつ》温泉がある。草津《くさつ》温泉から流れ出す湯川《ゆかわ》には，図４のように石灰水を加えているが，石灰水を湯川《ゆかわ》に加える理由を簡潔《かんけつ》に答えなさい。

図４

問題4　＜実験Ⅰ＞の下線部③で，ふたをしめたペットボトルがへこんだ理由を説明しなさい。

問題5　れいなさんは次の＜実験Ⅱ＞を行い，塩酸にアルミニウムを加えたときに発生する泡《あわ》の体積を調べた。

＜実験Ⅱ＞

①　図5のように，体積が100［mL］まで測れるメスシリンダーという器具を水で満たした。

②　試験管に安全な濃《こ》さの塩酸30［mL］を入れ，試験管にアルミニウム0.11［g］を加えたときに発生する泡《あわ》の体積を図6のように測ると19.3［mL］だった。（1回目）

③　②終了後，試験管内の塩酸を同じ濃《こ》さの新しい塩酸30［mL］にかえて，加えるアルミニウムの重さを変えて2～4回目の実験を行った結果，発生した泡《あわ》の体積は表1のようになった。

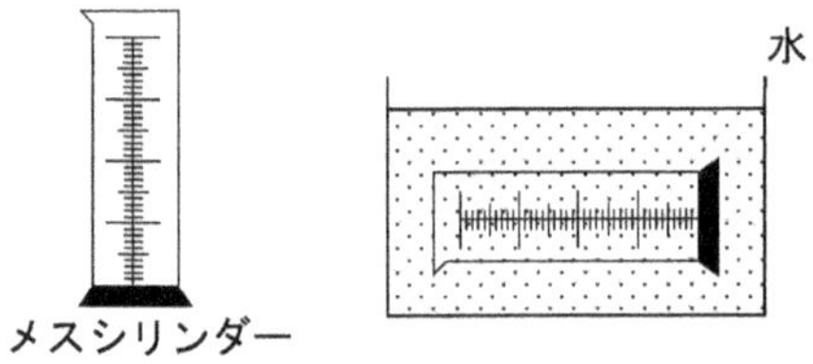

図5

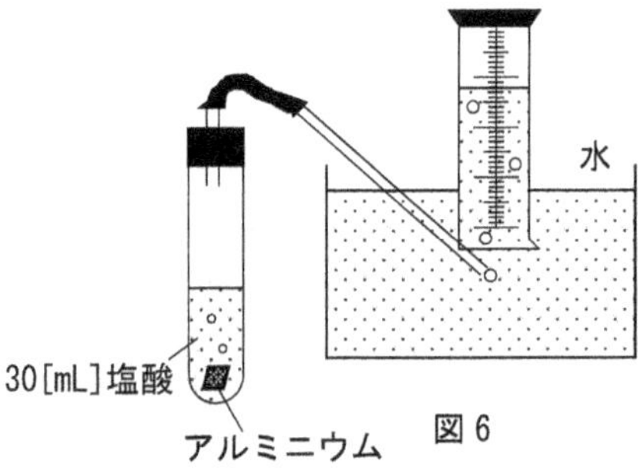

図6

表1：30[mL]の塩酸に加えたアルミニウムの重さと発生した泡《あわ》の体積

	1回目	2回目	3回目	4回目
加えたアルミニウムの重さ[g]	0.11	0.17	0.45	0.63
発生した泡《あわ》の体積[mL]	19.3	29.8	64.9	65.0

＜実験Ⅱ＞の表1において3回目と4回目では，アルミニウムの重さを大きくしたにも関わらず，発生した泡《あわ》の体積は約65［mL］であり，ほぼ変わっていなかった。泡《あわ》を約65［mL］発生させるのに，少なくても何［g］のアルミニウムを加えればよいか。次の**ア～オ**から最も適当なものを1つ選び，記号で答えなさい。ただし，必要なら次のページのグラフを用いてもよい。

ア　0.22［g］　**イ**　0.27［g］　**ウ**　0.32［g］　**エ**　0.37［g］　**オ**　0.42［g］

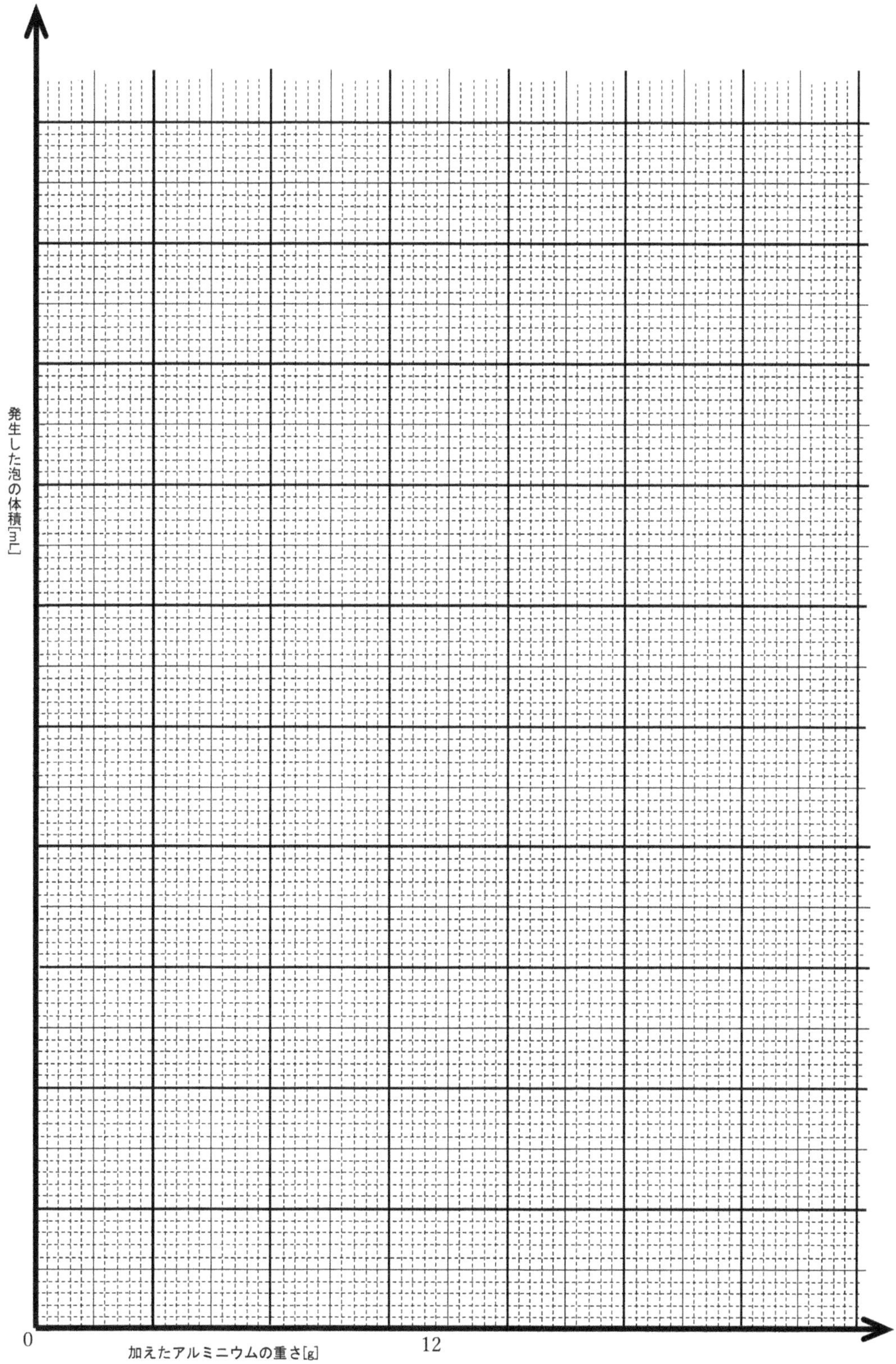
発生した泡の体積[mL]
0
加えたアルミニウムの重さ[g]
12

【適性検査Ⅱ】（45分）　＜満点：100点＞

1　ひろしさんは，家族と選挙に行ったときのことについて，先生と話しています。

ひろし：この前の日曜日，家族で選挙に行ったんだ。僕《ぼく》はまだ投票できなかったけど，行くだけでも大事なことだってお父さんが言ってたよ。

先　生：それは良い経験をさせてもらえましたね。社会科の授業で学習したことを実感できたのではないですか。

ひろし：投票所の様子は，教科書に載《の》っている写真の通りでした。こんな風に誰《だれ》もが投票できるようになったのは，大昔から行われていたことではないんですよね。

先　生：そうです。国民が選挙で代表者を選べるようになったのは，自由民権運動が盛り上がった明治時代に，a大日本帝国憲法《だいにっぽんていこくけんぽう》が発布されてからのことだと習いましたね。その時も選挙権を持つのは，一定の税金を納めた25才以上の男性だけでした。大正時代になって納税に関係なく，25才以上の男性が選挙権を持つようになりました。

ひろし：女性も投票できるようになったのは，b太平洋戦争に敗れた後の様々な改革の結果だったと，教えてくれましたね。

先　生：よく分かっていますね。新しく制定された日本国憲法の下で，民主主義の国として再出発した日本は，c大きく発展してきました。現在は，18才以上であれば選挙で投票できるようになっていますよ。

ひろし：僕《ぼく》が投票できるようになるまであと６年，楽しみだな。

先　生：d投票率の低下が問題になっている中で，ひろしさんのように考える未来の大人を増やしていかなければなりませんね。しっかりと判断できる力を身に付けて，みんなでより良い社会をつくっていきましょう。

問題１　下線部a（大日本帝国憲法《だいにっぽんていこくけんぽう》）について，**資料１**は「大日本帝国憲法《だいにっぽんていこくけんぽう》にもとづく国のしくみ」を図にしたものです。「日本国憲法にもとづく国のしくみ」と共通する内容として適切なものを，次の**ア**～**エ**から１つ選んで，その記号を書きなさい。

資料１

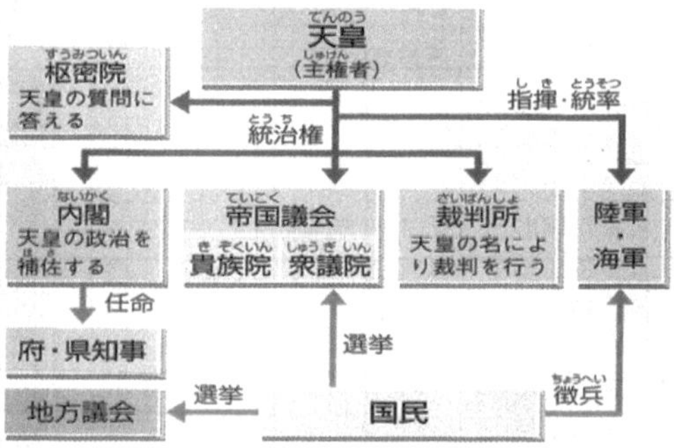

（東京書籍《しょせき》「新しい社会６歴史編」より作成）

ア　国の重要な役割を国会・内閣・裁判所で分担している。

イ　衆議院議員だけが国民の選挙で選ばれる。

ウ　国民が市長や県知事を選ぶことができる。

エ　最高裁判所の裁判官が適しているかを国民が判断する。

問題２　下線部ｂ（太平洋戦争に敗れた後の様々な改革）について，教育の制度が変わる中で使用された教科書は，戦争中のものがそのまま使われましたが**資料２**のように不適切な内容がすみで消されました。**資料２～４**を参考に，どのような内容がぬりつぶされたのかを**20字以上，30字以内**で書きなさい。ただし，「**神**」「**軍隊**」という言葉を必ず使い，「，」や「。」も１字に数え，文字に誤りがないようにしなさい。

資料２　戦時中の教科書（左）とすみぬりの教科書（右）

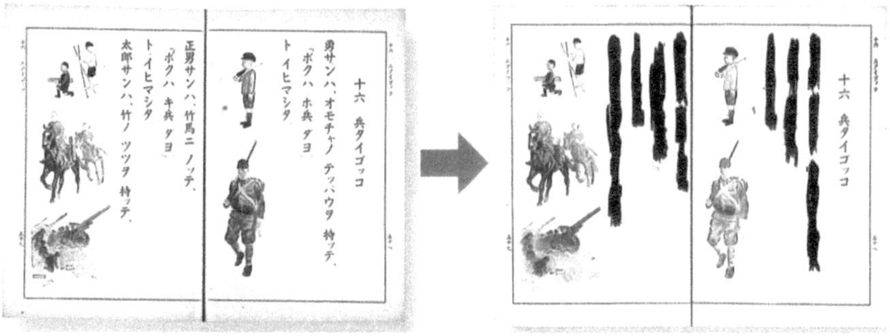

（東京書籍《しょせき》「新しい社会６歴史編」より作成）

資料３　ポツダム宣言（1945 年７月 26 日）の一部要約

6　日本国民をだまし，世界征服《せいふく》をさせようとしたものの権力や勢力を永久に取り除く。
9　日本の軍隊は完全に武装を解除する。
10　戦争犯罪人は，厳しく処罰《しょばつ》する。日本政府は，言論・宗教・思想の自由，並びに，基本的人権の尊重を確立すること。

＊日本は，ポツダム宣言を受け入れて降伏《こうふく》することを決め，太平洋戦争は終わった。

資料４　天皇の人間宣言（1946 年１月１日）の一部

私とあなたたち国民との間の絆《きずな》は，いつもお互《たが》いの信頼《しんらい》と敬愛によって結ばれ，単なる神話と伝説とによって生まれたものではない。天皇を神とし，または日本国民は他より優れた民族だとし，それで世界の支配者となる運命があるかのような架空《かくう》の概念《がいねん》にもとづくものでもない。

問題３　下線部ｃ（大きく発展してきました）について，次のページの**資料５**は「電化製品のふきゅうのようす」をグラフにしたものです。グラフの時期に起こったできごととして**適切でないもの**を，次の**ア～エ**から１つ選んで，その記号を書きなさい。

ア　中学校を卒業すると，都会の工場などに集団で就職する「金の卵」といわれる若い人たちがいた。

イ　東京と大阪《おおさか》の間に，東海道新幹線がつくられた。

ウ　土地などの価格が本来の価格よりも急激に高くなるバブル経済となった。

エ　水や空気が汚染《おせん》され，公害などの環境《かんきょう》問題も生まれた。

資料５

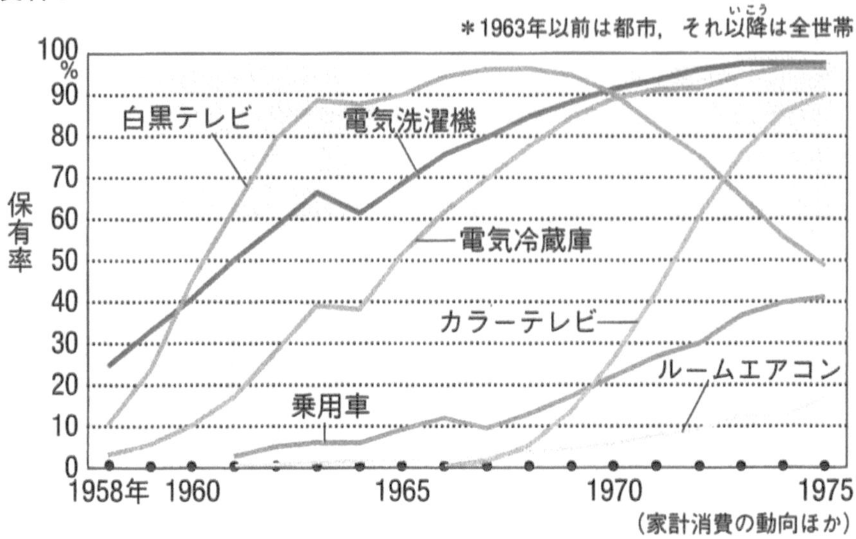

（東京書籍《しょせき》「新しい社会６歴史編」より作成）

問題４　下線部ｄ（投票率の低下が問題になっている）について，興味を持ったひろしさんは，投票率に関する**資料６～８**を集め，これらにもとづいてわかったことをまとめました。下の**まとめ**①～③のうち，**資料６～８**から読み取れる内容として，正しいものには〇，誤っているものに×を書きなさい。

（**資料７**・**資料８**）は次のページにあります。

資料６　衆議院議員総選挙（小選挙区）における投票率の推移

区分 選挙別	茨城県《いばらきけん》の投票率（%）			全国の投票率（%）		
	男	女	計	男	女	計
平成21年	68.17	67.05	67.60	69.46	69.12	69.28
平成24年	59.90	57.81	58.85	60.14	58.55	59.32
平成26年	56.10	54.39	55.24	53.66	51.72	52.66
平成29年	52.26	50.81	51.53	54.08	53.31	53.68
令和３年	53.09	52.01	52.54	56.06	55.80	55.93

（茨城県《いばらきけん》Webページより作成）

資料７　平成 26 年と平成 29 年の衆議院議員総選挙（小選挙区）における年齢別投票率の比較《ひかく》

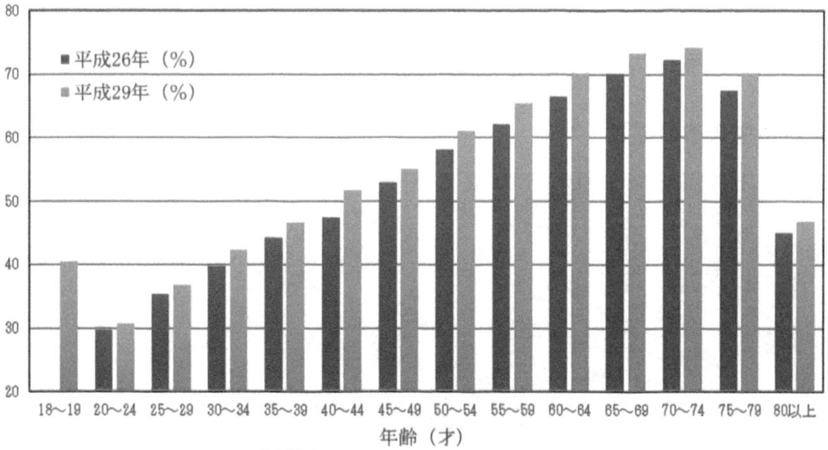

※全国の投票区の中から抽出《ちゅうしゅつ》した 188 投票区の平均。
※平成 29 年より選挙権年齢《ねんれい》が 18 才以上に引き下げとなったため，18 才～19 才を追加。（当該《とうがい》区分は全数調査）

（総務省 Web ページより作成）

資料８　平成 29 年衆議院議員総選挙における棄権《きけん》理由（複数回答）の上位５項目《こうもく》

	棄権《きけん》理由	割合（%）
1	選挙にあまり関心がなかったから	20.4
2	適当な候補者も政党もなかったから	20.2
3	仕事があったから	18.9
4	政党の政策や候補者の人物像など，違《ちが》いがよくわからなかったから	12.9
5	選挙によって政治はよくならないと思ったから	12.4

（総務省 Web ページより作成）

まとめ①

どの年に行われた選挙おいても，茨城県《いばらきけん》の投票率は全国を下回っており，男性の方が女性よりも投票率が高い。

まとめ②

平成 26 年と平成 29 年のどちらにおいても，年齢《ねんれい》が下がるとともに投票率が低くなる傾向《けいこう》にある。

まとめ③

選挙で棄権《きけん》する理由としては，当日の事情というよりも政治に対する関心・信頼《しんらい》の面が大きく影響《えいきょう》している。

2　やまとくんは，本年度にオーストラリアにあるアデレードという都市に短期のホームステイを行います。以下は，友人のひたちさんとの会話です。

やまと：あと二週間でホームステイだね。牛久市を紹介《しょうかい》するプレゼンテーション準備は順調かな。

ひたち：ええ，順調よ。牛久の町の変遷《へんせん》や特産品などは調べたわよ。

資料１　茨城県《いばらきけん》牛久市の写真

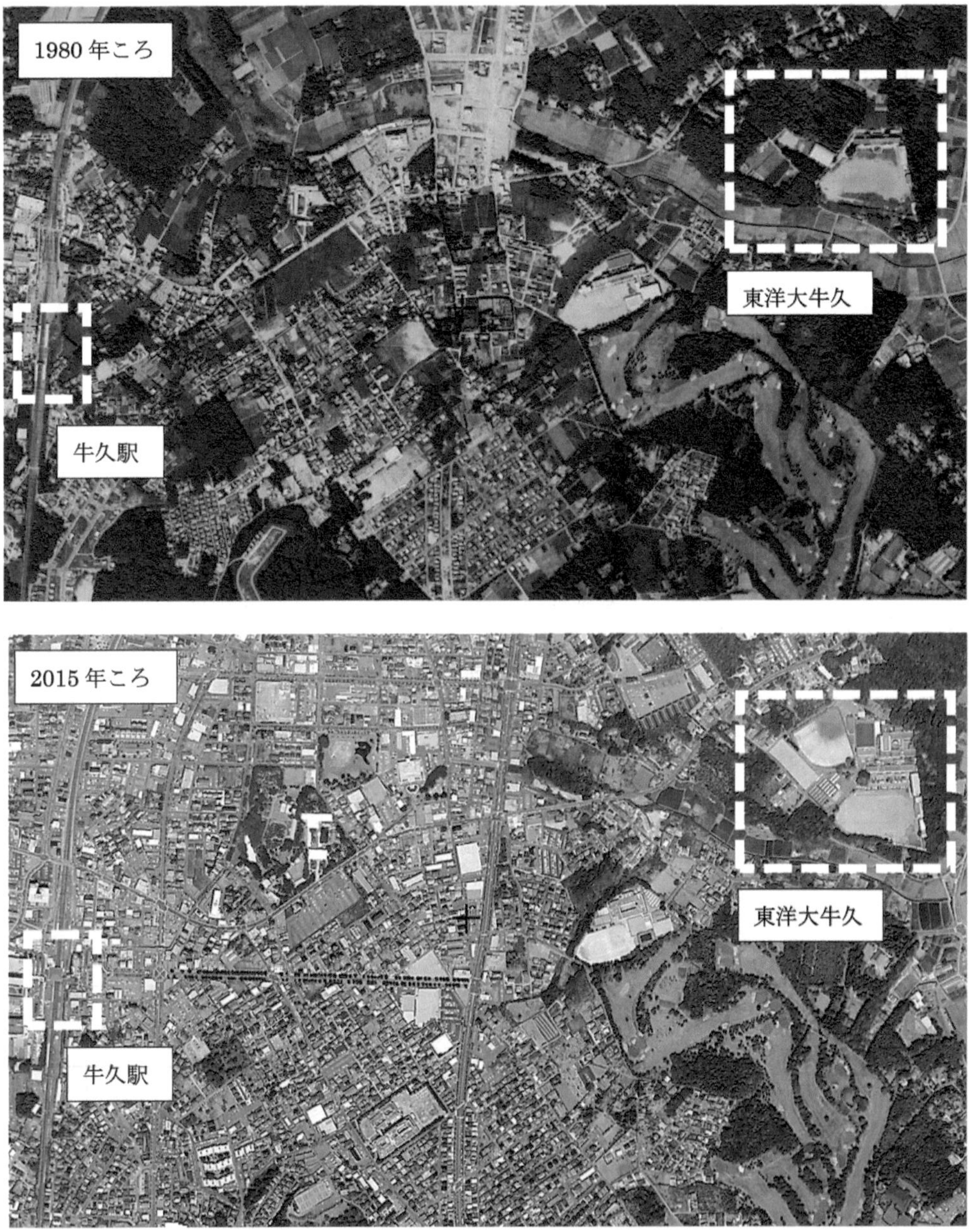

（国土地理院発行の空中写真より作成）

資料２　牛久市・茨城県《いばらきけん》の人口の変遷《へんせん》

年	牛久市　総計（人）	茨城県　総計（人）
1980年	38,841	2,558,007
1985年	51,424	2,725,005
1990年	59,993	2,845,382
1995年	66,375	2,955,530
2000年	73,114	2,985,676
2005年	76,302	2,975,167
2010年	80,403	2,969,770
2015年	84,353	2,916,976
2020年	84,852	2,867,009

（牛久市・茨城県《いばらきけん》Webページより作成）

資料３　牛久市内を走る常磐《じょうばん》線について

1998年，**資料１**にある牛久駅から土浦方面に約3.9kmの距離《きょり》に，「ひたち野うしく駅」が開業した。駅ができるまでは駅付近は野原・田畑であったが，駅が開業するころよりJR東日本などによる宅地開発が行われ，現在につながる新興《しんこう》住宅街が広がった。なお，牛久市内にできたこの新たな駅は，茨城《いばらき》県《けん》内の常磐《じょうばん》線の中で最も新しく開業した駅であり，東京までは約１時間の距離《きょり》にある。

資料４　牛久市およびその周辺の2020年 昼夜間人口比率

都市名	比率（%）
土浦市	109.1
牛久市	84.9
阿見町	93.2
つくば市	105.5
つくばみらい市	88.6
取手市	89.6
龍ケ崎市	89.0

（総務省 Webページより作成）

資料５　茨城県《いばらきけん》市町村図

（茨城県《いばらきけん》Webページより作成）

問題１　ひたちさんは，アデレードで発表する牛久市紹介《しょうかい》のプレゼンテーション**資料１～５**（48～50ページ）を用意し，町の変化について話そうと考えました。資料をもとに作成した原稿《げんこう》（**資料６**）の文章中の［X］に入る内容を，**40字以上，50字以内**で書いて原稿《げんこう》を完成させなさい。

ただし，「**東京**」「**ベッドタウン**」「**開発**」という言葉を必ず使い，「,」や「。」も１字に数え，文字に誤りがないようにしなさい。

資料６　発表原稿《げんこう》

わたしが暮らす牛久市は，父親が生まれた1980年ころは人口４万人に満たない町でしたが，2020年には８万人を超《こ》える都市へと発展しました。この背景の一つには，［　X　］が形成されたことが挙げられます。そのため，牛久市へ移り住む人が多かったのではないかと思います。

やまと：牛久市の町の発展はよくわかったよ。特産品についてはどこまで調べたのかな。
ひたち：いくつかピックアップしたので，みてもらえたらうれしいわ。

資料７　牛久市の特産品の紹介《しょうかい》資料

うしく河童大根

うしく河童すいか

うしく河童米

牛久産小麦ゆめかおり

問題２　ひたちさんは，牛久市の特産品を調べるなかで，「地産地消」に関して興味をもちました。そこで，農林水産省や牛久市のWebページを確認したところ，いくつかの課題があることがわかりました。後の表は，その際にまとめたものです。

資料８　地産地消の課題

<table>
<tr><td colspan="2">A
①どこで地場農産物が入手できるか分からない
②地場農産物の種類が少ない</td></tr>
<tr><td>B
①地産地消の普及啓発《ふきゅうけいはつ》が不十分
②関係省庁との連携《れんけい》が必要</td><td>C
①購入《こうにゅう》者の伸び悩み
②販路《はんろ》を拡大したい</td></tr>
</table>

（農林水産省 Web ページより作成）

(1)　ひたちさんは各項目《こうもく》に見出しを付けることにしました。 A ～ C にあてはまる最も適切なものを，次のページの**ア**～**オ**から１つずつ選んで，その記号を書きなさい。

ア　生産者サイドの課題　　イ　行政サイドの課題

ウ　教育サイドの課題　　エ　実需《じつじゅ》者・消費者サイドの課題

オ　立法サイドの課題

(2)　やまとくんは，牛久市の特産品に「小麦」があることに注目しました。そこで，「小麦」の生産地として有名な四国（高松），北海道（札幌《さっぽろ》），九州（福岡《ふくおか》）そして自分が暮らしている関東（東京）の気候の差を調べてみることにしました。以下の雨温図（**資料９**）は，その際に作成したものです。以下の雨温図をみて，四国の雨温図はどれですか。次の**ア**～**エ**から１つ選んで，その記号を書きなさい。また，**選んだ理由も10字以上，20字以内**で書きなさい。

　ただし，「，」や「。」も１字に数え，文字に誤りがないようにしなさい。

資料９　四国（高松）・北海道（札幌《さっぽろ》）・九州（福岡《ふくおか》）・関東（東京）地方の雨温図

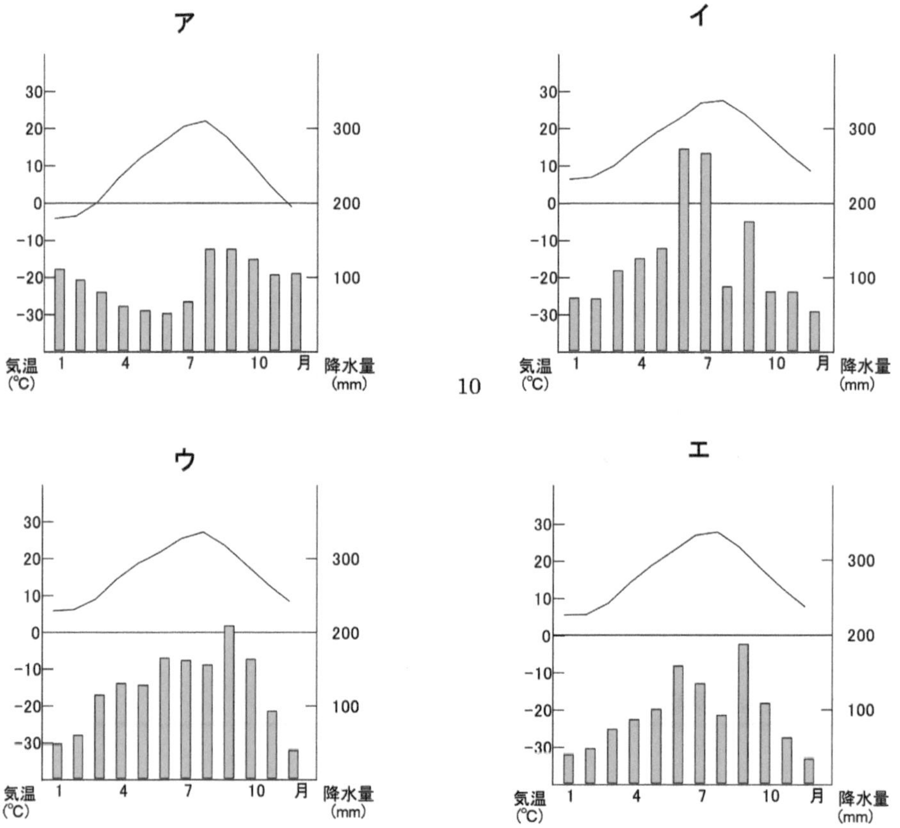

（帝国書院 Web ページより作成）

ひたち：日本に関する調べもだいたい終わったし，あとはオーストラリアについて調べるだけね。

やまと：そうだね。一度日本とオーストラリアの位置を確認してみよう。

ひたち：このタテとヨコの線はなにかしら。

資料 10　世界地図（ミラー図法）

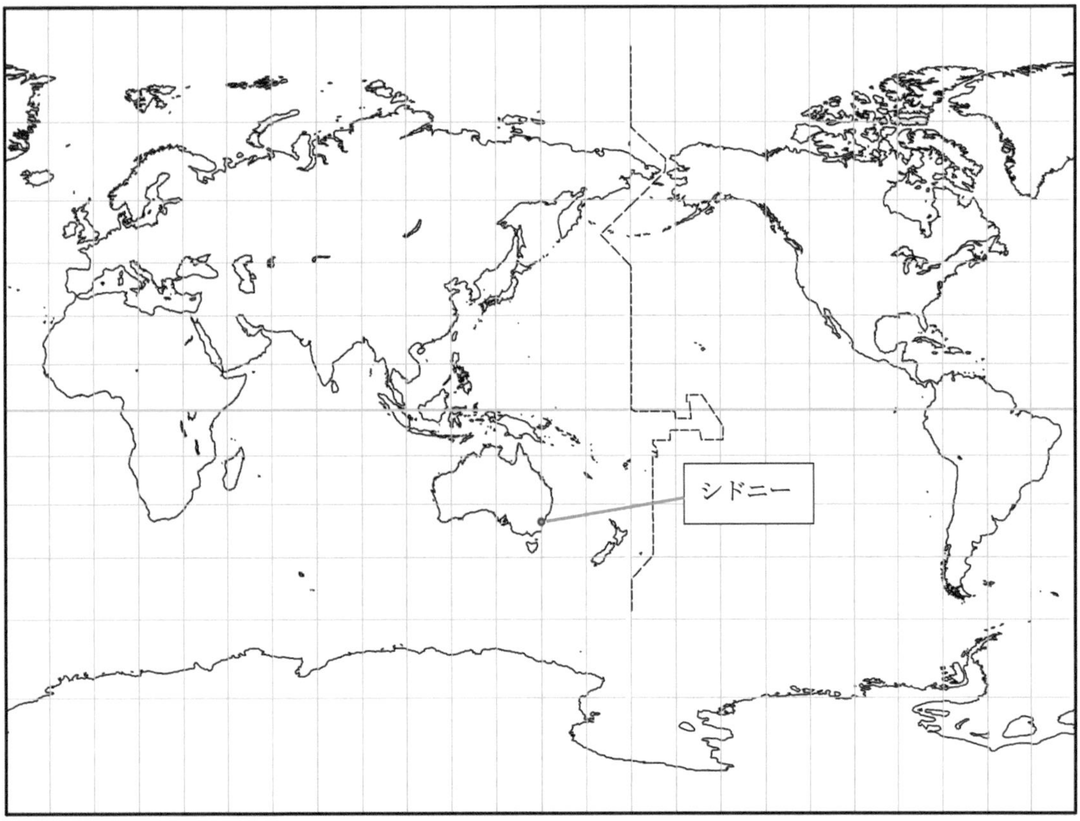

（帝国書院 Web ページより作成）

やまと：タテの線は経線《けいせん》で，ヨコの線は緯線《いせん》だよ。地球１周（360度）が１日（24時間）を表すから，360÷24＝15 で，「15度＝１時間」の時差が生まれるんだよ。

ひたち：そういえば，先生が同じ緯度《いど》どうしを結んだヨコの線が緯線《いせん》，同じ経度《けいど》どうしを結ぶタテの線が経線《けいせん》だとおっしゃっていたわ。

やまと：そうだね。大切なことは，「経度《けいど》のずれ＝時刻のずれ」だから，日本とオーストラリアの経度《けいど》がわかると，時差が求められるはずなんだ。ちょっと調べてみるね。

資料 11　やまとさんがまとめた日本とオーストラリア（シドニー）の経度《けいど》

国名	経度《けいど》（度）
日本	東経 135 度
オーストラリア（シドニー）	東経 150 度

ひたち：少しだけ経度《けいど》に差があるのね。先生は日本と135度経度《けいど》がずれているイギリスとは９時間の差があるとおっしゃっていたけれど，日本とオーストラリア（シドニー）の時差はどれくらいあるのかしら。

やまと：それは，［ D ］時間じゃないかな。日付変更《へんこう》線の西側から日付の変更《へんこう》がはじまるんだよ。

日付変更《へんこう》線に近い国の方が時間が早い国となるから，E の方がはやく時間が進んでいると思うよ。つまり，E が午前７時なら D 時間遅《おく》れている国は，午前 F 時だよね。

ひたち：そこまで日本と変わらないことがわかって勉強になったわ。時差のほかにもオーストラリアについてもっと調べましょう。

問題３　会話文中の D ～ F にあてはまる語句の組み合わせとして最も適切なものを，次の**ア**～**エ**から１つ選んで，その記号を書きなさい。

ア　D 1　E 日本　F 6
イ　D 1　E オーストラリア（シドニー）　F 6
ウ　D 2　E 日本　F 5
エ　D 2　E オーストラリア（シドニー）　F 5

3　ひろしさんたちの学年では，総合的な学習の時間に「誰《だれ》もが平等に生きる社会」をテーマに学習することになりました。ひろしさんたちのグループは，2023年４月１日から「子ども基本法」が施《し》行《こう》されたことに関心をもち，「子どもの人権を守るためにできること」という課題を設定し，話し合いを進めています。次の**資料１**～**資料４**は，発表会に向けて集めたものです。

（**資料３**・**資料４**は次のページにあります。）

資料１　「子ども基本法」が施行されるまで

年	出来事
1989年	国際条約として「子どもの権利条約」が国際連合で合意される。
	↓
1994年	世界で158番目に日本が「子どもの権利条約」に同意する。
	↓
2023年	「子どもの権利条約」を守るために日本で「子ども基本法」が施行される。

（公益財団法人日本ユニセフ協会「子どもの権利条約」Webページより作成）

資料２　なぜ「子ども基本法」が必要なのか

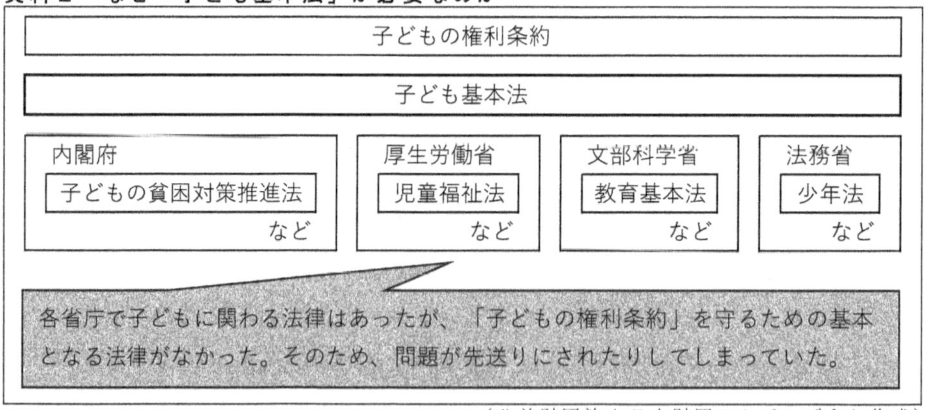

（公益財団法人日本財団 Webページより作成）

資料３　「子どもの権利条約」を知っていますか

	よく知っている	少し知っている	聞いたことはある	聞いたことがない
子ども	8.9%	24.0%	35.5%	31.5%
大人	2.2%	14.2%	40.7%	42.9%

「聞いたことはある」人と「聞いたことがない」人というのは、つまり、「子どもの権利条約」の内容を全然知らない人のこと。割合としては高い。

（公益社団法人セーブ・ザ・チルドレン・ジャパンの調査より作成）

資料４　子どもの権利

権利の種類	内容
生存（生きる権利）	すべての子どもの命が守られる。
発達（育つ権利）	教育を受けたり、遊んだり、自分らしく成長できる。
保護（守られる権利）	暴力や有害な労働から守られる。
参加（参加する権利）	自由に意見を表したり、団体を作ったり、活動できる。 活動するときには、他の人の権利を傷つけないように注意する。

（公益財団法人日本ユニセフ協会「子どもの権利条約」Webページより作成）

ひろし：今日は，発表会に向けて調べたことを出し合おう。

けいこ：わたしは，「なぜ『子ども基本法』が必要になったのか」を調べてみたよ。［A］から，もともと世界的な条約として「子どもの権利条約」があり，それにもとづいてできたものであることがわかったの。別の資料だと，「子どもの貧困対策推進法」や「児童福祉《ふくし》法」など，これまで，それぞれの分野で子どもに関わる法律は個別にあったんだけど，「子どもの権利条約」を守るための基本となる法律がなかったんだ。そこで，子どもの権利をすべて認めるための「子ども基本法」ができたみたいだよ。

なおき：ぼくが一番おどろいたのは，「子どもの権利条約」の認知度の低さだね。

ひろし：**資料３**を見ると，子どもでも大人でも，［B］ことにびっくりしたよ。もっと世の中に知ってもらわないとね。

さやか：わたしは，［C］から，子どもの権利にはどのようなものがあるのかがよくわかったよ。

なおき：これからは，子どもが意見を言える機会や場所が増えていくといいね。

ひろし：ぼくは，学校の図書館でこんな本（次のページの**資料５**）を見つけたよ。今回のテーマに結びつくと思うんだけど，　みんなも読んでみて。

問題１　ひろしさんたちの会話文と，**資料１**～**資料４**を参考に次の⑴，⑵の問題に答えなさい。

⑴　会話文の［A］，［C］にあてはまる適切なものを，次の**ア**～**エ**からそれぞれ１つ選んで，その記号を書きなさい。

ア　資料１　　**イ**　資料２　　**ウ**　資料３　　**エ**　資料４

⑵　**資料３**をもとにして，［B］にあてはまる内容を，**25字以上**，**30字以内**で書きなさい。ただし，カギかっこも１字として数え，文字に誤《あやま》りがないようにしなさい。

資料５　学校の図書館で見つけた本の一部

子どもはまだ何もわからない、子どものことは大人がいいように決めてあげるので子どもは黙《だま》っていなさい、と子どもは長いこと言われてきました。子どもがみずから意見をいうなどということは、単なる“生意気”でしかなかったのです。「大人みたいないっぱしの口を利いて、子どもらしくないね」、と評されるのがオチでした。でも、子どももひとりの人間として意見を述べることができると、この条文（「子どもの権利条約」の第 12 条）はいっています。旧来の子ども観を大きく変える考えかたです。日本で本条文が、「子どもの権利条約」のなかで代表的なものとして話題にされているのは、この点にあるでしょう。

子どもは、実に自己主張の強い生きものです。生まれたての赤《あか》ん坊《ぼう》の、あの完全なマイペース。眠《ねむ》りたいだけ眠り、起きたいときに起き、飲みたいときに泣く。「泣く子と地頭には勝てぬ」と昔の人にも言わしめた、ひとに決してゆずらぬパワー。大人の都合で大人が仕切るこの世のきまりをはねとばす勢いで、子どもは自分の都合を主張します。その勢いを手なづけ、大人社会のしきたりになじませていくのが「しつけ」というものなのでしょう。子どもには子どもの主張や都合がありますが、先に生まれ生活をすでに作りだしている大人の側の都合に折りあってもらう必要がある。しつけとか教育ということばはもっともらしいのですが、ありていに言えば、大人の方の都合に合わせてもらおうということに過ぎません。子どもの育ちとは、子どもと大人が折りあっていくプロセスともいえます。

子どもは幼いので意見などまだ持てない、という考えは、ですから、間違《まちが》っています。それこそ大人の都合に合わせた考えでしょう。子どもの側からいえば、意見など言いたくても言えないというところに居るというわけです。小さな子どもがあれほどの自己主張を示すことからも、ほんとうは子どもは、言いたいことが胸一杯《いっぱい》ある、少なくともあったはずです。

「子どもは意見など言わないもの」、「自己主張する子はわがまま、生意気」という子ども

（小沢牧子《おざわまきこ》『子どもの権利・親の権利　「子どもの権利条約」をよむ』による）

ひろし：この文章を読んで，みんなの感想を聞かせてほしいな。

さやか：子どもは，赤ん坊のころから，自分の［ D ］を主張し続けているのね。

けいこ：大人も，大人側の［ D ］に合わせてもらうように子どもにはたらきかけているのね。

なおき：そうだよね。子どもだって意見がないわけではなく，本当は言いたいことがたくさんあるのに，なかなか言える機会がないんだよね。これからは，相手に伝わるように自分の意見や考えをきちんと言うようにしていきたいな。

さやか：わたしは，この文章中の，「自己主張する子はわがまま，生意気」という言葉が印象に残ったな。子どもがもっと意見を言えるようになれば，大人に［ D ］のよい社会にかたよってしまうことを避《さ》けられるかもしれないけど，一方で，子どもが自己主張をしやすくなると，わがままで生意気な子どもが増えてしまうことになるのかな。

けいこ：資料４の「参加する権利」を見ると，自由に意見を表したりするのはいいけど，他の人の権利を傷つけてはいけないと書いてあるね。自分の持っている権利は，自分だけでなく，自分以外のすべての人も持っているんだから，当たり前だよね。だから，自分の権利も他の人の権利もおたがいに大切にすることが必要なんだね。それがわかっていれば，自分の意見ばかりで他の人の意見を聞かないような，わがままな子どもにはならないんじゃないかな。

なおき：そうだね。自分の意見を他の人にも大切にしてほしいと思うなら，他の人も同じ気持ちを

持っているはずだということを意識すべきだよね。だからこそ，権利というのは，そこを尊重し合おうというルールなんだね。

ひろし：では，発表会に向けて，これまでの話題をもとに提案していこう。

問題２　ひろしさんたちの会話文と前のページの**資料５**をもとに，次の(1), (2)の問題に答えなさい。

(1)　会話文の D にあてはまる最も適切な言葉を，**資料５**からぬき出して書きなさい。

(2)　ひろしさんたちは，これまで集めた資料や話し合ったことから**資料６**の構成メモを作成しました。

この構成メモ（**資料６**）③をもとに，発表原稿《げんこう》（**資料７**）の E に入る内容を，**35字以上，40字以内**で書いて，原稿を完成させなさい。

ただし，「**自分**」「**他の人**」「**意見**」という言葉を必ず使い，「，」も１字として数え，文字に誤りがないようにしなさい。

資料６　ひろしさんのグループの構成メモ

番号	スライド	発表原稿のためのメモ
①	「子ども基本法」	・「子ども基本法」ができるまで ・「子ども基本法」が必要な理由
②	「子どもの権利条約」	・「子どもの権利条約」の認知度 ・子どもの権利の種類と内容
③	わたしたちの提案 意見を述べるために	**・子どもも権利や意見を持っている** **・自分の意見をきちんと言う** **・自分の権利も他の人の権利もおたがいに大切にする**

資料７　スライド③の発表原稿

スライド③	今回，「誰もが平等に生きる社会」というテーマで学習を進めてきましたが，「子どもの権利条約」と「子ども基本法」によって，子どもにもいろいろな権利が認められているということを知ることができたのは大きな収穫《しゅうかく》でした。これから，わたしたちには，自分の権利を主張したり，自由に意見を発表したりすることができるような機会が増えていくと思います。 ただし，他の人の権利のことをまったく考えずに自分の権利だけを考えていては，相手の権利を傷つけてしまいます。 ですから，自分の権利を主張するうえでは，　E　ことが必要だと考えます。 これからは，子どもの権利を正しく主張することができるように心がけて，生活していきましょう。

4 けいこさんの学年では，アメリカの友好都市Ａ市の小学生とオンラインで交流会を行うことになりました。けいこさんたちは，「日本の伝統的なもの」を紹介《しょうかい》するために，集めた資料をもとに話し合っています。**資料１**は，アメリカ人が日本に興味を持ったきっかけを調査したもので，**資料２**は，けいこさんたちの学年全体で行ったアンケートの結果です。

資料１　外国人が日本に興味を持ったきっかけ（アメリカ人の場合）（複数回答）

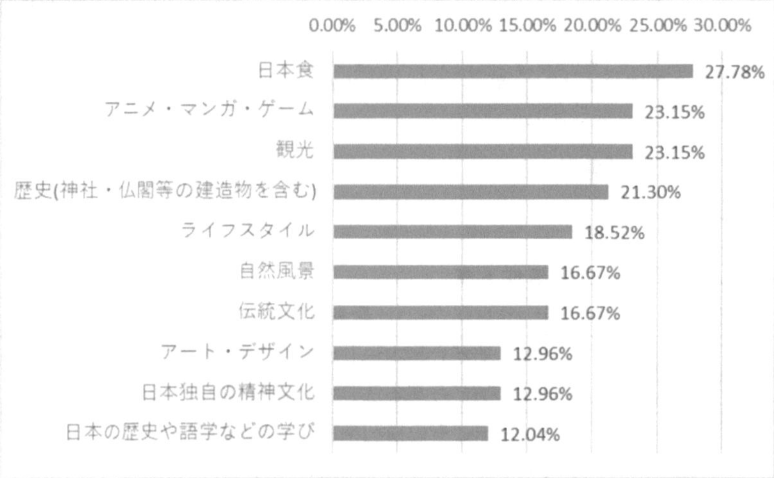

（内閣府　クールジャパンの再生産のための外国人意識調査（平成30年２月）より作成）

資料２　外国人に紹介したい日本の伝統的なもの（複数回答）

順位	内容	割合
１位	日本人の感性や精神（武士道・わびさびなど）	44.8％
２位	伝統芸能《げいのう》（歌舞伎《かぶき》・日本舞踊《ぶよう》など）	40.9％
３位	日本食（懐石《かいせき》料理・精進《しょうじん》料理など）	20.1％
４位	着物（振袖《ふりそで》・浴衣《ゆかた》など）	16.4％
５位	建築物（金閣寺・姫路城など）	14.3％
６位	年中行事（正月・月見など）	13.8％
７位	和楽器（三味線《しゃみせん》・琴《こと》など）	11.5％
８位	遊びや玩具《がんぐ》（コマ回し・折り紙など）	11.4％
９位	大和言葉（あかつき・ありがとうなど）	10.9％
10位	方言《ほうげん》（関東方言・沖縄方言など）	9.6％

先　生：**資料１**と**資料２**を使って，「日本の伝統的なもの」について，どのようなことを紹介するか考えてみましょう。

さやか：**資料１**では，日本に興味を持ったきっかけの第１位が日本食です。わたしは，食べることが好きなので，日本食の魅力《みりょく》を伝えたいと思っています。

ひろし：ぼくは，**資料１**にも**資料２**にも関連のある［　Ａ　］について紹介したいです。

けいこ：なるほど。それなら外国人が興味を持てることでもあるし，わたしたちが外国人に紹介したいものでもありますね。わたしも，２つの資料に共通している日本人の感性や精神に注目したいと思います。

ひろし：**資料２**を見ると，わたしたちの学年の約45％の人が，日本人の感性や精神を紹介したいと

　　　　思っているのですね。

先　生：そうですね。他の伝統的なものも，そもそも日本人の感性や精神から生まれているものである可能性がありますし，外国人に日本人の感性や精神を理解してもらうことができれば，他のことについても，なぜ日本人にそのような好みがあるのかを外国人に説明しやすくなるかもしれませんね。**資料３**を見てください。これは日本人の感性（美意識）の特徴《とくちょう》について書かれたものです。

けいこ：４つの特徴が挙げられていますね。日本人の感性（美意識）がＡ市の小学生にしっかりと伝わるようにしたいと思います。

資料３　日本人の感性（美意識）

1　［　B　］ 自分のことを多少後回しにしてでも他者を尊重する，思いやりや礼儀《れいぎ》を大切にする。明治時代に，新渡戸稲造《にとべいなぞう》は，この感性を「武士道」としてまとめている。	2　［　C　］ 簡素で静寂《せいじゃく》な様子や不完全なものに美しさを感じる。この「わびさび」と言われる感性は，明治時代に，岡倉天心《おかくらてんしん》の「茶の本」で紹介されている。
3　［　D　］ 調和や協調を重視して，身分を問わず広く議論して決めようとする。江戸《えど》時代の「長屋」は，つながりや支え合いといった相互《そうご》扶助《ふじょ》の精神で成り立っていた。	4　［　E　］ 四季の移ろいに敏感《びんかん》で，自然に対する感受性が鋭《するど》く，自然の様々な姿を愛でる。この感性は，明治時代に、志賀重昂《しがしげたか》の「日本風景論」で述べられている。

（国土交通省「国土交通白書 2019」より作成）

問題１　会話文の［A］にあてはまる適切な内容を，次のア～オから２つ選んで，その記号を書きなさい。

ア　日本で人気のあるアニメやマンガ　　イ　日本の子どもが行きたい世界の国

ウ　日本の有名なお城やお寺　　エ　日本の伝統的な演劇や踊《おど》り

オ　日本に昔から伝わるお話

問題２　**資料３**を読んで，次の(1)，(2)の問題に答えなさい。

(1)　次のア～カのうち，**資料３**から読み取れる内容として，正しいものには○を，誤っているものには×を書きなさい。

ア　江戸時代の「長屋」は，相互扶助の精神で成り立っていた。

イ　簡素で静寂な様子や完全で欠如《けつじょ》のないものに美しさを感じる。

ウ　思いやりや礼儀を重んじる姿勢は「武士道」に書かれている。

エ　海外の考え方を取り入れて日本に合うように変化させている。

オ　調和や協調を重視する感性は，「茶の本」に書かれている。

カ　春夏秋冬の移り変わりに敏感で，自然の様々な姿を愛でる。

(2)　けいこさんたちは，**資料３**の日本人の感性（美意識）の４つの特徴に，それぞれ見出しを付けることにしました。［B］～［E］にあてはまる最も適切なものを，次のア～オから１つずつ選んで，その記号を書きなさい。

ア　助け合いの和の精神　　イ　四季の自然を楽しむ心　　ウ　合理性や実用性を求める美

エ　他人への思いやりの心　　オ　素朴《そぼく》さと静かさの美

MEMO

大切なことはメモしておこうネ！

専願

2024年度

解 答 と 解 説

《2024年度の配点は解答欄に掲載してあります。》

＜算数解答＞ 《学校からの正答の発表はありません。》

1 （1） 63 （2） $\frac{18}{25}$[0.72] （3） 3.19 （4） 27
2 （1） 12cm （2） 3600円 （3） 2割引き （4） 16歳 （5） 11枚
3 28：12：15 4 46 5 120cm^2
6 （1） 毎分60m （2） 300 （3） 12分15秒
7 ア 11 イ 1101 ウ 32 エ 16 オ 54 カ 128
8 （1） 10時47分 （2） 11時17分 （3） 9時58分～10時10分

○推定配点○
各4点×25 計100点

＜算数解説＞

1 **（四則計算）**

（1） $54+9=63$

（2） $\frac{2}{5}\times\frac{4}{5}+\frac{2}{5}=\frac{18}{25}$

（3） $3.19\times(1.1-0.1)=3.19$

（4） $\frac{21}{\square}=\frac{5}{2}\times\frac{14}{45}=\frac{7}{9}=\frac{21}{27}$ $\square=27$

重要 2 **（割合と比，比例と反比例，年齢算，倍数算，鶴亀算）**

（1） $\left(115-\frac{47}{6}\times 12\right)\times\left(1-\frac{3}{7}\right)=21\div 7\times 4=12$(cm)

（2） $6000\div 225\times 135=6000\div 5\times 3=3600$(円)

（3） 売り値…$800+288=1088$(円) 定価…$800\times 1.7=1360$(円) したがって，値引き率は$1-1088\div 1360=1-0.8=0.2$より，2割引き

（4） 13年後の私の年齢…$(61+13\times 2)\div(1+2)=29$(歳) したがって，現在の私は$29-13=16$(歳)

（5） 合計金額…$100\times 61=6100$(円)
したがって，500円玉は$(6100-50\times 23)\div(500-50)=11$(枚)

図(a)

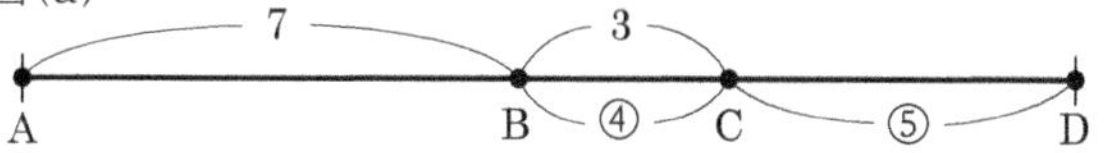

基本 3 **（割合と比，平面図形）**

図(a)より，$BC=3\times 4=12$のとき，AB：BC：CDは(7×4)：12：$(5\times 3)=28$：12：15

重要 4 **（平面図形）**

図1において，三角形ABC，ABDは合同な直角三角形であり，角CABは$(180-46)\div 2=67$(度) したがって，xは$(90-67)\times 2=46$(度)

図1

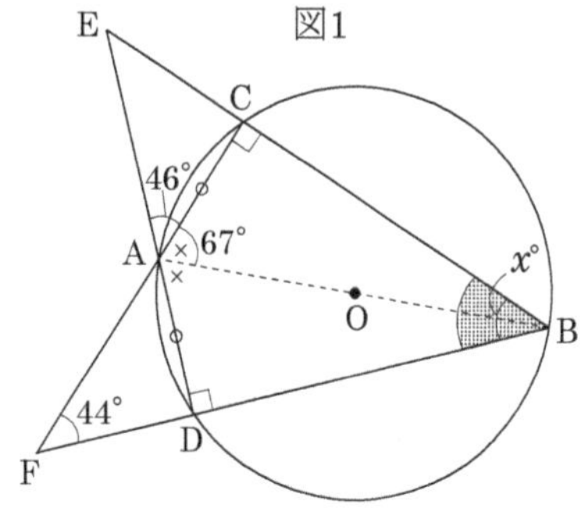

重要 5 **（平面図形，割合と比）**

次ページの図2において，三角形BEDとECFの面積比は

(3×5)：(2×2)＝15：4　したがって，三角形BEDは32÷4×15＝120(cm^2)

図2

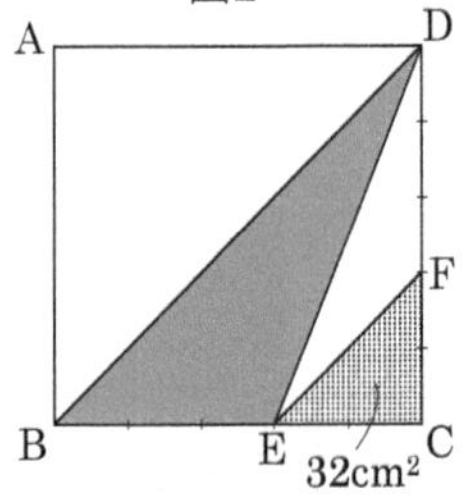

重要 [6] **(速さの三公式と比，旅人算，割合と比，グラフ，単位の換算)**

(1)　和人さんが9分で進んだ距離…問題のグラフより，540m
したがって，分速は540÷9＝60(m)

(2)　[ア]…(1)より，60×11－180×2＝300(m)

(3)　(1)・(2)より，11＋300÷(60＋180)＝$12\frac{1}{4}$(分後)すなわち12分15秒後

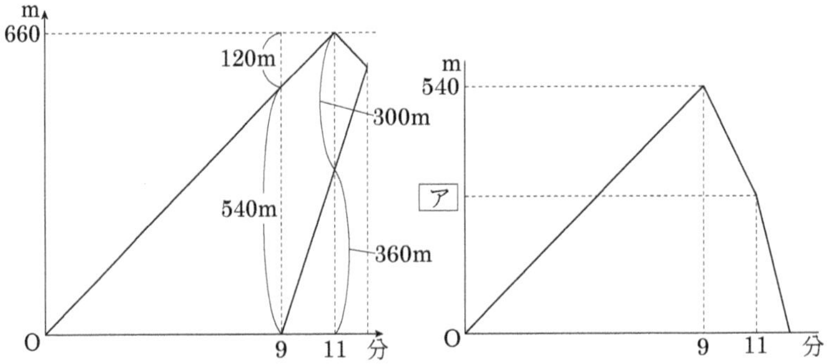

[7] **(規則性)**

基本　ア　1番目…1　2番目…10　したがって，3番目は11

重要　イ　9番目…1001　4番目…100　したがって，13番目は1001＋100＝1101
【別解】右の筆算を利用する

2)13
2) 6 … 1
2) 3 … 0
　 1 … 1

ウ　右から6番目の1…2を6－1＝5(回)かけ合わせた数であり，8×4＝32

エ　右から5番目の1…2を4回かけ合わせた数であり，4×4＝16

オ　32＋16＋0＋4＋2＋0＝54(番目)

やや難　カ　右の筆算より，10000000は2を7回かけ合わせた数であり，32×4＝128(番目)

　1000001
＋ 111111
10000000

[8] **(論理，集合)**

重要　(1)　A駅9：50発→B駅10：00着
C駅10：00発→B駅10：07発
したがって，H駅10：47着

(2)　A駅10：00発→C駅10：20着
C駅10：30発→B駅10：37発
したがって，H駅11：17着

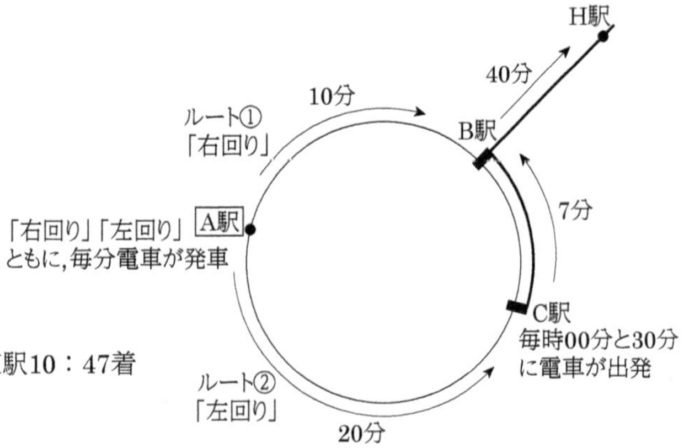

やや難　(3)　ルート①…
A駅9：50発→B駅10：00着
C駅10：00発→B駅10：07発→H駅10：47着
A駅9：57発→B駅10：07着
B駅10：07発→H駅10：47着
A駅9：58発→B駅10：08着
C駅10：30発→B駅10：37発→H駅11：17着
A駅10：27発→B駅10：37着　B駅10：37発→H駅11：17着

ルート②…A駅9：50発→C駅10：10着　　C駅10：30発→B駅10：37発→H駅11：17着
A駅10：10発→C駅10：30着　　C駅10：30発→B駅10：37発→H駅11：17着
したがって，ルート①・②のどちらでもH駅11：17着になるA駅の発車時刻の範囲は9：58～10：10

★ワンポイントアドバイス★
4「三角形と角度」の問題は，「三角形ABC，ABDは合同な直角三角形」であるというのがポイントである。6～8の各問題は簡単ではないが，どれもよく出題される問題であり，難しいレベルではない。

＜理科・社会解答＞ 《学校からの正答の発表はありません。》

1　A　問1　イ　　問2　①　肺　　②　じん臓

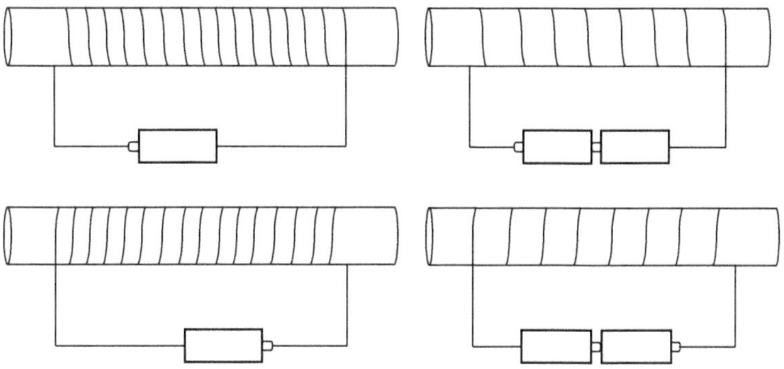

乾電池を逆向きに2個 or 巻き数を逆向きに2倍

問3　上図　　問4　(食塩)　水溶液から水を蒸発させる　　(ホウ酸)　水溶液を冷やす
問5　葉が二酸化炭素を吸収して光を浴びると，酸素とデンプンができるはたらき
B　問1　(1)　エ　　(2)　二酸化炭素　　問2　空気が少ないので，図2の方が早く消える
問3　酸素は下の方からなくなっていく[二酸化炭素は下の方にたまっていく]
C　問1　8個　　問2　4個　　問3　120cm

2　問1　ア　　問2　雨が降る　　問3　水蒸気を含んだ空気が山脈にぶつかったときに，水蒸気が雲になって　　問4　①　液体から気体　　②　液体から固体　　③　固体から気体
問5　イ

3　A　問1　堤防　　問2　石油化学工業　　問3　土偶　　問4　徳川家康　　問5　古くなったものを再利用すること　　問6　国民主権　　B　問1　(ア)　大日本帝国憲法
(イ)　御成敗式目　　問2　班田収授法　　問3　4→2→3→1　　C　問1　京都
問2　ウ　　問3　エ　　問4　(1)　地上にある氷河や南極の氷のかたまりなどが溶けてしまうため　　(2)　海抜の低い土地に住んでいる人は住む土地がなくなってしまう

4　問1　1　新潟水俣病　　2　利根川　　問2　イ　　問3　エ　　問4　(福島県)　ウ　　(ブロイラー)　ク　　問5　(1)　河に水が流れる量が最も多い時と，最も少ない時の差が激しい／雨が降ったときなどに，一気に川の水の量が増加する　　(2)　洪水などが起こらないよ

うに，川に水が流れる量を調節する

○推定配点○

1　A問3，問5，B問2，問3，C問1～問3　各3点×7　　他　各2点×7

2　問2　3点　　他　各2点×6　　3　各2点×15

4　問5　各4点×2　　他　各2点×6　　　計100点

＜理科・社会解説＞

基本　1　(総合問題—小問集合)

A　問1　アは，冬の時期のカエルの冬眠についての記述。一般的に，魚は卵を産みっぱなしで，子供の世話をしない。ヘビはハ虫類であり，説明文は両性類の特徴である。

問2　①　酸素と二酸化炭素の交換は肺で行われる。　②　じん臓では血液をろ過して不要分をこしとり，尿として体外へ排出する。

問3　電磁石のN極S極の向きを反対にするには，エナメル線をまく向きを逆にするか，電池の向きを逆にする。磁力を2倍にするには，エナメル線の巻き数を2倍にするか，電池を2個にすればよい。

問4　(食塩)　食塩は温度による溶解度の変化量が少ないので，温度を下げても結晶はあまり出てこない。そのため，水溶液から水を蒸発させて結晶を析出させる。　(ホウ酸)　温度による溶解度の変化量が大きいので，水溶液の温度を下げるとホウ酸の結晶が取り出せる。

問5　光合成とは，太陽の光のエネルギーを利用して，植物の葉緑体の中で二酸化炭素と水から酸素とデンプンをつくりだす作用のことである。

B　問1　(1)　ろうそくが燃えると二酸化炭素が発生する。二酸化炭素は石灰水を白くにごらせる。　(2)　石灰水は二酸化炭素と反応して，水に溶けない炭酸カルシウムという白色の物質に変化する。

問2　水を入れたので，びんの中の空気(酸素)の量が少なくなり，ろうそくが消えるまでの時間が短くなる。

問3　ろうそくが燃えるには酸素が必要であり，下の方のろうそくから火が消えたのは，下の方から酸素がなくなっていったからである。これは燃焼で発生した二酸化炭素が酸素より重い気体なので，びんの下の方からたまっていくためである。

C　問1　図1の定滑車でおもりを上昇させるには，おもりと同じ重さを皿の側につるす。皿の重さが20gなので，おもりは8個以上必要である。

問2　図2の動滑車でおもりを上昇させるには，おもりと滑車Bの重さの合計である120gの半分の60gの重さを皿の側につるす。分銅は4個以上必要である。

問3　動滑車では，力の大きさは半分になるが，ひもを引く距離は2倍になる。60cmおもりを持ち上げると，分銅をのせた皿は120cm下降する。

2　(気象—関東地方の気象の変化)

基本　問1　関東地方の2月の季節は，徐々に昼の時間が長くなり気温が上昇していき，ウメやツバキの花が咲き始める。

問2　水蒸気を含んだ空気のかたまりが近づくと雨が降る。このとき寒い空気のかたまりがあれば雨は雪になるが，タイミングが合わなければ雨になる。

重要　問3　日本海の海上で多くの水蒸気を吸収した空気のかたまりが山脈にぶつかると，空気が上昇し冷やされて水蒸気が雪になる。

重要 問4 ① 海水から水分が蒸発するので，液体から気体への変化である。これを蒸発という。
② 雲のなかの水滴が冷やされて雪の結晶となって降ってくる。液体から固体への変化である。これを凝固という。 ③ 固体から直接気体になる変化で，昇華という。

問5 イの歩道は建物の北側であり，建物の影になるので太陽の光が当たらないため積もった雪が解けない。人の歩く場所なので，優先して雪かきをすべき場所である。

3 (地理・歴史・政治の総合問題)

A 問1 河川には水害を防ぐためにダムや堤防がつくられる。また，沿岸部では津波，高潮，高波を防ぐ堤防なども建設されている。

問2 石油化学工業とは，石油または天然ガスを原料とし，石油製品以外の化学製品の合成製造を目的とする化学工業である。プラスチック・ゴム・洗剤・繊維，そのほかきわめて多種類の物質を合成する。

問3 土偶は，縄文時代に，魔よけや食物の豊かさをいのるのに使われたと考えられている。

問4 豊臣秀吉の死後，関東を領地とする徳川家康が勢力をのばし，豊臣秀頼の政権を守ろうとした石田三成などの大名を，関ケ原の戦いで破り，全国支配の実権をにぎった。

問5 3Rの中でリユースは，再使用を意味し，物を大切にして，すぐ捨てず，繰り返して使うことを目的としている。

基本 問6 国民主権とは，国の政治の決定権は国民が持ち，政治は国民の意思にもとづいて行われるという原理である。

B 問1 (ア) 1889年2月11日，天皇が国民にあたえるという形で大日本帝国憲法が発布され，その後，衆議院議員総選挙が開かれ議会政治が始まり，日本はアジアで最初の憲法をもつ近代的な立憲制国家となった。 (イ) 御成敗式目は，執権政治を進めるための法律であり，武士の社会で行われていた慣習にもとづいて定められたものである。

基本 問2 班田収授法は，豪族による土地・人民の支配を排除して国家が直接民衆を掌握しようとしたものである。民衆は家族を中心とした戸《こ》という単位で管理された。人々は戸籍，土地は計帳で管理され，戸を単位として6歳以上の男女に口分田が与えられた。

問3 4 飛鳥時代→2 鎌倉時代→3 江戸時代→1 明治時代。

C 問1 京都議定書とは，1997年12月に定められた国際的条約を指す。先進国の排出する温室効果ガスの削減について，法的拘束力を持つ数値目標が設定された。同議定書が採択された気候変動枠組条約締約国会議(COP3)の開催地が京都であったことから，京都の名をつけている。

重要 問2 原子力発電は二酸化炭素は排出しないため温室効果ガスとは関係がない。したがって，ウが正解となる。

問3 国境なき医師団は，民間で非営利の医療・人道援助団体で，紛争や自然災害，貧困などにより危機に直面する人びとに，独立・中立・公平な立場で緊急医療援助を届けている。したがって，国連とは関係がない。

問4 (1) 二酸化炭素は熱を逃がさないという性質があるため，特に，地上にある氷河や南極の氷などが溶けてしまい，海面が上昇すると考えられる。 (2) 海面が上昇すると海抜の低い土地は水没の危険性があると考えられる。例えば，太平洋上にあるツバルやキリバスのような小島国がそれにあたると考えられている。

4 (日本の地理─国土と自然，土地利用，農業，商業・経済一般，公害・環境問題)

問1 1 新潟水俣病は，阿賀野川で漁獲した有機水銀に汚染された魚を多食した住民がかかってしまった食中毒である。 2 日本最大の流域面積と，日本第2位の長さをもつ利根川の流域は，群馬，栃木，茨城，埼玉，千葉，東京の1都5県にわたる。特に，千葉県と茨城県の県境になっていることは覚えておこう。

重要 問2　新潟県は，冬は，大陸から吹いてくる北西の季節風が山地にぶつかりたくさんの雪を降らせ，夏は，南東の季節風の風下になるので乾燥する日本海側の気候に属し，イが該当する。アは那覇(南西諸島の気候)，ウは札幌(北海道の気候)，エは高松(瀬戸内の気候)である。

問3　輪島塗が石川県の伝統工芸品である。津軽塗は青森県，南部鉄器は岩手県，西陣織は京都府，それぞれの伝統工芸品として有名である。

問4　福島県では，もも(都道府県別生産量第2位)，なし(都道府県別生産量第4位)などが日本有数の生産をあげていて，加工品の生産やインターネットを使った販売などの工夫も行われている。ブロイラーの生産は，宮崎，鹿児島，岩手，北海道などで盛んである。

やや難 問5　(1)　河況係数が外国の河川に比べて高い日本の河川では，河に水が流れる量が多い時と，少ない時との差が激しく，その結果，雨天時などに，一気に川の水の量が増加すると考えられる。　(2)ダムの役割には以下のものがある。①治水：川が氾濫したり，枯れたりしないように水の量を調節して，水害から生活を守る。②流水維持：川の水が少なくなった時でも，船が通行したり，川の生き物が暮らせるように水を流して周辺の環境を整える。③利水：人々の生活に必要な水をはじめ，畑や工場で使う水を届ける。④発電：貯水池に貯めた水が流れ落ちる自然の力を使って電気をつくり，家庭に届ける。

★ワンポイントアドバイス★

[1]・[2]　基本問題ばかりなので，ミスのないようにしっかりと得点しよう。
[3]B問1　(イ)御成敗式目制定後は，朝廷の律令とは別に，独自の法を制定したことで武士は自信を持ち，この式目は長く武士の法律の手本とされた。C問3　国境なき医師団は，1999年，活動の実績が認められノーベル平和賞を受賞した。

＜国語解答＞ 《学校からの正答の発表はありません。》

【一】 問1　①　(主語)　星が　(述語)　光る　②　(主語)　ぼくは　(述語)　好きだ　③　(主語)　なし　(述語)　寝よう　問2　①　きれいで　②　呼んでいるのが　③　なるのだろう　問3　①　エ　②　イ　③　カ　④　オ

【二】 問1　a　操作　b　もと　c　視野　d　担任　e　保健　問2　自分でよく考えて自分の意志で行動する人　問3　ロボットになれということではないのです
問4　鉄腕アトムと鉄人28号との大きな違い　問5　自分で考えて，先を見通しながら行動する力　問6　ア　問7　自分で決めた行動は誰のせいにもできず，しかもその結果をすべて自分で引き受けなければならないから。　問8　イ　問9　あ　A　い　A　う　B　問10　ウ　問11　十人十色　問12　Dさん　問13　イ
問14　ユウマ君は考えちがいをしていると思います。赤ちゃんのように全てを世話されているのではなく，他者と一緒に生活するようになれば，「何をしてもいい」ことはないからです。しかし，まちがっているとは思っても無視したりするのは，自分もまた，何をしてもいいという行動をしてしまうことになると思うので，ちがうと思うことを伝えたり，彼の意見を聞いたりする関係を作っていきたいと思います。

○推定配点○
【一】 各2点×10 【二】 問1・問11 各2点×6 問2・問3・問5・問6 各5点×4
問7 6点 問14 10点 他 各4点×8 計100点

＜国語解説＞

【一】 (ことばの用法・四字熟語)

問1 ① 述語は「光る」。何が光るのかを考えて，主語は「星が」。 ② 述語は「好きだ」。だれが好きなのかと考えて，主語は「ぼくは」である。 ③ 述語は「寝よう」。だれが寝ようと思っているのかと考えると，この文では主語が省略されているので，主語は「なし」である。

問2 ① 「魚たち」は「きれい」というつながり方だ。解答は「きれいで」である。 ② 「兄が」していることは「呼んでいる」のだから「呼んでいるのが」と答える。 ③ 組み合わせて使う言葉である。「なぜ」と組み合わされるのは「なるのだろう」。

問3 ① 「いかにわれわれがついてゆくか」に着目する。スピードについてゆく必要があるということだから，日に日に，絶えず進歩すること，進歩の度合いが急速であることという意味の「日進月歩」がふさわしい。 ② 外国語の習得は簡単ではないということなので，非常に短い間という意味の「一朝一夕」を入れる。 ③ まだかまだかという思いで待つということなので，「一日千秋」だ。 ④ 一つのことで二つの利益が得られるということになるので「一挙両得」が入る。

【二】 (論説文－細部の読み取り，接続語の問題，ことばの意味，漢字の読み書き，記述力)

重要 問1 a 「操」は全16画の漢字。14画目を「品」の中まで出さない。 b 「もと－づく」。 c 「視」は全11画の漢字。部首は「ネ」である。「ネ」にしないように気をつける。 d 「任」は全6画の漢字。6画目は4画目より短く書く。 e 「保険」と混同しないようにしよう。

問2 傍線1からしばらく，鉄腕アトムと鉄人28号の説明が続くので，傍線4直後にある「自分で～行動する」までを答えたくなるが，字数オーバーになってしまう。そこで，同じような内容を探すと，文章のまとめである最終文に「自分でよく～行動する」という「人」にもつながり，字数も合う表現がある。

問3 傍線2のような表現は，話し言葉とされるものだ。書き言葉とする点は「なれって」と「ことじゃ」と「んです」である。この部分を書き言葉にすると「ロボットになれということではないのです」となる。意味としては「～ことではありません」でも同じような内容になるが，本文の，「ないんです」に合わせるべきである。

重要 問4 「それ」の中心になる解答は「大きな違い」だ。何の違いかを加えて「鉄腕アトムと鉄人28号との大きな違い」ということになる。

問5 傍線4直後が「ですから」であることが着目点になる。問われているのは「どのような能力か」なので「自分で～行動する力」ということになる。問2で字数を数えた受験生も多かったと思われる。

基本 問6 X 持っていった傘の必要性がなかったということだから「せっかく」か「わざわざ」のどちらかだ。 Y 大荷物を持って「たどりついた」というのだから「やっと」が適切なのでこの段階でアにしぼれる。Zで確認すると，「いつも」だれかが助けてくれたということで成立するのでアに確定できる。

や難 問7 この場合の「自由」を直前の「自分で決めていいよ」と置きかえて考えよう。その「自分で決めていいよ」の直前は「ですから」という理由を述べる言葉なので，「自分の決めた行動は誰のせいにも出来ず，結果はすべて自分で引き受けなければならないから」という理由になる。

問8 「未来」は，上に「否・不・未・無」などの否定の意味の漢字が付く構成の二字熟語である。したがってイの「不安」を選択する。

問9 **あ** ユウマ君はこれまで，親や先生からの助言や禁止の言葉に従ってきたが，中学生になったのだから「思いのままだ」と思って勝手な行動をしたということは，誤った行動ではあるが「親からの自由」を得たと考えたのだ。 **い** 「実は～」で始まる段落に「～からの自由(今)」と「～への自由(未来)」と説明している。まずは，「～からの自由」を求めて向き合うことから始めるということで，**い**はA。そして「～への自由」に向かっていくのだから，**う**はBである。

問10 傍線8直後にも「誰でも自然に」なるとある。また，続く「もちろん～」で始まる段落にくわしい説明が述べられている。その内容によると，「早い遅いもあれば，課題の違い」はあっても「やりたい」「やるぞ！」という気持ちがあれば前に進めると述べているので，その内容に合うのはウである。

問11 人それぞれ好みがちがうという意味の四字熟語は「十人十色(じゅうにんといろ)」。

問12 Dさん以外は，周囲からアドバイスをもらいながらも，自分で考えて行動していくという本文に沿った発言をしているが，Dさんは「失敗することはない」と述べている。本文では，「もちろん，誰でも～」で始まる段落にはっきり述べているように，「失敗をしながら体験を重ねていく」ことの大切さを述べているので，読みちがいをしているのはDさんである。

問13 ア リモコンを持つ人によって善にも悪にもなるのは「鉄人28号」である。 ウ 傘を持ち帰り忘れてはいないので不適切。 エ エの内容は中学時代に学ぶこととしている。 イ 「思いのままだ」と思っての行動を「自由」とは言わないことを説明するための例がユウマ君の行動なのでイが適切である。

やや難 問14 ≪指示≫と≪きまり≫をしっかり読んで，それに従った表記をしよう。おそらく，ユウマ君の言う通りだという一段落にする受験生は少ないと思われるが，徹底的に非難するような接し方を書いた二段落目にすると，その行動自体も，自分の自由だというような行動になってしまうので注意しよう。

★ワンポイントアドバイス★

主語・述語の問題は，必ず述語から見つけるようにする習慣をつけておこう。

第1回一般

2024年度

解　答　と　解　説

《2024年度の配点は解答欄に掲載してあります。》

＜算数解答＞ 《学校からの正答の発表はありません。》

1 (1) 144　(2) $3\frac{1}{15}\left[\frac{46}{15}\right]$　(3) 5.48　(4) 8

2 (1) $7.5\left[\frac{15}{2}\right]$L　(2) 225個　(3) 72円　(4) 12分　(5) 16個

3 39：6：10　4 75　5 242cm^2

6 (1) 3分20秒　(2) 2600m　(3) 48分40秒

7 (1) ア 5　イ 6　(2) ウ 1　エ 5

(3) 1回目 2→2回目 4[3→4，4→2，4→3]　(4) 4　(5) 25

8 (1) 8　(2) 4　(3) $\frac{95}{7}$

○推定配点○

各4点×25　計100点

＜算数解説＞

1 (四則計算)

(1) 112＋32＝144　(2) $\frac{14}{3}\times\frac{4}{7}+\frac{2}{5}=\frac{322}{105}=\frac{46}{15}$

(3) 2.74×(2.8−0.8)＝5.48　(4) $\frac{\square}{33}=\frac{36}{11}\times\frac{2}{27}=\frac{\boxed{8}}{33}$

2 (割合と比，倍数算，仕事算，平均算，鶴亀算)

(1) $\left(56-\frac{19}{9}\times18\right)\times\left(1-\frac{7}{12}\right)=18\times\frac{5}{12}=7.5$(L)

基本 (2) 135÷3900×6500＝135×65÷39＝225(個)

重要 (3) 600×(1.6×0.7−1)＝600×0.12＝72(円)

重要 (4) プールの容量…48とする。A1分の給水量…48÷48＝1　B1分の給水量…48÷16＝3

したがって，求める時間は48÷(1＋3)＝12(分)

重要 (5) 5gと20gの平均の重さ…(5＋20)÷2＝12.5(g)　したがって，10gの重りは(12.5×40−460)÷(12.5−10)＝16(個)

重要 3 (割合と比)

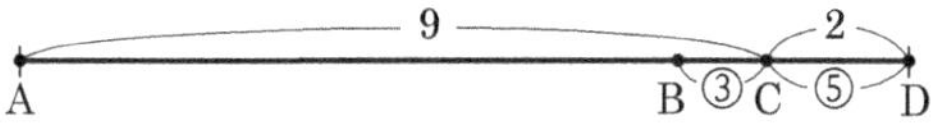

CD＝2×5のとき，AC：BC：CD＝45：6：10

したがって，AB：BC：CD＝(45−6)：6：10＝39：6：10

重要 4 (平面図形)

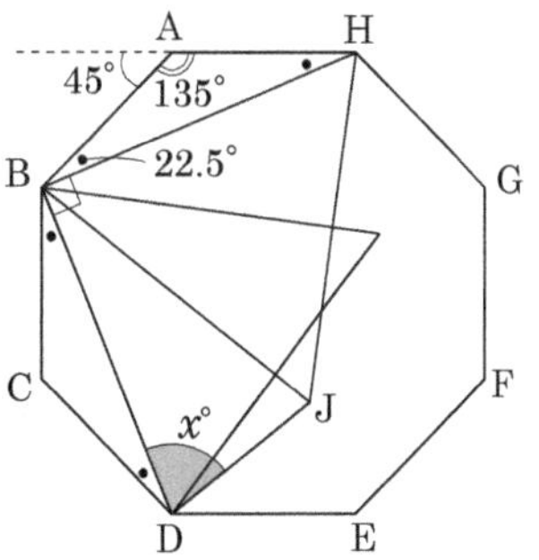

正八角形の1つの内角…180−360÷8＝135(度)

二等辺三角形ABHの1つの底角…(180−135)÷2＝22.5(度)

角JBD…135−(22.5×2＋60)＝30(度)

したがって，xは(180−30)÷2＝75(度)

重要 5 (平面図形)

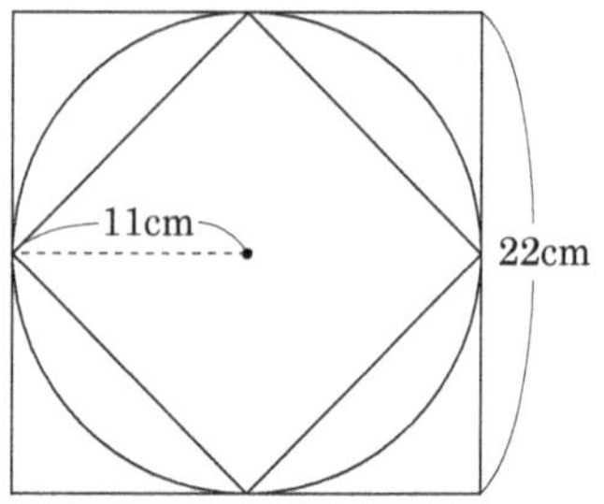

右図より，求める面積は$11\times11\times2=242$(cm^2)

6 (速さの三公式と比，旅人算，割合と比，単位の換算)

和人さん…分速60m　　令子さん…分速360mでB地点手前1000mまで進み40分停止し，その後は分速300m

基本 (1)　$1000\div300=3\frac{1}{3}$(分)より，3分20秒

重要 (2)　(1)より，$60\times\left(40+3\frac{1}{3}\right)=2400+200=2600$(m)

(3)　令子さんがB地点手前1000mまで進んだ時間…(2)より，$(2600-1000)\div(360-60)=\frac{16}{3}=5\frac{1}{3}$(分)　すなわち，5分20秒　したがって，(1)より，求める時間は3分20秒＋40分＋5分20秒＝48分40秒

7 (論理，場合の数，表)

と　う　よ　う

＜ルール＞
- 1の目が出たら，「と」のカードを裏返す。
- 2，3の目が出たら，「う」のカードを裏返す。
- 4の目が出たら，「よ」のカードを裏返す
- 5の目が出たら，4枚のカードすべてを裏返す
- 6の目が出たら，何もしない。
- すべてのカードを裏向きにした人の勝ち。
- 令子さんからサイコロを振る。

2回目が終わって，3回目で令子さんが勝つ可能性のある状況

	と	う	よ	う	令子さんが勝つためのサイコロの目
①	表	裏	裏	裏	ウ
②	裏	裏	表	裏	4
③	裏	表	裏	表	2，3
④	表	表	表	表	エ

基本 (1)　ア…1回目の令子さんの目は，ルールより，5　イ…1回目の令子さんの目は，ルールより，6

重要 (2)　ウ…表の①より，1　エ…表の④より，5

(3)　1回目が2または3の場合…と裏よ裏
2回目が4の場合…と裏裏裏
1回目が4の場合…とう裏う
2回目が2または3の場合…と裏裏裏
したがって，2→4または3→4または4→2または4→3

(4)　次の4通りがある。1→4，4→1，2→5，3→5

やや難 (5)　表の①の場合…(3)より，5通り　表の②の場合…1→2，1→3，2→1，3→1，4→5より，5通り　表の③の場合…1→4，4→1，2→5，3→5より，$4\times2=8$(通り)　表の④の場合…1→1，2→2，2→3，3→2，3→3，4→4，6→6より，7通り　したがって，全部で$5\times2+8+7=25$(通り)

8 (演算記号，割合と比，数の性質，規則性)

基本 (1)　$\left[2\frac{5}{7}\right]+[3]+\left[3\frac{2}{7}\right]=8$

基本 (2)　$[1]+\left[1\frac{2}{7}\right]+\left[1\frac{4}{7}\right]+\left[1\frac{6}{7}\right]=1\times4=4$

やや難 (3)　$\left[2\frac{1}{7}\right]+\left[2\frac{3}{7}\right]+\left[2\frac{5}{7}\right]=2\times3$　$[3]+\left[3\frac{2}{7}\right]+\left[3\frac{4}{7}\right]+\left[3\frac{6}{7}\right]=3\times4$

$\left[4\frac{1}{7}\right]+\left[4\frac{3}{7}\right]+\left[4\frac{5}{7}\right]=4\times3$

分数の整数部分が1，3，5，7，9になる数の和…$(1+3+5+7+9)\times4=25\times4=100$

分数の整数部分が2，4，6，8，10になる数の和…$(2+4+6+8+10)\times3=30\times3=90$

分数の整数部分が11になる数の和…$11\times4=44$

分数の整数部分が12になる数の和…$12\times3=36$

以上の和は$100+90+44+36=270$　分数の整数部分が13になる数の和について，$[13]+\left[13\frac{2}{7}\right]$

$+\left[13\frac{4}{7}\right]=13\times3=39$　　したがって、和が300を超えるのは$13\frac{4}{7}=\frac{95}{7}$

★ワンポイントアドバイス★

[5]までの12題でミスを最低限にして得点することがポイントであり，[7]「ゲーム」の問題は，問題文の読み取りがポイントになる。[8]「演算記号」の問題は，(2)の計算法を利用して(3)を解くとよい。

＜理科・社会解答＞《学校からの正答の発表はありません。》

[1]　A　問1　エ　　問2　化石　　問3　①　ア　　②　右図

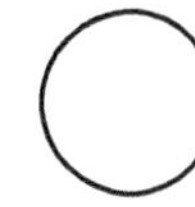

問4　実験①　発芽に適する温度と空気に触れた状態で，乾燥した脱脂綿の上にエンドウの種子をおく　　結果　発芽しない　　実験②　発芽に適する温度と空気に触れた状態で，水に湿らせた脱脂綿の上にエンドウの種子をおく　　結果　発芽する　　問5　木の長さが短いほど，音は高い

B　問1　1cm　　問2　60g　　問3　20g

C　問1　ア　　問2　①　体積　　②　大きく　　問3　水は凍っても重さは変わらないが，体積は大きくなるため，同じ体積の氷と水をくらべたら水の方が重さが大きい。

[2]　問1　犬歯が発達している[臼歯が肉を食いちぎる形になっている]　　問2　ア

問3　ア，ウ　　問4　(1)　食肉目に含まれ，もともと肉食であり，歯の形も肉食型だが，植物も食料にする(という柔軟さ)　　(2)　里山にある野生の植物から，人間が栽培した作物までさまざまなものを食料にする(という柔軟さ)

[3]　A　問1　自動車　　問2　津波　　問3　源頼朝　　問4　豊臣秀吉　　問5　関東大震災

問6　沖縄県　　問7　納税　　B　問1　①　渋沢栄一　　②　菅原道真

問2　(3)→(4)→(1)→(2)　　問3　イ　　C　問1　内閣　　問2　エ　　問3　(1)　法律が憲法に違反していないか調べる権限　　(2)　最高裁判所

[4]　問1　東京の近く　　問2　483人／km^2　　問3　(記号)　B　　(文)　4つの県と海に囲まれている　　問4　記号　エ　　問5　記号　②　(例)　駅前のメイン通りに面していて，買い物客のほか通勤・通学客などの人通りが多く，より多くの客が立ち寄れると考えたから。(57字)

○推定配点○

[1]　A　問4　各3点×2　　問5　3点　　他　各2点×4　　B　各3点×3　　C　問3　3点　他　各2点×3　　[2]　問1，問4　各3点×3　　他　各2点×3

[3]　A　各2点×7　　B　問3　1点　　他　各2点×3　　C　問2　1点　　問3(1)　5点　他　各2点×2　　[4]　問1・問2・問3文　各2点×3　　問5文　10点　　他　各1点×3

計100点

＜理科・社会解説＞

1 (総合問題―小問集合)

基本 A 問1 ア 日本列島に台風が近づくのは，夏から初秋(7月から10月ころ)にかけてである。 イ 太陽の熱で地面が温まり地表からの放熱によって大気が温まるのに時間がかかるため，一日の最高気温は晴れの日には正午より少し遅い時間になる。 ウ 垂直に発達し，強い雨を降らす雲は積乱雲である。 エ 日本付近では西から東への風(偏西風)が吹いているので，雲は西から東へ移動する。

基本 問2 地層の中から見つかる生物の骨や生活の痕跡を化石という。

重要 問3 月はおよそ30日で満ち欠けをする。図1の月は夕方の南の空に見える半月で，これより7日後には，夕方東の空に満月が見える。

重要 問4 植物の種の発芽には，適度な温度，空気，水分が必要である。水分の必要を確かめるには，その他の温度，空気の条件を同じにして，水に湿らせた脱脂綿の上に種子を置いたものと，乾燥した脱脂綿の上に種子を置いたもので比較実験をすればよい。

基本 問5 実験結果より，木の長さの短いものの方が高い音が出ることがわかる。

基本 B 問1 おもりの重さとばねの伸びが比例する。50gのおもりで5.0cm伸びるので，10gのおもりでは1.0cm伸びる。

基本 問2 ばねが6cm伸びたので，円ばん型の磁石の重さは60gである。

重要 問3 ばねの伸びが4.0cmなので，ばねにかかる重さは40gである。円ばん型の磁石の重さが60gなので，棒磁石は円ばん型の磁石に20g分の上向きの力を与えている。

C 問1 水は氷になっても重さは変わらない。

問2 水は氷になると体積が大きくなる。ガラスの容器に入れた水を凍らせると，体積が膨張しガラスの容器が内側から力を受けて割れてしまう。

問3 問2より，同じ重さの水と氷では氷の方が体積が大きい。同じ体積で比べると，水の方が重さが大きくなる。

2 (動物―タヌキの生態)

問1 哺乳類の歯で，前歯の外側に1本ずつ合計4本ある歯を犬歯という。肉食動物で発達している。

問2 春から秋にかけて食べる割合が多く冬は割合が低いので，暖かい季節に多く見られる生物である。よって昆虫類と推定できる。

問3 ア 寒さが厳しい1～2月に食べているのは，農作物や葉である。 イ 新芽が伸びる春から初夏には，葉を食べる割合が高い。 ウ 10～11月には木の実を食べる割合が高い。 エ 鳥や小型哺乳類を食べているタヌキの割合は，グラフ5より1年の平均で10%以下とわかる。 オ グラフ3より，7月と1月に農作物を食べる割合が多くなっている。

問4 (1) タヌキは食肉目に含まれる動物なので肉食であるが，木の実や農作物，植物の葉なども食料にする柔軟さがある。 (2) 野生の植物や昆虫などをエサにするだけではなく，人間の育てた農作物などもエサにする柔軟性がある。

3 (地理・歴史・政治の総合問題)

A 問1 自動車生産は，中京工業地帯の愛知県豊田市などで盛んで，日本の輸出を支える重要な工業製品となっている。

問2 津波は，海底から海面までの海水全体が短時間に変動し，それが周囲に波として広がって行く現象で，波長は数キロから数百キロメートルと非常に長いものである。

基本 問3 源頼朝は，武家政権(幕府政治)の先駆けとして，鎌倉幕府を創立し，江戸幕府が倒れるまでの約400年続く武士の世の中を実現した。

問4　豊臣秀吉の代表的な政策は，①太閤検地，②刀狩，③朝鮮侵略，④バテレン追放などがある。

重要 問5　関東大震災は，1923年9月1日11時58分32秒に発生した大地震によって南関東および隣接地で大きな被害をもたらした地震災害である。死者・行方不明者は推定10万5,000人で，明治以降の日本の地震被害としては最大規模の被害となっている。

問6　国土面積の約0.6%しかない沖縄県内に，全国の約70.3%の米軍基地が集中している。

基本 問7　日本国民には憲法で規定された大きな義務が三つある。「教育を受けさせる義務」，「勤労」，「納税」である。

B　問1　①　渋沢栄一は，江戸時代末期に農民から武士に取り立てられ，のちに主君・徳川慶喜の将軍就任にともない幕臣となり，明治政府では官僚も務めた。また，多くの会社などを設立し代表的実業家として有名である。　②　菅原道真は，平安時代の貴族，学者，漢詩人，政治家である。宇多天皇に重用されて，寛平の治を支えた一人であり，醍醐朝では右大臣にまで上り詰めたが，藤原時平の陰謀により，大宰府へ左遷され現地で没した。

問2　(3)飛鳥時代→(4)平安時代→(1)室町時代→(2)江戸時代及び明治時代。

問3　東大寺や大仏がつくられたのは奈良時代であるから，下線部の飛鳥時代とは異なる。したがって，イが間違っていることになる。

C　問1　内閣は，日本の行政府で，内閣総理大臣およびその他の国務大臣で組織される合議制の機関であり，行政権を担っている。

問2　学校や図書館などの施設を管理するのは地方公共団体などの行政である。ア～ウは，いずれも国会のはたらきである。

重要 問3　(1)　裁判所は国会で審議され成立した法律が，憲法に違反していないかチェックできる違憲立法審査権を持っている。これは，全ての裁判所が持っている権利である。　(2)　高等裁判所や地方裁判所などの下級裁判所にも違憲立法審査権があるが，当事者の上訴があれば，最高裁判所が最終的に法令等が違憲かどうかを決定することになる。このため，最高裁判所は，「憲法の番人」と呼ばれているのである。

4　**(日本の地理―国土と自然，農業，地図の見方)**

問1　消費地に近い地域で，野菜の生産などを行う農業を近郊農業といい，茨城県の白菜，ピーマン，千葉県のねぎ，ほうれんそうなどは，それにあたる。東京という大消費地に近く，輸送費が安く，短時間で新鮮な農産物を届けられる利点がある。

やや難 問2　人口密度は，人口÷面積であるので，2900000÷6000≒483人/km^{2}となる。

問3　茨城県は，北は福島県，東は太平洋，南は千葉県と埼玉県，西は栃木県に囲まれている。

問4　水戸は温暖で，季節風の影響を受け夏に降水量が多い太平洋岸の気候でエが該当する。アは札幌(北海道の気候)，イは新潟(日本海側の気候)，ウは那覇(南西諸島の気候)である。

やや難 問5　①の方は，日立電線工場の近くで，従業員客と，国道を通る車での客を獲得できる。②の方は，駅の近くのメインストリートで駅を利用する客と商店街の買い物客を獲得できる。両方を比較すると，工場が休みの場合は①の客層が減少するので，②の方が通算するとより多くの客が立ち寄れると考えられる。

★ワンポイントアドバイス★

[1]・[2]　思考力を要する論述式の問題もあるが，全体的なレベルは標準的である。論述形式の解答が多いので，自分の考えを短くまとめる練習をしておきたい。
[3]A問1　中京工業地帯は，日本の工業地帯・工業地域の中で，最大の工業出荷額をほこっている。　[3]C問1　内閣は国権の最高機関である国会の信任にもとづいて成立し，国会に対して連帯して責任を負う。

＜国語解答＞ 《学校からの正答の発表はありません。》

【一】 問1　①　主語：選手は　　述語：投げた　　②　主語：花火は　　述語：芸術だ
③　主語：なし　　述語：得意だ　　問2　①　よいと　　②　木が　　③　降っていた
問3　①　エ　　②　ア　　③　ウ　　④　オ

【二】 問1　a　さず　　b　夢中　　c　しんぴ　　d　対象　　e　遺伝子　　問2　ウ
問3　イ　　問4　自然の美しさや精妙さに対して驚く感性。　　問5　(1)　性的成熟を果たす　　(2)　生産性よりも常に遊びが優先されてよい特権的な期間　　問6　自然
問7　ア　　問8　種子：子どもたちがであう事実　　土壌：さまざまな情緒やゆたかな感受性　　問9　ウ　　問10　ア　　問11　五十歩百歩　　問12　ウ　　問13　長い子ども時間の中で，遊びを通して世界の美しさと精妙さについて気づくことができたから。
問14　エ　　問15　Aさん　　問16　小学校低学年のころ，下校中に見つけたイモ虫を葉っぱごと持ち帰り，虫かごで育てました。くっついていた葉を毎日持ち帰りエサにしていました。毛虫ではないから，どんなにきれいなチョウになるのだろうと楽しみにしていたら，数日後，大きな羽音がするので見てみると，きょ大なガが暴れていました。小さな入り口から出すこともできず，泣きそうになりながら父の手助けで出しました。毛虫だけがガの幼虫でないことを知りました。

○推定配点○
【一】　各2点×10　　【二】　問1・問6・問11　各2点×7　　問4・問5・問8・問15　各4点×6
問13　6点　　問16　15点　　他　各3点×7　　計100点

＜国語解説＞

【一】 (ことばの用法，四字熟語，文と文節)

基本　問1　①　述語は「投げた」だ。だれが投げたのかと考えて，主語は「選手は」になる。　②　述語は「芸術だ」である。何が芸術と考えているのかというと，「花火は」なので主語は「花火は」になる。　③　述語は「得意だ」である。だれが得意に思っているのかと考えると，この文では主語が省略されているので，主語は「なし」と答える。

問2　①　「それが」「よい」とつながる。文節で解答するので「よいと」である。　②　「大きな」「木が」転がっていたのだから「木が」だ。　③　雨が「朝から」「降っていた」ということだ。

重要　問3　①　驚くほどすばらしい記録ということなので「空前絶後」である。　②　みんなが賛成してくれたということで「異口同音」が入る。　③　「なんとか助かった」に着目し，大変危険な状況から助かったということで「危機一髪」になる。　④　自然とともにゆっくり暮らすという

ことで「晴耕雨読」である。

【二】 **(論説文－細部の読み取り，接続語の問題，ことばの意味，反対語，漢字の読み書き，記述力)**

重要 問1　a　「授」の音読みは「授業」の「ジュ」。訓読みは「さず-ける」。　b　「夢」は全13画の漢字。「四」のようにまげない。　c　「秘」はこの場合「ぴ」と表記する。　d　「象」は全12画の漢字。3～6画目は間の縦線は1本である。　e　「遺」は全15画の漢字。5画目は上下出す。

問2　文章〈A〉では，「この感性は～」で始まる段落にあるように「倦怠と幻滅～」がやってくることで失われるとしている。文章〈B〉では，人間だけが，非常に長い子ども時代を過ごし，遊びの時間を持っていることを説明した後，文章〈A〉同様，カーソンの言葉を引用している。このことから，ウを選択できる。

問3　「善良」は，上の漢字と下の漢字が似た意味を持つ組み立てだ。同じ組み立ては「加える・入る」の「加入」である。アの「悪人」は上の漢字が下の漢字を修飾する組み立て。ウの「出席」は，下の漢字が目的語になる組み立て。エの「増減」は上と下が対になる組み立てである。

重要 問4　着目点は，文章〈B〉直後の段落だ。そして，注意点は「筆者がどう訳しているか」である。したがって，上遠恵子の訳である「神秘さや～感性」と書いてはいけない。「何に驚くのか」として，その答えを「自然の美しさ，精妙さに対して」としているので「自然の美しさや精妙さに対して驚く感性」と語順を換えてまとめよう。

や難 問5　(1)　カーソンの言葉の引用後にある「大人になると」は，大人になるとどうなるのかを述べているので，問われている「大人になることとは」とは違う。同じ「大人になると，」表記だが，この言葉から始まる段落では，直後が「つまり」なので，大人になることとはをまとめているので「性的成熟を果たす」ことが大人になるということになる。　(2)　他の生物と人間が異なる点は，子ども時代が特別に長いことを説明し，それを有意義な時間，特権と述べている。「大人になると」で始まる段落の最終文に「生産性より～特権的な期間」が「子ども時代」としている。

問6　「人工」の対義語は「自然」だ。「多くの親が～」ではじまる段落では「自然界」という形で，文章〈B〉直後の段落では「自然」という言葉で出ている。

問7　出会って感じることの事実のひとつひとつがやがて知識や知恵を生み出すという考え方から，まずは「感じる」ことのほうが大切ということがわかり，アとエにしぼれる。しかし，エは結局は「知ることの重要性」ということになるのでアである。

重要 問8　「子どもたちが～」で始まる段落に着目する。「～種子だとしたら」とあるのだから，「種子」は，「子どもたちがであう事実」ということになる。その種子が育つ場を「土壌」とたとえているので，「さまざまな情緒やゆたかな感受性」が土壌ということになる。

問9　鵜(ウ)という鳥が，魚をかまずに丸飲みにする姿から、人から言われることをよく考えずとり入れることをさすようになった言葉なのでウが適切。

問10　Xが一番確定しやすい。前部分が「特別な存在だと思っている」で，後部分が「実はそれほど特別ではない」なので，「しかし」か「ところが」のどちらかの言葉が入ることからアかエにしぼれる。Yの前部分はサルと比較してもほとんど差がないという内容で，後部分は「そんなに威張れない」という内容なので「だから」が入る。この段階でアとなるので，Zで確認すると，前部分は「大人になるまでの時間のこと」で，後部分はそれを「生物学的に見て，性的に成熟」と言い換えているので「つまり」が正しいのでアと確定できる。

問11　戦場で，五十歩逃げた者でも百歩逃げた者でも，逃げたという点では変わりがなく，ただ，わずかな距離の差があるに過ぎずたいして違いがないという故事からできた「ほとんど差がない」という語は「五十歩百歩」だ。

問12　「サルの場合～」で始まる段落の最終文に「これはいったい何を意味するのだろう」とある。この「これ」伸さし示す内容は，「でも，ひとつだけ～」で始まる段落で述べている内容と「サルの場合～」で述べている内容だ。つまり，他の動物と違い，「長い子ども時代」があり「急激な成熟期を迎える」ということになるのでウである。

やや難　問13　「効率を考えると～」で始まる段落が着目点になる。この段落中の「センス･オブ・ワンダーの獲得である。」と一文に注目する。キーワードは「長い子ども時間」「遊びを通して世界の美しさと精妙さに気づける」という点になる。

問14　ア　「大人がそばにいなければ」が誤りである。　イ　教える必要性を述べてはいない。傍線部6でも「感じる」ことの重要性を述べている。「目をそむけるようになる」とは述べていない。ウ　「センス･オブ・ワンダーを受け止める～」で始まる段落に，「大人になるとリアリティが感覚から失われてしまう～」とあるので誤り。　エ　「ロジェ・カイヨワ～」で始まる段落以降で述べられている内容と合うので，エが適切である。

問15　「読み違えている人」という条件に注意する。Aさん以外は，中学生は，思春期の始まりで，筆者の言う，センス･オブ・ワンダーを失い始める時期ということを認識しながらの発言である。が，Aさんは，「遊べるから子ども」で，部活などがあるから子ども時代とは言えないという誤った認識で発言している。

やや難　問16　「遊びから学んだこと」と提示されると，何か大きな学びのように感じてしまい，話題に困るかもしれないが，本文にあるように，まだじゅうぶん子ども時代にいる受験生の年代なので，むしろ，今の自分の好きなこと，嫌なことなどのルーツは遊びの中にあるのではないだろうか。参考解答例では，びっくりしたことで書いたが，このような出来事でも，遊びの中での発見だ。

★ワンポイントアドバイス★

課題文が一題で，設問数が多い。筆者が述べたいことをしっかりとつかもう。

適性検査型

2024年度

解　答　と　解　説

《2024年度の配点は解答欄に掲載してあります。》

＜適性検査問題Ⅰ解答＞《学校からの正答の発表はありません。》

1　問題1　あ　7　　い　12　　問題2　12

2　問題1　576cm^3　　問題2　256cm^2

3　問題1　ア，イ　　問題2　(理由)　水が必要なことを調べるためには，水の有無以外の条件を同じにする必要があるが，右のカップでは空気が無くなってしまうため。　(直すところ)　右のカップの水を捨てて，水でぬれただっし綿を使用する。　問題3　変える条件は，光を当てるかどうかで，変えない条件は，水，空気，適した温度にする。光を当てた種子も光を当てない種子もどちらも発芽すれば光は必要ないと言える。

4　問題1　イ，ウ　　問題2　夏は植物に日光が当たる時間が長く，二酸化炭素を吸収するはたらきが大きいため，二酸化炭素濃度が低くなる。一方，冬は植物に日光が当たる時間が短く，二酸化炭素を吸収するはたらきが小さいため，二酸化炭素濃度が高くなる。
問題3　ウ

5　問題1　あ　アルカリ　　い　赤　　う　青　　問題2　A，B　　問題3　(酸性を)中和するため。　問題4　集めた泡(二酸化炭素)が水に溶け，ペットボトル内の気体(空気)が減少したから。　問題5　エ

○推定配点○

1　問題2　6点　　他　各4点×2　　2　問題1　6点　　問題2　8点

3　問題1　4点　　問題3　8点　　他　各6点×2

4　問題1　4点　　問題2　8点　　問題3　4点　　5　問題1あ，い，う・問題3　各4点×3
(いとうはどちらも合っていて4点)　問題2・問題4　各6点×2　　問題5　8点　　計100点

＜適性検査問題Ⅰ解説＞

1　(算数：並べかえ)

図あ

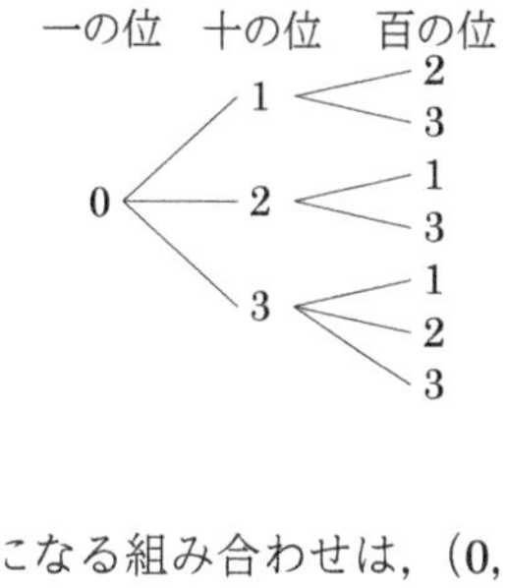

図い

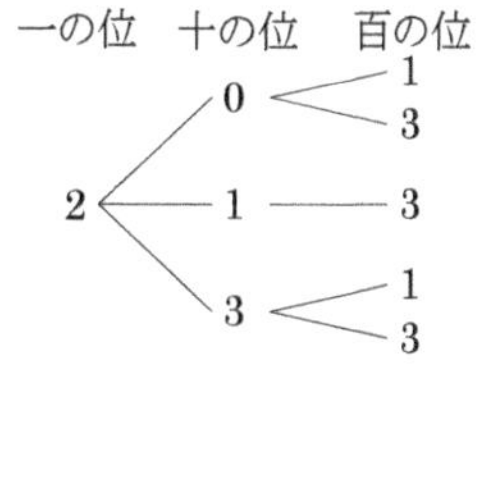

問題1　あ　図あより，一の位が0のときに十の位，百の位にどの数を選ぶことができるか樹《じゅ》形図《けいず》を使って考える。一の位が0のときに作れる3けたの整数は7通り。
い　図いより，一の位が2のときも同じように考える。以上より，3けたの偶数《ぐうすう》は7＋5＝12(通り)

問題2　選んだ3枚のカードの数字の和が3の倍数になる組み合わせは，(0，1，2)，(0，3，3)，(1，2，3)の3組である。それぞれについて，樹形図を使って考えると次ページの図の12通りである。

(0, 1, 2)

百の位　十の位　一の位
2＜0 —— 1
　＼1 —— 0

百の位　十の位　一の位
1＜0 —— 2
　＼2 —— 0

(0, 3, 3)

百の位　十の位　一の位
3＜0 —— 3
　＼3 —— 0

(1, 2, 3)

百の位　十の位　一の位
1＜2 —— 3
　＼3 —— 2

百の位　十の位　一の位
2＜1 —— 3
　＼3 —— 1

百の位　十の位　一の位
3＜1 —— 2
　＼2 —— 1

2 (算数：三角すい)

やや難 問題1　△ABEを底面と考える。正方形は1辺が24cmで，BEとECの長さは等しいので，BE＝EC＝12(cm)である。△ABEを底面としたとき，高さはFCとなることから，三角すいの体積は，$12\times24\times\frac{1}{2}\times12\times\frac{1}{3}=576(\mathrm{cm}^3)$

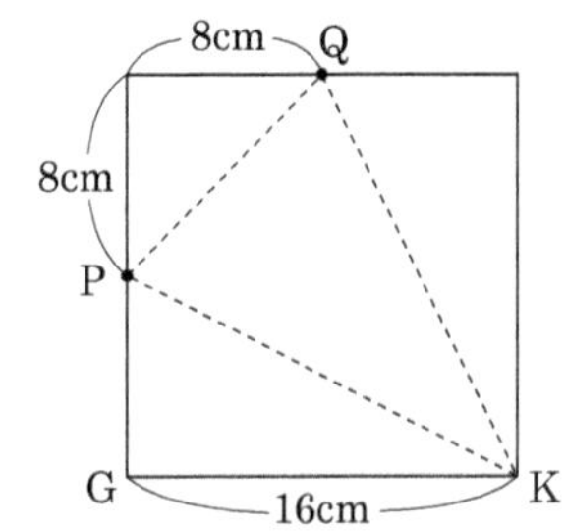

問題2　ゆうかさんの「これって私《わたし》がさっき折り紙で作った三角すいに似ているね。」という部分に注目する。三角すいの展開図を問題1と対応させて考えると，表面積は，$16\times16=256(\mathrm{cm}^2)$

3 (理科：発芽の条件，実験計画)

問題1　ア　種子にふくまれる養分は主にデンプンであり，発芽や成長に使われるので正しい。　イ　種子の中にある子葉は小さく，地上に出てから養分を使い大きくなるので，正しい。　ウ　おしべから出た花粉がめしべの先につくことを受粉というので，正しくない。　エ　種子が発芽や成長するには適した温度が必要なので，正しくない。

問題2　実験をするときには，調べたい条件だけを変え，その他の条件はそろえる必要がある。かずまくんが考えていた実験では，種子の発芽条件である「水」,「空気」,「適した温度」のうち,「適した温度」はそろっているが，インゲンマメが水にしずんでしまうと空気がなくなってしまうので,「水」と「空気」の2つの条件が変わってしまっている。そのため，水で満たすのではなく，だっし綿に水をふくませて,「空気」の条件が変わらないように直す必要がある。

重要 問題3「光」が必要かどうかを調べるためには,「光」の条件を変えて，その他の条件である「水」,「空気」,「適した温度」はそろえる必要がある。かずまくんは「光」が必要ないことを調べようとしているので,「光」を当てなかった種子と「光」を当てた種子の両方が発芽すれば,「光」が発芽に必要ではないことがわかる。

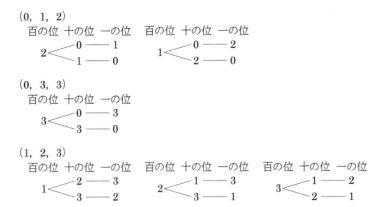

4 (理科：地球温暖化)

問題1　地球温暖化《ちきゅうおんだんか》は大気中の二酸化炭素などの温室効果ガスが増えることで，気温が上がる現象である。　ア　プラスチックのゴミを川や海に捨《す》てることは環境汚染《かんきょうおせん》の原因になっているが，二酸化炭素濃度《のうど》を増やす直接的な原因ではないので正しくない。　イ　石油や石炭などの化石燃料を燃やすと二酸化炭素が出るので，正しい。　ウ　森林を伐採《ばっさい》すると光合成で二酸化炭素を吸収《きゅうしゅう》できる木が減ってしまうので，二酸化炭素濃度は高くなる。正しい。　エ　発光ダイオードは従来《じゅうらい》の電球よりも消費電力が小さいので，使う電気の量は減る。使う電気の量を減らすことは，電気を作るときに出る二酸化炭素を減らすことにつながるため，正しくない。

問題2　問題中図1より，夏には二酸化炭素濃度が下がり，冬には二酸化炭素濃度が上がっていることが読み取れる。夏は日照時間が長く，冬は短いことから，植物の光合成で吸収する二酸化炭素の量によって増減が起きていると考えることができる。

問題3　ア　綾里の方が二酸化炭素濃度の増減が大きいので正しくない。　イ・エ　グラフから読み取れるのは二酸化炭素濃度の増減であり，酸素については読み取れないので正しくない。

ウ　グラフから，綾里と南鳥島の二酸化炭素濃度の差は，冬の方が大きく夏の方が小さいので，冬に二酸化炭素濃度が大きくなる綾里のほうが平均して二酸化炭素濃度が高くなっている。正しい。また，綾里《りょうり》と南鳥島《みなみとりしま》では，綾里の方が二酸化炭素濃度の増減が大きくなっているのは，緯度による日照時間の変化が大きいことが理由だと考えられる。光合成による二酸化炭素の吸収量は葉の数などにも影響《えいきょう》されるが，綾里と南鳥島では生えている植物の種類は異なり，比かくできないため，理由とならないことに注意する。

5　(理科：液体の性質，気体の発生)

基本

問題1　あ　液体の性質は，酸性，中性，アルカリ性の3種類。　い，う　B，Dはどちらもアルカリ性の液体である。アルカリ性の液体は赤色リトマス紙を青色に変える。

問題2　A，Bは白い固体である食塩と石灰《せっかい》が水にとけているが，C，D，Eは気体が水にとけた液体である。したがって，液体をじょう発させると，A，Bだけが白い固体が残る。

問題3　加えている石灰水はアルカリ性なので，酸性の湯を中和して，人体や環境への影響を少なくすることが目的であると考えられる。

問題4　ペットボトル内の二酸化炭素が水にとけたことで，ペットボトル内の気体が減り，ペットボトルの外の空気よりも圧力が小さくなったので，へこんだと考えられる。

や難

問題5　発生した泡《あわ》の体積は，65[mL]に達するまでは加えたアルミニウムの重さに比例すると考えられる。グラフ上に表1の1回目と2回目の実験の結果を点でうつ。発生した泡の体積は加えたアルミニウムの重さに比例するので，2つの点を直線で結び，縦《たて》じくが65[mL]になるときの横じくの値《あたい》を読み取る。すると，答えは0.37[g]だとわかる。

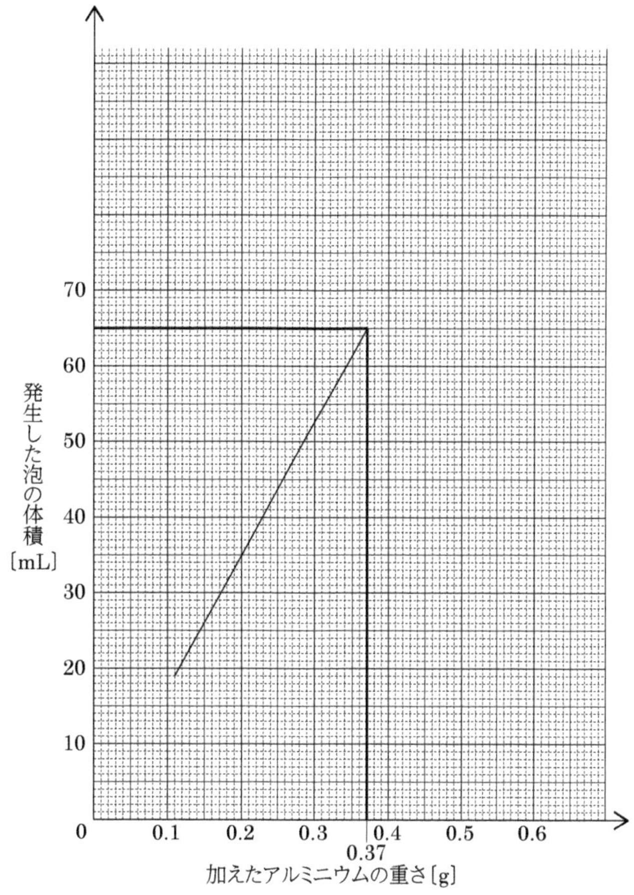

★ワンポイントアドバイス★

問題文の中に解き方のヒントが隠《かく》れている場合があるから，問題文を慎重に読むようにしよう。計算自体は難しいものではないから，ミスに気をつけて落ち着いて解こう。

＜適性検査問題Ⅱ解答＞《学校からの正答の発表はありません。》

1 問題1 ア　問題2 天皇を神としたり，軍隊をたたえたりするような内容。　問題3 ウ
問題4 ① ×　② ×　③ ○

2 問題1 牛久市は東京に比較的近い距離にあり，宅地開発できる土地が豊富にあったため，ベッドタウン　問題2 (1) A エ　B イ　C ア　(2) エ　(理由) 温暖な気候で雨が少ないこと。　問題3 イ

3 問題1 (1) A ア　C エ　(2)「子どもの権利条約」の内容を全然知らない人の割合が高い(27字)　問題2 (1) 都合　(2) 自分の権利も他の人の権利もおたがいに大切にしながら，自分の意見をきちんと言う(38字)

4 問題1 ウ・エ　問題2 (1) ア ○　イ ×　ウ ○　エ ×　オ ×
カ ○　(2) B エ　C オ　D ア　E イ

○推定配点○

1 問題2 8点　問題4 各3点×3　他 各4点×2
2 問題1 10点　問題2(1) 各2点×3　問題2(2)記号 2点　問題2(2)理由 8点
問題3 3点　3 問題1(2) 8点　問題2(2) 10点　他 各2点×3
4 問題1 4点　問題2(1) 各1点×6　問題2(2) 各3点×4　計100点

＜適性検査問題Ⅱ解説＞

1 (社会：政治，明治から戦後の日本)

問題1 資料1から読み取れることをもとに，ア～エから適切なものを選ぶ。

ア 帝国《ていこく》議会が，現代の国会にあたることに気をつけてみると，天皇《てんのう》から統治権《とうちけん》があたえられているのは内閣《ないかく》，国会，裁判所《さいばんしょ》であるとわかる。これらが国の重要な役割《やくわり》を分担《ぶんたん》しているのでアは正しい。

イ 資料1より，国民からのびている選挙の矢印は，衆議院《しゅうぎいん》と地方議会に向かっていると分かる。つまり，衆議院議員と地方議会議員が選挙で選ばれるということであるため，誤《あやま》り。

ウ 府・県知事は内閣が任命することになっている。また，イでも確認したように，国民が選ぶことができるのは衆議院議員と地方議会議員のみである。よって誤り。

エ 裁判所は，「天皇の名により裁判を行う」とあることから，国民は裁判官が適しているかどうかを判断することはできない。よって誤り。なお，現在は衆議院議員の選挙権がある人が，最高裁判所の裁判官がふさわしいかどうかを判断するための，最高裁判所裁判官国民しん査に投票することができる。

重要 問題2 資料2からは，戦争中の教科書に書かれていた，子どもたちが兵隊ごっこをしている文章が戦後になるとすみで消されていることがわかる。資料3には日本が降伏《こうふく》の際に受け入れたポツ

ダム宣言《せんげん》の一部が記されている。「世界征服《せいふく》をさせようとしたものの権力《けんりょく》や勢力を永久に取り除《のぞ》く」といった記述や，「軍隊は完全に武装《ぶそう》を解除《かいじょ》する」，「戦争犯罪人は，厳《きび》しく処罰《しょばつ》する」といった記述から，日本の戦争や武力をはい除または制限するような宣言であると考えられる。資料4には，国民の天皇に対する意識の改革《かいかく》について書かれている。戦前は，天皇は神であるという考えだったが，戦後は天皇も人間であるととらえるようにされた。

それぞれの資料から分かったことと，指定されている「神」「軍隊」という言葉をふまえると，天皇を神としている記述や，軍隊をたたえるような記述が，戦後になってぬりつぶされたことが分かる。この内容を20字以上，30字以内になるようわかりやすく答える。

問題3　資料5では，高度経済《けいざい》成長期の1958年から1975年における電化製品のふきゅうのようすが書かれている。高度経済成長期に起こったできごととしてふさわしくないものを選べばよい。

ア　経済の成長にともなった人手不足により若者が「金の卵」と呼《よ》ばれかんげいされた。毎年春になると，各地から東京や大阪などの大都市への集団就職列車《しゅうだんしゅうしょくれっしゃ》が運行されるなど，中学校を卒業した少年少女たちが，都市の工場や商店に就職していった。

イ　東海道新幹線は，1964年10月1日に開業した，世界初の高速鉄道。同年には東京オリンピックが開さいされたこともおさえておくとよい。

ウ　バブル経済は，1986年から1991年ごろまでの期間を指し，社会全体が好景気を実感した時期であった。グラフに書かれているのは1975年までなので，あてはまらない。

エ　公害などの環境《かんきょう》問題は，1950年代後半から1970年代に日本の高度経済成長とともに激化《げきか》した。この時期には三重県の四日市ぜんそく，富山県のイタイイタイ病，熊本県の水俣病《みなまたびょう》，新潟県の新潟水俣病の四大公害病が起きている。

問題4　まとめ①について資料6を見ると，男性の方が女性よりも投票率が高いという記述は正しいが，茨城《いばらき》県の投票率は，平成26年は全国の投票率を上回っているので，×。

まとめ②について資料7を見ると，平成29年の18～19才の投票率は約41％であり，20～24才の投票率の約32％よりも高い。よって，×。

まとめ③について，資料8を見ると，選挙における棄権《きけん》理由の2位までが政治に対する関心・信頼《しんらい》に関する理由であり，当日の事情である「仕事があったから」より高い割合となっている。よって，○。

2　(社会：人口，農業，気候，地図)

問題1　「東京」「ベッドタウン」「開発」の3つの言葉を必ず使うという指示があるので，この3つの言葉をヒントに考えることができる。ベッドタウンとは，通勤《つうきん》可能なはん囲のこう外にある住宅《じゅうたく》地《ち》のことである。

資料1からは，1980年から2015年にかけて，牛久《うしく》市は緑地が減少し，駅の周辺を中心に開発が進んだことがわかる。資料2からは，茨城県の人口は2000年以降減少しているのに対して，牛久市の人口は増加し続けていることが分かる。資料3からは，1998年に牛久市に新しくできた駅を利用すると東京まで約1時間で行けることが分かる。資料4からは，牛久市の昼夜間人口比率は周辺の市と比べて低いことが分かる。昼夜間人口比率は，夜間人口100人当たりの昼間人口の割合である。つまり，牛久市はこの比率が100を下回っているので，昼間の人口流出が多く，市外に通勤・通学している人が多いことを示している。資料5からは，牛久市の位置が分かり，茨城県の中でも東京に近い方であるといえる。

資料6の前後にある文から，［X］には牛久市の人口が増加した背景《はいけい》に形成されたものが入る。資料1～5より分かった牛久市の利点をふまえ，指定された言葉を使って，40字以上，50字以内で書く。

問題2　(1)　資料8は地産地消の課題である。Aには，「どこで地場農産物が入手できるかわからない」とあるので，エの実需《じつじゅ》者・消費者サイドの課題であるとわかる。Bには，「地産地消の普及《ふきゅう》啓発《けいはつ》が不十分」，「関係省庁《しょうちょう》との連携《れんけい》が必要」とあり，関係省庁との連携を行うのは地域《ちいき》の行政なので，イの行政サイドの課題とわかる。Cには，「購入《こうにゅう》者の伸び悩み」と，「販路《はんろ》を拡大したい」とあるので，アの生産者サイドの課題であるとわかる。

(2)　まず，各地域の気候の特徴《とくちょう》を整理してみる。四国（高松）は，瀬戸内海《せとないかい》に面し1年を通して降水量が少ない。北海道（札幌《さっぽろ》）は，ごう雪地帯であり1年を通して気温が低く，冬場も降水量が多い。九州（福岡《ふくおか》）は，1年を通して比かく的温暖《おんだん》である。関東（東京）は，夏は気温が高く多しつで冬はかんそうしている。以上をふまえて，ア～エの雨温図を見てみると，アは1年を通して比かく的気温が低いので北海道（札幌）。イは，夏の降水量が多いので関東（東京）。ウとエは似《に》ているが，エの方が1年を通して降水量が少ないので，エが四国（高松）の雨温図。高松の気候の特徴とグラフを選んだ理由をわかりやすく10字以上，20字以内で書く。

問題3　D　日本とオーストラリア（シドニー）の経度の差は，150（度）－135（度）＝15（度）。会話より「『15度＝1時間』の時差が生まれる」とあるので，日本とオーストラリア（シドニー）の時差は1時間。　E　資料10より，日付変更線に近いのはオーストラリア（シドニー）である。よって，オーストラリア（シドニー）の方がはやく時間が進む。　F　DとEより，オーストラリア（シドニー）が午前7時であれば1時間遅れている日本は午前6時である。以上より，正解はイである。

3　（社会：権利，資料の読み取り）

問題1　(1)　A には，会話の流れから「子ども基本法」ができた経緯《けいい》が書かれている資料があてはまるとわかる。よって，アの資料1があてはまる。 C には，子どもの権利の例を示している資料が入る。よって，エの資料4があてはまる。

(2)　会話の流れから， B には資料3からわかることが入る。資料3を見ると，子どもでも大人でも，「子どもの権利条約」の内容を全然知らない人が多いことがわかる。そのことを，25字以上，30字以内で書く。

問題2　(1)　D には，資料5を読んでの感想の一部が入る。さやかさんは「子どもは，赤ん坊のころから，」と発言しているので，資料5内で同様のことが書かれている部分を探《さが》す。第2段落に，「子どもは自分の都合を主張します」とあるので，この部分を前後の会話に合うようにぬき出す。

(2)　E の直前の段落に「相手の権利を傷つけてしまいます」とあり，「ですから」とつながっていることから， E には，相手の権利を傷つけないために自分の権利を主張する上で必要なことが入る。資料6の③には意見を述べるために必要なことが書かれている。これらのことを「自分」「他の人」「意見」の3つの言葉を使って35字以上，40字以内で書く。

4　（社会：日本の伝統，資料の読み取り）

問題1　ひろしさんの発言より， A には資料1と資料2どちらにも関連のあるものが入るとわかる。どちらにも関連のあるものを書き出していくと，日本食，歴史（神社・仏閣《ぶっかく》等の建造物を含む），伝統文化，日本独自の精神文化の4つがある。さやかさんが「日本食の魅力《みりょく》を伝えたい」と述べており，けいこさんも「日本人の感性や精神に注目したい」と述べているので，それらを除いた，ウの日本の有名なお城やお寺と，エの日本の伝統的な演劇《えんげき》や踊《おど》りが入る。

問題2　(1)　ア～カそれぞれについて資料3をもとに正誤《せいご》を考える。アは，3に書かれている内容にあてはまるので，〇。イは，2に書かれている内容にあてはまる部分があるが，2では「不完全なものに美しさを感じる」とあり，イでは「完全で欠如《けつじょ》のないものに美しさを感じる」と反対のことが書かれている。よって，×。ウは，1に書かれている内容にあてはまるため，〇。エは，資料3には記述がないことなので，×。オについて，「茶の本」に書かれているのはわびさびと言われる感性についてなので，×。カは，4に書かれている内容にあてはまるので，○。

(2) B には，自分より他人を尊重《そんちょう》し，思いやりや礼儀《れいぎ》を大切にすると書かれているので，エの「他人への思いやりの心」が入る。 C には，簡素《かんそ》で静寂《せいじゃく》な様子が美しいと書かれているので，オの「素朴《そぼく》さと静かさの美」が入る。 D には，相互扶助《そうごふじょ》の精神について書かれているので，アの「助け合いの和の精神」が入る。 E には，四季の移ろいや自然の様々な姿を愛《め》でるということが書かれているので，イの「四季の自然を楽しむ心」が入る。

★ワンポイントアドバイス★

資料から読み取れることをもとに，指定された条件の中で考えたことを書く問題が多い。必要なことを過不足なく，字数制限に合うようわかりやすく書く力が必要になるので，普段から記述問題にふれ，慣れておくとよい。

MEMO

大切なことはメモしておこうネ！

2023年度

★★★★★★★★★★★★★★★★★★★★★★★

入　試　問　題

2023年度

東洋大学附属牛久中学校入試問題(専願)

【算　数】（50分）　　＜満点：100点＞

【注意】 定規・コンパス・電卓の使用を禁止します。

1 以下の問いの □ に当てはまる適切な数値を答えなさい。

(1) $18\div 6\times 3+39\div 3+1=$ □

(2) $\frac{4}{5}\div\left\{\left(\frac{5}{3}+2\right)\times 2-5\right\}\times\frac{5}{3}=$ □

(3) $3.61\times 0.8+3.61\times 0.5-3.61\times 0.3=$ □

(4) $2\frac{1}{22}\times\frac{4}{\square}=\frac{10}{11}$

2 以下の問いの □ に当てはまる適切な数値を答えなさい。

(1) 2 m90cmのリボンがあります。$20\frac{1}{7}$cmを14本切り取り，さらに残りの$\frac{3}{5}$を使いました。このとき残りは □ cmです。

(2) 260個で5000円のガムがあります。このガムを195個購入すると □ 円です。

(3) 原価550円の商品に原価の 6 割の利益を見込んで定価をつけました。しかし，売れなかったので，定価の 3 割引きで売ったところ □ 円の利益が出ました。

(4) Aさん，Bさん，Cさんの 3 人が，お菓子を持ち寄って分け合いました。持ってきた個数はAさんが 8 個，BさんがAさんより 4 個多く，CさんはAさんより多くBさんより少ない個数でした。3 人がお菓子の個数を均等に分けられたとき，Cさんが持ってきたお菓子の個数は □ 個です。

(5) あるレジャー施設の入場料は子供 5 人と大人 2 人で7200円かかり，子供20人と大人 4 人だと22400円かかりました。このとき，大人の料金は □ 円です。

3 下の図のように，線分AD上に 2 点B，Cがあります。
線分の比が　AB：BC＝8：3，AC：CD＝5：2　のときAB：BC：CDを求めなさい。

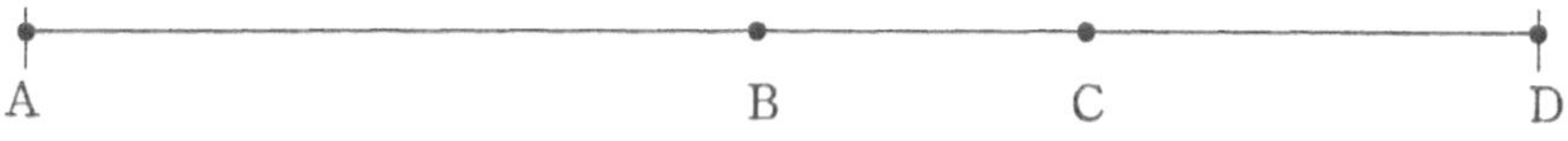

4 次のページの図のように，正方形ABCDがあり，その内部に，正方形の 1 辺を半径とする円の一部が描かれています。それらの交点をEとします。このとき，xの値を求めなさい。

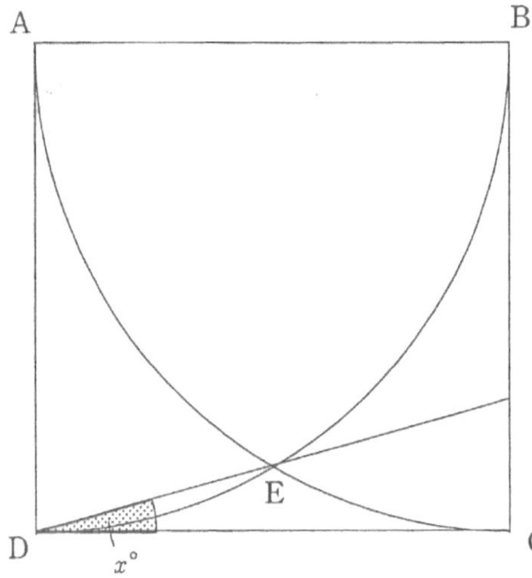

5 以下の図のように，大中小の３つの正方形があります。このとき，この３つの正方形の面積の和を求めなさい。

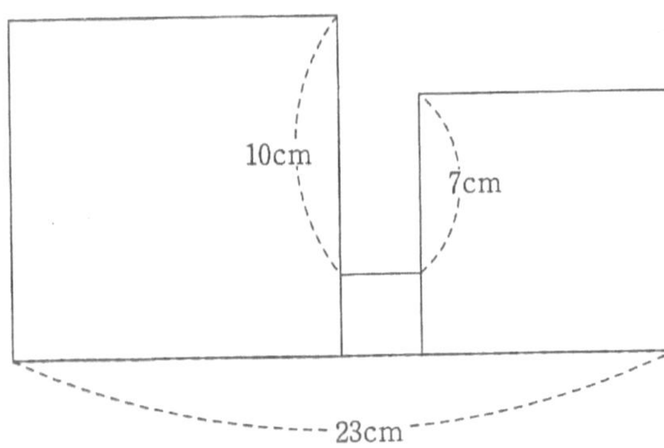

6 令子さんと和人さんが以下の宿題について話しています。
以下の会話文を読み，［ア］～［カ］に当てはまる適切な数値や表現を答えなさい。

宿題

三角形の頂点を通る何本かの直線によって，その三角形が何個の部分に分けられるかについて考えます。ただし，３本以上の直線が１点で交わることのないようにします。

例えば【図１】のように，頂点Aから２本，頂点Bから１本，頂点Cから１本を引くと三角形は10個の部分に分けられます。

【図1】

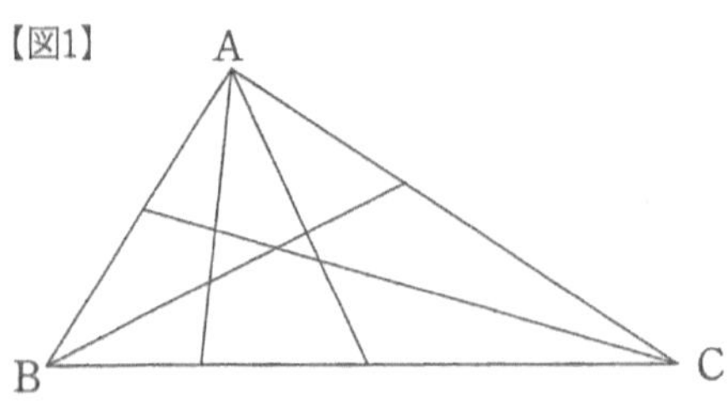

> 問題
> 　頂点Aから３本，頂点Bから４本，頂点Cから10本の直線を引いたとき，△ABCは何個の部分に分けられるか答えなさい。

和人：まず，頂点Aから３本の直線を引くと，［ア］個の部分に分けられるね。

令子：試しに，頂点Bから２本の直線を引いてみると，△ABCは全部で12個の部分に分けられるわ。

和人：この12って，［ア］×［イ］と見ていいよね。こう見ると
「頂点Aから引いた直線の数＋［ウ］」×「頂点Bから引いた直線の数＋［ウ］」って見えるよ。

令子：こんな風に見ると，何か良いことがあるのかしら。

和人：ここで，頂点Cから１本の直線を引いてごらん。何個の部分に分けられたか分かるかい。

令子：［エ］になったわ。それがどうしたの。

和人：12個から何個増えたと思う。さっきの「＋［ウ］」っていう表現を使うと，
「［　オ　］＋［ウ］個　増えた」って考えられるよ。

令子：なるほど。そうすると，問題の答えは［カ］個になるわね。

7　駅から3600mはなれたところに和人さんの通う学校があります。駅から学校まではスクールバスが走っており，途中で停車することなく一定の速さで往復しています。バスは学校に到着すると４分間停車し，折り返して駅に戻り，駅で４分間停車してから再び学校に向かう運行をしています。バスは午前７時20分に駅を出発して折り返し運転を始めます。下のグラフは，午前７時20分からの時刻と駅とバスの距離の関係を示したものです。次の問いに答えなさい。

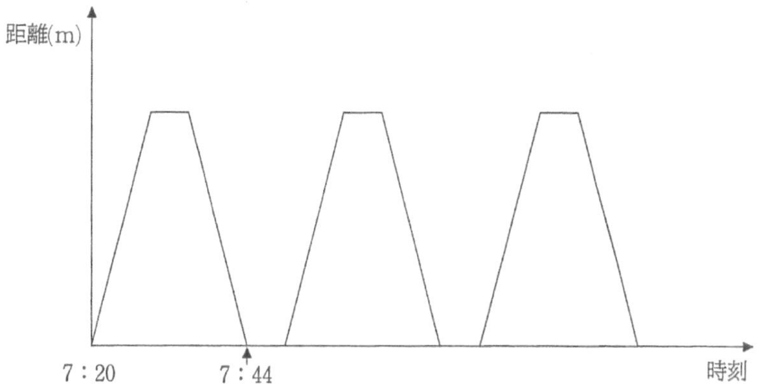

(1)　バスは１分間に何m進むか答えなさい。

(2)　和人さんは駅を７時28分に出発して，バスの通る道を１分間に80m進む速さで歩いて学校に向かいました。和人さんが学校につく時刻は何時何分か求めなさい。

(3)　(2)のとき，学校に着くまでにバスが和人さんの横を何回か通過しました。最後に通過したのは，何時何分か求めなさい。

8　まっすぐ平行に進む光でできる影の長さを測る実験をしました。

【図１】のように，地面に垂直に立っている高さ12㎝の棒①の影の長さを測ると15㎝でした。また，【図２】のように１段の高さが20㎝，段の幅が25㎝の階段があります。太陽光のあたり方は常に【図１】と同じとします。以下の問いに答えなさい。

【図1】

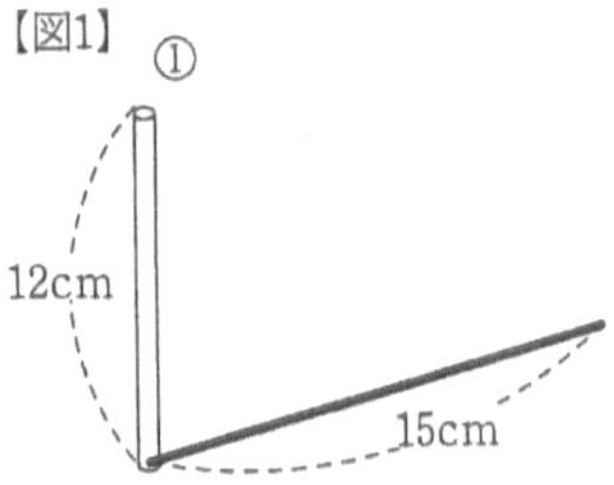

【図2】

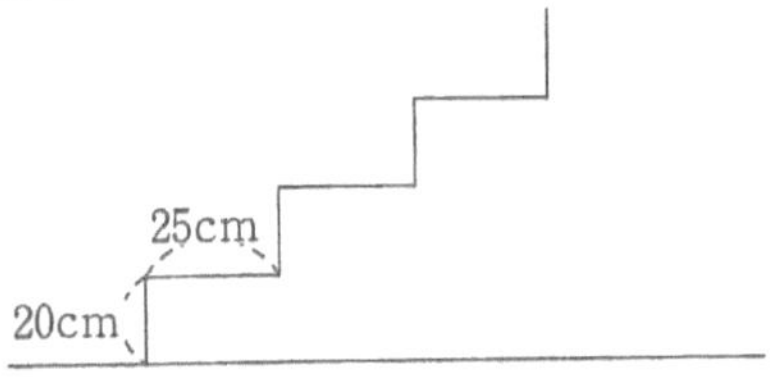

(1)　棒の長さが240㎝のとき，伸びている影の長さを求めなさい。

(2)　【図３】のように階段からはなれた位置に垂直に立っている240㎝の棒②があり，階段に向かって影が伸びています。その棒の影の先がちょうどCの位置にありました。このとき，ABの長さを求めなさい。ただし，影は，階段に垂直になっています。

【図４】は【図３】の状態を横から見た様子を示しています。

【図3】

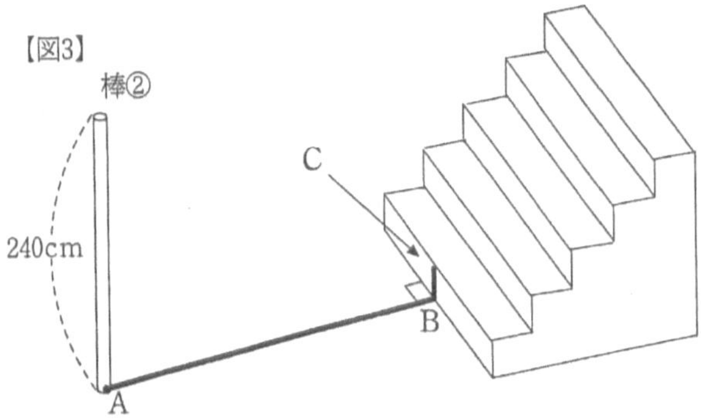

【図4】横から見た図

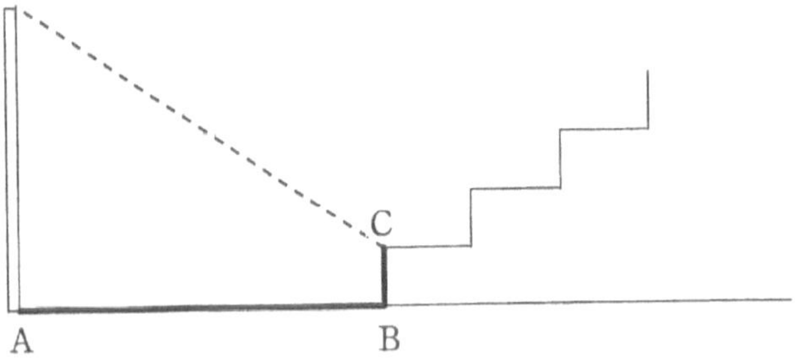

(3)　【図５】のように棒②を階段に近づけたとき，その棒の影の先が図のDの位置にありました。このとき，ABの長さを求めなさい。ただし，影は，階段に垂直になっています。

【図６】は【図５】の状態を横から見た様子を示しています。

（【図５】と【図６】は次のページ）

【図5】

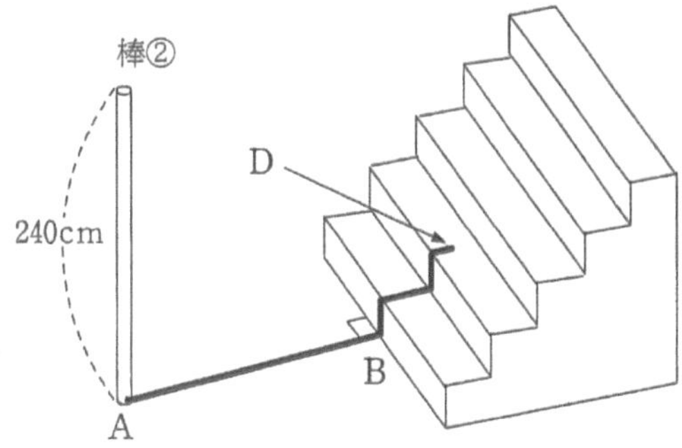

【図6】横から見た図

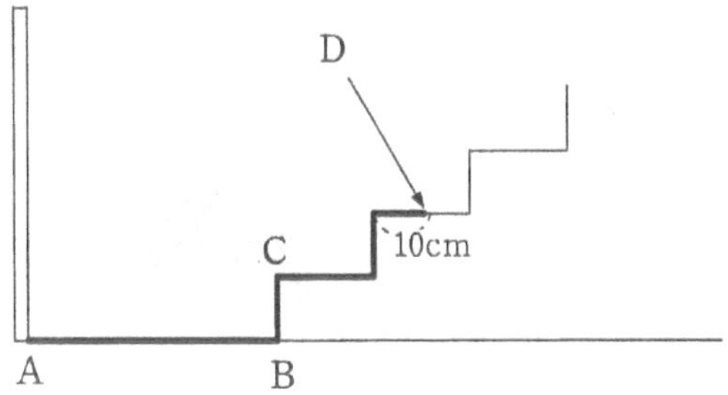

【理科・社会】（50分）　＜満点：100点＞

1　次の**A・B・C**の問いに答えなさい。

A．以下の問いに答えなさい

問1　二酸化炭素の性質を説明した文として正しいものを以下の**ア～エ**から一つ選んで記号で答えなさい。

ア　二酸化炭素は水に少しとけ，その水溶液《すいようえき》はアルカリ性になる

イ　集気びんに二酸化炭素をため火がついたマッチを入れると炎《ほのお》がはげしくなる

ウ　二酸化炭素は空気より軽い

エ　二酸化炭素は塩酸に石灰石を入れると発生する

問2　食塩水をスライドガラスに数滴《てき》落とし，日光に当て水分をなくしました。スライドガラスには白い粉が残りました。**図1**はその白い粉を虫メガネで観察しようとしているところです。このときの方法として正しいものを以下の**ア～ウ**から一つ選んで記号で答えなさい。

図1

ア　スライドガラスをつくえの上に置いて虫メガネを目の近くに動かす

イ　スライドガラスを手に持ち，虫眼鏡を目の近くに固定し，スライドガラスを動かす

ウ　スライドガラスと虫メガネをそれぞれ動かしながら観察する

問3　**図2**は黒い紙に虫めがねで光を集めたようすを表し，**図3**は虫めがねで太陽の光を集めて黒い紙を最も早くけむりが出たときに真横から見たようすを表しています。**図3**のときに点**A**と点**B**を通った太陽の光が点**C**に進むみちすじを描《か》きなさい。ただし，太陽は真上にあり，点線は虫めがねの中心を示している。

図2

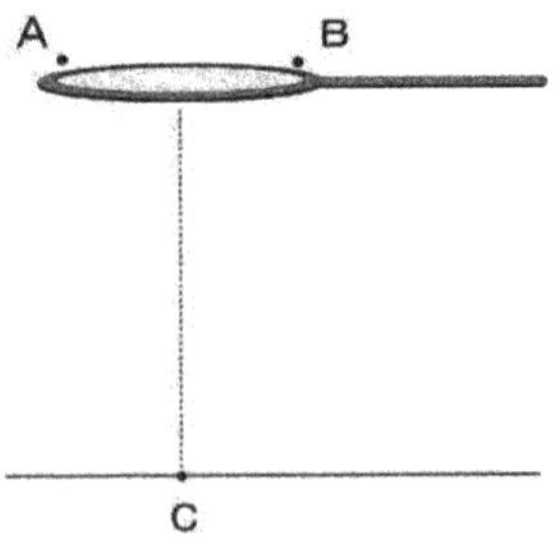

図3

問４　直径15㎝の円ばんＡを直径30㎝の円ばんＢに接着し，図４のような天井《てんじょう》からつるされた滑車《かっしゃ》を作りました。取っ手を地面の方向に100㎝動かすとおもりは何㎝上昇《じょうしょう》するか求めなさい。

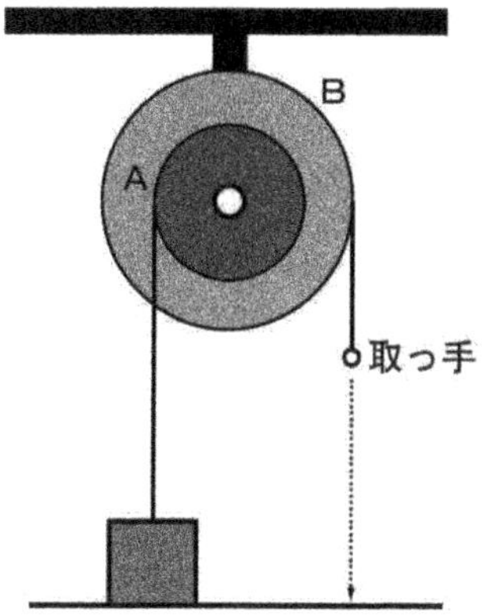

図４

問５　以下の図５と図６は，豆電球の明るさと光り続けられる時間のちがいを比べるために，つなぎ方を変えて同じ種類の豆電球と電池をつないだようすを表したものです。図５と比べたとき，図６の豆電球の明るさと光り続けられる時間について正しく説明したものを，ア～ウ・エ～カからそれぞれ一つ選んで記号で答えなさい。

図５

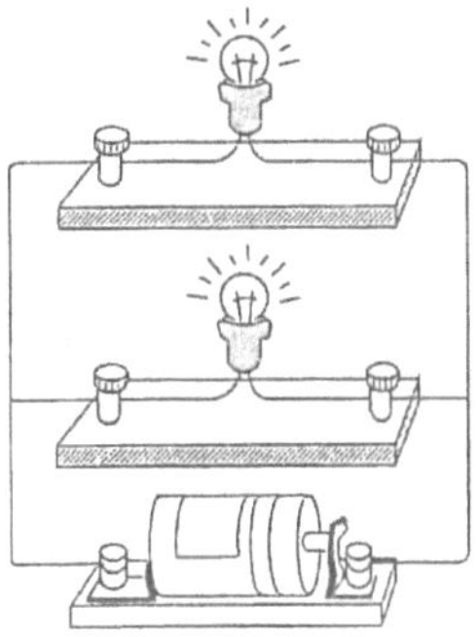
図６

［明るさ］
ア　明るくなる
イ　暗くなる
ウ　変わらない
［光り続けられる時間］
エ　長い時間
オ　同じ時間
カ　短い時間

Ｂ．和真さんは体育の時間に200ｍを全力で走りました。そのときのからだの変化について以下の問いに答えなさい。

問１　以下の文は和真さんのからだの変化について説明したものです。空欄《らん》①～③に当てはまることばを答えなさい。

> はげしい運動をするとき，からだは外の空気からたくさんの ① を取り入れます。なぜならからだを動かすエネルギーを生み出すために，筋肉が多くの ① を必要とするからです。
> 吸いこんだ空気から ① を取り入れるのが ② の役わりです。呼吸の量や回数を増やして ② の中へ吸いこむ空気の量を増やします。つづいて ① は血管の中の血液へ取りこまれて，全身に送られます。血液の流れる量は ③ の動く回数によって調節されています。

問２　和真さんは走り終えたあと，からだに汗《あせ》をかきました。汗のはたらきとそのしくみについて文章で説明して答えなさい。

C．下のグラフは，１日のうちの日照時間（太陽の光が直接にさす「晴れ」の時間）の平均値の変化を，１年分あらわしたものです。以下の問いに答えなさい。

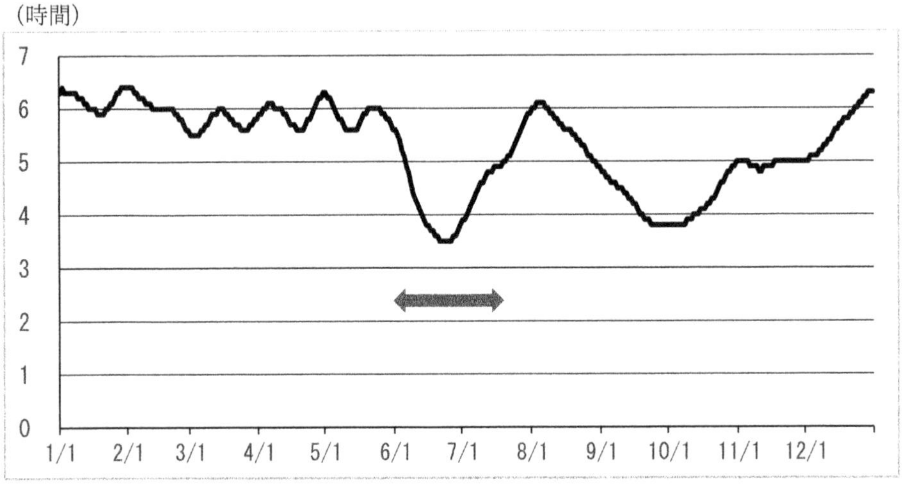

図１　１年間を通した東京の日照時間の変化（30年間の平均値）

※気象庁データより作成

問１　６月から７月にかけて，灰色の矢印で指した期間は日照時間が明らかに少ないのがわかります。この時期のことをなんといいますか。漢字２文字で答えなさい。

問２　最も日照時間が長いのは，12月の後半から１月の前半にかけてです。

⑴　この時期について説明した文として，正しいものを以下の**ア**～**ウ**より一つ選んで記号で答えなさい。

ア　日本海側では長い期間にわたって雪が降り続く

イ　台風が日本列島に上陸することが多い

ウ　太平洋側からの季節風の影響《えいきょう》で，湿度《しつど》が高くなる

⑵　夏の期間である７月～８月より晴れの時間が長いのに，この時期の気温が低いのはなぜですか。太陽の動きに注目して，文章で理由を答えなさい。

2　平太さんは地球の温暖化によって北極や南極に昔からあった氷がとけてしまうことに興味を持ちました。調べていくうちに，平太さんは海にうかぶ大きな氷のかたまりである「氷山」に興味を持ちました。

図１　海の上にうかぶ氷山

「氷山の一角《いっかく》」ということばがあるように，海の上に見えている部分は全体の一部だけであることを知りました。そこで氷山のしくみを調べるために，以下の手順①～⑤の順番で**実験１**をおこないました。

【実験１】

① じょうぶな立方体のとう明容器に蒸留水を100mL入れて水平な台の上に置き，水面の位置に線を引いた

② クーラーボックスの中に氷と食塩を入れ，クーラーボックスの内部を冷やした

③ とう明容器をクーラーボックスに入れて冷やし，10分ごとにとう明容器内の水温を測定して記録した

④ ③を続けてこおったあと，容器を取り出し観察した

⑤ できあがった氷を取り出し，０℃に冷やした３％食塩水の中に入れた

図２　クーラーボックスの中で容器を冷やすようす

【結果】

[④の観察結果]

冷とう庫で作ったときの白く不とう明な氷とはちがい，完全にすきとおった氷になっていた。氷の上の面は最初につけた線よりも盛り上がっていた。

[⑤の結果]

氷は食塩水の上にうかんだ。

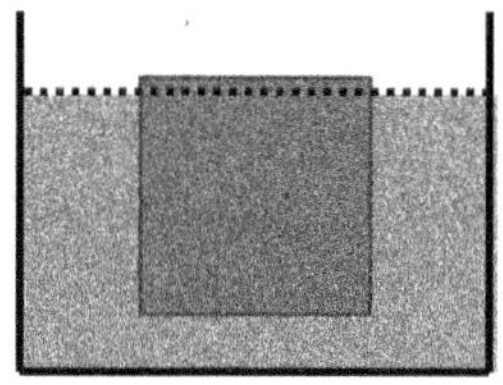

図３　氷が食塩水の上にうかぶようす

問１　手順④の観察結果で氷のようすがちがう理由を説明した以下の文の空欄にあてはまることばを答えなさい。

冷とう庫で作った氷の中に見える白い部分は，水の中にとけていた［　　　］が閉じこめられたものだが，下側だけから冷やされると，下側からこおっていくので，［　　　］が上側の水面からにげられるため。

問２　手順⑤では，３％の食塩水を750ｇ準備しました。食塩水を準備するために必要となった蒸留水の重さを求め，小数で答えなさい。

問３　平太さんが手順③の結果をグラフにすると図４のようになりました。図４のＡからＢの間は約０℃になり，Ｂのあとは再び下がりはじめました。Ｂのあとに温度が下がりはじめる理由として正しいものを**ア**～**ウ**より一つ選んで記号で答えなさい。

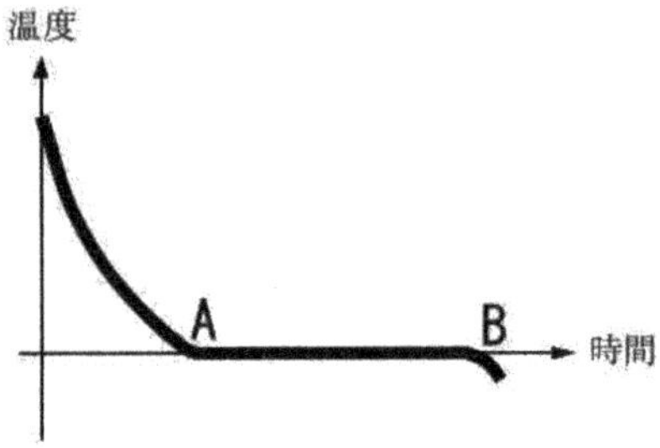

図４　透明容器の内部の温度変化

ア　クーラーボックスの氷がすべてとけたから

イ　蒸留水がすべて固体になったから

ウ　蒸留水がすべて食塩水になったから

問４　平太さんは食塩水に氷がうかんだ理由として以下のような説明を考えました。空欄Ａ～Ｃにあてはまることばを，かっこの中にあたえられた語群からそれぞれ選んで答えなさい。

> **【説明】**
> 食塩水は，水に食塩がとけたものなので，100mLの重さは［ A ］。
> 水はこおったときに体積が［ B ］ので，100mLの重さは［ C ］。
> よって，同じ体積でも重さが軽い氷の方が食塩水にうく。

［ A ］　［　水よりも軽い　　水と変わらない　　水よりも重い　］

［ B ］　［　増える　　変わらない　　減る　］

［ C ］　［　水よりも軽い　　水と変わらない　　水よりも重い　］

問５　平太さんは，さらに氷山のうくしくみを調べるために以下の**実験２**をおこないました。平太さんの実験結果とそれに対する説明をもとにして考えると，手順⑤の結果は３％食塩水のときと比べてどのようになると予想できますか。理由もあわせて答えなさい

［**実験２**］　３％食塩水の代わりに，10％食塩水を用いて実験１と同じ手順の実験をおこなった

3　次の**A・B・C**の問いに答えなさい。

A．以下の問いに答えなさい。

問1　近年，国境を越《こ》えて人やもの，お金，情報の結びつきが強まり，世界の一体化が進んでいる。この現象を何というか。

問2　日本に漢字や儒教，仏教などを伝えたことでも知られる，古墳時代に中国や朝鮮半島から移《い》住《じゅう》してきた人々を何というか。

問3　1232年，鎌倉幕府の第3代執権北条泰時が，御家人に対して裁判の基準《きじゅん》を示すために，武士の慣習にもとづいて制定した法は何か。

問4　江戸時代の後期に，日本全国を歩いて測量し，下の**図1**のような正確な日本地図を作った人物はだれか。

図1　江戸時代の後期に作られた日本地図

問5　1950年代から1960年代にかけて明らかになった四大公害病のうち，化学工場の廃水《はいすい》に含まれたメチル水銀《すいぎん》（有機水銀《ゆうきすいぎん》）が原因となり，熊本県と鹿児島県の八代海沿岸で起こったものは何か。

問6　現在，ハイブリッドカーや電気自動車（EV），燃料電池車などの生産が世界的に盛んになっています。それは，これらの自動車にどのような利点や長所があるからでしょうか。簡単に答えなさい。

問7　近年，日本では国内企業《きぎょう》が工場を海外にうつすことなどによって，産業の空洞《くうどう》化が進んでいるといわれます。この産業の空洞化によって日本国内にどのような悪い影響《えいきょう》があるか，簡単に答えなさい。

B．次の**(1)**～**(4)**の文章を読んで，以下の問いに答えなさい。

(1)　天皇が国民にあたえるという形で発布された（　**ア**　）では，国を治める主権は天皇にあり，また，軍隊を率いたり，条約をむすんだりする権限も天皇が持っていました。

(2)　織田信長の家臣であった（　**イ**　）は，信長にそむいた明智光秀をたおし，その後，朝廷から関白に任じられました。（　**イ**　）は検地（太閤検地）を行い，田畑の広さや土地の良しあし，耕作者をなどを調べ，収入を確かにしました。そしてついに，ほかの武士や，仏教勢力をおさえ，天下統一を成しとげました。

⑶　第３代将軍足利義満の頃に幕府の力が最も強まり，1392年には南北の朝廷が統一されました。足利義満は京都に金閣を建て，明との貿易を開始しました。

⑷　都が平安京にうつされたあと，藤原氏が朝廷の政治を動かすようになりました。特に藤原道長は大きな権力をにぎり，世の中のすべてが思い通りになっているという内容の和歌をよんだほどでした。

問１　空らん（**ア**）（**イ**）に入る語句を答えなさい。

問２　⑴～⑷を時代の古いものから順にならべなさい。

問３　⑷の下線部について，この時代，藤原道長をはじめとした藤原氏が権力をにぎることができた理由を下の**図２**を参考にしながら，簡単に説明しなさい。

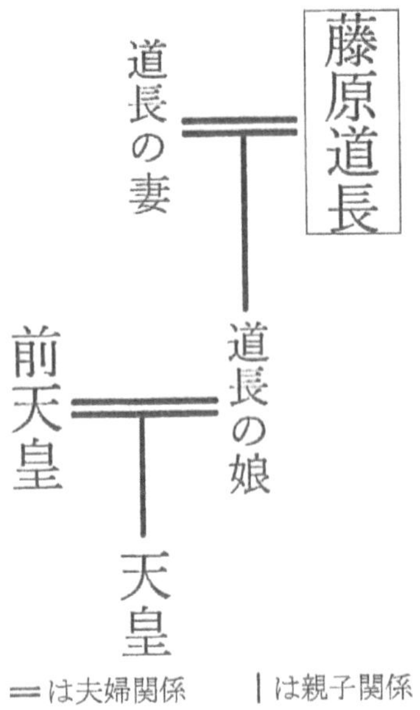

図２　藤原道長と天皇の関係をあらわした図

C．以下の文章を読み，つづく問いに答えなさい。

2021年10月31日，第49回衆議院議員選挙が行われました。おもな政党の獲得《かくとく》した議席の数は，与党では自民党が261議席，公明党が32議席，野党では立憲民主党が96議席，日本維新の会が41議席，国民民主党が11議席，日本共産党が10議席となりました。

この結果を受けて，11月10日の国会本会議において国会議員による選挙が行われ，自民党総裁の岸田文雄氏が［　　　］に指名されました。

問１　下線部に関連して，日本の議会は二院制が採用されているため，２つの議院が存在します。一方は衆議院ですが，もう一方を何というでしょうか。名称《めいしょう》を答えなさい。

問２　［　　］に入る適切な語句を答えなさい。

問３　国会で作られた法律に従って，人々の間で起こった争いや犯罪などを解決するはたらき（司法）をする機関のことを何といいますか。

問４　日本では，2016年から選挙権年齢《ねんれい》が満20歳以上から満18歳《さい》以上に引き下げられました。下の図は，2016年の日本の人口ピラミッドです。図からわかることにもとづいて，選挙権年齢が引き下げられた理由を簡単に説明しなさい。

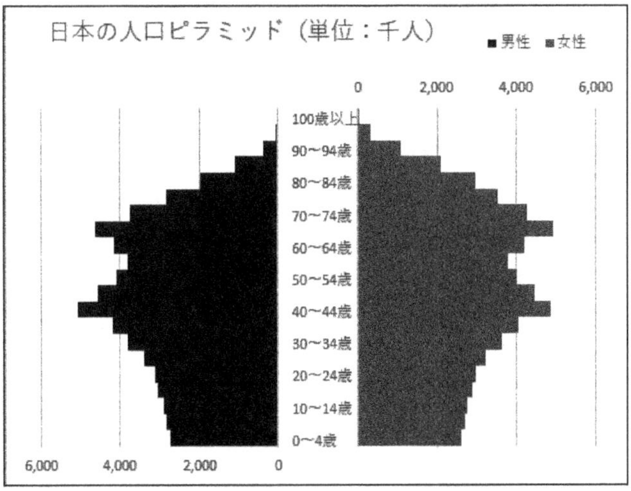

図３　2016 年の日本の人口ピラミッド

4　以下の資料と文章は，令衣《れい》さんと和菜《かずな》さんが授業で中国・四国地方の特徴《とくちょう》についての調べ学習に取り組んでいるときのようすを示したものです。これを読んで，つづく問いに答えなさい。

令衣：中国・四国地方って，行ったことある？

和菜：実は私，以前広島市に住んでいたことがあるんだ。ウェブの地図で見てみるとこんな感じだね。

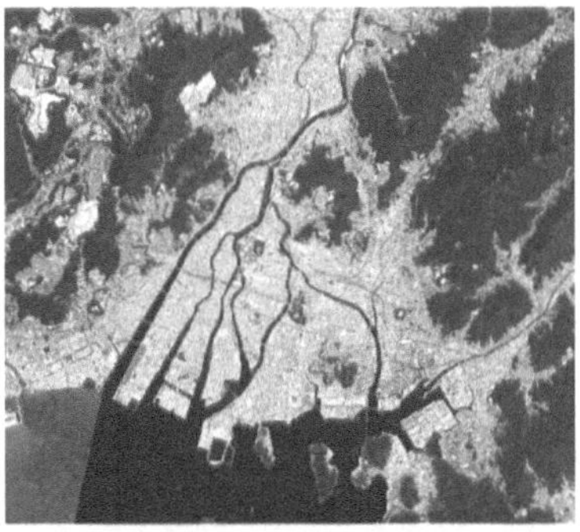

資料１　広島市の航空写真

令衣：海の近くにあるのは［　X　］と呼ばれる地形だね。

和菜：うん。私が住んでいたのは５歳までだし，広島以外のことはよく知らないんだ。

令衣：じゃあこのまま地図で瀬戸内海の様子を見てみよう。

和菜：瀬戸内海には小さな島がたくさんあるね。そこに住む人々はどのような生活をしているのだろうか。

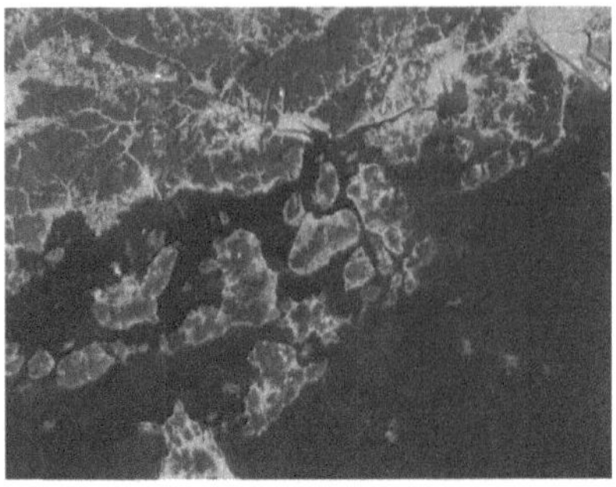

資料２　瀬戸内海の航空写真

令衣：若者が都市に移り住んでしまうため，人口の減少が急激に進んで，教育や医療《いりょう》の維持《いじ》が難しくなっているらしいよ。

和菜：［　Y　］化と呼ばれる現象だね。

令衣：広島県福山市や岡山県倉敷市の瀬戸内海沿岸には巨大《きょだい》な工場地帯が見られるね。

資料３　広島県福山市の航空写真

資料４　岡山県倉敷市の航空写真

和菜：①この地域は製鉄所や石油化学コンビナート，自動車工業などが立地し，瀬戸内工業地域と呼ばれている。

資料５　瀬戸大橋の航空写真

令衣：これは四国地方と中国地方をつなぐ瀬戸大橋だね。

和菜：1988年に岡山県倉敷市と香川県坂出市との間に建設された。瀬戸大橋ができたことによって自動車や鉄道で移動ができるようになり，瀬戸内海をわたって通勤・通学する人も増えたみたいだね。

令衣：便利になったんだね。

和菜：でも，②交通の利便性が高まることで地方都市や農村の商業に悪影響が出ることも懸念《けねん》されたらしい。実際には瀬戸大橋の建設によってそのような悪影響はなかったようだけれど，1998年に明石海峡大橋が建設されると，徳島市などで商業の落ちこみが見られたらしい。

問１　X　に入る語句として正しいものを次から選び，記号で答えなさい。

ア　扇状地　　**イ**　三角州　　**ウ**　リアス式海岸　　**エ**　大陸棚

問２　Y　に入る語句を答えなさい。

問３　下線部①に関して，沿岸部に工業地域が発達した理由を簡単に説明しなさい。

問４　下線部②に関して，交通の利便性が高まることで地方の都市や農村に悪影響が出るのはなぜか。簡単に説明しなさい。

令衣：つぎは気候について調べてみよう。鳥取・高松・高知の雨温図を見てみると，③南四国に位置する高知は年平均気温が17.3℃でやはり温暖なんだね。

和菜：降水量は，④一年を通して高松の降水量がほかの地域に比べて少ないね。なぜなんだろう。

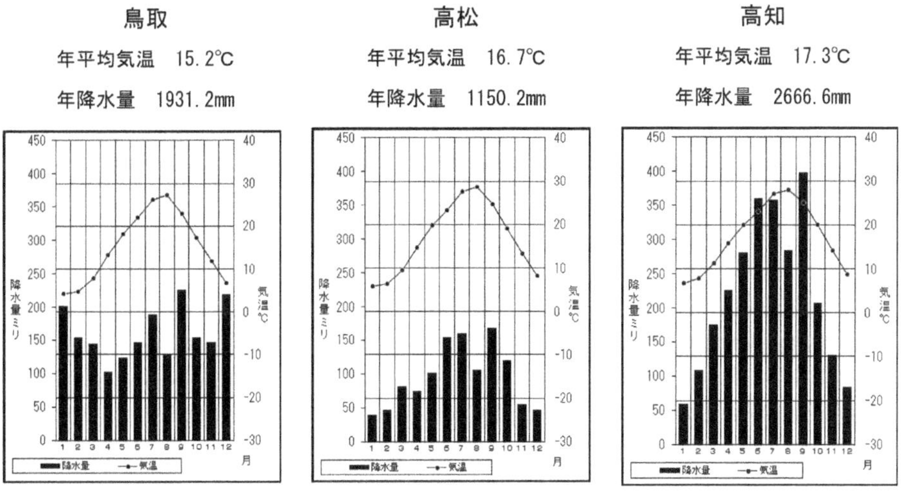

資料６　鳥取・高松・高知の雨温図

問５　下線部③に関して，高知ではビニールハウスを利用しナスやピーマンをほかの地域より早い時期に出荷する栽培《さいばい》方法が採られている。このような栽培方法をなんというか。

問６　下線部④に関して，次のページに示す**資料７**は和菜さんが調べた中国・四国地方を日本海から太平洋への線で切った断面図です。この資料をもとにして，**二人が出した下線部④への答え**の　Z　に入る文として適切な文を書いて答えなさい。

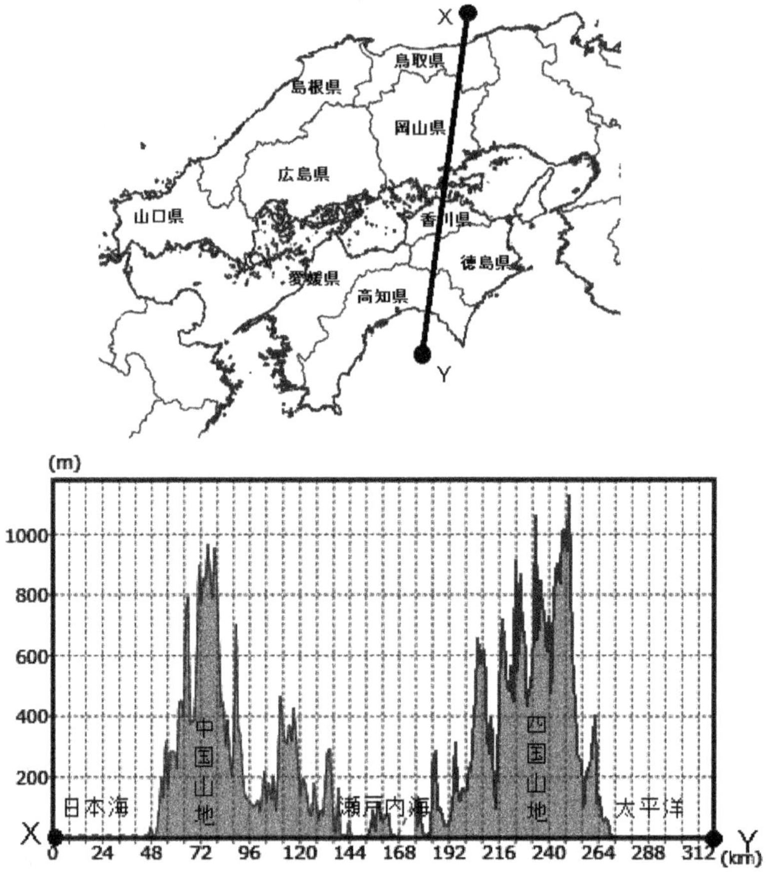

資料７　中国・四国地方を日本海から太平洋への線で切った断面図

二人が出した下線部④への答え

夏は太平洋からの季節風が四国山地の太平洋側で雨を降らせたあとのかわいた風が瀬戸内海に吹きこむのに対して，冬は［　　Z　　］から，瀬戸内海に面した地域では年間を通して雨が少ないことが考えられる

ウ　さんまを食べて「苦み」に気づくことで味覚が鍛えられ、欧米風の食事が不自然でわかりやすい味だと気づくようになる。

エ　現代人の舌が鈍化し、さまざまな形で食生活がむしばまれてしまったのは、日本人の食生活が豊かになったからである。

問16　二重傍線部「味をしっかり認識することは、心と気持ちを豊かにすることだ」とありますが、あなたにとって「心と気持ちを豊かにすること（もの）」は何ですか。これまでの自分の体験とともに百六十字以上二百字以内で書きなさい。また、書くときは次の**《きまり》**に従いなさい。

《きまり》

・氏名と題名は書きません。
・各段落の最初は一マス下げて書きます。
・「、」や「。」もそれぞれ一文字に数えます。ただし、行の一番上のマス目に「、」や「。」がきてしまうときは、前の行の最後のマス目に文字と一緒《いっしょ》に記入してかまいません。
・文章の途中《とちゅう》で段落をかえたときの残りのマス目は、文字数として数えます。

十歳《さい》ごろである。

ウ　子どもの舌は、甘みを敏感《びんかん》に感じ取るが、苦みを感じ取ることはできない。

エ　二十歳で約一万程度まで減少した後は、死ぬまでにほとんど減少しない。

問7　傍線部5「減少」の対義語を漢字二字で書きなさい。

問8　傍線部6「子どもたちに『苦み』を教えることは重要です」とありますが、筆者はなぜ重要だと考えるのですか。★印より前の本文中の言葉を使って、五十字以内で説明しなさい。

〈下書き用マス目〉

問9　空らん I に入る言葉を、本文中から漢字一字で書き抜《ぬ》きなさい。

問10　傍線部7「山菜採り」の例は何を説明するためのものですか。次の中から最も適切なものを一つ選び、記号で答えなさい。

ア　ワラビを一度認識すると、その後はワラビを見つけやすい。

イ　自然の食材を大切にすることで、味覚を鍛《きた》えている。

ウ　山菜採りの名人になるためには多くの練習を積む必要がある。

エ　苦みに一度気づきさえすれば、食べ物に潜《ひそ》む苦みがわかる。

問11　傍線部8「これ」の内容を、本文中の言葉を使って三十字以内で説明しなさい。

〈下書き用マス目〉

問12　傍線部9「食物アレルギーの患者《かんじゃ》さんが子どもたちを中心に年々、増加している」とありますが、筆者はその原因を何だと考えていますか。本文中から十字で書き抜《ぬ》きなさい。

問13　空らん II には〈物事の行き過ぎや悪化をくいとめる手段〉を表す比喩《ひゆ》的な表現が入ります。空らんに入れるのに最も適切なものを次の中から一つ選び、記号で答えなさい。

ア　圧力をかける　　イ　歯止めをかける

ウ　拍車《はくしゃ》をかける　　エ　情けをかける

問14　問題文の中で筆者は「味覚」はどんな役割を持っていると述べていますか。本文中から十二字以内で書き抜きなさい。

問15　本文で述べている内容として、最も適切なものを次の中から一つ選び、記号で答えなさい。

ア　辛さの他に、しょっぱさや酸っぱみ、甘みなどが混ざり合っているから、小中学校の給食ではカレーが人気である。

イ　筆者はファストフードの蔓延など、若い人たちの「食」について強い不安を感じ、子供たちに対して味覚の授業を続けている。

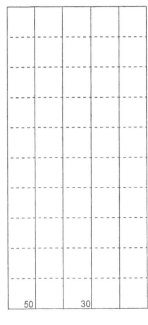

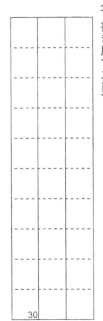

二世代、みなさんは第三世代にあたります。日本人は戦後六十年以上、三世代にわたって欧米風の食事やファストフードを食べ続けた結果、その※6弊害《へいがい》が孫の代であるみなさんたちに、生活習慣病や食物アレルギーの形で現れてきたのではないでしょうか。

たしかに日本人の食生活はかつてとは比較《ひかく》にならないほど豊かになりました。その反面、現代人の舌は鈍《どん》化し、ぼくたちの食生活はさまざまな形で※7蝕《むしば》まれつつあるのです。

そうした現状に［Ⅱ］ために、ぼくはこれからも全力で、味覚の大切さを子どもたちに伝えていくつもりです。

（三國清三「15歳の寺子屋　前進力」）

（注）※1　渾然《こんぜん》…別々にあったものがとけ合って一つにまとまるさま。
※2　潜《ひそ》む…人に見つからないように隠《かく》れている。
※3　寛容《かんよう》…心が広く、人の言動をよく受け入れること。
※4　蔓延《まんえん》…好ましくないものが、はびこって広がること。
※5　懸念《けねん》…先行きが気にかかって不安になること。
※6　弊害《へいがい》…害になる悪いこと。他に影響をおよぼす物事。
※7　蝕《むしば》む…虫が食うように少しずつ体や心を損《そこ》なう。

問1　傍線《ぼうせん》部**a**～**e**について、カタカナは漢字に直し、漢字は読みを書きなさい。

問2　傍線部**1**「かく言う」の意味として最も適切なものを次の中から一つ選び、記号で答えなさい。

ア　同じように言う　**イ**　それぞれが言う
ウ　このように言う　**エ**　書きながら言う

問3　傍線部**2**「最後」と同じ組み立ての熟語を次の中から一つ選び、記号で答えなさい。

ア　私立　**イ**　消火　**ウ**　開閉　**エ**　曲線

問4　傍線部**3**「『カレーの味は辛い』で正しいのでしょうか?」とありますが、その質問に対する答えを次のようにまとめました。⑴には本文中の言葉を使って十五字以内で書きなさい。⑵には「正しい」「正しくない」のどちらかを入れなさい。

〈答え〉

［⑴］なので、［⑵］。

〈⑴　**下書き用マス目**〉

15

問5　空らん［X］～［Z］に入る語句の組み合わせとして最も適切なものを次の中から一つ選び、記号で答えなさい。

ア　**X**　そして　**Y**　しかし　**Z**　ただ
イ　**X**　つまり　**Y**　また　**Z**　きっと
ウ　**X**　すると　**Y**　そして　**Z**　とても
エ　**X**　では　**Y**　あるいは　**Z**　おそらく

問6　傍線部**4**「〝味蕾〟」について、正しく説明しているものを次の中から一つ選び、記号で答えなさい。

ア　「甘み」や「うま味」など五種類の味を感じ取る、舌の表面にある器官である。
イ　その数は十二歳ごろに最大となるが、もっとも敏感《びんかん》になるのは二

一度、みなさんも意識して「苦み」を味わってごらんなさい。サンマの内臓などは「苦み」を知るには最適です。［Z］みなさんは、サンマの内臓など食べたことがないでしょう。箸《はし》をつけても「まずい」の一言でかたづけていたのではありませんか？　でも、それは「苦み」という味に慣れていないだけのことです。

しかも、味覚は人の心を開くという役割をもっていると、ぼくは思っています。味覚の授業を始めてから、ぼくは一貫《いっかん》して、「味をしっかり認識することは、心と気持ちを豊かにすることだ」と強調してきました。舌で味わうと、それが脳に伝わり、五感（見る、聞く、嗅《か》ぐ、触《さわ》る、味わう）を敏感にして感性を開花させる。感性が開くことで、思いやりや、いつくしみ、感謝の念や相手を受け入れる※3寛容《かんよう》さ、などの感情も[d]芽生えていく。味覚は人間の心の形成に深く関わっている、とても重要な感覚なのです。

ぼくが味覚の授業を子どもたちにはじめてから、かれこれ、十年になりました。

これだけ長期間にわたってボランティア活動を継続《けいぞく》し、今後も続けていこうとしているのは、ぼくが若い人たちの「食」に強い不安を感じているからです。

そのひとつがファストフードの※4蔓延《まんえん》です。

わかりやすい味で、どこで食べても味が変わらない。それが、ファストフードが多くの人に好まれる理由です。

しかし、〝わかりやすい味〟に慣れた舌は、それ以外の微妙《びみょう》な味、複雑な味がわからなくなる。[e]キケン性を秘めている。しかも、大部分のファストフードは脂肪《しぼう》分が多くて野菜が少なく、栄養バランスが非常に悪い。そのうえ、子どもが食べやすいように軟《やわ》らかく作られているので、つい食べ過ぎてしまい、肥満や、糖尿《とうにょう》病、高血圧など、生活習慣病の原因になる。かつて生活習慣病は〝成人病〟と呼ばれ、大人がなる病気でした。それが、いまでは五歳ぐらいの子どもにも症状《しょうじょう》が現れている。[8]これは本当に深刻な事態です。

もうひとつ、ぼくが※5懸念《けねん》するのは、[9]食物アレルギーの患者《かんじゃ》さんが子どもたちを中心に年々、増加しているという事実です。小麦粉、米、エビ、カニ、卵、牛乳、大豆、そば、アワビ、イクラ、などなどアレルギーを起こす食品の種類はじつに広範囲《こうはんい》に及《およ》んでいて、いまでは、ぼくのレストランでも注文を受ける前、必ずお客様にアレルギーのあるなしを確認するようになりました。

食物アレルギーが増えれば、当然、食べられる食品も限られてしまう。たとえば、卵アレルギーの人は卵を使用した食品が食べられません。卵は単に卵料理だけでなく、マヨネーズなどの調味料や、ケーキやアイスクリームなどのお菓子《かし》の中にも、頻繁《ひんぱん》に使われています。食物アレルギーは私たちから、食事という大きな喜びを奪《うば》ってしまいます。

食物アレルギーの原因については諸説ありますが、食物アレルギーの患者さんが戦後、急激に増加したのは、日本人の食生活の激変と深い関係があるのは間違《まちが》いないでしょう。

日本人の主食だった米食がパン食に切り替《か》わり、食事も欧米《おうべい》風に変化した。一九七〇年にはファストフードチェーンが上陸し、カップ麺《めん》の発売はその翌年のことでした。みなさんのおじいさんおばあさんはファストフード第一世代で、みなさんのお父さんお母さんはファストフード第

手の甲《こう》を指でつまめばピリッと痛みが走りますね。それと同じことが舌の上で起こっていると考えてください。生理学的に言うと、ぼくたちの舌は「辛い」を、味ではなく刺激として感じ取っているのです。

ぼくたちがカレーを食べておいしいと感じるのは、辛さという刺激とは別の味覚を、舌がキャッチしているせいです。具体的には、カレールウに含まれている酸っぱみ、しょっぱさや、カレーに溶《と》けこんでいるタマネギ、ニンジンなどの甘みが※1渾然《こんぜん》となった味覚が、ぼくたちの脳に「うまい」という信号を送っています。

［X］、人間の舌はどうやって味覚を感じ取っているのでしょうか？

その役目を果たすのが、舌の表面にある4〝味蕾《みらい》〟という器官です。その数は十二歳ごろに四万前後ともっとも多く、あとは年齢《ねんれい》とともに5減少し、二十歳《さい》ごろには約一万ほどになってしまう。人間がいちばん敏感に味覚をキャッチできるのは、十二歳ごろなんですね。

この年齢の子どもたちは甘いものが大好きだから、甘い味はすぐわかります。酸っぱさや、しょっぱさもキャッチできる。でも、彼《かれ》らは苦みが大の苦手です。たとえば、大人たちの好きなビールやブラックコーヒーを、子どもの舌は受けつけません。

それでも、6子どもたちに「苦み」を教えることは重要です。「苦み」という味があることを、子どものうちに教えておけば舌の準備ができる。準備ができていれば、大人になって「苦み」に接しても、スムーズにそれをおいしいと感じられるようになる。そうした準備がないと、大人になっても苦みがきらいな、子どもっぽい単調な味覚の持ち主になりかねません。

というと、「じゃ、十五歳ではもう手遅《おく》れなの？」と思う人がいるでしょうが、ご心配なく。十二歳ごろが味覚の教育に適しているのは事実ですが、十五歳のみなさんだって、いまから味覚を鍛《きた》えることは十分に可能です。

味覚を鍛えることは野球の守備練習に似ています。ボーッとグラウンドに突《つ》っ立っているだけではボールはキャッチできません。しかし、腰《こし》を落とし、いつボールが飛んできてもいいように準備しておけば、難しい打球が飛んできても、しっかりとキャッチできる。同様に、味覚を意識するように心がければ、さまざまな［Ⅰ］のボールをうまくつかまえられるようになるのです。

たとえば、7山菜採りをイメージしてみてください。

自然の食材を大切にしているぼくは、山菜採りの名人と一緒《いっしょ》に山に入ったことがありました。ところが、あたりは植物だらけで、どこに山菜があるのかサッパリわからない。でも、名人から「ほら、あそこにワラビがある」と教えられ、「あっ、ほんとだ」とワラビを認識したとたん、生《お》い茂《しげ》った一面の緑のあちこちにワラビが生えているのが、ちゃんと目に入るようになりました。★

味覚を知ること。それを、ぼくは「気づき」と呼んでいます。

「苦い」という味に、一度「気づき」さえすれば、いろいろな食べ物に「苦み」が※2潜《ひそ》んでいるのがわかるようになる。そうなったら、しめたもので、自然に味をチェックする習慣がつき、味覚をb**カンチ**する能力がc**カイハツ**されていく。三十歳でも四十歳でも、［Y］八十歳からでも意識さえすれば、程度の差はあっても、味覚を鍛えることができるのです。

【国　語】（五〇分）〈満点：一〇〇点〉

【一】次の問いに答えなさい。

問1　次の①～③の文の、主語と述語を答えなさい。主語が省略されている場合は「なし」と答えなさい。

例）ぼくは　図書館に　本を　探しに　行った。

主語　ぼくは　　述語　行った

①　私の　思い出の　場所は　なんといっても　海です。

②　ぼくは　季節の中では　夏が　いちばん　好きだ。

③　魚が　おいしい　お店を　知っている。

問2　次の各文の傍線部《ぼうせん》は、どこにかかる言葉ですか。例にならって答えなさい。

例）きれいな　赤い　花が　咲《さ》いている。　　**答　花が**

①　私が　富士山に　登ったのは　昨年の　ことです。

②　はじめて　訪れた　町を　のんびり　歩く。

③　庭に　ちいさな　スズメが　たくさん　いる。

問3　次の空らんにあてはまる故事成語を後から選び、記号で答えなさい。同じ記号は重ねて使いません。

①　彼の才能は長い年月かかって花開いた。まさに［　　］と言えるだろう。

②　未来のことをいくら心配してもきりがない。それは［　　］というものだ。

③　彼《かれ》は［　　］成って第一志望の学校に合格した。

④　この計画は最初は良かったが、［　　］に終わってしまった。

ア　蛍雪《けいせつ》の功《こう》　　イ　呉越同舟《ごえつどうしゅう》

ウ　鼎《かなえ》の軽重《けいちょう》　　エ　竜頭蛇尾《りゅうとうだび》

オ　大器晩成《たいきばんせい》　　カ　杞憂《きゆう》

【二】次の文章を読んで、あとの問いに答えなさい。

みなさんは、どんな食べ物が好きですか？

やっぱり、カレーかな。小中学校の給食でも、カレーの人気はトップクラスだし、[1]かく言うぼくも大のカレー好きの一人です。

そこでひとつ、カレーについて質問させてください。

カレーは、いったい、どんな味がするんでしょう？

「そんなの、辛《から》いに決まってるよ！」

そんな声が聞こえてきます。

たしかにカレーというのは、食欲のないときでも、あの匂《にお》いを嗅《か》ぐと不思議に食欲がわいてくる食べ物です。[a]額に汗《あせ》をかきかき、辛いカレーをほおばって、[2]最後に冷たい水をグーッと飲みほすと、心から「おいしかったあ！」という気持ちになれますものね。

すると、さっきの質問の答えは[3]「カレーの味は辛い」で正しいのでしょうか？

（中略）

ぼくは第五章で、味覚には「甘《あま》み」「酸味」「塩味」「苦み」の四つがある、と話しました。近年は、これに「うま味《み》」（日本料理によく使われるダシのことです）を加えた五つが味の基本とされています。

そう、「辛い」というのは五種類の味の基本には含《ふく》まれていない。じつは「辛い」というのは味ではなく、「刺激」です。

2023年度

東洋大学附属牛久中学校入試問題（第１回一般）

【算　数】（50分）　＜満点：100点＞
【注意】 定規・コンパス・電卓の使用を禁止します。

1 以下の問いの □ に当てはまる適切な数値を答えなさい。

(1) $42\times6\div3+36\div4\times9=$ □

(2) $\frac{9}{5}\div\left(2.7-\frac{3}{2}\right)-0.5=$ □

(3) $314\times0.13+3.14\times17-31.4=$ □

(4) $3\frac{3}{23}\div\frac{\square}{46}=\frac{16}{3}$

2 以下の問いの □ に当てはまる適切な数値を答えなさい。

(1) 水筒の中に1.5Ｌのお茶が入っています。$\frac{3}{25}$Ｌのコップ10杯分のお茶を飲み，さらに残りのお茶の$\frac{2}{5}$を飲みました。このとき残ったお茶は □ Ｌです。

(2) 135本で3200円の鉛筆があります。この鉛筆を4480円分購入すると □ 本購入できます。

(3) 原価600円の商品に原価の４割の利益を見込んで定価をつけました。しかし，売れなかったので，定価の □ ％引きで売ったところ114円の利益が出ました。

(4) 姉と妹の所持金の比は８：５でした。姉は妹へのクリスマスプレゼントに900円，妹は姉のクリスマスプレゼントに600円使ったところ，姉の所持金は妹の所持金より300円多くなりました。このとき，はじめの姉の所持金は □ 円です。

(5) ある仕事をするのにＡさんとＢさんの２人で20日間働くと仕事の60％が終わり，この仕事をＡさんが１人ですると50日で終わります。Ｂさんが１人でこの仕事をすると， □ 日で終わります。

3 下の図のように，線分AD上に２点Ｂ，Ｃがあります。
線分の比が　AC：CD＝９：４，AB：BD＝３：７　のときAB：BC：CDを求めなさい。

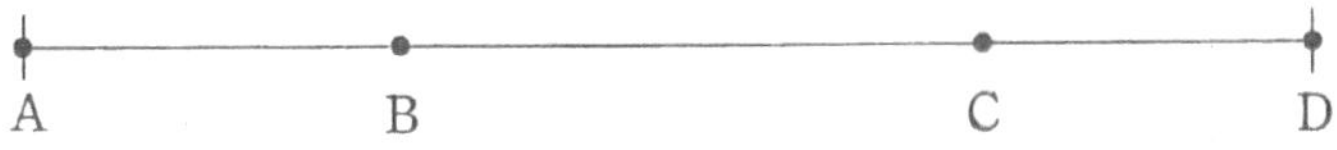

4 正五角形ABCDEと正八角形KEDFGHIJが辺EDで接しています。頂点Ｂから頂点Ｅを通って辺JIまで線分を引きます。このとき，xの値を求めなさい。

（図は次のページにあります。）

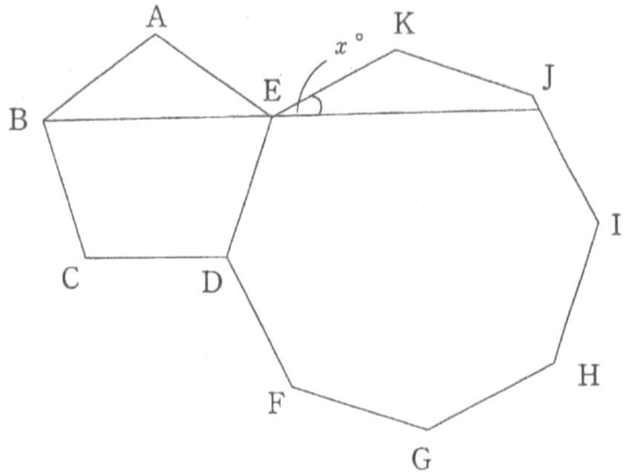

5　右の図のように，正八角形があります。正八角形の内部の ▒ 部分の面積が160cm^{2}のとき，正八角形の面積を求めなさい。

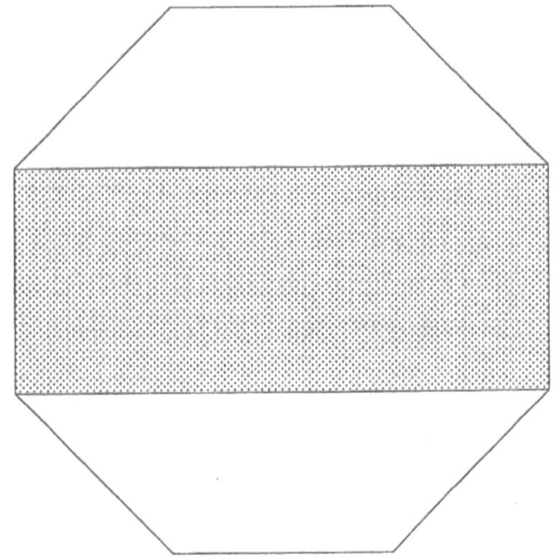

6　２つの路線バスが以下のようなルートを回っています。

路線バスＰはバス停Ａからスタートし，バス停Ｂ，Ｃ，Ｆを通過してＡにもどります。（このルートを路線Ｐとします）

路線バスＱはバス停Ｅからスタートし，バス停Ｆ，Ｃ，Ｄを通過してＥにもどります。（このルートを路線Ｑとします）

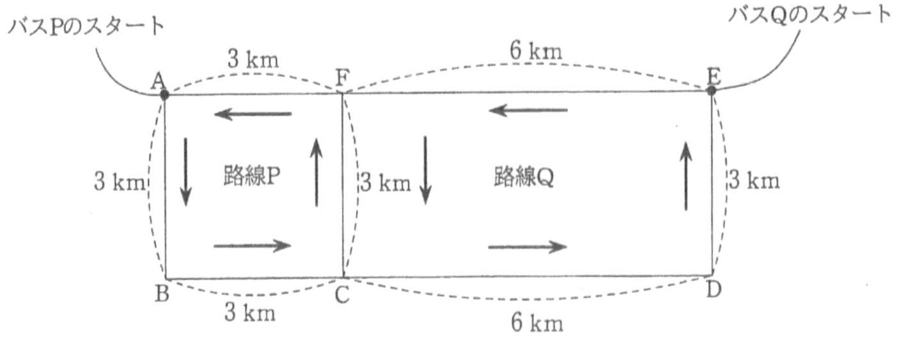

原則として，路線バスＰとＱは時速30kmで運行しますが，路線バスＱは区間EF及び区間CDのみ時速40kmで運行します。また各バス停での停止時間及び信号での待ち時間などは考えないものとします。このとき，次の問いに答えなさい。

(1)　路線バスＰが路線Ｐを１周するのにかかる時間は何分か答えなさい。

(2)　路線バスＱが路線Ｑを１周するのにかかる時間は何分か答えなさい。

(3)　路線バスＰと路線バスＱが午前９時にそれぞれバス停Ａとバス停Ｅを同時に出発するとき，区間CFですれ違いました。最初にすれ違った時間を答えなさい。

7　令子さんと和人さんが話しています。

以下の会話文を読み， ア ～ オ に当てはまる適切な数値を答えなさい。

和人：今日は１月５日だよね。

令子：そうよ。どうしたの。

和人：この１月５日を「105」として３桁の数字とみて，「１」「０」「５」を並び替えて，一番大きい値と一番小さい値を考えてほしいんだ。一番小さい値は「０」を先頭にしていいよ。

令子：そうすると，一番大きい値は ア で，一番小さい値は「０」「１」「５」の順だから15ね。

和人：大きい値から小さい値を引き算してみてよ。

令子： イ になったわ。

和人：この イ という値が不思議な値で，さっきと同じように イ の３つの数字を並び替えて「一番大きい値」から「一番小さい値」を引き算してみてよ。

令子：また イ になったわ。不思議ね。

和人：実は，どんな３桁の数字でやっても『３つの数字を並び替えて「一番大きい値」から「一番小さい値」を引き算する』（以下，この動作を（※）とする）を何度か繰り返せば必ず イ になるんだよ。

令子：本当になるかしら。369で試してみるわ。（※）を ウ 回行ったら イ になったわ。

和人：次は，（※）を３回で イ になる数を１つ探してみようよ。さっきの369はヒントになるよね。だって，引き算した後の答えで真ん中の数は常に エ になるから。

令子：そうね。できたわ。 オ よ。そういえば，この イ ってとても特別な数ね。名前は付いているのかしら。

和人：「カプレカ数」って名前がついているんだよ。

8　ある製品を作る会社があります。その会社では９：00から17：00までの８時間を「勤務時間」としており，２人以上のチームで仕事をすることにしています。会社には４種類のタイプの社員がおり，それぞれ１時間当たりの制作量（１時間あたりに制作できる製品の個数），個人の特徴，周囲への影響は下の表の通りです。

タイプ	1時間あたりの制作量	個人の特徴	周囲への影響
A	20個	1時間おきに10分休む	特になし
B	15個	3時間おきに10分休む	特になし
C	10個	休みを必要としない	チームの士気が上がり全体の制作量が1割上がる
D	30個	1時間おきに20分休む	周りの気をそらすため全体の制作量が2割下がる

また，制作量は以下のルールで計算するものとします。

＜ルール＞

◎１時間に満たない場合の制作量は小数点以下で切り捨てにした個数だけ製品を制作できる。

（例）タイプ B が勤務時間で制作できる時間は休憩時間を考慮すると７時間40分なので

$$\text{制作できる製品の個数は}\quad 15\times 7\frac{40}{60}=115 \quad \text{より115個}$$

◎制作量の１割増及び２割減は全体の合計にかかるものとする。

（例）タイプ B とタイプ C のチームが勤務時間で仕事をした場合

制作できる製品の個数は $(115+10\times 8)\times 1.1=214.5$ より214個

※制作量が小数点を含む場合は小数点以下を切り捨てにするものとします。

以下，タイプ A を”A”，タイプ B を”B”のように省略して表すこととします。このとき，次の問いに答えなさい。

(1)　A 同士がペアを組んで仕事をするとき，勤務時間内で何個の製品を作ることができますか。

(2)　A と C がペアを組んで仕事をするとき，勤務時間内で何個の製品を作ることができますか。

(3)　A と B と C で組んだチームを「チームＳ」，A と B と D で組んだチームを「チームＴ」とする。これらのチームが勤務時間内で仕事するとき，どちらのチームが何個多く製品を作ることができますか。

【理科・社会】（50分）　＜満点：100点＞

1　次の**Ａ・Ｂ・Ｃ**の問いに答えなさい。

Ａ．以下の問いに答えなさい。

問１　庭の日なたに置いてある，エサをあたえていない水槽《すいそう》の中でメダカが暮らし続けています。この水槽の中で起きていることとして正しくないものを以下の**ア**～**エ**より１つ選んで記号で答えなさい。

ア　メダカが，ミジンコや蚊《か》の幼虫（ぼうふら）などを食べている

イ　植物プランクトンが，日光をあびたエネルギーで栄養分をつくっている

ウ　蚊《か》の幼虫（ぼうふら）が，植物プランクトンや細菌《さいきん》を食べている

エ　ミジンコが，日光をあびたエネルギーで栄養分をつくっている

問２　消化管の中で，ヒトが食べた食べ物の栄養分が吸収されるのは，おもにどこの部分ですか。その名称《めいしょう》を漢字２文字で答えなさい。

問３　雨と水蒸気の関係について説明した以下の**ア**～**エ**の文のうち，「水蒸気」という言葉の使い方がまちがっているものを１つ選んで記号で答えなさい。

ア　太陽の熱を受けて，海や川から水が蒸発し水蒸気となる

イ　地面の中の水のうち，植物に吸い上げられたものは蒸散して水蒸気となる

ウ　雲は水蒸気のかたまりであり，水蒸気がたがいにぶつかって雨粒《あまつぶ》となる

エ　雨が降ると，空気の中の水蒸気の量が増えて湿度《しつど》が上がる

問４　下の**図１**は，２月のある日の午後８時に牛久市の南の空で観察したときのオリオン座の位置を表したものです。

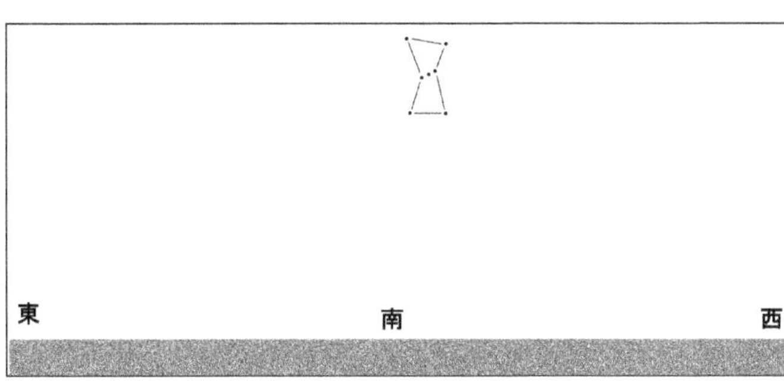

図１　午後８時に南の空で観察したときのオリオン座

①この夜の深夜０時に，オリオン座は地平線のすぐ上にありました。このときのオリオン座の見え方について，位置とかたむきかたによく注意し図に描《か》いて答えなさい。

②この日から１ヶ月後，オリオン座が同じ位置に見えるのは午後何時か。

問５　わりばしに火をつけて燃やすとき，次のページの**図１**のように持つとよく燃えひろがらずに炎《ほのお》は消えてしまいますが，次のページの**図２**のように持つとよく燃えひろがります。なぜ**図１**の持ち方では消えてしまうのか，**図２**と比べながら説明しなさい。

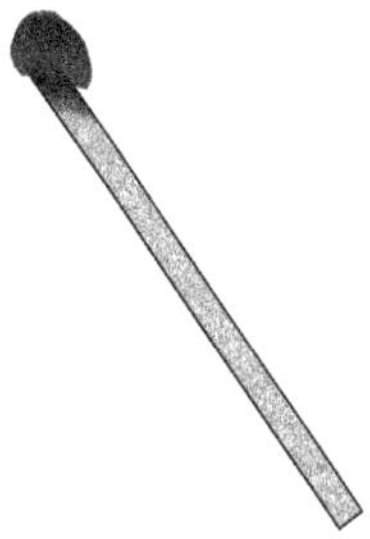

図１

図２

B．以下の問題に答えなさい。

問１　大きなクギをもちいて**図１**のような装置をつくり，乾電池《かんでんち》を１つつなぎ電磁石をつくりました。鉄の小さいクギがもっともよくくっつく場所は**図１**の**ア**～**エ**のうちどこか。１つ選んで記号で答えなさい。

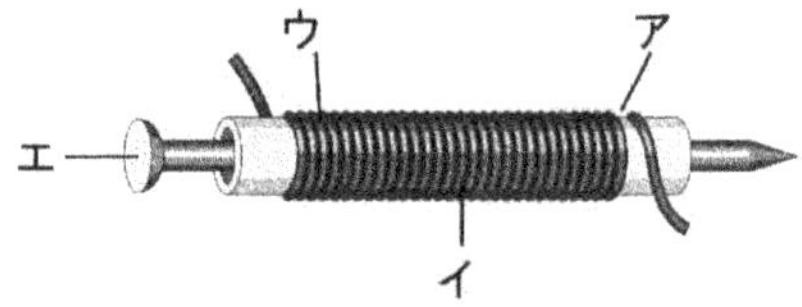

図１

問２　**図１**の電磁石により多く小さいクギをくっつけるにはどのような方法がありますか。その方法を簡単な文で１つ答えなさい。

問３　クリップにエナメル線を巻き，電池をつないで**図２**のようなモーターをつくりました。図中の矢印はモーターが回転する方向です。次の操作をしたときのモーターはどちらに回転するか記号で答えなさい。

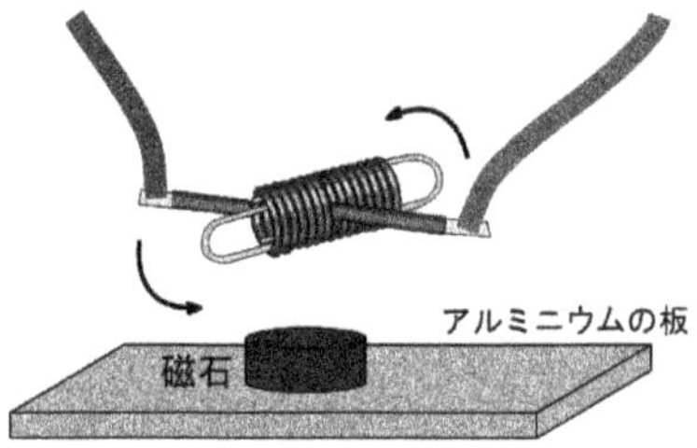

図２

⑴　電池の向きを逆向きにつなぎ変えたとき

ア　同じ　　**イ**　逆向き

⑵　磁石の表と裏を逆にしたとき

ウ　同じ　　**エ**　逆向き

⑶　電池の向きを逆向きにつなぎ，磁石の表と裏を逆にしたとき

オ　同じ　　**カ**　逆向き

C．以下の問題に答えなさい。

問１　重《じゅう》そう（炭酸水素ナトリウム）の水溶液《すいようえき》をつくりました。この水溶液の中にリトマス試験紙を入れ色の変化を調べると赤色リトマス試験紙が青く変化し，青色リトマス試験紙は青いままでした。この水溶液は何性か答えなさい。

問２　次の液体の中で問１の答えと同じ性質を示す液体を**ア**～**エ**から１つ選んで記号で答えなさい。

ア　砂糖水

イ　水酸化ナトリウム水溶液

ウ　塩酸

エ　食塩水

問３　**表１**は酸性の水溶液とアルカリ性の水溶液を計量スプーンでビーカーに入れ，まぜてリトマス試験紙をつけた結果です。次の問いに答えなさい

酸性の水溶液	アルカリ性の水溶液	青色リトマス試験紙の変化	赤色リトマス試験紙の変化
２杯	１杯	赤色	赤色
２杯	２杯	赤色	赤色
２杯	３杯	青色	青色
２杯	４杯	青色	青色

表 1

(1)　酸性の水溶液の量を３杯にして同じ実験をしたとき，中性になるのはアルカリ性の水溶液を何杯入れたときですか。可能性があるものを次の**ア～オ**の中から２つ選んで記号で答えなさい。

ア　１杯から２杯の間
イ　２杯から３杯の間
ウ　３杯から４杯の間
エ　４杯から５杯の間
オ　５杯から６杯の間

(2)　アルカリ性の水溶液をビーカーに入れ同じ重さだけの水でうすめました。このうすめた水溶液を使って(1)の実験をおこないました。この結果について説明した下の文の A と B にあてはまる数字をそれぞれ答えなさい。

結果
まぜた水溶液は A 杯以上，B 杯未満で中性になる。

2　令子さんは，道ばたの花だんに，ヒマワリの花がすべて同じ向きに咲きそろっているのを見つけました。

令子さんは「ヒマワリ」という名前の理由は「花の向きが太陽の向きをおいかけるように回って動くから」とお父さんに聞いたので花の向きを観察しに行きました。

観察１　ヒマワリの花の向きを６時から18時にかけて２時間おきに観察した

結果１　ヒマワリの花の向きはずっと75°の方向を向いたままだった

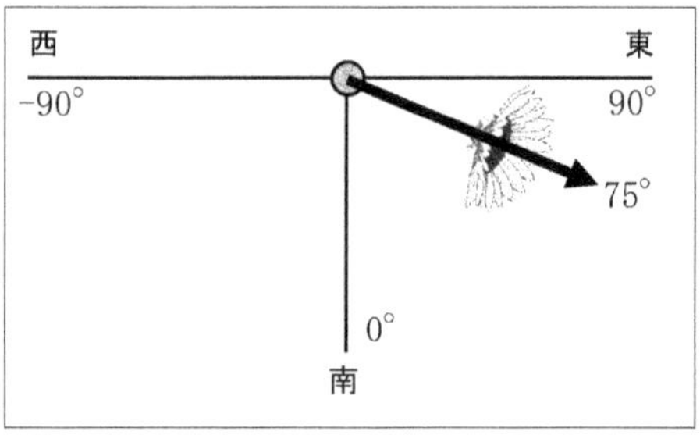

図１　観察１で真上から見た花の向き（矢印が花の方向を表す）

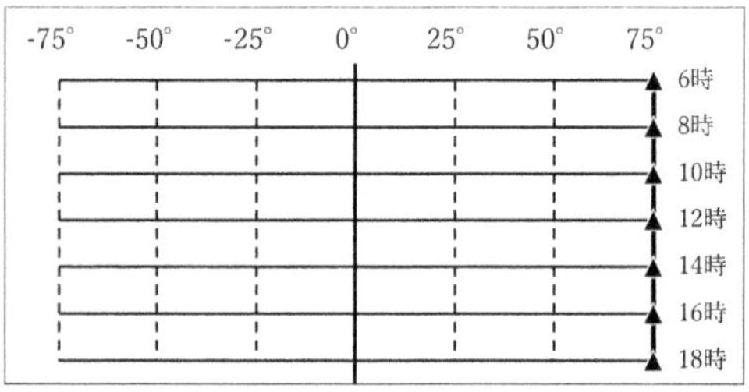

表１　観察１の花の向きを表したグラフ（0°が南，90°が東，-90°が西を示す）

問１　ヒマワリの育ち方や花のつき方について正しく説明したものを以下の**ア**～**エ**より１つ選んで記号で答えなさい。

ア　「花」と呼ばれる部分は，実際には数百個以上の小さい花が集まったものである

イ　花は雄花《おばな》と雌花《めばな》に分かれ，受粉後に雌花の根元がふくらんで果実になる

ウ　つる性の植物なので，本葉が２～３枚になったら支柱をそえて育てる

エ　地中に栄養をたくわえた部分が成長し，翌年にそこから新しい芽が発芽する

問２　ヒマワリの発芽のようすを正しく表した図を，以下の**ア**～**ウ**のうちから１つ選んで記号で答えなさい。

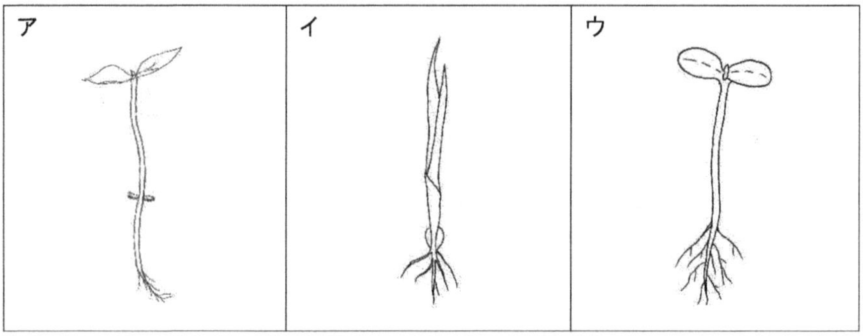

問３　令子さんの自宅にヒマワリの花だんをつくるとき，家の前を通る人も家の中からも，ともにヒマワリの花をながめて楽しむためにはどこにつくるとよいですか。**観察１**の結果をもとにして考え，解答欄の図に示した令子さんの家と庭の地図の中に四角形を書き込んで答えなさい。

(問題文つづき)

お父さんにこの結果を伝えたところ「植えた場所や，日の当たり方によってちがうのかもしれないね」という話になったので，次の年に実験をしてみました。

翌年，令子さんとお父さんが実験のために育てたヒマワリにつぼみがつきました。観察するとつぼみが太陽の方に向かって動くようすが見られたので，結果を記録してグラフに表しました。

観察２　ヒマワリのつぼみの向きを６時から18時にかけて，２時間おきに観察した

結果２　ヒマワリのつぼみは30°の方角から－35°の方角まで首をふるように動いた

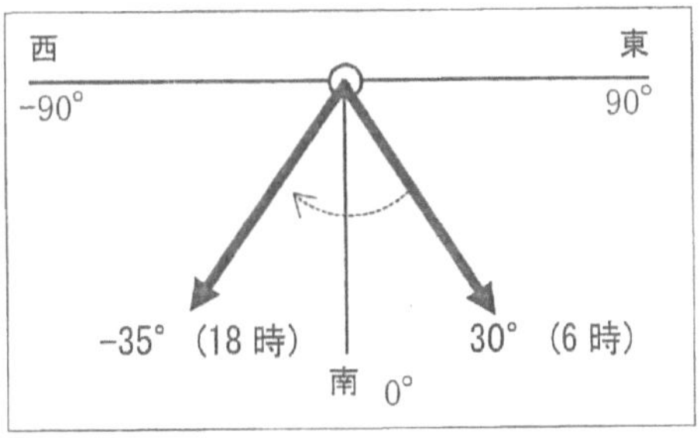

図２　観察２で真上から見たときの花の向き

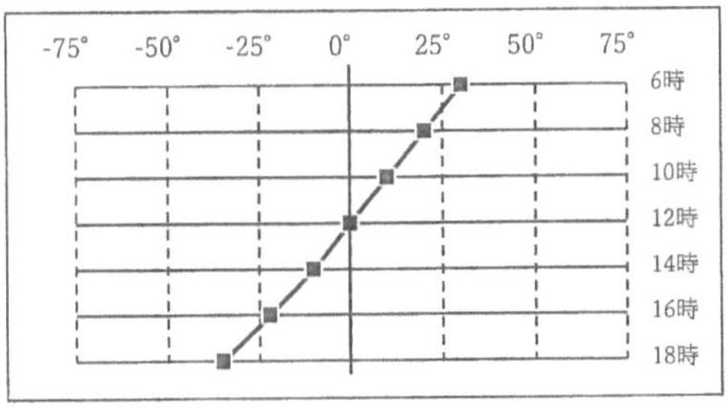

表２　観察２の花の向きを表したグラフ

令子さんとお父さんは，このあともヒマワリのつぼみの動きを観察することにしました。令子さんは一つの新しい疑問を持ったので，それに対する仮説をたしかめるために実験をおこないました。

新しい疑問　夜のあいだ，ヒマワリのつぼみはどのように動くのか

仮説　朝の４時になり太陽が上ると，西の方を向いていたつぼみが光を感じ，太陽の方に向かって動き出す

観察３　写真を自動撮影できるカメラをもちいて，深夜の０時から２時間おきに24時間ヒマワリのつぼみの写真を撮り続けた。

問４　次のページに示すのは，令子さんとお父さんが**観察３**で記録した，つぼみの向きを表したグラフです。グラフをもとに考えると，令子さんが考えた**仮説**は正しいと言えますか。正しいか正しくないかを答え，その理由を説明しなさい。

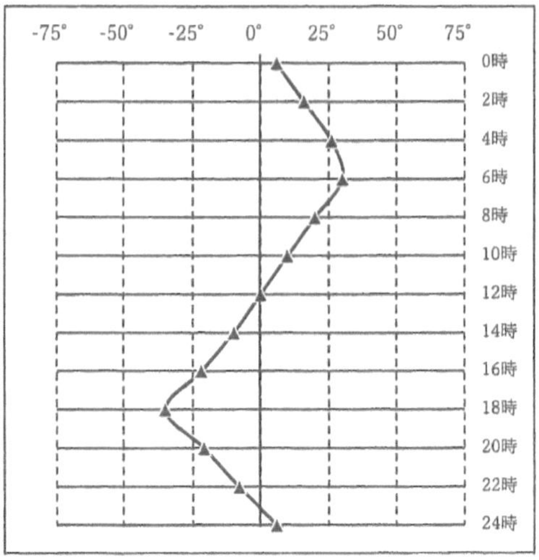

表3　観察3の花の向きを表したグラフ

問5　**観察3**のあと，ヒマワリのつぼみの動きを6日間にわたって開花するまでさらに調べ続けたところ，下のグラフのような結果になりました。この結果をもとに，ヒマワリの首ふり運動の変化を説明した以下の文章の空欄にあてはまる内容を25字以上で答えなさい。

説明

ヒマワリはつぼみの時期から開花する時期に向けて　　　　　　　　　　，
開花したあとには，ほぼ東の方向である75°を向いたまま動かなくなると予想される。

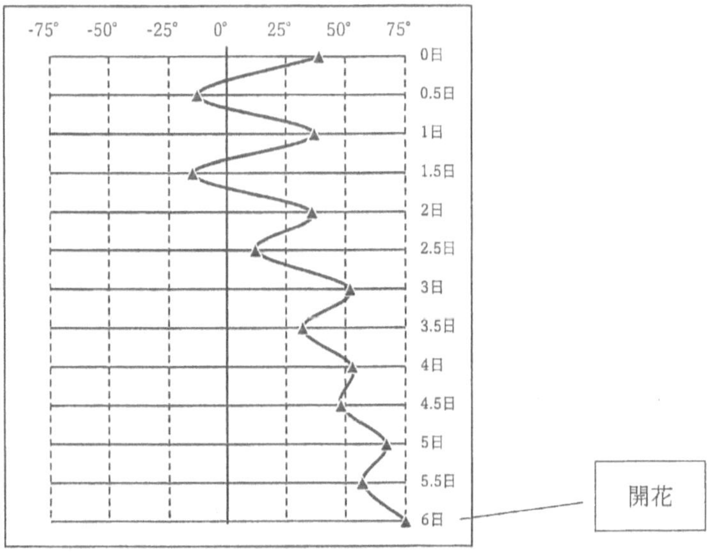

表4　観察3の花の向きを表したグラフ

3　次のＡ・Ｂ・Ｃの問いに答えなさい。

Ａ．以下の問いに答えなさい。

問１　794年，桓武天皇は政治を立て直すために都を現在の京都に移しました。この都を何というか，答えなさい。

問２　1615年，２代将軍徳川秀忠のときに発布された法度で，大名の築城や結婚《けっこん》を規制することなどを定めることで，大名を統制することを目指したものを何というか。

問３　自由民主党や立憲民主党など，政治のあり方について同じ意見や考えをもつ人々によって組織された集団のことを何というか。漢字２文字で答えなさい。

問４　現代の国家では，争いごとを法律に基づいて解決するために裁判が行われます。日本の裁判では，１つの事件につき原則として３回まで裁判を受けられる三審制が採用されています。三審制が採用されている理由を簡単に説明しなさい。

問５　手作りの織物や焼き物などを，地域でとれる原材料をいかし，古くから受《う》け継《つ》がれてきた技術をもとにつくる工業を何というか。

問６　近年，とうもろこしやさとうきびなどの植物からつくられるバイオ燃料の生産量が世界的に増加しています。バイオ燃料の利点と欠点をそれぞれ１つずつ簡単に説明しなさい。

Ｂ．次の(1)～(4)の文章を読んで，以下の問いに答えなさい。

(1)　桶狭間の戦いで今川氏を破って勢力を伸ばした [Ａ] は，その後，琵琶湖の近くに安土城を築き，拠点としました。市場の税や関所をなくし，またキリスト教を保護し，南蛮貿易をおこなったりするなどの政策を進めました。

(2)　[Ｂ] にいた日本軍が中国軍を攻撃《こうげき》し，[Ｂ] 事変が始まりました。その６年後には北京郊《こう》外《がい》で日本軍と中国軍が衝突《しょうとつ》して日中戦争が始まりました。

(3)　源氏の将軍が３代で途絶えると，西国を中心に勢力を保っていた朝廷は，幕府打倒の命令を出しました。集まってきた武士たちに<u>北条政子は演説をおこない</u>，結束を強めた幕府の武士たちはたちまち朝廷の軍を打ち破りました。

(4)　日本は朝鮮に勢力をのばそうとしました。しかし，朝鮮では中国の影響力《えいきょうりょく》が強かったので，日本と中国は対立しました。朝鮮で内乱が起こると日本と中国（清）は朝鮮に軍隊を送り，両軍が衝突《しょうとつ》し日清戦争が始まりました。

問１　空欄《らん》 [Ａ]・[Ｂ] に入る語句を答えなさい。

問２　(1)～(4)を時代の古いものから順にならべなさい。

問３　下線部について，下の文は北条政子がおこなったとされる演説を，現代の言葉にしたものです。これを参考にしながら，将軍と将軍に従う武士たちとの関係を，「ご恩」と「奉公」という語をもちいて説明しなさい。

> 頼朝様が敵をたおし幕府をつくってから，官職といい，土地といい，そのご恩は山よりも高く，海よりも深いものです。ご恩を感じ，名誉《めいよ》を大切にする者は早く敵を討《う》ちとり，この鎌倉を守りなさい。
> （部分要約）

C．以下の文章を読み，続く問いに答えなさい。

日本国憲法には３つの大原則があるとされています。

１つ目は，基本的人権の尊重です。基本的人権とは，人間が生まれながらにして持っている基本的権利のことです。基本的人権はその内容に応じて，平等権，自由権，社会権などに分類されます。

２つ目は，国民主権です。国民主権とは，国の政治についての最終的な決定権を国民が持っていることを意味します。実際の政治は投票によって選ばれた国民の代表者によって行われています。国民の代表者によって運営されている［ X ］は日本国憲法第41条で「国権の最高機関」とされています。

３つ目は，平和主義です。日本国憲法では，第９条１項に次のような条文があります。

> 日本国民は，正義と秩序《ちつじょ》を基調とする国際平和を誠実に希求し，国権の発動たる［ Y ］と，武力による威嚇《いかく》又は武力の行使は，国際紛争を解決する手段としては，永久にこれを放棄《ほうき》する。

このように日本は［ Y ］を放棄し，国際社会の協調を通じて国際紛争の解決を目指しています。

問１　下線部に関して，社会権とは国民が人間らしい生活をする権利を保証するものです。下の**ア**～**エ**から，社会権を保証する憲法の条文としてもっとも適切なものを一つ選び，記号で答えなさい。

ア　すべて国民は，健康で文化的な最低限度の生活を営む権利を有する。

イ　すべて国民は，法の下に平等であつて，人種，信条，性別，社会的身分又は門地により，政治的，経済的又は社会的関係において，差別されない。

ウ　思想及び良心の自由は，これを侵《おか》してはならない。

エ　何人も，公共の福祉《ふくし》に反しない限り，居住，移転及び職業選択の自由を有する。

問２　空欄［ X ］・［ Y ］に入る語句を答えなさい。

問３　下線部に関して，世界の平和と安全を守るために1945年に発足し，現在193カ国が加盟している国際組織の名称を答えなさい。

［４］　以下の和夫くんと先生の会話文をよく読んで，続く問いに答えなさい。

和夫：去年の夏の高校野球は①仙台育英高校の優勝でしたね。テレビで「優勝旗が初めて白河の関をこえた」と言っていたのですが，「白河の関」って何ですか。

先生：現在の栃木県と福島県の県境の近く，福島県白河市にむかしあった関所のことだね。［ A ］地方と［ B ］地方の境目とされていた場所なんだよ。

和夫：［ A ］地方といえば三陸海岸沖に海流の境目である潮目もありますよね。②リアス海岸であることと，潮目があるおかげで，［ A ］地方の太平洋側には漁港が多いと聞いています。

先生：よく知っているね。他に地域の境目になりそうなものは思いつくかな。

和夫：山でしょうか。富士山は③山梨県と④静岡県の境目ですよね。

先生：平野部ではどのようなものが境目になりそうだと思う？

和夫：川はなりそうな気がします。そういえば，茨城県と千葉県の境目は［ C ］で，東京都と神奈川県の境が多摩川ですよね。なんだか色々な境目を調べたくなってきました。

問１　空欄 A ・ B に入る語を答えなさい。

問２　空欄 C に入る語を答えなさい。

問３　下線部①の仙台について，以下の**ア**～**エ**の雨温図は札幌・仙台・新潟・高松のいずれかのものです。**ア**～**エ**から仙台のものを１つ選び記号で答えなさい。

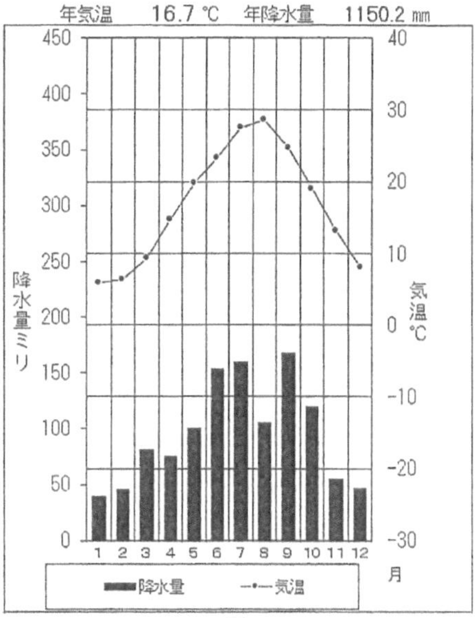

ア

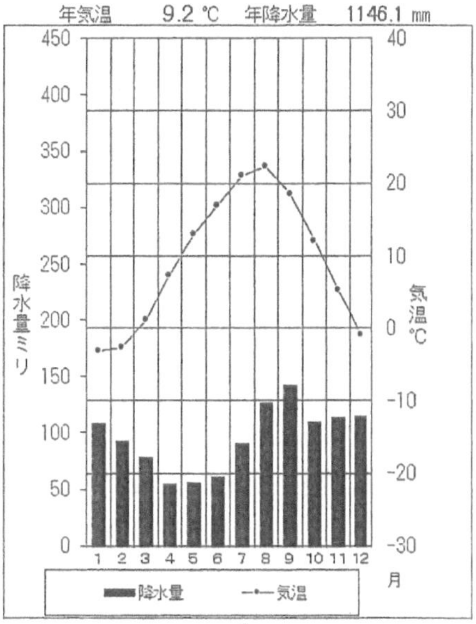

イ

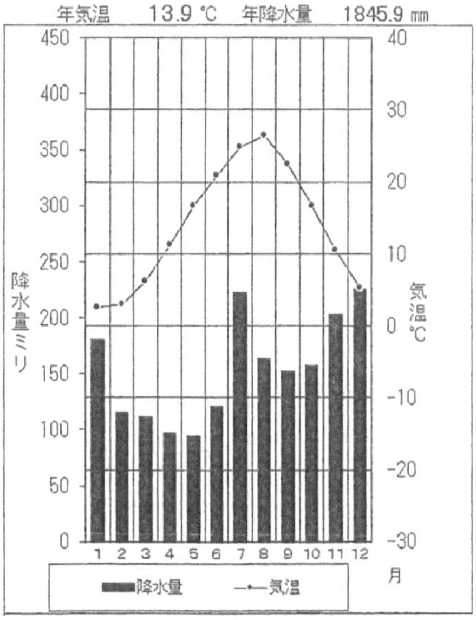

ウ

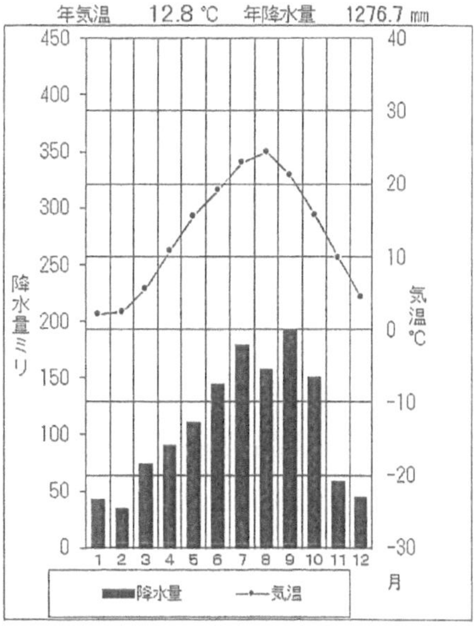

エ

問４　下線部③の山梨県と下線部④の静岡県について，表中の**ア～エ**より２つの県が入るものを選び，それぞれ記号で答えなさい。

【日本の農水産物の都道府県別生産量のランキング】（2018 年）

	茶		さくらんぼ		ぶどう		もも	
１位	（ ア ）	38.7%	山形	78.5%	（ イ ）	23.9%	（ イ ）	34.8%
２位	鹿児島	32.6%	（ イ ）	6.0%	長野	17.8%	（ ウ ）	21.4%
３位	三重	7.2%	北海道	5.1%	山形	9.2%	長野	11.7%
４位	宮崎	4.4%	秋田	2.3%	岡山	8.8%	山形	7.1%

	なし		みかん		さんま		牡蠣《かき》（養殖）	
１位	千葉	13.1%	和歌山	20.1%	北海道	47.4%	広島	58.9%
２位	茨城	10.3%	（ ア ）	14.8%	（ エ ）	14.0%	（ エ ）	14.8%
３位	栃木	8.8%	愛媛	14.7%	岩手	12.3%	岡山	8.8%
４位	（ ウ ）	7.4%	熊本	11.7%	富山	8.5%	兵庫	4.9%

問５　下線部②について，A 地方太平洋側で漁業が盛んな理由を，以下の**地図１・地図２**を参考にしながら，「リアス海岸」「潮目」の２つの言葉を使って説明しなさい。

地図１

地図２

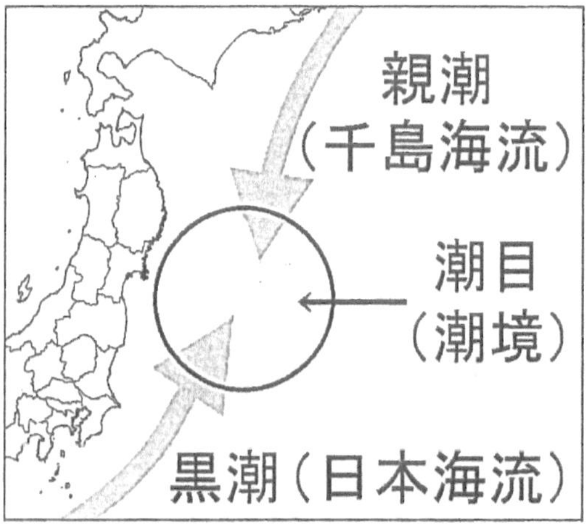

十字以上二百字以内で書きなさい。また、書くときは次の《きまり》に従いなさい。

《きまり》

・氏名と題名は書きません。

・各段落の最初は一マス下げて書きます。

・「、」や「。」もそれぞれ一文字に数えます。ただし、行の一番上のマス目に「、」や「。」がきてしまうときは、前の行の最後のマス目に文字と一緒《いっしょ》に記入してかまいません。

・文章の途中《とちゅう》で段落をかえたときの残りのマス目は、文字数として数えます。

イ　Ｘ　つまり　Ｙ　もしも　Ｚ　そして
ウ　Ｘ　そして　Ｙ　たとえば　Ｚ　ところが
エ　Ｘ　しかし　Ｙ　ところが　Ｚ　つまり

問８　傍線部５「結果」の対義語を漢字二字で書きなさい。

問９　傍線部６「動的平衡状態」について、次の問いに答えなさい。

⑴「動的平衡」を言い換えた部分を本文中より十八字以内で書き抜きなさい。

⑵「動的平衡状態」と対立する生命についての見方を本文中より七字で書き抜きなさい。

問10　傍線部７「そのようなネットワークの中にある」とはどういうことですか。本文中の言葉を使って三十五字以内で答えなさい。

〈下書き用マス目〉

問11　空らん［Ⅱ］に入れるのに最も適切なものを次の中から一つ選び、記号で答えなさい。

ア　相談《そうだん》　イ　相続《そうぞく》　ウ　相殺《そうさい》　エ　相補《そうほ》

問12　傍線部８「なぜ生命現象は合成と分解を絶え間なく繰《く》り返さなければならないのか、という疑問」について、次の問いに答えなさい。

⑴　傍線部８の疑問の答えを本文中の言葉を使って三十字以内で説明しなさい。

〈下書き用マス目〉

⑵「合成と分解を絶え間なく繰り返」していることを本文では比喩を用いて表現しています。その表現を本文中より五字で書き抜きなさい。

問13　本文で述べている内容として、最も適切なものを次の中から一つ選び、記号で答えなさい。

ア　筆者は、人体の中にある自動車のエンジンのような部分で食べものを燃やして運動エネルギーに変え、体を動かすと考えている。
イ　ワトソンとクリックはシェーンハイマーより十数年前にＤＮＡの二重ラセン構造を解明し、シェーンハイマーを歴史の闇に消した。
ウ　個人の命において起こるいろいろな老化現象を解明するために現在もさまざまな研究が行われている。
エ　分裂せず同じ位置にあり続ける脳細胞でさえ、その中のタンパク質やＤＮＡが絶え間なく入れ替わり続けている。

問14　二重傍線部「環境と生命とを操作し続ける科学・技術の在り方をめぐって、大きな岐路に立たされているいま」とあります。あなたが身近に感じている「科学・技術」を一つ挙げ、その科学・技術と今後どのように付き合っていこうと考えていますか。あなたの考えを百六

よって傷つきます。でも、それより先に自分から真ん中のピースを壊して、新しいピースに置き換《か》えるわけです。

つまり、動的平衡状態の維持というのは、エントロピー増大の法則に対抗し、自ら分解して、それを作りかえるという、自転車操業の継続によって成り立っているということになります。エントロピー増大の法則に少しだけ先んじるこの方法は、秩序を絶え間なく維持するための、唯《ゆい》一《いつ》の手段として編み出されたものであり、それこそが生命現象なのです。

（福岡伸一「生命と食」より）

※1 二重ラセン構造…生命の情報を持つDNAがとる構造。

※2 DNA…デオキシリボ核酸。遺伝子の本体。

※3 剥落…はがれ落ちること。

※4 平衡…つり合いがとれて安定した状態にあること。

問1 傍線《ぼうせん》部a～eについて、カタカナは漢字に直し、漢字は読みを書きなさい。

問2 傍線部1「燃焼」と同じ組み立ての熟語を次の中から一つ選び、記号で答えなさい。

ア 自然　イ 登山　ウ 豊富　エ 新年

問3 傍線部2「それ」の内容を、本文中の言葉を使って十五字以内で答えなさい。ただし、比喩を使わない表現にすること。

〈下書き用マス目〉

15

問4 傍線部3「とりもなおさず」の意味として最も適切なものを次の中から一つ選び、記号で答えなさい。

ア それがそのまま　イ さしあたって

ウ いずれにしても　エ 思いもよらず

問5 傍線部4「シェーンハイマーの実験」とありますが、その実験の説明として最も適切なものを次の中から一つ選び、記号で答えなさい。

ア シェーンハイマーは食べものの行方を調べるため、同位体標識法を用いてネズミの体内の元素に目印を付けた。

イ シェーンハイマーは食べものが体内で再構成され、体の一部になることを予想し、それを実証するために実験を行った。

ウ 目印をつけたアミノ酸は全身に飛び移り、その半分以上が体内のあらゆる組織を構成するタンパク質の一部となった。

エ 三日間でネズミの体重が増えなかったことから、消化吸収中に食べものの重さが消滅することを明らかにした。

問6 空らん［I］に入れるのに最も適切なものを次の中から一つ選び、記号で答えなさい。

ア そのまま同じ場所に留まっていました

イ 分解されて、排出《はいしゅつ》されました

ウ エネルギー源として体内で燃やされました

エ 周囲の分子を追い出して、増加しました

問7 空らん［X］～［Z］に入る語句の組み合わせとして最も適切なものを次の中から一つ選び、記号で答えなさい。

ア X だから　Y たとえ　Z しかし

まれているという生命観を打ち出しましたが、すぐあとに出てきたDNAに基づく機械論的生命観に、ある意味、打ち負かされてしまいました。彼は生物学の教科書にもほとんど出てくることはなく、謳《うた》われることのないヒーローとして歴史の闇《やみ》に消えてしまったのです。

しかし、環境と生命とを操作し続ける科学・技術の在り方をめぐって、大きな岐路に立たされているいま、シェーンハイマーにスポットライトを当てなければ、私たちは染みついてしまった機械論的生命観から、目を醒《さ》ますことができないのではないでしょうか。

ジグソーパズルで一つのピースがなくなったとしても、私たちはそこに接して取り囲むピースの形から、なくなったピースのかたちを特定することができます。ヒトの体の中でも、分子はジグソーパズルのようにc互いに組み合わさっているので、そのうちの一つが分解され、排出されても、周りの分子がなくなった分子のかたちを覚えていて、新しく作られた分子はぴったりとそこの場所にはまることができるようになっています。

それは、体のすべてのピース、分子にいえることで、「形の[Ⅱ]性」のルールを基本とし、パズルを埋《う》めるようにして同時多発的に合成と分解を繰り返しているのが、生命現象なのです。

だとすれば、8なぜ生命現象は合成と分解を絶え間なく繰《く》り返さなければならないのか、という疑問が、当然湧《わ》いてきます。これも生命にとって本質的な疑問ですが、実は、簡単に答えることができます。

生命現象は、いまからおよそ三八億年前（三七億年前という人もいます）のある地点で、非常に偶然《ぐうぜん》なことが起き、地球上に発生して、現在まで続いています。三八億年間にわたって、ある秩序《ちつじょ》をずっと維持《いじ》し続けようとしたら、どのような方法が考えられるでしょうか。

[Y]豪雨《ごうう》、暴風、地震《じしん》がきても大丈夫《だいじょうぶ》で長持ちする家を作ろうとしたら、私たちは、どうするでしょうか。普通《ふつう》は、しっかりとした土台を作り、そこに腐食《ふしょく》しない堅剛《けんごう》な骨組みを立て、家の外壁《がいへき》を特殊《とくしゅ》なパネルで覆《おお》って、頑丈《がんじょう》にしようとします。あるいは、最近の高層マンションは、地中何十メートルもの深いところにパイルを打ち、地震などにdそなえようとしています。しかし非常に強固に頑丈に作ったものであっても、二〇年、三〇年もe経てば、大規模な修繕《しゅうぜん》をしないと維持できません。一〇〇年も保たれる建造物は、そうありません。

[Z]、生命現象はほとんどメンテナンスをしないまま三八億年間、その仕組みを維持《いじ》し続けています。たとえば人間の個人の命を考えても、八〇年、九〇年、一〇〇年くらいまでは、いろいろな老化現象は起こりますが、メンテナンスフリーで維持できます。その秘密が、動的平《へい》衡《こう》状態にあるのです。

この世の中にあるすべてのものは、常に壊《こわ》れる方向に向かっていきます。どんなに頑丈《がんじょう》に作っておいた家でも、ボロボロになっていきます。このように、ものごとが秩序《ちつじょ》から無秩序の方向へ進むことを、物理学ではエントロピー増大の法則といいます。秩序あるものが壊れる方向にしか動かないというのは、人間にとってどうしようもないことです。

しかし生命現象は、それに対抗《たいこう》する方法を編み出しました。エントロピー増大の法則が秩序を壊してくることに先回りして、自らまず自分のことを壊してしまう、という方法です。

体には、さまざまなエントロピー増大の法則が降り注いできます。体内のパズルのピースである分子は、酸化して壊れ、あるいは紫外線《しがい》に

部となって、その場に留まっていたのです。

しかし、その三日間で、ネズミの体重は増えていませんでした。このネズミは大人のネズミだったので、成長しないで、ほぼ同じ体重で留まっていたのです。食べものには重さがあります。食べものがネズミの体の一部になったのならば、その食べものの分の重さがネズミの体重に加わるはずです。なのに、体重が増えないということは、何を意味しているのでしょう。

このことから、食べものは体の中に入って、体の一部に変わるけれど、もともとそこにあった分子は分解され、体の外に捨てられた、ということが考えられます。つまり、食べものの分子は、単にエネルギー源として燃やされるだけではなく、体のすべての材料となって、体の中に溶《と》け込《こ》んでいき、それと同時に、体を構成していた分子は、外へ出ていくということです。

実際に、実験の次の段階で、目印を付けていない普通《ふつう》の食べものをそのネズミに与《あた》えると、今度は、その食べものがネズミの体の一部となり、その前にネズミの体の一部となっていた目印を付けた分子は、

[Ｉ]。

このようにして、食べものは体の中を通り抜《ぬ》けていく。しかし、「通り抜けていく」という言い方は正確ではありません。何か実体があって、その中を通り抜けていくわけではなく、食べものの分子そのものが体を一瞬《いっしゅん》作り、それが分解されて、また流れていく。体というふうに見えているものは、そこにずっとあるわけではなくて、絶え間なく合成され分解されていく、流れの中にあるのです。

[Ｘ]、それはどんな分子でも例外ではありません。分裂《ぶんれつ》しない脳細胞《さいぼう》でも、生まれたときから死ぬときまで、たとえば八〇年間、そこに同じ原子があるわけではないのです。細胞としてはずっと同じ位置にありますが、細胞の中のタンパク質もＤＮＡ※2も、ものすごく速い速度で、すべて入れ替《か》わっています。

皮膚《ひふ》や髪《かみ》は、※3剥落《はくらく》したり抜けたりするので、入れ替わることが実感できますが、硬《かた》くてかっちりした印象を与える骨や歯のようなものでも、その中身は入れ替わっています。体のすべての分子は食べものの分子と絶え間なく入れ替わり、全体として流れているのです。

このようにして、シェーンハイマーは、生命が絶え間のない流れにあることを明らかにし、その有りように「動的平衡《へいこう》※4」という名前を付けました。

私たちの体内に自動車のエンジンのようなものがあるとするなら、6動的平衡状態では、ガソリンは燃やされるだけでなく、その成分がエンジンのネジや金属板やパイプなど、あらゆる部品へと変わってエンジンを構成し、やがて分解されて出ていく、ということになります。これは、機械論的生命観と、まったく異なる生命観です。

動的平衡状態にある分子の流れは、ある瞬間《しゅんかん》には分子Ａと分子Ｂがなければならなくて、次の瞬間にはそれらの分子が消えて新しい分子Ｃができてくる、というように、常に「時間」とともに動いています。分子Ｃがあるとき、分子ＡとＢは消えていなければなりません。生命現象は7そのようなネットワークの中にあるのですから、ヒトの細胞に含まれる二万数千種類すべてのタンパク質の分子が一斉にコップに入っていたとしても、そこにネットワークは立ち上がりようがないわけです。

シェーンハイマーはこのように、時間が動的平衡状態の中に折りたた

【国　語】（五〇分）〈満点：一〇〇点〉

【一】　次の問いに答えなさい。

問1　次の①～③の文の、主語と述語を答えなさい。主語が省略されている場合は「なし」と答えなさい。

例）ぼくは　図書館に　本を　探しに　行った。

主語：ぼくは　述語：行った

①　つくば山、それは　茨城県で　一番　有名な　山だ。

②　これは　私が　子どものころ　読んだ　本だ。

③　今日は　楽しい　時間を　過ごしましょう。

問2　次の各文の傍線《ぼうせん》部は、どこにかかる言葉ですか。例にならって答えなさい。

例）きれいな　赤い　花が　咲《さ》いている。　**答：花が**

①　部屋には　大きな　美しい　絵が　ある。

②　だれも　私が　ここに　いることを　知らない。

③　父は　明日　弟たちと　一緒《いっしょ》に　水族館に　行く。

問3　次の空らんにあてはまる四字熟語を後から選び、記号で答えなさい。同じ記号は重ねて使いません。

①　君の行動は□しておらず、とうてい納得できない。

②　研究のために博士は□の文献《ぶんけん》のほとんどをあさった。

③　夜中の地震に、人びとはただ□するばかりだった。

④　この製品を完成させるためにどれだけ□を繰り返したことか。

ア　右往左往《うおうさおう》　**イ**　我田引水《がでんいんすい》　**ウ**　古今東西《ここんとうざい》

エ　針小棒大《しんしょうぼうだい》　**オ**　試行錯誤《しこうさくご》　**カ**　首尾一貫《しゅびいっかん》

【二】　次の文章を読んで、あとの問いに答えなさい。

食べものはカロリー源であり、私たちはそれを[1]燃焼させて熱エネルギーにし、体温や運動エネルギーに変える。私たちの体内には自動車のエンジンのようなものがあって、ガソリンを注ぎ込《こ》めば、[2]それを燃やして運動エネルギーに変えて、自動車つまり体を走らせることができる。この見方は、[3]とりもなおさず、端的《たんてき》な機械論的生命観です。

ワトソンとクリックが[※1]二重ラセン構造を解いたのは、一九五三年のことでした。しかし、それに先立つこと一〇年以上前に、ルドルフ・シェーンハイマー（一八九八－一九四一）というドイツに生まれアメリカに[a]**ボウメイ**した一人のユダヤ人科学者が、もっと重要なことを発見していました。彼《かれ》は、食べものというのは、単なるカロリー源ではないということを明らかにしたのです。

[4]シェーンハイマーの実験は非常にシンプルなものでした。ネズミに食べものを食べさせて、その食べものの分子がネズミの体の中に入ったあと、どこへ行き、どうなるかを追跡《ついせき》していったのです。彼は同位体（アイソトープ）標識法という方法で元素に目印を付け、その元素を含むアミノ酸を作り、ネズミに三日間、食べさせました。

最初はシェーンハイマー自身も、食べものは体内で燃やされて、何時間か、あるいは何日かあとに、目印を付けた元素を含《ふく》む燃えかすが、呼吸や糞尿《ふんにょう》の中に排泄《はいせつ》されると予想していました。

ところが実験の[5]結果は、シェーンハイマーの予想を見事に裏切りました。目印を付けたアミノ酸は全身に飛び移り、その半分以上が、脳、筋肉、消化[b]**キカン**、骨、血管、血液など、あらゆる組織や臓器を構成するタンパク質の一部となっていました。食べものは、ネズミの体の一

2023年度

東洋大学附属牛久中学校入試問題（適性検査型）

【適性検査Ⅰ】（45分）　＜満点：100点＞

[1] けんたさんとゆうかさんが自分の住む町の水道とその料金について話しています。

けんた：水道料金ってどうやって決まっているのかな。

ゆうか：自治体によって水道料金は異なっているようだけど，私たちの町では，水の使用量が20m^3までは同じ料金で，20m^3をこえると，同じ割合で料金が増えていくようだよ。水道使用量と水道料金をグラフで表してみると次のようになるね。（**図１**）

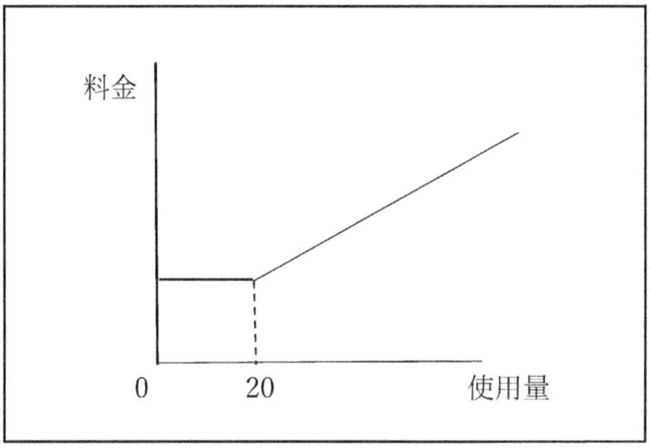

図１　水道使用量と水道料金の関係

けんた：ぼくの家の水道の使用量と料金を調べたら，先月は28m^3を使って6020円，先々月は45m^3を使って8910円だったよ。

ゆうか：それでは，水の使用量が20m^3をこえると，１m^3あたりの水道料金は [あ] 円だね。

問題１　会話文中の [あ] にあてはまる数を書きなさい。

けんた：ぼくの家の今月の水の使用量は20m^3以下だったから，水道料金は [い] 円だね。

問題２　会話文中の [い] にあてはまる数を書きなさい。

ゆうか：母に私の家の先月の水道料金を聞いたら10950円だったから，水道の使用量は [う] m^3か。

問題３　会話文中の [う] にあてはまる数を書きなさい。

[2] お父さんの運転する車に乗っているけんたさんが，フロントガラスのワイパーが動く様子について話しています。問題には円周率を3.14として答えなさい。

けんた：ワイパーは２つの部分でできているんだね。

父　：回転の中心Ａから伸びるワイパーアームAB（以下「アーム」）と，その先に取り付けられ

た水を拭き取るワイパーブレードCD（以下「ブレード」）だよ。（**図１**）

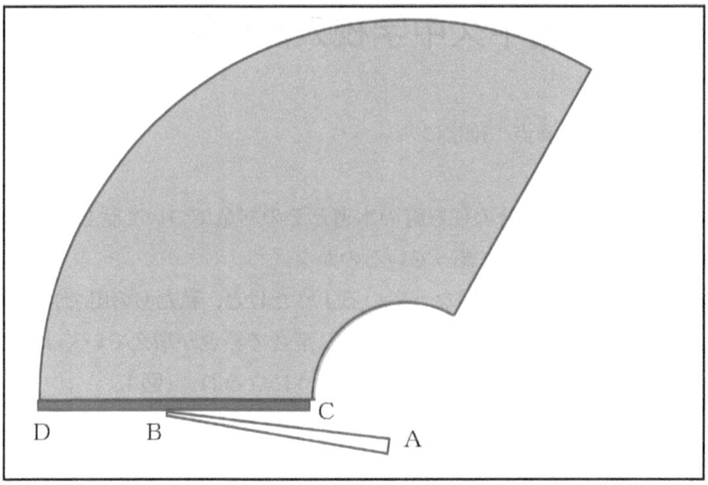

図１　自動車のワイパーの図

けんた：長さを測ったらアームとブレードがそれぞれ50cmと60cmで，ブレードの真ん中でアームにつながっているよ。アームの回転する角度が120°としてブレードが拭き取る面積を計算してみよう。アームとブレードが一直線なら，ブレードは図（**図２**）のように動くから扇形の一部と考えて面積は [あ] cm^2だね。

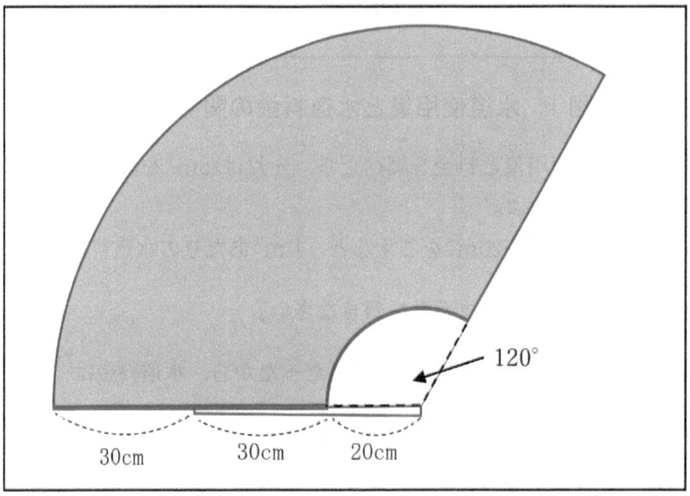

図２　けんたさんが考えたワイパーの図

問題１　会話文中の [あ] にあてはまる数を書きなさい。

父　：ワイパーをよく見るとアームとブレードは一直線にはなっていないんだよ。

けんた：本当だ。図（次のページの**図３**）のようにアームとブレードの間には角度★があるね。★の角度を測ったら20°だったよ。

父　：回転の中心Aからブレードの先端までの長さACとADはそれぞれ23cmと77cmとするよ。
　　　アームが120°回転するときにブレードが動いた部分は図（**図4**）のようになる。

けんた：面積は ［い］ cm^2だね。

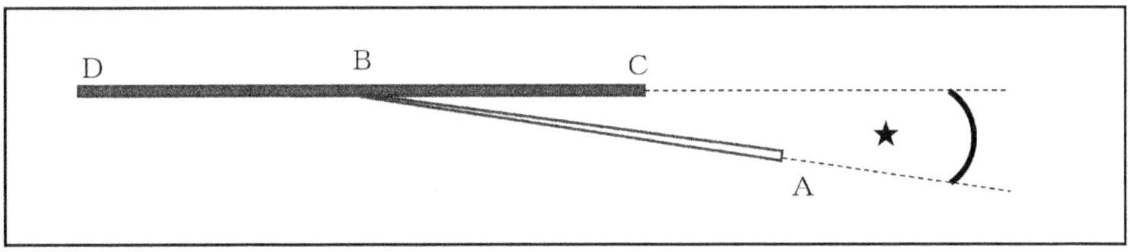

図3　実際のアームとブレードの図

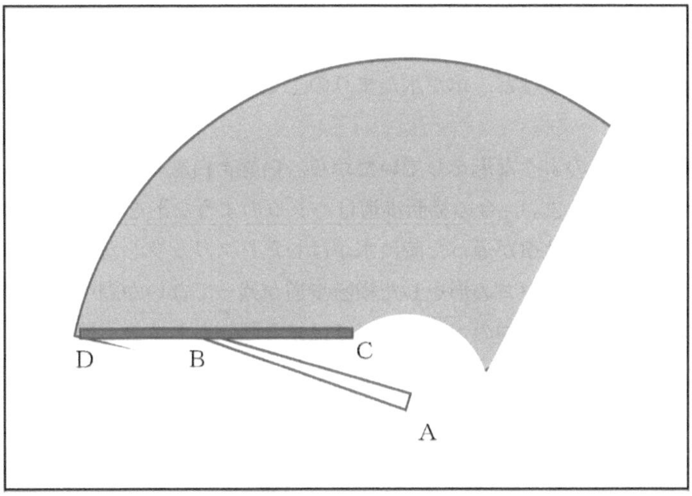

図4　実際にブレードが動く部分の図

問題2　会話文中の ［い］ にあてはまる数を書きなさい。

［3］ 次の会話文を読んで後の問いに答えなさい。

かずま：今からアサガオに水をあげに行ってくるよ。

れいな：今日は，かずまくんが水やりの当番だったね。

かずま：そうなんだよね。クラスのみんなのアサガオが枯《か》れてしまわないように水をあげないといけないんだ。水をあげる時にはどのようなことに注意《ちゅうい》すれば良いかな。

れいな：水はアサガオの ［あ］ にあげるようにしないといけないよ。

かずま：そうだね。水が植物に吸収されてから体の外に出ていくまでの通り道を踏《ふ》まえると，そのあげ方が正しいとわかるね。まだ８時だから今のうちに水をあげてくるね。

れいな：お疲れ様。水はちゃんとあげられたかな？

かずま：昨日雨が降ったおかげで，鉢《はち》の土が湿《しめ》っていたから水をあげなかったけど大丈夫かな。

れいな：大丈夫だと思うよ。水はあげ過ぎても良くないからね。

かずま：そういえば，さっき水をあげに行くときに校庭の横を通ったんだけど，①校庭には水たまりが残っているのに砂場には水たまりはできていなかったよ。なぜこのような違いがあるのかな。

れいな：それは [い] からだと思うよ。

かずま：そうだったんだね。そんな違いがあるんだ。

れいな：水たまりは道路にもできるけど，車が水たまりの上を通ると水がはねるから注意しないとね。

かずま：昔の横断歩道《おうだんほどう》はハシゴのような形をしていたから，白線《はくせん》と白線の間に水がたまりやすかったって聞いたことがあるよ。②今の横断歩道はハシゴのような形をしていないね。

れいな：そうだね。今の横断歩道は車が通った時に水がはねたりスリップしたりしにくい形をしているよね。まだどこかにハシゴの形をした横断歩道が残ってないか調べてみようか。

問題１　次の**ア**～**エ**の中から，会話文中の [あ] に当てはまる語句《ごく》として最も適当なものを選びなさい。

ア　花　　**イ**　葉　　**ウ**　茎・枝　　**エ**　鉢《はち》の土

問題２　白いバラの花を色水につけると色がつく。右の図は，花が４色に染《そ》まっており，レインボーローズと呼ばれるが，どのようにして色水につけると良いか。茎の中の水の通り道にも触《ふ》れて答えなさい。

問題３　下線部①（校庭には水たまりが残っているのに砂場には水たまりはできていなかったよ。なぜこのような違いがあるのかな）について，会話文中の [い] に入るように，その理由を書きなさい。

問題４　下線部②（今の横断歩道はハシゴのような形をしていないね）について，今の横断歩道の形を解答欄に書きなさい。ただし，右のハシゴの形の図を参考にすること。

問題５　流れる水のはたらきによって作られる岩石・地形ではないものを次の**ア**～**キ**からすべて選びなさい。

ア　Ｖ《ブイ》字谷　　**イ**　断層《だんそう》　　**ウ**　三角州《す》　　**エ**　火山灰

オ　れき岩　　**カ**　砂岩　　**キ**　でい岩

4　電磁石の性質を調べるため，次の＜実験A＞と＜実験B＞を行いました。これを読み，問題1～5に答えなさい。

＜実験A＞

①鉄心にエナメル線を巻いてコイルA～Cを作った。（図1）

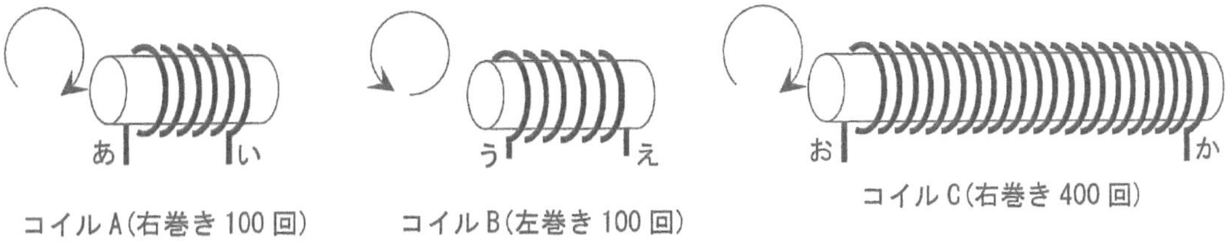

図1

②次に図2のような回路Ⅰ，Ⅱをつくり，端aにコイルAの「あ」を，端bに「い」をセットしてスイッチ1を閉じると，方位磁針Aは図のようになった。ただし，スイッチ2は開いている。

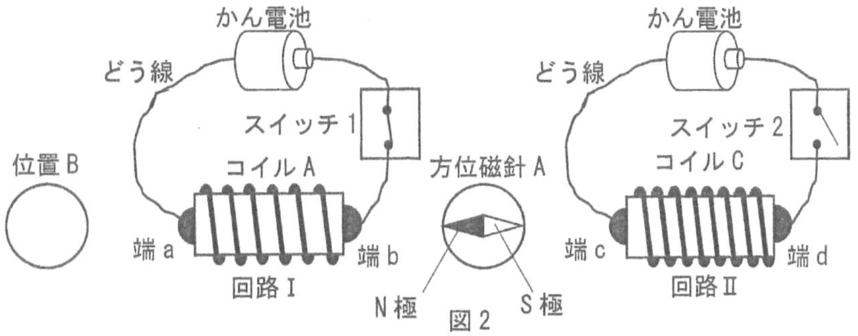

図2

問題1　＜実験A＞の②のとき，位置Bにおいた方位磁針の様子はどうなるか。最も近いものを次のア～エから1つ選び，記号で答えなさい。

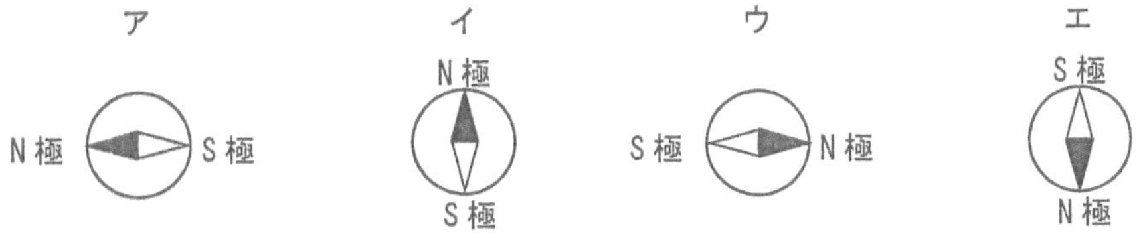

問題2　＜実験A＞の②では，方位磁針AのN極がコイルAの端bを指している。方位磁針AのS極をコイルAの端bを指すようにするには，＜実験A＞の②の操作に加えてさらにどの操作を行えばよいか。次のア～オから2つ選び，記号で答えなさい。ただし，方位磁針Aの位置はコイルAとコイルCからそれぞれ等しい位置にあるものとし，方位磁針はコイルを流れる電流からのみ影響を受けるものとする。

ア　回路Ⅰのかん電池を2個に増やし，さらに並列つなぎにする。

イ　回路Ⅰの端aにコイルAの「い」を，端bに「あ」をつなぐ。

ウ　回路Ⅰのかん電池の正（＋）極と負（－）極を逆につなぐ。

エ　回路ⅠのコイルAをはずし，端aにコイルBの「う」を，端bに「え」をつなぐ。

オ　回路Ⅱの端cにコイルCの「お」を，端dに「か」をつなぎ，開いていたスイッチ2を閉じる。

＜実験B＞

③**図3**のように鉄心にエナメル線を巻いて**コイル**をつくり，**かん電池**と**スイッチ**で回路をつくった。

④**コイル**をひもで**スタンド**からつるして**スイッチ**を閉じると，重さも大きさも等しい鉄球が，**コイル**に何個かくっついた。

⑤**コイル**の巻き数を変えたとき，鉄球が**コイル**に何個くっつくかを調べ，**表1**にまとめた。

⑥**かん電池**を5個にふやして同じ実験を行った。

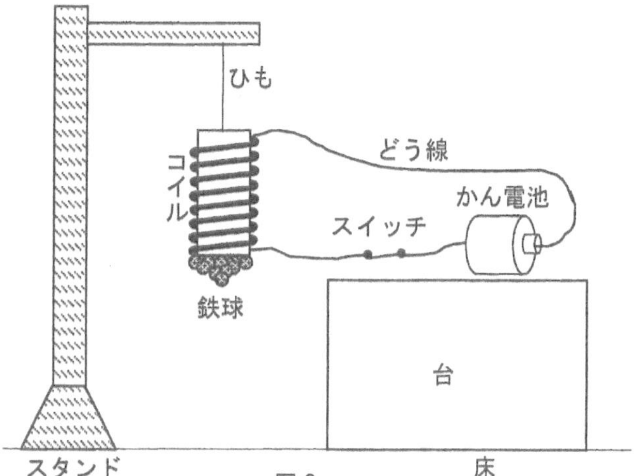

図3

表1　コイルの巻き数とコイルにくっついた鉄球の個数

巻き数	25回	50回	100回	150回	200回	250回	500回
かん電池1個	0個	1個	3個	7個	9個	10個	╳
かん電池5個	10個	24個	46個	59個	69個	76個	X

問題3　**表1**の結果から，**コイルの巻き数**(回)と**コイルにくっついた鉄球の数**(個)の関係をグラフに表すと，どれに近くなるか。次の**ア**～**エ**の中から1つ選び，記号で答えなさい。必要なら，次ページのグラフ用紙を使用してもよい。

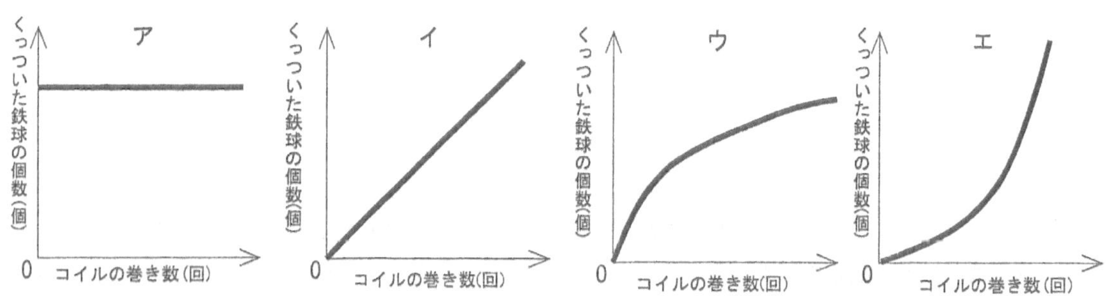

問題4　**表1**中の**X**に当てはまる数字は何個と予想されるか。次の**ア**～**オ**の中から最も適しているものを1つ選びなさい。

ア　80個　　**イ**　92個　　**ウ**　105個　　**エ**　110個　　**オ**　115個

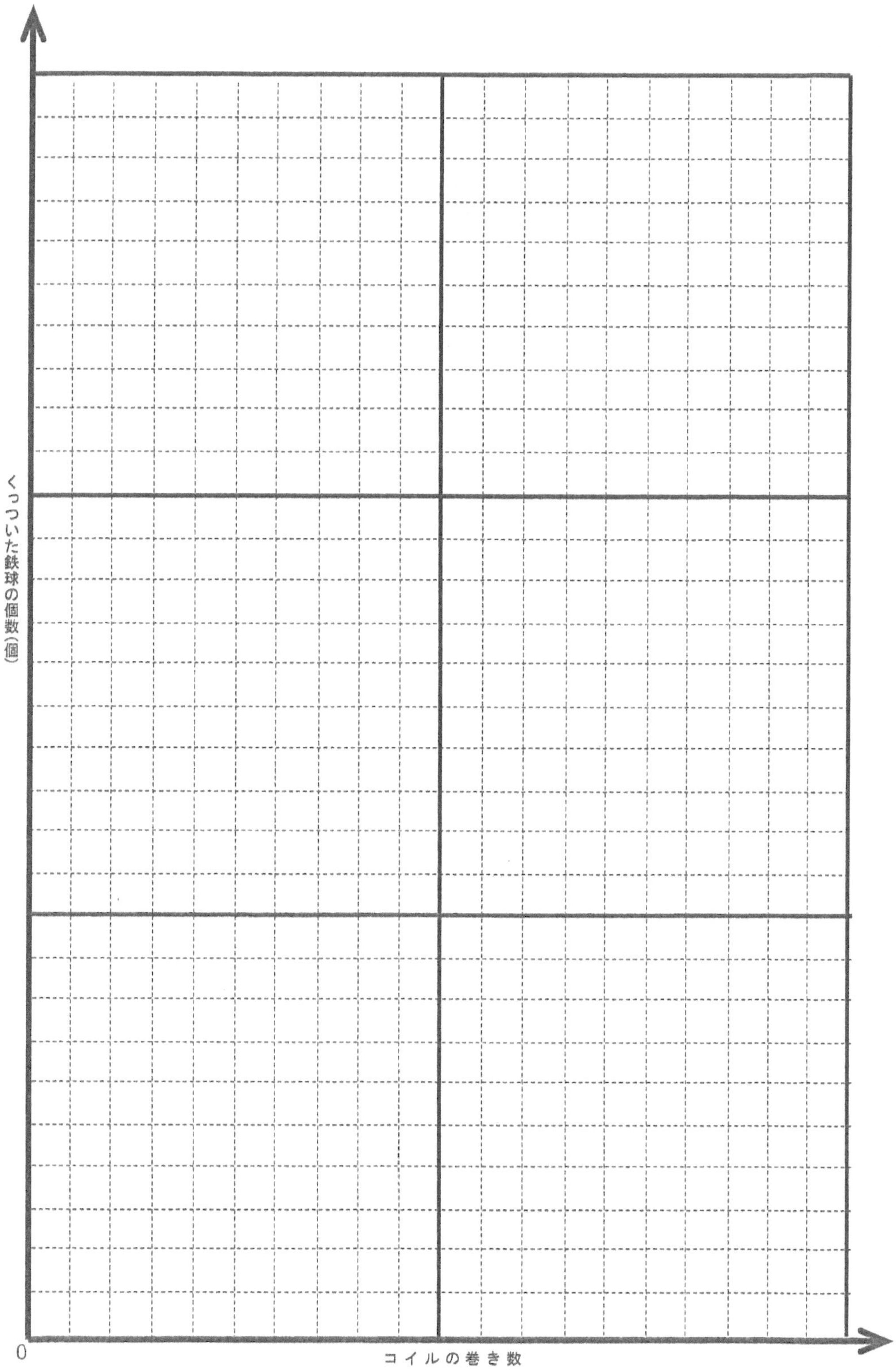
くっついた鉄球の個数(個)
0
コイルの巻き数

問題5　**図4**は工場にある磁石を利用したクレーン車の模式図である。クレーン車では永久磁石ではなく電磁石が用られている主な理由として最も適当と思われるものを次の**ア**～**オ**から１つ選び，記号で答えなさい。

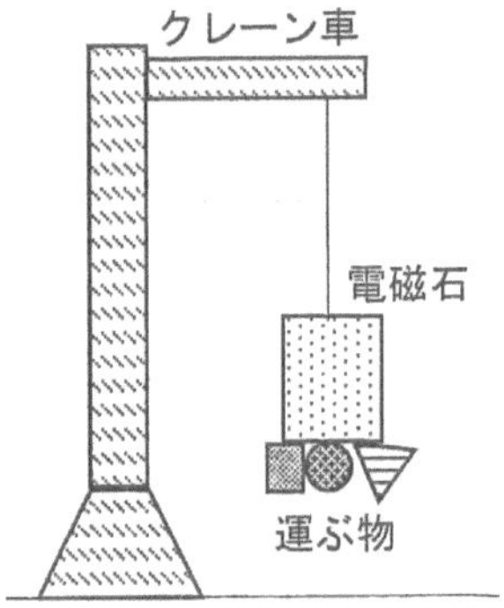

図 4

ア　定期的なメンテナンスや，強さなどの調整を行うための費用が永久磁石の方が高くなるなど，コストを低く抑えるため。

イ　二酸化炭素の排出量が永久磁石の方が多く，SDGsのテーマの１つである「環境」の観点から電磁石を利用している。

ウ　地球上にはたらいている「地磁気」の影響を強く受けてしまうのは永久磁石であり，その影響で金属を持ち上げる力が弱くなってしまうから。

エ　永久磁石は持ち上げる力が強すぎるため，持ち上げる必要のないものも持ち上げてしまうため。

オ　運んだ物を磁石から離す時に，電流を切ればすぐに落ちるから。

【適性検査Ⅱ】（45分）　＜満点：100点＞

1 【1】

ひろしさんは，社会の授業で習った様々な時代の文化について**資料1**のように整理し，それをもとにしながら先生と話しています。

ひろし：様々な時代の文化を学習したので，それぞれの特ちょうを表にまとめてみました。

資料1　様々な時代の文化

	平安時代	室町時代	江戸時代
担い手	貴族	武士	町人
建物	A	B	
芸能		a能・狂《きょう》言	歌舞《ぶ》伎《き》
絵画	C	D	b浮世絵

先　生：とても良くできていると思います。まとめてみて，どのような感想を持ちましたか。

ひろし：それぞれの文化に担い手の特ちょうが現れていると思いました。平安時代の建築（**資料2**）からは貴族が持つ力の大きさを，絵画（**資料3**）からははなやかな生活の様子を感じます。

先　生：貴族の生活については，c平安時代に書かれた物語からも知ることができるんでしたね。

ひろし：室町時代の建築（次のページの**資料4**）や絵画（次のページの**資料5**）からは，武士らしく落ち着いた印象を受けます。

先　生：江戸時代になると，支配する側から支配される側へと，文化の担い手が移っていきますが，なぜでしょうか。

ひろし：世の中が安定したからこそ，町人が活やくできるようになったのだと思います。

先　生：町人もふくめた多くの人々の努力が，d様々な学問の発達をもたらし，明治時代の発展につながって行くんですね。

問題1　**資料2**～**資料5**をもとに，**資料1**の A ～ D に当てはまる内容として最も適切なものの組み合わせを次の**ア**～**エ**の中から一つ選びなさい。

ア　A　書院造　B　寝殿《しんでん》造　C　大和絵　D　水墨《ぼく》画
イ　A　寝殿造　B　書院造　C　水墨画　D　大和絵
ウ　A　寝殿造　B　書院造　C　大和絵　D　水墨画
エ　A　書院造　B　寝殿造　C　水墨画　D　大和絵

資料2　平安時代の建築

資料3　平安時代の絵画

資料４　室町時代の建築

資料５　室町時代の絵画

問題２　下線部ａ（能）は観阿弥《かんあみ》・世阿弥《ぜあみ》の父子によって大成されましたが，２人は室町幕府の第３代将軍から保護を受けていました。金閣（**資料６**）を建てたことでも知られる，室町幕府の第３代将軍の人物名を答えなさい。

資料６　金閣

問題３　下線部ｂ（浮《うき》世絵）の作品としては**資料７**などが挙げられますが，これらの作品はフランスの画家ゴッホによってえがかれた「雨の大橋」（**資料８**）と関係が深いと考えられています。両者の間には，どのような関係があるでしょうか。**資料７～資料８**を見て，読み取れることを**20字以上30字以内**で書きなさい。

資料７　歌川広重
「名所江戸百景　大はしあたけの夕立」
（1857年）

資料８　ゴッホ
「雨の大橋」
（1887年）

問題4　下線部c（平安時代に書かれた物語）の中には外国でも読まれているものがあります（**資料9**）。紫式部が書いた，**資料9**の作品名を答えなさい。

資料9　外国語に訳《やく》された紫《むらさき》式部の作品

問題5　下線部d（様々な学問の発達）について，江戸時代に発達した学問としては「蘭《らん》学」があります。現在の千葉県で生まれた伊能忠敬《いのうただたか》は，全国を測量して日本地図（**資料10**）を作成しました。江《え》戸幕府が測量の旅を許可した背景として，どのような事情があるでしょうか。**資料11**を見て，読み取れることを**35字以上45字以内**で書きなさい。

資料10　伊能忠敬のつくった日本地図

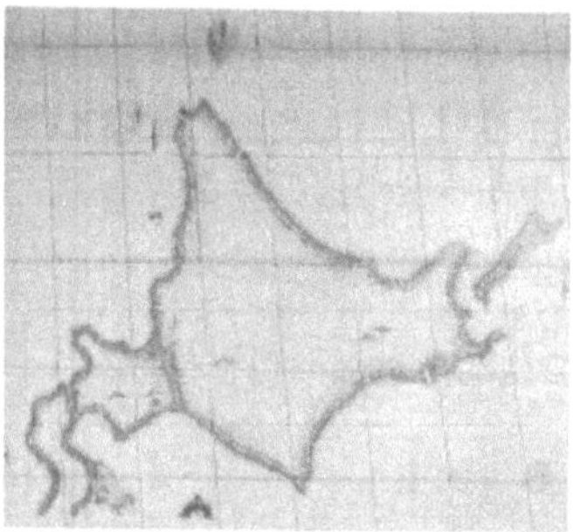

資料11　年表

	おもなできごと
1778年	ロシア船が蝦夷《えぞ》地に来航し通商を求める
1791年	林子平が蝦夷地の防衛を主張する
1792年	ロシアの使節が根室に来航して通商を要求する
1800年	伊能忠敬が蝦夷地を測量する
1804年	ロシアの使節が長崎に来航する
1821年	伊能忠敬の日本地図が完成する

【2】 ひろしさんたちの学級では，社会の授業で2022年に起こったできごとについて話しています。

先　生：この1年，世の中ではどのようなできごとがあったでしょうか。

ひろし：a新型コロナウイルスの流行が続いていましたが，運動会などの行事が少しずつもどって来ました。

先　生：みなさんが協力してくれたおかげで，運動会は大成功でしたね。

けいこ：運動会と言えば，b中国で冬季オリンピックが行われました。

先　生：中国でのオリンピックは，2008年の夏季大会と合わせて2回目でしたね。2回目のオリンピックと言えば，2020年の東京オリンピックは，新型コロナウイルスの流行のため，1年後の2021年に延期して行われました。2年続けて開かれるというのは，オリンピックの歴史で初めてなんですよ。

なおき：c沖縄県が日本に復帰してから，ちょうど50年のお祝いをしていました。

先　生：ニュースでも話題になっていたので，他のみなさんも知っているかもしれませんね。歴史を学習した時にも話しましたが，太平洋戦争で敗れた日本は，連合国の占領《せんりょう》を受けることになりました。主権を回復してからも，沖縄県はアメリカ支配が続いたんでしたね。今から50年前，ようやく日本に復帰することができました。

けいこ：日本に復帰してからも，d沖縄県にはアメリカ軍の基地がたくさん残っているとお母さんが言っていましたよ。

先　生：世の中で起こっている様々な問題には，必ず歴史的な背景があります。中学校に進んでからも，歴史の授業を通して，みなさんが生きている「今」を考えることができるように，学び続けて下さいね。

問題1　下線部a（新型コロナウイルス）の対策は，日本国憲法第25条（**資料1**）で定められた権利を保障するために国や地方公共団体が行っています。**資料1**の A ～ B に当てはまる内容として最も適切なものの組み合わせを次の**ア**～**エ**の中から一つ選びなさい。

資料1　日本国憲法第25条

すべて国民は， A で B 的な最低限度の生活を営む権利を有する。

ア　A　平和　　B　文化　　　**イ**　A　平和　　B　民主

ウ　A　健康　　B　民主　　　**エ**　A　健康　　B　文化

問題2　下線部b（中国）について，2022年にオリンピックが開かれた中国の都市名を答えなさい。

問題3　下線部c（沖縄県にはアメリカ軍の基地がたくさん残っている）について，アメリカが沖縄県に基地を置いているねらいとして，どのようなものがあるでしょうか。考えられることを，次のページの**資料2**～**資料3**をもとにして**30字以上40字以内**で書きなさい。

資料２　沖縄の年表①

	おもなできごと
1941 年	太平洋戦争が始まる
1945 年	沖縄戦で 12 万人以上の県民がなくなる 敗戦→連合国軍に占領される
1950 年	朝鮮《ちょうせん》戦争が起こる(～53 年) →アメリカが沖縄の基地を前線基地として活用する
1952 年	日本が主権を回復する
1965 年	ベトナム戦争が激《はげ》しくなる →アメリカが沖縄の基地を前線基地として活用する
1972 年	沖縄が日本に復帰する

資料３　地図

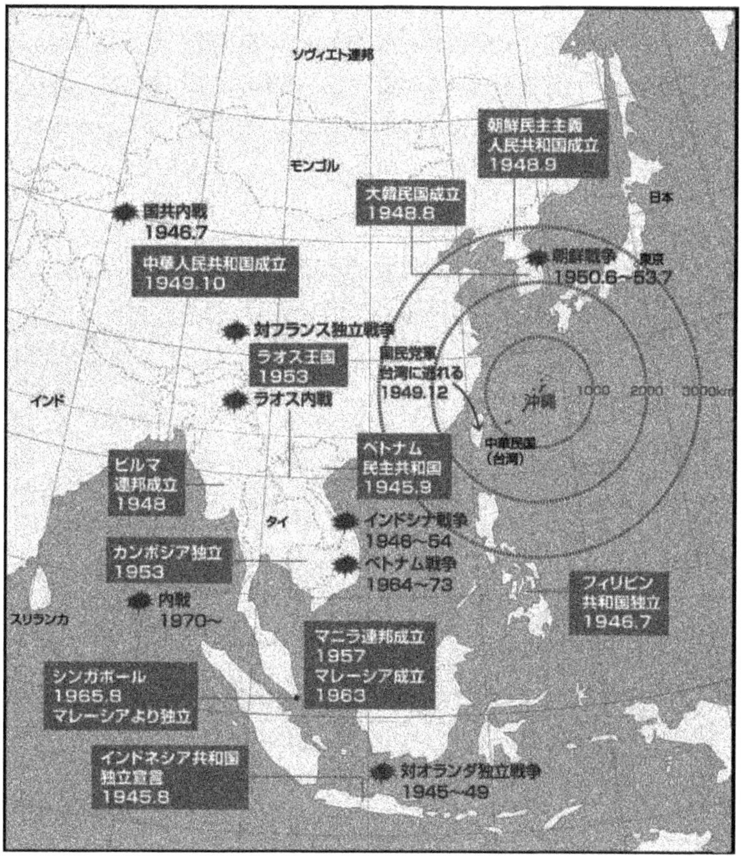

（読谷バーチャル平和歴史館ホームページより）

先生の話を受けて，けいこさんは沖縄の歴史を年表（**資料４**）でまとめることにしました。

資料４　沖縄（琉《りゅう》球）の年表②

	おもなできごと
15 世紀初め	尚《しょう》氏が琉球王国を建てる
1603 年	C が江戸に幕府を開く
17 世紀初め	d 琉球が薩摩藩《さつまはん》に支配される
1867 年	幕府が政権を朝廷に返す
1871 年	藩が廃止され県が置かれる
1879 年	琉球が沖縄県になる

問題４　**資料４**の C に当てはまる人物名を答えなさい。

問題５　下線部ｄ（琉球が薩摩藩に支配される）について，薩摩藩の支配を受けた琉球は，将軍や国王がかわったときに江《え》戸へ使節を送っていました。琉球の使節に対して，**資料５**のような異国風の服装をするように幕府や薩摩藩が指示した理由には，どのようなものがあるでしょうか。考えられることを**35字以上45字以内**で書きなさい。

資料５　江戸に向かう琉球の使節

2　かずまくんは，社会科の授業で習った日本各地のくらしについてクラスの友人と話しています。

かずま：川沿いに暮らす人々は，a効率的に農業を行うためにさまざまな工夫をしてきたと授業では習ったね。

先　生：水はけが悪い土地は問題点だけでなく，稲《いな》作をしやすいというメリットもあるね。

かずま：おじいちゃんが住んでいる長野県の八ヶ岳《たけ》は，b逆に水はけが良い地域だと聞きました。
れいな：高地で暮らす人々は，夏でもあまり気温が上がらない気候に適した［A］などの農作物を栽培していることが多いね。
先　生：高地では［A］の栽培だけでなく，［B］が行われていることも多く，これが栄養分が少ない土地の改善にも役立っていたね。
れいな：c降水量や土地の特ちょうは生活文化に大きく関わっているんだね。
かずま：d土地の特ちょうは工業のあり方にも影《えい》響を与《あた》えているね。

問題1　下線部aについて，**資料1**と**資料2**を比較《かく》しながら，①どのような工夫がみられるか，②そのような工夫を行った理由について述べなさい。

資料1　1960年代の田んぼ

資料2　2000年代の田んぼ

問題2　下線部bについて，この地域の水はけが良い理由について，**資料3**を参考に説明しなさい。

資料3　日本の火山の分布

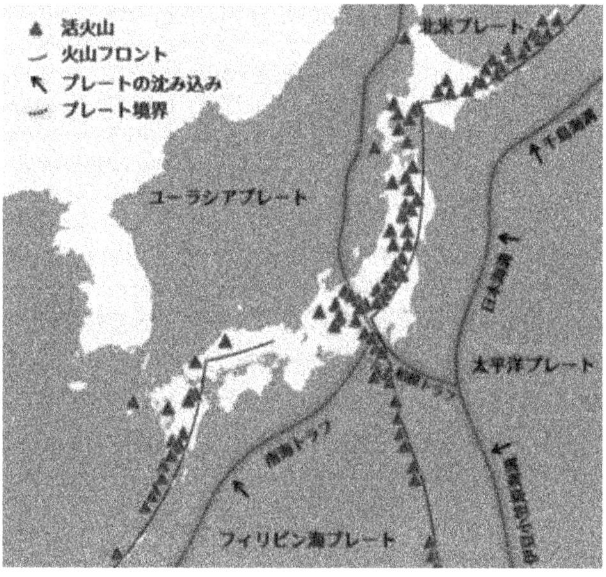

問題3　文章中［A］と［B］に当てはまる語句の組み合わせとして適切なものを答えなさい。
【語句】　トマト・じゃがいも・レタス・焼き畑・果実栽培《さいばい》・酪《らく》農

問題 4　下線部 c について，**資料 4** を見ると沖縄県の降水量は東京都に比べて多いことが読み取れる。しかし，**資料 5** に示されるように，沖縄県には水不足を解消するための貯水タンクが設置されている。降水量が多い沖縄において水不足になる理由を，**資料6**，**資料 7** をもとに 2 つ考え，説明しなさい。

資料 4

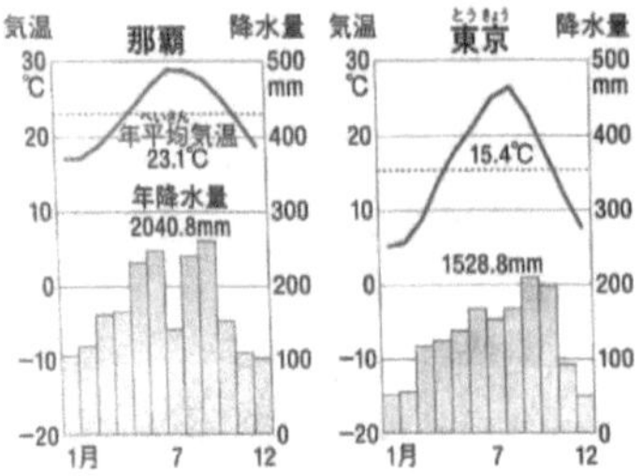

資料 5

資料 6　森林の保水量

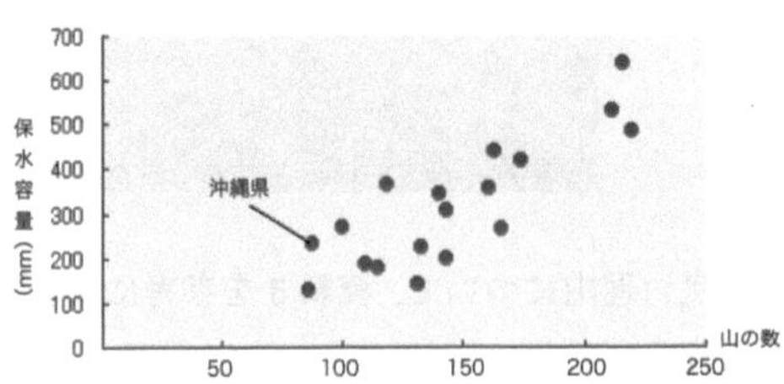

資料 7　河川の長さ

都道府県	総距離《きょり》(km)
長野県	7,028km
東京都	862km
沖縄県	392km

問題 5　下線部 d について，かずまくんは日本の工業地域の分布に関して以下のような説明文を作成しました。日本の工業地帯が分布しているのはどのような土地か，次のページの**資料 8** と**資料 9** の内容をもとにかずまくんの説明文の空らんを単語，短文で埋《う》めなさい。

日本の工業地域は（　1　）がしやすいように海沿いに多く分布していることが読み取れます。しかし，**資料 8** を見ると内陸にも工業地域が分布していることが分かります。大きな工場を作るためには（　2　）が必要であり，**資料 9** を見ると内陸の工業地域が形成されている場所は（　3　）であるため，工場が作りやすかったのだと考えました。

資料８　工業地域の分布

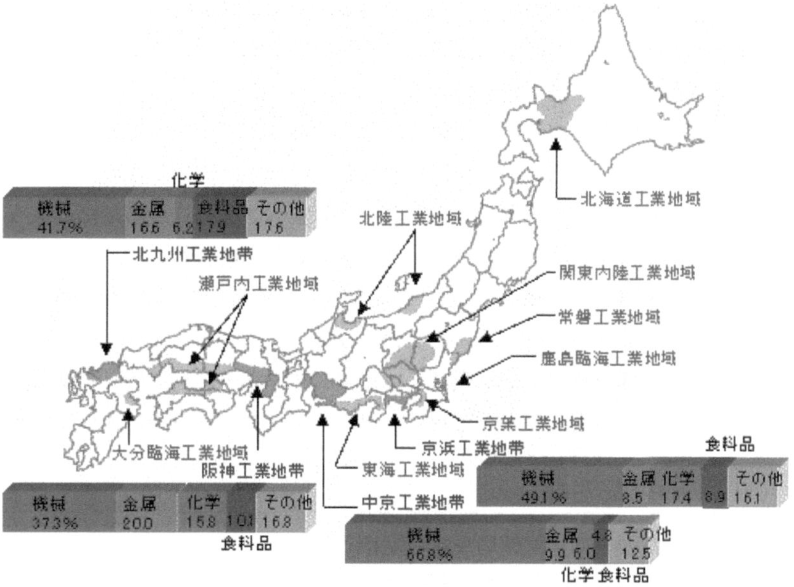

資料９　起伏図《きふくず》

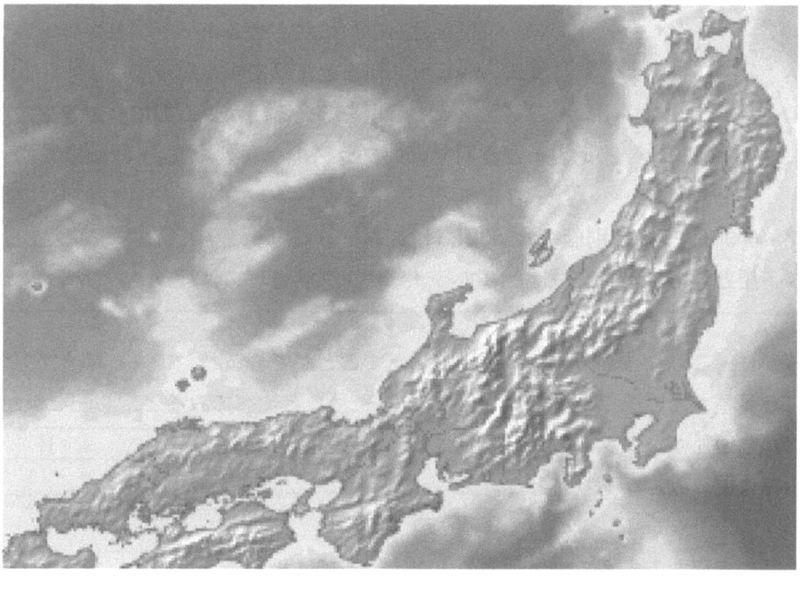

3　ひろしさんは，家庭科の「目指せ！買い物名人」の授業で，自分たちの身の回りには品物に関する情報があふれており，「買い物をするときには，それらの情報をきちんと比べて，自分でよく考えて上手に買い物をすることが大切だ」と学びました。学校の友だちと次のような会話をしています。

ひろし：今度，小学校に入学する親せきの女の子に，お祝いとして，文ぼう具をプレゼントしようと思っているんだけど，どんなものがいいと思うかな。

けいこ：ふだんから使うことの多い文ぼう具がいいかも。たとえば，えんぴつと消しゴムはよく使うよね。えんぴつは，指でつかみやすいものがいいわ。あと，えんぴつにはキャップがついていると，ペンケースの中がえんぴつのしんでよごれるのを防ぐことができていいと思う。シャープペンシルもあると便利かもしれない。消しゴムは，消しカスが散らばらないもののほうが，ゴミを捨てやすいわよ。

あきら：ぼくは，ノートもあったらいいと思うなあ。中身は，真っ白なものよりも，マス目があるほうが，どこに書いたらいいかがはっきりとわかって，使いやすいかもね。

さやか：せっかくなら，えんぴつや消しゴムなどを入れるペンケースもあげたらよろこぶと思う。小学生の女の子に似合う，かわいいデザインのものがいいわ。

ひろし：線を引くこともよくあるから，定規もほしいよね。軽いものがあつかいやすいかな。あと，よい品が安くなっていて買えたらいいなあ。

けいこ：これを見て。文ぼう具セットが売っているよ。インターネットで見つけたの(**資料１**)。これなら，えんぴつも消しゴムも定規も，みんなペンケースの中に入っているわ。

資料１　インターネット上の広告

お買い得！　小学生の女の子向け　使いやすい文ぼう具セット

①ペンケース…サイズは横180㎜×たて60㎜です。
かわいいチェックの模様です。

②えんぴつ２本…持ちやすい３角形の形をしています。
えんぴつにかぶせるキャップもついています。

③消しゴム…消しカスがまとまりやすくなっています。

④シャープペンシル…指をそえる所がゴム製でつかみやすいです。

⑤定規…とう明で軽いプラスチック製です。150㎜まで測ることができます。

※通常価格　600円　→　特別価格　500円（税こみ）

※プレゼント用としてリボンをつけたりするラッピングサービスは行っておりません。

あきら：確かに，これなら　A　の意見を満たすことができるね。でも，ぼくが見つけたこの文ぼう具屋さんのチラシ（資料２（次のページ））と比べてみると，心配な点が二つあるよ。けいこさんがインターネットで見つけた文ぼう具セットはね，　B　

ひろし：なるほど。みんなありがとう。

問題１　会話の内容をふまえて，会話文の　A　にあてはまる最も適切なものを次の**ア**～**カ**の中から一つ選びなさい。

ア　ひろしくんとけいこさん　　**イ**　ひろしくんとぼく

ウ　ひろしくんとけいこさんとぼく　　**エ**　ひろしくんとけいこさんとさやかさん

オ　けいこさんとさやかさん　　**カ**　全員

問題２　あきらさんが資料１と資料２を比べて，みんなに伝えた内容を25字以上35字以内で，会話文の　B　にあてはまるように書きなさい。ただし，「，」や「。」も１字に数え，文字に誤《あやま》りがないようにしなさい。なお，漢字にふりがなをふる必要はありません。

資料２　まちの文ぼう具屋さんのチラシ

お買い得！　小学生の女の子向け　使いやすい文ぼう具セット
※通常価格　800 円　→　特別価格　600 円（税こみ）

・お店で実物の見本をお試しいただけます！
・ラッピングサービス付き！

〈ペンケース〉
・サイズは横 180mm×たて 60mm です。
・かわいいチェックの模様です。

〈えんぴつ２本〉
・持ちやすい３角形の形をしています。
・えんぴつにかぶせるキャップもついています。

〈消しゴム〉
・消しカスがまとまりやすくなっています。

〈定規〉
・とう明で軽いプラスチック製です。
・150mm まで測ることができます。

〈シャープペンシル〉
・指をそえる所がゴム製でつかみやすいです。

4　６年１組では，国語の授業で「やさしい日本語」について学習しています。先生は，「やさしい日本語」への書きかえの例を提示し，説明をしています。

資料１　「やさしい日本語」への書きかえの例

もとの日本語	やさしい日本語
徒歩で	歩いて
土足厳禁	くつをぬいでください
めし上がる	食べる
キャンセルする	やめる
手を洗いましょう	手を洗ってください
使えます	使うことができます
本日の１６時	今日の午後４時

先　生：この「やさしい日本語」への書きかえの例を見て，気がついたことはありますか。
ひろし：「歩いて」や「くつをぬいでください」は，漢字で書かれた熟語を，小さな子どもでもわ

かる表現に書きかえていますね。

先　生：よいところに気がつきましたね。この「やさしい日本語」とは，日本で暮らしている外国の人たちにも理解できるように，ふ段使っている日本語を，よりわかりやすい言葉に書きかえた日本語の表現のことを言います。

けいこ：他にも，［　A　］や［　B　］などの工夫が見られますね。

ひろし：最近，ぼくの住んでいる町でも，外国の人たちを見かける機会が増えています。だから，「やさしい日本語」が必要なんですね。

けいこ：このように書きかえれば，外国の人たちだけでなく，小さな子どもにもわかりやすいので，多くの人たちに情報が伝わりやすくなりますね。

先　生：では，みなさんも考えてみましょう。「下校時刻の15時になりましたら，車に注意して帰宅しましょう。」という文を，この「やさしい日本語」で書きかえるとしたらどうでしょうか。たとえば，「下校」「注意」「帰宅」という言葉は書きかえる必要があります。その他にも書きかえる必要のある言葉があります。どのように書きかえると，「やさしい日本語」になりますか。

けいこ：はい。「［　　　　C　　　　］」ではどうでしょうか。

先　生：それならいいですね。このような「やさしい日本語」の工夫が必要な理由は，これ（資料２と３と４）を見てもわかります。この三つの資料から，どんなことが考えられますか。

（資料３と４は次のページ）

ひろし：三つの資料からは，［　D　］ことと，［　E　］ことが考えられます。だから，「やさしい日本語」を，相手を意識して広く使うことで，多くの外国の人たちに伝えたいことが伝わりやすくなるのですね。

資料２　茨城県に住んでいる外国人の人数の推移（出入国在留管理庁「在留外国人統計」より作成）

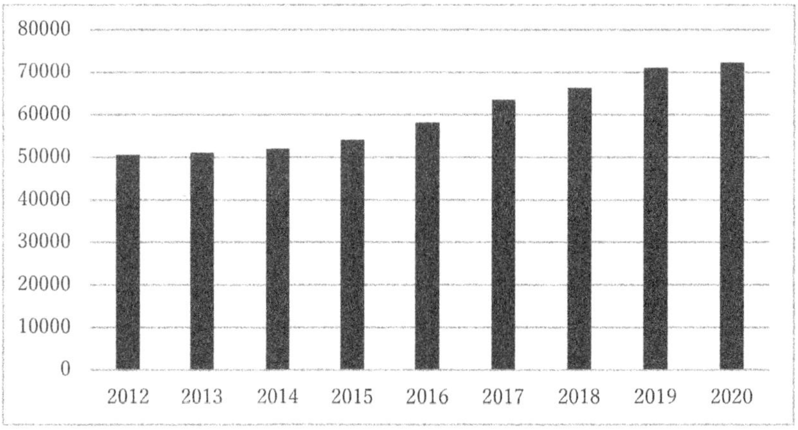

資料３　茨城県に住んでいる外国人の国せき・地域、公用語、人数（出入国在留管理庁「在留外国人統計」より作成）

	国せき・地域	※1公用語	※2構成比（%）
1	ベトナム	ベトナム語	16.6
2	中国	中国語	16.3
3	フィリピン	フィリピノ語・英語	14
4	ブラジル	ポルトガル語	8.4
5	タイ	タイ語	6.9
6	韓国《かんこく》	韓国語	5.8
7	インドネシア	インドネシア語	5.6
8	スリランカ	シンハラ語・タミル語	4.3
9	パキスタン	ウルドゥー語・英語	2.7
10	ペルー	スペイン語・ケチュア語・アイマラ語	2.3

※１　公用語
その国の公の場で定められている言語

※２　構成比
日本に住んでいる外国人全体の中の割合

資料４　日本に住んでいる外国人の日本語やローマ字を読む力
（文化庁「日本語に対する在住外国人の意識に関する実態調査」による）

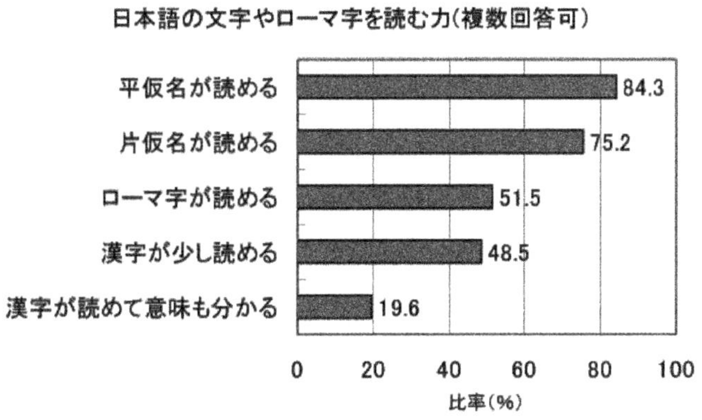

問題１　61のページの資料１の「やさしい日本語」への書きかえの例で工夫されている点について，会話文の A ， B にあてはまる適切なものを，次の**ア**～**オ**の中から二つ選びなさい。

ア　相手に対する思いやりの気持ちを伝えるために，敬語を使うようにしていること。

イ　カタカナの言葉は外国の人たちに通じやすいので，できるだけ使うようにしていること。

ウ　「～しましょう」には相手をさそうあいまいな意味もあるので，使わないようにしていること。

エ　「らぬき言葉」は外国の人たちに通じづらいので，使わないようにしていること。

オ　時刻は外国の人たちにも通じやすいように，12時間表記にしていること。

問題２　けいこさんは先生の言葉を受けて，「下校時刻の15時になりましたら，車に注意して帰宅しましょう。」を，どのように書きかえましたか。30字以上40字以内で，会話文の C にあてはまる文を書きなさい。ただし，「，」や「。」も１字に数え，文字に誤《あやま》りがないようにしなさい。なお，漢字にふりがなをふる必要はありません。

問題３　「やさしい日本語」が必要な理由として，資料２と資料３と資料４の三つの資料から読み取れることについて，会話文の D ， E にあてはまる適切なものを，次のページの**ア**～**オ**の中から二つ選びなさい。

ア　茨城県に住んでいる外国人の数は増えてきており，ますます，外国人にも理解できる日本語のわかりやすい表現のしかたが必要になっていく

イ　茨城県に住む外国人の数が増えてきているので，今後はますます，日本人が，どの国の人にも共通して理解してもらえる英語をしっかりと身につけていくことが必要になる

ウ　茨城県にはさまざまな国から来た外国人が住んでおり，そのような人たちに日本語の内容を理解してもらうためには，イラストや図なども使ったほうが伝わりやすい

エ　日本に住んでいる外国人は，漢字が読めて意味もわかるという人は少なくても，ひらがなを読むことができる人は多いので，すべての漢字にふりがなをふってあげたほうがいい

オ　日本に住んでいる外国人は，ほとんどの人がローマ字を読むことができるので，日本語よりもローマ字を使って表現してあげたほうが伝わりやすくなる

専願

2023年度

解　答　と　解　説

《2023年度の配点は解答欄に掲載してあります。》

＜算数解答＞ 《学校からの正答の発表はありません。》

[1]　(1)　23　　(2)　$\frac{4}{7}$　　(3)　3.61　　(4)　9

[2]　(1)　3.2cm　　(2)　3750円　　(3)　66円　　(4)　10個　　(5)　1600円

[3]　40：15：22　　[4]　15　　[5]　229cm^2

[6]　ア　4　　イ　3　　ウ　1　　エ　18　　オ　解説参照　　カ　100

[7]　(1)　360m　　(2)　8時13分　　(3)　8時4分

[8]　(1)　300cm　　(2)　275cm　　(3)　215cm

○推定配点○

[5]，[8]　各5点×4　　他　各4点×20　　計100点

＜算数解説＞

[1]　(四則計算)

(1)　9＋14＝23

(2)　$\frac{4}{5}\times\frac{5}{3}\times\frac{3}{7}=\frac{4}{7}$

(3)　3.61×(0.8＋0.5－0.3)＝3.61

(4)　$\frac{4}{\square}=\frac{10}{11}\times\frac{22}{45}=\frac{4}{9}$　　$\square$＝9

重要 [2]　(割合と比，数の性質，消去算)

(1)　$\left(290-\frac{141}{7}\times14\right)\times\left(1-\frac{3}{5}\right)$＝3.2(cm)

(2)　5000÷260×195＝250×15＝3750(円)

(3)　550×(1.6×0.7－1)＝66(円)

(4)　AさんとBさんのお菓子の個数の和…8×2＋4＝20(個)　　Cさんの個数の範囲…9個から11個まで　　全体の個数の範囲…29個から31個まで　　したがって，全体の個数は3の倍数である30個であり，Cさんの個数は30－20＝10(個)

図1

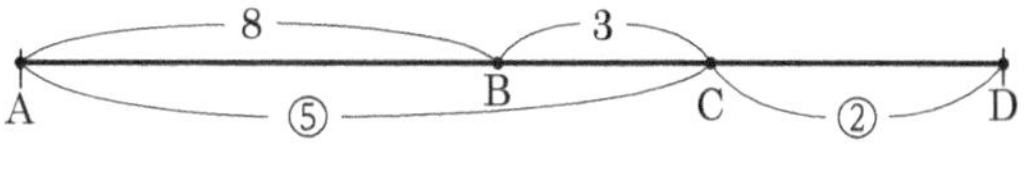

(5)　子供5人と大人2人の入場料…7200円　子供10人と大人2人の入場料…22400÷2＝11200(円)　子供5人の入場料…11200－7200＝4000(円)　　したがって，大人は(7200－4000)÷2＝1600(円)

図2

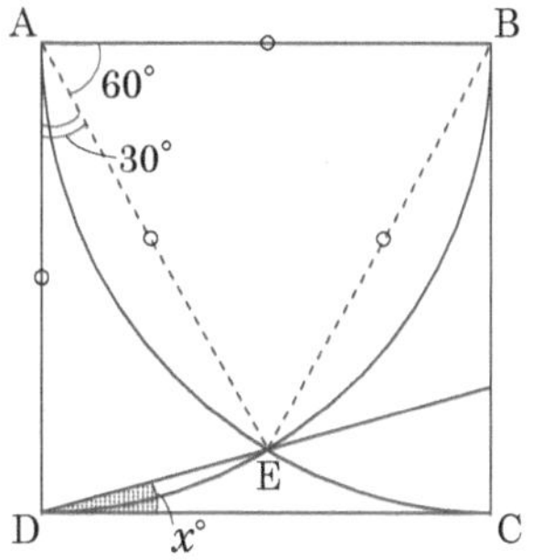

重要 [3]　(割合と比，平面図形)

8：3＝40：15　　(40＋15)÷5×2＝22

したがって，AB：BC：CD＝40：15：22(図1参照)

重要 [4]　(平面図形)

x…右図2より，90－(180－30)÷2＝15(度)

重要 [5]　(平面図形，倍数算)

ア…次ページ図3より，{23－(10＋7)}÷3＝2(cm)　　大・中の

正方形の1辺の長さ…10＋2＝12(cm)　7＋2＝9(cm)　したがって，面積の和は12×12＋9×9＋2×2＝229(cm^2)

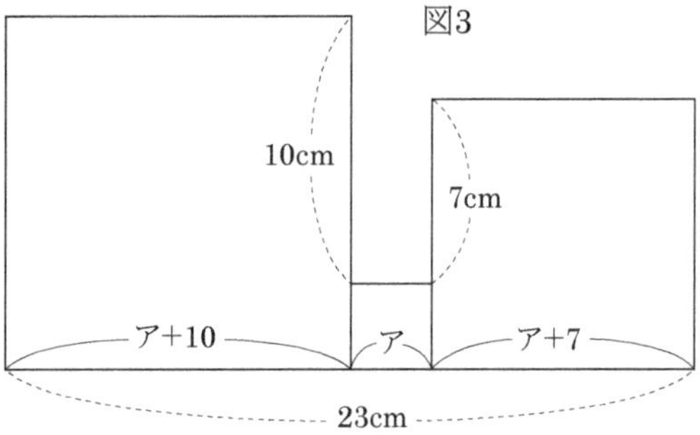

6　(平面図形，規則性)

基本　ア…3本の直線によって4個に分けられる。

基本　イ…4×3＝12

重要　ウ…4－3＝3－2＝1

エ…12＋6＝18

オ…6＝3＋2＋1より，(解答例)「頂点A・Bのそれぞれから引いた直線の本数の和」＋1(個)

やや難　カ…頂点Aから3本，頂点Bから4本，頂点Cから10本の直線を引く。頂点Aから3本，頂点Bから4本→4×5＝20(個)　頂点Cから1本，直線を引くとき，増える個数…3＋4＋1＝8(個)
したがって，求める個数は20＋8×10＝100(個)
(図4参照)

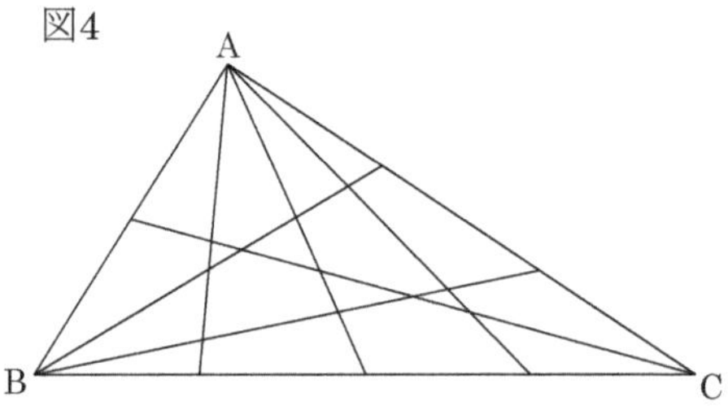

重要　7　(速さの三公式と比，旅人算，グラフ，割合と比，単位の換算)

(1)　バス片道の時間…(44－20－4)÷2＝10(分)
バスの分速…3600÷10＝360(m)

(2)　28＋3600÷80＝73(分)
したがって，求める時刻は8時13分

(3)　7時48分に駅を出るバスがもどる時刻…7時48分＋24分＝8時12分　8時12分－10分＝8時2分のとき，和人さんとバスの間の距離…3600－80×(62－28)＝880(m)　したがって，最後に和人さんとバスがすれちがったのは880÷(80＋360)＝2(分後)の8時4分

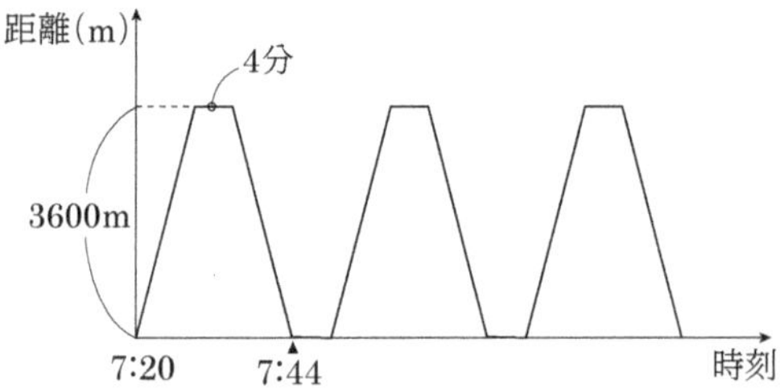

8　(平面図形，相似，割合と比)

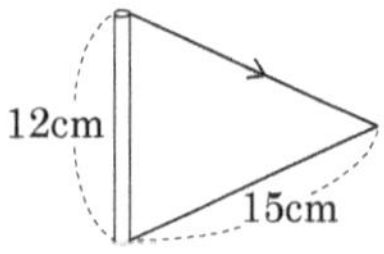

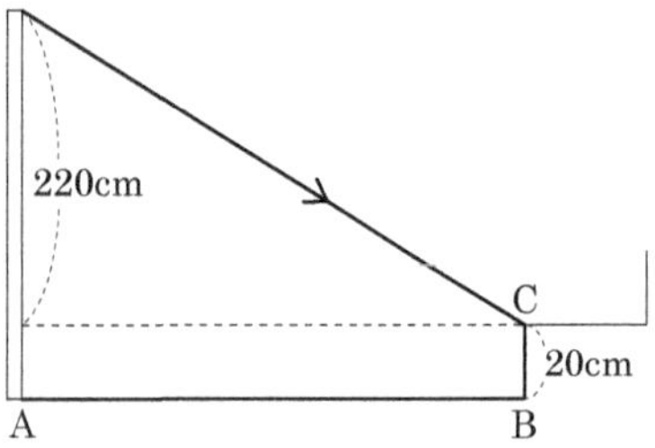

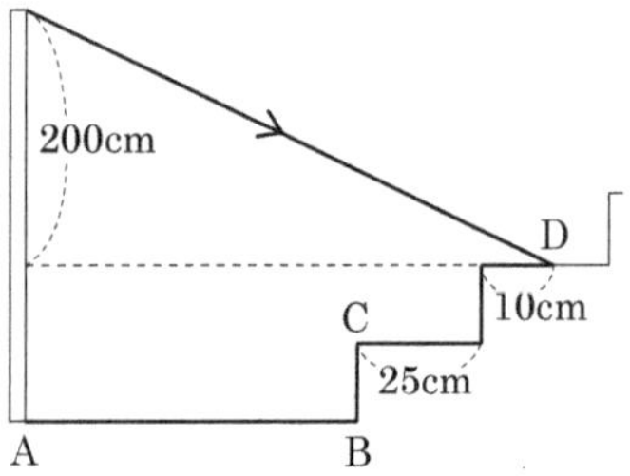

基本　(1)　240÷12×15＝300(cm)

重要　(2)　220÷12×15＝275(cm)　(3)　200÷12×15－(25＋10)＝215(cm)

★ワンポイントアドバイス★

6　カ「頂点A・B・Cからそれぞれ3本，4本，10本の直線を引くとき，三角形が分割される部分の個数」は問題であり，問題文の読み取りに注意が要る。他は，特に難しい問題はなく，時間配分に気をつけて解いていこう。

＜理科・社会解答＞ 《学校からの正答の発表はありません。》

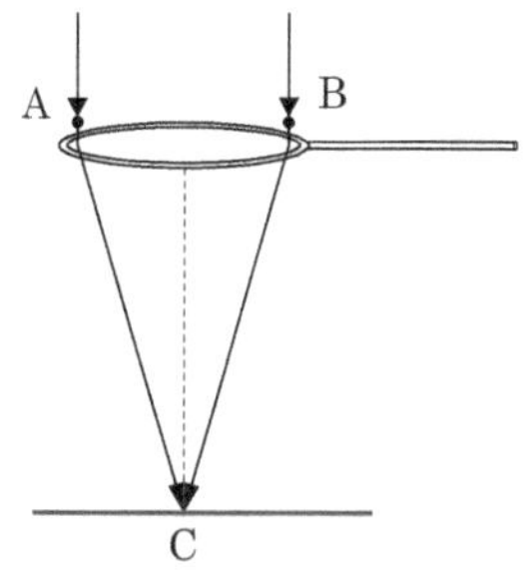

1 A 問1 エ 問2 イ 問3 右図 問4 50cm
問5 (明るさ) ウ (光り続けられる時間) カ
B 問1 ① 酸素 ② 肺 ③ 心ぞう 問2 汗はかわくときにからだの熱をうばうので，体温を下げることができる。 C 問1 梅雨 問2 (1) ア (2) 太陽が上る高さが低くなり，また昼の時間も短くなるので，地面が温められるはたらきが弱くなるため。

2 問1 空気 問2 727.5g 問3 イ 問4 水よりも重い
B 増える C 水よりも軽い 問5 (結果) 3%のときよりも食塩水にうく
(理由) 10%の食塩水は溶けている食塩が多いので，3%の食塩水よりも重いため

3 A 問1 グローバル化 問2 渡来人 問3 御成敗式目 問4 伊能忠敬
問5 水俣病 問6 排出する二酸化炭素が少なく，環境に与える影響が小さい
問7 国内ではたらく人が仕事を失う B 問1 ア 大日本帝国憲法 イ 豊臣秀吉[羽柴秀吉] 問2 (4)→(3)→(2)→(1) 問3 自分の娘を天皇のきさきにし，生まれた子供を次の天皇にすることで権力を手にした C 問1 参議院 問2 内閣総理大臣
問3 裁判所 問4 少子高齢化によって，若者の意見が反映されにくい状況を，改善するため。

4 問1 イ 問2 過疎(化) 問3 原料や製品の輸送を船で行うのに便利だから。
問4 交通が便利になった結果，より大きな都市に人口が移動してしまうから。 問5 促成栽培 問6 中国山地の日本海側で雪や雨を降らせたあとの乾いた空気が吹き込む

○推定配点○

1 A 各3点×6 B 問1 各2点×3 問2 3点 C 問1 各2点×2 問2 3点
2 各2点×8
3 A 各2点×7 B 問3 4点 他 各2点×3 C 問4 5点 他 各2点×3
4 問6 5点 他 各2点×5 計100点

＜理科・社会解説＞

1 A (小問集合)

問1 ア 二酸化炭素は水に少し溶け，その水溶液は酸性になる。 イ 二酸化炭素は不燃性の性質を持つ。 ウ 二酸化炭素は空気より軽い。 エ 二酸化炭素は塩酸に石灰石を入れると発生するので，エは正しい。

重要 問2 観察するものを動かすことができるのであれば，虫眼鏡を目の近くに固定し，見たいものを前後に動かして観察する。

基本 問3 虫眼鏡で太陽の光を集めて黒い紙が最も早く煙が出たときが図3なので，A，Bを通る太陽の平行な光はCに集まる。Cの点を焦点という。

基本 問4 円ばんAの直径と円ばんBの直径の比は15：30＝1：2なので，糸を100cmひいたときに動くおもりの上昇距離は，1；2＝□(cm)：100(cm)より，50cmとなる。

基本 問5 図5の豆電球は乾電池1個分の力で光っている。図6の豆電球もそれぞれ乾電池1個分の力で光るので，図5の豆電球と図6の豆電球の明るさは変わらない。しかし，図6の乾電池は，2つの豆

電球をそれぞれ乾電池1個分の力で光らせているため，豆電球を光らせ続ける時間は短くなる。

B　(生物―人体)

重要　問1　激しい運動をするときは体に酸素を多く取り入れる。吸い込んだ酸素は肺が体内に送り込む役割をしている。血液を送る役割は心ぞうが担っている。

基本　問2　液体は周囲から熱をうばって気体になる。汗が乾く際，体温から熱をうばうことで，体温を下げることができる。

重要　C　(気象)

問1　6月から7月は，梅雨の時期である。

問2　(1)　12月後半から1月の前半にかけて，日本海側では長い期間にわたって雪が降り続く。

(2)　太陽の南中高度が夏に比べると低くなり，また，昼の時間も短くなるので，太陽が地面を温める力が弱くなるため，気温は低くなる。

基本　[2]　(力のはたらき―浮力と密度)

問1　冷凍庫で作った氷の中に見える白い部分は，水の中に溶けていた空気が閉じ込められたものである。

問2　$750(g)-750(g)\times0.03=727.5(g)$

問3　水から氷に状態が変化するときは，温度が0℃のままで一定だが，水がすべて氷になると温度は0℃から下がり始める。

問4　A　食塩水は，水に食塩が溶けたものなので，100mLの重さは水よりも重い。

B・C　水はこおったとき，体積が増える。そのため，氷100mLの重さは水より軽くなる。

問5　浮力は押しのけた液体の重さで表せる。10％の食塩水は，3％の食塩水よりも多く食塩が溶けているため，浮力が3％の食塩水より大きくなる。そのため，10％の食塩水に氷を浮かべると，3％の食塩水よりも浮く。

[3]　(地理・歴史・政治の総合問題)

A　問1　文化，経済，政治など人間の諸活動，コミュニケーションが，国や地域などの地理的境界，枠組みを越えて大規模に行われるようになり，地球規模で統合，一体化されることをグローバル化という。

問2　渡来人は，鉄製の農具を広め，ため池をつくる技術のほか，高温で焼く，かたい黒っぽい土器(須恵器)や，絹織物をつくる技術を伝えた。

基本　問3　御成敗式目は，執権政治を進めるための法律であり，武士の社会で行われていた慣習にもとづいて定められたものである。

問4　19世紀はじめには，民間出身の伊能忠敬がヨーロッパの測量技術で全国の海岸線を測量して，正確な日本地図をつくった。

問5　水俣病とは，化学工場から海や河川に排出されたメチル水銀化合物を，魚介類が直接エラや消化管から吸収して，あるいは食物連鎖を通じて体内に高濃度に蓄積し，これを日常的にたくさん食べた住民の間に発生した中毒性の神経疾患である。熊本県水俣湾周辺を中心とする八代海沿岸で発生し，その後，新潟県阿賀野川流域においても発生が確認された。

重要　問6　ハイブリッドカーや電気自動車は，電気モーターで走行している間は，二酸化炭素を排出しないので，地球環境にもやさしい車といえる。

やや難　問7　産業空洞化の問題点として，工場等の撤退による雇用機会の減少により，国内で仕事がなくなってしまうことがあげられる。

B　問1　大日本帝国憲法は天皇主権の憲法である。豊臣秀吉は信長の後継者として天下統一を達成し，検地や刀狩の政策で兵農分離を達成した。

問2　(4)平安時代→(3)室町時代→(2)安土桃山時代→(1)明治時代。

問3　藤原氏は，天皇の母方の親戚(外祖父)として，天皇が幼いときは摂政に，成長すると関白という天皇を補佐する職について実権を握った。これを摂関政治という。

C　問1　日本の議会は二院制で，衆議院と参議院である。

問2　議院内閣制により，議会の第一党の党首が内閣総理大臣になるのが通例である。

基本　問3　司法権は裁判所に属している。

や難　問4　日本は，先進国の中でも特に，少子高齢化が加速しており，若い世代の意見が反映されにくい状況を，改善するため選挙権が満18歳以上に引き下げられた。

4　(地理―日本の国土と自然，人口，運輸・通信・貿易，農業)

問1　この航空図は広島平野の三角州を表している。

問2　過疎とは，人口が急激かつ大幅に減少したため，地域社会の機能が低下し，住民が一定の生活水準を維持することが困難になった状態をいう。

問3　原料や製品を運ぶのは，主に海上輸送であるので，その利便性から沿岸部に工業地域が発達するのである。

問4　交通が便利になればなるほど，都市に人口が移動してしまう傾向があり，他の地域が過疎化にみまわれる原因ともなる。

問5　促成栽培とは，露地栽培よりも成長～出荷までを早める栽培方法をいう。普通よりも早くに収穫するため，温度などを人工的に調整することで生育・発育を促す。ビニールハウスや温室などを利用することが一般的で，夏野菜を春に，春野菜を冬に出荷することが多い。

重要　問6　瀬戸内地方は，夏の季節風は四国地方の四国山地，冬の季節風は中国地方の中国山地にさえぎられ，夏も，冬も，乾いた空気しか入ってこない。したがって，瀬戸内の気候の特色は，年間を通して降水量が少ないことがあげられる。

★ワンポイントアドバイス★

1・2　記述問題も基本知識をもとに解くことができるので，問題で何を問われているのか正確に把握しよう。　3B問3　天皇の母方の親戚である藤原氏が実権を握るのが摂関政治で，天皇の父方の上皇が実権を握るのが院政である。　3C問2　日本の国会は，イギリス型の議院内閣制に類似している。

＜国語解答＞　《学校からの正答の発表はありません。》

【一】　問1　①　主語：場所は　　述語：海です　　②　主語：ぼくは　　述語：好きだ　③　主語：なし　　述語：知っている　　問2　①　登ったのは　　②　訪れた　③　いる　　問3　①　オ　　②　カ　　③　ア　　④　エ

【二】　問1　a　ひたい　　b　感知　　c　開発　　d　めば　　e　危険　　問2　ウ　問3　エ　　問4　(1)　「辛い」は味ではなく「刺激」　　(2)　正しくない　　問5　エ　問6　ア　　問7　増加　　問8　子どものころに苦みに接しておけば，大人になってから苦みをおいしいと感じられるようになるから。　　問9　味　　問10　エ　　問11　五歳くらいの子どもに生活習慣病の症状が現れていること。　　問12　日本人の食生活の激変　　問13　イ　　問14　人の心を開くという役割　　問15　イ　　問16　(例)　私が心と気持ちが豊かになると感じるものはピアノです。幼稚園のころから習っていますが，ピアニストを目指すほどすばらしい上達はしません。それでもレッスンを止めないのは，自分の気持ちが素直になってくるからです。

学校で友人とケンカした日のレッスンで，ずい分怒った音を出すのねと先生に言われおどろいたことがあります。調子に乗って気持ちのまま弾いているうちに，明日自分から謝ろうと思う自分になっていました。

○推定配点○

【一】 各2点×10　【二】 問1 各2点×5　問4(1)・問8・問11・問14 各5点×4　問12・問15 各4点×2　問16 15点　他 各3点×9　計100点

＜国語解説＞

【一】 (文と文節，ことばの用法，四字熟語・故事成語)

重要 問1 ① 述語は「海です」。何が海なのかと考え，主語は「場所は」だ。 ② 述語は「好きだ」。だれが好きなのかと考えて「ぼくは」である。「何が好きなのか」としてしまうと「夏が」と答えて誤りになる。 ③ 述語は「知っている」だ。だれが知っているのかと考える。おそらく「私は」や「父は」のように人物が入るはずだが，③にはそれにあたる部分がないので「なし」である。

問2 ① 「私が」「登ったのは」で，くわしい内容は不明のままだが，意味として通る。 ② 「はじめて」「訪れた」で意味が通るかかり方だ。 ③ 「庭に」「いる」というかかり方である。

やや難 問3 ① 「長い年月がかかって花開く」に着目する。本当の大人物は，発達は遅いけれども時間をかけて実力を養い，のちに大成するということだから「大器晩成」だ。 ② 「心配してもきりがない」ということなので，心配する必要のないことを，あれこれ心配することという意味の「杞憂」を選ぶ。 ③ ③の意味は苦労して勉学をして結果を得たということになる。このような意味を表す語は，苦労して学問にはげむことという意味の「蛍雪の功」である。 ④ 「最初は」で「頭」を思いつくと「竜頭蛇尾」が出てくる。「竜頭蛇尾」は，初めは勢いがよいが，終わりのほうになると振るわなくなることという意味の四字熟語だ。イの「呉越同舟」は，仲の悪い者同士が同じ場所に居合わせること。また，共通の利害のために協力しあったり，行動を共にすることという意味である。ウの「鼎の軽重」は，上位の者の権威を疑って，地位を奪おうとすることという意味の語である。

【二】 (論説文－要旨・大意，細部の読み取り，指示語の問題，接続語の問題，空欄補充，漢字の読み書き，記述力)

問1 a 音読みは「ガク」である。 b 「感」は全13画の漢字。13画目の点を忘れずに書く。 c 「発」は全9画の漢字。1画目と4画目はつけてもつけなくても良い。 d 「芽(め)」と「生える(は-える)」で「めば-える」だ。「ば」とにごる。 e 「危」は全6画の漢字。3画目を左下にはらわない。

問2 「かく言う」の「かく」は「このように」という指示語の一種である。「このように言う」のウだ。

問3 「最後」は「最も後ろ」なので，上の字が下の字を修飾する組み立て。同じ組み立ては「曲がった線」の「曲線」だ。アの「私立」は，上が主語，下が述語の組み立て。イは上が下の目的語になる組み立て。ウは上と下の漢字が反対の意味を持つ漢字の組み立てである。

やや難 問4 「そう，『辛い』～」で始まる段落に注目する。(2)の方が入りやすいかもしれない。「辛さ」

は味覚にはないのだから「正しくない」のだ。(1)には,「～なので」だから,正しくない理由を入れることになる。では,「辛さ」は何なのかというと「刺激」だと言っている。したがって,(1)には,「辛いは味ではなく,『刺激』」というような理由が入る。

重要 問5　X　前部分は,カレーが「うまい」と感じる説明で,後部分は,舌がどうやって味覚を感じるかという新たな話題になっているので「では」だ。この時点でエにしぼられるので,確かめると,Yの前部分は「30歳でも40歳でも」で,後部分は「80歳からでも」なので「あるいは」が適切である。　Z　前部分はサンマの内臓が「苦み」を知るのに適当だと言っている。後部分は,サンマの内臓を食べたことがないでしょう,という推測をしているので「おそらく」で合っているのでエを確定できる。

基本 問6　Xで始まる段落に「舌の表面にある器官で味覚を感じる」という説明があるのでアだ。イは敏感になるのが20歳ごろというのが誤りだ。また,年齢とともに減少するというのだからエも誤りである。また,苦みは感じ取れるがあえて避けようとしていると述べているのでウも誤りである。

問7　減少の反対語は「増加」だ。

や難 問8　傍線6直後の文が着目点になる。ポイントは「子どものころに苦みに接しておくこと」ということになるが,それがなぜ重要なのかに当たる部分までを書かないと不足になる。「子どものころに苦みに接していると」,「大人になって苦みをおいしいと感じることができる」から重要なのだ。

問9　ここではキャッチボールを,たとえとして使っている。「味覚を鍛えることは野球の守備練習に似ている」として話を展開しているので「味」のボールというたとえ。

問10　アとエで迷うところである。アの内容は意味としては誤りではない。その道に明るい人に助言を受けると,今まで見えなかったものが見えてくるということだからだ。しかし,設問にもあるように,「何を説明するための例か」なので,ワラビの見つけ方もまだ例の中である。したがってエを選択する。

問11　直前の「症状が現れている」ことが深刻な事態だと考える。何の症状かということを加えて「五歳くらいの子どもに生活習慣病の症状」である。

問12　傍線9直後からは,食物アレルギーがどのような状態で進んできたかを述べている。それをまとめた「食物アレルギーの原因については～」で始まる段落に「日本人の食生活の激変」とある。

問13　そうした現状とは,食生活がさまざまな形で蝕まれつつある現状ということだ。それを「とめたい」と望んでいるのだから「歯止めをかける」を入れる。

問14　「しかも,味覚は～」で始まる段落で,筆者は「人の心を開くという役割」を持っていると思うと述べて,文章の後半を構成している。

問15　ア　カレーのからさは味覚ではなく,「刺激」だと説明しているので誤り。　ウ　サンマは例の一つとして挙げているのでサンマで鍛えようということではない上,欧米風の食事の不自然さに気づくものだとは言っていない。　エ　むしろ日本人の食生活が貧しくなっているという方向で考えているのだから誤りだ。最終文にもあるように筆者は不安を感じ,若い人に授業を続けているという内容は本文にあるのでイである。

問16　「心と気持ちを豊かに」ということをあまり大げさに考えると,なかなか話題が出てこないかもしれない。が,自分の生活の中で,リラックスできること,上手になりたいと熱心に取り組んでいることのように言いかえて考えると色々と出てきそうだ。参考解答例ではピアノにしたが,音楽を聞くこと,絵画を見る,描くこと,読書,ダンスなど,自分の生活を見回してみるとよい。

★ワンポイントアドバイス★

問題数が多く，幅広いので，スピード力を養うように学習しよう。

第1回一般

2023年度

解答と解説

《2023年度の配点は解答欄に掲載してあります。》

＜算数解答＞ 《学校からの正答の発表はありません。》

1 (1) 165 (2) 1 (3) 62.8 (4) 27

2 (1) 0.18L (2) 189本 (3) 15％ (4) 1600円 (5) 100日

3 39：51：40 4 27 5 320cm^2

6 (1) 24分 (2) 30分 (3) 9時13分30秒

7 ア 510 イ 495 ウ 2 エ 9 オ 9□2，8□1，7□0，9□5，8□4，7□3，6□2，5□1，4□0…□に入る数はどれでもよい

8 (1) 280個 (2) 242個 (3) S(が)20個(多く製品を作ることができる)

○推定配点○

2，6 各5点×8 他 各4点×15 計100点

＜算数解説＞

1 (四則計算)

(1) 84＋81＝165

(2) 1.8÷1.2－0.5＝1

(3) 31.4×(1.3＋1.7－1)＝31.4×2＝62.8

(4) $\frac{□}{46}=\frac{72}{23}\times\frac{3}{16}=\frac{27}{46}$ □＝27

重要 2 (割合と比，仕事算)

(1) $\left(1.5-\frac{3}{25}\times 10\right)\times\left(1-\frac{2}{5}\right)=0.18$(L)

(2) 4480÷(3200÷135)＝4480÷$\frac{640}{27}$＝189(本)

(3) 定価…600×1.4＝840(円) 売り値…600＋114＝714(円) したがって，値引きの割合は(1－714÷840)×100＝15(％)

(4) 姉妹の最初の所持金をそれぞれ⑧，⑤とする。⑧－900－300＝⑧－1200が⑤－600に等しく，③が1200－600＝600 したがって，姉の最初の所持金は600÷3×8＝1600(円)

(5) 仕事全体の量…20，50の公倍数100とする。Aさん1日の仕事量…100÷50＝2 Bさん1日の仕事量…100×0.6÷20－2＝1 したがって，Bさん1人では100÷1＝100(日)で終わる。

重要 3 (割合と比)

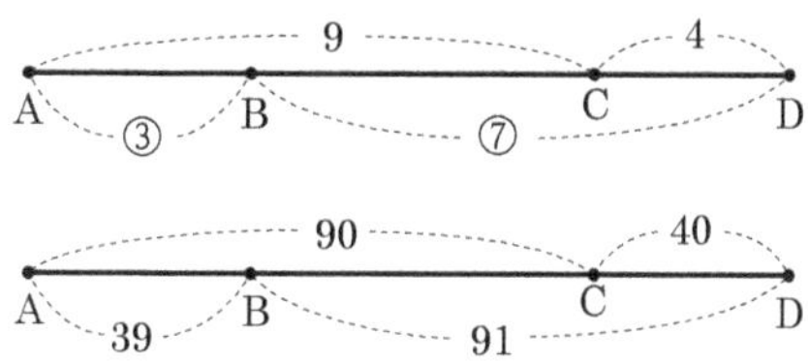

9＋4＝13，3＋7＝10より，9：4＝90：40，3：7＝39：91 したがって，AB：BC：CDは39：(90－39)：40＝39：51：40(右図参照)

重要 4 (平面図形)

正五角形の1つの外角…360÷5＝72(度)

正八角形の1つの外角…360÷8＝45(度)

次ページ図1より，xは180－(36＋72＋45)＝27(度)

重要 5 **(平面図形，割合と比)**

図1

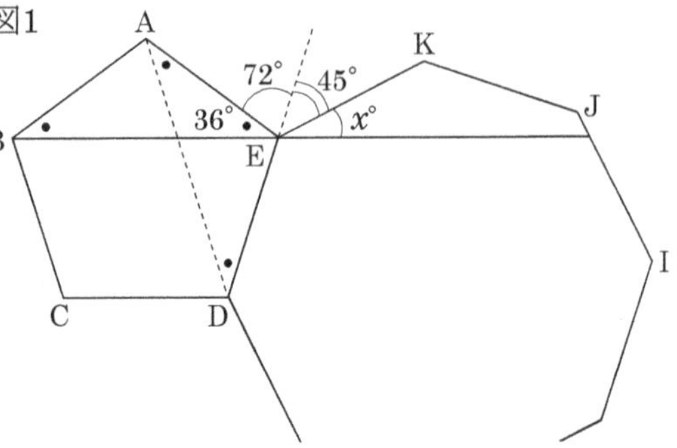

図2

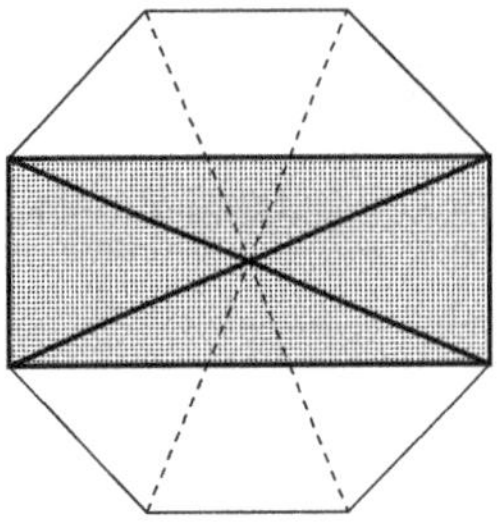

図2より，求める面積は160÷4×8＝320(cm^2)

6 **(平面図形，速さの三公式と比，旅人算，単位の換算)**

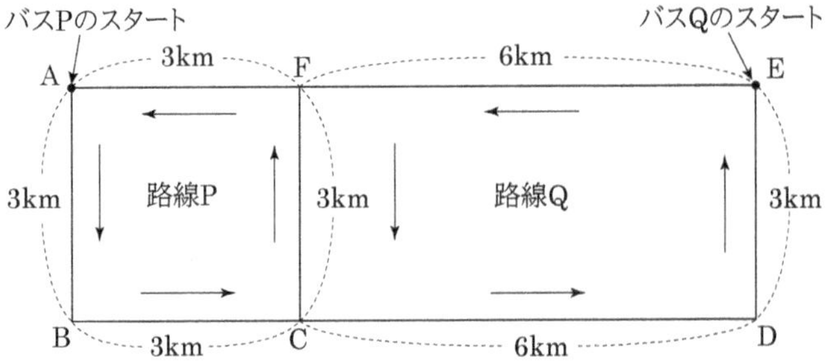

基本 (1)　60×3×4÷30＝24(分)

基本 (2)　60×(3×2÷30＋6×2÷40)＝30(分)

重要 (3)　バスPが最初にCに着くまでの時間…3×2÷30＝0.2(時間)　バスQが最初にFに着くまでの時間…6÷40＝0.15(時間)　0.2時間後のPQ間の距離…3－30×(0.2－0.15)＝1.5(km)　したがって，求める時刻は9時から0.2＋1.5÷(30×2)＝0.225(時間後)，すなわち60×0.225＝13.5(分後)の9時13分30秒

7 **(速さの三公式と比，割合と比)**

基本 ア…1，0，5を並べ替えてできる最大の値は510　イ…510－15＝495

基本 ウ…①　963－369＝594　②　954－459＝495　したがって，2回　エ…真ん中の数は9

重要 オ…3ケタの数について，最大の数をABC，最小の数をCBAとする。

100×A＋10×B＋C－(100×C＋10×B＋A)＝99×(A－C)

<99×(A－C)＝693のとき>

A－C＝693÷99＝7より，9□2，8□1，7□0…□に入る数はどれでもよい

<99×(A－C)＝396のとき>

A－C＝396÷99＝4より，9□5，8□4，7□3，6□2，5□1，4□0…□に入る数はどれでもよい

重要 8 **(割合と比，概数，単位の換算，統計と表)**

タイプ	1時間当たりの制作量	個人の特徴	周囲えの影響
A	20個	1時間おきに10分休む	特になし
B	15個	3時間おきに10分休む	特になし
C	10個	休みを必要としない	チームの士気が上がり全体の制作量が1割上がる
D	30個	1時間おきに20分休む	周りの気をそらすため全体の制作量が2割下がる

※制作量が小数点を含む場合は小数点以下を切り捨てにするものとする。

(1)　1時間10分×6＝7時間　8時間－7時間＝1時間　したがって，求める個数は20×(6＋1)×2＝280(個)

(2)　(1)より，{20×(6＋1)＋10×8}×1.1＝220×1.1＝242(個)

(3)　<チームS：A＋B＋C>

3時間10分×2＝6時間20分　8時間－6時間20分＝1時間40分　Bの製作時間…$3\times2+1\frac{2}{3}=7\frac{2}{3}$(時間)　チームSの制作個数…(2)より，$\left(220+15\times7\frac{2}{3}\right)\times1.1\fallingdotseq368$(個)

＜チームT：A＋B＋D＞
1時間20分×5＝6時間40分　8時間－6時間40分＝1時間20分　Dの製作時間…5＋1＝6(時間)
チームTの制作個数…$\left(140+15\times7\frac{2}{3}+30\times6\right)\times0.8=348$(個)　したがって，チームSのほうが368－348＝20(個)多い。

★ワンポイントアドバイス★

5「正八角形の面積」は，問題の長方形をどう区切って計算しようかと発想すれば正解に到達できる可能性が高い。7オ「3回で495になる数」は，問題文中のヒント369を利用する。8「製品の個数」も，難しい問題ではない。

＜理科・社会解答＞ 《学校からの正答の発表はありません。》

1　A　問1　エ　問2　小腸　問3　ウ
問4　①　右図1　②　午後6時
問5　炎の下の方は温度が低いため
B　問1　エ　問2　線の巻き数を増やす
問3　(1)　イ　(2)　エ　(3)　オ
C　問1　アルカリ性　問2　イ
問3　(1)　ウ・エ　(2)　A　6　B　9

図1

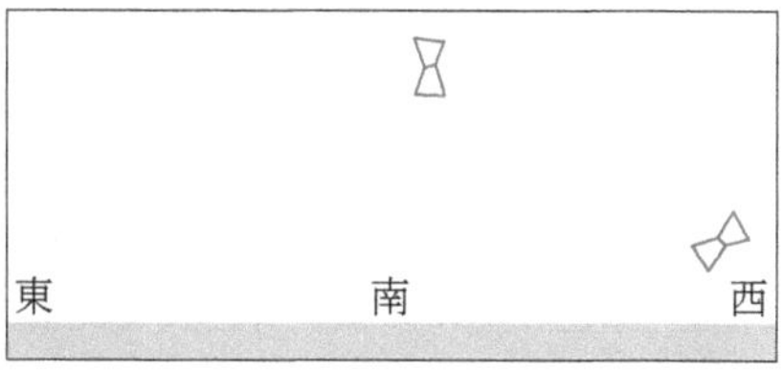

2　問1　ア　問2　ウ　問3　右図2
問4　正しくない　(理由)　夜のうちにつぼみを振っているため　問5　つぼみをふる大きさをだんだん小さくしながら東の方をむいていき

図2

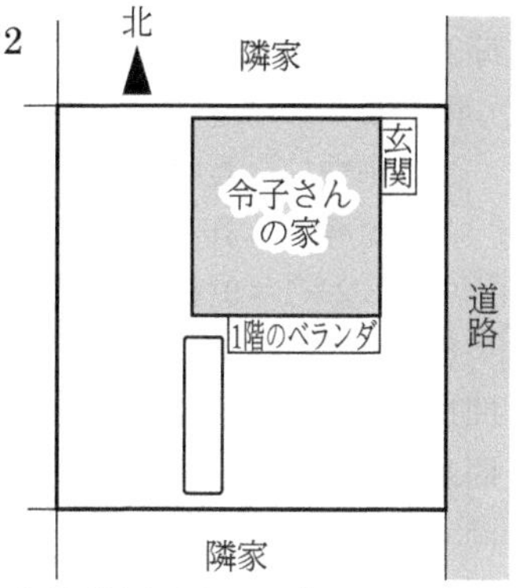

3　A　問1　平安京　問2　武家諸法度　問3　政党
問4　裁判を公正・慎重に行い，誤った判断をしないようにするため　問5　伝統工業　問6　(利点)　カーボンニュートラルである[再生可能エネルギーである]　(欠点)　食料価格に影響を与える[原料栽培のための森林伐採がおこる]
B　問1　A　織田信長　B　満州　問2　(3)→(1)→(4)→(2)　問3　将軍から土地をもらったり，保障してもらうご恩をうけるかわりに，奉公として将軍のために戦う。
C　問1　ア　問2　X　国会　Y　戦争　問3　国際連合

4　問1　A　東北　B　関東　問2　利根川　問3　エ　問4　(山梨県)　イ　(静岡県)　ア　問5　入り江と岬が複雑に入り組んだリアス海岸のため，天然の良港が多く，また暖流と寒流がぶつかる潮目があることからプランクトン(栄養)が豊富なため。

○推定配点○

1　A問4①・問5，B問2　各3点×3　他　各2点×13(C問3(1)完答)
2　各3点×5　3　A問4，B問3　各3点×2　A問6　6点　他　各2点×11
4　問5　4点　他　各2点×6　計100点

＜理科・社会解説＞

1 A (小問集合)

問1 ミジンコは動物プランクトンなので，光合成をしない。よって，エが間違いである。

問2 食べ物の栄養分が吸収される部分は，小腸である。

重要 問3 雲は水蒸気が冷えてできた水の粒のかたまりなので，ウが間違いである。

基本 やや難 問4 ① 同じ日に観察すると，星は1時間に15度，東から西に移動して見えるので，4時間後では60度西の空に移動している。 ② 星は同じ時刻で観察すると，1か月で30度，東から西へ移動する。よって，この日から1か月後，オリオン座が同じ位置に見える時間は，この日より，2時間前の午後6時となる。

やや難 問5 炎の下の方は温度が低いため，図1の持ち方では消えてしまう。

B (電流－電磁石)

重要 問1 電磁石は両端で磁力が最も強くなる。

重要 問2 解答例の他に，乾電池を増やして直列につなぐ，クギを太くするなどがある。

基本 問3 (1) 電池の向きを逆にすると，電磁石のN極とS極も逆になるので，モーターは逆回転する。 (2) 磁石の表と裏を逆にすると磁石のN極とS極も逆になるので，モーターは逆回転する。 (3) 電池の向きを逆につなぐと，モーターは逆回転し，磁石の表と裏を逆にすると，その逆回転したモーターがさらに逆回転するので，結果的に同じ向きに回転する。

C (物質と変化─水溶液の性質・物質との反応)

重要 問1 赤色リトマス紙を青色に変えるのは，アルカリ性である。

重要 問2 選択肢の中でアルカリ性を示す液体は，水酸化ナトリウム水溶液である。

やや難 問3 (1) 酸性の水溶液を2杯入れたとき，中性になるのはアルカリ性の水溶液を2杯から3杯の間，もしくは3杯から4杯の間入れたときと考えられるので，酸性の水溶液の量を3杯にしたとき，中性になるのは，アルカリ性の水溶液を3杯から4杯の間，もしくは4杯から5杯の間入れたときと考えられる。 (2) アルカリ性の水溶液を2倍うすめたので，3(杯)×2＝6(杯)以上，4(杯)×2＋1＝9(杯)未満で中性になる。

2 (実験・観察)

重要 問1 ヒマワリの花は，小さい合弁花が多数集まって形成されているので，アが正しい。

重要 問2 ヒマワリの発芽の様子はウである。

問3 東，南，西の方角に日が当たるところに花だんをつくるとよい。

問4 解答例の他に，朝の時点ですでにつぼみは東を向いているからという理由も考えられる。

問5 表4から，0日目から6日目にかけてつぼみを振る大きさがだんだん小さくなって東の方を向いていくことがわかる。

3 (地理・歴史・政治の総合問題)

A 問1 京都の平安京が都だった約400年間を平安時代という。

基本 問2 江戸幕府は，武家諸法度という法律を定め，大名が許可なく城を修理したり，大名どうしが無断で縁組をしたりすることを禁止した。

問3 政党とは，共通の政治的目的を持つ人々によって組織される政治団体であり，選挙や革命を通じて政治権力を獲得，維持し，政策を実現しようとする。

問4 日本の裁判所が三審制を採用している目的は，公正で慎重な裁判を行うことで裁判の誤りを防ぎ，人権を保護することにある。

問5 伝統工業とは，古くから受け継がれてきた伝統的な技術や技法を使って，日本の文化や生活に根ざしたものを生み出す工業である。

問6　バイオ燃料の大きな利点は，二酸化炭素を増やさず，地球温暖化に役に立つことである。いわゆるカーボンニュートラルという考え方が通用する点である。欠点は原料が植物であり，食糧価格に影響を与えたり，森林伐採などが増えたりすることがあげられる。

B 問1　尾張の小さな戦国大名だった織田信長は桶狭間の戦いで勝った後，勢力を広げ，足利義昭を援助して京都に上り，天下統一を目指した。関東軍は，柳条湖事件を機に満州事変を起こした。

やや難　問2　(3)鎌倉時代→(1)安土桃山時代→(4)明治時代→(2)昭和時代。

問3　後鳥羽上皇が幕府に対して兵をあげると，北条政子は鎌倉の武士たちに，将軍源頼朝の御恩を説いて結束を訴えた。

C 問1　「健康で文化的な最低限度の生活を営む権利」という文言は憲法25条にあり，社会権の中で最も基本的な生存権を表している。

重要　問2　国会は，選挙によってえらばれた国民の代表者が運営している。第9条は，戦争の放棄，交戦権の否認，戦力の不保持などを明記している。

問3　第二次世界大戦の勃発を防げなかった国際連盟の様々な反省を踏まえ，1945年10月24日に51ヵ国の加盟国で国際連合が設立された。主たる活動目的は，国際平和と安全の維持(安全保障)，経済・社会・文化などに関する国際協力の実現である

4 **(地理―日本の国土と自然，農業，水産業)**

重要　問1　栃木県は関東地方に，福島県は東北地方に位置している。したがって，栃木県と福島県の県境は関東地方と東北地方の境目となる。

基本　問2　関東地方を茨城県と千葉県の境目を流れ，太平洋に注ぐ一級河川が利根川である。河川の規模は日本最大級であり，日本三大河川の一つである。

問3　仙台は，夏は太平洋からふく湿った季節風によって降水量が多くなり，冬は季節風の風下になるために晴れることが多くなる太平洋岸の気候で，エが当てはまる。アは高松，イは札幌，ウは新潟である。

問4　山梨県は，ぶどうやももなどの果実栽培が盛んである。静岡県は茶の生産量が全国一である。

やや難　問5　東北地方の太平洋岸にある三陸海岸はリアス海岸で，港がつくりやすい。また，千島海流(寒流)と日本海流(暖流)がぶつかる潮目があり，海流に流されて泳ぐ魚が集まりよい漁場となっている。

★ワンポイントアドバイス★

1・2　実験結果の記述は，グラフをよく見てその特徴をとらえよう。
3A問4　裁判官も人間なので，1回の裁判で必ずしも常に正しい判断ができるとは限らない。3B問3　封建社会では，将軍と配下の武士である御家人との間で，御恩と奉公の主従関係が成り立っていた。

＜国語解答＞《学校からの正答の発表はありません。》

【一】 問1　①　主語：それは　述語：山だ　②　主語：これは　述語：本だ
③　主語：なし　述語：過ごしましょう　問2　①　絵が　②　知らない
③　行く　問3　①　カ　②　ウ　③　ア　④　オ

【二】 問1　a　亡命　b　器官　c　たが　d　備　e　た　問2　ウ
問3　カロリー源である食べもの　問4　ア　問5　ウ　問6　イ　問7　ウ

問8　原因　　問9　(1)　生命が絶え間のない流れにあること　　(2)　機械論的生命観
問10　動的平衡状態にある分子の流れは，常に時間とともに動いていること。
問11　エ　　問12　(1)　エントロピー増大の法則に先んじて，秩序を維持するため。
(2)　自転車操業　　問13　エ　　問14　(例)　タブレットなどのIT器機です。学校でも，家でもパソコンやスマホなどをふくめると，私も家族も多くの時間を使っています。決して遊んでばかりいるのではなく，調べ学習やわからないことなどを知るのに大変役立ちます。しかし，出てきた結果をそのまま使ったり，深く考えもせず信じたりすることは危険であると教わりました。便利に使うことは良いことですが，きちんと確かめる姿勢を身につけてつき合っていこうと思います。

○推定配点○
【一】　各2点×10　　【二】　問1　各2点×5　　問2・問4・問7・問11　各3点×4
問3・問9　各5点×3　　問10・問12　各6点×2　　問14　15点　　他　各4点×4
計100点

＜国語解説＞

【一】　(ことばの用法，四字熟語)

問1　①　主語・述語の問題は，まず述語から探そう。述語は「山だ」である。「それは」「山だ」として，つくば山を説明している文なので主語は「それは」。　②　述語は「本だ」。何が本なのかと考え，主語は「これは」になる。　③　述語は「過ごしましょう」。だれが過ごすのかと考えると，おそらく「私たちは」のような主語になるはずだが省略されているので主語は「なし」となる。

問2　①　最低限のことがわかるつながり方をする語をさがす。「大きな - 絵」ということになるので「絵が」である。　②　「だれも - 知らない」ということで「知らない」にかかっている。
③　「明日 - 行く」というつながり方で，「知らない」にかかっている。

問3　①　方針や態度などが始めから終わりまで一筋に貫いていることという意味の四字熟語は「首尾一貫」だ。納得されないのは「首尾一貫」していないからである。　②　いつでもどこでも，いつの時代でもどの地でも文献を探したということで「古今東西」を選ぶ。　③　混乱しうろたえて，右に行ったり左に行ったりする行動をとったということで「右往左往」である。
④　新しい物事をするとき，試みと失敗を繰り返しながら次第に見通しを立てて，解決策や適切な方法を見いだしていったということで「試行錯誤」である。多くの場合「試行錯誤を繰り返す」と表現する。選択しなかった「我田引水」は，他人のことを考えず，自分に都合がいいように言ったり行動したりすること。「針小棒大」は，針ほどの小さいことを棒ほどに大きく言いたてること。物事をおおげさに言うことという意味である。

【二】　(論説文－要旨・大意，細部の読み取り，指示語の問題，接続語の問題，空欄補充，ことばの意味，漢字の読み書き，反対語，記述力)

問1　a　「亡」は全7画の漢字。1画目の位置に気をつけないと「七」に見えてしまうので注意する。
b　「キカン」には「器官」のほかに「気管・機関・期間」の同音の熟語がある。生物体のいろいろな働きを分担している部分は「器官」表記をする「管」ではないので注意する。　c　音読みは「互助」の「ゴ」である。　d　「備」は全12画の漢字。9画目ははねる。　e　時間の経過の場合の「た - つ」は「経つ」と表記する。

問2　「燃焼」は上の漢字と下の漢字が似た意味を持つ組み立てだ。同じような組み立ては「豊か」

「富む」の組み立ての「豊富」である。アは下に「的・化・性・然」などをつけてその性質などを表す熟語の組み立て。イは「山に登る」と，上の漢字が目的語になる組み立て。エは上の漢字が下の漢字の修飾語になる組み立てである。

やや難 問3 「自動車つまり体を走らせることができる」に着目する。車を走らせるエネルギーではない。「つまり」で説明している「体を動かすもの」が「それ」が指し示す内容だ。私たちは「食べもの」をカロリー源にして体を動かしているのだから「カロリー源である食べもの」のように答える。

問4 「とりもなおさず」は「すなわち・要するに」と言いかえることができる言葉であるのでアということになる。

重要 問5 アとウで迷うところだが，「体内の元素に目印をつけた」のではなく，ネズミに食べさせるものの元素に目印をつけたのだからウだ。

問6 「このことから，食べものは体の中に入って～」で始まる段落の最後に「～それと同時に，体を構成していた分子は，外へ出ていく」結果を得ている。「実際に～」で始まる段落は，そのことを確かめる「次の段階の実験」なので，同じ結果になるはずだから「分解され，排出されました」になる。

基本 問7 X 前部分は，シェーンハイマーの実験から，分子の働きを述べている。後部分は，実験の分子だけではなく，「どんな分子も例外ではない」ことを述べているので「そして」である。
Y 前部分は，長期間秩序を維持するにはどのような方法があるかということで，後部分では，具体的な例を挙げて考えているので「たとえば」が入る。 Z 前部分は，例として建造物を挙げ，100年保たれるものはそうはないことを述べていて，後部分は，生命現象は38億年も仕組みを維持していると説明しているので「ところが」が入るのでウである。

問8 「結果」の対義語は「原因」だ。「因果関係」とは「原因と結果の関係」ということである。

重要 問9 (1) 「このようにして，シェーンハイマーは，～」で始まる段落に着目する。「生命が絶え間のない流れにある」という理論を「動的平衡」と名付けたとある。 (2) 筆者がシェーンハイマーの実験をはじめとする考え方を紹介しているのは冒頭の段落にあるような，見方と対比するためである。冒頭の段落で述べているような考え方を「機械論的生命観」としている。

やや難 問10 傍線7のようなネットワークにあるのは生命現象である。さらに，この生命現象は問9で考えたように，シェーンハイマーの動的平衡の考え方ということを確認しておこう。したがって，「動的平衡状態にある～」で始まる段落の内容をまとめることになる。ポイントは「動的平衡状態にある分子は時間とともに動いている」という点である。

問11 着目点は「ジグソーパズル～」で始まる段落の内容だ。1ピースがなくなっても，周りの分子がかたちを覚えていてあてはまるようになるということは，「補ってくれる」ということだ。選択肢の言葉の意味が難しいかもしれないが「補い合う」ということから考えてエを選ぶ。

やや難 問12 (1) 傍線8のある段落の最終文が「簡単に答えることができる」とあるので，この答は次の段落から説明が始まるということだ。その説明では，この世の中にあるすべてのものは，常に壊れる方向に向かっていくので，生命現象は対抗手段を編み出したとしている。最終段落に「唯一の手段」として明らかにしているのは「エントロピー増大の法則に先んじて秩序を維持するため」の手段とある。 (2) 同様に最終段落で，「エントロピー増大の法則にに対抗し自ら作りかえる」ということを「自転車操業」と表現している。

問13 アの考え方は機械論的生命観である。筆者はむしろ動的平衡状態を述べたいので異なる。イの，ワトソンとクリックの二重ラセン構造より十年前にシェーンハイマーが重要なことを発見しているというのだから誤りである。ウの内容は述べていない。筆者が重要だと思い，紹介しているシェーンハイマーの論の中心は「絶え間なく入れ替わる」ということなのでエを選ぶ。

やや難　問14 「科学・技術」と聞くと，何か身近には思いつかないようなとまどいの気持ちになるかもしれないが，私たちの身の回りにあるものは，ほとんどと言ってよいほど科学・技術の力を用いている。参考解答例ではタブレットをはじめとするIT器機を挙げたが，ほかにも，エアコンなどの冷暖房器機，ロボット，ドローンなどの実際の機材，温度管理などで農作物の育成なども科学・技術だ。身近に感じるものはさまざまだが，「今後どのように付き合うか」が書きやすい話題を選ぶことが大切になる。

★ワンポイントアドバイス★

読解は一題の出題という傾向だが，非常に盛りだくさんの内容である。知識問題は必出であり，作文のような短文までを視野に入れ，幅広い学習と，スピード力の養成が必要だ。

適性検査型

2023年度

解　答　と　解　説

《2023年度の配点は解答欄に掲載してあります。》

＜適性検査問題Ⅰ解答＞《学校からの正答の発表はありません。》

1　問題1　170　　問題2　4660　　問題3　57

2　問題1　6280　　問題2　5652

3　問題1　エ　　問題2　色水は茎の中の道管を通る。白いバラの茎の先が4等分されるように切れ込みを入れて4種類の色水を吸いあげさせる。

問題3　校庭の土は粒の大きさが小さく，水のしみ込みが遅いのに対して，砂場の砂は粒の大きさが大きく，水のしみ込みが速い

問題4　右図　　問題5　イ，エ

4　問題1　ア　　問題2　ウ，エ　　問題3　ウ　　問題4　イ　　問題5　オ

○推定配点○

1　問題3　8点　　他　各6点×2　　2　問題1　6点　　問題2　8点

3　問題1・問題5　各6点×2　　他　各8点×3　　4　各6点×5　　計100点

＜適性検査問題Ⅰ解説＞

1　(算数：水道料金の計算)

問題1　45m^3使用した月と28m^3使用した月の水道料金の差は，ともに水の使用量が20m^3をこえているので，水の使用量が20m^3をこえたときの45－28＝17(m^3)あたりの水道料金となる。よって，水の使用量が20m^3をこえたときの1m^3あたりの水道料金は，(8910－6020)÷17＝170(円)と求められる。

問題2　28m^3使用した月の水道料金から，水の使用量が20m^3をこえたときの8m^3分の水道料金をひくことで求められる。よって，けんたさんの家の今月の水道料金は，6020－(170×8)＝4660(円)である。

問題3　20m^3までの水道料金は4660円であるから，20m^3をこえたときに増えた分の水道の使用量は，10950－4660＝6290(円)を1m^3あたりの水道料金で割ることで求められる。よって，先月の水道の使用量は，(6290÷170)＋20＝57(m^3)である。

2　(算数：おうぎ形)

問題1　半径80cmのおうぎ形の面積から半径20cmのおうぎ形の面積をひくことで求められる。よって，

$$\left(80\times80\times3.14\times\frac{120}{360}\right)-\left(20\times20\times3.14\times\frac{120}{360}\right)=6280$$

(cm^2)である。

やや難　問題2　実際にブレードが動いた部分をかくと右図のようになる。アームが120°回転した先のブレードの先端をそれぞれC′，D′とする。△AD′C′を△ADCに移動させると，半径がADのおうぎ形から半径がACのおうぎ形をひけばブレードの動いた面積が求められることがわかる。

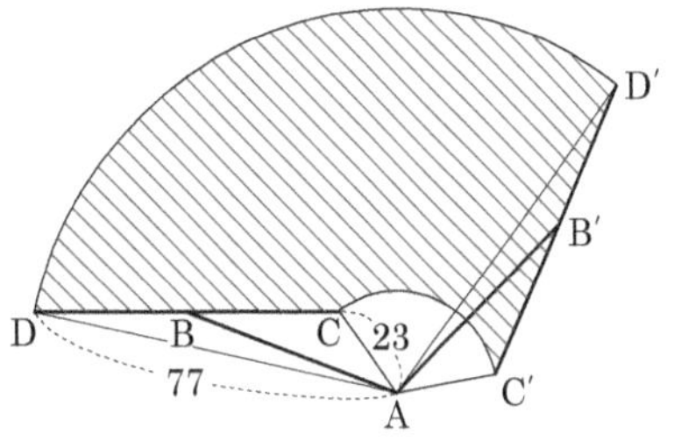

よって求める面積は，AC＝23cm，AD＝77cmより，$\left(77\times77\times3.14\times\frac{120}{360}\right)-\left(23\times23\times3.14\times\frac{120}{360}\right)=5652(\text{cm}^2)$

3 **(理科：道管，身のまわりの現象)**

問題1　植物は根から水を吸収し，葉や花，くきなどから水分を蒸発させるため，水をあげるときは，鉢《はち》の土にあげて，根に届《とど》くようにする。

問題2　色水が白いバラの茎の中の道管を通って，花まで届くことで花びらに色がつくので，白いバラの茎の先に切れ込みを入れて4等分したそれぞれを別の種類の色水につけておくことで，花びらが4色に染《そ》まる。

問題3　土のつぶの大きさによって水がしみ込む速さが変わる。土のつぶが大きいほど地面のすき間が多くなるため，水が速くしみ込む。

問題4　昔の横断歩道《おうだんほどう》はハシゴのような形をしていたため，白線《はくせん》と白線の間に水がたまりやすかったという背景《はいけい》から，水がたまりにくい縦《たて》線のないデザインに変化したと考える。

問題5　イの断層《だんそう》はプレートの活動や火山活動などによって作られる。エの火山灰は火山の活動によって作られる。

4 **(理科：電磁石)**

基本　問題1　方位磁針Aが指している方向から，コイルAの左側がN極，右側がS極になっていることがわかるので，N極が左を指しているアが正解である。

重要　問題2　電磁石のN極とS極を逆にするには，電流の向きを逆にすればよい。アは，かん電池を2つにして並列つなぎにしても電流の向きは変わらないので誤《あやま》り。イは，コイルAの左右を反転させているが，電流の向きは変わらないので誤り。オは，コイルCがコイルAと同じ右巻きで，回路Ⅱのかん電池のつなぎ方も回路Ⅰと同じであるから，コイルCのN極とS極の向きはコイルAと同じである。よって，方位磁針AのN極が指す方向は変わらない。

問題3　表1のかん電池5個のときの結果を，縦じくをコイルにくっついた鉄球の個数，横じくをコイルの巻き数として点を取り，なめらかな線で結ぶと右のようになる。よって，ウのグラフの形に近くなる。

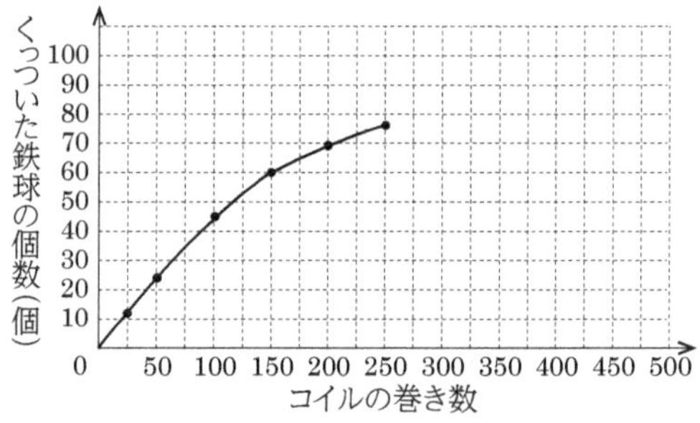

問題4　グラフの形が問題3のウの形に近くなるようになめらかに結んだ線を延長《えんちょう》すると右のようになる。グラフから，コイルの巻き数が500回のときのコイルにくっついた鉄球の個数を読み取ると，およそ92個であることが読み取れるので，イが適していると考えられる。

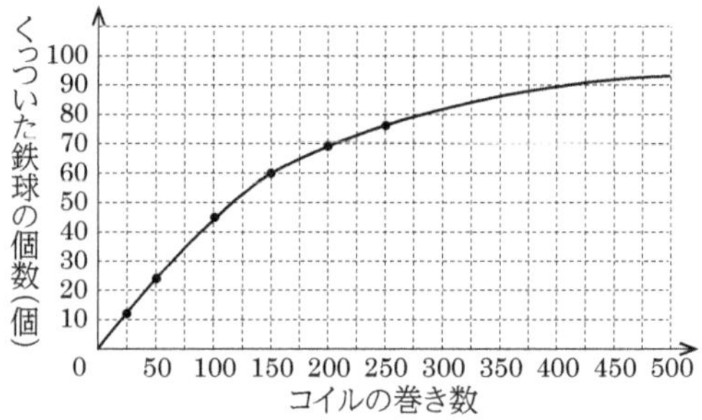

問題5　クレーン車でなければ運べないほど重いものを，永久磁石を用いて運ぼうとすると，運んだものを磁石から離すときにとても大きな力が必要となってしまうが，電磁石を用いれば電流を切ることで磁力を無くすことができるため，運んだ物を簡単《かんたん》に磁石から離すことができる。

★ワンポイントアドバイス★

会話文や図，グラフなどから必要な情報を正確に読み取ろう。また，問題文の条件にしっかり沿《そ》うように文章を組み立てる必要があるため，あせらず慎重に解答を作ろう。

＜適性検査問題Ⅱ解答＞《学校からの正答の発表はありません。》

1 【1】 問題1　ウ　　問題2　足利義満　　問題3　日本の浮世絵がヨーロッパの画家に影響を与えた。　問題4　源氏物語　　問題5　外国の船が来航するようになっており，防衛のためにも正確な地図を必要としていた。

【2】 問題1　エ　　問題2　ペキン[北京]　　問題3　沖縄が朝鮮戦争やベトナム戦争などの起こったアジアの中心に位置しているから。　問題4　徳川家康　　問題5　使節の行列を見た人々に，将軍の権威が異国にまでおよんでいると考えさせるため。

2 問題1　観点①　治水工事が行われ，田んぼの形が整理された。　観点②　機械を使って効率的に農業を行うため。　問題2　この地域は火山地域であり，火山灰が降り積もった土壌が形成されているため。　問題3　A　レタス　　B　酪農　　問題4　観点①　山が少ないために保水力がない　　観点②　河川が少ないために雨がすぐに海に流れ出る

問題5　(1)　輸出　　(2)　広い土地　　(3)　平野

3 問題1　エ　　問題2　ラッピングサービスがないし，お店で実物を試すこともできないよ。

4 問題1　ウ・オ　　問題2　学校から帰る時刻の午後3時になりましたら，車に気をつけて家に帰ってください。　問題3　ア・エ

○推定配点○

1 【1】 問題1・問題2・問題4　各3点×3　　他　各5点×2

【2】 問題1・問題2・問題4　各3点×3　　他　各5点×2

2 問題1・問題4　各4点×4(各観点ごとに4点)　　問題2　5点　　他　各3点×5

3 問題1　3点　　問題2　各5点×2(「心配な点」ごとに5点)

4 問題2　5点　　他　各4点×2(各完答)　　計100点

＜適性検査問題Ⅱ解説＞

1 【1】 (社会：平安・室町・江戸時代の文化，領土と測量)

問題1　資料1の表中にあるA～Dについて，他の資料を参考にしながら当てはまる語を考える。A・Bの建物について見ると，選択肢の中に「書院造」「寝殿《しんでん》造」の2つがあり，資料2と資料4がそれらの建築様式の実際の様子を示す写真になっている。資料2の平安時代の建築は，庭の周りを囲うように大きな建物が建てられており，平安時代の貴族の暮《く》らしならではのはなやかな建築様式であるといえる。このような建築様式は寝殿造と呼ばれる。一方，資料4にある室町時代の建築は，障《しょう》子やたたみがあり，小さく仕切られている落ち着いた部屋であることがわかる。こういった建築様式は書院造と呼《よ》ばれる。続いてC・Dの絵画について考えると，選択肢には「大和絵」「水墨《ぼく》画」の2つがあり，資料3と資料5がそれらの絵を示している。資料3にある平安時代の絵画は，十二単《ひとえ》やびょうぶなど平安時代に確立していた，生活の様子をえがいていることから，

大和絵であることがわかる。一方，資料5の墨でえがかれた風景画は水墨画と呼ばれ，室町時代の質素な文化の中で生まれた画風である。よって，これらの情報をそれぞれの選択肢と照らしあわせると，Aが寝殿造，Bが書院造，Cが大和絵，Dが水墨画になっているウが答えとなる。

問題2　金閣を建立した室町幕府の第3代将軍は足利義満である。銀閣を建立した室町幕府の第8代将軍の足利義政とまちがえないよう注意が必要である。

問題3　資料7は歌川広重がえがいた浮世絵の作品であり，資料8はフランスの画家ゴッホがえがいた絵画作品である。この2つの作品を見比べると，絵の構図やえがかれているのが橋であること，橋の上を歩いている人の様子など似ている部分が複数あることから，片《かた》方の作品の影響《えいきょう》を受けてもう一方の作品がえがかれたと考えられる。作品が完成した年をみると，浮世絵が1857年，ゴッホの絵が1887年であるため，歌川広重の浮世絵が，ヨーロッパの画家であるゴッホの作品制作にえいきょうを与えたのだということがわかる。この関係を20字以上30字以内でまとめればよい。

問題4　資料9をみると，作品の表紙上部に「THE TALE OF GENJI（ザ・テール・オブ・ゲンジ）」と書かれている。TALEの意味がわからなくても，紫《むらさき》式部が書いた有名な作品の題名と照らし合わせて考え，「ゲンジ」という言葉がふくまれる「源氏物語」が思い出せるとよい。

重要 問題5　資料10をみると，伊能忠敬《いのうただたか》が作っていた地図は，現在の北海道にあたる部分の地図だとわかる。続いて資料11を見ると，ロシアの使節が複数回にわたって蝦夷《えぞ》地を訪れ，通商を要求していたこと，当時の仙《せん》台藩《はん》士であった林子平が蝦夷地の防衛を主張していたことなどがわかる。当時の蝦夷地とは今の北海道の部分のことで，松前藩の支配の下にあった。当時は，領域の線引きがあいまいであり，整備もされていなかった。そのため，測量を行って地図を作り，防衛に役立てる必要があったと考えられる。解答を書くときは，①他国がひんぱんに日本に来航している時期であったということ，②領土防衛のために，正確な地図が必要であったことの2点をおさえられるとよい。

【2】（社会：外国と日本，沖縄の歴史）

問題1　資料1の日本国憲法第25条は，生存権《せいぞんけん》に関して定めた条文であり，その全文は「すべて国民は，健康で文化的な最低限度の生活を営む権利を有する」というものである。日本国憲法の中でも特に有名な条文であるため，覚えておくことが望ましい。

問題2　2022年に行われたのは冬季オリンピックであり，それが開かれた都市は中国の北京《ぺきん》であった。

問題3　資料2には1941年から1972年までの歴史上のできごと，資料3には沖縄の周辺の地図が示されている。地図と年表のできごとを照らし合わせてみてみると，1950年の朝鮮戦争や1965年に激化《げきか》したベトナム戦争など，沖縄の近くで起こったものであることがわかる。つまり，沖縄を中心としてえがいた同心円上で，20世紀中ごろに多くの大きな戦争が繰り広げられていたこと，そしてそれらの戦争において，アメリカが沖縄の基地を前線基地として活用していたということが読み取れる。これらを踏《ふ》まえると，アメリカが沖縄に基地を置いているねらいは，過去に起こった数々の戦争の中心に位置し，軍のきょ点を置きやすいという理由からだと考えられる。

問題4　1603年に江戸《えど》幕府を開いたのは，初代将軍として知られる徳川家康である。

問題5　資料4の年表からもわかるように，琉《りゅう》球王国は尚《しょう》氏が建国した国であり，日本とは異なる国であった。つまり，17世紀の初めに薩摩藩《さつまはん》が支配したのは異国の地としての琉球であり，幕府としては「異国を支配している」という事実が将軍の権威《けんい》を高めるものであったと考えられる。そのため，使節が資料5のような行列をなしているときに，その服装を見ただけで異国の人の行列だとわかるようにすることで，権威を可視化することが目的であったと考えられる。解答には，「将軍の権威が異国までおよんでいる」という点が入っていることが重要である。

2　(社会：農業と地形，工業と地形)

問題1　資料1・資料2を見比べると，1960年代に比べて2000年代の田んぼは形が整えられ，田んぼを区切る水路の部分の面積が少なくなっていることがわかる。水路をふくむ河川など，水の流れに関する工事のことを治水工事といい，治水工事を行うことで水流を整えたり，土地を有効に活用したりすることができる。資料1・資料2の場合では，治水工事によって田んぼが整えられており，考えられる利点として，農作業の効率化があげられる。区画が整理された田んぼにおいては，田植えや稲《いね》かり，肥料をまく際などに農業機械を使用しやすくなるため，作業にかかる労力も時間も短縮《たんしゅく》できる。

問題2　長野県の八ヶ岳《たけ》のある地域は，資料3より中央の火山が密集している場所にあたる。このような活火山が多い火山地域では，これまでに起こってきたふん火の影響で，火山灰がちく積した火山灰土じょうが形成されている。火山灰が降り積もってできた土じょうは，水はけがよく水もちが悪いとされてるため，この地質について書けばよい。

問題3　まずAの前後をみる。れいなさんの言葉にある「夏でもあまり気温が上がらない気候に適した」農作物であるという点，そして高地で栽培《さんばい》するという点から，高原野菜であるレタスがAに入る。続いてBの前後をみると，同じくすずしい場所特有の農業であり，「栄養分が少ない土地の改善にも役立」つと説明されている。両方の条件を満たすものとしてBにあてはまる語句は酪《らく》農である。乳牛などはすずしい気候を好み，そのふんはたい肥として土の肥料にもなるため，栄養が少ない土じょうの改善に役立つ。焼き畑は高地に限らず行われること，果実栽培は土地の改善に役立つとは限らないことなどから，これらの選択肢は適さない。

問題4　資料6を見ると，沖縄県は山の数が少なく，森林の保水量も少ないことがわかる。このことから，土地に貯められる水分が少ないことが，水不足が起こる原因の1つとして考えられる。また，資料7をみると，河川の長さが長野県や東京都に比べてかなり短いことがわかる。河川が短いと，降水量が多かったとしても，その雨水がすぐに海に流れ出してしまうため，貯水量を増やすことができない。よって，沖縄で水不足が起こる2つの原因である，①山が保有できる水分が少ないこと②河川に流れた水がすぐに海に流れてしまうことの2点をまとめればよい。

重要　問題5　工業地域を海沿いに作る理由としては，輸送方法として船を用いることが考えられる。完成した製品を船で輸出する際に，なるべく海沿いに工場があった方が船まで運ぶのが簡単であり，輸送にかかる費用もおさえられる。しかし，大きな工場を作るためには，広い土地が必要である。関東内陸工業地域などは，広い土地が確保できる内地につくられたと考えられる。また，資料9の起伏図を参照すると，内陸の工業地域がある土地は起伏図で盛り上がっていない，つまり平らな平野の土地であることがわかり，工場を作る際に整地がしやすかったのだとわかる。

3　(国語：資料の読み取り・比較)

問題1　それぞれの要望を資料1と照らし合わせると，けいこさんの①指でつかみやすい，キャップ付きのえんぴつ②シャープペンシル③消しカスがまとまるケシゴム，はすべてふくまれている。あきらさんの「マス目のあるノート」はセットにふくまれていない。さやかさんの「かわいいペンケース」と，ひろしさんの「定規」はどちらもセットにふくまれている。よって，意見を満たせるのはひろしさんとけいこさんとさやかさんの3人であり，エの選択肢が正しいとわかる。

問題2　資料1と資料2を見比べ，あきらさんが資料1に対して心配していることを考える。まず内容をみると，セットにふくまれている物は同じであることがわかる。そのため，内容以外の部分を見ると，資料1には「ラッピングサービスは行っておりません」と書かれているのに対し，資料2では「ラッピングサービス付き」と書かれている。また，資料2は文ぼう具屋さんのチラシであり，お店で実物の見本を試せると書いてあるが，資料1はインターネットの商品であるため，実際に商品の使い心地を試してから購入することができない。よって，資料1に対して心配な点として考えられるのは，①ラッピングサービスがない②実際に試すことができないという2点であるとわかる。2つの要素をどちらもふくんでいる必要があるため，文字数の配分に気をつける。

4 **(国語：発表原稿)**

問題1　アは，「めし上がる」という敬語を「食べる」と書きかえていることから，敬語でない言葉の方がわかりやすいということがわかるので誤り。イは，「キャンセルする」を「やめる」に書きかえていることから，カタカナ言葉は使わないようにしていることがわかるので誤り。ウは，「手を洗いましょう」を「手を洗ってください」と書きかえているため，「～しましょう」の形を使わないようにしているとわかる。エは，らぬき言葉を書きかえている例が資料1の中になく，判断できないため誤り。オは，「16時」を「午後4時」と書きかえていることから，12時間表記を使っているとわかる。よって，ウ・オが正しい。

問題2　「下校時刻の15時になりましたら，車に注意して帰宅しましょう。」のうち，先生の言葉の中で「下校」「注意」「帰宅」を書きかえるように言われている。それぞれ「学校から帰る」「気をつける」「家に帰る」のように言葉をかえるとよい。また，資料1や問題1からもわかるように，「15時」を「午後3時」のような12時間表記にかえ，「帰宅しましょう」も，「帰ってください」のように「～しましょう」を使わない言い方に書きかえなければならない。

問題3　アは，資料2の内容も踏《ふ》まえながらやさしい日本語が必要な理由を説明しており，正しい。イは，後半部分で「英語をしっかりと身につけていくことが必要」とあり，やさしい日本語が必要な理由とは関係がないので誤り。ウは，「イラストや図などもつかった方が伝わりやすい」とあり，これもやさしい日本語が必要な理由とは関係がないので誤り。エは，日本に住む外国人のうちひらがなが読める人が多いという話をしており，資料4をみると，84.3%の人がひらがなを読めるということがわかるので，正しい。オは，日本に住むほとんどの外国人がローマ字を読める，と言っているが，資料4をみると，ローマ字が読める人の割合《わりあい》は51.5%で半数ほどしかいないため，誤り。よって，アとエが答えだとわかる。

★ワンポイントアドバイス★

問題の形式としては，記号問題や短答問題，記述問題などさまざまであったが，どんな問題も参考となる資料が提示されているという共通点があった。資料がヒントを与えてくれていることを忘れず，落ち着いて会話文や図表を読み取ろう。

2022年度

★★★★★★★★★★★★★★★★★★★★★★★★★★★

入 試 問 題

2022年度

東洋大学附属牛久中学校入試問題（専願）

【算　数】（50分）〈満点：100点〉

【注意】 定規・コンパス・電卓の使用を禁止します。

1 以下の問いの□に当てはまる適切な数値を答えなさい。

(1) $6 \times 4 + 28 \div 7 \times 4 - 7 = \square$

(2) $\frac{6}{5} \div \left(\frac{14}{3} - 2\right) + 0.25 = \square$

(3) $4.82 \times 0.7 + 4.82 \times 0.4 - 48.2 \times 0.06 = \square$

(4) $3\frac{3}{20} \times \frac{4}{\square} = \frac{7}{15}$

2 以下の問いの□に当てはまる適切な数値を答えなさい。

(1) 48 cmのビニールテープがあります。$3\frac{5}{6}$ cmを12本切り取り，さらに残りの$\frac{3}{8}$を使いました。このとき残りは□cmです。

(2) 280個で4000円のあめ玉があります。このあめ玉を273個購入すると□円です。

(3) 原価350円の商品に原価の6割の利益を見込んで定価をつけました。しかし，売れなかったので，定価の2割引きで売ったところ□円の利益が出ました。

(4) Aさん，Bさん，Cさんの3人が，88個あるお菓子を分け合いました。分けた個数を数えると，Bさんの個数はAさんの個数よりも8個少なく，Cさんの個数はBさんの個数の半分でした。このとき，Aさんに分けられたお菓子の個数は□個です。

(5) 10%の食塩水150 gに食塩□gを加えると25%の食塩水になります。

3 下の図のように，線分AD上に2点B，Cがあります。
線分の比が　AB：BC＝5：2，AC：CD＝4：3　のときAB：BC：CDを求めなさい。

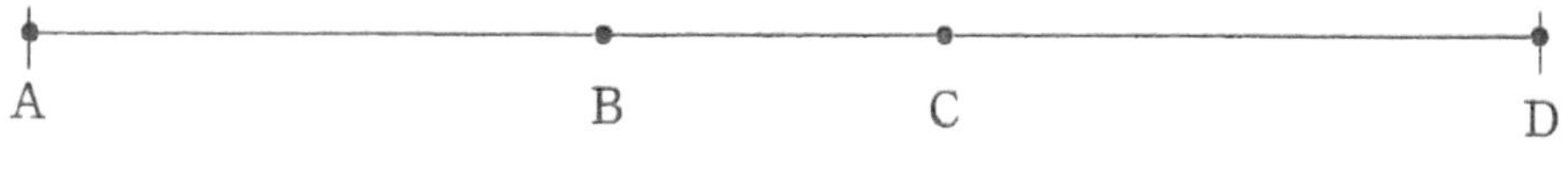

4 下の図において，xの値を求めなさい。ただし，同じ印は同じ大きさを示しています。

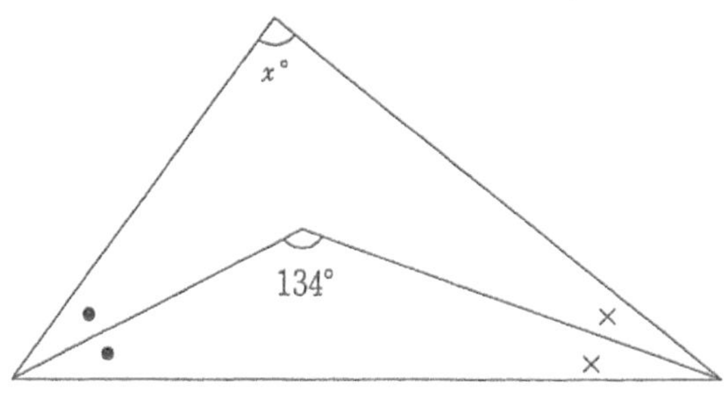

5　下の図のように，半円と正方形が合わさった図形がある。半円の半径が4 cmのとき，塗りつぶしてある部分の面積を求めなさい。

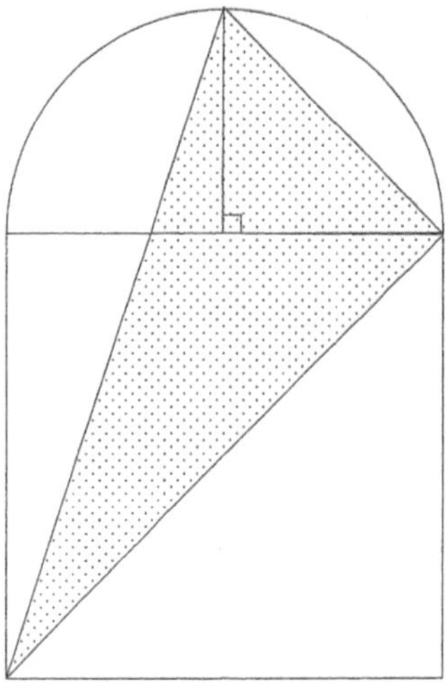

6　下の図において，部を，直線ℓを中心に回転させたときの体積を求めなさい。ただし，1マス1 cmとし，円周率は3.14とします。

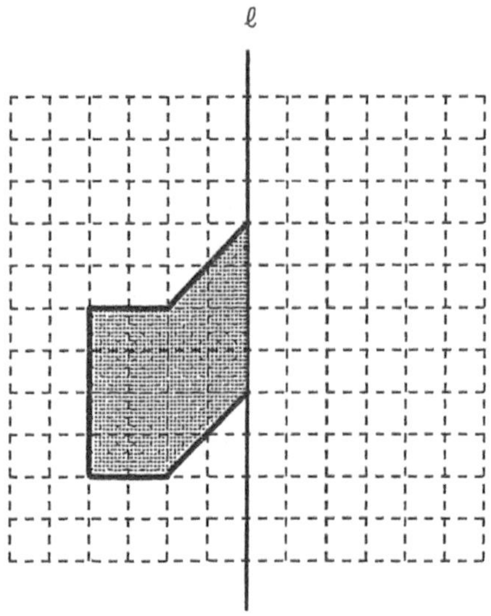

7　Aさん，Bさんの2人でトライアスロンのレースをすることになりました。
トライアスロンは，最初に1.5 km泳いだ後，そのまま自転車で40 km走り，最後にマラソンで10 km走る競技です。
Aさん，Bさんのそれぞれの進む平均時速は次の表の通りです。ただし，種目が変わるときの時間は考えないものとします。

	泳ぎ	自転車	マラソン
*A*さん	2km/h	24km/h	
*B*さん	2.25km/h	25km/h	10km/h

(1)　Aさんの泳ぎにかかる時間は何分か答えなさい。

(2)　Aさんが3時間15分でゴールするためには，マラソンを何km/hで走ればいいか答えなさい。

(3)　Aさんのマラソンを走る平均時速を12.5 km/hとするとき，マラソンコースでAさんはBさんを追い越します。追い越すのはスタート（泳ぎはじめ）から何km進んだときか答えなさい。

8　令子さんと和人さんが2021年のカレンダーを見ながら話しています。

以下の会話文を読み，問いに答えなさい。

12月

日	月	火	水	木	金	土
			1	2	3	4
5	6	7	8	9	10	11
12	13	14	15	16	17	18
19	20	21	22	23	24	25
26	27	28	29	30	31	

和人：令子さん。誕生日を教えてよ。

令子：5月22日よ。どうしたの。

和人：今年の誕生日は，土曜日だったね。

令子：急にどうしたの。というか，なんですぐにわかるの。

和人：曜日って，7日ごとに回ってくるよね。
カレンダーを見てごらんよ。

令子：そんなの当たり前じゃない。

和人：そこでね，日にちを7で割ったあまりに注目するんだよ。今月で言うと，割り切れる日は［ア］曜日で，［イ］余る日は木曜日だね。

令子：今月はそうよね。でも来月以降はどうするのよ。

和人：それはね，今日から知りたい日までの日数を数えればいいんだよ。例えば，来月の1月23日が何曜日を考えると，今日は12月4日だから来月の23日までの日数は［ウ］日でしょ。そうすると，7で割ったあまりから［エ］曜日って分かるんだよ。

令子：なるほどね。和人さんは10月生まれだっけ。

和人：そうだよ。今年の誕生日は今日と同じ土曜日だったよ。

令子：そうすると，10月は31日，11月は30日まであるから，和人さんの誕生日は［　　　　オ　　　　］のどれかね。

和人：その通り。ところで，自分が生まれたときが何曜日が知りたくならない？僕らが生まれたのは，2009年だね。1年が365日っていうことに注目すると，求められるよ。

令子：2020年，2016年，2012年がうるう年っていうことを忘れないでね。

(1)　［ア］～［エ］に当てはまる適切な数値を答えなさい。

(2)　［　　　　オ　　　　］に入る日にちの候補を答えなさい。

(3)　令子さんの生まれた日は何曜日か答えなさい。

9　校内のスポーツ大会で，トーナメント表を作成しようと思います。それぞれの問いに答えなさい。

問1　トーナメントの試合数について考えます。

(1)　4チームでトーナメント表を作った場合，全部で何試合ありますか。

(2)　64チームでトーナメント表を作った場合，全部で何試合ありますか。

問2　トーナメントの組み合わせについて考えます。以下の例のように，対戦チームの配置状況で，同じトーナメントと考えるものがあります。

（例1） 4チーム のトーナメント

①

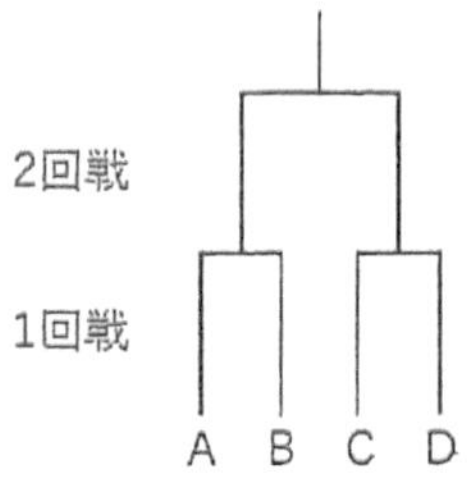

②

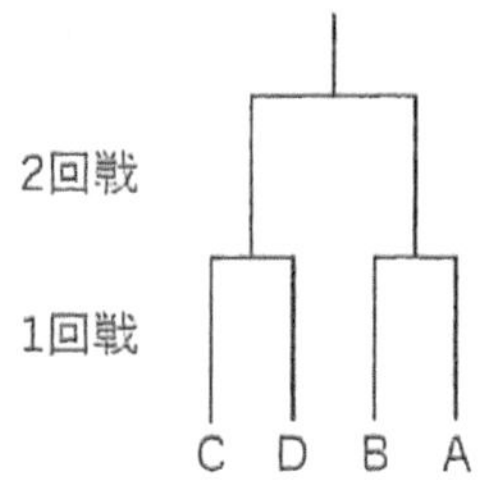

注1 ①と②は，対戦の組み合わせが同じだから同じトーナメントとします。

（例2） 8チームのトーナメント

③

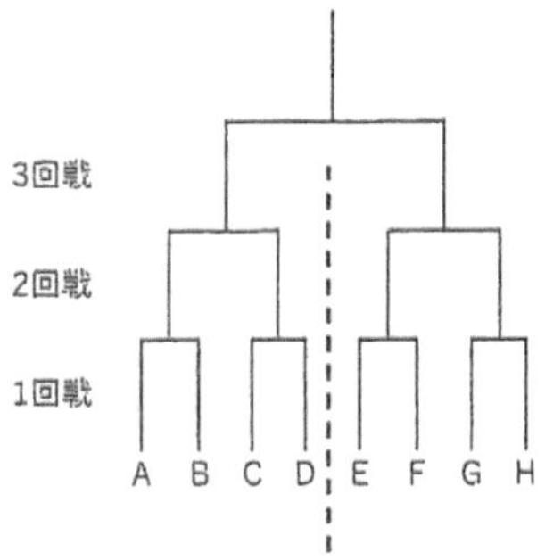

④

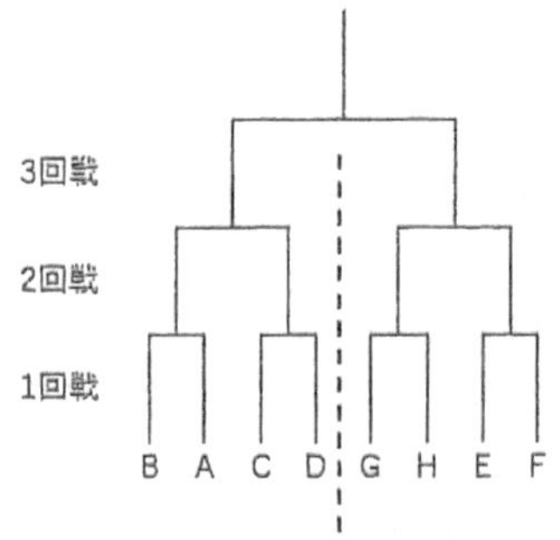

⑤

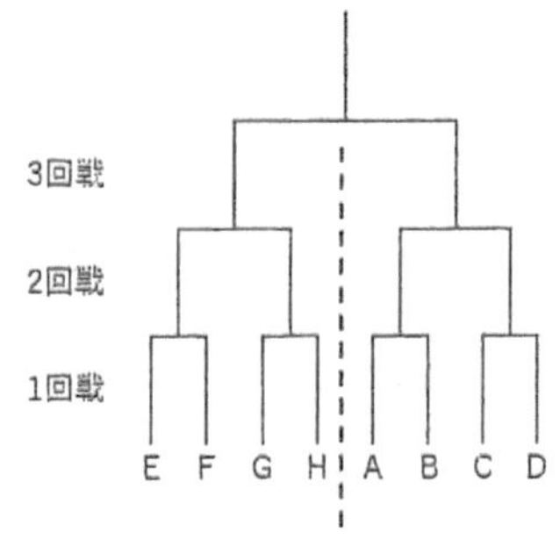

注2 ③と④と⑤は，点線の左右で見ると，左右のチームの組み合わせが同じであり，さらに，例1と同様に対戦の組み合わせが同じだから，同じトーナメントとします。

(1) 4チームのトーナメントは何種類作ることができますか。

(2) 8チームのトーナメントは何種類作ることができますか。

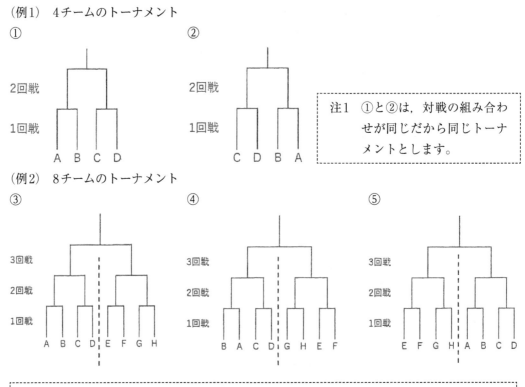

【理科・社会】（50分）〈満点：100点〉

1　次のＡ・Ｂ・Ｃの問いに答えなさい。

Ａ．以下の問いに答えなさい。

問１　動物のからだにある器官のうち，「内側にひだがたくさんあり，食物の中にふくまれる栄養を効率よく吸収する」はたらきを行う器官の名前を答えなさい。

問２　カシオペヤ座は，北の空にある星座で，１年中観察することができます。そのカシオペヤ座は，ある星を中心に周っているように見えます。ある星の名前を答えなさい。

問３　以下の表は，ふりこの長さを変えて，ふりこが１往復する時間を調べてまとめたものです。あとの問いに答えなさい。ただし，実験の途《と》中《ちゅう》でおもりの重さは変えなかったものとします。

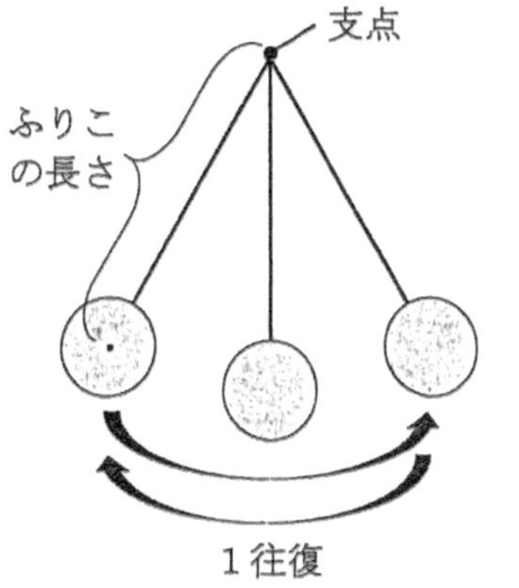

ふりこの長さ[cm]	25	50	75	100	125	150	175	200	225
１往復する時間[秒]	1.0	1.4	1.7	2.0	2.2	2.4	2.6	2.8	3.0

表　ふりこの長さと，ふりこが１往復する時間の関係

(1)　ふりこが１往復する時間が２倍になるとき，ふりこの長さは何倍になりますか。

(2)　ふりこの長さが900 cmのとき，ふりこが１往復する時間は何秒と予想されますか。表の値を参考にして計算しなさい。

問４　豆電球の明るさを調べるために，回路Ａと回路Ｂを作りました。あとの問いに答えなさい。

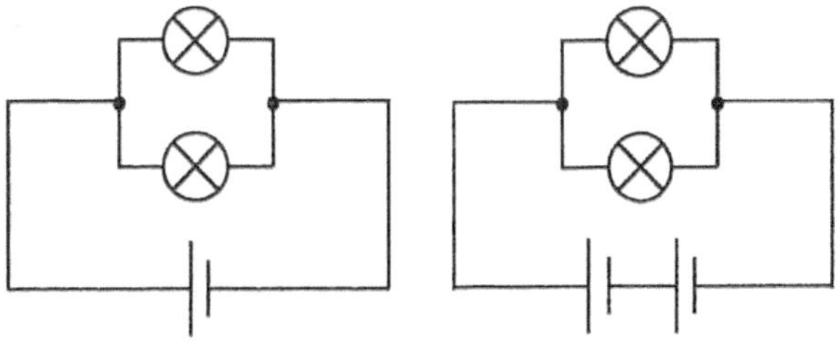

回路Ａ　　回路Ｂ

(1)　豆電球が明るく点灯するのはどちらの回路ですか。記号で答えなさい。

(2)　豆電球と乾電《かんでん》池《ち》の数をそれぞれ３個ずつ使用して，豆電球がもっとも明るく点灯する回路を作りました。回路Ａや回路Ｂを参考にして，その回路を作図しなさい。

B．図は，「三日月湖」と呼ばれるかたちの湖や沼が，川の水のはたらきによって作られるまでの過程を簡単な図にして示したものです。

図1

図2

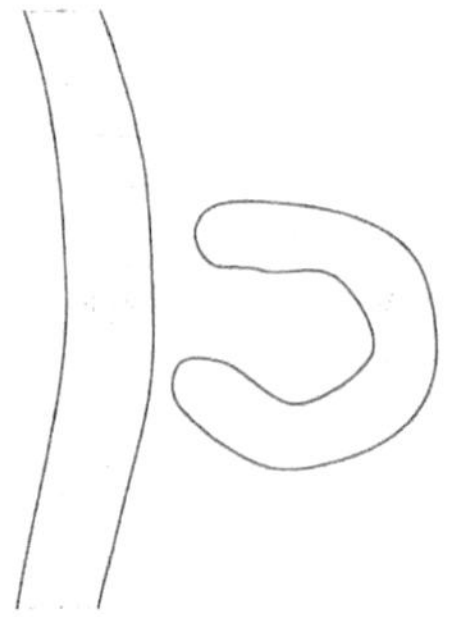
図3

問1　**図1**において「たい積」の作用がもっとも大きく働いている場所はどの部分になりますか。1か所を塗りつぶす形で答えなさい。

問2　**図2**において「浸食」の作用を特に強く受けているのはどの部分になりますか，3か所を塗りつぶす形で答えなさい。

問3　川の流れが地形を変化させる三つの作用のうち，「たい積」「浸食」以外のもう一つのはたらきはどのようなはたらきですか。15～25字で説明しなさい。

C．カエルやヘビは漢字で書くと「蛙」「蛇」と虫へんが付きますが，昆虫《こんちゅう》のなかまとは違ったからだの特徴《とくちょう》を持っています。それらの特徴について以下の問いに答えなさい。

問1　以下の①～③の文に示した生物の特徴は，それぞれどのなかまにあてはまる特徴ですか。以下の**ア**～**エ**の区分けより，あてはまるものを選んで記号で答えなさい。

①からだの中心に背骨を持つ

②卵を産むことでなかまを増やす

③はねを持ち，空を飛ぶことができる種類のものがいる

ア　カエル・ヘビにだけ当てはまる

イ　昆虫にだけ当てはまる

ウ　カエルやヘビ，昆虫のどちらにも当てはまる

エ　カエルやヘビ，昆虫のどちらにも当てはまらない

問2　カエルやヘビ，昆虫のなかまのどちらも持たないが，ネズミやネコのなかまは持つからだの特徴をひとつあげ，文章で説明しなさい

2　4種類の気体A，B，D，Eはそれぞれ酸素，水素，二酸化炭素，アンモニアのいずれかです。それらについて，次の**実験1～7**を行いました。**表1と2**は，そのときの結果をまとめたものです。あとの問いに答えなさい。

〔実験1〕 うすい過酸化水素水に二酸化マンガンを加えたところ，気体Aが発生した。発生した気体を試験管に集め，火のついた線香《せんこう》を入れたところ，激しく燃えた。

〔実験2〕 塩酸に鉄を加えたところ，気体Bが発生した。発生した気体を試験管に集め，火のついたマッチを近づけたところ，ポッと音を立てて燃えた。その後，試験管の口を観察すると，液体Cがついていた。

〔実験3〕 気体AとBが溶《と》けている水溶液《すいようえき》を青色リトマス紙，赤色リトマス紙にそれぞれ1滴《てき》ずつ落としたところ，どちらも色の変化は見られなかった。

	青色リトマス紙	赤色リトマス紙	水溶液の性質	気体の性質
気体A	変化なし	変化なし	中性	線香が激しく燃える
気体B	変化なし	変化なし	中性	燃やすと液体Cができる

表1　気体A，気体Bの性質

問1　気体Aは何ですか。その名称《めいしょう》を答えなさい。

問2　試験管の口についていた液体Cは何ですか。その名称を答えなさい。

〔実験4〕 塩酸に石灰石を加えたところ，気体Dが発生した。発生した気体を集めた集気びんに，石灰水を入れてよくふったところ，石灰水が白くにごった。

〔実験5〕 塩化アンモニウムと水酸化カルシウムを混ぜた粉末を加熱したところ，気体Eが発生した。発生した気体のにおいをかいだところ，鼻をツンとつくようなにおいがした。この気体を水上置換《ちかん》法で集めようとしたが，ほとんど集められなかった。

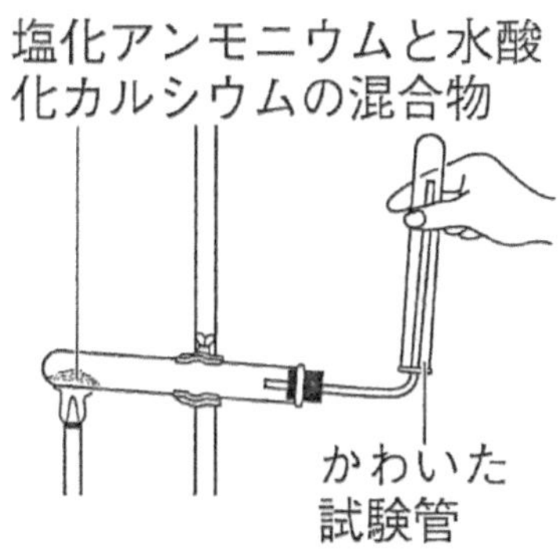

〔実験６〕　気体Ｄの水溶液と気体Ｅの水溶液を青色リトマス紙，赤色リトマス紙にそれぞれ１滴ずつ落とした。気体Ｄの水溶液は青色リトマス紙の色が変化し，気体Ｅの水溶液は赤色リトマス紙の色が変化した。

	青色リトマス紙	赤色リトマス紙	水溶液の性質	気体の性質
気体Ｄ	赤色に変化	変化なし	①	石灰水に通すと白くにごる
気体Ｅ	変化なし	青色に変化	②	鼻をツンとつくにおいがする

表２　気体Ｄ，気体Ｅの性質

〔実験７〕　気体Ｄと気体Ｅの水溶液を混ぜたあと，再び青色リトマス紙と赤色リトマス紙に１滴ずつ落としたところ，どちらも色の変化は見られなかった。

問３　気体Ｄの名称と**表２**の①に当てはまる言葉をそれぞれ答えなさい。

問４　気体Ｅを水上置換法で集められなかったのはなぜだと考えられますか。文章で簡単に答えなさい。

問５　実験７で青色リトマス紙と赤色リトマス紙の色が変化しなかったのはなぜですか。水溶液の性質にふれた上で，文章で簡単に答えなさい。

3　次のＡ・Ｂ・Ｃの問いに答えなさい。

Ａ．以下の問いに答えなさい。

問１　ある地域で生産された農産物や水産物などを，その地域で消費することを何といいますか。

問２　奈良時代の聖武天皇は，国ごとに国分寺を建てることを命じ，平城京にも寺を建て，大仏を作りました。この平城京に建てられた寺の名前を答えなさい。

問３　天皇が幼いときは藤原氏が摂政《せっしょう》の地位につき，天皇が成人してからは関白の地位につくことによって実権をにぎり行なった政治をなんといいますか。

問４　明治時代に行われた国会開設などを求める政治運動を何と呼びますか。

問５　1950年代の中ごろから1970年代の初めまで続いた，日本経済の急激な発展のことを何といいますか。

問６　1945年に国際平和と安全を維持《いじ》するために設立された，現在加盟国が190カ国をこえる国際機関は何ですか。

問７　衆議院は，法律案・予算の議決や内閣総理大臣の指名の議決，条約の承認が参議院と異なった場合，衆議院の議決が優先されます。また，予算の先議権や内閣に対する信任・不信任の決議ができるのも衆議院のみです。このように参議院に対して，衆議院の優越《ゆうえつ》が認められているのはなぜですか。「○○ので，△△と考えられているため」という形で説明しなさい。

Ｂ．下の文⑴～⑹はそれぞれ，日本国憲法の条文から抜《ぬ》きだした文章です。あとに続く問いに答えなさい。

⑴　□は国権の最高機関であつて，国の唯一《ゆいいつ》の立法機関である。

⑵　陸海空軍その他の戦力は，これを保持しない。国の交戦権は，これを認めない。

(3)　思想及《およ》び良心の自由は，これを侵《おか》してはならない。

(4)　すべて国民は，健康で文化的な最低限度の生活を営む権利を有する。

(5)　すべて国民は，法の下に平等であつて，人種，信条，性別，社会的身分又《また》は門地により，政治的，経済的又は社会的関係において，差別されない。

(6)　婚姻《こんいん》は，両性の合意のみに基《もとづ》いて成立し，夫婦が同等の権利を有することを基本として，相互《そうご》の協力により，維持《いじ》されなければならない。

問１　(1)に関して，□に当てはまる語句を**ア**～**ウ**から一つ選び，記号で答えなさい。

ア　国会　　**イ**　内閣　　**ウ**　裁判所

問２　(2)に関して，日本は軍隊を保有していませんが，他国の攻撃《こうげき》から日本国民の生命と財産を守るための組織を保有しています。この組織を何というか，答えなさい。

問３　(3)に関して，「思想及び良心の自由」の侵害《しんがい》に当たるものとしてもっとも適切なものを下の**ア**～**エ**から一つ選び，記号で答えなさい。

ア　生まれた地域を理由にして，自由に職業を選ばせないこと

イ　十分な証拠《しょうこ》がないにも関わらず，逮捕《たいほ》されてしまうこと

ウ　他人に知られたくない個人的な情報が公開されてしまうこと

エ　民主主義を否定するような考えが禁止されること

問４　(4)に関連して，貧困状態にある国民に対して生活のために必要な費用を提供する制度のことを何というか，答えなさい。

問５　(5)や(6)に関連して，近年「選択的《せんたくてき》夫婦別姓制度」を実現するための裁判が行われています。「選択的夫婦別姓制度」とは何か，簡単に説明しなさい。

Ｃ．以下の(1)～(4)の文章を読んで，下の問いに答えなさい。

(1)　三代将軍が暗殺され，北条氏が政治を行うようになると，朝廷は幕府をたおす命令を全国に出し承久の乱がおこった。しかし幕府のもとに集まった武士たちは朝廷の軍を破った。

(2)　中大兄皇子たちによって蘇我入鹿《そがのいるか》がたおされると，天皇を中心とした国づくりが始まった。その後，中国のものを参考した（　**ア**　）という法律が作られた。

(3)　政党政治に不満を持つ海軍の青年将校らが首相官邸《かんてい》や警視庁などをおそい，首相の犬養毅《いぬかいつよし》を暗殺した。

(4)　本能寺の変で織田信長が亡くなると，明智光秀をたおした豊臣秀吉は関白に任じられ，天下統一を成しとげた。

問１　空欄《らん》（　**ア**　）に当てはまる語句を答えなさい。

問２　(3)の事件を何といいますか。答えなさい。

問３　(1)～(4)の文章を時代の古いものから順番に並《なら》び替《か》えなさい。

問４　⑴の文章について，図Ⅰは承久の乱のときに幕府が味方になる御家人を集めた地域を，図Ⅱは承久の乱の直後に幕府が守護を交代させた地域をあらわしています。この２つの図を参考にしながら，承久の乱の前と後で，日本全体の支配の状況《じょうきょう》がどのように変わったか，簡単に説明しなさい。

図Ⅰ
承久の乱の時に幕府が味方になる
御家人を集めた地域

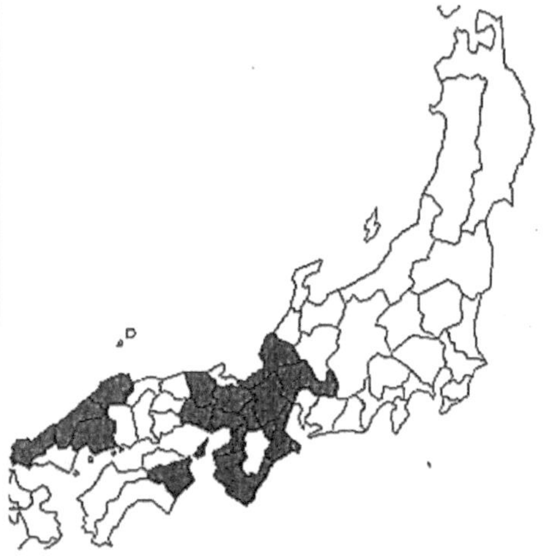

図Ⅱ
承久の乱の直後に守護が交代した地域

４　以下の洋介くんと東山先生の会話文を読んでそれぞれの問いに答えなさい。

洋介：最近，ニュースで「実質的に二酸化炭素の排出《はいしゅつ》量をゼロにする」という意味の「カーボンニュートラル」という言葉を聞きますが，日本にも影響《えいきょう》があるのでしょうか。

先生：そうだね。特に自動車の動力に関しては話題になることが多いね。①自動車の動力源を変えていこうということが世界的にもすすめられているね。でも，それだけではだめだともいわれているよ。

洋介：②電力を作る方法が重要ですよね。（　A　）発電だと二酸化炭素を排出しますもんね。ところで自動車といえば，最近半導体が不足しているせいで自動車が作れなくなっているというニュースを見ました。愛知県豊田市の工場や，③広島市の工場でも生産が停止されたといっていました。

先生：コロナ禍で世界中の需要《じゅよう》が少なくなったあと，急に需要が戻ったので半導体の生産が追い付かなくなっているみたいだね。日本は様々な原料・材料・部品・製品・農畜《のうちく》水産物を輸入しているよ。

洋介：日本は，原材料などを輸入し，製品にして輸出する（　B　）が盛んですよね。

先生：輸入といえば，最近輸入木材が不足して，値段が上がっているんだよ。そのせいで家の建築とかが遅《おく》れたりしているんだ。

洋介：え，そうなんですか。日本は国土の約（　C　）％が森林で，世界遺産にもなっている屋久島の原生林や秋田県・青森県の県境にある（　D　）も有名だから，木材は豊富なんだと思っていました。

先生：奈良県の吉野の杉などの人工林もあるけど，国内の木材は値段が高かったり，働き手が不足していたりして，安く供給することが難しいみたいだね。

洋介：④農業，漁業，林業，工業含めて国内での生産と輸入のバランスは難しい問題なんですね。

問１　下線部①について，カーボンニュートラルを達成するために考えられている動力源として，誤っているものを次の**ア**～**エ**より一つ選び，記号で答えなさい。

ア　水素　　　**イ**　ガソリン　　　**ウ**　太陽光　　　**エ**　バイオ燃料

問２　空欄《らん》（　A　）（　B　）（　D　）に入る語句を答えなさい。

問３　空欄《らん》（　C　）に入る数字を**ア**～**エ**の選択肢より一つ選び，記号で答えなさい。

ア　25　　　**イ**　33　　　**ウ**　50　　　**エ**　67

問４　下線部③について，以下の**ア**～**エ**の表はそれぞれ札幌・新潟・広島・那覇の雨温図です。広島市の雨温図を示すものを一つ選び，記号で答えなさい。

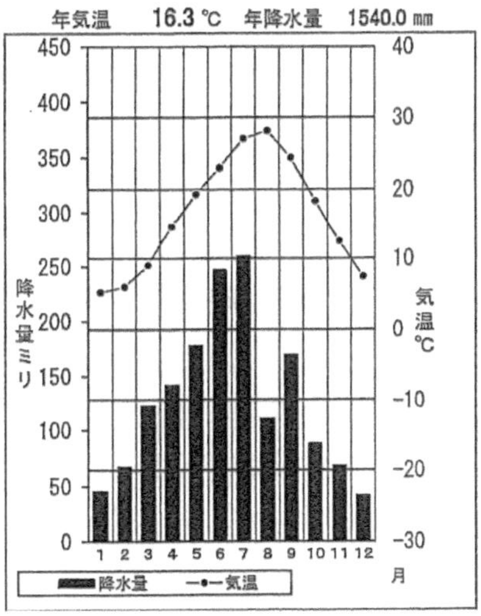

ア

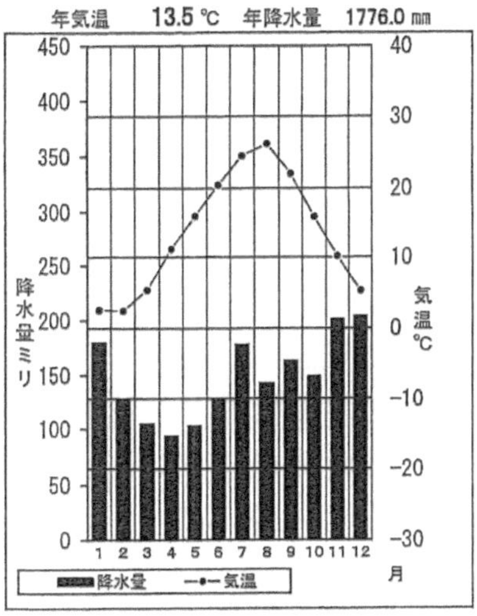

イ

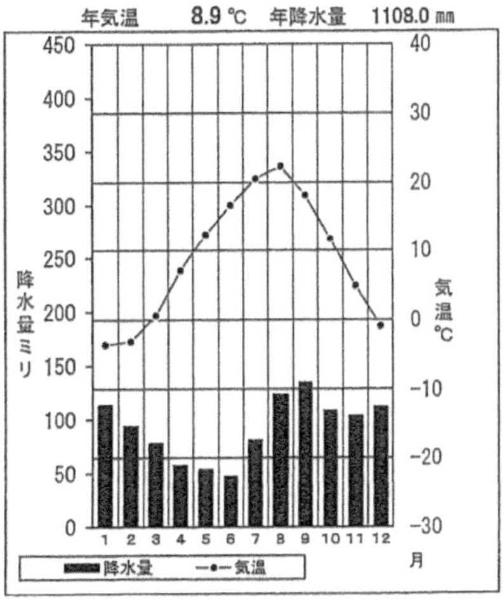

ウ

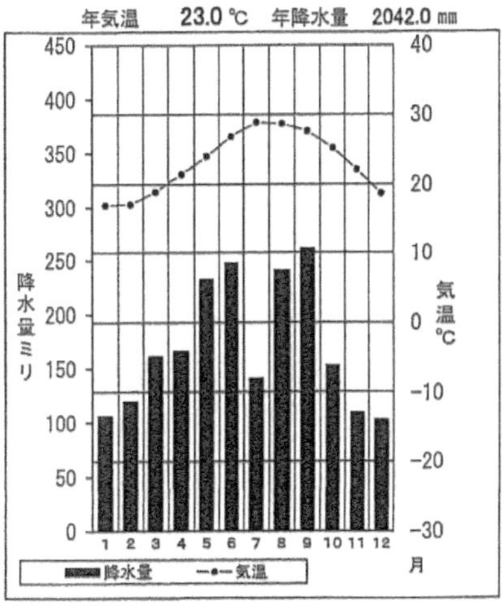

エ

問５　下線部④について，国内で消費される食料のうち国内生産でまかなえる食料の割合のことを何といいますか。

問６　下線部②について，下の**表Ⅰ**を見て，日本の電力供給の移り変わりについて，2010年から2015年の間に起きたできごとにふれながら，「火力」「原子力」の語を用いて説明しなさい。

表Ⅰ：日本の電源別発電量の割合の移り変わり

	水力	火力	原子力	再生可能エネルギー
1970年	22.3%	76.4%	1.3%	0%
1980年	15.9%	69.6%	14.3%	0.2%
1990年	11.2%	65.0%	23.6%	0.2%
1995年	9.2%	61.0%	29.4%	0.3%
2000年	8.9%	61.3%	29.5%	0.3%
2005年	7.5%	65.8%	26.3%	0.5%
2010年	7.8%	66.7%	24.9%	0.5%
2015年	8.9%	88.7%	0.9%	1.5%
2016年	8.5%	87.9%	1.7%	1.8%

ウ　英語では〝excuse〟に「謝る」と「言い訳」の意味があるが、日本では謝罪をするときに言い訳をするのは文化的に望ましくないと考えられている。

エ　企業が不始末を起こしたときに、今後どう改善するかなどを詳しく書いた謝罪広告を公表するが、それは「改善しましたよ」という宣伝のためだけである。

問16　本文はお詫《わ》びやお礼の挨拶《あいさつ》について述べた文章です。お詫びやお礼の挨拶にまつわるあなたの経験を述べ、経験を通して学んだことを百六十字以上二百字以内で書きなさい。また、書くときはあとの《きまり》に従いなさい。

《きまり》

・氏名と題名は書きません。
・各段落の最初は一マス下げて書きます。
・「、」や「。」もそれぞれ一文字に数えます。ただし、行の一番上のマス目に「、」や「。」がきてしまうときは、前の行の最後のマス目に文字と一緒《いっしょ》に記入してかまいません。
・文章の途中《とちゅう》で段落をかえたときの残りのマス目は、文字数として数えます。

問7　空らん［Ⅰ］には「いい意味での言い訳」を言いかえる言葉が入ります。その言葉を本文中から五字で書き抜きなさい。

問8　空らん［Ｘ］～［Ｚ］に入る語句の組み合わせとして最も適切なものを次の中から一つ選び、記号で答えなさい。

ア　Ｘ　きっと　Ｙ　うまく　Ｚ　必ず
イ　Ｘ　必ず　Ｙ　かなり　Ｚ　たいして
ウ　Ｘ　いかに　Ｙ　ずいぶん　Ｚ　うまく
エ　Ｘ　うまく　Ｙ　必ず　Ｚ　ずっと

問9　傍線部6「マイペンライ」の例を通して、筆者が伝えたいのはどのようなことですか。その内容を説明した次の文の空らんに当てはまる言葉を本文中から五字で書き抜きなさい。

〈説明文〉

挨拶にも［五字］があること。

問10　空らん［Ⅱ］には「前」と「後」のどちらが入りますか。適切な方を書きなさい。

問11　傍線部7「自分が待ち合わせに遅《おく》れ、相手がずいぶん長い間待ってくれていたという場合」とありますが、この場合はどう対応するのがよいと筆者は述べていますか。「～がよい」に続く形で、本文中の言葉を使って二十字以内で説明しなさい。

〈下書き用マス目〉

20

がよい。

問12　傍線部8「謝ることとお礼を言うこととのある意味での『近さ』」を説明している部分を五十字以内で探し、はじめと終わりの五字で答えなさい。

問13　傍線部9「挨拶《あいさつ》の言葉は、人間関係の潤滑油《じゅんかつゆ》」について、次の(1)・(2)に答えなさい。

(1)　「人間関係の潤滑油」のような表現技法を何と言いますか。次の中から最も適切なものを一つ選び、記号で答えなさい。

ア　比喩《ひゆ》　イ　擬人法《ぎじんほう》　ウ　倒置法《とうちほう》　エ　対句法《ついくほう》

(2)　「人間関係の潤滑油」とはどういう役目をもったものですか。次の中から最も適切なものを一つ選び、記号で答えなさい。

ア　人間関係に刺激《しげき》をあたえるもの
イ　人間関係をなめらかにするもの
ウ　人間関係を豊かにしてくれるもの
エ　人間関係が壊《こわ》れたときに使うもの

問14　傍線部10「たかが挨拶、［　　］挨拶」の空らん［　　］に入る言葉をひらがな三字で書きなさい。

問15　本文で述べている内容として、最も適切なものを次の中から一つ選び、記号で答えなさい。

ア　何か過失があり、「謝り」の挨拶をするときには、「大変」という表現を使って、真心からの思いであるということを強調するべきだ。

イ　挨拶表現だけでは不十分な場合、相手にとって不利益が生じたことを認め、謝罪したうえで、事情の説明や、改善、補償《ほしょう》も伝える必要がある。

通点もあります。謝る場合もお礼を言う場合も、対人関係の危機を乗り越《こ》え、ある意味でのアンバランスな関係を修復するものとしての共通点を持っているわけです。

（中略）

ここでは、※5出会いから始まって、お詫《わ》びやお礼など、様々な挨拶《あいさつ》について考えてきました。そして※6仲良くなる会話についても触れました。挨拶は、何かの内容のある情報を伝えるものというわけではありません。「ただの挨拶だよ」などと言われると、内容は二の次、というような印象を持つこともあります。

しかし、挨拶をするかどうか、そして、どんな挨拶をするか、ということで、［Y］対人関係のあり方が違ってきます。ちょっとした挨拶をしなかったばかりに、人間関係が［Z］築けないということもありますし、逆に、一言の挨拶が、相手の心にあたたかい灯をともすということもあります。

9挨拶の言葉は、人間関係の潤滑油《じゅんかつゆ》であり、これなしにはとても住みにくい世の中になってしまいます。10たかが挨拶「　　」挨拶。大切にしたいものです。

（森山卓郎《たくろう》『コミュニケーションの日本語』）

※1　補償《ほしょう》　…あたえた損失をお金などでつぐなうこと。
※2　突発的　…とつぜん起こるさま。
※3　転嫁《てんか》　…人のせいにすること。
※4　余談　…本筋からそれた話。
※5　出会いから始まって　…出題部分よりも前に説明があります。
※6　仲良くなる会話についても触れました。…（中略）の中にこの部分の説明がありますが、本文には書いてありません。

問1　傍線部《ぼうせん》a～eについて、カタカナは漢字に直し、漢字は読みを書きなさい。

問2　傍線部1「表現」と同じ組み立ての熟語として正しいものを次の中から一つ選び、記号で答えなさい。

ア　善悪　　イ　少量　　ウ　国立　　エ　絵画

問3　傍線部2「『これでお詫《わ》びの挨拶は終わりだ』といった態度を見せてはいけない」とありますが、それはなぜですか。本文中の言葉を使って三十五字以内で説明しなさい。

〈下書き用マス目〉

問4　傍線部3「あくまで」の本文中での意味として最も適切なものを次の中から一つ選び、記号で答えなさい。

ア　どこまでも　　イ　どうしても
ウ　どことなく　　エ　どちらかといえば

問5　傍線部4「それ」が指している内容を、本文中の言葉を使って十字以内で説明しなさい。

〈下書き用マス目〉

問6　傍線部5「原因」の対義語を答えなさい。

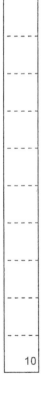

行ったときのこと、前の日にお願いしていたプリントのコピーが届いていなかったのであわてて取りに行くと、コピーするのを忘れていた係の方に、「[6]マイペンライ」と言われたことがあります。タイ語の「マイペンライ」という表現は、「かまわない」「大丈夫《だいじょうぶ》」などという意味の言葉ですが、これが謝罪の場面で使われることがあるのです。私は、頼《たの》まれたことを忘れていた人が「かまわない」と言うことに、その時ちょっととまどったのですが、後でタイの人にその話をしてみると、この言葉は、「すぐにちゃんとコピーするから、心配しないでください」という気持ちで使われたのだということでした。この挨拶《あいさつ》は、言葉の表面だけでとらえればちょっと誤解を生みそうですが、この場合は対応についての心配りが一種の挨拶になったものと考えてよさそうです。

　さて、謝る場合の一連の表現がある場合、その順序にも気配りが必要です。例えば、次の二つの表現の順番を比べてみてください。

　借りた本をなくしてしまいました。すぐに同じ本を買って返します。すみません。

　借りた本をなくしてしまいました。すみません。すぐに同じ本を買って返します。

　順序が違うだけですが、［Ⅱ］の言い方の方が申し訳ないという気持ちが伝わりそうに思います。まずは、しっかり心情を伝え、事情を説明するという手順が必要で、ふつう、補償については最後に言うことが多いようです。いきなり補償のことを言ってしまうと、「補償するのだからそれでいいでしょう?」というような態度を表すことになってしまうからです。「悪かった」というお詫《わ》びの気持ちをしっかり伝えるためには順序にも気を配りましょう。

　例えば、[7]自分が待ち合わせに遅《おく》れ、相手がずいぶん長い間待ってくれていたという場合を考えてみます。この場合、相手との関係には二通りの関係が考えられます。一つは相手を待たせたという自分の「過失」で、謝りに通じるとらえ方です。もう一つは、それにもかかわらず待ってくれていたという相手の「恩義」で、お礼に通じるとらえ方です。

　場合にもよりますが、基本的には、このような場合、謝るほうをまずは優先するほうがよいように思われます。

　待っていただいてありがとうございました。

という挨拶をしたとすれば、自分の過失を認定していないことになるからです。その意味で、まずは、相手に迷惑《めいわく》をかけてはいけない、というルールが最も大切と言えるかもしれません。

　ちなみに、このようなときは、例えば、

　先生、お待たせしてすみません。

と言うことはありますが、「ていただく」、すなわち「てもらう」の敬語形を使って

　待っていただいてすみません。

と言うことはありません。まずは自分が悪いことをしてしまったということを表すのです。

　しかし、それにしても、こうしたことは、[8]謝ることとお礼を言うことのある意味での「近さ」を考えさせてくれます。どちらも「いえいえ」というような応答になるという点も共通していますし、日本語では「すみません」がどちらの場合にも使われる、というような共

必要です。

　本当に申し訳ありませんでした。以上。

のように、2「これでお詫《わ》びの挨拶は終わりだ」といった態度を見せてはいけないと思います。

　場合によっては、挨拶表現だけでは、本当に謝ったことにならないこともよくあります。

　例えば、ジュースを持って歩いていて、それをこぼしてしまって、誰《だれ》かの大切な服を汚《よご》したとします。その場合、謝っただけで済ませられることもあるかもしれませんが、洗濯《せんたく》代などを支払《はら》わなければならないこともあるでしょう。その被《ひ》害に遭《あ》った人からすれば、言葉で謝るだけでその場を収められるのではb納得がいかないということもあるはずです。

　以前、三歳《さい》くらいの子供を連れて散歩していたとき、向こうから学生風の女性がすごいスピードで自転車でやってきて、その子供と接触《せっしょく》したことがありました。子供が転んで泣いたのですが、その人は、「すみません、だいじょうぶですか、すみません、すみません」とちょっと止まって言っただけで、そのまま、また猛《もう》スピードで走り去って行きました。謝らないのに比べるとまだましですが、3あくまで形式的です。つまり、形の上では謝っていますが、これでは、本当に心を込《こ》めた謝罪とは言えないでしょう。「とりあえず謝っておいて逃《に》げる」という「謝り逃げ」だと思われてもしかたありません。

　では、謝る場合にはどのようなことが大切なのでしょうか。まず、最も大切なことは、相手にとって不利益が生じたことを認定し、4それに対する自分の申し訳ないという気持ちを伝えることです。しかし、それだけでは不十分なこともあります。ことcシダイにもよりますが、なぜそのようなことになってしまったのかという、事情の説明も必要ですし、これからの改善、そして※1補償《ほしょう》についても伝えることが必要になることがあるわけです（謝られる側についても、必要に応じてこれらを求めることがあるでしょう）。

　例えば、待ち合わせに一時間遅刻《ちこく》したとして、その5原因が、単なる朝寝坊《ねぼう》によるのか、※2突発《とっぱつ》的な交通事故での渋滞《じゅうたい》によるのかで、待たされたほうの気持ちは違《ちが》ってきます。ちょうど英語では、〝excuse〟が「謝る」という意味と「言い訳をする」という意味との両方の意味を持っていますが、いい意味での言い訳（［Ｉ］）をすることとは、相手への誠意の表現でもあると言えるかもしれません。ただし、それで完全にセキニンを※3転嫁《てんか》することは、少なくとも日本の文化では望ましくないと思います。

　また、これから二度とそのようなことを起こさないというdサイハツの防止への決意や対策も伝えなければなりません。同じようなことが平気で繰《く》り返されるのでは、何の反省もしたことにならないと受け取られるからです。企業《きぎょう》が不始末を起こして謝罪広告などが新聞に載《の》ることがありますが、ここでは必ず、今後どう改善するか、同じ間違いを［Ｘ］防止するかがe詳しく書かれます（まあ、改善しましたよ、という広告にもなるわけですが）。

　また、被害が大きなものの場合、場合によっては、補償についても相手に納得してもらえるように説明する必要があるでしょう。どう対処するかということも大切なことです。

　※4余談ながら、これにも文化の違いがあります。以前、タイの大学へ

【国語】〈五〇分〉〈満点：一〇〇点〉

【一】次の問いに答えなさい。

問1　次の①～③の文の、主語と述語を答えなさい。主語が省略されている場合は「なし」と答えなさい。

例）ぼくは　図書館に　本を　探しに　行った。

主語：ぼくは　　述語：行った

①私の　思い出の　場所は　なんといっても　海です。

②今日は　天気が　よいので、ピクニックに　行こう。

③確かに　その車を　見たんだね、君は。

問2　次の各文の傍線《ぼうせん》部は、どこにかかる言葉ですか。例にならって答えなさい。

例）きれいな　赤い　花が　咲《さ》いている。　　答：花が

①遠足の　思い出は　私の　心に　いつまでも　残るだろう。

②たいへん　美しい　チョウを　つかまえた。

③庭に　小さな　スズメが　たくさん　いる。

問3　次の空らんにあてはまる故事成語を後から選び、記号で答えなさい。同じ記号は重ねて使いません。

①作文は□してから清書する。

②毎日駅まで歩くことは、健康にもよいし、バス代も節約できて□だ。

③やはり現地に行って確認しよう。□と言うからね。

④君の話は□が多くて、とても信用できないよ。

ア　破天荒《はてんこう》　　イ　百聞《ひゃくぶん》は一見《いっけん》に如《し》かず

ウ　矛盾《むじゅん》　　エ　一挙両得《いっきょりょうとく》

オ　五十歩百歩《ごじっぽひゃっぽ》　　カ　推敲《すいこう》

【二】次の文章を読んで、あとの問いに答えなさい。

何か悪いことをしてしまったときに、過失を認めたり、困惑《こんわく》した気持ちであることを表したりする挨拶《あいさつ》が、「謝り」の挨拶です。謝る時によく使われる挨拶[1]表現が、「申し訳ありません」「ごめんなさい」「すみません」などです。いずれも、悪いことをしてしまって、申し訳ができない（私が本当に悪い）、許してほしい、このまま済むことではない、といった意味を表しています。

本当に自分が悪いと思うならば、まずはしっかり[a]セキニンを認め、自分が相手に対して悪い、という落ち着かない気持ちを持っていることを示し、相手の許しを得ようとすることが大切なのです。謝る表現の前には必ず不始末がありますが、謝らないと、もともと不始末も何事もなかったのと同じになってしまいます。大切なことは、心から悪いと思う気持ちです。

具体的な表現としては、

本当に申し訳ありません。

のように、真心からの思いであることを付け加えることも大切です。

大変申し訳ありません。

のような言い方はできないわけではないのでしょうが、「本当に」のように真心からの思いであるということを強調するほうが、どちらかといえば適切なような気がします。

また、その申し訳ないという気持ちが残っていることを伝える事も

2022年度

東洋大学附属牛久中学校入試問題（第１回一般）

【算　数】（50分）〈満点：100点〉

【注意】 定規・コンパス・電卓の使用を禁止します。

1　以下の問いの□に当てはまる適切な数値を答えなさい。

(1)　$33 \times 4 \div 2 + 144 \div 36 \times 2 = \square$

(2)　$\dfrac{14}{9} \div \left(1.5 - \dfrac{1}{3}\right) - 0.6 = \square$

(3)　$2.83 \times 7.6 + 28.3 \times 0.83 - 2.83 \times 5.9 = \square$

(4)　$3\dfrac{9}{13} \div \dfrac{\square}{39} = \dfrac{18}{5}$

2　以下の問いの□に当てはまる適切な数値を答えなさい。

(1)　水筒の中に1.8 Lのお茶が入っています。$\dfrac{3}{20}$ Lのコップ8杯分のお茶を飲み，さらに残りのお茶の$\dfrac{5}{12}$を飲みました。このとき残ったお茶は□ Lです。

(2)　130個で4500円のクレヨンがあります。このクレヨンを5400円分購入すると□個購入できます。

(3)　原価900円の商品に原価の4割の利益を見込んで定価をつけました。しかし，売れなかったので，定価の□％引きで売ったところ234円の利益が出ました。

(4)　今年，父と私の年齢の合計は45です。また，18年後には，私の年齢は父のちょうど半分になります。私の年齢は今年□歳です。

(5)　□％の食塩水300 gに食塩60 gを加えると20％の食塩水になります。

3　下の図のように，線分AD上に2点B，Cがあります。
線分の比が　AB：BC＝3：7，AC：CD＝6：5　のときAB：BC：CDを求めなさい。

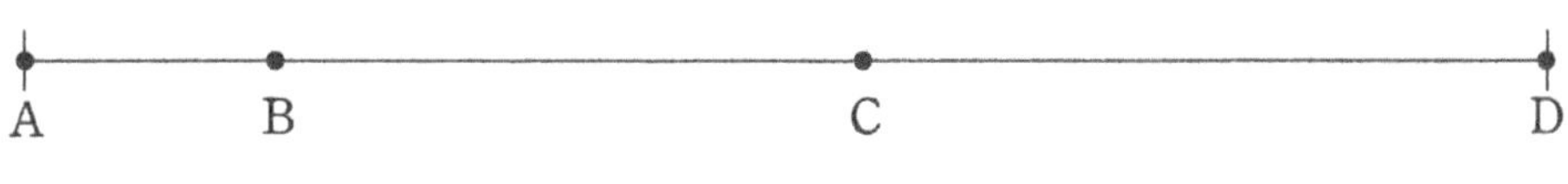

4　下の図において，xの値を求めなさい。

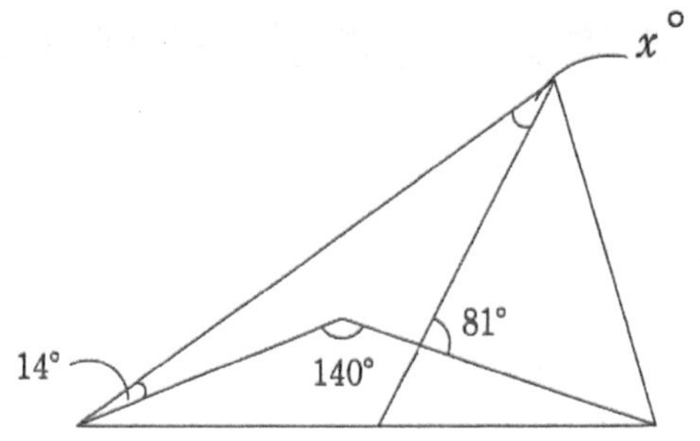

5　下の図のように，直角三角形の内部に正方形が２つ接しています。
このとき，塗りつぶしてある部分の面積を求めなさい。

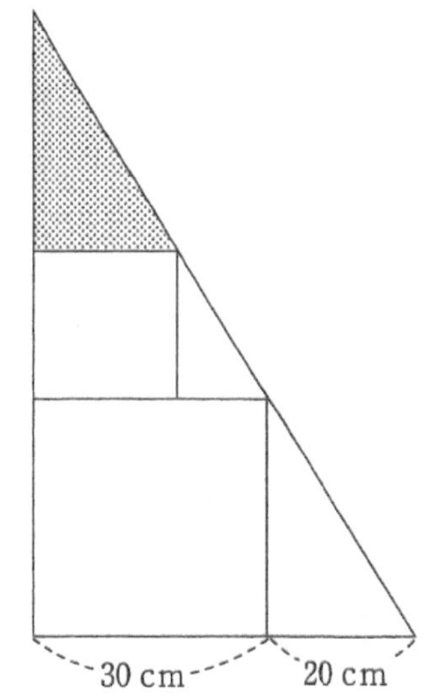

6　下の図は立方体を切断した立体を表したものです。この立体の体積を求めなさい。

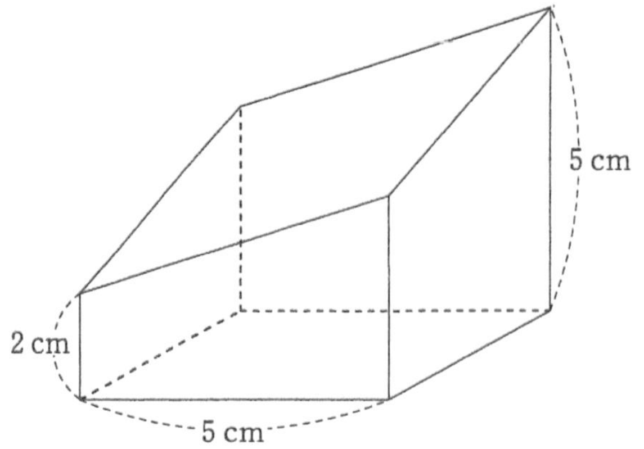

7 60 km離れた2地点A，Bがあります。令子さんは自転車で地点Aを出発し，時速12 kmで地点Bへ向かいました。地点Bに到着すると，すぐに折り返して地点Aに向かいました。和人さんは令子さんが地点Aを出発してから1時間後に，同じく自転車で地点Bを出発し，令子さんが地点Bに到着した時刻と同じ時間に地点Aに到着しました。そこで30分休憩してから，1.6倍の速さで地点Bへ向かいました。次の問いに答えなさい。

(1) 令子さんが地点Bに到着するのにかかる時間を求めなさい。

(2) 和人さんが地点Bから地点Aに向かうとき，速さは時速何kmですか。

(3) 2回目に令子さんと和人さんが出会うのは地点Aから何kmの地点ですか。

8 令子さんと和人さんがお店のキャンペーンについて話をしています。会話文を読み，問いに答えなさい。

> **キャンペーン**
>
> **120円（税込み）のペットボトルドリンク，**
>
> **5本買うと，次の1本は「0円」で買えるクーポンをプレゼント**
>
> **このキャンペーンはアプリ専用キャンペーンです。会計前にアプリ画面を提示してください**
>
> ※1　ドリンクを1本購入するごとに，ドリンクメーターが「1」たまります。
>
> ※2　ドリンクメーターが「5」になると，すぐにクーポンが配布されます。
>
> ※3　クーポンはすぐに使用することができます。
>
> ※4　クーポンは何枚でもためることができます。
>
> ※5　クーポンを使って購入した場合でもドリンクメーターが「1」たまります。

和人：「アプリをインストールしたよ。試しに10本買ったら，2枚のクーポンをもらえたよ。」

令子：「クーポンはどうしたの。」

和人：「すぐに使ったよ。だから今，ドリンクメーターは「2」たまってるよ。会計を終えてからもう一回ドリンクを選びに行くのが面倒くさかったけどね。」

令子：「へぇ。ということは一度に50本買えば [ア] 本分のクーポンがもらえるのよね。」

和人：「そうだよ。そのクーポンを使って，さらに [イ] 本分のクーポンがもらえるよ。」

令子：「ということは，50本分の値段で，合計 [ウ] 本が手に入るのね。」

和人：「まぁ，何度もレジと売り場を行ったり来たりするけどね。」

令子：「そうすると，最後にドリンクメーターが [エ] になる買い方が，一番お得な買い方ね。」

和人：「そうだね。クーポンで購入する分も合わせて [　　（ｉ）　　] という本数で購入すれば，いいんだね。」

令子：「今度，子供会があるわ。ペットボトルドリンクが104本必要なの。いくらかかるかしら。」

和人：「このキャンペーンの仕組みは把握したよ。任せてよ。[オ] 円必要だよ。」

(1) [ア] ～ [オ] に当てはまる適切な数値を答えなさい。

(2) [　　（ｉ）　　] には数の説明が入ります。適切な答えを記述しなさい。

9 下の図のようなマス目の最も上の段（1行目）と最も左の段（1列目）にはすべて1を書き入れます。それ以外のマスには，その1つ上のマスに書かれた数と1つの左のマスに書かれた数の和を書き入れます。

例えば，2行目・3列目の数は3です。以下の問いに答えなさい。

	1列目	2列目	3列目	…				
1行目	1	1	1	1	1	1	1	
2行目	1	2	3	4	5			
3行目	1	3	6	10	15			
⋮	1	4	10	20	35			
	1	5	15	35				
	1							
	1							

(1) 2行目・15列目の数を求めなさい。

(2) 3行目・15列目の数を求めなさい。

(3) 「あるマス目の数」と「その1つ下のマス目の数」の関係を述べなさい。

【理科・社会】（50分）〈満点：100点〉

1　次の**A・B・C**の問いに答えなさい。

A．以下の問いに答えなさい。

問１　関東地方の季節の移り変わりにともなう生き物の暮らし方の変化について正しく説明した文を，以下の**ア〜エ**の中から一つ選び記号で答えなさい。

ア　メダカは１月になると卵をさかんに産むようになる

イ　トンボは成虫のすがたで冬をこし，３月になると水中に卵を産む

ウ　カエデ（モミジ）は11月ころになると紅葉したのち，葉をすべて落とす

エ　ナズナ（ペンペン草）は５月になると地面にはりつくような葉を広げ始める

問２　アサガオには，葉の一部に緑色の色素を持たない白い部分が模様となった「ふ入り」と呼ばれる葉を持つ種類のものがあります。このふ入りの葉を図のようにアルミはくでおおい，じゅうぶんに日光を当てたあと，適切に処理をして，ある染色液を反応させたところ，一部が青むらさき色に染まりました。

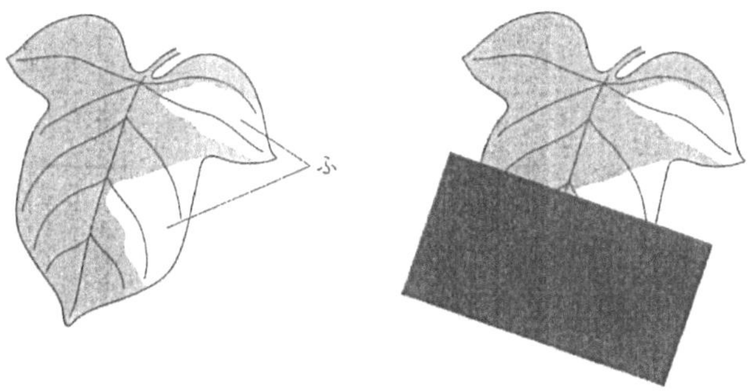

⑴　下線部「ある染色液」の名称《めいしょう》を答えなさい。

⑵　青むらさき色に染まったのは葉のどの部分ですか。解答用紙の図を塗《ぬ》りつぶして答えなさい。

問３　図のように，ふたを閉めた集気びんの中でろうそくを燃やすと，そのまま燃え続けることは無く，すぐに火が消えてしまいます。燃え続けることができない理由について，ものが燃えるしくみにもふれながら，文章で説明しなさい。

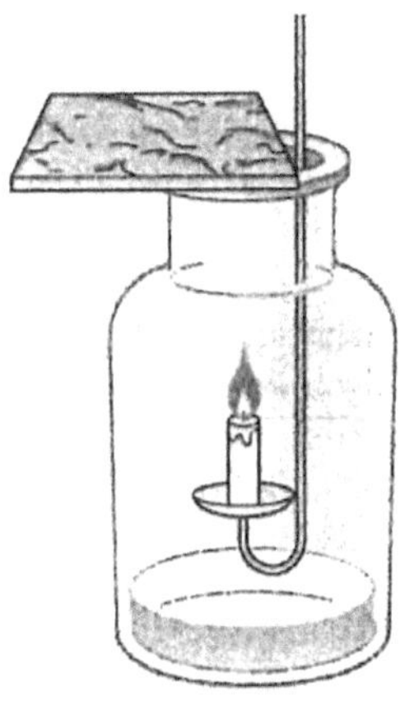

問４　以下の文は，わたしたち人間の胎児《たいじ》が母親のおなかの中で育つしくみについて説明したものです。文の中の空欄《らん》①・②にあてはまることばを答えなさい。

「母親のおなかの中で精子と卵が受精したあと，受精卵は子宮の中で胎児へと育ちます。受精したあと４週間後には［　①　］ができ，胎児の体の中に血液を送り始めます。胎児は自分で酸素や栄養をとることができないので，へそのおと［　②　］で母親の子宮につながっており，ここを通してそれらをとることができます」

問５　「台風」とはどのような現象ですか。その特徴《とくちょう》について２行程度の文章で説明しなさい。特徴の例としては，発生のしかたや，移動のしかた，気圧の変化や地表での気象変化のようすなどのうちから，あなたが分かることを自由に選んで書きなさい。

B．食塩とホウ酸の溶《と》け方の違いを調べるために，次の実験を行いました。**表１**は，その結果をまとめたものです。あとの問いに答えなさい。

〔実験〕食塩とホウ酸を水の温度を変えながら溶けきれるだけ溶かした。使用した水の重さは 100 g で，溶けきったあとの水溶液に物質を加えてもそれ以上溶けることはなかった。

	１０℃	２０℃	３０℃	４０℃	５０℃	６０℃
食塩	３５．７	３５．８	３６．１	３６．３	３６．７	３７．１
ホウ酸	３．７	４．９	６．８	８．９	１１．４	１４．９

表１　水 100 g に溶けきれる物質の重さ〔g〕

問１　食塩とホウ酸の溶け方には，どのような違《ちが》いがありますか。文章で簡単に答えなさい。

問２　食塩が 40℃の水 100 g に限界まで溶けたとき，水溶液の濃《こ》さは何％になりますか。**表１**から読み取り，整数で答えなさい。

問３　50℃の水 100 g にホウ酸を 10.0 g 溶かしました。この水溶液を 10℃まで冷やすと，何 g のホウ酸が出てきますか。**表１**から読み取り，答えなさい。

C．下の図に示すふりこ**A**を使って，ふりこが１往復する時間は何によって決まるのかを調べるために，次の**実験１**と**実験２**をしました。**表１**と**表２**は，そのときの結果をまとめたものです。あとの問いに答えなさい。

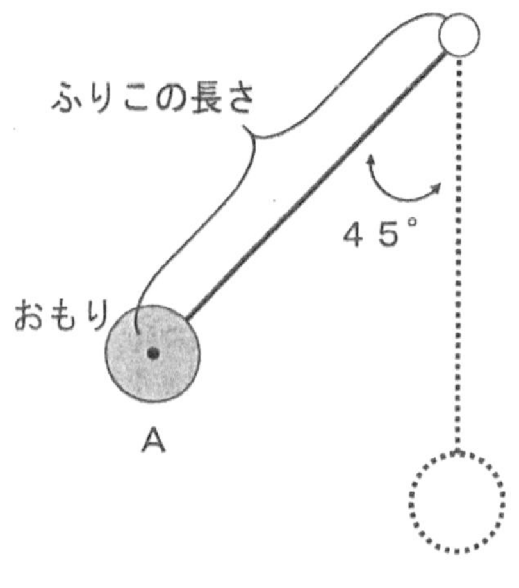

〔**実験１**〕ふりこの長さは変えずに，おもりの重さを変えて10往復する時間を測り，１往復にかかる時間を計算で求めた。

	１０g	２０g	３０g	４０g	５０g
１往復するのに かかった平均時間〔秒〕	２.１	２.０	２.０	２.１	２.１

表１　おもりの重さを変えたときの１往復にかかる時間

〔**実験２**〕おもりの重さは変えずに，ふりこの長さを変えて10往復する時間を測り，１往復にかかる時間を計算で求めた。

	２０cm	４０cm	６０cm	８０cm	１００cm
１往復するのに かかった平均時間〔秒〕	０.９	１.３	１.６	１.９	２.１

表２　ふりこの長さを変えたときの１往復にかかる時間

問１　**実験１，２**から，ふりこが１往復する時間は何によって決まると考えられますか。

問２　**実験１，２**のように，ふりこが１往復する時間を求めるために10往復する時間を測るのはなぜですか。文章で簡単に答えなさい。

〔**実験３**〕ふりこAを静かに離《はな》したところ，ふりこのおもりは同じ高さまで上がったあと，一瞬《しゅん》静止した。

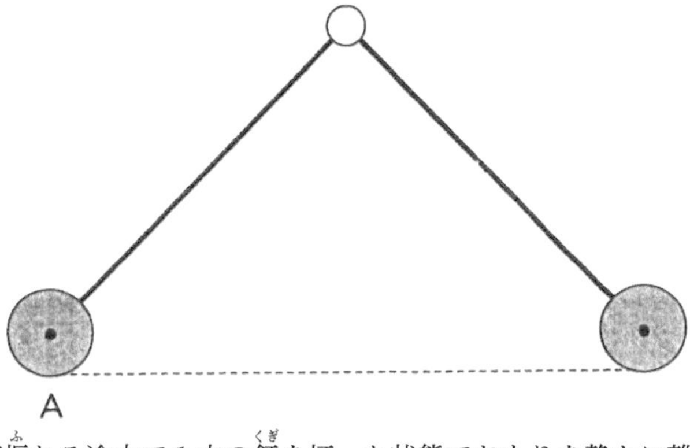

〔**実験４**〕ふりこAが振《ふ》れる途中で１本の釘《くぎ》を打った状態でおもりを静かに離した。

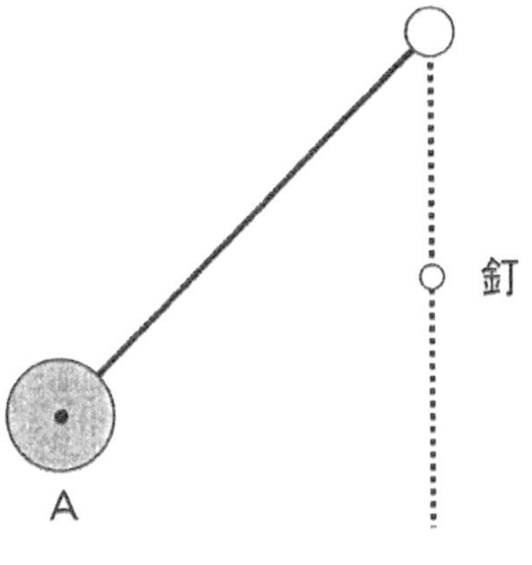

問３　**実験４**で，おもりはどの高さまで上がって一瞬《しゅん》止まりますか。そのときのふりこのようすを作図しなさい。

２　令子さんは９月に潮干狩《しおひが》り（海の砂浜《すなはま》で貝などを掘《ほ》る遊び）に行ってみたいと思い父親に相談しました。そのとき会話を参考にして，以下の問いに答えなさい。

令子：お父さん，わたし海に行って潮干狩りをしてみたい。大洗《おおあらい》町の砂浜ではハマグリがいっぱいとれるんだって。来週行こうよ。

父親：ああ……でもね，潮干狩りはいつでも行けるというわけではないんだ。だいたい一般的《いっぱんてき》にちょうどいい季節とされるのは４～６月ぐらいかな。

令子：そうなんだ。貝はその時期にしかとれないの？

父親：いや，貝は砂の中にずっといるんだけどね。干潮《かんちょう》の大きさが小さいんだよ。

令子：え，「干潮」ってなに？

父親：海面の高さ（潮位《ちょうい》）は，一日の中でも大きく変化するんだ。上がり切ったときを「満潮《まんちょう》」，下がり切ったときを「干潮」といって，潮干狩りは大きい干潮のときにやるんだ。

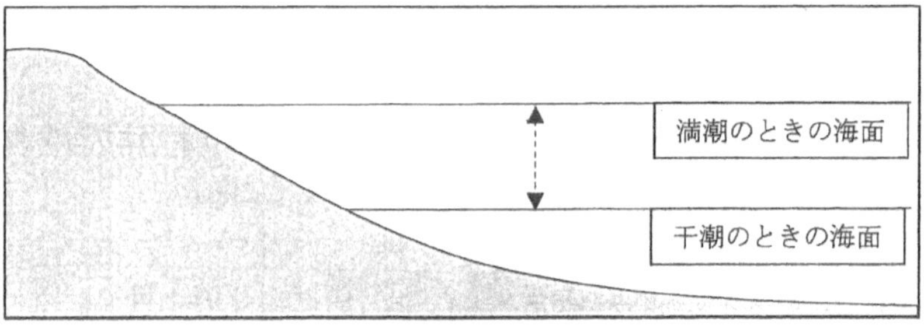

図１　満潮と干潮の大きさ

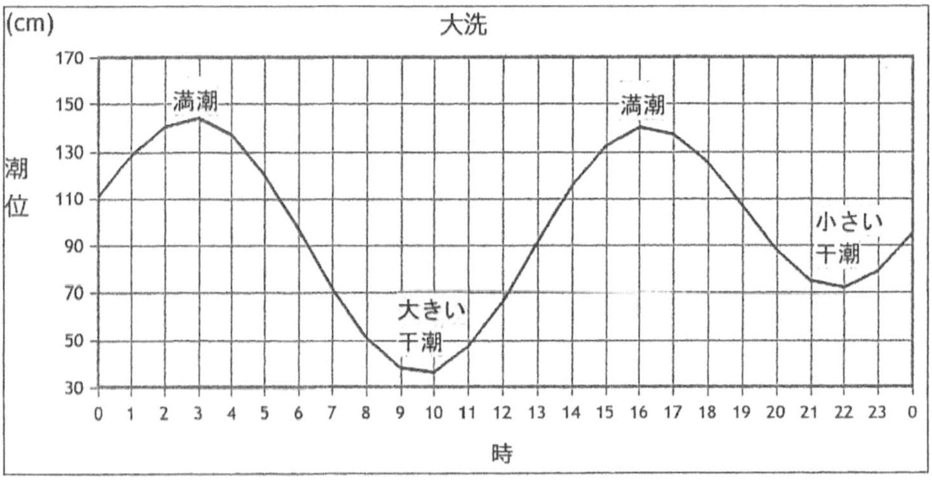

図２　2021 年９月 10 日における一日の潮位の変化

令子：そうか掘れるタイミングがあるんだね。それで，９月には大きい干潮が無い，ということなの？

父親：いや，無いわけではないんだけど，大きい干潮の潮位は１年のうちでけっこう変わるんだ。**表１**にあるように，６月のころは最低潮位がすごく低くなるから，砂浜が広くなって掘りやすいんだよね。

	３月	６月	９月	１２月
満潮のときの最高潮位	131 cm	145 cm	149 cm	152 cm
大きい干潮のときの最低潮位	5 cm	−10 cm	23 cm	−10 cm

表１　2021 年の各月における満潮，干潮の最大の大きさ
（基準となる海面の高さを0 cmとし，そこからの変化で示している）

令子：でもお父さん，この**表１**を見ると，12月でも潮干狩りに行けそうに思えるんだけれど，できないのかな。12月は寒いから？

父親：うん，もちろんそれもある。そしてもう一つ，12月に潮干狩りをするのが難しくなる大きな原因があるんだよね。この**表２**を見てごらん。

	６月 25 日		12 月 5 日	
	時刻	潮位	時刻	潮位
満潮の時刻と潮位の大きさ	2:42	143cm	5:21	140cm
	17:50	133cm	15:24	151cm
干潮の時刻と潮位の大きさ	10:18	−10cm	10:12	97cm
	22:22	102cm	22:48	−10cm

表２　６月 25 日と 12 月５日における満潮と干潮のときの時刻と潮位

令子：えーと，なるほど！［　　　　　］から 12 月の潮干狩りは難しいのか。

問１　海に住む生き物について説明した以下の**ア**～**エ**の文のうち，あやまっているものを一つ選び記号で答えなさい。

ア　カニは６本のあしを持ち，こん虫の仲間にふくまれる

イ　イカはかたい背骨を持たず，あしの運動と吹《ふ》き出す水の勢いで移動する

ウ　ハマグリはかたいからを持ち，砂の中の栄養分を食べて生活する

エ　イワシはえらで呼吸を行い，海の中に多数の卵を産む

問２　**表２**に示されたデータを使い，12月５日における一日のうちの海面の変化を表すグラフを，**図２**のグラフのかたちを参考にして書きなさい。ただし参考のために0：00と24：00のときの点はすでに書きこんであります。

（下書き用）

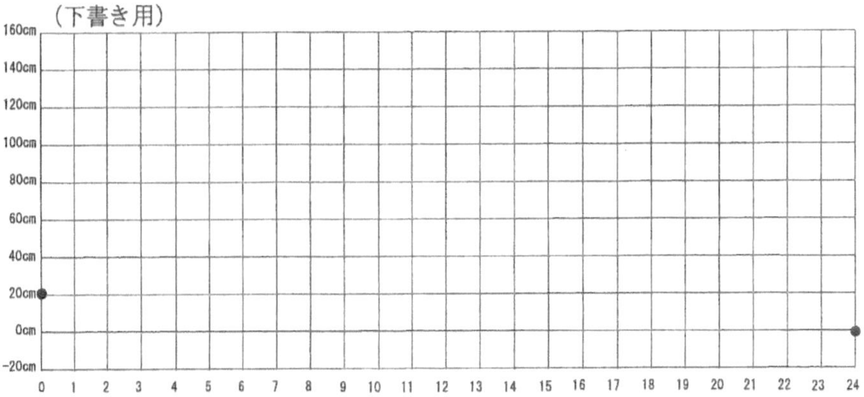

問３　「12月の潮干狩りが難しい」と**表２**のデータをもとに令子さんが判断した理由を，空欄にあてはまるかたちになるように文章で答えなさい。

問４　干潮と満潮はおもに月から地球にはたらく力によって起こるため，潮位変化の大きさは月の満ち欠けにしたがって変化します。

	満潮のときの最高潮位	大きい干潮のときの最低潮位	月のかたち
12/03(金)	142 cm	5 cm	
12/04(土)	147 cm	-6 cm	新月
12/05(日)	151 cm	-10 cm	
12/06(月)	152 cm	-8 cm	
12/07(火)	149 cm	(なし)	
12/08(水)	142 cm	0 cm	
12/09(木)	132 cm	12 cm	
12/10(金)	119 cm	26 cm	
12/11(土)	117 cm	41 cm	上弦の半月
12/12(日)	118 cm	55 cm	
12/13(月)	121 cm	65 cm	
12/14(火)	124 cm	51 cm	
12/15(水)	127 cm	38 cm	
12/16(木)	130 cm	26 cm	
12/17(金)	132 cm	17 cm	
12/18(土)	134 cm	11 cm	
12/19(日)	136 cm	7 cm	満月
12/20(月)	137 cm	5 cm	
12/21(火)	136 cm	6 cm	

表３　2021年12月3日～21日の満潮・大きい干潮時の潮位変化

① 12月11日には上弦の半月が観測されます。この月が真南の空にきたときに観測したようすとして正しいものを以下の**ア～エ**から選んで答えなさい。

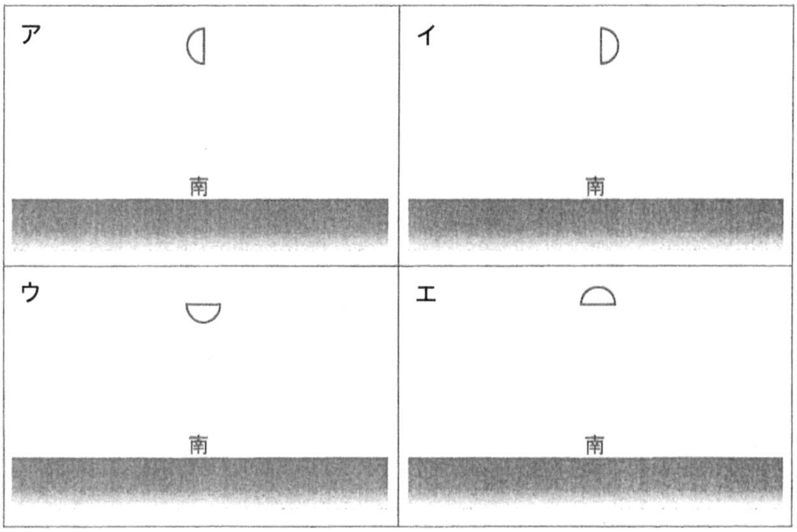

② 2021年12月の潮位変化と月のかたちの関係について正しく説明した文を，以下の**ア～エ**より一つ選んで記号で答えなさい。

ア　満月の直後における満潮の最高潮位がすべての時期を通して最も高い

イ　新月の直後には，大きい干潮の最低潮位が他の時期に比べて低くなる

ウ　上弦の半月の時期には，満潮の最高潮位が他の時期に比べて高くなる

エ　満月の時期の方が新月の時期よりも，満潮と干潮の潮位の差が大きい

3　次の**A・B・C**の問いに答えなさい。

A．以下の問いに答えなさい。

問１　地震や津波，こう水，火山の噴《ふん》火など，自然災害による被《ひ》害が予想される場所と，避難《ひなん》場所や避難経路《けいろ》などを地図上に示したものを何といいますか。

問２　奈良時代の聖武天皇は，国ごとに国分寺を建てることを命じ，平城京には東大寺を建て，大仏を作らせました。聖武天皇はなぜこのようなことをしたのでしょうか，簡単に説明しなさい。

問３　室町時代の能楽師で，足利義満の保護を受けて父の世阿弥とともに能を大成した人物の名を答えなさい。

問４　アメリカ軍によって，1945年８月に広島と長崎に使用された兵器の名前を答えなさい。

問５　日本国憲法第25条で保障されている「健康で文化的な最低限度の生活を営む権利」のことを何といいますか。

B．戦争を無くし，平和を実現するための取り組みについての問いに答えなさい。

20世紀を「戦争の世紀」と呼ぶことがあります。20世紀前半には二度の世界戦争が起こり，多くの人々が犠牲《ぎせい》になりました。

1945年，第二次世界大戦が終わると，世界の平和と安全を維《い》持するための組織として国際連合（国連）が発足しました。国連には戦争を引き起こす国に対して武力行使をする権限が与《あた》えられました。国連には子供たちの健康と教育を守る活動をするユニセフなどの①専門機関があり，それらは国

際協力の主な舞《ぶ》台となっています。

第二次世界大戦の敗戦国である日本は，日本国憲法の原則の一つとして平和主義を採用し，②その具体的な方針を第９条で定めました。しかし，日本は自国の安全を守るために自衛隊を組織したり，③他国との安全保障条約を締《てい》結したりする必要にも迫《せま》られました。

21 世紀になると，平和を脅《おびや》かす争いも新しい形態をとるようになります。2001 年９月 11 日には，④ハイジャックされた旅客機がニューヨークの世界貿易センタービルなどに突《とつ》入する事件が起こり，世界に衝撃《しょうげき》を与えました。宗教や民族の対立を原因とした紛《ふん》争は現在も世界各地で起こり続けており，解決に向けた国際社会のさらなる努力が求められています。

問１　下線部①に関連して，新型コロナウィルス感染症《しょう》の対策など，世界の人々の健康・衛生問題に取り組む国連の専門機関のことを何というか，答えなさい。

問２　下線部②に関して，憲法第９条で示された具体的な方針について簡単に説明しなさい。

問３　下線部③に関連して，日本が安全保障条約を結んでいる相手国を答えなさい。

問４　下線部④の事件のように，何らかの政治的な目的を達成するために暴力を行使することを何と言いますか。カタカナ五文字で答えなさい。

C．以下の(1)～(4)の文章を読んで，下の問いに答えなさい。

(1)　関ヶ原の戦いに勝利した（　ア　）は江戸を拠《きょ》点として，その支配を確立した。

(2)　源頼朝は（　イ　）を本拠《きょ》地にして勢力をかため，弟らを送って平氏との戦いに勝利した。

(3)　日本は（　ウ　）との戦争に勝利すると，講和条約を結び，南満州の鉄道の権利や樺太《からふと》の南部を手に入れた。

(4)　米づくりが広がると，倉庫にたくわえられた食料や種もみ，田や用水，鉄の道具などをめぐってむらとむらとの間で争いが起こるようになり，強いむらはやがて「くに」に成長していった。

問１　空欄（　ア　）（　イ　）（　ウ　）に入る語句を答えなさい。

問２　(4)の時代になると，同じむらの中でも家の大きさや墓の大きさに差が出てきます。この時代がそれ以前の時代と比べて，社会がどのように変化したからですか。簡単に説明しなさい。

4

以下の洋一さんと東山先生の会話文を読んでそれぞれの問いに答えなさい。

洋一：いろいろな意見がありましたけど，東京オリンピックが開かれましたね。東京で開かれるのは２回目だと聞きました。

東山：そうだね，東京で開催《さい》されるのは２回目だね。冬のオリンピックだと①札幌市と長野市で開催されたことがあるよ。

洋一：札幌は北海道なので寒いのは分かりますが，長野でも冬のスポーツができるんですか。長野はそんなに北にあるとは思えませんが。

東山：そうだね。でも長野市周辺は夏でも涼《すず》しくて，冬は寒いよ。理由は分かるかな。

洋一：うーん，東京などに比べると［　あ　］ですかね。

東山：なかなかよく分かっているね。

洋一：今回の東京オリンピックでは，選手村の食事も話題になっていましたね。

東山：福島県産のものをはじめ，②日本産の食材がたくさん使用されたみたいだね。

洋一：外国の選手がＳＮＳにアップしているという記事をたくさん見ました。オリンピックはまた日本で開かれますか。

東山：それはわからないな。でも，国際的なイベントといえば2025年に万国博覧会《ばんこくはくらんかい》（国際博覧会）が大阪府で開催される予定だよ。大阪府での万博《ばんぱく》も1970年に続き２度目だね。過去の大阪万博（日本万国博覧会）は，戦後の③高度経済成長を成しとげた日本の象徴《しょうちょう》としての意味もあったね。2005年には愛知県でも万博が開催されていたね。

洋一：コロナ禍《か》が終わったら，色々な国から日本に来てもらいたいです。

問１　下線部①について，下の**ア**～**エ**の雨温図は札幌・新潟・東京・那覇のいずれかのものです。**ア**～**エ**から札幌の雨温図を選び，記号で答えなさい。

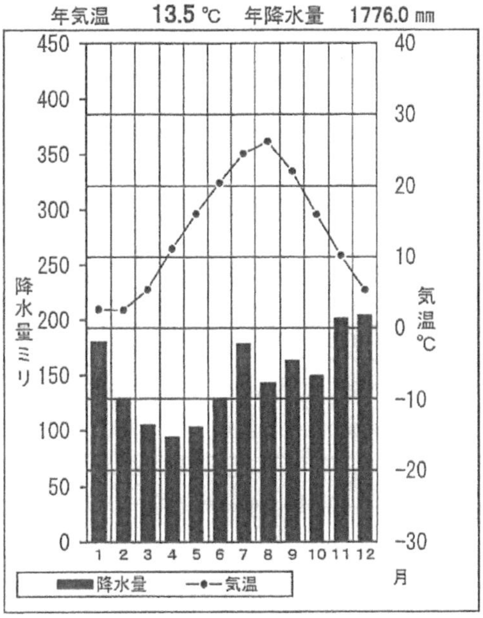

ア

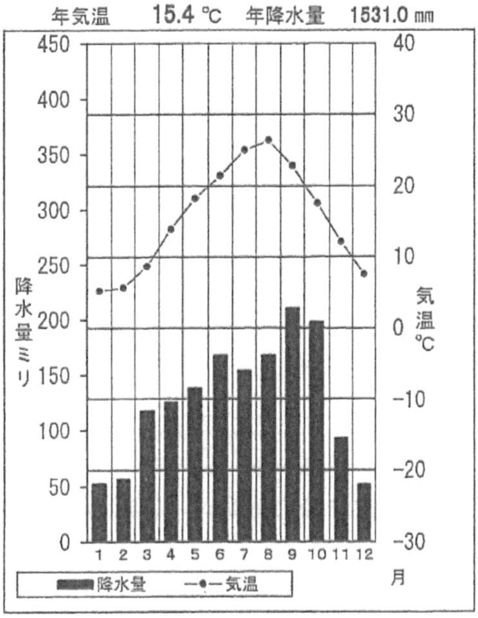

イ

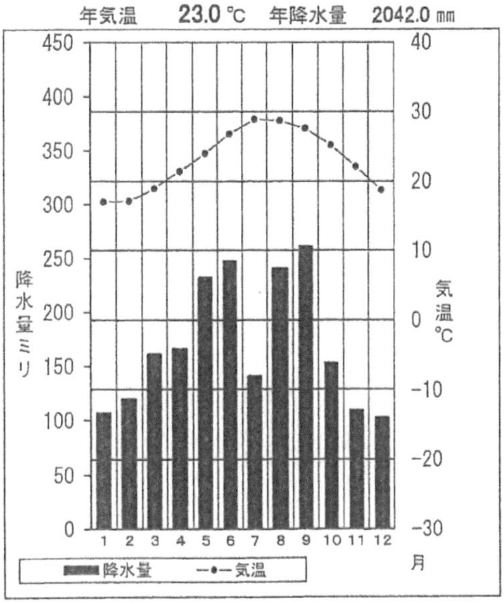

ウ

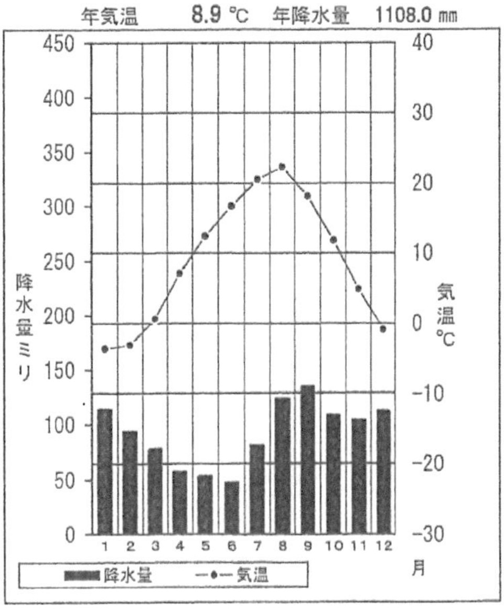

エ

問２　下線部②について，日本の食料生産について，**表１**を見て各問いに答えなさい。

	はくさい		（ Ｘ ）		きゅうり		もも	
１位	茨城	26.5％	新潟	8.1％	宮崎	11.3％	山梨	37.4％
２位	長野	25.4％	（ Ｙ ）	6.6％	群馬	10.0％	福島	21.4％
３位	群馬	3.7％	秋田	6.3％	埼玉	8.3％	長野	11.7％
４位	北海道	2.9％	山形	4.8％	福島	7.1％	山形	7.1％

	乳牛		キャベツ		レタス		肉牛	
１位	（ Ｙ ）	60.1％	群馬	18.8％	長野	35.7％	（ Ｙ ）	20.5％
２位	栃木	3.9％	愛知	16.7％	茨城	15.3％	鹿児島	13.5％
３位	熊本	3.3％	千葉	8.5％	群馬	7.9％	宮崎	10.0％
４位	岩手	3.2％	茨城	7.5％	長崎	5.8％	熊本	5.0％

表１　日本の農・畜《ちく》産物の都道府県別生産量のランキング（2018年）

⑴　空欄（　Ｘ　）に入る作物の名称と（　Ｙ　）に入る都道府県名を答えなさい。

⑵　はくさい，きゅうり，レタス，キャベツなどの生産地として，茨城・群馬・埼玉・千葉などの東京近県が目立ちますが，これはなぜですか。その理由を簡単に答えなさい。

問３　下線部③について，以下の**表２**中の**ア～エ**は高度経済成長期のころまでに形づくられた４つの工業地帯・地域を示しています。以下の**表２**中の**ア～エ**より中京工業地帯を示すものを選び，記号で答えなさい。また，あなたがその答えを選んだ理由を簡単に答えなさい。

	金属	電気機械	輸送機械	その他機械	化学	食料品	繊維《せんい》	その他
ア	16.0％	5.2％	34.4％	6.7％	5.6％	17.0％	0.6％	14.5％
イ	12.1％	10.5％	16.6％	11.7％	20.7％	13.6％	0.5％	14.3％
ウ	20.7％	11.2％	8.0％	15.6％	18.4％	11.4％	1.6％	13.1％
エ	9.6％	9.3％	47.5％	10.1％	6.1％	5.1％	1.0％	11.3％

表２　４つの工業地帯・地域の業種別出荷額の割合（2016年）

問４　[　あ　]に入る文を，下の地図中のA—A’の地形断面図を参考にしながら，地形・標高などのことを考えて答えなさい。

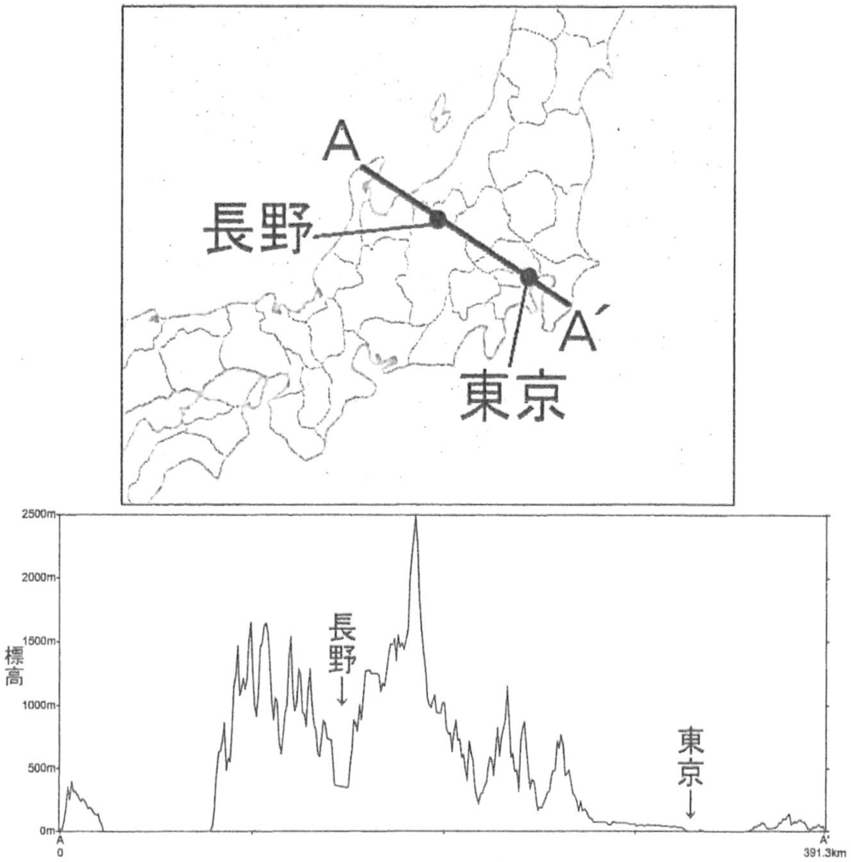

問12　傍線部9「常識」とありますが、本文で述べられている内容として最も適切なものを次の中から一つ選び、記号で答えなさい。

ア　世間一般で正しいとされていること
イ　自分で想像したものを自分で否定すること
ウ　想像力を働かせて現実を理解すること
エ　個々のものをほぼ同じものだと仮定すること

問13　空らん X ～ Z に入る語句の組み合わせとして最も適切なものを次の中から一つ選び、記号で答えなさい。

ア　X　だから　Y　なぜなら　Z　ついに
イ　X　しかし　Y　つまり　Z　むしろ
ウ　X　あるいは　Y　だから　Z　なぜなら
エ　X　むしろ　Y　しかし　Z　さらに

問14　傍線部10「ユニークな」の意味として正しいものを次の中から一つ選び、記号で答えなさい。

ア　独特の　イ　大事な　ウ　新しい　エ　おもしろい

問15　本文で述べている内容として最も適切なものを次の中から一つ選び、記号で答えなさい。

ア　現代アートは、作者がどう感じたのかを訴《うった》えるため、「山だ」とか「花だ」とかいう具体的なものを描き出す。
イ　抽象化するときに不要な情報をきれいさっぱり忘れてしまうと、問題の本質が見えにくくなり、判断を誤る。
ウ　人間が「相手の身になって考える」ことができるのは、「想像する」ことができるからだ。
エ　想像力は苦境から自分を救うことができるが、富も自由もいらない人にとっては不要のものである。

問16　二重傍線部「ちょっと考え方を変えるだけで救われることだってある」とありますが、あなたが《考え方を変えて救われたこと》は何ですか。具体的な体験を入れて百六十字以上二百字以内で書きなさい。また、書くときはあとの《きまり》に従いなさい。

《きまり》

・氏名と題名は書きません。
・各段落の最初は一マス下げて書きます。
・「、」や「。」もそれぞれ一文字に数えます。ただし、行の一番上のマス目に「、」や「。」がきてしまうときは、前の行の最後のマス目に文字と一緒《いっしょ》に記入してかまいません。
・文章の途中《とちゅう》で段落をかえたときの残りのマス目は、文字数として数えます。

〈下書き用マス目〉

問3 傍線部**2**「具象画」とはどのような絵のことですか。本文中から二十字以内で書き抜《ぬ》きなさい。

問4 傍線部**3**「『抽象的』の意味も、この抽象画の『わけのわからなさ』に引きずられてしまっているようだ」とありますが、どういうことですか。最も適切なものを次の中から一つ選び、記号で答えなさい。

ア「抽象画」が理解できないから、「抽象的」を〈理解できない〉という意味だと考えること。

イ「抽象的」の意味が理解できないから、「抽象画」も理解できないということ。

ウ「抽象画」も「抽象的」も理解できないため、どちらも人々に馴染みがないということ。

エ「抽象画」も「抽象的」も理解できないため、どちらも大差ないということ。

問5 傍線部**4**「このような目的」の指す内容を、本文中の言葉を使って二十字以内で答えなさい。

〈下書き用マス目〉

問6 傍線部**5**「作者」と同じ組み立ての熟語として正しいものを次の中から一つ選び、記号で答えなさい。

ア 当然　**イ** 未知　**ウ** 希望　**エ** 異質

問7 傍線部**6**「感情」の対義語を答えなさい。

問8 傍線部**7**「外側の皮の部分」とは何をたとえたものですか。言い換《か》えている部分を本文中から六字で書き抜きなさい。

問9 傍線部**8**「数学というのは、ものごとを極限まで抽象化した考え方といって良い」とありますが、なぜそう言えるのですか。「数学というのは」という書き出しに続けて四十字以内で説明しなさい。

〈下書き用マス目〉

数学というのは

問10 空らん★に当てはまる慣用句として最も適切なものを次の中から一つ選び、記号で答えなさい。

ア 長い目で見て　**イ** 肝《きも》に銘《めい》じて

ウ 棚《たな》に上げて　**エ** 手塩《てしお》にかけて

問11 次の文は本文から抜《ぬ》け落ちています。本文中の（①）～（④）のどこに入れるのが最も適切ですか。番号で答えなさい。

つまり、自分が想像するのを、自分で邪魔《じゃま》するのだ。

に囚われていると難しい。何故なら、想像する行為が、現実にんしきにとって障害になるので、逆にこれを規制（自制）しようと生理的に働きかけるからである。（ ④ ）

※2荒唐《こうとう》無稽《むけい》な夢を見ることは、誰《だれ》にだってできる。特に子供の頃《ころ》には、そういう夢を頻繁《ひんぱん》に見たはずだ。子供は、夢でなくても、現実離れしたことを考える。それを大人に話すと、「そんな夢みたいなこと言うな」と叱《しか》られるから、だんだん周囲との折り合いをつけるようになる。この折り合いが「[9]常識」である。常識が備わってくると、想像力は※3鳴りを潜《ひそ》めざるをえない。想像したものを自分自身で否定するうちに、だんだん考えないようになる。想像力を使う機会が、普段の生活では滅多にない、といっても良い。想像力など働かせなくても生きていけるし、 X 変なことを考えない方が生きやすい、とさえいえるかもしれない。

 Y 、物事を客観的に、そして抽象的に考えるには、どうしても現実から飛躍《ひやく》する必要がある。それは、実際には個々に違いがある林檎を、同一のものとしてイメージすることと同じだ。そういう「仮の発想」がなければ、物事を抽象的に[e]捉えられない。また、自分の目ではない視点を持たなければ、客観的な全体像は見えてこない（想像できない）。 Z 、現実にない概念を捉えるには、体験したもの、教えられたもの、知っているものに囚われることのない新しい感覚を持っていなければならない。これには、異質なものを受け入れる「好奇《こうき》心」のような姿勢がとても大事な※4ファクタになる。

こういった話をすると、「そんなもの本当に大事なのか?」と疑う人も多いだろう。そこで、あえて※5卑近《ひきん》な話をすれば、その抽象的思考によって生まれる[10]ユニークな※6インスピレーションは、貴方《あなた》を金持ちにし、自由にし、そして人から尊敬される立場をもたらすだろう。これは、多くの偉人《いじん》、成功者に共通するものだといっても良い。このように、具体的に表現すれば、興味がわくだろうか。

富も自由も※7羨望《せんぼう》もいらない、という人もいる。そういう人には、想像力など不要か。否、そんなことはけっしてない。想像力を※8駆使《くし》することによって、客観的に考え、抽象的に物事を捉えることができれば、各種の苦境から自分を救うことができる。ちょっと考え方を変えるだけで、救われることだってある。ここが、是非《ぜひ》とも強調しておきたいところである。

（森博嗣『人間はいろいろな問題についてどう考えていけば良いのか』）

※1　概念《がいねん》　…物事についてのおおまかな意味内容。
※2　荒唐無稽《こうとうむけい》　…言動がでたらめで、まったく現実味がないこと。
※3　鳴《な》りを潜《ひそ》める　…表立った動きをやめる。
※4　ファクタ　…要素。
※5　卑近《ひきん》　…身近でわかりやすいこと。
※6　インスピレーション　…ひらめき。
※7　羨望《せんぼう》　…うらやましく思うこと。ここでは他者からうらやましく思われること。
※8　駆使《くし》　…自由に使いこなすこと。

問1　傍線《ぼうせん》部a～eについて、カタカナは漢字に直し、漢字は読みを書きなさい。

問2　傍線部1「抽象画」とはどのような絵のことですか。本文中の言葉を使って二十字以内で説明しなさい。

である。個人の感情を言葉ではなかなか言い表せないが、それを絵で表現するのだ。ある芸術家は、具象画を描いて、自分が見たものをc素直に他者にも見てもらいたいと思うし、また別の芸術家は、自分が感じたものそのものを絵にしようとする。「凄《すご》い！」という感動を絵にするのである。これが抽象画だ。その絵を見た人が、「凄い！」と感じれば、気持ちは伝わったことになる。何が描いてあるのかわからなくても、ただ、「あ、綺麗だ」と感じれば、それが抽象画が伝えたかったものかもしれない。

辞書を引いてみよう。「抽象」というのは、「事物または表象のある側面・性質を抽《ぬ》き離《はな》して把握《はあく》すること」とある。このとき、大部分の具体的な情報が捨てられるので、「捨象」という行為《こうい》が伴《ともな》う。中身の食べられるところだけを抜《ぬ》き出して、7外側の皮の部分を捨てる、と考えるとわかりやすいだろう。

どうして、このように情報を捨てるのかというと、そうすることで、何が本質かがわかりやすくなったり、別の多数のものにも共通する一般《いっぱん》的な※1概念《がいねん》がdコウチクしやすくなるからだ。

一例を挙げれば、数字がそうである。世の中にあるものを、ひとつ、ふたつと数えることを人間は思いついた。数えるものが何であるか、個々に差異はあっても拘《こだわ》らず、そういった具体的な情報を一旦《いったん》捨てて、個数として取り扱《あつか》う。そうすれば、数の計算を行うことができる。これが数学だ。8数学というのは、ものごとを極限まで抽象化した考え方といって良い。世の中にある諸問題は、数学のとおり簡単にはなかなかいかないが、しかし、それでも我々は、数の計算ができることで、複雑な事象を比較《ひかく》的楽に処理できるようになった。抽象化するときに失われた情報は、不要だったわけではない。綺麗《きれい》さっぱり忘れてしまえ、というのではなく、一旦それを★考えてみよう、という意味だ。そうしないと、見かけの複雑さに囚《とら》われ、問題の本質が見えにくくなり、結果的に判断を誤るからである。

林檎《りんご》が幾《いく》つかあったとき、それを二人で分けるために個数を数える。実際には、それぞれの林檎は大きさも違《ちが》うし、もしかしたら腐《くさ》っているものがあるかもしれない。けれども、そういった情報を捨てて、ひとつ、ふたつ、と数えられるような「ほぼ同じもの」だと仮定するわけである。この「仮定」こそが、人間の高度な思考の一手法といえるものだ。

頭の良い人間でも、一度頭に入ったものを「忘れる」ことは簡単ではない。客観的に考える場合には、自分の経験や知識や立場を忘れる必要があるし、抽象的に考える場合には、表面的なもの、目の前に見えているものに囚われないことが大切である。これはたしかに難しい。でも、できないわけではない。人間にはそれだけの能力がある。これができるから人間だ、といっても良い。

身近な例でいえば、「相手の身になって考えること」は、人間以外の動物にはほぼ不可能だろう。しかし、人間にはそれができる。（ ① ）どうしてできるのかというと、人間は「想像する」ことができるからだ。この「想像すること」が、人間の思考の大きな特徴《とくちょう》であり、さきほどの「仮定」も、一種の想像である。（ ② ）

想像というのは、現実にないもの、見えないもの、経験したことがないもの、今直接には関係のないもの、そういう未知で不在のものを考えることである。（ ③ ）これは、主観的なもの、具体的なもの

【国　語】〈五〇分〉〈満点：一〇〇点〉

【一】次の問いに答えなさい。

問1　次の①～③の文の、主語と述語を答えなさい。主語が省略されている場合は「なし」と答えなさい。

例）ぼくは　図書館に　本を　探しに　行った。

主語：ぼくは　　**述語：行った**

①　ぼくは　動物の　中では　キリンが　好きだ。

②　魚が　おいしい　お店を　知っている。

③　父が　乗る　電車は　少し　遅れるらしい。

問2　次の各文の傍線《ぼうせん》部は、どこにかかる言葉ですか。例にならって答えなさい。

例）きれいな　赤い　花が　咲《さ》いている。　**答：花が**

①　わたしの　家から　見える　牛久沼《うしくぬま》が　美しく　光る。

②　高い　空を　小さな　鳥が　群れになって　飛ぶ。

③　向こうに　見える　古い　建物は　神社です。

問3　次の空らんにあてはまる故事成語を後から選び、記号で答えなさい。同じ記号は重ねて使いません。

①　彼《かれ》は兄と一緒《いっしょ》のときだけは強気で、□のようだ。

②　□を欠《か》かぬよう、最後まで気を抜《ぬ》かないようにしよう。

③　ぼくらは□を敷いて、試合での優勝を目指した。

④　彼女は小説家の□と言われている賞を受賞した。

ア　登竜門《とうりゅうもん》　　**イ**　背水《はいすい》の陣《じん》

ウ　蛇足《だそく》　　**エ**　虎《とら》の威《い》を借《か》る狐《きつね》

オ　画竜点睛《がりょうてんせい》　　**カ**　李下《りか》に冠《かんむり》を正《ただ》さず

【二】次の文章を読んで、あとの問いに答えなさい。

[1]抽象《ちゅうしょう》画というのは、わけのわからない絵のことだ、と[a]ニンシキしている人が多い。それどころか、「抽象」という言葉を、「抽象画」[b]イガイでは使わないという人だっている。「具体的」という言葉の使いやすさに比べて、「抽象的」という言葉は使いにくく、馴染《なじ》みがない。意味がよくわからないからだろう。

抽象画というのは、具象画ではない絵のことだが、では具象画とは何かといえば、それは目に見える物体を見たままに描《えが》いた絵のことで、その絵を観た人の多くが、「ああ、これは山の風景だ」とか「綺《き》麗《れい》な花だな」と対象が何かわかるものをいう。そんなところから、理解できるものが[2]具象画であり、理解できないものが抽象画だと考えている人が沢山《たくさん》いる。[3]「抽象的」の意味も、この抽象画の「わけのわからなさ」に引きずられてしまっているようだ。

絵画というものは、もともとはすべて（たぶん）具象画だった。何《な》故《ぜ》なら、絵の目的は、見たものを記録するためであったし、それを他者に伝達するためだったからだ。この場合、他者に「それが何か」をわかってもらわないと意味がない。

しかし、現代アートは、[4]このような目的をもはや持っていない。芸術として描かれる絵は、それが何を描いたものかを伝えるためにあるのではなく、[5]作者がどう感じたのか、ということを訴《うった》えるものになった。どう感じたかというのは、「山だ」とか「花だ」という具体的なものではなくて、たとえば「凄い」とか「綺麗だ」という[6]感情

2022年度

東洋大学附属牛久中学校入試問題（適性検査型）

【適性検査Ⅰ】（45分）〈満点：100点〉

[1] かずまさんとれいなさんが先週行われた算数のテストについて，話をしています。

かずま：先週やった算数のテストの平均点について知ってる？

れいな：1組が59点，2組が64点，3組が69点だったみたいよ。

かずま：ということは，3つのクラス全体の平均点は，

$$\frac{59+64+69}{3}=64$$

で64.0点だね。

れいな：ちょっと待って。1組，2組，3組の受験者の数は何人だったの？

かずま：1組が35人，2組が32人，3組が33人だったみたいよ。これが何か関係あるの？

れいな：受験者の数が各クラスで違うのか。それじゃ，平均点は64.0点ではないよね。

かずま：平均点が64.0点は間違っているの？なんでだろう？

れいな：平均点の求め方をもう1度考えてみよう。

かずま：1組全員の合計点は，[あ]点だね。

れいな：2組，3組の合計点も同様に考えて，求めることができるね。だったら，正確な平均点を求めることができそうだね。

かずま：わかった。計算してみるね。本当だ。64.0点ではないね。小数第1位までで表すと[い]点だったよ。

問題　会話文中の[あ]～[い]にあてはまる数を答えなさい。

[2] かずまさんとれいなさんが先日行った美術館について話をしています。

かずま：あの美術館は人気があるみたいね。混んでなかった？

れいな：混んでいたよ，開館前に行ったんだけど，すでに240人の行列ができていて，さらに毎分20人がこの列に並んでいたよ。

かずま：係の人は大変だったろうね。それで，どのくらい待ったの？

れいな：美術館には開館時間の3分前に到着したんだけど，開館時間になったら入場口が1か所開いたよ。開館から30分で行列がなくなったみたい。

かずま：ということは，毎分[あ]人で美術館に入れたということだね。それにしても30分は時間がかかりすぎだね，入場口をもう1か所開ければよかったのに。そうすれば，もっと早く行列がなくなったはずだよ。

れいな：そうだね。開館から入場口を2か所にしておけば，[い]分[う]秒で行列がなくなったはずだね。

問題　会話文中の[あ]～[う]にあてはまる数を答えなさい。

3　オセロ石（駒）が６枚あります。
かずまさんとれいなさんがオセロ石を重ねる作業について話しています。
最初は６枚すべてオセロ石が白を上側にして重なっています。
※常に石の上側の色に注目することにします。

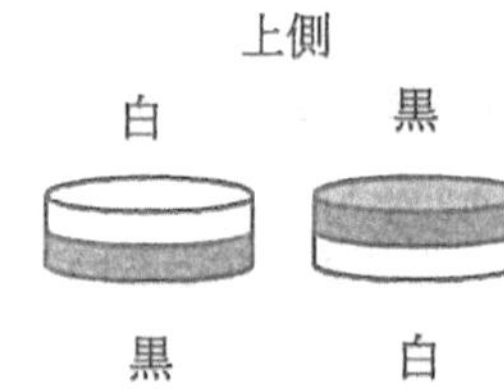

かずま：オセロ石で次の作業をしよう。ルールは次の通りね。

―――作業のルール――――――

次の①～⑤のルールで石を動かす作業を１回の作業とする。

①　さいころを振る
②　出た目の枚数だけ，上から順に裏返しながら隣へ重ねる。
③　残りの石は裏返さず上から順に取り，先に重ねたところの上にそのまま重ねていく。
④　６枚隣へ移したところで作業を終了する。
⑤　作業が繰り返される場合，最初の状態に戻すことなく，作業終了時の状態のまま次の作業を行うものとする。

―――――――――――――――

かずま：ルールが難しいかな。　　例えば，こんな感じ。
―――かずまさんはサイコロで２の目が出た場合を説明した。―――

<作業の例>

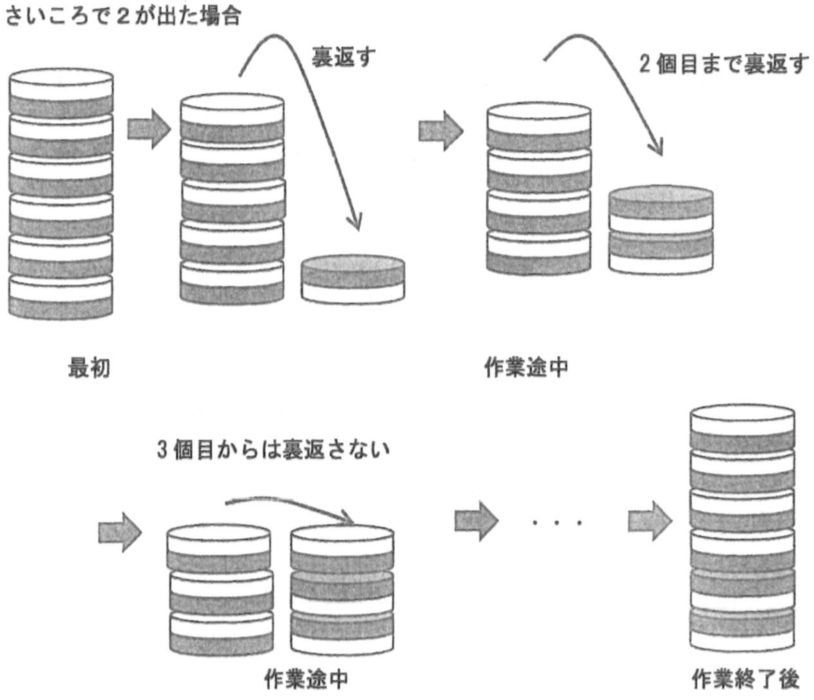

れいな：なるほど。わかった，作業は簡単だね。
かずま：この作業は何回か繰り返すとオセロ石の重なり方はかなり複雑になり，予測するのが難しいんだよ。少し考えてみよう。例えば，最初の状態から４の目が出たとしたら，下から３番目のオセロ石は上側が［　あ　］色だよね。

れいな：んー・・・，そうだね。じゃあ，最初の状態から１回目が５の目，２回目に２の目が出たとしたら？その時６枚のオセロ石はどんな風に重なるかな？

かずま：えっと，それは・・・，上側の色は下から順に[い]だね。

れいな：えっ，本当にそうなるのかな。よく難しいのに想像だけでわかるね。

――― ２人は実際にやってみて確かめた。―――

れいな：本当だ。すごい。よくわかったね。じゃあさ，逆のことを予測するのはどうかな。例えば，最初から３回の作業が終了したあとに全部裏返る（図１）としたらサイコロの出方はどうなってればいいのかな？

かずま：それは・・・。たぶん，[う]でできるんじゃないかな。実際にやって確かめてみよう。

――― ２人は実際にやってみた。―――

れいな：へー，すごい。じゃあ，もっと複雑なものも考えてみよう。そうだな・・・。最初の状態からこんな風（図２）に白黒（一番上が白）が交互に重なるのは，どんな目の出方になるのかな？

かずま：それは，例えば[え]でしょ。

――― ２人は再び確かめてみた。―――

れいな：かずまさん，本当にすごいね。尊敬しちゃう。

かずま：まぁ，他にもあるかもしれないけどね。作業が繰り返された時の**予測が難しくなっている原因**はなんだろね？

れいな：ね。

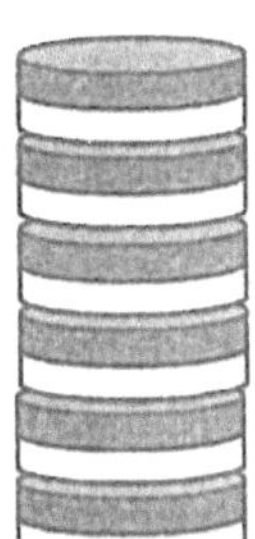

図１

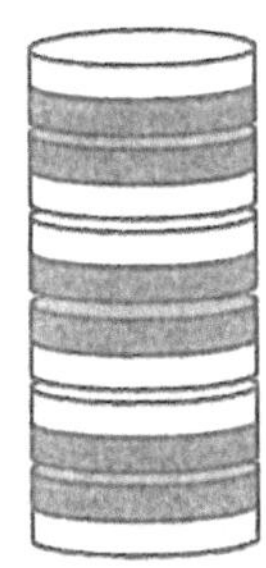

図２

問題１　会話文中の[あ]，[い]に当てはまる色を答えなさい。

問題２　会話文中の[う]に当てはまるサイコロの出方のその数字を出た順に解答用紙の所定の欄に答えなさい。

問題３　会話文中の[え]に当てはまるサイコロの出方のその数字を出た順に解答用紙の所定の欄に答えなさい。ただし，作業の回数に指定はありません。

問題４　会話中の波線部「**予測が難しくなっている原因**」として考えられることを答えなさい。複数回答でもかまいません。

4 次の会話文を読んで後の問いに答えなさい。

かずま：明日晴れてくれるといいな。

れいな：どうしてそんなに明日の天気を気にしているの？

かずま：明日は大事なサッカーの試合があるんだよね。雨が降っているとボールが転がりにくくて，パスがつながりにくいから嫌なんだ。

れいな：そうなのね。でも，明日は晴れると思うよ。

かずま：何で分かるの？　天気予報を見たの？

れいな：見なくても分かるわよ。だってさっき空を見たら夕焼けだったからね。

かずま：何で夕焼けが見えていると明日の天気は晴れになるのかな。

れいな：それはね。［　あ　］からよ。

かずま：そうなんだ。空の様子を観察すると天気を予想することができるんだね。

れいな：他にも，飛行機雲《ひこうきぐも》がなかなか消えないと雨というい習《なら》わしもあるよ。雲がどうやってできるかは覚えているかな。

かずま：海や川などの水面や地面などから［　い　］と雲になるんだよね？

れいな：よく覚えているじゃない。

かずま：どうもありがとう。天気予報を見たら，明日は晴れの予報だったよ。試合で活躍《かつやく》できるといいな。

問題1　下線部（何で夕焼けが見えていると明日の天気は晴れになるのかな。）について，会話文中の［　あ　］に入るように，そのしくみを書きなさい。

問題2　下線部（雲がどうやってできるかは覚えているかな。）について，会話文中の［　い　］に入るように，そのしくみを書きなさい。

問題3　ある寒い日に，かずまくんが部屋の中から窓を見ると，窓ガラスにはたくさんの水てきがついていました。窓ガラスに水てきがついていた理由を説明しなさい。

5 次の会話文を読んで後の問いに答えなさい。

かずま：先週から学校でツルレイシを育てることになったんだよ。

れいな：そうなんだ。成長するのが楽しみだね。ツルレイシはニガウリと呼ばれることもあって，沖縄県ではゴーヤと呼ばれているみたいだよ。

かずま：そうそう。僕はゴーヤが好きだから家でも育てたいと思ってホームセンターでツルレイシの種子を買ってきたよ。そうしたら種子のふくろのうらには，「直射日光・湿気《しっけ》を避け，涼《すず》しい所で保管《ほかん》してください」と書いてあったよ。なぜこのように書かれているのかな？

れいな：それはきっと［　あ　］からよ。

かずま：なるほどね。じゃあしっかりとその条件で保管しないといけないね。

れいな：ツルレイシを窓《まど》の外で育てて緑のカーテンをつくる家もあるのよ。室内にいながら森に来ているような心地好《ここちよ》さを得られるから私は好きだな。室温も低くなるから夏はすずしくなるんだよ。なぜすずしくなるかわかるかな。

かずま：たぶん［　い　］からなんじゃないかな。

れいな：その通り。エアコンに頼りすぎることなく，自然の涼しさで夏を快適《かいてき》に過ごせるのが緑のカーテンの良い所だよ。省エネや，地球温暖化の原因とされる二酸化炭素の削減《さくげん》にもつながるんだ。

問題1　下線部（なぜこのように書かれているのかな。）について，会話文中の［あ］に入るように，その理由を書きなさい。

問題2　下線部（なぜすずしくなるかわかるかな。）について，会話文中の［い］に入るように，そのしくみを書きなさい。

問題3　次の**ア**～**エ**の動物の様子は，春・夏・秋・冬のいずれかに見られるものである。どの季節に見られるかをそれぞれ書きなさい。

ア　木のしるにカブトムシやカナブンが集まっている。

イ　オオカマキリがたまごを産《う》んでいる。

ウ　土の中でヒキガエルが動かずに過ごしている。

エ　ツバメが巣《す》を作るために泥と枯草などを集めている。

6　8月のある日，かずまさんは父親と車でキャンプに行くことになりました。キャンプに行く途中で寄ったレストランで，かずまさんはお父さんと天井を見ながら話しています。

かずま：室内はエアコンが効いているから涼しいね。天井についている，あれは何？プロペラみたいなものが回っているけど。

父親：あれはシーリングファンといって，室内の空気をじゅんかんさせるために，プロペラがまわっているんだ。

かずま：何のために空気をじゅんかんさせるの？

父親：空気をじゅんかんさせないと，室内の天井付近と足元とで，①エアコンから出る冷たい空気と，室内のあたたかい空気がかたよってしまうんだ。

かずま：どういうこと？

父親：例えば，火が燃えたときの煙が動く向きと，冷蔵庫を開けたときの冷気が動く向きを思い出してごらん。

かずま：そうか。だからお父さんはあんな入れ方で保冷剤をクーラーボックスに入れたのか。

父親：よく分かったね。②クーラーボックス内に保冷剤を入れて食材や飲み物を冷やすには，あの入れ方が一番効率が良いと考えられるんだ。

問題1　下線部①について，室内の冷たい空気とあたたかい空気は，どうかたよっていると考えられますか。最も適当なものを1つ選び，記号で答えなさい。

ア

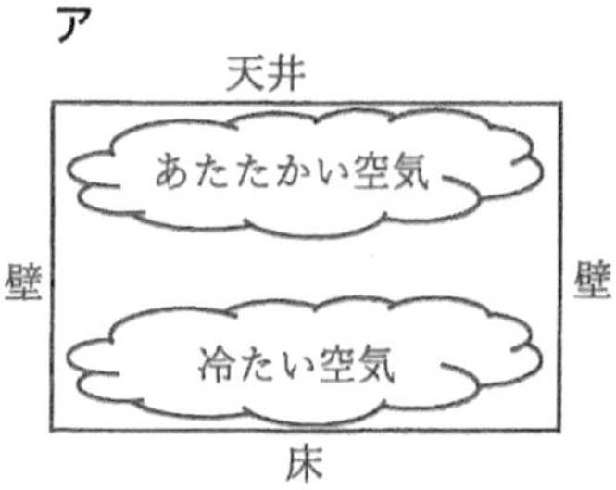

イ

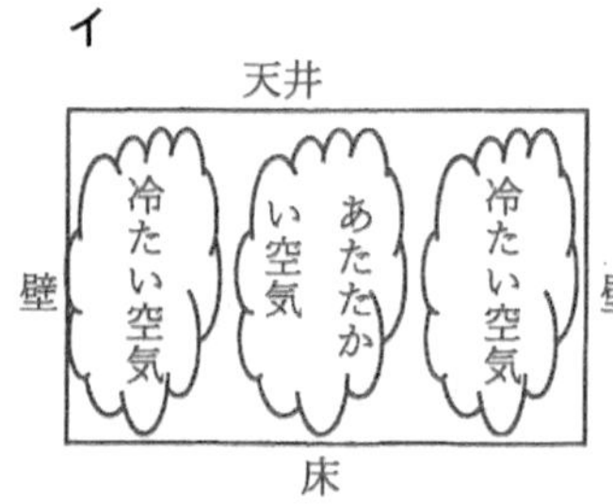

ウ

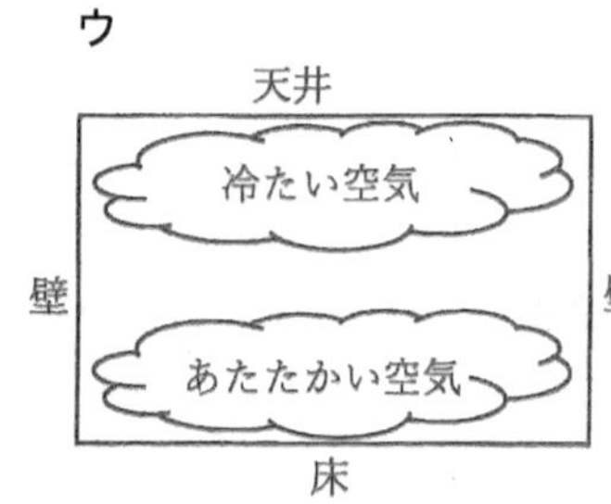

問題2　下線部②について，父親がクーラーボックスに入れた保冷剤の入れ方で最も適当なものを1つ選び，記号で答えなさい。また，父親が下線部②のように考えた理由を説明しなさい。

ア

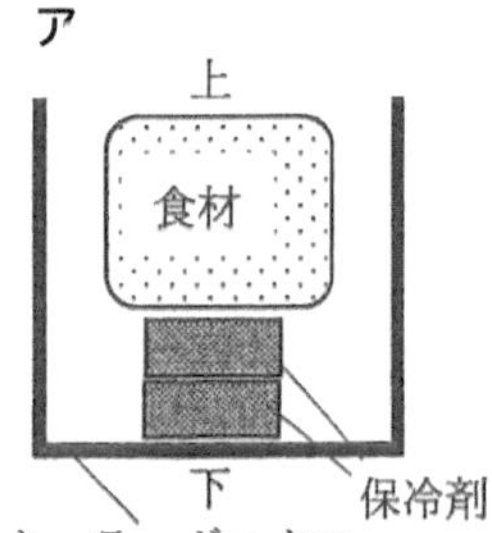

イ

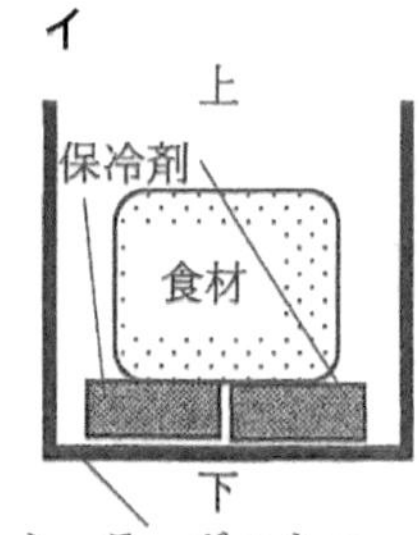

ウ

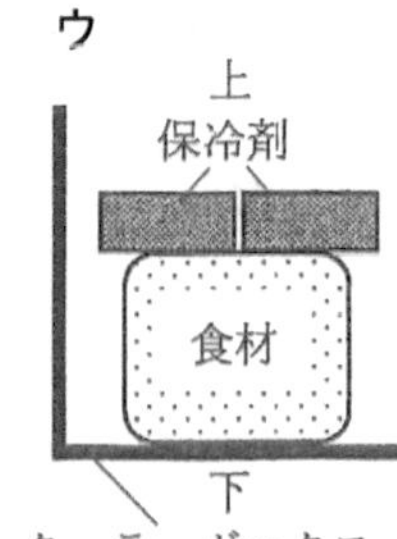

エ

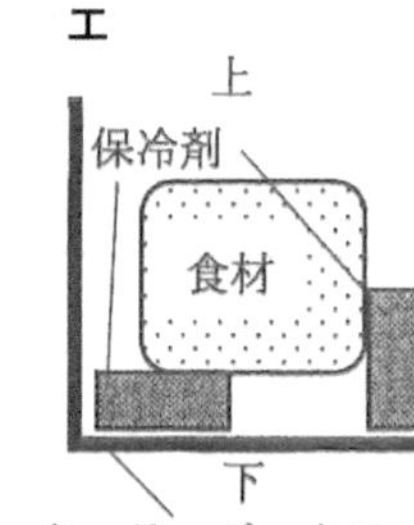

7　図１は，教室に正方形に配置した地点ABCDの真ん中にあき缶をおき，教室を暗くして地点Aの位置から光が直進するライトで空きかんを照らしたときの図です。また図２は，このようすを教室の真上から見た図です。かずまさんとれいなさんは，このときに空きかんにできた影について話しています。ただし，ライトの位置は常に変えず，地点Aから照らすものとします。

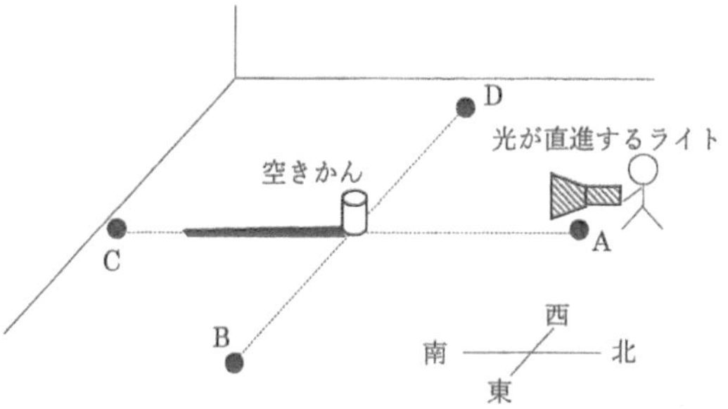

図１

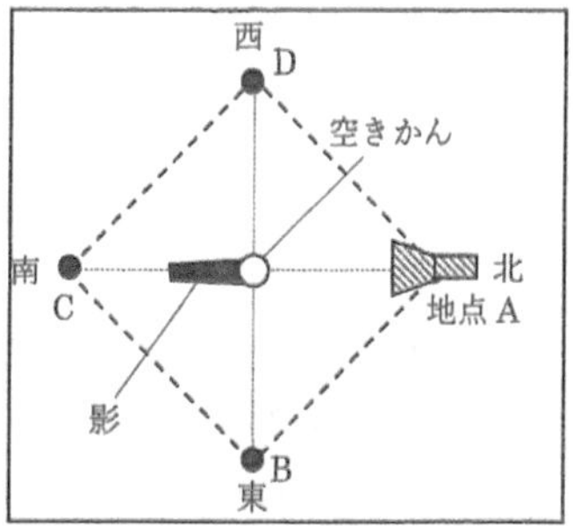

図２

かずま：地点Aの位置からライトで直接，空きかんに光を当てると，影は南向きに出来るね。
れいな：本当だわ。じゃあ次は，空きかんにできる影を東向きにすることを考えてみましょうよ。
かずま：地点Aからのライトの光を直接，空きかんに当てるのでは無理だよ。
れいな：そうね。でも地点Aからのライトの光を１まいの鏡で反射させた反射光を空き缶に当てた場合ならどうかしら。
かずま：なるほど。①反射させた光なら空きかんにできる影を東向きにできそうだね。
れいな：②鏡を２まい使って地点Aからのライトの光を２回反射させた光なら，空きかんにできる影を北向きにもできそうね。

問題１

下線部①のようにするために，鏡を置く位置として最も適当な地点をB～Dから１つ選び，記号で答えなさい。また，その地点に置く鏡の角度として最も適当なものを次のア～クから１つ選び，記号で答えなさい。ただし，図は真上から見たものである。

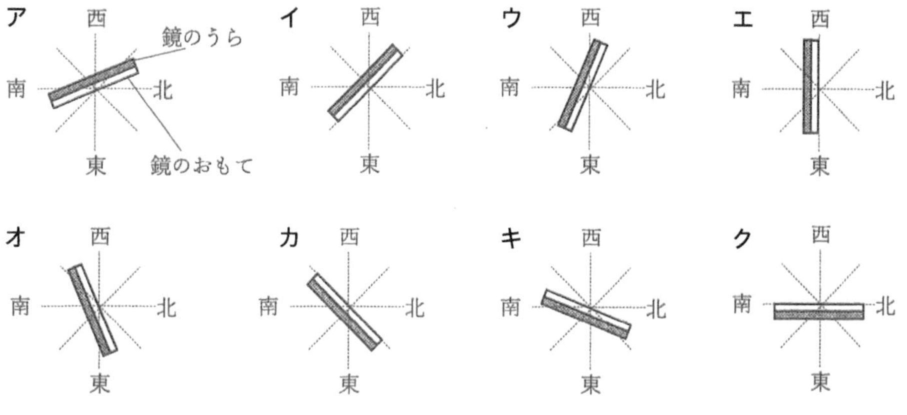

問題２

下線部②のようにするために，１まい目と２まい目の鏡を置く位置として最も適当な地点をB～Dから２つ選び，それぞれ記号で答えなさい。また，その地点に置く鏡の角度として最も適当なものを上のア～クからそれぞれ１つずつ選び，記号で答えなさい。ただし，図は真上からのみたものである。

【適性検査Ⅱ】（45分）〈満点：100点〉

【注意】 字数が指定されている場合は，下の例のように，付け加えたり，けずったりして解答してかまいません。字数については，書き直した文字で数えます。

（例）

					あまい					たくさん			
~~き~~	~~ょ~~	~~う~~	~~，~~	~~赤~~	~~い~~	い	ち	ご	を	も	ら	っ	て

1 かずまくんとれいなさんは2025年に万国博覧会が開催《さい》されることを習い，過去に万国博覧会の開催《さい》地となった地元茨城《いばらき》の「人口の変化」に関する疑問を話してみることにしました。

かずま：1985年に行われた万国博覧会は，現在のつくば市御幸《みゆき》が丘《おか》をメイン会場として，「人間・居住・環《かん》境と科学技術」をテーマとして開催されたんだね。

れいな：なんで科学技術をテーマとした博覧会をつくば市で開催したんだろう？

かずま：1950年代に東京の人口が急激に伸びて過密状態になってしまったため，1956年に研究機関などの首都機能の一部を地方に移す政策が進められたんだ。1970年代には現在の筑波《つくば》研究学園都市が整備されたんだ。

れいな：万国博覧会は，筑波《つくば》研究学園都市の知名度を向上させて，企《き》業やそこで働く人達をつくば市に呼び寄せるために行われたのかな？

かずま：つくば市の人口の変化に関する図（**資料1**）を見ると，1985年からも人口が増えているから，万国博覧会の影響《えいきょう》は大きいかもしれないね。

れいな：通勤・通学の流れに関する図（**資料2**）を見ると，周りの市から通勤・通学で通っている人は多いことが分かるね。

かずま：つくば市は色々な研究機関や企《き》業が集中しているから，周りの市から就業者や通学者が集まって来るんじゃないかな？

資料1　つくば市の人口推移

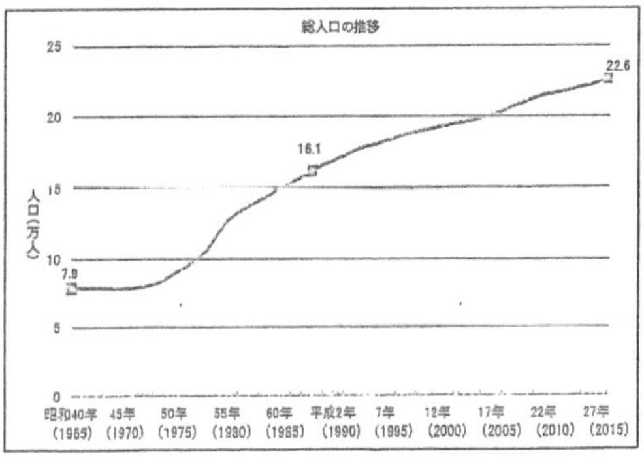

出典：統計つくば　より改変

資料2　通勤・通学の流れ

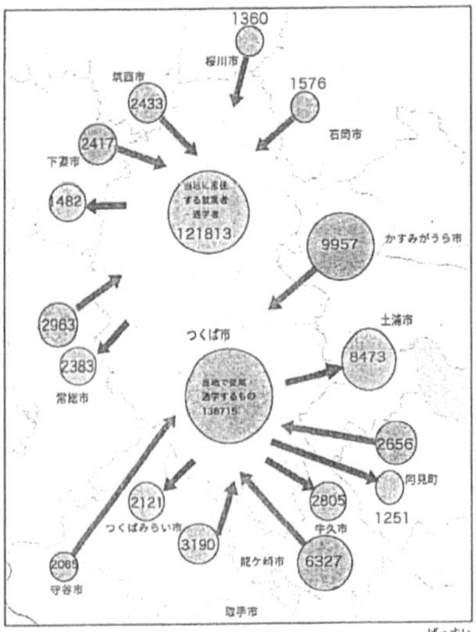

出典：平成27年度国勢調査より抜粋《ばっすい》

問題1　れいなさんは研究機関や会社があるつくば市に住んだ方が移動時間が少なくてすむのではないかと考え，つくば市に関する資料（**資料3**）を集めつつ，つくば市に住んでいる人にインタビュー調査（**資料4**）を行いました。れいなさんが集めた各資料を読み，なぜつくば市は夜間人口よりも昼間人口の方が多いのか説明しなさい。

資料3　つくば市・周辺都市賃貸物件相場

	平均相場
つくば市	6.29 万円
つくばみらい市	6.17 万円
牛久市	4.93 万円
阿見市	4.89 万円
下妻市	4.9 万円
常総市	5.08 万円

資料4　つくば市に住む人へのインタビュー

以前は市内の移動は自家用車が中心でしたが，最近ではバスなどの公共交通機関が整備されてきたので，車が無くても市内を移動することができます。他の市に移動するときにも，バスを乗り継いで移動できるようになり，つくばエクスプレスが整備されてからは茨城の他の地域を縦断して都内に出ることができるようになりました。自家用車での移動が減りましたね。

問題2　かずまさんは万国博覧会のテーマに「居住」という言葉が入っていることに着目し，つくば市の住環境について調査しました。調査の結果，つくば市では積極的な子育て支援《えん》計画（**資料5**）が立てられていることが分かりました。しかし，子育て支援政策を実現するためには，多くの予算が必要になります。つくば市はなぜ，他の市と比べて積極的に子育て支援政策を進めることができるのか，かずまさんが集めた**資料1**，**資料6**を参考に説明しなさい。

資料5　つくば市こども未来プラン

＜居場所支援《えん》＞
・こども食堂実施団体への支援《えん》
＜学習支援《えん》＞
・放課後子供教室での学習支援《えん》
＜経済支援《えん》＞
・経済的に困難を抱える子供の学習塾代支援《えん》
＜医療費支援《えん》＞
・子供の医療費を一律600円に設定

資料6　令和元年度の主な財政分析指標

	歳《さい》入額（単位：千円）
つくば市	92, 930, 992
つくばみらい市	19, 183, 114
牛久市	31, 340, 809
阿見市	16, 282, 701
下妻市	18, 619, 045
常総市	24, 073, 305

問題3　れいなさんは現在つくば市でどのような研究が行われているのかに興味を持ち，調査を行いました。その結果，人の移動を促《そく》進する「スマート・コミュニティ・モビリティ」の実証実験が2021年の2月に実施《し》されているという新聞記事（**資料7～資料9**）を見つけました。この実験では，自動運転車と低速移動機器を用いて，自宅から最終目的地までの移動を行う際の利便性，安全性・安心性などについて検証しました。こうした自動運転車と低速移動機器の開発は，日本におけるどのような社会問題を解決するために行われている研究なのか，近年話題になっている日本の社会問題の一覧《らん》（**資料10**）を参考にしながら考察しなさい。

資料７　自動運転車

資料８　低速移動機器

資料９　社内確認タブレット

資料 10　日本の社会問題

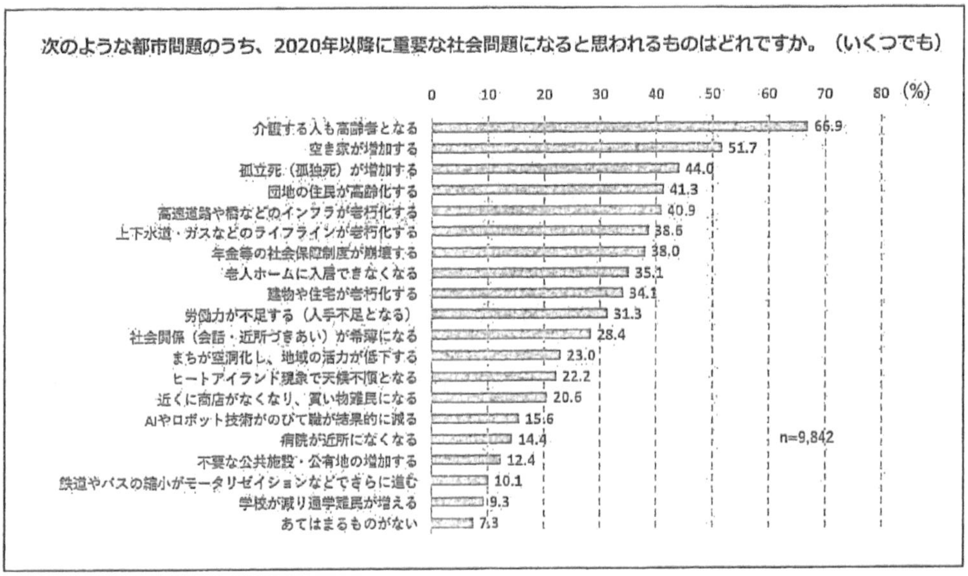

2　社会の授業で，次の時間に参勤《きん》交代について学ぶことになりました。授業の前にさまざまな資料を使って，かずまさんとれいなさんが参勤交代について調べています。

かずま：参勤交代は，江戸《えど》時代につくられた制度で，大名は多くの場合，自分の住む領地から家臣らとともに大名行列を組んで江戸へ行き，将《しょう》軍に会わなければならないんだね。

れいな：大名行列って，大名の他に大勢の家来を連れていく行列のことよね。

かずま：大名は多くの費用を使って，そしてかなりの日数をかけて江戸に向かうんだ。大名行列はとてもはなやかだったので，庶《しょ》民にとっては楽しみの１つだったようだよ。

れいな：大名の領地って石高《こくだか》で表されていたわよね。石高の大きい大名もいれば，そうではない大名もいたわけよね。大名行列にこうしたことは関係していたのかしら。

問題１　各藩《はん》における大名行列の人数にはどのような違《ちが》いがあったのかについて，**資料１〜資料３**から読み取れることをもとに書きなさい。

資料１　牛久藩《うしくはん》（石高約１万石）大名行列図巻《かん》

（牛久市教育委員会）

資料２　加賀《かが》藩（石高約 100 万石）大名行列図屏《びょう》風

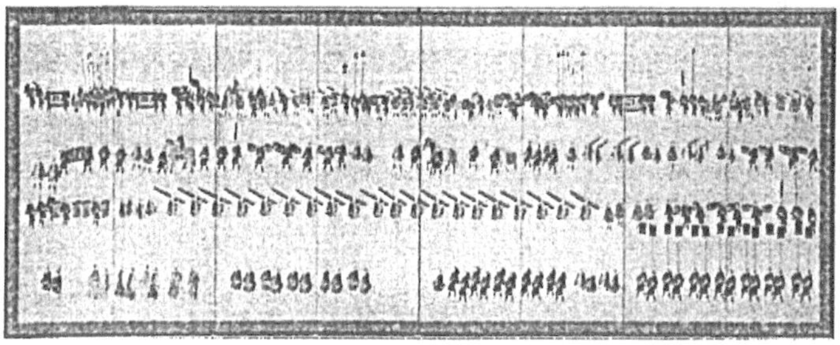

（石川県立歴史博物館）

資料３　1721（享《きょう》保６）年に出された供人数令

【石高 20 万石以上の場合】 馬上（馬にのる武士）15 ～ 20 騎《き》，足軽《おしがる》（歩兵）120 ～ 130 人，中間《ちゅうげん》（武士に仕える従者）250 ～ 300 人　その他，10 万石，５万石，１万石以上のそれぞれを規定

かずま：参勤交代ってどの将軍の時に制度化されたのかな。

れいな：江戸城に多くの大名を集めたときに，自分は生まれながらの将軍である，と言った３代将軍徳川家光《とくがわいえみつ》のころよ。

かずま：ところで，どうして江戸幕《ばく》府は参勤交代を制度化したのだろう。

れいな：参勤交代が制度化された理由について，昨日お父《とう》さんに聞いたら，大名に多くのお金を使わせて大名の力を弱めるためだって言っていたわ。

かずま：もしそうだとしたら，江戸時代に武士に対して出された法律である武家諸法度《ぶけしょはっと》に書かれてある文章は，どう理解したらいいのかな。

問題２　参勤交代を制度化した理由が，大名に多くのお金を使わせて大名の力を弱めるためとする考え方を否定する意見も多い。**資料４**を読み取り，どうしてこの理由が否定されるのかを書きなさい。文章は「もし～」で書き始めて，最後は「～明記するはずがないから。」で書き終えなさい。

資料４　武家諸法度（寛《かん》永令）

一、大名・小名が国元（地元のこと）と江戸とを参勤交代するよう定めるものである。毎年夏の四月中に江戸へ参勤せよ。しかし，参勤に来る大名の供の者も人数がたいへん多くなっている。これは治めている国や郡の無駄《だ》な出費であり，人々の苦しむところとなる。これからは供の人数をよく考えて減らすことが必要である。…

れいな：参勤交代が行われるようになって，五街道をはじめとする道路が整備されたり，大名たちが立ち寄る場所が宿場町として発展したりしたわよね。

かずま：こうした発展は，参勤交代のおかげだよね。大名は参勤交代でたくさんのお金を使うことになったから，経済的にとても苦しくなったんだね。

れいな：でも本当にどうして幕府は参勤交代を制度化したのかしら。

かずま：先生がこの問題を考えるときに，将軍と大名の関係を考えることが大切だって言っていたよ。将軍は大名に領地を与《あた》えて，大名は将軍に奉《ほう》公する。この奉公で重要なのが，戦いに参加することだって。

れいな：なるほどね。このあたりにヒントがかくされていそうね。

問題３　参勤交代が制度化された理由について，本文や**資料５～資料８**から読み取れることをもとに書きなさい。

資料５　江戸時代のおもなできごと

年	おもなできごと
１６００	関ヶ原の戦いが起こる
１６０３	徳川家康が江戸に幕府を開く
１６１４	大坂冬の陣
１６１５	大坂夏の陣
１６３５	参勤交代が制度化される
１６３７	島原・天草一揆
島原・天草一揆以降、大きな戦いはなくなる	

資料６　封《ほう》建制度のしくみ

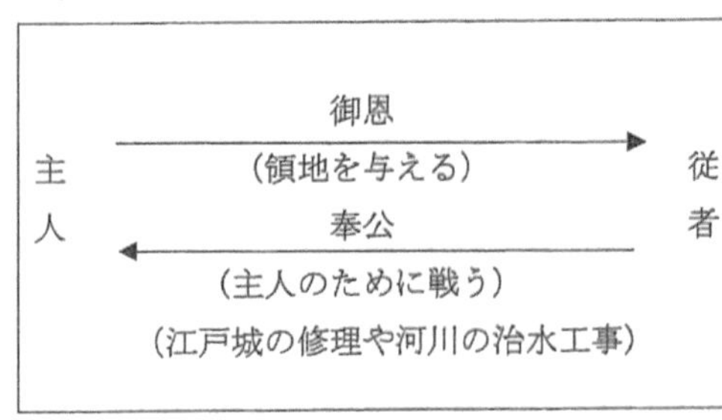

資料７　先生の話

鎌《かま》倉時代と江戸時代は一見まったく別の時代のように思えますが，武家社会という点では同じです。武士の社会は封建制度と呼ばれ，主人と従者は御恩と奉公の関係で成り立っていました。主人は御恩として従者に領地を与え，従者は主人の御恩に対して，戦いが起これば命をかけて戦いました。

資料８　かずまさんが調べた資料

江戸時代は，その初期をのぞいて平和が長く続いた時代でした。しかし徳川家光が大名に対して，徳川氏の支配が不満なら戦いをしかけるがよい，相手をしようと言ったとされているように，他の大名がいつ徳川氏をうらぎるかわからない状況でした。こうしたなか，幕府は大名に江戸へ来ることを強制し，１年間江戸のやしきに住まわせました。

３　かずまさんとれいなさんたちの学級では，国語の授業で，自分の好きなことわざについて，順番に発表していくことになりました。かずまさんとれいなさんは，次回の授業で発表する順番になっています。そこで，事前に，上手に話をするために大切なことについて話し合っています。

先　生：みなさんは，話をするときに，気をつけていることはありますか。

かずま：ぼくは，相手の目を見て話をするように心がけています。「目は口ほどに物を言う」とも言いますので，目を見て話すことで，相手に自分の気持ちが伝わるのではないかと思います。

れいな：確かに，話す人が，うつむいて下ばかり見ていたり，どこを見ているのか分からなかったりすると，聞いている人は，話が伝わってこないような気がしてしまうかもしれません。一方で，発表する人がこちらの目を見て話していると，聞いている人は，話している人から相手に話の内容を伝えようとしている姿《し》勢を感じ，こちらも真剣《けん》に聞かなければと思ってしまいます。

先　生：そうですね。では，他にも，どのように話すのがよいのか，いろいろと考えてみましょう。こちらは，元 NHK のアナウンサーである，川上裕之《ひろゆき》さんの書いた文章です。

> 皆さんは，説明をしたり，意見や考えを述べたり，いろいろな場で発言した経験を持っていることと思います。そういったときに，「えっ，何ですか。」「何と言ったんですか。」などと，友達から言葉を挟《はさ》まれたことはありませんか。周りからそう言われるとますます自分のペースを乱され，ついにはしどろもどろ，大汗《あせ》をかいて終わるという苦い体験をした人は少なくないと思います。これは，声量の不足，つまり声が小さすぎるということがあるかもしれませんが，話し方が速すぎるか，遅《おそ》すぎるかによることが多いのです。話は，速さによって聞き取りにくくも，聞き取りやすくもなります。このへんのことを考えてみましょう。
>
> 日本語という言語を耳から聞いて，いちばん理解しやすい速さというものはどこかにあるはずです。その速さというものをどのように測定して，量的に表したらよいのでしょうか。例えば，ある話を録音して，それをごく普《ふ》通の漢字仮名《がな》交じり文で原稿《こう》用紙に書いていきます。そして，漢字も，数字も，仮名も，句読点なども一字として，一分間に何字という表し方をするのです。こういう速さの決め方をしましょう。
>
> では，いちばん聞きやすい速さとはどれくらいでしょうか。一分間に三百字が基準です。これは長い間の放送の経験を通じての結論です。
>
> 人間の話には，起承転結があり，緩《かん》急があり，強弱があります。重要な部分の話はゆっくり，そうでないところは速くなるのが普通です。そのことを一言で「話の表情」というとしますと，淡々《たんたん》と一分間に三百字の速さで話すのでは無表情です。無表情の人に魅《み》力がないのと同じように，分かりやすい，聞きやすい，理解しやすい話にはなりません。話の内容に合った表情が必要です。ですから，三百字という速さは土台と考えてください。この速さで話せる土台があれば，話の表情を豊かにし，魅力的な話し方ができるようになります。
>
> これから皆さんは，教室だけでなく，いろいろな場で発言する機会が増えることと思います。聞き手によく分かるような話し方を工夫していきましょう。

（川上裕之『言葉のプロムナード』による）

先　生：この文章を読んで，れいなさんは「話のしかた」についてどのように思いましたか。

れいな：かずまさんが言ったように，相手の目を見て話をすることはもちろん大切ですが，川上さんが言っているように，[ア] ことも必要だと思いました。

問題１　れいなさんは，川上さんの文章を読んで，どのようなことに気づいたと考えられますか。会話が成り立つように，[ア] に入る内容を本文中の言葉を使って，50 字以上 70 字以内で書きなさい。ただし，「，」や「。」も１字に数え，文字に誤《あやま》りがないようにしなさい。

かずま：発表の後には，発表者への質問の時間がありますが，どのような質問がありそうでしょうか。

先　生：確かに，どのような質問がありそうかを前もって考えておくことによって，きちん答えることができるようになりますね。それでは，前回の発表者への質問には，どのようなものがあったかを振《ふ》り返ってみましょう。

資料１　前回の発表後の質問の時間におけるやり取り

「雀《すずめ》百まで踊《おど》り忘れず」とは、小さいときに身につけたことは大きくなってからも忘れないという意味でよかったですか。

その通りです。幼いときに身についた習慣は年をとっても変わらないということです。似たことわざに、「三つ子の魂《たましい》百まで」というものもあります。

発表者

［　イ　］

このことわざを知ったのは、図書館にあったことわざ辞典を読んでいたときです。国語の授業でことわざを習い、他にはどのようなことわざがあるのか興味があって調べてみました。

問題２　会話が成り立つように，**資料１**の［　イ　］に入る発表者への質問を考えて，この場面にふさわしい言葉づかいで書きなさい。

資料２　前回の発表後の感想・反省点

【発表者】
・発表したことわざの意味を伝えることはできたが，なぜそのような表現をしているのかを調べていなかった。
・たとえばどのような場面においてそのことわざを使うことがあるのかを考えていなかった。
・ことわざの中には昔から伝えられている教えがあり，しかもそれが今でも通用するものであるという，ことわざそのものの面白《おもしろ》さも伝えればよかった。

【発表を聞いた人】
・そのことわざの意味に対して，なぜそのような表現になっているのかをつなげることができず，理解しづらかった。どのようなことからそのことわざが生まれたのかを知りたかった。
・そのことわざを実際に自分では使ったことがないので，発表者の言うほど，よいことわざだという実感が持てなかった。
・そもそもことわざというもののどのようなところに魅《み》力があるのかを知らないので，あまり興味を持って発表を聞くことができなかった。

問題３　**資料２**をもとに，発表をよりよいものにするために，発表者としてあなたはどのようなことに気をつけたいと考えますか。**資料２**の内容にふれながら，あなたの考えを，理由もふくめて100字以上120字以内で書きなさい。ただし，「，」や「。」も１字に数え，文字に誤《あやま》りがないようにしなさい。

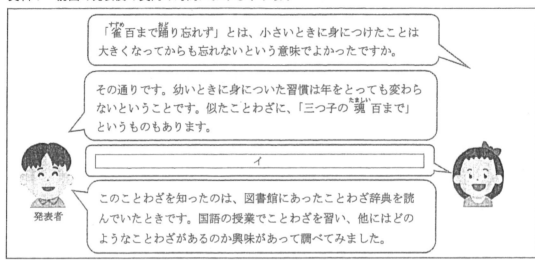

4 かずまさんたちの通う東小学校では，東小学校のイメージとなる「学校の花」を決めることになりました。かずまさんたちの学級では，「学校の花」にしたい植物について話し合っています。**資料1**は「学校の花」の条件です。**資料2**と**資料4**はかずまさんたちの小学校全体で行ったアンケートの結果です。**資料3**はかずまさんたちが調べた花言葉です。

司　会：東小学校の「学校の花」を考えましょう。**資料1～4**を見て，みなさんの意見を発表してください。

しょう：ぼくは，いつも他人のことを思いやって行動できる人の多いイメージから，花言葉に思いやりの意味があるチューリップを提案します。行事においてみんなが助け合って活動している学校のよいところにも合っています。

ゆうと：みんなの好きな友情という言葉と，チューリップの思いやりという言葉の意味が似ているので，ぼくもチューリップに賛成です。

ま　き：わたしは，ゲッケイジュがおすすめです。地域《いき》の学校対抗《こう》の大なわ大会で優勝したことがあることからも，栄光や栄誉《よ》の意味をもつゲッケイジュが合うと思います。栄光や勝利を目指す学校のイメージを伝えることができると思います。みんなの好きな勝利という言葉にも合うと思います。

司　会：「学校の花」があることで，学校のイメージをわかりやすく伝えることができそうですね。何人かの意見が出ましたが，他の意見がある人は発言してください。

かずま：ぼくは，［　　　　　　　　］。

問題　あなたがかずまさんだったらどのように発言しますか。［　　　］に入る内容を書きなさい。［　　　］には**資料1～4**をもとに，「学校の花」にしたい植物と，そのように考えた理由を述べなさい。ただし，話をしているような表現で書くこと。

資料1　「学校の花」の条件

- 学校のよいところが伝わること。
- 学校のよいところと花言葉の意味が合っていること。
- みんなの好きな言葉と花言葉の意味が合う花であること。

資料2　わたしたちの学校のよいところ

- 行事ではみんなが助け合って活動している。
- 勉強にも運動にも前向きに取り組んでいる。
- 落ち着いていて礼ぎ正しくひかえめである。
- 休み時間はみんな元気に楽しく遊んでいる。
- 地域の学校対抗《こう》の大なわ大会で優《ゆう》勝したことがある。

資料3　植物と花言葉

チューリップ	思いやり
ナノハナ	快活，明るさ
スミレ	謙虚《けんきょ》，誠《せい》実
ガーベラ	希望，常に前進
ゲッケイジュ	栄光，栄誉

資料4　好きな言葉調べ

1位…努力	2位…笑顔	3位…誠意	4位…友情	5位…勝利

MEMO

大切なことはメモしておこうネ！

専願

2022年度

解　答　と　解　説

《2022年度の配点は解答欄に掲載してあります。》

＜算数解答＞《学校からの正答の発表はありません。》

1　(1)　33　(2)　0.7　(3)　2.41　(4)　27

2　(1)　1.25cm　(2)　3900円　(3)　98円　(4)　40個　(5)　30g

3　(AB：BC：CD＝)20：8：21　4　88　5　32cm^2　6　200.96cm^3

7　(1)　45分　(2)　12km/h　(3)　49km

8　(1)　ア　火　イ　2　ウ　50　エ　日　(2)　オ　2日，9日，16日，23日，30日

(3)　金

9　問1　(1)　3　(2)　63　問2　(1)　3　(2)　315

○推定配点○

1　各3点×4　他　各4点×22(8(2)オ完答)　計100点

＜算数解説＞

1　(四則計算)

(1)　24＋16－7＝33

(2)　$\frac{6}{5}\times\frac{3}{8}+0.25=0.7$

(3)　4.82×(0.7＋0.4－0.6)＝2.41

(4)　$\frac{4}{\square}=\frac{7}{15}\times\frac{20}{63}=\frac{4}{27}$　□＝27

重要　2　(割合と比，倍数算，消去算)

(1)　$\left(48-\frac{23}{6}\times12\right)\times\left(1-\frac{3}{8}\right)=\frac{5}{4}$(cm)

(2)　4000÷280×273＝3900(円)

(3)　350×{(1＋0.6)×(1－0.2)－1}＝350×0.28＝98(円)

(4)　Aさんの個数を②とすると，Bさんの個数は②－8，Cさんの個数は①－4であり，②＋②－8＋①－4＝⑤－12が88個に相当する。　したがって，Aさんの個数は(88＋12)÷5×2＝40(個)

(5)　水の重さが一定であり，加えた食塩は150×{0.9÷(1－0.25)－1}＝30(g)…水の重さは150×0.9＝135(g)　食塩水の重さは135÷0.75＝180(g)

重要　3　(割合と比，平面図形)

AB：BC＝5：2＝20：8のとき，CDは(20＋8)÷4×3＝21　したがって，AB：BC：CD＝20：8：21

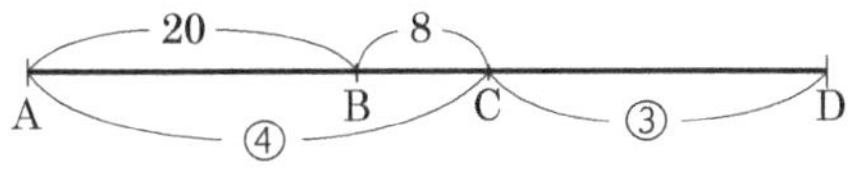

重要　4　(平面図形)

右図より，•＋×は180－134＝46(度)

したがって，xは180－46×2＝88(度)

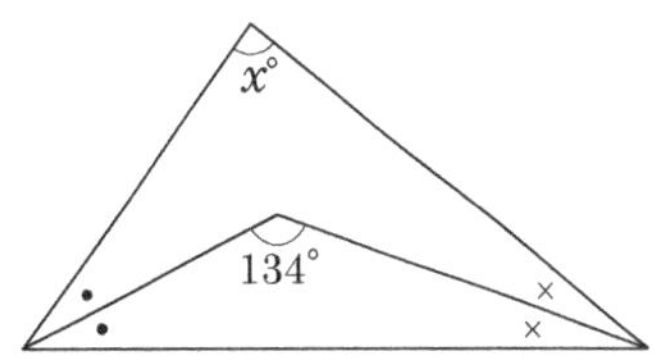

重要　5　(平面図形，相似，割合と比)

次ページの図より，三角形ABOとDBEの相似比は4：8＝1：2

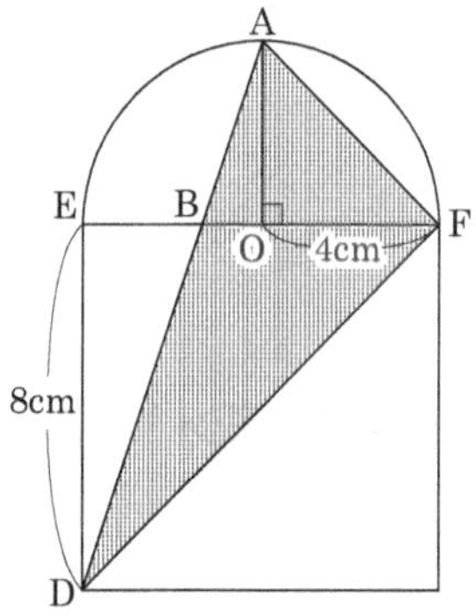

BFは$4+4\div(1+2)=\frac{16}{3}$(cm)

したがって，求める面積は$\frac{16}{3}\times(4+8)\div2=32$($cm^2$)

重要 6 (平面図形，立体図形，図形や点の移動)

下図より，$4\times4\times3.14\times4=64\times3.14=200.96$($cm^3$)

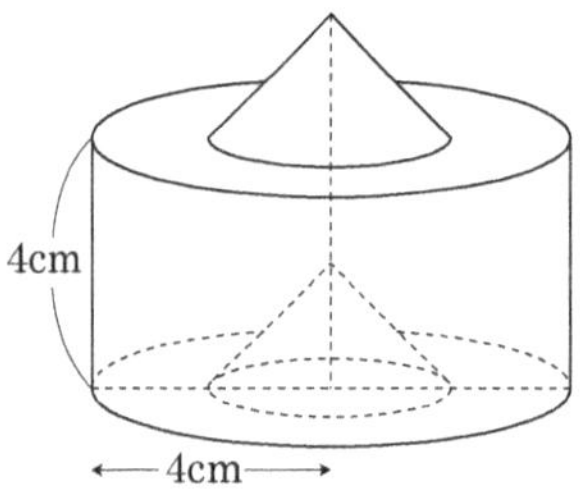

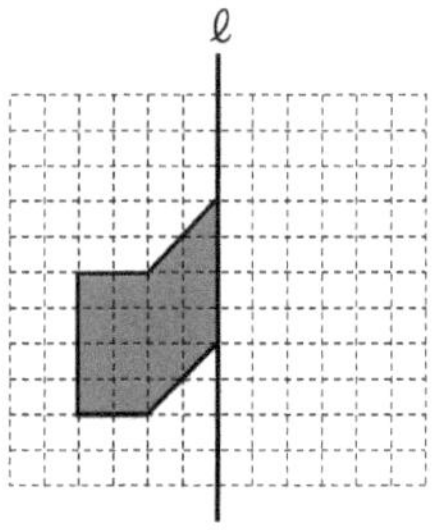

7 (統計と表，速さの三公式と比，割合と比，単位の換算)

基本 (1)　$60\times1.5\div2=45$(分)

重要 (2)　Aさんが自転車で走る時間…$40\div24=\frac{5}{3}$(時間)　Aさんがマラソンで走る時間…$3\frac{15}{60}-\left(\frac{45}{60}+\frac{5}{3}\right)=3\frac{1}{4}-2\frac{5}{12}=\frac{5}{6}$(時間)　したがって，マラソンの時速は$10\div\frac{5}{6}=12$(km/h)

	泳ぎ	自転車	マラソン
Aさん	2km/h	24km/h	
Bさん	2.25km/h	25km/h	10km/h

やや難 (3)　(2)より，Aさんは$2\frac{5}{12}$時間後にマラソンを走り始め，Bさんは$1.5\div2.25+40\div25=2\frac{4}{15}$(時間)後にマラソンを走り始める。Aさんはゴールするまでに$2\frac{5}{12}+\frac{10}{12.5}=3\frac{13}{60}$(時間)を走り，Bさんはゴールするまでに$2\frac{4}{15}+\frac{10}{10}=3\frac{4}{15}$(時間)を走る。右のグラフにおいて頂点Cを共有する2つの三角形の相似比は$\left(2\frac{5}{12}-2\frac{4}{15}\right):\left(3\frac{4}{15}-3\frac{13}{60}\right)=3:1$　したがって，AさんがBさんを追い越すのは$1.5+40+10\div(3+1)\times3=49$(km)の位置

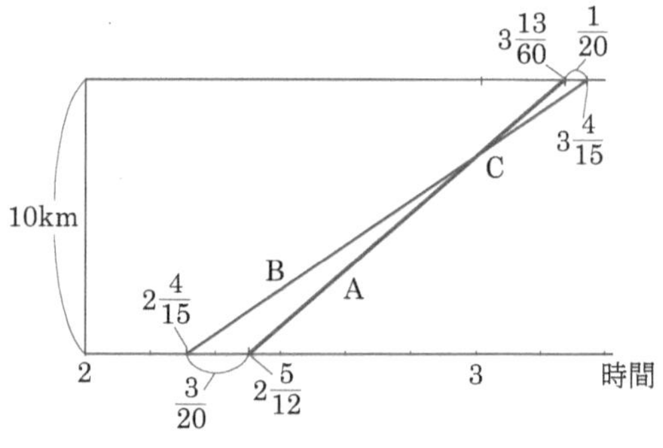

8 (数列・規則性，数の性質)

基本 (1)　ア…7の倍数の日にちが並ぶのは火曜日　イ…木曜日の最初の日にちは2　ウ…4日の翌日からの日数は$31-4+23=50$(日)[4日を含めると51日]　エ…$50\div7=7$あまり1より，土曜日の1日後の日曜日　$51\div7=7$あまり2より，土曜日を含めた2日後の日曜日

12月

日	月	火	水	木	金	土
			1	2	3	4
5	6	7	8	9	10	11
12	13	14	15	16	17	18
19	20	21	22	23	24	25
26	27	28	29	30	31	

重要 (2)　11月の最後の土曜日…$30+4-7=27$(日)　11月の最初の土曜日…$27-7\times3=6$(日)　10月の最後の土曜日…$31+6-7=30$(日)　10月の最初の土曜日…$30-7\times4=2$(日)　したがって，和人さんの誕生日は土曜日である2日，9日，16日，23日，30日のいずれか

やや難 (3) 2021年5月22日…10月2日(土曜日)を含めて5月22日までの日数は51－21＋30＋31＋31＋30＋2＝154(日)，154÷7＝22より，5月22日も土曜日　2021－2009＝12(年)のうち，うるう年が3回あるので，土曜日から12＋3＝15(日前)まで戻ると令子さんの誕生日は金曜日

9 **(場合の数)**

基本 問1 (1) 2＋1＝3(試合)

重要 (2) 64÷2＝32より，32＋16＋8＋4＋2＋1＝63(試合)　【別解】64－1＝63(試合)

やや難 問2 (1) 4チームから2チームを選ぶ組み合わせ…4×3÷2＝6(通り)　2チームから2チームを選ぶ組み合わせ…1通り　したがって，6×1÷2＝3(種類)←2試合について，試合の順番を区別しない

(2) (1)と同様に計算する。8チームから2チームを選ぶ組み合わせ…8×7÷2＝28(通り)
6チームから2チームを選ぶ組み合わせ…6×5÷2＝15(通り)　28×15÷2＝210(通り)
したがって，全部で210×3÷2＝315(通り)

★ワンポイントアドバイス★

7(3)「Aさんが追い越す位置」は「旅人算」ではなく，グラフ上の相似を利用すると計算がらくであり，8(3)「2009年の誕生日」の計算はミスしやすく注意がいる。
9 問2が間違いやすく，「試合数の種類」では÷2を忘れないこと。

＜理科・社会解答＞ 《学校からの正答の発表はありません。》

1 A 問1 小腸　問2 北極星[ポラリス，こぐま座α星]
問3 (1) 4倍　(2) 6秒　問4 (1) B　(2) 図1
B 問1 図2　問2 図3　問3 水の流れにより泥や砂などが下流に運ばれるはたらき　C 問1 ① ア　② ウ　③ イ
問2 体の表面に毛を持つ

図1

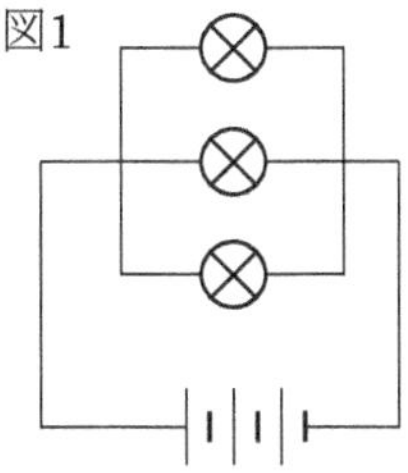

2 問1 酸素　問2 水　問3 (名称) 二酸化炭素
(①の言葉) 酸性　問4 気体Eが非常に水に溶けやすいため
問5 アルカリ性の性質と，酸性の性質は，混ざると互いに打ち消し合う性質があるため。

図2

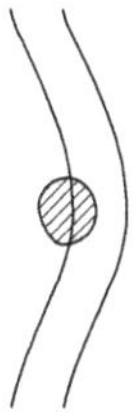

図3

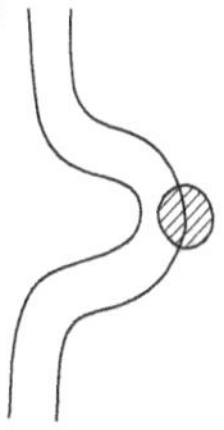

3 A 問1 地産地消　問2 東大寺　問3 摂関政治
問4 自由民権運動　問5 高度経済成長　問6 国際連合
問7 任期が参議院よりも短く，解散の制度がある(ので，)国民の意見を反映しやすい(とも考えられているため)
B 問1 ア　問2 自衛隊　問3 エ　問4 生活保護　問5 夫婦で同じ姓を使用するか異なる姓を使用するかを選べること　C 問1 大宝律令　問2 五・一五事件
問3 (2)→(1)→(4)→(3)　問4 乱の前までは，幕府の支配が強い地域は東日本だけだったが，乱のあと，西日本までその影響力が強まった。

4 問1 イ　問2 A 火力　B 加工貿易　D 白神山地　問3 エ　問4 ア
問5 食料自給率　問6 2011年の東日本大震災の発生により，福島第一原子力発電所が制御不能におちいった。これをきっかけに国内の原子力発電所の運用が見直されたため，

火力発電の割合が高まっている。

○推定配点○

1 A問1・問3(1)・問4(1) 各3点×3 他 各2点×3 B 各3点×3
C問1 各3点×3 問2 2点 2 問1・問2・問4 各3点×3 他 各2点×3
3 A問7・C問1 各3点×2 他 各2点×14 4 各2点×8 計100点

<理科・社会解説>

1 A (小問集合)

問1 体で消化された栄養分は，小腸で体内に吸収される。

問2 カシオペア座は北極星を中心に，反時計回りに1時間で15度動いて見える。

重要 問3 (1) 1往復する時間が1.0秒のときのふりこの長さと，2.0秒のときのふりこの長さを比べると，ふりこが1往復する時間が2倍になるとふりこの長さは4(2×2)倍になることがわかる。

(2) 100cmの長さのふりこと比べると，ふりこの長さが9(3×3)倍なので，900cmのふりこが1往復するのにかかる時間は，2.0(秒)×3＝6.0(秒)である。

重要 問4 (1) 回路Aは乾電池1個に豆電球が2個並列につながれているので，それぞれの豆電球は乾電池1個分の電流で光る。回路Bは乾電池2個に豆電球が2個並列につながれているので，それぞれの豆電球は乾電池2個分の電流で光る。よって，回路Bの方が豆電球が明るく点灯する。

(2) 豆電球は並列つなぎに，乾電池は直列つなぎにつなぐと，豆電球が最も明るく光る。

B (地形―流水)

問1 曲がっている川の内側は，川の流れが遅くなるので，たい積作用が最も働く。

問2 曲がっている川の外側は，川の流れが最も速くなるので，浸食作用が最も働く。

問3 流水の3作用は，浸食作用，運搬作用，たい積作用である。運搬作用は，上流で浸食した小石，砂，泥を下流まで運ぶ働きをしている。

C (生物―動物)

問1 ① 背骨を持つ動物はセキツイ動物とよばれる。選択肢の中で，セキツイ動物だけがふくまれているのは，アだけである。 ② カエル，ヘビ，昆虫は卵を産んで仲間を増やす。 ③ カエル，ヘビは羽を持たないので，昆虫だけが当てはまる。

問2 模範解答の他にも，「メスのおなかの中で子供を育てる」，「体温が一定である」などがある。

2 (物質と変化―気体の発生・性質)

問1 うすい過酸化水素水と二酸化マンガンを反応させると酸素が発生する。酸素は助燃性の性質を持つ。

問2 塩酸と鉄を反応させると水素が発生する。水素は可燃性の気体で，燃えると水が発生する。

問3 塩酸に石灰石を加えると，二酸化炭素が発生する。二酸化炭素は水に溶けると炭酸水となり，酸性の性質を示す。

重要 問4 アンモニアは水に非常によく溶ける気体なので，水上置換法では集められない。

重要 問5 炭酸水は酸性の，アンモニア水はアルカリ性の性質を持つ。酸性の性質を持つ水溶液とアルカリ性の性質を持つ水溶液をちょうどよく反応させると，互いの性質を打ち消し合い中性の性質となる。この反応を中和という。

3 (日本の歴史・政治の総合問題)

A 問1 地産地消とは，国内の地域で生産された農林水産物(食用に供されるものに限る)を，その生産された地域内において消費する取組である。

問2　東大寺は，大仏で知られる奈良時代創建の代表的な寺院で，都である平城京に全国の国分寺の中心として建立された。

基本　問3　藤原氏は，9世紀後半には，天皇が幼いときは摂政に，成長すると関白になって，国司の人事などの政治の実権をにぎるようになった。このように摂政や関白が中心となって動かした政治を摂関政治という。

問4　西南戦争の後，旧薩摩，長州藩出身者などによる藩閥政治への批判は言論によるものが中心となり，国民が政治に参加する権利の確立を目指す自由民権運動が広まった。

問5　1950年代半ばまでに戦前の水準をほぼ回復した日本経済は，1955年から73年までの間，年平均で10%程度の成長を遂げた。これを高度経済成長という。

重要　問6　1945年10月，連合国は，二度の世界大戦への反省から国際連合を設立した。国連には，世界の平和と安全を維持する機関として安全保障理事会が設けられ，アメリカ，イギリス，フランス，ソ連，中国が常任理事国になった。

問7　国会の議決は，両議院の議決の一致によって成立する。衆議院と参議院とで議決が異なったときは両院協議会が行われることもあるが，多くの場合で衆議院の優越が認められている。これは，任期が短いことや解散制度によって国民とより強く結びついている衆議院の意思を優先させて，国会の意思形成をしやすくするためである。

B 問1　国会は，主権者である国民が直接選んだ代表者によって構成される，国の権力すなわち国権の最高機関である。また，唯一の立法機関であり，その他のいかなる機関も法律をつくることはできない。

問2　日本国憲法は「戦力」の不保持を定めているが，日本は国を防衛するための自衛隊をもっている。

問3　エは思想のことであり，いかなる思想も禁止されるということは，「思想及び良心の自由」を侵害していることに他ならない。

問4　生活保護とは，憲法第25条に記載のある「すべて国民は，健康で文化的な最低限度の生活を営む権利」に基づいて制定された公的制度のことであり，日本国民の全てが生活保護の申請をできる権利を持っていて，国が生活に困っている人をサポートする制度を指す。

重要　問5　選択的夫婦別性制度とは，夫婦が望む場合には，結婚後も夫婦がそれぞれ結婚前の姓を称することを認める制度である。

C 問1　701年，唐の法律にならった大宝律令がつくられ，全国を支配するしくみが細かく定められた。

問2　当時の犬養毅内閣は，満州の承認に反対する態度をとった。その後，1932年5月15日，犬養首相が海軍の将校に暗殺される五・一五事件が起きた。

問3　(2)飛鳥時代→(1)鎌倉時代→(4)安土桃山時代→(3)昭和時代

問4　承久の乱後，後鳥羽上皇に味方した貴族や西日本の武士の領地を取り上げ，その守護や地頭には東日本の武士を任命した。こうして，西日本まで幕府の影響力が強まり，その支配力は全国的に広がっていちだんと強化された。

4　(日本の地理—日本の国土と自然，貿易，農業，環境問題)

や難　問1　2020年10月，政府は2050年までに温室効果ガスの排出を全体としてゼロにする，カーボンニュートラルを目指すことを宣言した。「排出を全体としてゼロ」というのは，二酸化炭素をはじめとする温室効果ガスの「排出量」から，植林，森林管理などによる「吸収量」を差し引いて，合計を実質的にゼロにすることを意味している。したがって，二酸化炭素を排出するガソリンは当てはまらない。

問2　日本は現在も，原油や石炭などを燃料とした火力発電に支えられている。日本は資源がとぼしく，原油などの燃料資源や工業原料などの大部分を海外から輸入して，それを加工・製品化して輸出する加工貿易を得意として経済成長を遂げてきた。白神山地は，青森県から秋田県にまたがる山地帯である。屋久島とならんで1993年12月，日本で初めてのユネスコ世界遺産(自然遺産)に登録された。 そこには「人の影響をほとんど受けていない原生的なブナ天然林が世界最大級の規模で分布」(世界遺産登録理由)と記されている。

やや難 問3　FAO(国連食料農業機関)のデータによると，日本の森林率は68.5%とされている。つまり，私たちの国土の7割は森である。

問4　広島は1年中温暖で降水量が少ない瀬戸内の気候でアが該当する。新潟は日本海側の気候でイ，札幌は北海道の気候でウ，那覇は南西諸島の気候でエ，それぞれが当てはまる。

問5　食料自給率とは，我が国の食料供給に対する国内生産の割合を示す指標である。

問6　2011年3月11日に発生した東日本大震災で，福島第一原子力発電所が制御不能になり，このことで未来に期待されていた原子力発電の安全性が問題視されている。その影響で，原子力の電源の割合が急激に低くなった。変わって，従来以上に火力発電が期待されるようになった。

★ワンポイントアドバイス★

[1]・[2]　基本問題が多く出題されるので，ケアレスミスに注意しながら素早く問題を解こう。[3]A問4　国会の開設を求めたものが，1874年1月，板垣らによって提出された民撰議院設立の建白書である。[3]C問1　律は刑罰のきまり，令は政治を行う上での様々なきまりを指し，律令にもとづいて政治を行う国家を律令国家という。

<国語解答> 《学校からの正答の発表はありません。》

【一】 問1　①　主語：場所は　述語：海です　②　主語：なし　述語：行こう　③　主語：君は　述語：見たんだね　問2　①　残るだろう　②　美しい　③　いる　問3　①　カ　②　エ　③　イ　④　ウ

【二】 問1　a　責任　b　なっとく　c　次第　d　再発　e　くわ　問2　エ

問3　申し訳ないという気持ちが残っていることを伝えることが必要だから。

問4　ア　問5　相手に生じた不利益　問6　結果　問7　事情の説明　問8　ウ

問9　文化の違い　問10　後　問11　お礼よりも謝るほうをまずは優先するほう

問12　対人関係の～持っている　問13　(1)　ア　(2)　イ　問14　されど

問15　イ　問16　昨年，母の知り合いが家にいらっしゃったとき，お土産の羊かんを私と弟にすすめてくれました。弟が「羊かんきらい。」と言ったことで，後になって，あの言葉でよかったのかよく考えるようにと母から厳しく言われ弟は泣きました。 私は，母はウソでも無理して食べろと言っているのではなく，それを持ってきてくれた思いを考え「きらいだったの。ごめんね。」などと言わせてしまうことのない，お礼の挨拶を弟はするべきだったと思います。

○推定配点○

【一】 各2点×10　【二】 問1　各2点×5　問2・問4・問6・問13・問14　各3点×6　問3　5点　問16　15点　他　各4点×8　計100点

<国語解説>

【一】 (文と文節，ことわざ・慣用句，ことばの意味，ことばの用法)

基本 問1 ① 述語は「海です」なので，何が海なのかを考え「場所は」を主語とする。 ② 述語は「行こう」なので，だれが行くのかを考えると文中では省略されているので「なし」。 ③ 倒置法を使っている。述語は「見たんだね」だ。だれが見たのかと考え「君は」を主語とする。

重要 問2 ① 「心に」どうなるのかというと「残るだろう」なので，「残るだろう」にかかっている。 ② 「たいへん」「美しい」チョウなのだから「美しい」にかかっている。 ③ 「庭に」どうしているのかというと「いる」のだ。

問3 ① 作文を何度も見直したり手直ししたりしてから清書するということだ。文章を何度も練り直すことを「推敲」という。 ② 一つのことで二つ良いことがあるということだから「一挙両得」だ。 ③ 現地に行って実際に見ることにするという内容の文なので『百聞は一見に如かず」である。 ④ 信用できないおかしな点が多いということなので「矛盾」だ。ちなみに「破天荒」は，今まで人がなし得なかったことを初めて行うことという意味の言葉で，「五十歩百歩」は，どちらも同じようなもので、論ずるに値しない，似たり寄ったり，という意味の言葉だ。

【二】 (論説文－細部の読み取り，指示語の問題，空欄補充，表現技法，漢字の読み書き，言葉の意味，記述力)

問1 a 「任」は全6画の漢字。4画目は6画目より長く書く。 b 「納」には「ナッ」という読み方もある。 c 「第」は全7画の漢字。6画目は上に出ないように書く。 d 「再」は全6画の漢字。4画目は6画目の下まで出ない長さで書く。5画目は左右に出ない。 e 「詳しい」は小学校未習の漢字。前後から判断しよう。

重要 問2 「表現」は，「あらわす」と「あらわす」で，似た意味を組み合わせた熟語だ。同じ組み立ては「え」と「が」のエである。アの「善悪」は対の意味で組み立てた熟語。イの「少量」は上の漢字が下の漢字を修飾している組み立て。ウの「国立」は上が主語，下が述語の組み立ての熟語である。

や難 問3 傍線2の「これで」が指し示している「本当に申し訳ありませんでした。以上。」のどこが悪いとして挙げているのかというと「以上。」と付け加えてしまった点である。つまり，申し訳ないという気持ちが残らず，これで終わりという態度になってしまうからだ。したがって，「申し訳ないという気持ちが残っていることを伝えることが必要だから」不十分なのだ。

問4 「あくまで」は，物事に対して非常に積極的で、その物事をやり抜くという強い意志があることを示すので，アの「どこまでも」である。

重要 問5 「それ」に対して申し訳ないお気持ちを伝えるのだから，「それ」とは直前にある「相手に不利益が生じたこと」になるが，ほぼ書き抜きで答えようとすると字数がオーバーしてしまう。そこで「相手に生じた不利益」のような表現の工夫をして答えよう。

問6 「原因」の対義語は「結果」。

や難 問7 具体例は待ち合わせに遅刻したことを挙げている。遅刻の原因が寝坊なのか突発的な事故による渋滞なのかで相手の気持ちが違ってくるというものだ。英語のexcuseが「謝る」と「言い訳する」の二つの意味があることを説明しているのは，「突発的な事故で遅くなって……」というような，言い訳である。「朝寝坊して……」では，「いい意味の言い訳」にはならないが，「それはしかたがなかったね」と思ってもらえるようないい言い訳は，「それに対する～」で始まる段落にある「事情の説明」ということになる。

問8 X 新聞での謝罪広告についての説明か所である。「また，これから二度と～」で始まる段落にあるように，単に謝るだけでなく，今後の対策の表明が必要としている。したがって，同じまちがいをウの「いかに」防止する決意なのかが書かれるということになる。　Y　どのような挨拶をするかで対人関係のあり方が違ってくることを主張しているのだから程度を表す語が入るのでイかウのいずれかだが，Xによって，ウとできる。　Z　ウの「うまく」を入れて成立するかを確認すると「うまく築けない～」とできるので，ウが適切と確定できる。

問9　「かまわない・大丈夫」という意味の「マイペンライ」は日本人にとっては謝罪の言葉として違和感を持つが，タイではちゃんとした挨拶であることを示す具体例だ。この具体例を挙げたのは，挨拶にも「文化の違い」があるということを説明するためである。

基本　問10　Ⅱの直後の「まずは，しっかり心情を～」に着目する。「すみません」という心情から伝えるということになるので，「後」の言い方のほうが気持ちが伝わりやすい。

問11　「場合にもよりますが～」で始まる段落に着目する。「このような場合」が指し示している内容が傍線7の場合である。その場合「謝るほうをまずは優先」とある。

問12　傍線8直後の「どちらも～」からが「謝ること」と「お礼を言う」こととの「近さ」を説明する文である。共通点を述べ，それを「対人関係～持っている」とまとめている。

重要　問13　(1)　「潤滑油」とは，物事がうまく運ばれる仲立ちとなるもののたとえである。実際には機械などの動きをよくするために使う油だ。人間関係に実際の油を使うわけではないので「比喩」としてたとえている。　(2)　潤滑油が「なめらかにする」ためのものなのだから，イである。

問14　「たかが○○されど○○」という言い方は，簡単に言えば，○○はたいしたことはないけれど，バカにはできないということを表す。○○は価値が低いように見えて、それ相応の価値はちゃんとあるということだ。

問15　ア　「大変」がいけないわけではないが，筆者は「本当に」のような真心からの思いの言葉のほうがふさわしいと述べているので，「大変」が真心からの思いとしているアは誤りだ。

ウ　英語のexcuseに二つの意味があることは説明しているが，良い言い訳は相手への誠意の表現とも言えるとしているので「望ましくない」は適切ではない。　エ　「宣伝のためである」という内容が不適切である。　イ　「では，謝るとは～」で始まる段落にあるように，この文章では，単に言葉だけではなく，事情の説明，改善ばかりではなく，補償についても伝える必要があることを述べているので適切である。

問16　必要なことは，具体的な経験と，その経験を通して学んだことの2点が入っている作文にすることだ。字数は多いと思い込み，具体的な経験を長々と書きすぎると，2点目が浅い内容になりがちなので，分量に気をつけよう。

★ワンポイントアドバイス★

知識問題の比重が高い。知識問題を幅広く学習しておこう。

第1回一般

2022年度

解 答 と 解 説

《2022年度の配点は解答欄に掲載してあります。》

<算数解答>

《学校からの正答の発表はありません。》

1 (1) 74 (2) $\frac{11}{15}$ (3) 28.3 (4) 40
2 (1) 0.35L (2) 156個 (3) 10% (4) 9歳 (5) 4%
3 (AB：BC：CD＝) 9：21：25 4 27 5 243cm^2 6 87.5cm^3
7 (1) 5時間 (2) 時速15km (3) 36km
8 (1) ア 10 イ 2 ウ 62 エ 1 オ 10080 (2) 5で割って1余る
9 (1) 15 (2) 120 (3) 解説参照

○推定配点○
各4点×25 計100点

<算数解説>

1 (四則計算)

(1) 66＋8＝74

(2) $\frac{14}{9}\times\frac{6}{7}-\frac{3}{5}=\frac{4}{3}-\frac{3}{5}=\frac{11}{15}$

(3) 2.83×(7.6＋8.3－5.9)＝2.83×10＝28.3

(4) $\frac{\square}{39}=\frac{48}{13}\times\frac{5}{18}=\frac{40}{39}$ □＝40

重要 2 (割合と比，年齢算)

(1) $\left(1.8-\frac{3}{20}\times8\right)\times\left(1-\frac{5}{12}\right)=0.6\times\frac{7}{12}=0.35$(L)

(2) $5400\div(4500\div130)=5400\div\frac{450}{13}=156$(個)

(3) 定価…900×1.4＝1260(円) 売り値…900＋234＝1134(円) したがって，値引きの割合は(1－1134÷1260)×100＝10(%)

(4) 18年後の私の年齢…(45＋18×2)÷(1＋2)＝27(歳) したがって，今年の私は27－18＝9(歳)

(5) {(300＋60)×0.2－60}÷300×100＝4(%)

重要 3 (平面図形)

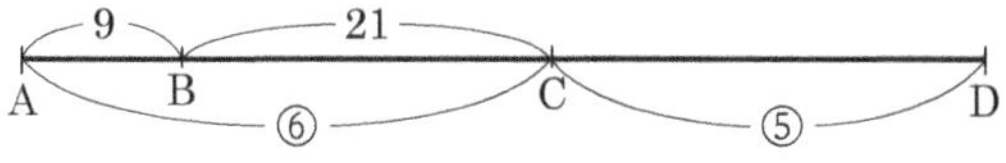

右図より，AB：BC＝3：7＝9：21のとき，CDは(9＋21)÷6×5＝25 したがって，線分の比は9：21：25

やや難 4 (平面図形)

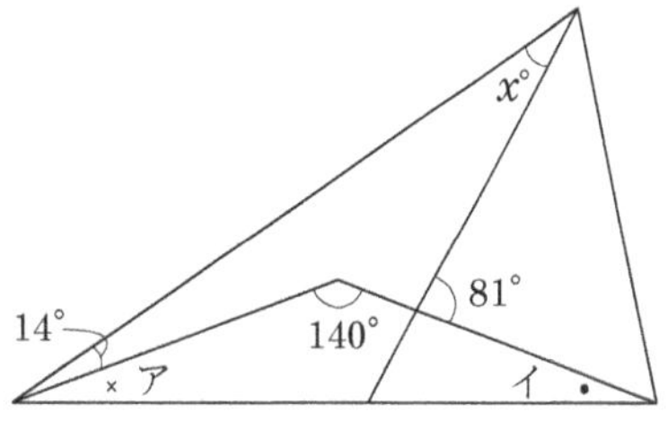

右図より，ア＋イ＝180－140＝40(度) x＋14＋ア＋イ＝81(度) したがって，xは81－(40＋14)＝27(度)

重要 5 (平面図形，相似)

次ページの図1より，直角三角形の2辺の比は30：20＝

3：2であり，小さい正方形の1辺の長さは30÷(3＋2)×3＝18(cm)　したがって，求める面積は18×18÷2×3÷2＝243(cm²)

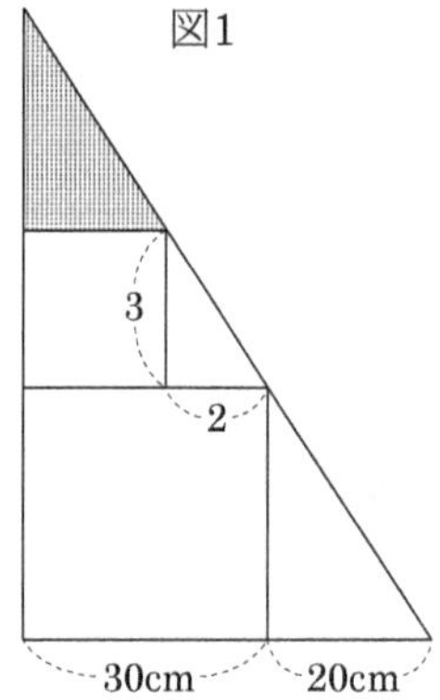

重要 6 (立体図形)

右図より，5×5×(2＋5)÷2＝87.5(cm³)

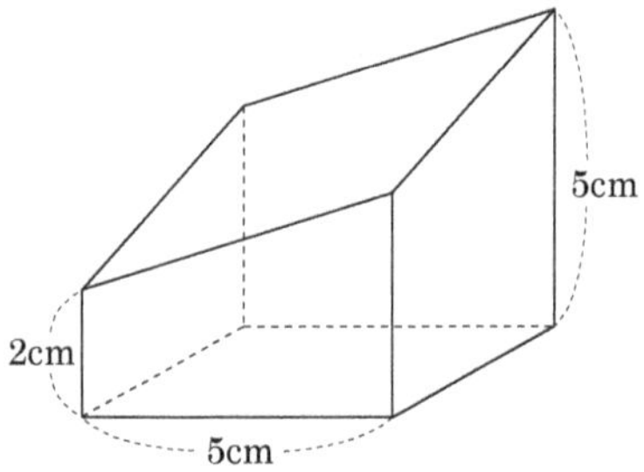

重要 7 (速さの三公式と比，割合と比)

(1)　60÷12＝5(時間)

(2)　時速60÷(5－1)＝15(km)

(3)　和人さんが地点Aから地点Bまで移動する時間は(5－1)÷1.6＝2.5(時間)　右のグラフにおいて，和人さんがB地点に着く時刻は5＋0.5＋2.5＝8(時間後)　頂点Cを共有する2つの三角形の相似比は(8－5)：(10－5.5)＝3：4.5＝2：3　したがって，2回目に出会うのは地点Aから60÷(2＋3)×3＝36(km)の地点

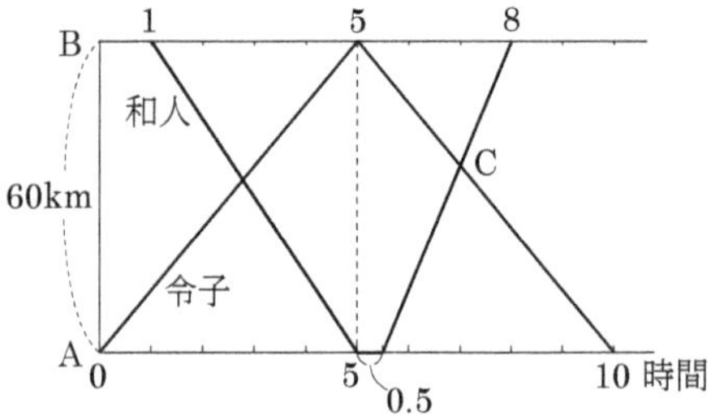

8 (割合と比，論理)

重要 (1)　ア…ドリンク5本を買うと1本が0円になるクーポンをもらえるので，50本を買うと10本分のクーポンをもらえる。　イ…10本分のクーポンでドリンクを買うと，さらに10÷5＝2(本分)のクーポンをもらえる。　ウ…50＋10＋2＝62(本)　エ…ドリンクメーターが5になると自動的にクーポンが配布されてドリンクメーターに1が表示されるので，ドリンクメーターが1になる買い方が1番お得な買い方である。　オ…右図より，必要な金額は120×4×(20＋1)＝10080(円)

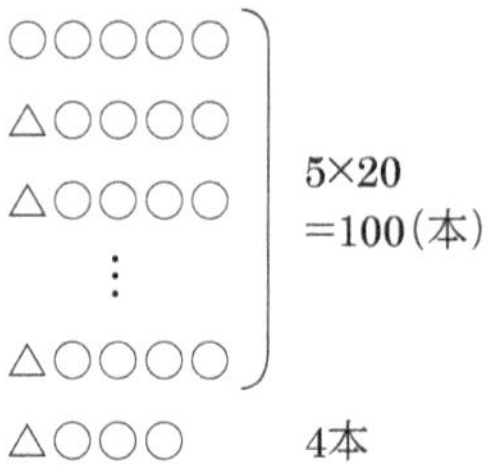

やや難 (2)　解答例：「5の倍数＋1」または「5で割って1余る」

9 (統計と表，数列，論理)

基本 (1)　右表より，2行目・15列目は15

重要 (2)　(1)より，(1＋15)×15÷2＝120…1～15までの数の和

(3)　解答例1：「あるマス目の数」と1列前のマス目の1行下のマス目の数の和が，「その1つ下のマス目の数」になる。2：n行目の1列目からm列目までの数の和が，$(n+1)$行目のm列目の数になる。

	1列目	2列目	3列目	…				
1行目	1	1	1	1	1	1	1	
2行目	1	2	3	4	5			
3行目	1	3	6	10	15			
⋮	1	4	10	20	35			
	1	5	15	35				
	1							
	1							

★ワンポイントアドバイス★

4「三角形の角度」は，必要な位置にある角度を文字で表して「外角の定理」を利用する。7(3)「2人が出会う地点」は旅人算よりも，グラフ上の三角形の相似を利用すると早く解ける。8(2)「クーポン」の「説明」は簡単ではない。

<理科・社会解答> 《学校からの正答の発表はありません。》

1 A 問1 イ 問2 (1) ヨウ素液 (2) 右図1
問3 酸素はものを燃やすはたらきを持つが，それをすべて使い果たしてしまうから。 問4 ① 心ぞう ② たいばん
問5 台風とは強い雨と風をともなう熱帯低気圧のことである
B 問1 食塩は，水の温度によって溶ける量があまり変わらないが，ホウ酸は，水の温度によって溶ける量が変わる。 問2 27%
問3 6.3g C 問1 ふりこの長さ 問2 誤差をなるべく小さくするため。 問3 右図2

図1

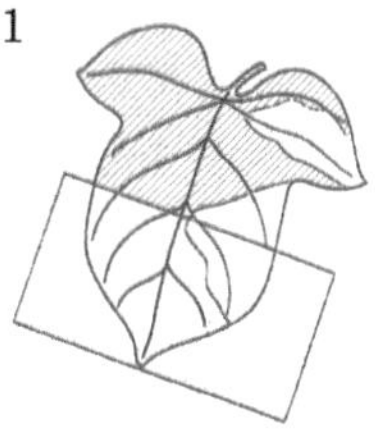

図2

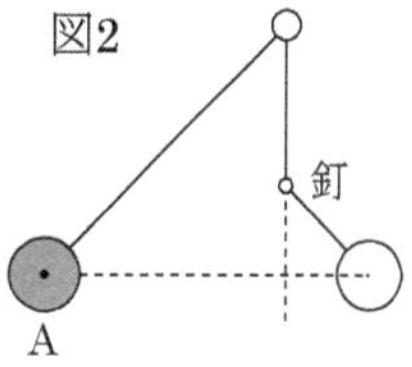

2 問1 ア 問2 下図3 問3 大きい干潮が夜中に起こる
問4 ① イ ② イ

図3

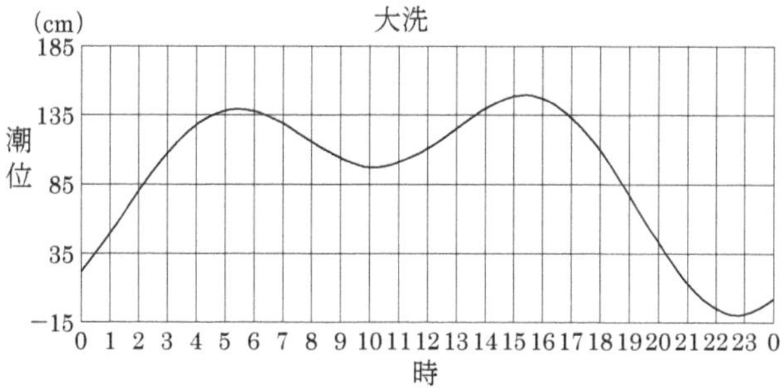

3 A 問1 ハザードマップ 問2 仏教の力で，国を治めるため[仏教の力で，疫病などを鎮めるため] 問3 観阿弥 問4 原子爆弾 問5 生存権 B 問1 世界保健機構[WHO] 問2 紛争解決の手段としての戦争を放棄し，戦力[軍隊]を持たないことにした 問3 アメリカ合衆国 問4 テロリズム C 問1 ア 徳川家康 イ 鎌倉 ウ ロシア 問2 貧富の差や身分の差が出てきたから

4 問1 エ 問2 (1) X 米 Y 北海道 (2) 大都市に近く，新鮮な野菜を届けることができるから 問3 (記号) エ (理由) 輸送機械の割合が大きいから
問4 標高が高く，内陸にあるから[標高が高く，盆地だから]

○推定配点○

1 A問2・問4 各2点×4 他 各3点×9 2 各3点×5
3 B問1・問2・C問1 各2点×5 他 各3点×8
4 問2(1) 各3点×2 他 各2点×5 計100点

<理科・社会解説>

1 A (小問集合)

問1 成虫の姿で冬越しするトンボもいるので，イが正しい。

問2 (1) ヨウ素液はデンプンと反応すると，青紫色に変化する。 (2) デンプンができるのは，葉の緑色の部分(葉緑体のあるところ)に光が当たった場所である。

重要 問3 問3の集気びんの中では，新しい酸素が集気びん内に入らないため，ろうそくの火は消える。

重要 問4 受精後4週間ほどたつと心臓ができ始める。胎児は母親とへそのおと胎盤を通して，母親か

ら酸素と栄養分を受け取る。

基本 問5　模範解答の他に,「南にある熱帯の海上で熱い空気をエネルギー源として発生し,北東方向へ移動していく」,「地表には激しい雨と風を引き起こし災害発生につながる」「高潮と呼ばれる現象で水害を起こすこともある」「台風の通過後はよく晴れ,気温が急上昇することが多い」なども考えられる。

重要 B　(物質と変化－ものの溶け方)

問1　食塩は水温によって溶ける量はほとんど変わらないが,ホウ酸は大幅に変化することが表からわかる。

問2　$\frac{36.3(g)}{100(g)+36.3(g)}\times 100=26.6\cdots$より,27%である。

問3　10℃100gの水にホウ酸は3.7gまでしか溶けないので,10.0(g)－3.7(g)＝6.3(g)のホウ酸が出てくる。

重要 C　(力のはたらき―物体の運動)

問1　実験1で,ふりこの長さを変えずにおもりの重さを変えたところ,周期に変化がなかった。また,実験2でおもりの重さを変えずにふりこの長さを変えたところ,周期が大きく変わった。よって,ふりこの周期は,ふりこの長さによって決まると考えられる。

問2　ふりこの周期の誤差をなくすために,ふりこを10往復させてその平均をとり,この作業を数回繰り返し,その周期の平均を取る。

問3　ある高さから振り下ろしたふりこは,途中でふりこの長さが変わっても反対側で同じ高さの位置まで上がる。

2　(実験・観察)

問1　カニは10本の足を持つ甲殻類の仲間なので,アは間違いである。

基本 問2　表2のデータを大体の位置に点を打ち,滑らかな線でつなぐ。

やや難 問3　問2でかいたグラフから,12月は大きい干潮が夜中におこるため,潮干狩りには向いていないことがわかる。

重要 基本 問4　①　上弦の月は,月が南中したとき右半分が光る月である。　②　表3を見ると,新月の直後には,大きい干潮の潮位が他の時期に比べて低くなっている(5日は－10cm,6日は－8cm)ので,イが正しい。

3　(日本の地理・歴史・政治の総合問題)

A 問1　近年,地震や川のはんらんなどの自然現象によって,被害が起こりそうなところを予測して示したハザードマップをつくることで,被害を少なくする試みが始まっている。

基本 問2　聖武天皇と光明皇后は,仏教の力にたよって国家を守ろうとして,国ごとに国分寺と国分尼寺を,都には東大寺を建て,東大寺に金銅の大仏をつくらせた。

問3　貴族や武士が愛好していた猿楽や田楽などの芸能は,観阿弥・世阿弥親子が能として大成し,義満をはじめとする武家の保護を受けた。

問4　アメリカは太平洋戦争末期の1945年8月6日に広島,9日に長崎に原子爆弾を投下した。原爆投下から5年以内に広島で20万人,長崎で15万人以上の生命が奪われた。

基本 問5　社会権の中で基本となるのが,第25条の生存権である。

B 問1　世界保健機関(WHO)は,1948年に設立され,国連システムの中にあって保健について指示を与え,調整する機関である。

問2　日本国憲法では,戦争を放棄して世界の恒久平和のために努力するという平和主義を基本原理としている。そして,第9条では,戦争を放棄し,戦力をもたず,交戦権を認めないと定めている。

重要 問3　日本は防衛のために，アメリカ合衆国と日米安全保障条約を結んでいる。この条約は，他国が日本の領土を攻撃してきたときに，共同で対処することを約束している。

問4　テロリズムとは，政治的な目的を達成するために暴力による脅迫を用いることをいい，テロと略される。

C 問1　豊臣秀吉の死後，石田三成を中心とする西軍と徳川家康を中心とする東軍とに分かれて戦った戦いを関ケ原の戦いという。源頼朝は鎌倉に本拠地を定め，幕府をたて武士を集結して関東地方を支配すると，平氏をたおすため弟の源義経などを送って攻めさせた。日本はロシアとの日露戦争後に結んだポーツマス条約により南満州の鉄道の権利や樺太の南半分を手に入れた。

やや難 問2　弥生時代になり稲作がさかんになると，貧富の差や身分の差が出てきて，社会のしくみも変わり，小さな国ができ，人々を支配する有力者(豪族)や王が出現した。

4 (日本の地理―日本の国土と自然，農業，工業)

問1　札幌は，他の地域よりも冬の寒さが厳しく，夏もすずしい北海道の気候であり，エが該当する。アは新潟，イは東京，ウは那覇，それぞれの都市が当てはまる。

問2　(1)　Xは主に東北地方で生産されている米である。Yは乳牛や肉牛の割合が1番高いことから北海道とわかる。　(2)　大都市周辺では，市場への近さを生かして，野菜などを新鮮なうちに出荷する近郊農業が発達している。この設問にあるはくさい，きゅうり，レタス，キャベツなどは，この近郊農業にあたる。

重要 問3　愛知県を中心とする中京工業地帯は自動車産業がさかんで輸送機械工業の出荷額が高くなっている。したがって，表中の輸送機械の割合が1番大きいエは中京工業地帯となる。

やや難 問4　長野市周辺は，内陸の気候で降水量が少なく，夏と冬，昼と夜の気温差が大きい。また，地形断面図を考察すると，標高が高く，内陸の盆地であることがわかる。

★ワンポイントアドバイス★

1・2　問題文を素早く的確に読み取る力を身につけよう。3A問2　大仏は，民衆に信頼されている僧の行基につくらせた。行基は一般の人々の間で布教し，人々とともに橋や用水路などもつくった。4問1　新潟は日本海側の気候，東京は太平洋側の気候，那覇は南洋諸島の気候である。

＜国語解答＞ 《学校からの正答の発表はありません。》

【一】 問1　①　(主語)　ぼくは　(述語)　好きだ　②　(主語)　なし　(述語)　知っている　③　(主語)　電車は　(述語)　遅れるらしい　問2　①　家から　②　飛ぶ　③　建物は　問3　①　エ　②　オ　③　イ　④　ア

【二】 問1　a　認識　b　以外　c　すなお　d　構築　e　とら　問2　自分が感じたものそのものを表現したもの　問3　目に見える物体を見たままに描いた絵
問4　ア　問5　見たものを記録し，他者に伝達する目的　問6　エ　問7　理性
問8　具体的な情報　問9　(数学というのは)個々の差異や具体的な情報を一旦捨てて，同一のものと仮定して数を計算するから。　問10　ウ　問11　4　問12　イ
問13　エ　問14　ア　問15　ウ　問16　六年生の初めころ，それまで順調だった成績の伸びが感じられなくなる時期がありました。私はイライラし，合格できないなら

勉強したってムダと思いました。しかし，祖父が，勉強は合格のためだけにするのではない，学ぶことは一生続くし，祖父の年になっても知ることは楽しいと話してくれたのを聞き，私も色々なことができるようになったと思い返すと，合格もしたいけれど，もっと知ることに期待したい気になれました。

○推定配点○

【一】 各2点×10　【二】 問1 各2点×5　問6・問7 各3点×2　問9 5点
問16 15点　他 各4点×11　計100点

＜国語解説＞

【一】（ことばの意味，ことばの用法）

基本 問1 ① 述語は「好きだ」なので，だれが好きなのかと考え，主語は「ぼくは」。 ② 述語は「知っている」。だれが知っているのかを考えると，主語は「なし」。 ③ 述語は「遅れるらしい」なので，何が遅れるのかと考え，主語は「電車は」となる。

重要 問2 ① 「わたしの」は「家から」にかかっている。 ② 「空を」「飛ぶ」というようにかかっている。 ③ 「見える」のは「建物」だから「建物は」にかかっている。

問3 ① 兄の力を借りられるときだけ強気ということなので「虎の威を借る狐」である。 ② 最後まで気を抜かないというのだから，竜の目を描きあげる最後のかんじんな部分，物事の最も大切な部分まで気を抜かないということになる。一般には「画竜点睛を欠く」と用いて，最後の仕上げが不十分なため，できばえがよくないことを言う。 ③ 決死の覚悟で試合にのぞむということだ。「背水の陣」が，もう逃げ場はないと覚悟した上で，ものごとに取り組むことをたとえる言葉である。 ④ そこを突破すれば出世につながる，難しい関門のたとえを「登竜門」と表す。ちなみに「蛇足」は，余分なもの，不要なもの，なくてもよいものという意味の言葉であり，「李下に冠を正さず」は，悪いことをしているのではないか，と疑いを招くような言動は，しない方がよいといういましめの言葉である。

【二】（論説文－細部の読み取り，指示語の問題，空欄補充，文と文節，言葉の意味，同類語・反対語，漢字の読み書き，記述力）

問1 a 「識」は全19画の漢字。19画目の点を忘れずに書く。また，同音の「織」と混同しないように気をつける。 b 「以」は全5画の漢字。2画目は1画目の左画を出す。「意外」ではないので気をつける。 c 「スなお」なので重箱読みの熟語。 d 「構」は全14画の漢字。8画目も左右に出す。 e 「捉」は小学校では未習の漢字であるが，社会科などで目にすることもある漢字。

やや難 問2 「絵画というものは～」で始まる段落から，具象画と対比する形で「抽象画」を説明している。見たものをそのまま描くのに対し，「自分が感じたそのものを表現した」絵が抽象画である。

問3 文章全体では「抽象」のことを述べるものだが，その説明として，具体，具象を説明する構成になっている。「抽象画というのは～」で始まる段落に，「では具象画とは何か～」として「目に見える物体を見たままに描いた絵」と定義している。

問4 冒頭の段落に着目する。「抽象画」がわけのわからない絵であり，具体的という使いやすさに比べて「抽象的」は使いにくく馴染みがないという内容なのでアである。

重要 問5 現代アートではなく，絵画のもともとの目的を問われているということになる。「絵画というものは～」で始まる段落に，「見たものを記録し，他者に伝達するためのもの」とある。

基本 問6 「作者」は「作る者」だから，上の漢字が下の漢字を修飾する組み立て。「異なる質」のエが同じ組み立てだ。 アは，下に「的・化・性・然」をともない，性質などを表すような組み立て。イは，上に「否・不・未・無」などをつけて否定を表す組み立て。ウは，上も下も「のぞむ」の意味なので同じような意味の組み立ての熟語である。

問7　「感情」の対義語は「理性」である。

問8　傍線7の直後は「捨てる」だ。これは比喩表現である。したがって，何を捨てるということを例えているのかと考えると，直前に「具体的な情報」が「捨てられる」とある。

やや難 問9　傍線8の直前に「これが数学だ」とある。解答欄の書き出しが「数学というのは」なのだから，「これ」が何を指し示しているのかを考える問題ということになる。「一例を挙げれば～」で始まる段落に数学とはどういうものかを説明している。「個々の差異や具体的な情報を一旦捨て」る作業をまず行う。そして，「林檎がいくつか～」で始まるさらに具体的な説明で「捨てた」後どのようにするのかを考えると，「ほぼ同一のものと仮定して数を計算する」としている。

問10　一旦それを横に置いておいてということなので「棚に上げて」である。

問11　入れる文の冒頭が「つまり」なので，直前には，自分の想像を自分で邪魔するという矛盾した内容をまとめているということになる。④直前が「想像する行為が，現実にんしきにとって障害になるので『逆に』これを規制(自制)しようと生理的に働きかける」とある。これは想像しようとすると，現実とは違うその想像内容が障害になるから想像することを規制する」という矛盾になるので④である。

問12　辞書的な意味を問われているのではないのでアではない。本文中のこの部分の意味するところを問われている。傍線9直前にある「この折り合い」のことを「常識」としているのだから，「この折り合い」の指し示す内容を考えることになる。ここでは子供のころにはだれでも荒唐無稽の夢や現実離れした考えをもつが，周囲に注意されることを繰り返すことで，現実離れしたことを考えることをやめていくことを「折り合いをつける」と表現している。これは，自分で考えたことを，そんなこと考えても仕方がないと「否定」することなのでイである。

問13　X　前部分は「想像力など働かせなくても生きていける」という現実的なことを述べていて，後部分は「変なことを考えない方が生きやすい」と積極的に想像力などないほうが生きやすいと比較しているので「むしろ」だ。　Y　前部分は，むしろ想像力などないほうが生きやすいとしていて，後部分は，「現実から飛躍する必要がある」ということ，つまり，想像力は必要だということになるので「しかし」である。　Z　前部分は，抽象的な発想がなければ客観的な全体像は見えてこないという抽象的発想の大切さを説明している。後部分も「新しい感覚」の必要性を述べているので「さらに」だ。したがって，エの組み合わせを選択することになる。

問14　ユニークという言葉は，日常では「おもしろい」という印象を持つ言葉として受け止めている場合が多いが，意味としては，唯一であるさま・そのものだけが他と異なるさま・独特という意味の言葉であるのでアだ。

問15　イとウで迷うところである。「抽象化するとき～」で始まる段落を読むとイも適当と思えるからだ。が，イの「抽象化するとき不要な情報を忘れてしまうと」は誤りである。抽象化するときは不要な情報を一旦捨てる作業をするのだ。一方ウは「身近な例～」で始まる段落にある内容に一致するのでウを選ぶ。

やや難 問16　文章中の内容としては，「頭の良い人間～」で始まる段落の「客観的～大切である」が作文を書く題材を考えるヒントになるだろう。文章中の客観的，抽象的な考えといきなり言われてもなかなか具体的な話題を思いつくことが難しいが，「自分の経験や知識や立場を忘れ」て考えてみて救われたこと，あるいは，「表面的なもの，目の前に見えているものに囚われ」ずに考えてみて救われたことのように考えると書きやすいかもしれない。

★ワンポイントアドバイス★

読解問題は一題の出題という出題傾向なので，しっかり読み取り落ち着いて対応しよう。

適性検査型

2022年度

解　答　と　解　説

《2022年度の配点は解答欄に掲載してあります。》

＜適性検査問題Ⅰ解答＞《学校からの正答の発表はありません。》

1　問題　あ　2065　　い　63.9

2　問題　あ　30　　い　7　　う　30

3　問題1　あ　黒　　い　(1番下)黒，(2番目)白，(3番目)黒，(4番目)黒，(5番目)黒，(6番目)黒

問題2　う　6，6，6[3，6，3　ほか]　　問題3　え　1，4，3，2，5　ほか

問題4　(原因)　重ねる順番が逆転すること。裏返すコマ数が決まっていないこと。　ほか

4　問題1　夕焼けは日没のときに西の空が晴れている時に見られ，天気は西から東に変わる

問題2　蒸発した水が，水蒸気となって空気中に含まれていき，上空に運ばれる

問題3　空気中の水蒸気が，冷たい窓にふれて，表面で水になったから。

5　問題1　直射日光があたると，発芽に適した温度になり，湿気があると，発芽に必要な水があたえられて種子が袋の中で発芽してしまうかもしれない

問題2　窓から入る日差しを防ぎ，室内の温度が上がるのをおさえることができる

問題3　春　エ　　夏　ア　　秋　イ　　冬　ウ

6　問題1　(記号)　ア　　問題2　(記号)　ウ　　冷やされた空気は下に移動するので，保冷剤を食材の上に配置することで，クーラーボックス全体を効率よく冷やせると考えられるため。

7　問題1　(鏡の置く位置)　D　　(鏡の角度)　ア

問題2　(1まい目の鏡の置く位置)　B　　(鏡の角度)　ク

(2まい目の鏡の置く位置)　C　　(鏡の角度)　ウ

○推定配点○

1　問題　各5点×2　　2　問題　あ　5点　　い・う　8点(完答)

3　問題1　あ　4点　　い　5点(完答)　　問題2・問題3　各6点×2　　問題4　8点

4　問題1　5点　　他　各3点×2　　5　問題3　各1点×4　　他　各4点×2

6　問題1　3点　　問題2　4点，6点

7　問題1　鏡の置く位置の記号と鏡の角度の記号　各2点×2　　問題2　各2点×4

計100点

＜適性検査問題Ⅰ解説＞

1　(算数：平均)

重要　問題　あ　テストの平均は受験者全員の点数をたし，受験者数でわることで求められる。1組の平均は59点であり受験者は35人であることから，1組全員の合計点を□とすると，□÷35＝59という式で表される。よって，1組全員の合計点は，59×35＝2065(点)と求められる。

い　1組と同様に2組，3組もそれぞれ全員の合計点を求めると，2組　64×32＝2048(点)

3組　69×33＝2277(点)であることがわかる。よって，3クラス全員の平均点は，(2065＋

2048＋2277)÷(35＋32＋33)＝63.9(点)である。

2 (算数：速さ)

問題 あ れいなさんが美術館についたときに240人の人がすでに並んでおり，さらに毎分20人がこの列に並んだということは，れいなさんが美術館に着いてから3分後の開館時には240＋20×3＝300(人)並んでいたことがわかる。開館後も毎分20人ずつ来場していることを考えると開館後30分間には新たに20×30＝600人が並び，開館から30分間で行列がなくなったことから，この間に全部で900人が入ったことがわかる。よって，900÷30＝30という式から毎分30人で美術館に入れた。 い，う 毎分30人で美術館に入れた，ということから答えを導く。今回は入り口を2か所にした場合を想定しているため，30×2＝60より，毎分60人のスピードで美術館に入れることになる。しかし毎分20人が新たに列に並ぶことは変わらないため，美術館には実質毎分40人で入る。よって，開館までに並んでいた300人全員が美術館に入るには300÷40＝7.5(分)かかったことがわかる。0.5分は30秒である。

3 (算数：並べ方)

基本 問題1 あ さいころで出た目の数だけ裏返して隣に重ねていくため，白を裏返した黒である。

い 1回目にさいころで5の目が出たとき，上側の色は下から順に黒，黒，黒，黒，黒，白である。したがって，2回目に2の目が出たときは下から順に黒，白，黒，黒，黒，黒であることがわかる。

問題2 う 3回さいころを投げ，作業を繰り返した結果が図1のようになればよいので、全ての石の上側の色が白の状態から毎回すべての石を返して重ねることができれば最終的に全ての石の上側が黒になることが予想できる。よって，毎回全ての石をひっくり返すためには毎回6の目が出ればよい。また，仮にすべて6の目が出なかった場合でも1回目に3の目，2回目に6の目，3回目に3の目が出るなどのパターンでも最終的に図1のようになるため、答えは複数存在する。

やや難 問題3 え いきなりに図2を作ろうとするのではなく，少しずつ図2に近づけることが重要である。図2のようにするためには，まず1番下の石の上面を黒にしなければならない。よって，さいころの目が1になれば石の上側が下から順に，黒，白，白，白，白，白となる。図2の状態で黒が合わさった2つの石を1ブロックと考えると，この状態で下の1ブロックが完成したことになる。しかし，次に積み重ねるとき，この1ブロックは白同士が向かいあったブロックになってしまうため，下から真ん中のブロックも白同士が向かいあったブロックにする必要がある。作ったブロックはくずさないように4の目を出す。すると，上側の色は下から順に黒，黒，黒，黒，白，黒となる。上に来たブロックを下に戻し，かつ真ん中のブロックを白が向かい合った状態で完成させたいため，次は3の目を出す。すると，下2つのブロックが反転した状態で完成する。4の目，3の目を出して真ん中のブロックをつくったように1番上のブロックも作ることを考え，2の目を出す。2つのブロックは再び黒が向かい合ったブロックに戻るため，5の目を出すことで図2の状態にする。作業の回数に指定はないため，順に考えていけばよい。

問題4 問題1・2・3を解くうえで考えなくてはならなかった条件を思い出し，予測が難しくなっている原因として考えられることをまとめればよい。例えば，毎回さいころをふり，さいころの目によって裏返す枚数が変わるという条件や，重ねる順番が逆転することなどは問題を解くうえで難しく感じた点であったはずである。

4 (理科：天気)

問題1 天気は西から東に変わること，夕焼けは西に見えるものであることをふまえてまとめればよい。また，語尾は「からよ。」につながるように終わらせる。

問題2 雲ができるしくみを文にまとめる。「海や川などの水面や地面などから」という部分をヒントに，蒸発《じょうはつ》という現象を思い浮かべることができれば解くことができる。問題1と同様に会話文に自然にあてはまるよう，語尾に気をつける。

問題3　寒い日，窓ガラスの内側に水てきがつく現象は結ろである。よって，ここでは結ろのしくみについて文にできればよい。ほう和水蒸気量が，気温が高いときと低いときで異なる，ということと結びつけることができれば，空気中の水蒸気が冷たい窓にふれることで水てきとなることがわかる。

5　**(理科：植物の発芽条件，緑のカーテン，四季の生物)**

問題1　会話文中で提示されている保管《ほかん》条件について，これらを実現できなかった場合を想定するとわかりやすい。植物は直射日光を浴び，水をもらうことで発芽する。また，ツルレイシはとくに沖縄県で育てられていることが読み取れるため，発芽条件に温暖な気候もふくまれることが想定できる。これらの条件を活かし，簡潔にまとめる。語尾は「からよ。」につながるようにする。

問題2　実際に緑のカーテンがある場合とない場合とで何が違うのか考えるとわかりやすい。夏場はとくに直射日光によって室内の温度は高くなることに気づくことができれば答えにたどりつく。問題1と同様に語尾に気をつける。蒸散による効果で外から部屋に伝わる熱を減らすことができるという別解も考えられる。

問題3　それぞれの選たくしの中に登場する生き物がどの季節に見られるものであるか，また，どのような行動をとっているかを見ることで答えが導ける。カブトムシは夏の生き物である。オオカマキリは夏にから活発に動き，秋にたまごを産む。ヒキガエルは土の中で過ごしていることから冬眠していることがわかる。ツバメは枯草などを集めていることから冬が去ったあとの春の行動であることを読み取ることができる。

6　**(理科：空気の動き)**

問題1　父親の3つ目の発言にヒントがある。実生活の中で感じられるものであるため，具体的な例を思い浮かべてみるとよい。例えばおふろの温まり方なども答えを出す手がかりになる。

問題2　問題1をふまえた応用問題である。冷たい空気は下に移動することから，効率よく食材を冷やすために保冷材は食材の上に置くとよいことがわかる。

7　**(理科：光の動き)**

問題1　北側から照らすと南側に影ができることから，東向きに影を作りたいのであれば西側から光が空きかんに届けばよい。よって，鏡の位置はDにすればよい。また，光の反射の性質を理解していれば入射角と反射角が同じであることがわかり，アのように置けばよいことがわかる。

問題2　問題1と同様に考える。南側から照らせばよいので，光を西か東で反射させ，南から空きかんに向ける。鏡の角度の選たくしには，Dの地点で北から届いた光を南に反射できる角度のものがないため，東から南に光を反射させる答えを出せばよい。

★ワンポイントアドバイス★

会話文や図から必要な情報を正確に読み取ろう。また，問題文の条件にしっかり沿うように文章を組み立てる必要があるため，あせらず慎重に解答を作ろう。

＜適性検査問題Ⅱ解答＞《学校からの正答の発表はありません。》

[1] 問題1 つくば市は発展していて家賃が他の市に比べて高いため，周辺の地域に住んでつくば市に出勤する人が多い。また，交通機関が発達しているために，他の市からの通勤もしやすい。 問題2 つくば市は人口が多いために集められる税金も多く，他の市よりも財政が安定しているため，社会福祉にお金をかける余裕があるから。 問題3 日本は高齢者が多く，外に出ることができない高齢者の方が孤独死するケースも増えているため，高齢者が安全に外出できる環境を実現するための研究が行われている。

[2] 問題1 大名が持つ石高に応じて，参勤交代の人数が規定されていた。約100万石の石高を持つ加賀藩と石高約1万石の牛久藩では，参勤交代時の供の人数に明らかな違いがあった。
問題2 (もし,)参勤交代を大名にお金を使わせるために制度化したのならば，武家諸法度に「これからは供の人数をよく考えて減らすことが必要である。」と(明記するはずがないから。)
問題3 奉公である主人のために戦う機会が減少したことで制度化された参勤交代は，これに代わる奉公だった。将軍と面会することで主従関係を確認し，江戸に住まわせることで大名を監視する目的で制度化された。

[3] 問題1 一分間に三百字という速さを土台として，重要な部分の話はゆっくり，そうでないところは速くするなどして，話の表情を豊かにして話す 問題2 どのようなときにそのことわざを知ったのですか。 問題3 なぜそのような表現になっているのかを伝えたいです。なぜなら，もともとどのようなことからそのことわざが生まれたのかという理由を伝えることで，聞いている人がそのことわざの意味と表現をつなげることができて，より理解してくれるようになるからです。

[4] ナノハナがよいと思います。ナノハナには快活や明るさという花言葉があり，休み時間になるとみんな元気に楽しく遊んでいるという学校のよいところを伝えることができると思ったからです。みんなの好きな笑顔という言葉が，快活や明るさという花言葉の意味とも合っていると思います。

○推定配点○

[1] 問題2 5点 他 各10点×2 [2] 問題1 5点 問題2 10点 問題3 15点
[3] 問題1 10点 問題2 5点 問題3 15点 [4] 15点 計100点

＜適性検査問題Ⅱ解説＞

[1] (社会：茨城県の人口の変化)

問題1 れいなさんが集めた資料を読み解く。資料3はつくば市とその周辺都市の賃貸物件の相場についてである。具体的に数値を見ると，つくば市がもっとも高い6.29万円であること，その他の都市の相場を平均すると5.194万円であることを読み取ることができ，つくば市の相場は周辺都市と比較して高いことがわかる。資料4はつくば市に住んでいる人へのインタビューである。ここでは公共交通機関が整備され，市内に限らず他の市をまたいだ移動も手軽に行えるようになったことが読み取れる。これらの読み取った情報をふまえると他の地域に住みながらつくば市に通う人々が多い理由がわかり，昼間人口が夜間人口より多い理由も必然的に見えてくる。資料を順に読み取り，その内容を簡単にまとめればよい。

重要 問題2 問題1と同様に資料を参考にする問題である。資料1はつくば市の人口推移のグフである。グラフの線が右かた上がりであることから，年々人口は増えてきていることがわかる。資料6にはつくば市とその周辺都市の歳入額がまとめられている。歳入とは政府・自治体の収入のことをさす。数値を見るとつくば市の歳入額は他の市と比べて多いことがわかる。税金は市民にかけられるものであり，人口が多ければ多いほどつくば市が財源として受け取る税金は多くなるため，結果として歳入額も大きくなる。歳入が多ければ様々な計画を実現できる，という観点をふまえてわかりやすくまとめる。

問題3　資料10を見ると，2020年以降に重要な社会問題になると思われているものの上位に高齢者，孤独死，高齢化，老人ホームなどの言葉が見られる。近年，少子高齢化社会の加速が危ぐされていることをふまえると，自動運転車や低速移動機器などが高齢者の安全な外出のために役立つ研究であることが想像できる。高齢者は外出時の不便さ・大変さ・怖さを理由に家に引きこもってしまう可能性もあり，また，老人ホームへの入居の困難も想定されている。資料から読み取れる情報から高齢者の孤立が問題であることを導き出し，解答としてまとめる。

2 (社会：参勤交代)

問題1　資料1・2は牛久藩と加賀藩の大名行列の様子が視覚的にわかる資料である。資料につけられた名称を見ると藩の名前だけではなく，その藩の石高が示されている。資料3は江戸時代に出された，供の人数に関する規定についての資料である。参勤交代に必要な供の人数が示されているが，「【石高20万石以上の場合】」や，「その他，10万石，5万石，1万石以上のそれぞれを規定」という記述があることから，石高の大きさによって供の人数が定められていたことがわかる。これをふまえ，資料1・2を再度見ると，石高約1万石と石高約100万石とで行列の規模が異なることがわかる。3つの資料にふれながらまとめられた解答が求められる。

問題2　資料4の内容を理解することからはじめる。参勤交代に来る大名の供の人数が多くなることで増える出費が無駄(だ)であると表現し，それら財政をふまえて供の人数を減らす必要があるという記述がみられる。このことから，この武家諸法度からは大名に余計にお金を使わせようとしている意図は読み取れない。解答の書き出しと文末の表現の条件に気をつけ，必要に応じて引用しながら説明する。

や難 問題3　資料5から，江戸時代がはじまって約35年で大きな戦いはなくなったことがわかる。資料6からは，御恩と奉公のそれぞれの内容について書かれている。資料7は江戸時代も鎌倉時代と同様に武家社会であり，主人の御恩に対して従者は命をかけて戦ったことがわかる。資料8では武家社会であることを家光自身がわかったうえで参勤交代の制度化が行われたことがわかる。以上をふまえ，参勤交代の制度化は大名を監視する意図でなされ，また，戦いがない時世での奉公の1つとして設けたものであることがわかる。参勤交代にどのような意味があったのか，4つの資料から正確に読み取る必要がある。

3 (国語：言葉の使い方，ことわざ発表原稿)

重要 問題1　「川上さんが言っているように,」という言葉から空らんにつながっていることから，空らんには川上さんの文章のなかで「話のしかた」として必要だと思われることをまとめて入れることがわかる。話す速さは一分間に三百字の速さが最適であること，話の表情を豊かにすることが聞き手の聞きやすさ，理解のしやすさにつながることがポイントである。字数指定，本文中の言葉を使う指定などを見落とさず，わかりやすくまとめる。

基本 問題2　質問の内容は発表者の答えから導くことができる。空らんイの質問に対して発表者は「このことわざを知ったのは，…ときです。」と答えている。よって質問は発表者がことわざを知ったのはいつであるかを聞くものであることがわかる。この場面にふさわしい言葉づかいで，という条件をふまえ，常体ではなく敬体で実際に発表者に聞くように質問文を作る。

問題3　資料2の内容を理解する。理由を含めて100字以上120字以内という字数制限があることをふまえると，ふれられる改善点は1つであると考えられる。よって，資料2に挙げられている反省点のうち1つを選び，それと対応する感想と照らし合わせながら考えと理由をまとめる。よって，解答は複数存在するため，別解も参考にしてほしい。

(別解1)　たとえばどのような場面でそのことわざを使うことがあるのかを伝えたいと思います。なぜなら，実際に使うときの例を示すことで，聞いている人がそのことわざの意味をより実感できて，よいことわざだと思ってくれるようになるからです。

(別解2)　ことわざの中には昔から伝えられている教えがあり，しかもそれが今でも通用するものであるということわざそのものの面白さも伝えたいと思います。なぜなら，ことわざの面白さを伝えることで，聞いている人が興味を持って話を聞いてくれるようになるからです。

4　(国語：発表原稿)

学級での話し合いの一部であることに注目し，しょうさんやゆうとさん，まきさんの発言を参考にする。資料1を見ると彼らの発言の中で述べられていた内容であることが確認できる。学校のよいところやそれぞれの花言葉，好きな言葉は資料2・3・4からそれぞれ読み取ることができる。よって，各資料からつながる内容をピックアップし，文章を組み立てられればよい。花によっても解答は異なるため，自分が書きやすいと思ったものでよい。資料の言葉を参考にして文章にまとめると各資料から情報を読み取ったことが採点者にも伝わる。資料1の3つの条件すべてをふくんだ文章が書けているかに注意する。

(別解1)　スミレがよいと思います。スミレには謙虚や誠実という花言葉があり，落ち着いていて礼ぎ正しくひかえめであるという学校のよいところを伝えることができると思ったからです。みんなの好きな誠意という言葉が，謙虚や誠実という花言葉の意味とも合っていると思います。

(別解2)　ガーベラがよいと思います。ガーベラには希望や常に前進という花言葉があり，勉強にも運動にも前向きに取り組んでいるという学校のよいところを伝えることができると思ったからです。みんなの好きな努力という言葉が希望や常に前進という花言葉の意味とも合っていると思います。

★ワンポイントアドバイス★

今回の問題は文章を多く書くものであった。しかし，すべての問題に参考となる資料が提示されていたことを見逃してはならない。資料がヒントを提供してくれていることを忘れず，落ち着いて資料を読み取ろう。

2021年度

★★★★★★★★★★★★★★★★★★★★★★★

入　試　問　題

2021年度

東洋大学附属牛久中学校入試問題（専願）

【算　数】（50分）〈満点：100点〉

【注意】 定規・コンパス・電卓の使用を禁止します。

1 以下の問いの□に当てはまる適切な数値を答えなさい。

(1) $9\times7+36\div12\times3+3=\square$

(2) $\frac{11}{12}\div\left(1.5-\frac{2}{3}\right)+\frac{2}{5}=\square$

(3) $3.46\times34-34.6\times0.8-34.6\times0.6=\square$

(4) $4\frac{7}{12}\times\frac{3}{\square}=\frac{5}{8}$

2 以下の問いの□に当てはまる適切な数値を答えなさい。

(1) 54 mのタコ糸があります。$2\frac{1}{4}$ mを20本切り取り，さらに残りの$\frac{11}{15}$を使いました。このとき残りは□mです。

(2) 280個で4000円のビー玉があります。このビー玉を385個購入すると□円です。

(3) 1600円で仕入れた商品に25%の利益を加えて定価を付けました。しかし，売れなかったので，定価から10%値下げして販売し，売ることができました。このとき商品の利益は1つあたり□円です。

(4) 兄と弟の年齢の差は4歳です。兄の年齢の3倍と弟の年齢の2倍の差は21歳です。このとき，兄は□歳です。

(5) 国語のテストがありました。A君はB君よりも8点高く，CさんはA君よりも14点高い点数でした。3人のテストの平均点が84点のとき，A君の点数は□点です。

3 下の図のように，線分AD上に2点B，Cがあります。
線分の比が　AB：BC＝3：2，AC：CD＝3：2　のときAB：BC：CDを求めなさい。

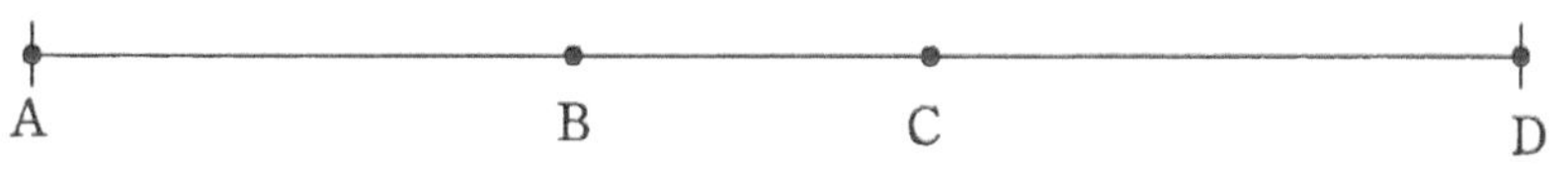

4 円すいを底面と平行な面で切断して下の図のような立体を作りました。上の面の半径が4 cm，下の面の半径が8 cm，高さが5 cmのとき，この立体の体積を求めなさい。ただし，円周率を3.14とする。

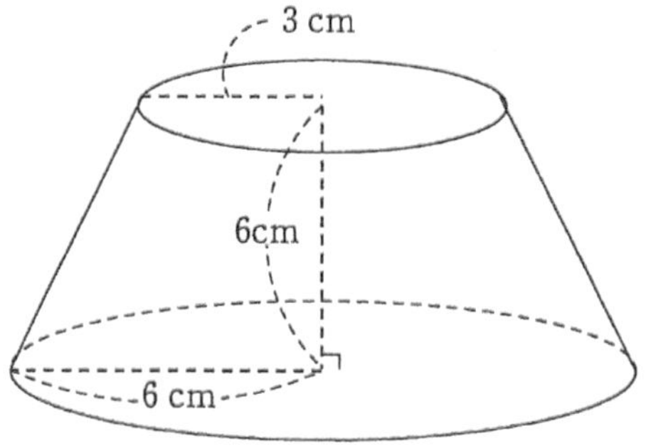

5 下の図において，四角形ABCDは長方形で，三角形FBE，三角形GECは正三角形である。直線AFと辺DCとの交点をHとする。点Aと点Hを直線で結ぶとき，下の図の中の角アは同じ大きさである。このとき，次の問いに答えなさい。

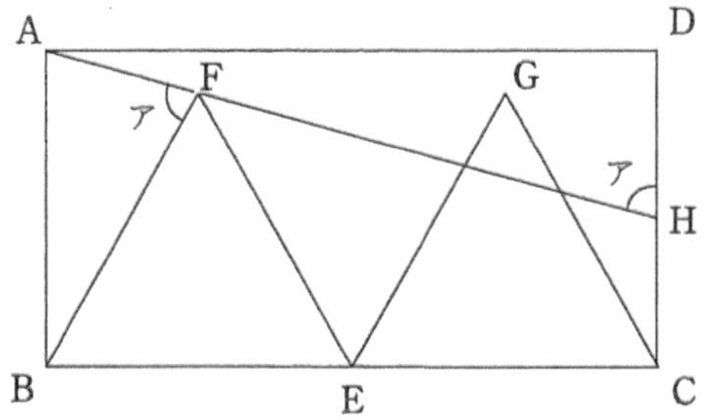

(1) 角アの大きさを求めなさい。

(2) AF：FHを求めなさい。

(3) 頂点Aから，辺BFに向かって垂線を引き，辺BFと交わった点をIとする。AI＝2 cmとするとき，四角形ABCDの面積を求めなさい。

6 勇馬さんと和歌さんが会話をしています。会話文を読んで以下の問に答えなさい。

勇馬さん：ねぇ。素数って知ってる？

和歌さん：何それ？

勇馬さん：素数っていうのは，「1とその数以外，約数がない数」のことだよ。

和歌さん：どういうこと。よくわからないなぁ。

勇馬さん：例えば13。13は，1と13以外に約数がないでしょ。あとは，17も素数だね。

和歌さん：なるほど，素数って約数が2つしかないんだね。ということは，一番小さい素数は ア だね。

勇馬さん：そういうこと。ところで，素数じゃない数は，素数の積で表せるって知ってる？

和歌さん：$6=2\times3$　ってこと？

勇馬さん：そうそう。

和歌さん：36の場合は，$36=12\times3$でいいの？

勇馬さん：12は約数が[イ]個あるから素数じゃないよね。

$36=2\times2\times3\times3$になるかな。

累乗《るいじょう》を使って，$36=2^2\times3^2$ って表してもいいね。

和歌さん：ということは，$63=$[ウ]って表せるね。

勇馬さん：そういうことだね。ところで，今年は2021年だけど，

2021は，2つの素数の積になるっていうニュースが

話題になってたよ。

和歌さん：ほんとだ。$2021=$[エ]×[オ]って表せるね。

勇馬さん：そうなんだ。この2つは，[オ]が[エ]の「次の素数」

ということが珍しいみたいだよ。

問題　[ア]～[オ]に当てはまる数値や式を答えなさい。

7　A地とB地の間を乗用車とワゴン車が，下のグラフのように走りました。

次の各問いに答えなさい。

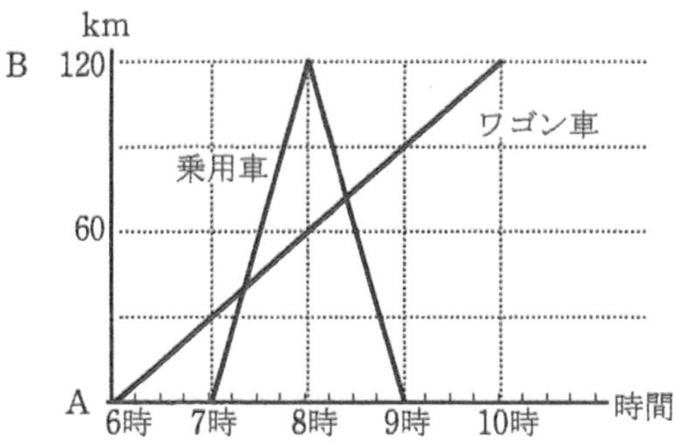

(1)　乗用車とワゴン車は，それぞれ1時間に何km進みますか。

(2)　乗用車が，ワゴン車を追い越したのは何時何分ですか。

(3)　ワゴン車が，引き返してくる乗用車とすれ違うのは，何時何分ですか。

(4)　すれ違ったのは，A地点から何kmのところですか。

8　次のように，ある規則に従って分数が並んでいます。

次の問いに答えなさい。

$\frac{1}{1}$，$\frac{1}{2}$，$\frac{2}{2}$，$\frac{1}{3}$，$\frac{2}{3}$，$\frac{3}{3}$，$\frac{1}{4}$，　・・・・

(1)　$\frac{1}{8}$は何番目の分数ですか。

(2)　60番目の分数はいくつですか。

(3)　先頭から60番目までの分数の和を求めなさい。

【理科・社会】（50分）〈満点：100点〉

1 次の**A・B・C**の問いに答えなさい。

A．以下の問いに答えなさい。

問１　日本の天気について説明した以下の文のうち，正しく説明しているものを**ア～エ**から一つ選び，記号で答えなさい。

ア　夏と冬に「季節風」と呼ばれる風が吹き，夏は太平洋からあたたかく乾いた風が，冬はロシアや中国がある大陸から冷たく湿《しめ》った風が吹く

イ　関東地方の冬は，雪や雨が多く湿度も高い

ウ　日本海側では，冬に雪や雨が多く日照時間が少ない日が多い

エ　北海道では，５月から「梅雨」と呼ばれる雨期が始まる

問２　関東地方における季節による植物の変化を説明した文として正しいものを，以下の**ア～エ**のうちから一つ選び記号で答えなさい。

ア　アブラナの仲間は３～４月にかけて花を咲かせて実をつけたあと，８月頃には枯《か》れてしまう

イ　サクラの木は「落葉樹」に分けられ，６～７月ごろにはすべての葉を枯らして落としてしまう

ウ　スギやヒノキの仲間は９～10月にかけて花を咲かせて花粉を出すため，花粉症を引き起こす

エ　ツルレイシやヘチマは，11～12月になると地面に貼りつくような形の葉を開き，寒い時期をこす

問３　表は，二酸化炭素・酸素・アンモニアそれぞれの気体の性質を表しています。以下の問いに答えなさい。

	水への溶け方	気体のおもさ	気体の集め方
二酸化炭素	少し溶ける	おもい	水上置換法 下方置換法
酸素	溶けにくい	少しおもい	水上置換法
アンモニア	非常によく溶ける	軽い	X

（１）　二酸化炭素について説明した以下の**ア～エ**の文について，間違っているものを一つ選び記号で答えなさい。

ア　石灰水に通すと石灰水が白くにごる

イ　チョークや貝殻《がら》にうすい塩酸をかけると発生する

ウ　ものを燃やすはたらきが強い

エ　植物が光合成をするときに吸収する気体である

（２）　表の空欄《らん》［ X ］に入る語句を答えなさい。

問４　くぎ抜きについて説明した次の文の空欄①と②に入る言葉を答えなさい。

くぎ抜きは「てこの原理」を利用した道具で，てこには支点，［ ① ］，［ ② ］と呼ばれる場所があり，くぎ抜きの場合は**図のア**の部分を［ ① ］，**イ**の部分を［ ② ］としてくぎをはさみます。

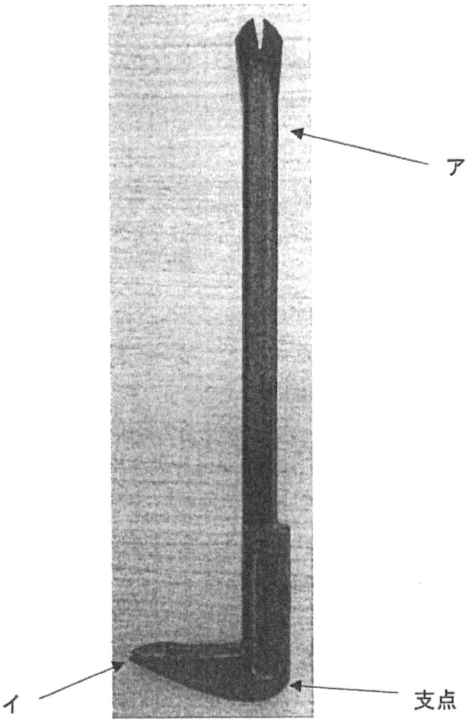

図

B．9月の関東地方における月の動きに関して，以下の問いに答えなさい。

問1　1日のあいだの月の動きを透明な半球上に点線で記録した図として正しいものを，以下の**ア**～**エ**から一つ選び記号で答えなさい。

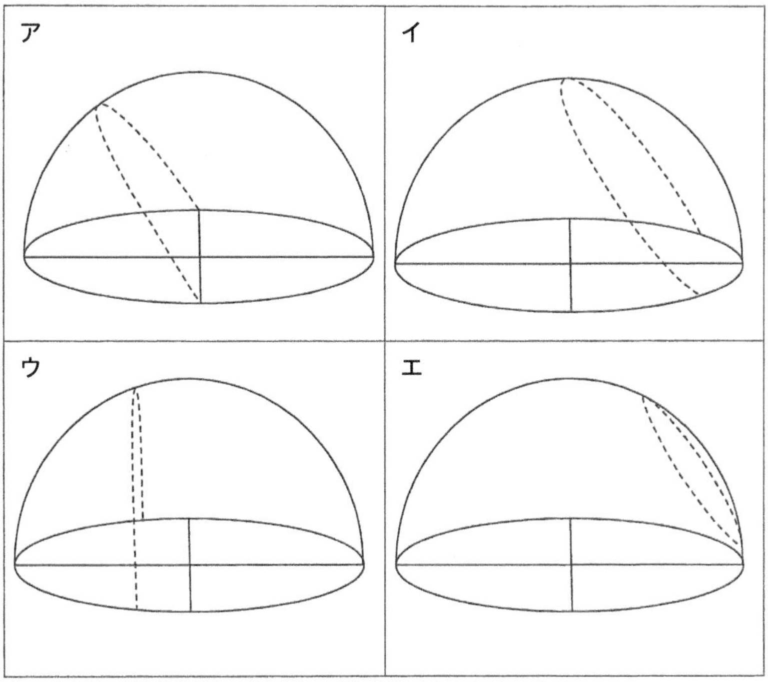

問２　図の点線で囲った位置は，太陽が沈んだ直後である夕方７時ころに，西の地平線の上に見えた月の位置を表したものです。このときの月の形と光っている部分の向きを図の中に描き込んで答えなさい。

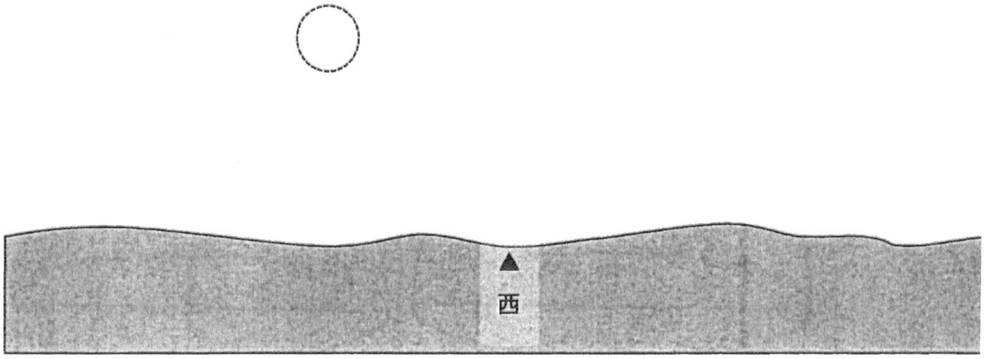

問３　満月の夜に月が地球の影にかくれて見えなくなる現象を「月食」といいます。月食が起きるときの太陽・地球・月を宇宙から見たとき，どのような並び順になっていますか。以下に示した３つの図を並び替えるかたちで答えなさい。

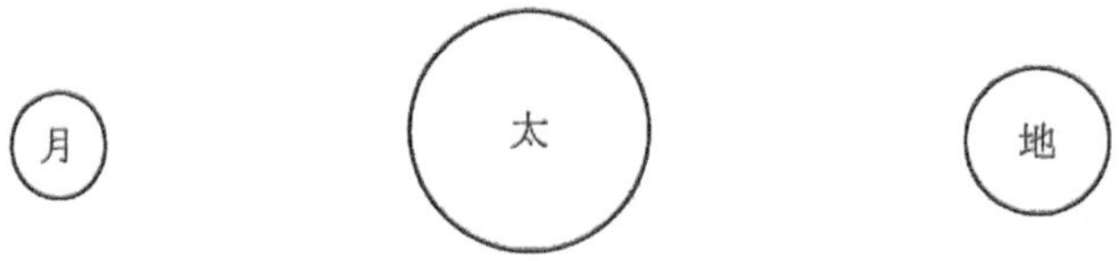

C．血液の性質に関する以下の問いに答えなさい。

問１　血液を 0.9％食塩水でうすめて，含まれているつくりを顕《けん》微《び》鏡《きょう》で観察しました。

（１）　実験で使った 0.9％食塩水の作り方を説明した文として正しくなるように，以下の文の空欄**ア**と**イ**に数字を書き入れなさい。

『0.9％食塩水 100 g を作るために，（　**ア**　）g の食塩に（　**イ**　）g の水を加えてかきまぜ，よく溶かした』

（２）　観察の結果，下の図に示すような丸いかたちをしたつくりがたくさん観察されました。この名称を答えなさい。

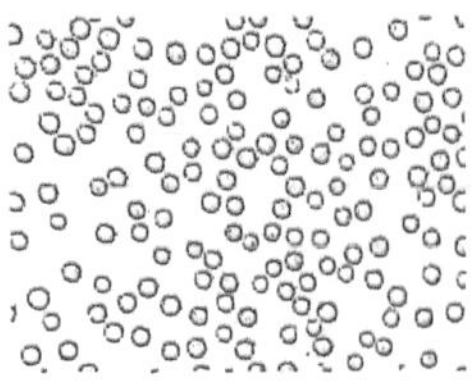

問２　以下の表に示した①・②は体内のある場所を流れる血液の成分について説明したものです。血液の流れる場所を説明した文の空欄にあてはまる器官の名称を答えなさい。

	血液の流れる場所	**血液の成分の説明**
①	（　　　　）から心臓に戻る血管の中の血液	含まれる酸素がもっとも多い
②	（　　　　）から心臓に戻る血管の中の血液	体外に排出される物質の含まれる量がもっとも少ない

2　以下の問いに答えなさい。

糸の先におもりをつけスタンドに吊《つ》るしてふりこを作りました。ふりこの性質を調べるために行った**実験１～実験５**の結果を示した**表**を見て，以下の問いに答えなさい。ただし，木片《もくへん》に当たったおもりははね返らないものとします。

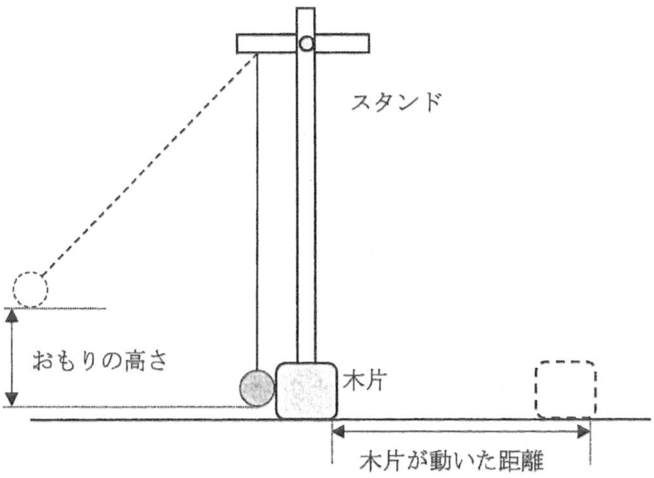

実験１　おもりのおもさが 50 g と 100 g のおもりを用いて，糸の長さが 30 cm と 60 cm のふりこを用意し，ふりこが10往復する時間を測定しました。

おもりのおもさ：50 g　　　　**（単位：秒）**

糸の長さ	1回目	2回目	3回目
30cm	11.0	10.8	11.2
60cm	15.3	15.1	15.2

おもりのおもさ：100 g　　　　**（単位：秒）**

糸の長さ	1回目	2回目	3回目
30cm	10.9	10.9	11.2
60cm	15.0	15.3	15.0

実験２　糸の長さが30 cmと60 cmのそれぞれのふりこについて，おもりをはなす高さを変えて木片に衝突《しょうとつ》させ木片が動いた距離《きょり》を測定する実験を行いました。ただし，おもりのおもさは変えないこととします。

糸の長さ：30cm　　　　　　**（単位：cm）**

おもりの高さ	１回目	２回目	３回目	平均
5cm	7.9	8.1	8.0	8.0
10cm	13.6	14.0	14.1	A
15cm	20.0	20.0	20.0	20.0

糸の長さ：60cm　　　　　　**（単位：cm）**

おもりの高さ	１回目	２回目	３回目	平均
5cm	8.0	8.0	8.0	8.0
10cm	14.0	14.1	14.2	14.1
15cm	20.2	20.1	20.0	20.1

問１　**実験１**の結果から，ふりこが１往復するのにかかる時間は何によって決まると考えられるか答えなさい。

問２　**実験２**の結果の表の空欄［ A ］に入る数字を計算して答えなさい。

問３　**実験２**の結果を考察している次の**ア～エ**の文の中から，正しいものを一つ選び記号で答えなさい。

ア　高い位置からはなしたおもりの方が，ものを動かすはたらきが大きかった

イ　糸の長さが長い方が，ものを動かすはたらきが大きかった

ウ　速く動くおもりの方が，ものを動かすはたらきが大きかった

エ　おもりをはなす高さを２倍にすると，ものを動かすはたらきは必ず２倍になった

実験３　おもりをはなす高さと糸の長さは変えず，おもりのおもさを変えて木片が動いた距離を測定した。

（単位：cm）

おもりの質量	１回目	２回目	３回目	平均
50 g	2.5	2.6	2.5	2.5
80 g	3.8	3.9	4.0	3.9
130 g	11.0	10.8	10.9	10.9

問４　**実験３**からどのようなことが考察されるか簡単に答えなさい。

3

次の**Ａ・Ｂ・Ｃ**の問いに答えなさい。

問１　国会，内閣，裁判所の関係について，間違っているものを以下の**ア～エ**より一つ選び記号で答えなさい。

ア　裁判所は，国会が作った法律が憲法に違反していないか調べることができる

イ　国会は，裁判官が不適格な場合，裁判官を裁く裁判を行うことができる

ウ　国会は，内閣を信任しないことを決議することができる

エ　内閣は，衆議院・参議院を解散することができる

問２　国会のはたらきを説明した文として間違っているものを，以下のア～エより一つ選び記号で答えなさい。

ア　国の予算や法律を話し合ってきめる

イ　憲法改正を国民に提案する

ウ　外国と結んだ条約を承認する

エ　最高裁判所長官を指名する

問３　以下の**表**は，NGOと呼ばれる組織の中でも有名なものの一覧です。この**表**を参考にしながら，NGOとはどんな組織のことをいうか簡単に説明しなさい。

表　有名なNGOの名称と活動

名称	活動
アムネスティインターナショナル	政治犯・思想犯の釈放《しゃくほう》，待遇《たいぐう》の改善《かいぜん》，死刑廃止《はいし》などの人権を守るための活動を行う
世界自然保護基金	絶滅《ぜつめつ》の危険がある生き物の保護や，熱帯雨林《ねったいうりん》，湿地帯《しっちたい》，さんご礁《しょう》などの生態系の保全《ほぜん》を行う
赤十字国際委員会	戦争のときなどに，けが人・病人の救護《きゅうご》などを行う
国境なき医師団	世界中のどこでもかけつけて被災《ひさい》者や難民の緊急医療《きんきゅういりょう》活動にあたる
セーブ・ザ・チルドレン	子どもの救援《きゅうえん》，権利の保護を目標として活動を行う

問４　2020年10月26日の国会で菅義偉《すがよしひで》内閣総理大臣は，2050年までに二酸化炭素などの排出《はいしゅつ》を実質ゼロにすることを宣言しました。これはどのような地球規模の問題に対応するためか答えなさい。

B．次の（**1**）～（**4**）の文章を読んで，次の問いに答えなさい。

（**1**）　この人物は織田信長の家臣として実力を発揮し，信長の死後，後継《こうけい》者となりました。太閤検地や刀狩を実施し，全国を統一しました。

（**2**）　この人物は保元の乱と平治の乱に勝ち，武士として初めて太政大臣になり，政治の実権をにぎりました。兵庫の港を修築《しゅうちく》して，（　**ア**　）貿易を行いました。

（**3**）　現在の山口県出身のこの人物は，大久保利通《としみち》の死後，政府の中心的な人物となり，初代《しょだい》内閣総理大臣となりました。また，ヨーロッパで憲法調査を行い，憲法を作る仕事に力を注ぎました。

（**4**）　行基は人々に仏教を広めていました。はじめ，朝廷はその活動を禁止していましたが，のちに彼を重く用いました。

問１　（**1**）～（**3**）の人物の名を答えなさい。

問２　（**4**）の行基の活動を簡単に説明しなさい。

問３　（　**ア**　）に入る語句を答えなさい。

問４　（**1**）～（**4**）の文章を，時代の古いものから順番に並べなさい。

C．下の地図は，江戸幕府の五代将軍徳川綱吉《つなよし》の頃の大名の配置を示したものです。以下の問いに答えなさい。

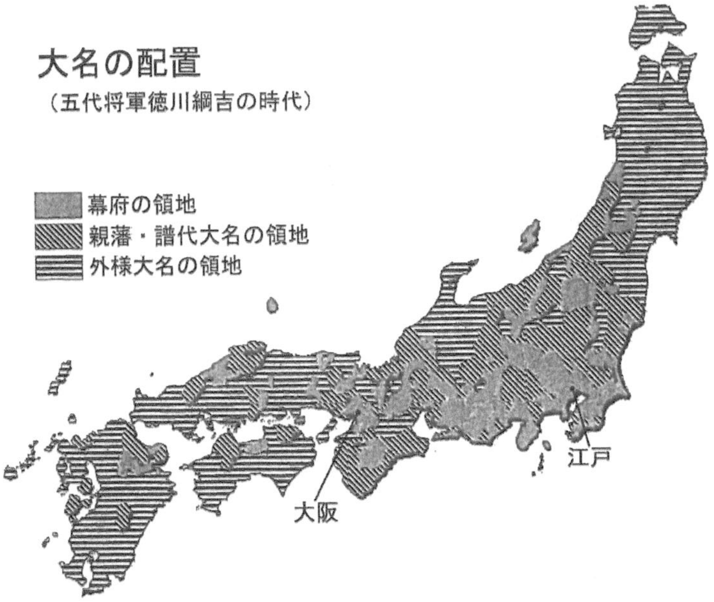

問１　江戸時代の説明として間違っているものを，以下の**ア～エ**から一つ選び記号で答えなさい。

ア　伊能忠敬《いのうただたか》が，正確な日本地図を作った

イ　大名を統制するために，武家諸法度《ぶけしょはっと》が制定された

ウ　相手国に領事裁判権を認め，日本に関税自主権がない日米修好通商条約が結ばれた

エ　福沢諭吉《ふくざわゆきち》が『学問のすゝめ』という書物で，自立・独立，学問の大切さなどを説いた

問２　大名の配置を示した地図を見て，幕府の領地と外様《とざま》大名の領地の関係と，外様大名の領地がどのような場所にあるかを簡単に説明しなさい。

問３　現在の鹿児島県のあたりを支配していた外様大名である島津氏は，現在の沖縄にあった国との貿易で利益を出しました。江戸時代に現在の沖縄にあった国の名前を，漢字またはひらがなで答えなさい。

4　東北地方の気候・歴史・暮らしに関する以下の問いに答えなさい。

東先生：東北地方の海の方を見てごらん。

洋くん：**図１**を見ていると，２つの海流がぶつかっていますね。

東先生：そうなんだよ。①ここ，絶好の漁場になるんだよね。

洋くん：ここ，北山崎断崖（**図３**）ってところがあるんですね。不思議な地形ですね。

東先生：この地形は，どうやってできたんだろうね？　ただ波がぶつかるだけではこのような地形はできません。元々，ここは谷だったんだよ。

洋くん：え，海に沈んでいるじゃないですか。どういうことですか。

東先生：この海岸が谷だった頃は，気温が低かったんだよ。だから海がね……

洋くん：そうか，［　A　］という現象が起きたってことですね。納得しました。

東先生：その通りです。その現象が起きたことにより，複雑な形の岸ができます。これをリアス式海

岸といいます。今度は陸地の方を見てみようか。

洋くん：東北地方には，図２のように中央にそびえる（　ア　）山脈や，庄内平野などが広がっていますね。

洋くん：この山脈は大きいですね。ずいぶん，標高が高そうに思えます。

東先生：６月の梅雨から８月の盛夏にかけて，図２の向きで（　イ　）という風が見られることがあります。この風の特徴によって，稲作に悪影響《えいきょう》を引き起こすことがあります。

洋くん：東北のお米はおいしいですよね。僕は果物も大好きです。山形のさくらんぼとか。

東先生：そうだね。主な農業の生産物として，果実は多いと言えます。表から読み取れるように，りんご，もも，ぶどうが全国から見ても多く生産されているようです。

洋くん：前，岩手に旅行に行ったとき，水はきれいでおいしかったです。

東先生：牛久からだと，どれくらいかかったの？

洋くん：えっと，４時間くらい？

東先生：東北地方の交通網《こうつうもう》は発達しているから 200 キロ以上遠くても，わりと早く到着できるんだよね。②高速道路と新幹線の整備が充実していると言えますね。

洋くん：先生，旅行先で③伝統工芸品を買いましたよ！

東先生：いろんな伝統工芸品があるね。今度見せてくださいね。

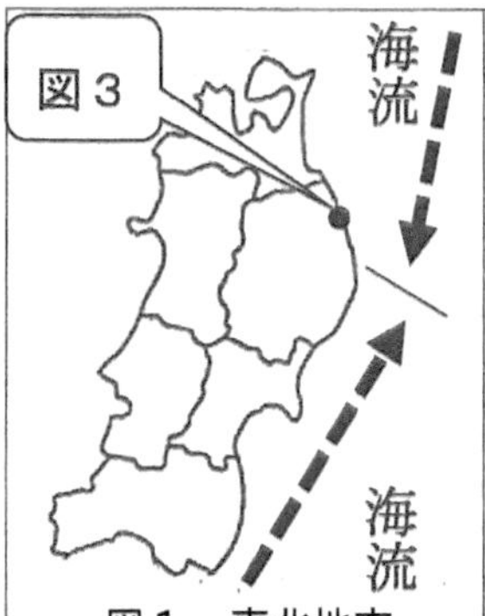

図１　東北地方

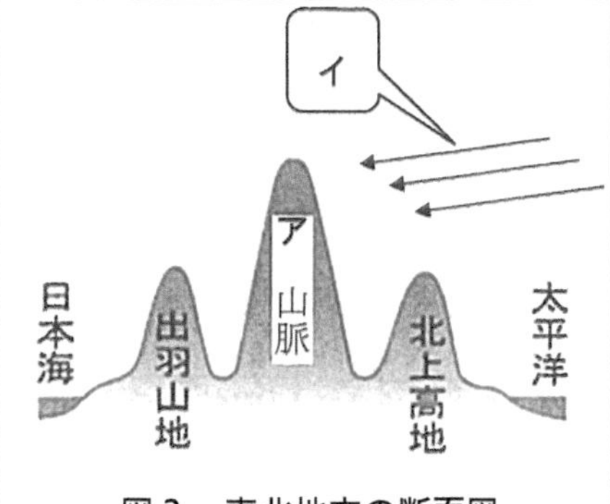

図２　東北地方の断面図

図３　北山崎断崖

りんご		
都道府県	生産量（千トン）	割合（%）
全国	765	100
あ	447.8	58.5
長野	142.1	18.6
い	45.7	6.0
う	43.8	5.7
え	27.0	3.5

桃		
都道府県	生産量（千トン）	割合（%）
全国	127.3	100
山梨	39.9	31.3
う	29.3	23.0
長野	16.1	12.6
和歌山	9.9	7.8
い	9.2	7.2

ぶどう		
都道府県	生産量（千トン）	割合（%）
全国	179.2	100
山梨	42.5	23.7
長野	28.8	16.1
い	18.7	10.4
岡山	14.9	8.3
福岡	8.0	4.5

表　東北地方で生産される果実類

問１　下線部①について，絶好の漁場になる理由を説明しなさい。

問２　空欄（　ア　），（　イ　）にあてはまる語句を答えなさい。

問３　**表**の空欄**あ～え**にあてはまる県の組み合わせとして正しいものを次の**ア～エ**から一つ選び記号で答えなさい。

	あ	い	う	え
ア	岩手県	青森県	福島県	山形県
イ	岩手県	福島県	青森県	山形県
ウ	青森県	福島県	山形県	岩手県
エ	青森県	山形県	福島県	岩手県

問４　空欄Aに入る文や語句を答えなさい。

問５　下線部②について，交通網が充実している付近には，Xが多く存在する。Xに入るものを説明しなさい。また，交通網が発達している付近でXが多い理由について説明しなさい。

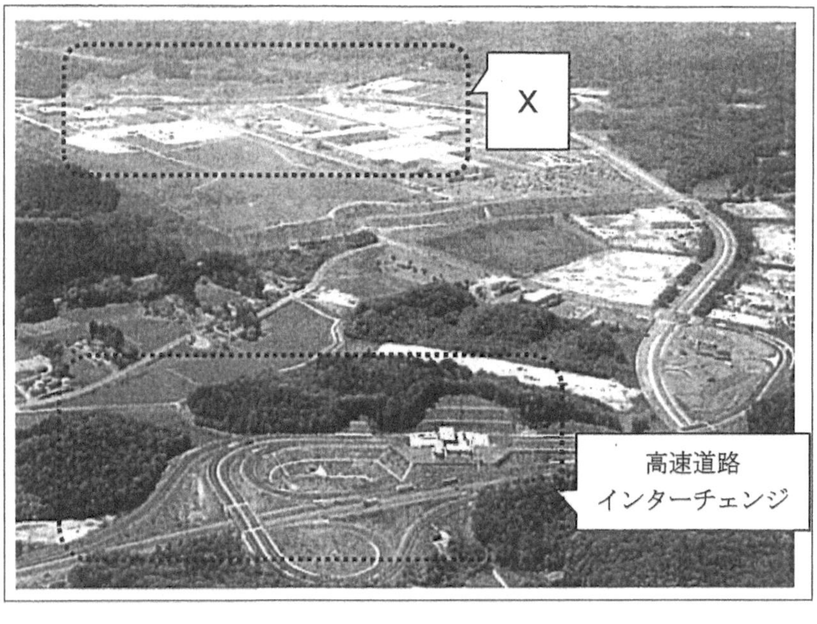

問６　下線部③について答えなさい。伝統工芸と生産している県の組み合わせとして正しいものを以下の表の**ア～エ**から一つ選び記号で選びなさい。

	青森県	岩手県	山形県	宮城県
ア	津軽塗	南部鉄器	天童将棋駒	こけし
イ	南部鉄器	津軽塗	こけし	天童将棋駒
ウ	こけし	南部鉄器	天童将棋駒	津軽塗
エ	津軽塗	南部鉄器	こけし	天童将棋駒

問７　下図は，岩手県宮古市にある過去の地震でうけた被害の教訓を伝える石碑《せきひ》です。この石碑にかかれた碑文《ひぶん》は，どのようなことをすすめていると考えられるか答えなさい。

高き住居は

児孫の和楽

想へ惨禍の

大津浪

此処より下に

家を建てるな

大津浪記念碑

問13　傍線部10「泡《あわ》」について、「泡」を使った慣用句としてふさわしくないものを次の中から一つ選び、記号で答えなさい。

ア　あわを食う　　イ　あわを吹かせる

ウ　水のあわ　　エ　ぬれ手であわ

問14　傍線部11「その部分」とはどの部分ですか。本文中の言葉を使って二十五字以内で書きなさい。

〈下書き用マス目〉

20

25

問15　空らん B に入る言葉を本文中から漢字二字で書き抜きなさい。

問16　二重傍線部に「将来、人間の寿命を延ばすことはできるかもしれません」とあります。〈人間の寿命を延ばす〉ことについて、あなたの考えを百六十字以上二百字以内で書きなさい。また、書くときはあとの《きまり》に従いなさい。

《きまり》

・氏名と題名は書きません。

・各段落の最初は一マス下げて書きます。

・「、」や「。」もそれぞれ一文字に数えます。ただし、行の一番上のマス目に「、」や「。」がきてしまうときは、前の行の最後のマス目に文字と一緒《いっしょ》に記入してかまいません。

・文章の途中《とちゅう》で段落をかえたときの残りのマス目は、文字数として数えます。

問1 傍線《ぼうせん》部a～eについて、カタカナは漢字に直し、漢字は読みを書きなさい。

問2 傍線部1「象徴《しょうちょう》」をカタカナ四字の外来語で言いかえなさい。

問3 傍線部2「なぜなのだろう」とありますが、この部分で筆者はアサガオのどのようなことに対して疑問を感じているのですか。三十字以内で説明しなさい。

〈下書き用マス目〉

20

30

問4 傍線部3「アントシアニン」の説明として**ふさわしくないもの**を次の中から一つ選び、記号で答えなさい。

ア 水に溶ける性質を持っているが、お湯の方がよく溶ける。

イ 酸性の液に反応すると赤紫色に変化する。

ウ アルカリ性の液に反応すると、最終的に青になる。

エ アントシアニンの色の変化によって、アサガオの花の色も変化する。

問5 傍線部4「容易」の類義語を書きなさい。

問6 傍線部5「原因」の対義語を書きなさい。

問7 空らん[A]に入る言葉を次の語群から選び、漢字に直して答えなさい。

ほんかく　だいひょう　かんじょう　いんしょう

問8 傍線部6「この遺伝子」のはたらきは何ですか。この遺伝子のはたらきについて説明した部分を、解答らんにあう形で十五字以内で書き抜きなさい。

問9 傍線部7「花の色の変化が遅延《ちえん》されることはなかった」について、次の問いに答えなさい。

(1) 「遅延《ちえん》されることはなかった」とはどういうことですか。最も適切なものを次の中から一つ選び、記号で答えなさい。

ア 花の色は通常通りの速さで変化した

イ 花の色は通常よりも早く変化した

ウ 花の色は通常よりゆっくり変化した

エ 花の色が変わることはなかった

(2) 「花の色の変化が遅延《ちえん》されることはなかった」を言いかえている部分を本文中から十五字以内で書き抜きなさい。

問10 傍線部8「カンショウ」を漢字に直したときにふさわしいものを次の中から一つ選び、記号で答えなさい。

ア 鑑賞　**イ** 観賞　**ウ** 感傷　**エ** 完勝

問11 傍線部9「暗示」と同じ組み立ての熟語として正しいものを次の中から一つ選び、記号で答えなさい。

ア 年長　**イ** 激減　**ウ** 未熟　**エ** 豊富

問12 空らん[Ⅰ]・[Ⅱ]に入る語として最も適切なものを次の中からそれぞれ選び、記号で答えなさい。

[Ⅰ] **ア** だから　**イ** しかし　**ウ** なぜなら　**エ** また

[Ⅱ] **ア** むしろ　**イ** なぜなら　**ウ** ところが　**エ** では

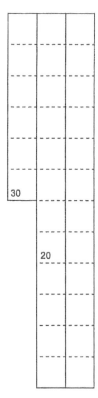

ということを9暗示しているような実験結果です。

　ユリなどの主な切り花の老化にも、同じような遺伝子がd関与している可能性が考えられています。そのため、この研究の成果は、今後、ユリやバラ、カーネーションなどの花の日もちを延ばす新技術の開発につながるとeキタイされます。

　アサガオの赤い花からは、赤い色水を容易に採り出すことができます。花びらに含《ふく》まれている赤い色素が溶け出してくるからです。ですから、白い花からは白い色水が採れても不思議ではありません。

　ところが、白い花からでは、赤い花と同じようにやっても、白い色素は溶け出してきません。［Ⅰ］、白い色水は得られません。そこで、「なぜか、白い花からは白い色水が採れない。どうしてだろうか」との疑問が生まれてきます。

　白色の花には、アントシアニンは含まれていませんが、フラボンやフラボノールという名前の色素が含まれています。白い色水が得られないのは、これらの色素が水やお湯に溶け出しにくいからではありません。これらの色素は、白色ではなく、無色透明《とうめい》か薄《うす》いクリーム色なのです。ですから、水に溶け出しても、水の色が白くなることはないのです。

　「では、なぜ、花が白色に見えるのか」という疑問が浮《う》かびます。花が白く見えるのは、フラボンや、フラボノールなどの含まれている色素が原因ではありません。花が白色に見える理由は、花びらの中に多くの空気の小さな10泡《あわ》があるからなのです。

　花びらの中に、多くの空気の小さな泡があると、光が当たったときに反射して、白く見えるのです。たとえば、海や湖の波は真っ白に見えます。［Ⅱ］、真っ白の波を集めてきても、ふつうの水の色で白くはありません。また、滝などの水しぶきは真っ白ですが、水しぶきを集めてみると、ふつうの水の色をしています。

　また、ビールをコップに注ぐと、真っ白の泡がたくさんできます。ところが、この白い泡を集めて泡をなくすと、ふつうのビールの色になります。石けんの泡も白いですが、泡を集めると、石けん水の色になります。

　これらは、空気の小さな泡が、光を反射して白色に見えているのです。同じように、白色の花びらの中には空気の小さな泡が含まれていて、それらが花を白く見せているのです。ですから、アサガオの白色の花の花びらから空気の泡を追い出したら、その部分は白色ではなくなります。

　花びらの一部分を、親指と人差し指で強く押《お》しつけて見てください。11その部分は、空気の泡が追い出されて、［B］になります。

田中修「植物はすごい」（中公新書）

酢は、酸性の液です。アンモニア水は、アルカリ性の液です。アントシアニンには、「酸性の液に反応して濃い赤紫色になり、アルカリ性が強くなるにつれて、青色から緑色、黄色へと変色する」という性質があるのです。

　アントシアニンの色は容易に変化するという性質が、一つの花の中で一日で見られることがあります。それが、「朝には真っ青であった花が、しおれるときには、赤紫色になる」という現象なのです。

　朝に花が開いたときには、花びらの中がアルカリ性の状態で、花がしおれるころには、花びらの中が酸性の状態になっているのです。

　アサガオの花は、夏の日の朝早くに開きます。でも、昼すぎには、もうしおれかかります。アサガオの花の寿命《じゅみょう》は、ほんとうに、はかなく短いのです。「なぜ、こんなにはかないのだろうか」と、その5原因が調べられてきました。

　その研究の成果が、二〇一四年七月に発表されました。その原因になる遺伝子が突《つ》き止められたのです。遺伝子というのは、ある性質を表すもとになるものです。この場合の性質とは、「花の寿命が短い」ということです。

　この研究には、従来の日本のアサガオの[A]的な品種である「ムラサキ（紫）」が用いられました。このアサガオは、朝早くに開き、昼ごろにはしおれてしまう典型的な青紫色の花を咲《さ》かせます。この花のはかなく短い寿命を決めている遺伝子が見つけられたのです。

　6この遺伝子は、「はかない」という意味をもつ「エフェメラル1（ワン）」と名づけられました。この遺伝子は、花がしおれるまでの時間を調整しており、この遺伝子がはたらくと、花がしおれるのです。

　そこで、この遺伝子のはたらきを、遺伝子組み換《か》えという技術を使って、抑《おさ》えようとするC試みがなされてきたのです。その結果、アサガオの花が、長い時間、しおれなくなりました。花をしおれさせるという、この遺伝子のはたらきが抑えられたのです。

　花がしおれはじめるまでの時間が、約二倍に延長されたのです。ふつうなら、花は咲いた日の昼すぎにはしおれるのですが、夜を過ぎて次の日の朝まで、元気な開花した状態が続いたのです。

　この研究に使われた品種「ムラサキ」の花の色は、朝開いたときには青紫色ですが、しおれると赤紫色になります。そこで、「開花している時間が長くなると、花の色の変化はどうなるのだろうか」と気になります。

　咲いたばかりの花の色は青色でしたが、翌朝まで開いていた花は赤紫色になっていました。花の寿命は延びても、7花の色の変化が遅延《ちえん》されることはなかったのです。花の色が青から赤紫色に変化するのは、花のしおれとともにおこるのですから、花の老化現象といえるでしょう。とすると、花の寿命は延びても、花の老化現象は抑えられないということでしょう。

　そのため、一つの鉢《はち》植えで、前の日の朝に咲いて赤紫色になった花と、その日の朝に咲いた真っ青の花が8カンショウできることになります。アサガオの花の寿命と花の色の変化は、別々に決まっていることになります。

　人間に当てはめると、寿命を延ばすことと、老化現象がおこることは、別々であることになります。将来、人間の寿命を延ばすことはできるかもしれません。しかし、「老化現象は抑えることができない」

【国　語】（五〇分）〈満点：一〇〇点〉

【一】次の問いに答えなさい。

問1　次の①～③の文の、主語と述語を答えなさい。主語が省略されている場合は「なし」と答えなさい。

例）ぼくは　図書館に　本を　探しに　行った。

　主語：ぼくは　　述語：行った

①　家の　近所に　美しく　りっぱな　教会が　あります。

②　だれも　わたしが　ここに　来ることを　知らなかった。

③　昨日は　大きな　犬と　公園で　遊んだ。

問2　次の各文の傍線《ぼうせん》部は、どこにかかる言葉ですか。例にならって答えなさい。

例）きれいな　赤い　花が　咲《さ》いている。　答：花が

①　君は　いつか　きっと　成功すると　思うよ。

②　あんな　洋服は　少しも　着たいと　思いません。

③　美しいなあ　目の　前に　広がる　この　大きな　草原は。

問3　次の空らんにあてはまる慣用句を後から選び、記号で答えなさい。

①　この計画は社長の□で中止になった。

②　これまで□ほど言い聞かせてきたつもりだったのに。

③　いよいよぼくの出番だ。□よ。

ア　口が酸《す》っぱくなる　　イ　腕《うで》が鳴る

ウ　すずめの涙　　エ　鶴《つる》の一声《ひとこえ》

オ　手も足も出ない　　カ　腰をすえる

問4　次の空らんに共通する言葉を入れて慣用句を完成させなさい。

馬が□
口に□
息が□

【二】次の文章を読んで、あとの問いに答えなさい。

　夏の日の朝早くに開いた真っ青のアサガオの花は、夏の朝のすがすがしさを1象徴するようです。ところが、夕方にしおれた花を観察すると、真っ青だった花の色が赤紫《むらさき》色になっています。ここから、「2なぜなのだろう」という疑問がもたれます。

　アサガオの赤い花の色も青い花の色も、3アントシアニンという色素の色です。この色素には、「色が4容易に変わる」という性質があります。この性質は、簡単な実験で確認することができます。

　アサガオの花びらを水につけてしぼると、花びらの色が水に溶《と》け出します。アントシアニンは、水に溶けますが、お湯にはもっとよく溶け出します。ですから、花びらを水に浸《ひた》して、その容器を電子レンジに入れて少し温めると、花びらの中のアントシアニンはよく溶け出てきます。

　溶け出てきたアントシアニンの色がきれいな赤色であっても、少し青みがかった赤色であっても、料理に使う酢《す》をこれに少し加えると、濃い赤紫色になります。また、濃《こ》い赤紫色になった液に、虫に刺《さ》されたときに塗《ぬ》るアンモニア水をポトッポトッとゆっくり落としながら、かき混ぜます。すると、アンモニア水が増えるにつれて、液の色は青みをaオび、緑色をbへてから黄色に変化します。

2021年度

東洋大学附属牛久中学校入試問題（第1回一般）

【算　数】（50分）〈満点：100点〉
【注意】 定規・コンパス・電卓の使用を禁止します。

1 以下の問いの□に当てはまる適切な数値を答えなさい。

(1) $7\times6-32\div4\times2-1=\square$

(2) $\frac{14}{15}\div\left(2.4-\frac{8}{5}\right)+1.5=\square$

(3) $1.52\times4.1+0.76\times2-3.04\times0.8=\square$

(4) $4\frac{4}{15}\div\frac{16}{\square}=\frac{4}{3}$

2 以下の問いの□に当てはまる適切な数値を答えなさい。

(1) 桶《おけ》の中に40 Lの水が入っています。$2\frac{1}{3}$ Lの計量カップ15杯分の水を使い，さらに残りの水の$\frac{6}{25}$を使いました。このとき使わずに残った水は□Lです。

(2) 180個で2500円の文房具があります。この文房具を3500円分購入すると□個購入できます。

(3) 原価1200円の商品に原価の4割の利益を見込んで定価をつけました。しかし，売れなかったので，定価の2割引きで売ったところ□円の利益が出ました。

(4) お菓子が80個あります。これを2人の姉妹で分けます。妹が姉の5倍より4個少ないように分けるとき，妹のお菓子は□個になります。

(5) 毎日算数の問題を6問か11問ずつ解いたところ，30日間で240問解きました。11問解いたのは□日です。

3 下の図のように，線分AD上に2点B，Cがあります。
線分の比が　AB：BC＝7：5，AC：CD＝9：7　のときAB：BC：CDを求めなさい。

4 下の図のように，正六角形の１辺の真ん中の点から３本の直線を引きました。
以下のような角度であるとき，xの値を求めなさい。

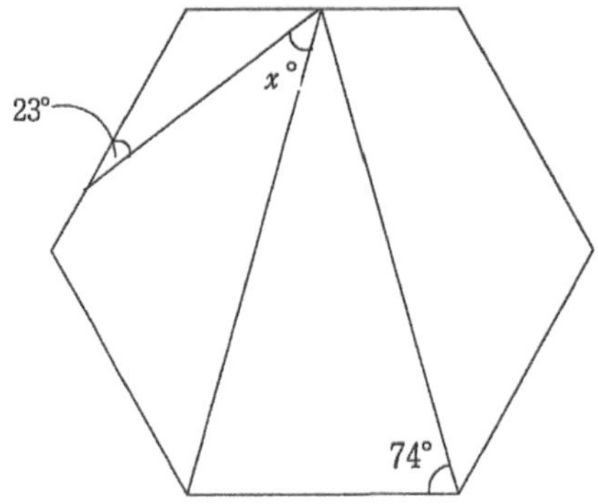

5 下の図のように，点Ａが中心で，ABを半径とする円の一部と，直角二等辺三角形ABCを重ねます。このとき，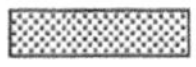の部分の面積を求めなさい。ただし，円周率は3.14とします。

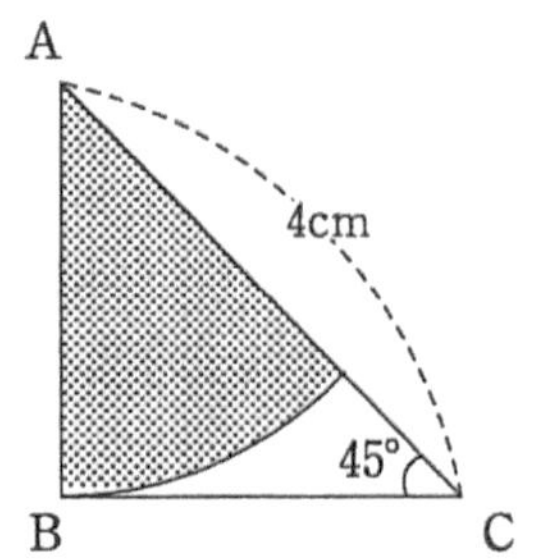

6 下の図のように，ふたの無い容器（ア）の中に直方体（イ）を入れます。
今，容器（ア）を水でいっぱいにし容器（イ） を沈めました。このとき，あふれ出た水の体積を求めなさい。ただし，容器の厚みは考えないものとします。

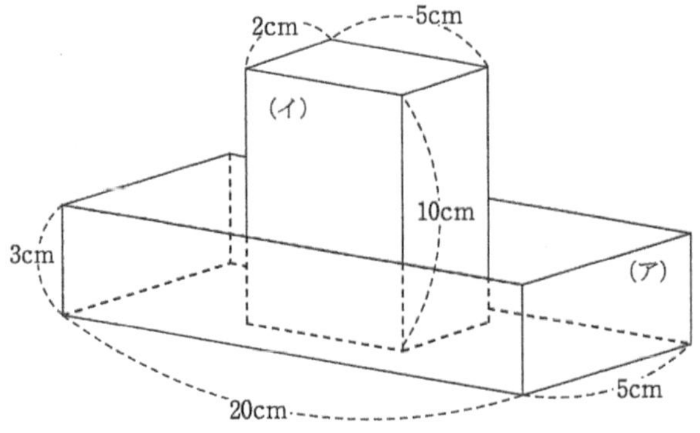

7 Ｐさんとｑさんは，湖をボートで渡ろうとしています。Ａ地点からＢ地点までは1360 m，Ｂ地点からＣ地点までは2240 mあります。Ａ地点からＢ地点を通ってＣ地点まで行くのに，Ｐさんの乗るボートは45分かかり，Ｑさんの乗るボートは72分かかりました。次の問いに答えなさい。

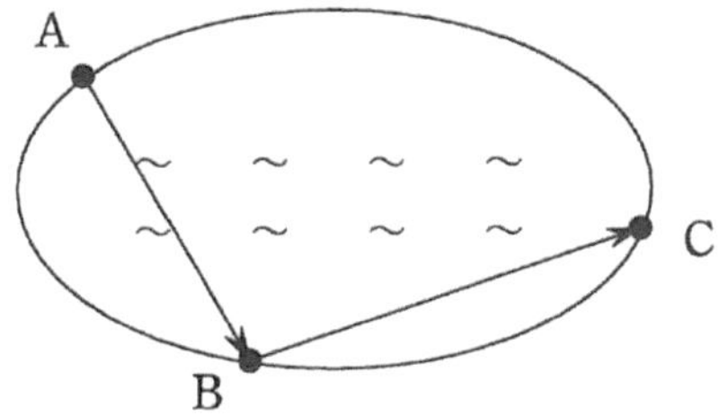

(1) Ｐさんの乗るボートとＱさんの乗るボートはそれぞれ１分間に何ｍ進む速さか求めなさい。

Ｐさんの乗るボートはＢ地点3分間停車し，そこで乗客を乗せます。ボートの速さは，乗客が１人増えるごとに(1)の速さの１割遅くなります。

(2) Ｐさんの乗るボートがＢ地点からＣ地点まで行くのに46分40秒かかったとき，Ｐさんのボートには B地点で何人の乗客が乗りましたか。

(3) Ｐさんのボートとｑさんのボートが同時にＡ地点を出発し，Ｂ地点を通ってＣ地点まで行きます。Ｑさんは，Ｂ地点を通るものの止まらずＣ地点に向かいます。Ｐさんのボートは(2)と同様に，Ｂ地点で乗客を乗せます。Ｐさんのボートに何人以上乗せると，Ｑさんのボートより遅く着くことになりますか。

8 浩紀さんと太郎さんが会話をしています。会話文を読んで以下の問いに答えなさい。

浩紀さん：2021年だねぇ。2021って，不思議な数字だね。

太郎さん：どういうこと？

浩紀さん：だって，20と21っていう連続した数字がつながっているでしょ。

太郎さん：そうだね。

浩紀さん：こういう数の関係を「2つの連続した整数」というらしいんだけど，
全ての奇数は「2つの連続した整数」の和で表せるって言われたよ。
今回の場合で言うと，「41」が「20と21」の和ということだね。
じゃあ，問題ね。「83」は何と何の和だと思う？

太郎さん：[ア]と[イ]だね。

浩紀さん：そうなんだよ。どう考えたの？

太郎さん：2で割って，あまりを片方に足したんだ。

浩紀さん：なるほど。実は，3つの連続した整数の和でも表せる数もあるらしいんだ。
例えば，75だよ。

太郎さん：[ウ]，[エ]，[オ]だね。

浩紀さん：早いね。どうやったの？

太郎さん：3で割って，先頭と最後をすこし調整したんだよ。
この75って，5つの連続した整数の和でも表せるんじゃない。

浩紀さん：[カ]，[キ]，[ク]，[ケ]，[コ]の5つだね。

(1) ア ～ コ に当てはまる数値を答えなさい。

(2) 1320は最大で何個の連続した整数の和で表すことができますか。

9 夏祭りの出店で，お菓子Aは100円，お菓子Bは150円，お菓子Cは250円で売っています。（表1）はお祭り当日に売れたお菓子の数を表しています。（表2）はお客さんが使った金額を表しています。同じお菓子を2個以上買った人はいませんでした。以下の問いに答えなさい。

（表1）

お菓子の種類	売れた数(個)
A	49
B	61
C	37

（表2）

使った金額(円)	人数(人)
100	24
150	35
250	15
350	12
400	(ア)
500	5

(1) A，B，Cの3つとも買った人は何人ですか。

(2) お菓子を2個買った人のうち，Aのお菓子を買った人は何人ですか。

(3) （ア）に入る人数は何人ですか。

【理科・社会】（50分）〈満点：100点〉

１ 次の**Ａ・Ｂ・Ｃ**の問いに答えなさい。

Ａ．以下の問いに答えなさい。

問１　次の表はある１日の気温の変化について，**ア・イ・ウ**の３つの日について示したものである。**ア～ウ**のうち，その日の天気が晴れであったと予想できるものを一つ選び記号で答えなさい。

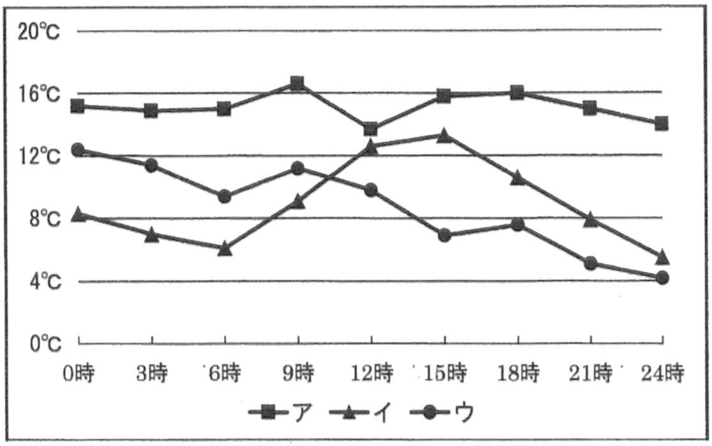

問２　ヒトの体のつくりについて説明した以下の**ア～エ**の文のうち，正しいものを一つ選び記号で答えなさい。

ア　血液は心臓で酸素を受け取り，全身の筋肉や脳などに運んでいく

イ　小腸では，だ液や胃で消化された食べ物から栄養分を吸収する

ウ　肝臓《かんぞう》は体の中の不要物をとりだして尿《にょう》を作り，ぼうこうへと送り出す

エ　肺では消化酵素《こうそ》の作用により，吸い込んだ空気から二酸化炭素が吸収される

問３　以下の図は，１月の夜９時に北の空に観察された星座（北斗七星）の様子です。この３カ月後の夜９時に北斗七星が観察された位置を図に示して答えなさい。

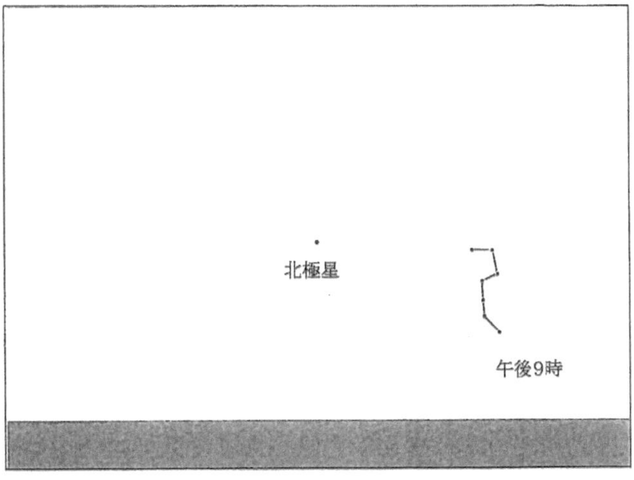

問４　下の図に示したのは山の頂上付近で観察された石と，海岸で観察されたれき（小石）の写真です。形に違いが生じた理由について簡単に説明しなさい。

山の頂上付近の石

海岸で観察された石

B．豆電球と乾電池《かんでんち》に関して，以下の問いに答えなさい。

問１　乾電池１個に豆電球１個をつないで図１のような回路を作り，点灯させたときの電流の値を測定したところ，電流計の針は図２のようになりました。このとき流れている電流の大きさの値を，単位をつけて答えなさい。

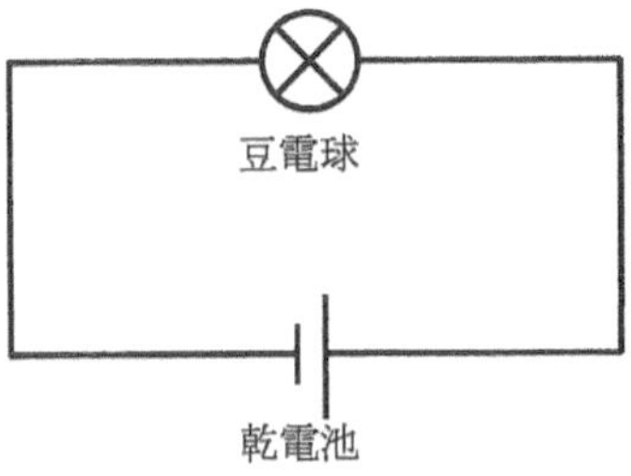

図１　作成した回路

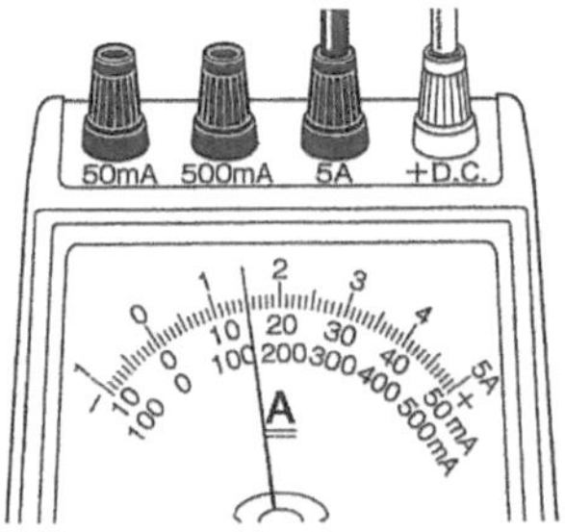

図２　電流を測ったときの針の位置

問２　問１で使ったものと同じ規格の豆電球１個と乾電池２個を使って，２種類の回路，回路①，回路②を作り豆電球を点灯させる実験を行ったところ，以下のような結果が得られました。

回路①　問１のときに比べ豆電球の光が明るくなった

回路②　問１と豆電球の明るさが変わらなかった

（１）　回路①について，このときの豆電球と乾電池のつなぎ方を何というか答えなさい。

（２）　回路②について，このときの豆電球と乾電池のつなぎ方を，図に書いて答えなさい。

問３　同様に，同じ規格の豆電球２個，乾電池３個を使って回路を作り，問１と同じ明るさで豆電球を点灯させたいとき，豆電球と乾電池はどのようにつないだらよいですか。つなぎ方を図に書いて答えなさい。

C．水溶液に関する以下の問いに答えなさい。

試験管に水溶液A・B・Cが入っており，それぞれ塩酸・食塩水・アンモニア水のいずれかです。

問１　下の表は塩酸・食塩水・アンモニア水をそれぞれ赤色リトマス紙と青色リトマス紙に１滴たらしたときの色の変化を示しています。表の空欄《らん》ア・イに入る言葉を答えなさい。

	赤色リトマス紙	青色リトマス紙	水溶液の性質
A	変化しない	赤色	ア
B	変化しない	変化しない	中性
C	青色	変化しない	イ

表　リトマス紙の色の変化

問２　水溶液A・B・Cの名称として正しい組み合わせをア～カから一つ選び記号で答えなさい。

	A	B	C
ア	食塩水	塩酸	アンモニア水
イ	食塩水	アンモニア水	塩酸
ウ	塩酸	食塩水	アンモニア水
エ	アンモニア水	食塩水	塩酸
オ	塩酸	アンモニア水	食塩水
カ	アンモニア水	塩酸	食塩水

問３　鉄のかけらを入れるとすぐに変化が生じる水溶液が一つあります。その水溶液の名称と，どのようなことが起こると予想されるかを簡単に答えなさい。

2　孝介《こうすけ》くんは，自由研究のためにカブトムシを飼育し，その記録をつけました。その資料を参考にして以下の問いに答えなさい。

・７月21日

夜になってから近くの雑木林に行くと，木の表面からあふれ出てくる①樹液をなめているカブトムシが見つかりました。オスとメス２匹ずつをつかまえて家にもち帰りました。

・８月６日

②腐葉土《ふようど》（腐《くさ》った落ち葉を多く含む土）の中に入れて飼育したところ，その中に卵を産んでいました。卵は成虫とは別のケースに入れて育てることにしました。

・８月20日

卵から幼虫がかえっていました。幼虫は腐葉土を食べて育つと聞いたので，１週間おきに新しい腐葉土を与え，幼虫の体重を測りながら育てました。

問１　下線部①について，木の表面からあふれ出る樹液とは，以下のうちどの液体であると考えられますか。以下のア～ウより一つ選び記号で答えなさい。

ア　師管の中を流れる，光合成で作られた糖分などの栄養分を多く含む液体

イ　道管の中を流れる，土の中の水分や無機物などの肥料分を多く含む液体

ウ　葉の裏面から蒸散によって放出される水蒸気が水になった液体

問２　下線部②についてカブトムシの幼虫は，土の中で腐った落ち葉などを食べてくらします。同じように落ち葉の下や土の中に住み，腐った落ち葉や他の生き物の死骸《しがい》などを食べてくらす生き物にはどのようなものがいますか。名前を一つ答えなさい。

問３　以下の**図１**は，孝介くんが記録したカブトムシが卵からかえってからの日数と，体重の変化をグラフに示したものです。体重について，10日ごとにその変化を追っていったとき，変化を正しく説明しているのはどれですか。以下の**ア～エ**より一つ選び記号で答えなさい。

ア　体重が何倍になったかの割合が最も大きいのは20日目から30日目である

イ　体重の増加した量が最も多いのは30日目から40日目である

ウ　体重が何倍になったかの割合が最も大きいのは40日目から50日目である

エ　体重の増加した量が最も多いのは50日目から60日目である

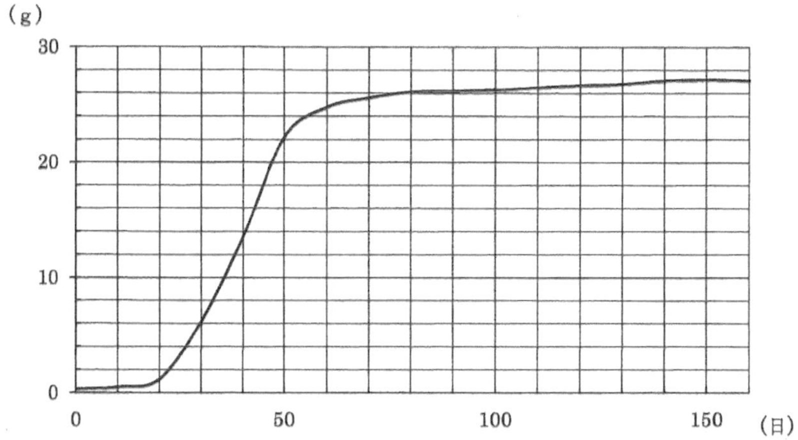

図１　カブトムシが卵からかえってからの日数と，体重の変化

問４　カブトムシの１年のくらしの変化ついて説明した文として正しいものを，以下の**ア～エ**より一つ選び記号で答えなさい。

ア　カブトムシは卵からかえってから40日目ごろにさなぎになる

イ　カブトムシはさなぎのかたちで冬を越《こ》す

ウ　カブトムシは成虫になってから２回の脱皮《だっぴ》を行う

エ　カブトムシは幼虫のうちに交尾《こうび》を行う

つづいて孝介くんはカブトムシの幼虫が土の中で腐った落ち葉へどのように集まるのかを調べるために，用意した［**装置**］を使って，以下のような実験を行いました。

［**装置**］

細長い形をした容器の中に普通の土を入れ，中央にカブトムシの幼虫をうめる。容器の両側に，カブトムシの幼虫を引きつける可能性があるものを加え，どちらに移動するかを観察する。

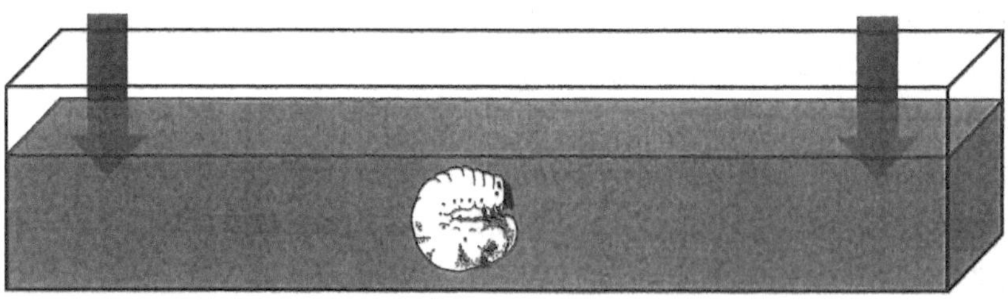

実験１　腐った落ち葉を３時間浸した水（**水Ａ**）と，何も操作をしていない水（**水Ｂ**）

実験２　腐った落ち葉を袋《ふくろ》に入れて３時間経ったのち，袋から取り出した気体（**気体Ａ**）と，何も入れていない袋から取り出した気体（**気体Ｂ**）

結果

	水A	**水B**
実験1	49%	51%

	気体A	**気体B**
実験2	78%	22%

問5　**実験1・2**の結果から腐った落ち葉と幼虫の行動に関して，どのようなことを予想することができるか。以下の空欄をうめるかたちで答えなさい。

「カブトムシの幼虫は，[　　　　　　　　]に引き寄せられる」

孝介君は，さらにカブトムシが引き寄せられる原因を調べるために，以下の実験を行いました。

実験3　腐った落ち葉を袋に入れて3時間経ってから集めた袋の中の気体を，石灰水に通した。

実験4　ヒトが呼吸で吐《は》き出した気体（**気体C**）と，気体Cと同じ温度の空気（**気体D**）を用いて用意した装置の実験を行った。

結果

実験3	結果：白く濁《にご》った

	気体C	**気体D**
実験4	89%	11%

問6　**実験3・4**の結果から確からしいと予測できることは何ですか。「腐葉土」という言葉を用いて40字以内で説明しなさい。

3　次の**A・B**の問いに答えなさい。

A．次の各問いに答えなさい。

問1　2020年9月に菅義偉《すがよしひで》氏が内閣総理大臣となりましたが，内閣総理大臣について述べたものとして，あやまりを含むものを，以下の**ア〜エ**より一つ選び，記号で答えなさい。

ア　内閣総理大臣は，それぞれ専門的な仕事を担当する国務大臣を任命する

イ　内閣総理大臣は，裁判官を裁く裁判を開くことができる

ウ　内閣総理大臣は，国会の議決によって指名される

エ　内閣総理大臣は，天皇によって任命される

問2　日本国憲法に示されている3つの原則は，「国民主権」，「基本的人権の尊重」とあと一つは何であるかを答えなさい。

問3　現在，出入り口に段差のない通路やトイレが作られる，表示板にピクトグラム（絵文字・絵単語）が使用される，また日本語表示に外国語がいっしょに書かれるなど，あらゆる場面で「ユニバーサルデザイン」が取り入れられています。このユニバーサルデザインとは何ですか。簡単に説明しなさい。

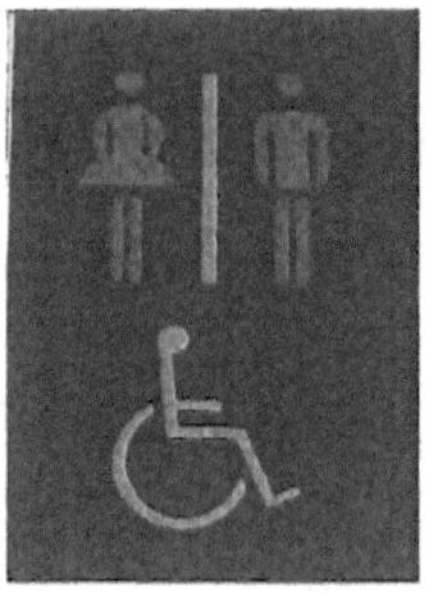

問４　社会生活の変化にともなって，日本国憲法にははっきりとは書かれていないいくつかの「新しい人権」が主張されるようになりました。この「新しい人権」のうち一つを，答えなさい。

問５　裁判所について述べたものとしてあやまりを含むものを以下の**ア〜エ**より一つ選び記号で答えなさい。

ア　一部の刑罰《けいばつ》が重い犯罪に限《かぎ》って，国民が裁判員として裁判に参加し裁判官と話し合って判決を出す「裁判員制度」という制度がある

イ　人権を守り，公平・公正な裁判をするために，同じ事件について３回まで裁判を受けることができる

ウ　最高裁判所長官は国会の指名にもとづいて，天皇が任命する

エ　法律が憲法に違反していないかを調べる権限を持っている

問６　世界の平和を守り，人々のくらしをより良いものにするために，1945年に作られた現在193の国が加盟している国際組織は何でしょうか。漢字４文字でその名前を答えなさい。

B．長野県松本市と新潟県上越市について，あとの問いに答えなさい。

問１　右に示した雨温図は日本各地の都市のいずれかのものです。松本市にあてはまる雨温図はどれですか。**ア〜エ**の中から一つ選び記号で答えなさい。

ア

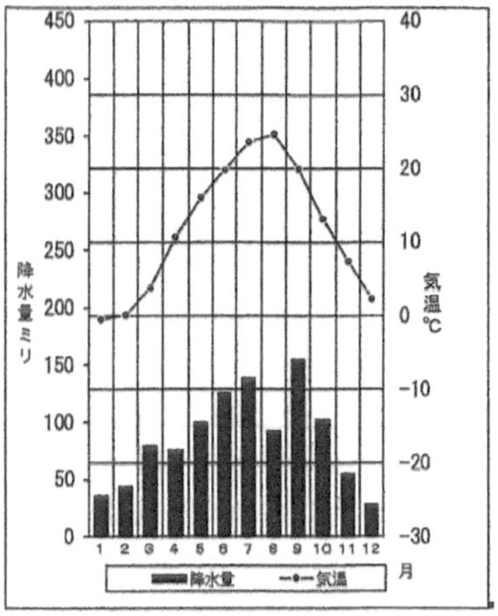

年平均気温 11.8℃　年降水量 1031㎜

イ

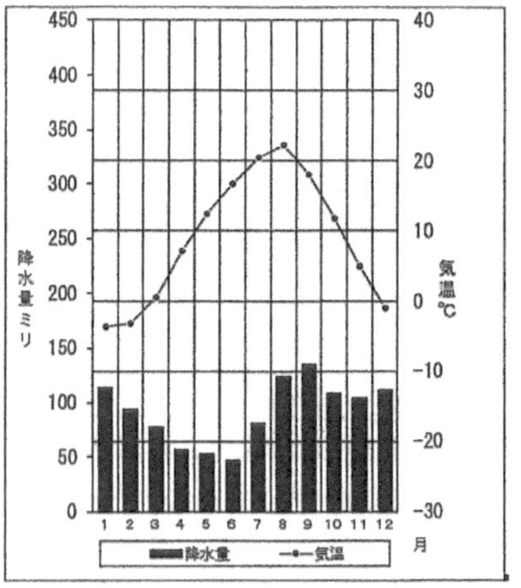

年平均気温 10.9℃　年降水量 647.5㎜

ウ

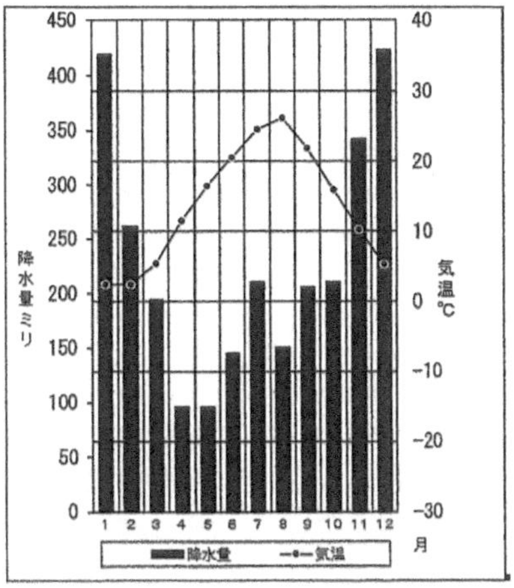

年平均気温 13.6℃　年降水量 2755.5 ㎜

エ

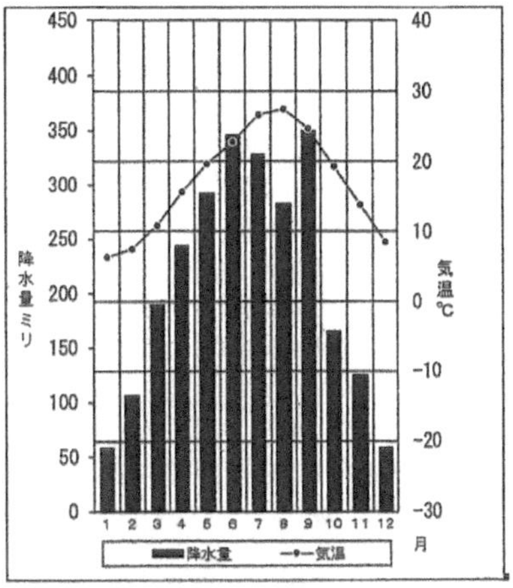

年平均気温 17.0℃　年降水量 2547.5 ㎜

（『日本国勢図会』より作成）

問２　長野県松本市と新潟県上越市はともに城下町です。右のページに示した**図１**は松本城公園と松本城を中心とした松本市の地形図の一部，**図２**は高田公園（高田城の城《しろ》あと）を中心とした上越市の地形図の一部です。これを見て，あとの問いに答えなさい。

（１）　松本城公園と高田公園周辺の地域について，**図１・図２**を比べて読み取れることとして最も適当なものを以下の**ア～エ**の中から一つ選び記号で答えなさい。

ア　松本城と高田城を囲んでいた濠《ほり》は，すべてうめ立てられている

イ　松本城公園の周辺には市役所が置かれているが，高田公園の周辺にはない

ウ　高田駅の西側には神社が密集して存在している

エ　北松本駅と高田駅はともにJR線の駅である

（２）　２万５千分の１地形図の上で北松本駅から松本城までの長さを測ったところ，3.2 cmありました。実際の距離《きょり》は何 m ですか。

（３）　**図１・図２**の範囲《はんい》には，以下の地図記号①・②が確認できます。これらの地図記号が示すものは何ですか。その名称を答えなさい。

①

②

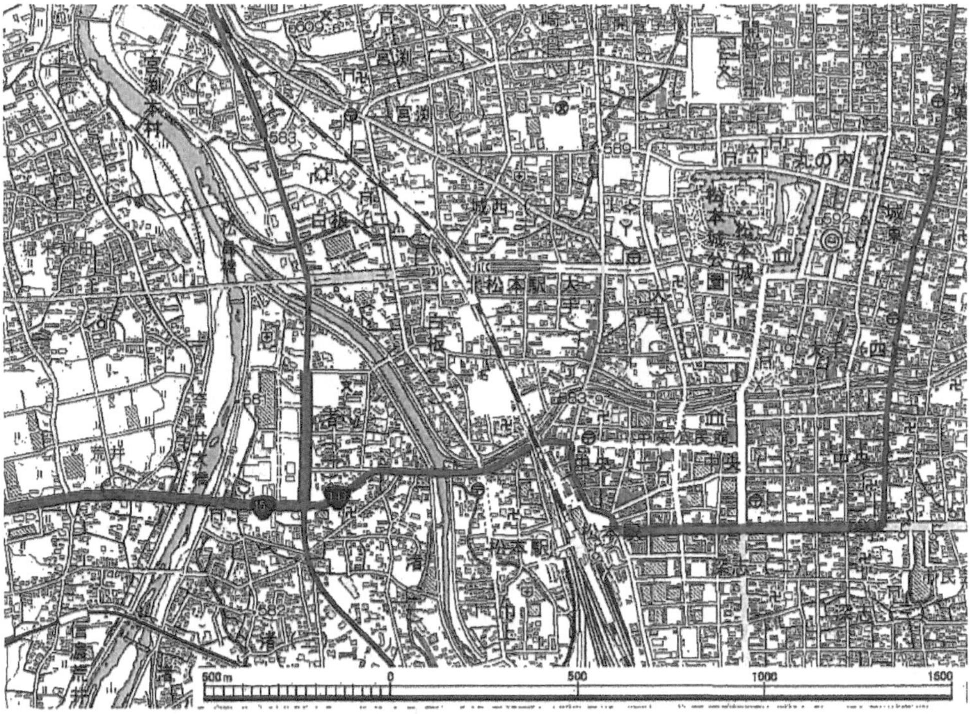

図１　松本市の地形図（松本城，松本駅，北松本駅の周辺）

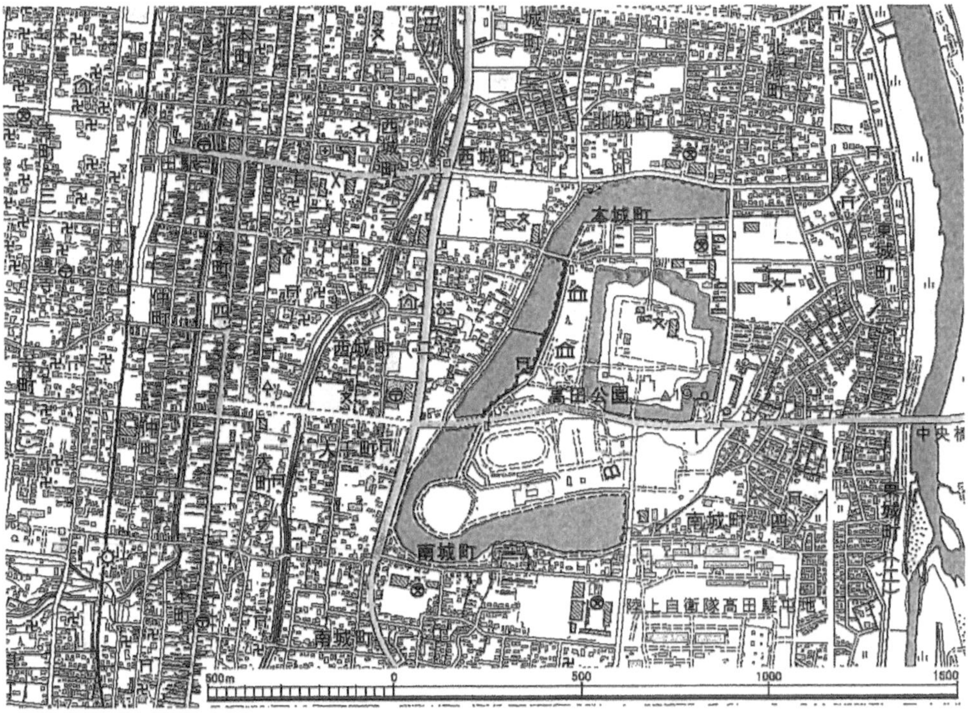

図２　上越市の地形図（高田城，高田駅の周辺）

問３　松本駅周辺と高田駅周辺では，土地の様子が異なります。高田駅周辺では，次の写真のような信号機が見られます。なぜ，このような信号機が見られるのか理由を答えなさい。

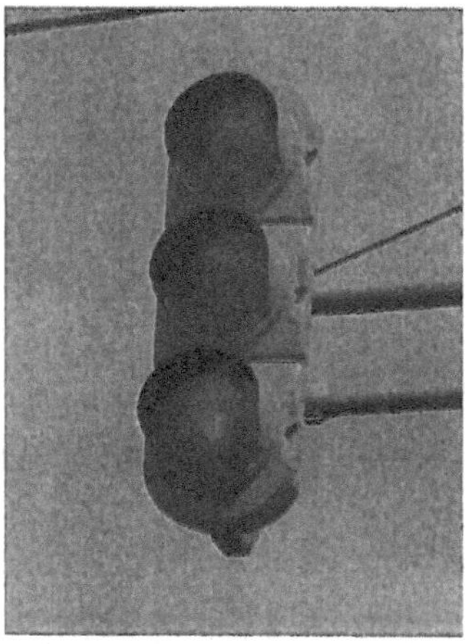

高田駅周辺の信号機

問４　長野県と新潟県のそれぞれについて，以下の問いに答えなさい。

（１）　長野県と新潟県の両方に接している県が２つあります。県名を漢字で答えなさい。

（２）　以下の**表１**は，５種類の農産物について生産量の上位５都道府県とそれぞれの全国に占める割合を示したものです。空欄**X**，**Y**，**Z**には，長野県・新潟県・茨城県のいずれかが入ります。**X**，**Y**，**Z**の組み合わせとして，最も適当なものを，**ア**～**カ**の中から一つ選び，記号で答えなさい。

	キャベツ	レタス	ピーマン	西洋なし	すいか
1位	愛知県 (17.8%)	Y (33.7%)	X (23.6%)	山形県 (65.1%)	熊本県 (15.3%)
2位	群馬県 (16.6%)	X (15.4%)	宮崎県 (19.1%)	青森県 (7.2%)	千葉県 (11.7%)
3位	千葉県 (9.0%)	群馬県 (8.6%)	高知県 (9.0%)	Y (6.2%)	山形県 (9.9%)
4位	X (7.2%)	長崎県 (5.8%)	鹿児島県 (8.5%)	Z (6.0%)	Z (6.2%)

表１　各農産物の生産量の上位４都道府県と，それぞれの全国に占める割合

（統計年次は2015年『日本国勢図会』より作成）

	X	Y	Z
ア	長野県	新潟県	茨城県
イ	長野県	茨城県	新潟県
ウ	新潟県	茨城県	長野県
エ	新潟県	長野県	茨城県
オ	茨城県	長野県	新潟県
エ	茨城県	新潟県	長野県

4 以下の洋くんと東先生の会話文を読んでそれぞれの問いに答えなさい。

洋くん：2020年は終戦から75年の年だったんですね。日本は戦争をくり返してきたイメージがあります。

東先生：そうかな。日本は確かに①明治，大正，昭和と戦争をくり返してきたからね。でもそれ以前は，ヨーロッパの国々などと比べると，外国との戦争は少ないかもしれないよ。地理的な条件もその理由かもしれないね。

洋　　：地理的な条件というと，ヨーロッパの国々などとちがって，（　　1　　）からでしょうか。

東　　：なかなかするどいね。日本が外国と戦ったもので古いものは，古墳時代のものかな。ヤマト政権が（　2　）半島で戦ったことが，（　2　）側の記録で確認できるよ。

洋　　：あと，（　3　）が有名ですよね。このときは鎌倉幕府の武士たちが戦って，追い返したんですよね。

東　　：そうだね。これを撃退《げきたい》できたのも，（　　1　　）ことが理由の一つかもしれないね。でも，②鎌倉幕府はその後，衰退していって1333年に滅亡《めつぼう》してしまったね。

洋　　：全国を統一して戦国時代を終わらせた豊臣秀吉も（　2　）に出兵していますよね。そのあとの江戸時代は戦争のない時代ですよね。

東　　：そうだね。幕末まで，大きな戦いは行われていないね。江戸幕府を開いた（　4　）は200年以上にわたる平和な時代を作った人物として，海外でも高い評価を受けているらしいよ。

洋　　：明治時代は日清戦争・日露戦争が行われていますね。

東　　：ともに（　2　）半島をめぐる争いだったことにも注目だね。

洋　　：大正時代には，（　5　）が行われていますね。

東　　：（　5　）の主な戦場はヨーロッパだったから，日本は戦場になったわけではないんだけど，アジアでの勢力を広げるために参戦したよ。

洋　　：そして，昭和には第二次世界大戦が行われたんですね。第二次世界大戦のことはテレビなどでたくさん放送していました。これからの日本のことを考えるきっかけになりました。

問1　下線部①について，以下の**ア**～**エ**の文を時代の古いものから順番に並べかえなさい。

ア　空襲《くうしゅう》をさけるために，都市の小学生などが集団で地方の農村などに移住する集団疎開《しゅうだんそかい》（学童《がくどう》疎開《そかい》）が行われた

イ　海軍の青年将校《しょうこう》らが，首相官邸《かんてい》や警視庁などをおそい，犬養毅《いぬかいつよし》首相を暗殺した，五・一五事件が起こった

ウ　民撰議院設立の建白書が提出されたことをきっかけに，自由民権運動がはじまった

エ　関東大震災が発生し，多くのぎせい者がでた

問２　下の地図も参考にしながら，空欄（　１　）に入る文を考えて，答えなさい。

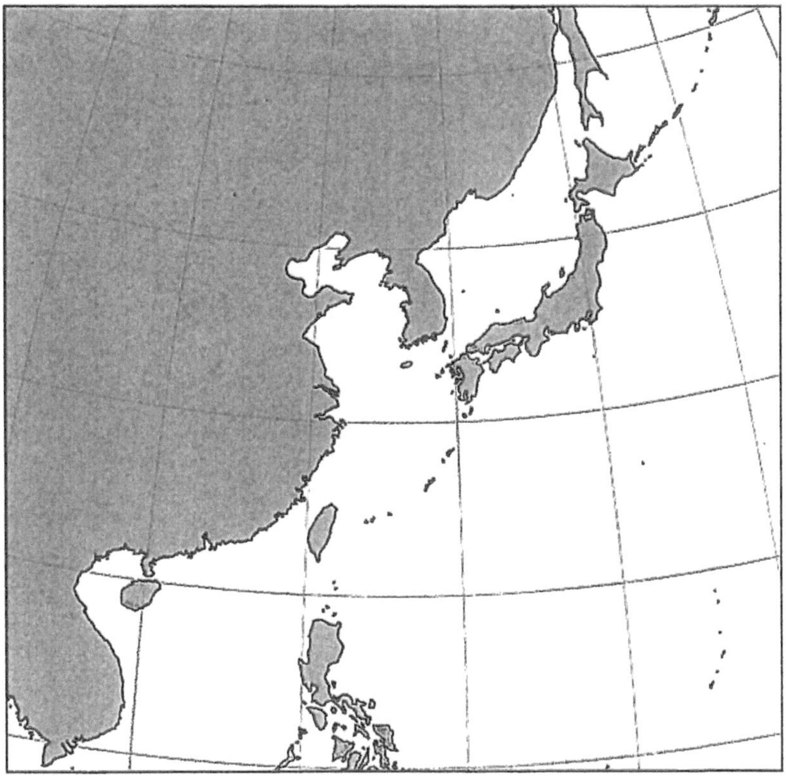

問３　空欄《らん》（　２　）に入る語を答えなさい。（解答はひらがなでもよい）

問４　空欄（　３　）に入る語を以下のア～エより一つ選び，記号で答えなさい。

ア　応永の外寇《がいこう》　　**イ**　承久の乱　　**ウ**　元寇《げんこう》　　**エ**　倭寇《わこう》

問５　空欄（　４　）に入る人物名を答えなさい。

問６　空欄（　５　）に入る戦争の名称を答えなさい。

問７　下線部②について，（　３　）のあと，鎌倉幕府が衰退《すいたい》してしまった理由を，幕府（将軍）と御家人との関係や，御家人の領地のことなどを考えながら，簡単に説明しなさい。

どのようなものかを説明したうえで、あなたが考える「豊かさ」について具体的な例を挙げて百六十字以上二百字以内で書きなさい。また、書くときはあとの《きまり》に従いなさい。

《きまり》

・氏名と題名は書きません。

・各段落の最初は一マス下げて書きます。

・「、」や「。」もそれぞれ一文字に数えます。ただし、行の一番上のマス目に「、」や「。」がきてしまうときは、前の行の最後のマス目に文字と一緒《いっしょ》に記入してかまいません。

・文章の途《と》中《ちゅう》で段落をかえたときの残りのマス目は、文字数として数えます。

〈下書き用マス目〉

20

30

問7　空らん［B］に入る言葉として最も適切なものを次の中から一つ選び、記号で答えなさい。

ア　冷静に　イ　簡単に
ウ　平等に　エ　正確に

問8　傍線部4「『地球家族』と題された写真集」について説明したものとして**ふさわしくないもの**を次の中から一つ選び、記号で答えなさい。

ア　ピーター・メンツェルという写真家が、さまざまな文化圏の家族を写した写真集である。
イ　それぞれの家族は、自分たちが所有している家財道具を家の外に並べて写真を撮られている。
ウ　すべての家族の中で、日本人家族がもっとも多くの家財道具を所有していた。
エ　筆者の印象に残っているのは、多くの家財道具に囲まれた日本人家族の表情である。

問9　傍線部5「多様」の対義語として正しいものを次の中から一つ選び、記号で答えなさい。

ア　最小　イ　画一　ウ　少数　エ　多種

問10　傍線部6「唖《あ》然とした気持ち」と同じ意味で使われている言葉を本文中から書き抜きなさい。

問11　傍線部7「生産」と同じ組み立ての熟語として正しいものを次の中から一つ選び、記号で答えなさい。

ア　開閉　イ　欠点　ウ　身体　エ　読書

問12　傍線部8「『もったいない』」とありますが、筆者が考える「もったいない」とはどのようなことですか。本文中から三十五字以内で探し、始めと終わりの五字で答えなさい。

問13　空らん［C］に入る言葉として最も適切なものを次の中から一つ選び、記号で答えなさい。

ア　積極　イ　好意　ウ　悲観　エ　批評

問14　傍線部9「これは一般の住まいにも当てはまる」とありますが、どのような点で当てはまるのですか。その内容として最も適切なものを次の中から一つ選び、記号で答えなさい。

ア　世界を心地よくするためにものを欲するあまり、さして必要でないものを溜め込んでしまう点。
イ　良質な旅館に泊まったときに、感受性の感度が数ランク上がったように感じる点。
ウ　ホテルに泊まったとき、バスタオルやバスローブの柔らかさを感じる肌の繊細さが呼び起こされる点。
エ　配置されるものを少なくすることで、細やかなものが見えたり、感じられたりするようになる点。

問15　二重傍線部「暮らしの豊かさ」とあるように、本文中で筆者は「豊かさ」について述べています。筆者が考える「豊かさ」とは

ていかなくてはならない。育つものはかたちを変える。「家」も同様である。

（原研哉《けんや》『日本のデザイン』）

※1 肝要《かんよう》…非常に大切であること。
※2 飢餓《きが》…食べものがなくて、うえること。
※3 温床《おんしょう》…物事や思想などが生じやすい環境。
※4 達観《たっかん》…何ごとにも動じない境地に至ること。
※5 慈照寺《じしょうじ》…京都市にある銀閣寺の正称。
※6 桂《かつら》の離宮《りきゅう》…京都市にある桂宮家（皇族）の別荘。
※7 俯瞰《ふかん》…全体を上から見ること。
※8 夥《おびただ》しい…数量が非常に多いさま。
※9 端緒《たんしょ》…物事のはじまり。
※10 雑駁《ざっぱく》…雑然としていて、まとまりがないこと。
※11 GDP…国内総生産。国内の経済活動の指標。
※12 渇望《かつぼう》…手に入れたいと強く望むこと。
※13 エゴイスティック…自分勝手な。自己中心的な。
※14 脆弱《ぜいじゃく》…もろくて弱いこと。
※15 漆喰《しっくい》…日本古来の壁材料の一つ。
※16 堪能《たんのう》…十分に満足する。
※17 プロダクツ…製品。

問1 傍線《ぼうせん》部a〜eについて、カタカナは漢字に直し、漢字は読みを書きなさい。

問2 傍線部**1**「できるだけ空間から物をなくすことが肝要《かんよう》ではないだろうか」とありますが、何のために空間から物をなくすのですか。解答らんにつながる形で二十字以内で書き抜きなさい。

問3 傍線部**2**「戦後の飢餓《きが》状態を経た日本人」と同じ内容を、比喩を用いて表現している部分があります。本文中より二十字以内で書き抜きなさい。

問4 空らん［Ⅰ］・［Ⅱ］に入る語として最も適切なものを次の中からそれぞれ選び、記号で答えなさい。

［Ⅰ］ **ア** むしろ **イ** しかし **ウ** さらに **エ** また

［Ⅱ］ **ア** ところが **イ** つまり **ウ** だから **エ** では

問5 空らん［A］に入る慣用句として最も適切なものを次の中から一つ選び、記号で答えなさい。

ア 耳にたこができる **イ** 足元にも及《およ》ばない
ウ 目も当てられない **エ** のどから手が出る

問6 傍線部**3**「日本的な暮らしの作法」とはどのようなことですか。本文中の言葉を使って三十字以内で答えなさい。

ばそれを購入《こうにゅう》する時に考えた方がいい。もったいないのは、捨てることではなく、廃棄を運命づけられた不毛なる生産が意図され、次々と実行に移されることではないか。

だから大量生産という状況《じょうきょう》についてもう少し［　C　］的になった方がいい。無闇《むやみ》に生産量を誇ってはいけないのだ。大量生産・大量消費を加速させてきたのは、企業《きぎょう》※13のエゴイスティックな成長意欲だけではない。所有の果てを想像できない消費者のイマジネーションの※14脆《ぜい》弱《じゃく》さもそれに荷担している。ものは売れてもいいが、それは世界を心地よくしていくことが前提であり、人はそのためにものを欲するのが自然である。さして必要でもないものを溜《た》め込むことは決して快適ではないし心地よくもない。

良質な旅館に泊《と》まると、感受性の感度が数ランク上がったように感じる。それは空間への気配りが行き届いているために安心して身も心も解放できるからである。しつらいや調度の基本はものを少なく配することである。何もない簡素な空間にあってこそ、畳《たたみ》の目の織りなす面の美しさに目が向き、壁《かべ》※15の漆喰《しっくい》のd風情にそそられる。床《とこ》に活けられた花や花器に目が向き、料理が盛りつけられた器の美しさを※16堪能《たんのう》できる。そして庭に満ちている自然に素直に意識が開いていくのである。ホテルにしても同様。簡潔に極まった環境《かんきょう》であるからこそ一枚のタオルの素材に気を通わせることができ、バスローブの柔《やわ》らかさを楽しむ肌《はだ》の繊細《せんさい》さが呼び起こされてくるのである。

9これは一般《ぱん》の住まいにも当てはまる。現在の住まいにあるものを最小限に絞《しぼ》って、不要なものを処分しきれば、住空間は確実に快適になる。試しに夥しい物品のほとんどを取り除いてみればいい。おそらくは予想外に美しい空間が出現するはずだ。

無駄なものを捨てて暮らしを簡潔にするということは、家具や調度、生活用具を味わうための背景をつくるということである。芸術作品でなくとも、あらゆる道具には相応の美しさがある。何の変哲《てつ》もないグラスでも、しかるべき氷を入れてウイスキーを注げば、めくるめく琥珀《こはく》色がそこに現れる。霜《しも》の付いたグラスを優雅《が》な紙敷《かみしき》の上にぴしりと置ける片付いたテーブルがひとつあれば、グラスは途端《とたん》に魅《み》力を増す。逆に、漆器《しっき》が艶《つや》やかな漆黒《しっこく》をたたえて、陰影《いんえい》を礼讃する準備ができていたとしても、リモコンが散乱していたり、ものが溢れかえっているダイニングではその風情を味わうことは難しい。

（中　略）

伝統的な工芸品を活性化するために、様々な試みが講じられている。たとえば、現在の生活様式にあったデザインの導入であるとか、新しい用い方の提案とかである。自分もそんな活動に加わったこともある。そういう時に痛切に思うのは、漆器にしても陶《とう》磁器にしても、問題の本質はいかに魅力的なものを生み出すかではなく、それらを魅力的に味わう暮らしをいかに再興できるかである。漆器が売れないのは漆器の人気が失われたためではない。今日でもすばらしい漆器を見れば人々は感動する。しかし、それを味わい楽しむ暮らしの余白がどんどんと失われているのである。

伝統工芸品に限らず、現代※17のプロダクツも同様である。豪華《ごうか》さや所有の多寡《か》ではなく、利用の深度が大事なのだ。よりよく使い込む場所がないと、ものはe成就しないし、ものに託された暮らしの豊かさも成就しない。だから僕たちは今、未来に向けて住まいのかたちを変え

しかしながら、今の日本の人々の住宅は、仮に天井をはがして※7俯瞰《ふかん》するならば、どこの世帯もおおむね※8夥《おびただ》しいもので溢れかえっているのではないかと想像される。率先して所有へと突《つ》き進んだ結果である。かつて腹ぺこに泣かされた欲深ウサギは両方の手にビスケットを持っていないと不安なのである。しかし［ B ］判断するなら、両方の手に何も持っていない方が、生きていく上では便利である。両手が自由なら、それを振《ふ》って挨拶《あいさつ》もできるし、時には花を活けることもできよう。両の手がビスケットでいつも塞《ふさ》がれていては、そういうわけにもいかない。

ピーター・メンツェルという写真家の作品に4『地球家族』と題された写真集がある。これは5多様な文化圏《けん》の家族を撮影《さつえい》したものだ。それぞれの家族は、全ての家財道具を家の前に持ち出して並べ、家を背景にして写真に収まっている。どのくらいの国や文化、家族の写真が収められていたかは正確に記憶《おく》していないけれども、鮮明に覚えているのは、日本人の家財道具が、群を抜《ぬ》いて多かったことである。日本人は、いったいいつの間にこんなにたくさんの道具に囲まれて暮らしはじめたかと、6啞《あ》然とした気持ちでそれを眺《なが》めた。無駄《むだ》と言い切ることはできないまでも、なくてもよいものたちを、よくぞここまで細かく取り揃《そろ》えたものだとあきれる。別の言い方をするならば、ものの7生産と消費の不毛な結末を静かに指摘《てき》しているようなその写真は、僕らがどこかで道を間違《ちが》えてしまったことを暗示しているようであった。

ものにはそのひとつひとつに生産の過程があり、マーケティングのプロセスがある。石油や鉄鉱石のような資源の採掘《くつ》に始まる遠大なものづくりの※9端緒《たんしょ》に遡《さかのぼ》って、ものは計画され、修正され、実施《し》されて世にかたちをなしてくる。さらに広告やプロモーションが流通の後押《お》しを受けて、それらは人々の暮らしのそれぞれの場所にたどり着く。そこにどれほどのエネルギーが消費されることだろう。その大半が、なくてもいいような、※10雑駁《ざっぱく》とした物品であるとしたらどうだろうか。資源も、創造も、bユソウも、電波も、チラシも、コマーシャルも、それらの大半が、暮らしに濁《にご》りを与《あた》えるだけの結果しかもたらしていないとするならば、これほど虚《むな》しいことはない。

僕らはいつしか、もので溢れる日本というものを、度を超《こ》えて許容してしまったかもしれない。世界第二位であった※11ＧＤＰを、目に見えない誇《ほこ》りとして頭の中に装着してしまった結果か、あるいは、戦後の物資の乏《とぼ》しい時代に経験したものへの※12渇望《かつぼう》がどこかで幸福を測る感覚の目盛りを狂《くる》わせてしまったのかもしれない。秋葉原にしてもブランドショップにしても、過剰《かじょう》なる製品cキョウキュウの情景は、ものへの切実な渇望をひとたび経験した目で見るならば、確かに頼《たの》もしい勢いに見えるだろう。［ Ⅱ ］、いつの間にか日本人はものを過剰に買い込《こ》み、その異常なる量に鈍感《どんかん》になってしまった。

しかし、そろそろ僕らはものを捨てなくていけない。捨てることのみを8「もったいない」と考えてはいけない。捨てられるものの風情に感情移入して「もったいない」と感じる心持ちにはもちろん共感できる。しかし膨大な無駄を排出した結果の、廃棄《はいき》の局面でのみ機能させるのだとしたら、その「もったいない」はやや鈍感に過ぎるかもしれない。廃棄する時では遅《おそ》いのだ。もしそういう心情を働かせるなら、まずは何かを大量に生産する時に感じた方がいいし、さもなければ

【国　語】（五〇分）〈満点：一〇〇点〉

【一】次の問いに答えなさい。

問１　次の①～③の文の、主語と述語を答えなさい。主語が省略されている場合は「なし」と答えなさい。

例）ぼくは　図書館に　本を　探しに　行った。

　　主語：ぼくは　　**述語：行った**

①　牛久市には　私の　通っている　学校が　あります。

②　明日の　テストのために　今日は　しっかり　勉強するぞ。

③　父が　作る　ケーキは　とても　おいしい。

問２　次の各文の傍線《ぼうせん》部は、どこにかかる言葉ですか。例にならって答えなさい。

例）きれいな　赤い　花が　咲《さ》いている。　　**答：花が**

①　部屋には　大きな　山が　見える　窓が　ある。

②　彼女も　ぼくが　そこに　住んでいたことを　忘れていた。

③　ああ　飛んでいるね　つばめが　空高く。

問３　次の空らんにあてはまる慣用句を後から選び、記号で答えなさい。同じ記号は重ねて使いません。

①　あの時の彼の喜びようは□だった。

②　爆発音がして、周囲は□な大騒ぎになった。

③　あの人は□なお人好しだね。

ア　竹を割ったよう　　**イ**　大船に乗ったよう

ウ　鬼の首を取ったよう　　**エ**　水を打ったよう

オ　絵に描いたよう　　**カ**　蜂の巣をつついたよう

問４　次の空らんに共通する言葉を入れて慣用句を完成させなさい。

けじめを□。
優劣を□。
折り合いを□。

【二】次の文章を読んで、あとの問いに答えなさい。

　住空間をきれいにするには、[1]できるだけ空間から物をなくすことが※1肝要《かんよう》ではないだろうか。ものを所有することが豊かであると、僕《ぼく》らはいつの間にか考えるようになった。

　高度成長の頃《ころ》の三種の神器は、テレビ、[a]レイゾウ庫、洗濯《せんたく》機、その次は、自動車とルームクーラーとカラーテレビ。[2]戦後の※2飢餓《きが》状態を経た日本人は、いつしか、ものを率先して所有することで、豊かさや充《じゅう》足感を噛《か》み締《し》めるようになっていたのかもしれない。しかし、考えてみると、快適さとは、溢《あふ》れかえるほどのものに囲まれていることではない。□Ⅰ□、ものを最小限に始末した方が快適なのである。何もないという簡潔さこそ、高い精神性や豊かなイマジネーションを育む※3温床《おんしょう》であると、日本人はその歴史を通して、※4達観したはずである。※5慈照寺《じしょうじ》の同仁斎《さい》にしても、※6桂《かつら》の離宮《りきゅう》にしても、空っぽだから清々しいのであって、ごちゃごちゃと雑貨やら用度品やらで溢れているとしたなら、□Ａ□。洗練を経た居住空間は、簡素にしつらえられ、実際にこの空間に居る時も、ものを少なくすっきりと用いていたはずである。用のないものは、どんなに立派でも（くらや納戸に）収納し、実際に使う時だけ取り出してくる。それが、[3]日本的な暮らしの作法であったはずだ。

MEMO

大切なことはメモしておこうネ！

2021年度

東洋大学附属牛久中学校入試問題（適性検査型）

【適性検査Ⅰ】（50分）〈満点：100点〉

1　あきらさんは，夏休みの自由研究で，「日本のお金」について調べてレポートを作りました。そのレポートを見ながら，クラスメイトと３人で話しあいをしました。

あきら：ぼくは夏休みの自由研究で，あらためて日本のお金について考えてみたんだ。

はるこ：へぇー，それはおもしろそうね。

なつお：身のまわりにありふれているお金だけど，意外と知らないことはありそうだよね。ぜひ調べたことを教えてよ。

あきら：まずはお金がそもそも何で必要なのか考えてみたんだ。

はるこ：えっ，何か物を買うためにあるんじゃないの。

なつお：ぼくも物の価値をはかるためにあるんじゃないかと思うよ。

あきら：それは大事な機能だよね。他にも，お金には「物と交換《こうかん》する機能」「物の価値をためておく機能」などがあるんだよ。

問題１　お金にはさまざまな機能がありますが，どんなものでもお金としての役割を果たすわけではありません。**資料１～資料３**を参考にして，「お金」として機能し，流通するための条件を考えて書きなさい。

資料１　江戸時代の金で製造された慶長《けいちょう》小判

資料２　古代中国で使われたお金（蟻鼻銭《ぎびせん》）

資料３　お金に関するある学者の考え

> お金そのものの価値を知っていますか。たとえば一万札を作るための原価，つまり一万円の紙代は約二〇円だと言われています。お金の価値は「信用」で決まります。信用のある国が，「この紙は，一万円の価値がありますよ」と保証します。みんなが信用する国が保証する事で，初めてその通貨は価値を持つのです。

はるこ：そういえば，政府が2024年にお札をすべて新しくするらしいわね。

なつお：そのニュース，ぼくも聞いたよ。今まで慣れた福沢《ふくざわ》諭吉《ゆきち》の一万円札がもうすぐ使われなくなるらしいね。少し寂《さび》しいなあ……。

はるこ：新しいお札に採用された人物って誰《だれ》だったかしら。

あきら：新しいお札についても僕は調べたよ。新千円札が北里柴三郎《しばさぶろう》，新五千円札が津田《つだ》梅子，そして新一万円札が渋沢《しぶさわ》栄一だよ。

はるこ：渋沢栄一……？わたし聞いたことないんだけど……。

なつお：僕は聞いたことがあるな。確か 2021 年の NHK の大河ドラマの主役の人だよね。

あきら：渋沢栄一は，明治から大正のはじめにかけて活躍《かつやく》した実業家だよ。江戸幕府や，明治政府で働いた後に，日本最初の銀行を設立したよ。さらに 500 をこえる数の多くの会社の設立に関わったすごい人なんだ。

問題２　お札の肖像画《しょうぞうが》に選ばれた人物には，明治時代の日本の近代化に貢献《こうけん》した人物が多い。彼らがどのような国づくりを目ざしていたのか，**資料４～資料６**を見て読み取れることを書きなさい。

資料４　福沢諭吉に関する年表

年	年令	お　も　な　で　き　ご　と
1835	0	大阪にて生まれる
1854	19	長崎に蘭学《らんがく》勉強のために遊学
1855	20	緒方洪庵《おがたこうあん》の適塾（てきじゅく）に入る
1859	24	咸臨《かんりん》丸でアメリカへ渡る
1863	28	私塾を開設
1868	33	私塾の名前を慶應義塾《けいおうぎじゅく》に変更
1872	37	『学問のすすめ』を発行
1901	66	亡くなる

資料５　渋沢栄一に関するメモ

渋沢栄一がはじめた仕事には「鉄道」・「ガス」・「学校」など，国民の生活にかかわるもの多かった。ただお金をもうけるだけではなく，得た利益を社会に役立てないと富は続かないと考えていました。

資料６　板垣退助《いたがきたいすけ》と自由民権運動

むかしの百円札に採用されていた板垣退助は，かれの展開した自由民権運動で次のように言いました。「多くの反乱が起こるのは、政府に民の意見を反映させる仕組みがないからである。ヨーロッパの国々にあるような選ばれた民による議院（国会とも言う）をつくって、民意を反映できるしくみを作る。そうすれば政治はよくなり、民の不満は消え、反乱も起こらなくなるだろう。」

なつお：そもそも，お金ってどこが発行しているの？

はるこ：私は知ってるよ。たしか「お札」には「日本銀行券」って書いてあるのよ。日本銀行っていうとても大きな銀行が発行しているのよ。

あきら：はるこさんの言ったとおりだよ。ちなみに一円玉や五円玉などの硬貨《こうか》は，財務省の造幣局《ぞうへいきょく》というところが発行しているよ。

なつお：へー，お札と硬貨で発行しているところがちがうんだね。

はるこ：お金を考えるうえで，国の役割は大切そうね。

なつお：そういえば，2019 年に国は消費税を 10 パーセントに引き上げたよね。そのおかげで，ふだんもらっているお小遣いで買えるおやつも値上がりしちゃった……。

はるこ：そうよね。消費税が上がって，私たちが買える品物の量が減ってしまったわ。何で税金って払わなければいけないのかしら。

あきら：確かに税金が上がることは僕たち国民にとってつらいことだよね。でも，国が集めた税金は，国や政府によって，その時々の国民に必要なサービスに使われているんだ。税金がなければ，例えば道路がへこんでしまっても，ずっと直されることなく道路はでこぼこのままになってしまうよ。もちろん，税金があまり必要のない場所に使われているという指摘《してき》もあるから，それは改善が必要だけどね。

なつお：税金は払《はら》う側には負担だけど，ちゃんと意味があるんだね。

問題3　日本の財政はおもに国民の税金によってまかなわれています。現在の日本が社会保障においてかかえている財政上の問題を，**資料7〜資料9**を見て読み取れることからまとめなさい。

資料7　社会保障に関するメモ

社会保障は，病気になったり歳《とし》を取って収入がなくなったりなどの，困ったときに備えて，みんなで支え合うしくみです。たとえば，病気やけがをしたときに医者に診《み》てもらう「医療《いりょう》」，歳を取ったときに身のまわりの世話をしてもらう「介護《かいご》」，国から生活費をもらう「年金」などがある。政府は，その元手として，国民や会社などから税金や保険料を集めている。

資料8　日本の社会保障給付費の推移

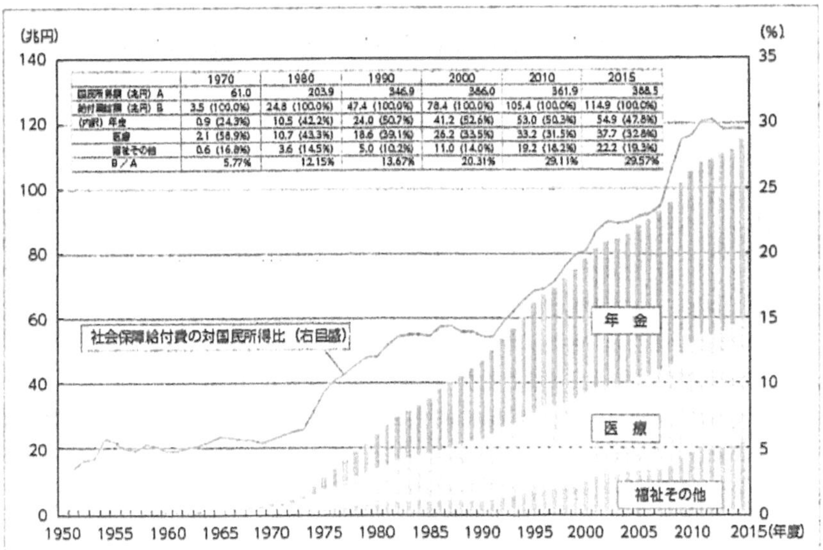

	1970	1980	1990	2000	2010	2015
国民所得額（兆円）A	61.0	203.9	346.9	386.0	361.9	388.5
給付費総額（兆円）B	3.5 (100.0%)	24.8 (100.0%)	47.4 (100.0%)	78.4 (100.0%)	105.4 (100.0%)	114.9 (100.0%)
（内訳）年金	0.9 (24.3%)	10.5 (42.2%)	24.0 (50.7%)	41.2 (52.6%)	53.0 (50.3%)	54.9 (47.8%)
医療	2.1 (58.9%)	10.7 (43.3%)	18.6 (39.1%)	26.2 (33.5%)	33.2 (31.5%)	37.7 (32.8%)
福祉その他	0.6 (16.8%)	3.6 (14.5%)	5.0 (10.2%)	11.0 (14.0%)	19.2 (18.2%)	22.2 (19.3%)
B／A	5.77%	12.15%	13.67%	20.31%	29.11%	29.57%

資料：国立社会保障・人口問題研究所「平成27年度社会保障費用統計」
（注）1963年度までは「医療」と「年金・福祉その他」の２分類，1964年度以降は「医療」「年金」「福祉その他」の３分類である。

資料9　日本の人口ピラミッド

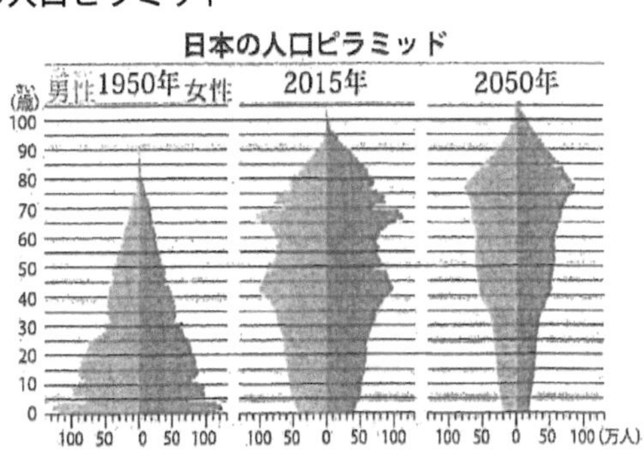

はるこ：そういえば，最近キャッシュレス化ということばをよく聞くわ。これってどういう意味？

あきら：ああ，それは簡単に言うと，「お金を支払《しはら》うときに現金以外の方法を使う」ことだよ。電子マネーで買い物代を払う，交通系ICカードで電車に乗るなどのことを言うんだよ。

なつお：僕もコンビニのカードや，電車のICカードを持っているよ。

はるこ：よくCMでも，電子マネーやスマートフォンで払うとポイントがもらえるなど，盛り上げているわね。

あきら：政府も，世界では現金を使わない国が多いので世界基準にあわせたい，また，キャッシュレス決済だとお店で会計にかかる人や時間を短縮させたいと思っているらしいよ。

なつお：でも，現金のほうがお金を使っているという気がするし，お金のありがたみがわかるなあ。

問題4　キャッシュレス化が進むことで，私たちのお金とのつき合い方や生活にも大きな変化が出ています。キャッシュレス化がすすむことの良い点と注意すべき点について，**資料10～資料12**を見て読み取れることをもとに書きなさい。

資料10　スマートフォンでキャッシュレス決済をしているようす

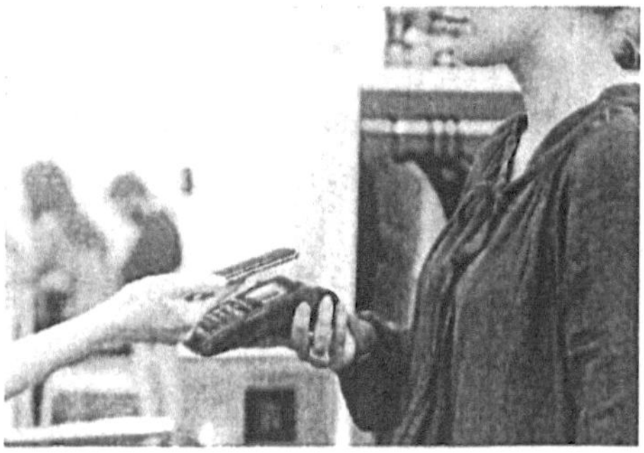

資料11　キャッシュレス化のメリット

キャッシュレス決済では，お店に置かれた機械に「かざすだけ」で支払いが完了するなど，現金払いに比べ支払いが早い。また，現金を持ち歩くことは少なくなり，小銭によって財布が必要以上に分厚くなることもなくなります。また，わざわざ家計簿《かけいぼ》をつけなくても，お金の管理が簡単にできるスマホアプリなどが増えています。キャッシュレス決済ならこうした管理アプリと連動しているケースも多く，お金の管理がしやすいのも良い点です。

資料12　キャッシュレス化をしたくない理由

お金を使いすぎてしまいそうだから	61.6%
カードやスマホをなくしたときリスクが大きい	52.0%
情報流出が心配	51.8%
使うために個人情報を登録したくない	31.9%
使いこなせる気がしない	26.6%

2　ひろしさんたちの学級では，国語の時間に，修学旅行で訪れる広島について，グループの中でおすすめの本のしょうかいをしています。ひろしさんは作家・ジャーナリストの弓《ゆ》狩《がり》匡《まさ》純《ずみ》さんが書いた『平和のバトン』という本のしょうかいをしています。

ひろし：この本は平和な広島で今を生きる高校生たちが戦争や原子爆弾《げんしばくだん》を見つめ直していくさまを取材して描《か》いた平和について考えることのできる本です。ぼくは去年の夏休みに家族で広島県を旅行したときに，被爆《ひばく》者の遺品や被爆の様子を示す写真や資料を展示してある広島県平和記念資料館に行き，原爆の恐ろしさについてもっと知りたくなり，この本を読みました。この本に紹介《しょうかい》されている一人に，梶本淑子《かじもとよしこ》さんがいます。淑子さんは，1945 年の中学校三年生の時に，働いていた工場で原爆の被害にあいましたが，運良く助かりました。

けいこ：広島に原子爆弾と呼ばれる核兵器《かくへいき》が落とされたのは，今から 75 年前のことですね。

ひろし：そうです。今から，印象に残った場面を読みます。淑子さんが70歳の時，被爆した時の体験を，講演会形式で語る「証言活動」を始めたときのことです。

被爆体験の証言活動を始めたのは二〇〇〇年のことです。すでに七十歳になっていました。当時中学三年生，偶然《ぐうぜん》にもあの時の淑子さんと同い年だった孫娘に，「おばあちゃんの話を聞きたい人は，いっぱいいると思う。証言してみたら」と，すすめられたのがきっかけでした。

それまで，人前に立つことなどなかったため，うまく言葉が出てきません。何を話せばいいのか，考えれば考えるほど口ごもってしまいます。そして，意を決して自分の胸の奥底《おくそこ》にしまいこんでいた記憶を口にすると，ブルブルとからだの震《ふる》えが止まらなくなってしまいました。

「こんなつらい思いをしてまで，なんで話さにゃならんのか……」

淑子さんは，苦しさにたえきれず，しばらく証言活動から離れた時期もありました。

そんな淑子さんの気持ちを動かしたのは，ひとりの米国人の高校生だったといいます。ある日のこと，平和記念資料館で講話を終えた淑子さんに近づいて来た男の子は，はらはらと涙《なみだ》を流しながら，

「ごめんなさい。わたしたちがしたことを許してください」と，頭を下げました。

その時，淑子さんは，目からうろこが落ちる思いをしたといいます。

「この子には，何の罪も責任もない。原爆を落としたんはこの子じゃない。こんな子どもらにこんな思いをさせてはいけん」と，思ったのです。この〝出会い〟を境に，淑子さんのこころから，憎しみが次第にいえていきました。

「憎しみからは，何も生まれてこない」

（弓狩匡純《ゆがりまさずみ》『平和のバトン』による。）

けいこ：私のひいおじいちゃんも，1945年に茨城県日立市で工場にいるときに空襲《くうしゅう》にあったと言っていました。でもそのことをあまり詳しく言おうとはしませんでした。

先　生：もしかしたら淑子さんの苦しさと同じことなのかもしれませんね。でも，淑子さんは米国人の高校生にあって「目からうろこが落ちる思い」をしたんですね。淑子さんは，米国人の高校生に対してどう思ったと考えますか。

ひろし：淑子さんは，原爆について［　　　　　　］と，ぼくは考えます。

けいこ：わたしのひいおじいちゃんも淑子さんと同じ立場にいたら，そう思うかもしれません。

ひろし：これからのわたしたちの明るい未来のためにも，これからずっと戦争のない平和な世界が必要ですね。

先　生：そうですね，平和な時代がずっと続くといいですね。さて，来週の「総合的な学習の時間」の授業では，2015 年 9 月に国際連合サミットで決まった「SDGs《エスディージーズ》」とよばれる「持続可能な開発目標」についてみんなで学習します。「持続可能」とは「ずっと続けていける」という意味です。2030 年の世界をよりよいものにすることを目的にした目標です。17 の目標が決められています。たとえば，目標④は「質の高い教育をみんなに」です。これが目標になっ

ているのは，「十分な教育を受けられない子どもたちがいる」からです。

けいこ：中東やアフリカでは，小学校に行くはずの年齢なのに，「子ども兵士」として銃《じゅう》を持ち戦場に立つ子どもたちがいるって，ニュースで紹介《しょうかい》されていました。

先　生：日本で生活しているみなさんたちは，義務教育で全員学校に行けますし，戦争はありません。生まれた国や家が違《ちが》うだけで，大きな格差があるのが今の世界の現実です。「SDGs《エスディージーズ》」の目標で，みなさんが世界のためにできることはどんなことがありますか。来週の総合的な学習の時間の授業で話し合ってみましょう。

資料１　SDGs の目標

A　目標３　すべての人に健康と福祉を

B　目標４　質の高い教育をみんなに

C　目標 12　つくる責任　つかう責任

資料２　さまざまな問題点

D　2016 年時点で，７億５千万人の成人が読み書きできない。

E　企業《きぎょう》が経済活動を優先するために，環境を破壊《はかい》している。

F　１日約 200 円で生活している人が７億人以上いる。

問題１　会話が成り立つように，［　　　　　　］に入る内容を書きなさい。［　　　　　　］には，６ページの［　　］内の文章をもとに，淑子さんが米国人の高校生から話を聞いて，原爆《げんばく》についてどのように思ったかについて考え，50 字以上 70 字以内で書きなさい。ただし「，」や「。」も１字に数え，文字に誤りがないようにしなさい。

問題２　**資料１**と**２**は，けいこさんが集めたものです。**資料１**の「SDGs の目標」のＡ～Ｃ中から，あなたの関心が最もある一つの目標を選び，解答用紙に記号で答えなさい。その選んだ目標について，**資料２**の「さまざまな問題点」の中から関連付けられるものを一つ選び，解答用紙に記号で答えなさい。

問題３　前問の**問題２**で選んだ**資料１**の「SDGs の目標」と，**資料２**の「さまざまな問題点」のについて，あなたや身のまわりの人ができそうなことの具体例を入れて，100 字以上 120 字以内で書きなさい。ただし「，」や「。」も１字に数え，文字に誤りがないようにしなさい。

［３］ ひろしさんは，親戚《しんせき》の家に向かう途中《むかうとちゅう》，「106 系案内標識」（**資料１**）を目にしました。そこには東京までの距離《きょり》が記されており，家族に「道」に関する疑問を話してみることにしました。

ひろし　　：国道６号線を辿《たど》ると東京に行けるんだね。昔の人も同じ道を辿って旅行とかしたのかな。

おとうさん：そうだね。昔の人も道を使って移動をしていたよ。道の歴史は弥生時代にまでさかのぼることができるけど，本格的に道が整備されたのは，飛鳥時代から奈良時代にかけてだよ。

ひろし：　東京と茨城を結ぶ道もその頃にできたのかな。

おとうさん：東海道といって，当時は都と地方を結ぶ大きな道が通っていて，もちろん東京と茨城もつながっていたよ。大昔はそのような道が日本には７本あり，その中でも，山陽道と呼ばれる現在の瀬戸内海沿岸地域を通る道は重要だったよ。

ひろし　　：どうして，山陽道は他の道よりも特別だったの。

おとうさん：それは，この地図（**資料２**）を見るとわかるかもしれないね。山陽道が奈良の都からどこまで伸びているか確認してごらん。

ひろし　　：九州の大宰府《だざいふ》というところまで道が続いているね。これと何か関係があるの。

おとうさん：大宰府とは，九州に設置された九州地方を管理する役所であるとともに，外国からやってきた大切なお客さんを歓迎《かんげい》する外交施設でもあったんだ。

ひろし　　：外国からのお客さんは，大宰府で何をしたのかな。

おとうさん：日本の手あついおもてなしを受けて，その後，山陽道を通って奈良の都へと向かったよ。道には約 16 km ごとに「うまや」と呼ばれる宿泊施設や連絡用の馬を飼育するための小屋が置かれていて，国家の役人が馬を利用したり宿泊したりしたんだよ。

資料１　道路標識

資料２　古代の行政区分と道

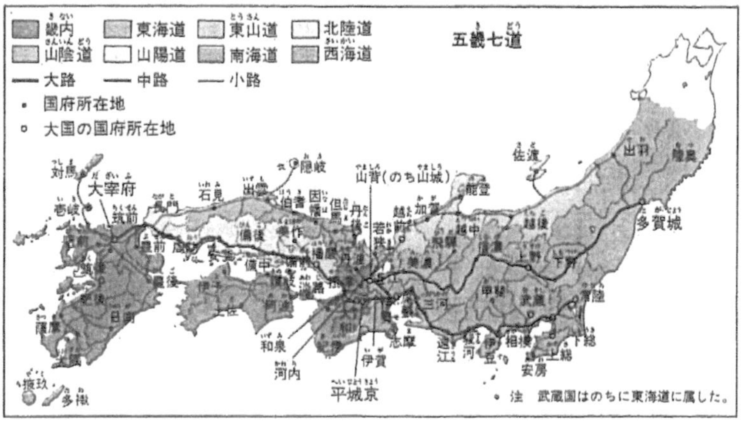

問題１　ひろしさんは，古代の道が通る地域の気温と降水量を調べました。ひろしさんが見つけたグラフのア～エは，水戸，岡山，金沢，長野のいずれかの都市の気温と降水量を示したものです。このうち，岡山の気温と降水量を示したものはどれですか。ア～エの中から一つ選び，記号で書きなさい。

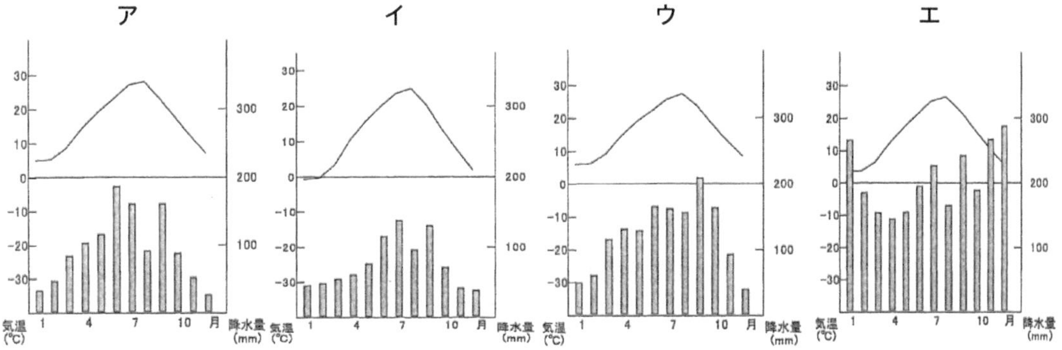

問題２　ひろしさんは，おとうさんと話した内容に興味を持ち，後日詳《くわ》しく調べてみました。**資料３**は山陽道の特徴をまとめたもので，**資料４・資料５**は，７本の道に置かれた「うまや」で飼育された馬の数を表にし，資料５は外国から来たお客さんに関して調べたメモです。ひろしさんとおとうさんとの会話や，資料２～資料５から読み取れることをもとに，なぜ古代の日本は山陽道を他の道と比べて重視したのかを，**「国家の力」**という言葉を使って説明しなさい。

資料３　山陽道の特徴（まとめ）

①	ただ一つの大路《だいろ》で，幅が１２ｍの区間があった
②	奈良の都と重要施設である大宰府《だざいふ》をつないでいた
③	うまやの屋根はかわらで，壁《かべ》は白くぬる決まりがあった ※国家は山陽道にお金をかけていた

資料４　うまやにいる連絡用の馬の数をまとめた表

東海道　中路《ちゅうろ》	10頭
東山道　中路《ちゅうろ》	10頭
北陸道　小路《しょうろ》	5頭
山陰道　小路《しょうろ》	5頭
山陽道　大路《だいろ》	20頭
南海道　小路《しょうろ》	5頭
西海道　小路《しょうろ》	5頭

※　道はその重要性によって「大路」・「中路」・「小路」に区分され，山陽道は外交の玄《げん》関《かん》口である大宰府《だざいふ》と，東海道は東の重要地域とをつないでいたため，「大路」・「中路」とされた。

資料５　日本へやってきたお客さんについて（メモ）

九州大宰府《だざいふ》から都までは，最短で４日４晩で辿《たど》り着く。しかし，「うまや」ごとに外国のお客さんを歓迎し，お酒や食事などがふるまわれたため，都へ１ヵ月近くかかった場合もある。

ひろし　　：ところで，道の整備によって地方と都市が結ばれて，人々が自由に行き来できるようになったけれど，最近，地方と都市の地域格差が話題になっているよね。例えば，東京一極集中など，いつ頃から人口は都市部へ移動し始めたのかな。

おとうさん：この表（**資料６**）を見てごらん。1920（大正９）年から1970（昭和45）年までの時期の市町村を，人口規模によって「50万人」，「10万人以上50万人未満」，「５万人以上10万人未満」，「５万人未満」の４つのグループに分け，それぞれのグループの総人口の推移を示したものだよ。

ひろし　　：1950（昭和25）年から1970（昭和45）年にかけて，「５万人未満」の人口だけが減少しているね。

おとうさん：この要因には，この期間の市町村合併があるよ。つまり，「５万人未満」の都市が減ったということだね。

資料６　人口規模別市町村人口（単位：千人）

年次	５０万人以上	１０～５０万人	５～１０万人	５万人未満
1920	4, 626	2, 127	2, 105	47, 119
1930	7, 605	3, 876	4, 402	49, 566
1940	14, 384	6, 907	3, 858	47, 964
1950	11, 190	10, 136	6, 307	55, 566
1960	18, 492	19, 310	10, 724	44, 892
1970	25, 418	28, 109	12, 364	37, 829

※ 1940年10月時点では，「50万人以上」…東京・大阪・名古屋・京都・神戸・横浜の6都市，「10万人以上50万人未満」…広島・福岡・川崎・八幡・尼崎《あまがさき》など計39都市，「５万人以上10万人未満」…久留米・長野・山形など計54都市，「５万人未満」はそれ以外の全市町村である。

問題３　1950（昭和25）年から1970（昭和45）年にかけて，「５万人未満」都市の人口だけが減少した要因は，ひろしさんとおとうさんとの会話にもあるように市町村合併《がっぺい》が挙げられます。しかし，おとうさんとひろしさんはその他にも要因があると考え，調査をしてみることにしました。ひろしさんとおとうさんが集めた**資料６～資料８**を読み，ひろしさんが作ったイメージ（**資料９**）も参考にして，日本の産業構造の変化に着目しながら，なぜ「５万人未満」都市の人口だけが減少したかを説明しなさい。

資料７　産業別就業者数の推移

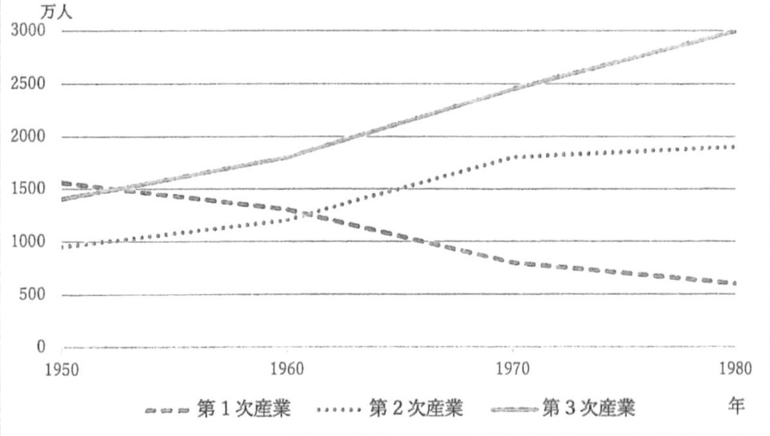

資料８　高度経済成長についてのメモ

> 高度経済成長期は，国土のありさまと国民の生活様式や意識を大きく変容させた。太平洋側を中心に製鉄所や石油化学コンビナートなど新工場の建設が続き，京浜・中京・阪神・北九州の各地域を中核とする帯状の巨大な重化学工業地帯が出現し，産業と人口が著しく集中した。また，全国の農村部では耕耘機《こううんき》や小型トラクターが普及して，農耕の機械化・省力化が進み，兼業《けんぎょう》農家が増加した。

資料９　人口のイメージ図

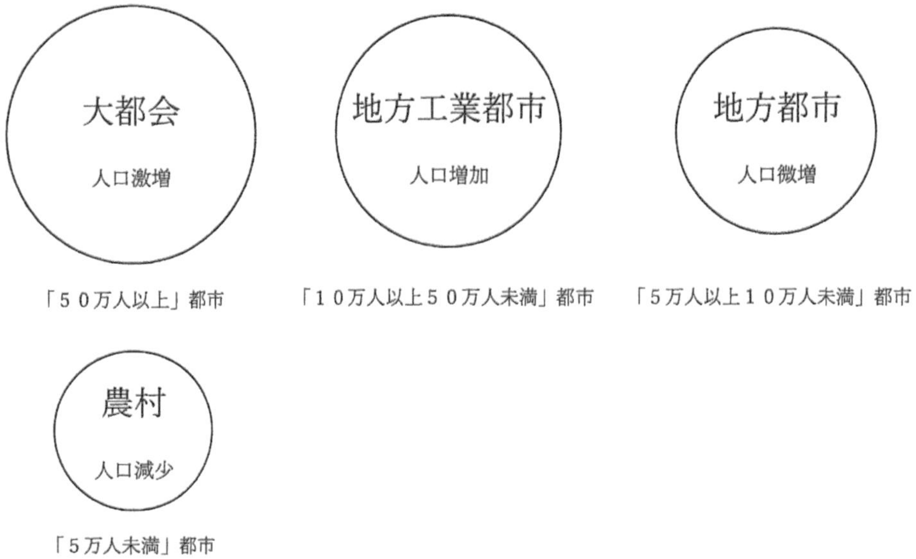

問題４　ひろしさんは様々な地域を調べているうちに，全国に鉄道網《もう》が張り巡らされていることに気づきました。そして，中央官庁である国土交通省が「鉄道貨物輸送」の利用促進《そくしん》をはかっていることを知りました。ひろしさんが作成した次の**資料10**を読み，「温暖《おんだん》化《か》」という言葉を使ってその理由を説明しなさい。

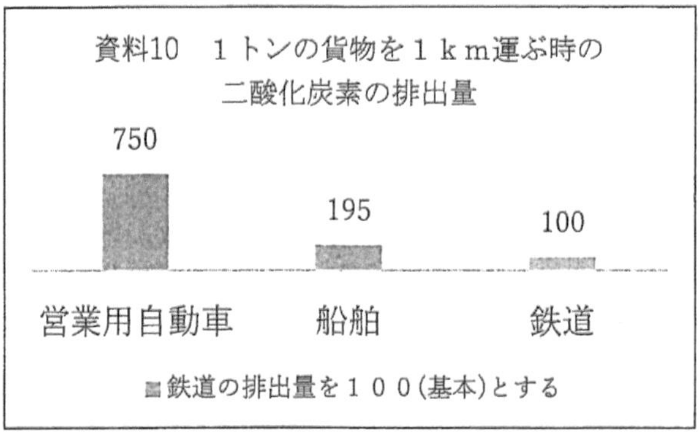

資料10　１トンの貨物を１ｋｍ運ぶ時の二酸化炭素の排出量

【適性検査Ⅱ】（50分）〈満点：100点〉

[1] けんたさんの自転車は３段ギアです。ペダルについている歯車には30枚の歯が付いています。駆動輪《くどうりん》（後ろのタイヤ部分）についているギアの歯車は１段ギアが60枚です。２段ギアの歯車の歯は１段ギアの歯車の歯の５分の４しかなく，３段ギアの歯車の歯は１段ギアの歯車の歯の３分の２しかありません。この自転車は，ペダルの歯車と駆動輪の歯車はすべることがないチェーンでつながっています。また，ペダルをこぐ際にはペダルも駆動輪も空転しないものとし，進行方向への回転しかさせないものとします。

けんたさんとゆうかさんはこの自転車について話しています。

けんた：ぼくの自転車は３段ギアなんだ。
ゆうか：へー，すごいね。
けんた：いいでしょ。
ゆうか：ねぇねぇ，１段ギアと３段ギアだとどっちが速く走れるの。
けんた：１段ギアは軽くこげるけどいっぱいこがないとスピードでないんだよね。３段ギアは重いんだけど，スピードが出る。だから３段ギアの方が速いってことかな。
ゆうか：ふうん，そうなんだ。じゃあ，１段ギアでペダルを６回転させると，後ろのタイヤは何回転するの。
けんた：[ア]回転するよ。
ゆうか：それじゃ，１段ギアで後ろのタイヤを４回転させるためにはペダルを[イ]回転させる必要があるんだね。
けんた：うん，そうなるね。
ゆうか：そうすると，２段ギアで後ろのタイヤを20回転させるだけペダルを回転させるのと同じだけのペダル回転で３段ギアを使うと後ろのタイヤは[ウ]回転するわけだから３段ギアはそうとう速いね。
けんた：でも大変だよ，こぐのは。
ゆうか：確かに。

問題１　会話文中の[ア]～[ウ]にあてはまる数を書きなさい。

[2] 10から99までの２けたの数字が１つずつ書かれたカードを各自が持っていて，以下のルールに従ってゲームをします。

> ルール
> １．各自のカードから順に１枚を出し合い，１番大きい数字を出した人が出されたすべての数字の最大公約数を得点として得ます。
> ２．出された数字がすべて同じ場合の得点は，全員が０点です。
> ３．一度自分が出したカードは手元のカードに戻《もど》し，次回も使います。
> ４．繰り返し何回戦か行い，得点の合計が上回った人を勝ちとします。

たとえば，Ａさんが10のカードを，Ｂさんが12のカードを出したとき，大きい数字の12を出したＢさんが10と12の最大公約数の２を得点として得ます。

けんたさんとゆうかさんの２人がこのゲームをやっています。

けんた：１人分のカードだけでこんなに枚数があるんだ。いったい何枚あるんだろう。

ゆうか：カードに書かれた数字は 10 から 99 までだから，全部で［ア］枚あるよ。

問題１　会話文中の［ア］にあてはまる数を書きなさい。

けんた：まず２人で２回戦のゲームをやってみよう。私のカードの数は 24 だ。

ゆうか：私のカードには 56 と書かれているから，私の勝ちで，得点は［イ］点ね。

問題２　会話文中の［イ］にあてはまる数を書きなさい。

けんた：よし，次は負けないよ。

（ここで相手がカードを出す前に，けんたさんは自分のカードの数字をこっそり見ました）

けんた：あ，私の数は 49 だ。これじゃあ君がどんな数字を出しても，逆転勝ちすることは無理だ。だって［ウ］

問題３　けんたさんがこう考えた理由［ウ］を言葉や数，式などを使って説明しなさい。

［3］ 次の会話文を読んで後の問いに答えなさい。

ひなみ：今日は南の空に半月が見えるよ。

かずお：あれは上弦《じょうげん》の月だね。月の右半面が太陽の光で照《て》らされているからあの形になるんだよ。

ひなみ：月は自分で光を出していないの？

かずお：そうだよ。月は自分では光を出さず，太陽の光を反射してかがやいているんだよ。

ひなみ：そうなんだね。じゃあ，月の形が日によって変わるのは何でなのかな？

かずお：月と太陽の位置関係が変わるからだよ。太陽の光の当たり方が変わるから月の形もそれに合わせて変化するんだ。

ひなみ：そうなんだ。面白いね。もっと詳《くわ》しく調べてみたいな。

かずお：じゃあ，次のような月と太陽の位置関係を表した図を使って月の形の変化について考えてみようか。

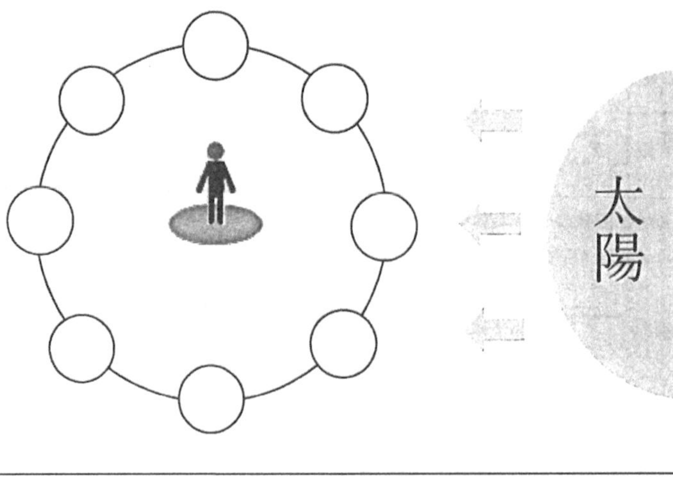

問題1　同じ時刻《じこく》の太陽の位置はほぼ変わらないが，月の位置は日によって変わり，月の形も変わって見える。この日から３日後の同じ時刻には，月はどの場所にどのような形で見えるかを解答用紙の図に答えなさい。なお，今日の月は図に示してある。

問題2　与謝蕪村《よさぶそん》の俳句《はいく》に「菜の花や　月は東に　日は西に」がある。この俳句がよまれた時間帯は，朝，昼，夕方のいつか答えなさい。また，月はどのような形をしていたと考えられるか答えなさい。

4　次の会話文を読んで後の問いに答えなさい。

先　生：それでは理科の授業を始めましょうか。
のぼる：よろしくお願いします。教室から理科室まで，階段をのぼってきたからいつもより少しだけ心臓のはく動が速くなっています。そういえば，心臓のはく動数と手首の脈はく数は同じですか？
先　生：ほとんど同じです。心臓は血管の中の血液を全身にじゅんかんさせる役割を持っており，心臓がはく動すると血液の流れが手首に伝わり血管が動きます。これを脈はくと言います。血管は，太いものから細いものまであり，酸素や養分などを運ぶために，体のすみずみまであみの目のようにはりめぐらされています。
のぼる：血管がはりめぐらされている様子を見るためにはどうしたら良いですか？
先　生：色々な方法があります。例えば，ウサギの耳に後ろから光を当ててみると血管がはりめぐらされている様子がわかります。他にも，メダカのおびれをけんび鏡で観察する方法もあります。
のぼる：そうなんですね。理科室で飼育《しいく》しているメダカを使えば観察ができそうですね。
先　生：そうですね。観察してみましょうか。

問題1　その後，先生とのぼる君はけんび鏡を使って，メダカのおびれの血管を観察しました。この観察では，メダカを直接観察するのではなく，水が入った小袋に入れて観察しました。その理由をメダカが体内に酸素を取り込む方法と関連させて答えなさい。

問題2　次の日，のぼるくんは自分が「吸う空気」と「はいた空気」の酸素と二酸化炭素の割合を気体《きたい》検知管《けんちかん》を使って測定《そくてい》しました。のぼるくんは，右の表のような結果になると予想しましたが，「はいた空気」の実験結果が異なりました。のぼるくんはなぜこのように予想したと思いますか。また，実際の「はいた空気」の結果はどのようになると思いますか。

	酸素	二酸化炭素
吸う空気	21%	0.03%
はいた空気	0%	21%

5 牛男と洋子は図１のような，新品のかん電池とどう線，モーターで動く車を作ろうとしています。

牛男：モーターで動く車ができた。ちゃんと動いているよ。
洋子：本当だわ。でも，まえに動いてほしいのに，後ろに動いているわ。
牛男：本当だ。よし，まえに動くように直そう。

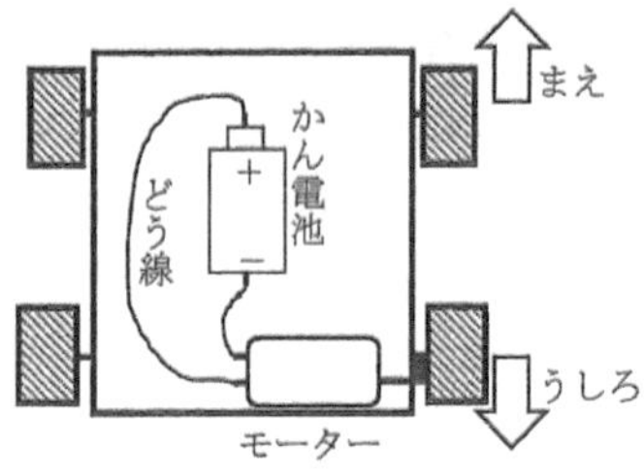

図１

問題１ 牛男と洋子は，車が後ろに動いていることに気がつき，モーターの回転の向きを直しました。どのような方法で直したのでしょうか。その方法を説明しなさい。

洋子：まえに動くようになったわ。でも動く速さがゆっくりね。
牛男：そうだね。速く動かすのに，同じ新品のかん電池を２こ使おう。どう線はたくさんあるから，どう線とかん電池２個を使って組み立てて作ってみよう。……できた。
洋子：あ，また後ろに動いてしまったわ。でも，かん電池を１個つないだときと，速さが変わっていないようね。
牛男：本当だ。①このつなぎ方だと，かん電池を１個つないでも，２個つないでも，流れる電流は変わらないのか。

問題２ 下線部①で牛男が組み立てた，かん電池２個と導線のつなぎ方を，解答用紙に書きなさい。ただし，導線は何本書いてもよい。また，解答用紙の車は，書き込みやすいようにやや大きめに表示してあるが，図１と同じかん電池である。

洋子：速くならなかったけど，このままかん電池を２個使いましょうよ。
牛男：今思ったんだけど，この車，スイッチがなくて不便だね。スイッチを作りたいな。
洋子：いいわね。どうせなら②スイッチを２個つくって，どちらか一方のスイッチを入れたときに，後ろ向きにもっと速く動くことができるつなぎ方にしましょう。

問題３ 洋子が言った下線部②のつなぎ方を，解答用紙に書き込みなさい。ただし，どう線は何本書いてもよい。また，スイッチは解答用紙には右図のように表示してある。

スイッチ

洋子：実験室の引き出しで光電池をみつけたわ。かん電池のかわりにこれを使ってみましょうよ。
牛男：面白そう。じゃあ僕が組み立てるね。…これでよし。あ，走った！
洋子：これも速く走らせるためには，車のモーターに大きな電流を流すことができればよさそうね。
牛男：いちばん大きな電流を流すためには，光電池に光をどのように当てればよいのか。実験してみよう。

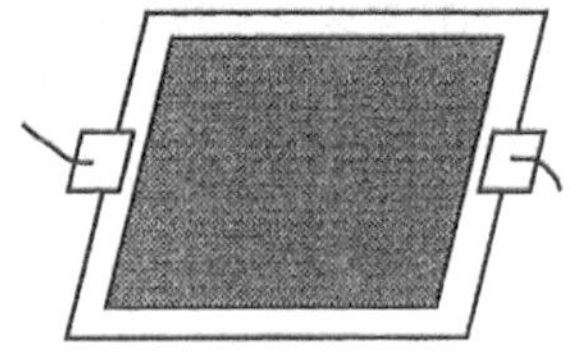
光電池

問題4　右の図２は，車に固定した台に光電池を取り付け，真正面から見た図である。光電池に対して光の当て方を変えた図のア～ウの中で，もっとも大きな電流を流すことができたのはどれですか。ア～ウの中から１つ選び，記号を答えなさい。

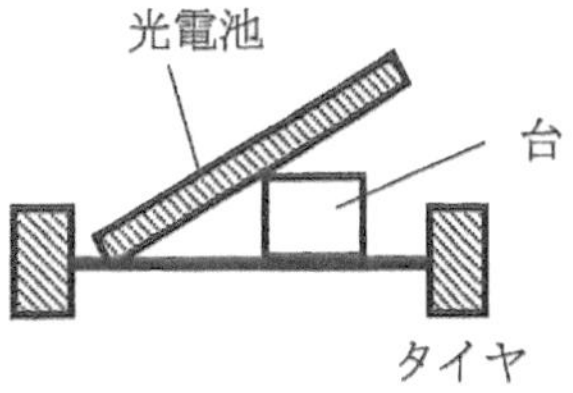

図２

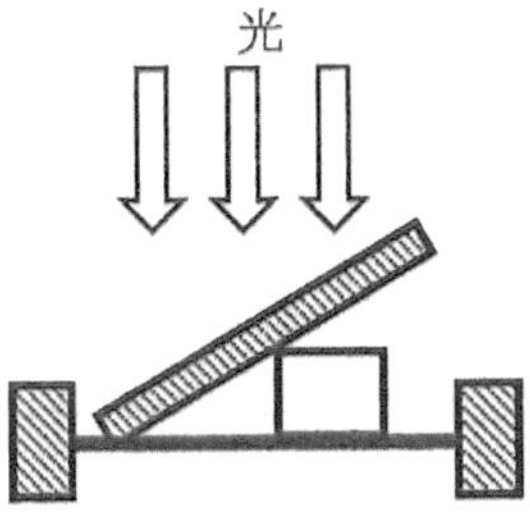

（ア）

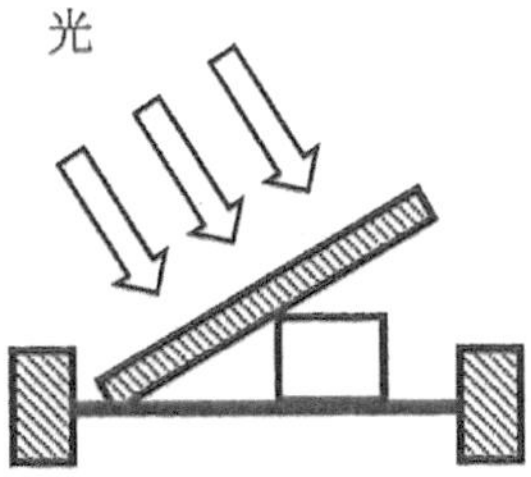

（イ）

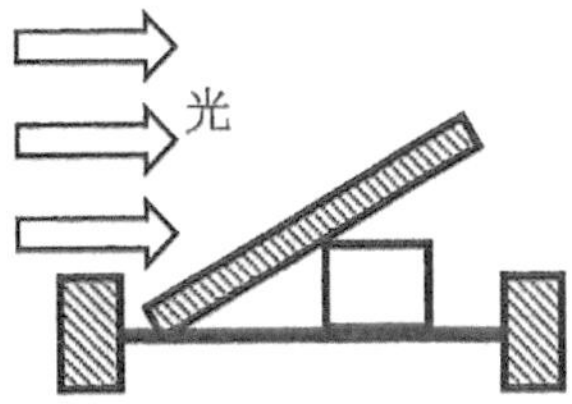

（ウ）

MEMO

大切なことはメモしておこうネ！

専願

2021年度

解　答　と　解　説

《2021年度の配点は解答欄に掲載してあります。》

＜算数解答＞

1　(1)　75　　(2)　1.5　　(3)　69.2　　(4)　22

2　(1)　2.4m　　(2)　5500円　　(3)　200円　　(4)　13歳　　(5)　82点

3　(AB：BC：CD＝)9：6：10　　4　395.64cm^3

5　(1)　75　　(2)　1：3　　(3)　32cm^2

6　(1)　ア　2　　イ　6　　ウ　3×3×7[3^2×7]　　エ　43　　オ　47

7　(1)　(乗用車)　120km　　(ワゴン車)　30km　　(2)　7時20分　　(3)　8時24分
　(4)　72km

8　(1)　29番目　　(2)　$\frac{5}{11}$　　(3)　$\frac{745}{22}$

○推定配点○

1　各3点×4　　他　各4点×22　　計100点

＜算数解説＞

1　(四則計算)

(1)　63＋12＝75

(2)　$\frac{11}{12}\times\frac{6}{5}+0.4=1.5$

(3)　3.46×(34－8－6)＝3.46×20＝69.2

(4)　$\frac{3}{\square}=\frac{5}{8}\times\frac{12}{55}=\frac{3}{22}$　　□＝22

2　(割合と比，2量の関係，年令算，消去算，平均算)

重要　(1)　$54-\left\{2.25\times20+(54-2.25\times20)\times\frac{11}{15}\right\}=54-(45+6.6)=2.4$(m)

基本　(2)　4000÷280×385＝38500÷7＝5500(円)

重要　(3)　1600×{(1＋0.25)×(1－0.1)－1}＝1600×0.125＝1600÷8＝200(円)

重要　(4)　兄の年令が□＋4，弟の年令が□，兄の年令の3倍が□×3＋4×3＝□×3＋12，弟の年令の2倍が□×2のとき，□×3＋12－□×2＝21，□＝21－12＝9である。したがって，兄は9＋4＝13(歳)

重要　(5)　3人の点数をそれぞれA～Cで表す。A＝B＋8，C＝A＋14＝B＋8＋14＝B＋22より，B＋B＋8＋B＋22＝B×3＋8＋22＝B×3＋30　　したがって，B×3＋30が84×3＝252(点)であり，Bは(252－30)÷3＝74(点)，Aは74＋8＝82(点)

重要　3　(割合と比，平面図形)

ACの長さを(3＋2)×3＝15にすると，CDの長さは15÷3×2＝10であり，AB：BC：CDは(3×3)：(2×3)：10＝9：6：10

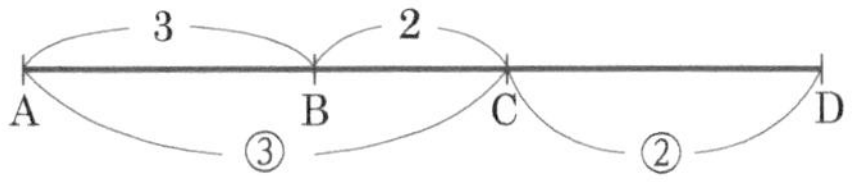

重要　4　(立体図形，平面図形，相似，割合と比)

次ページの図1において，直角三角形OABとOCDは相似であり，相似比が3：6＝1：2，小さい円錐部分と全体の円錐部分の体積比は1：8である。したがって，円錐台の体積は$6\times6\times3.14\times12\div3\div8\times(8-1)=126\times3.14=395.64$(cm^3)

図1

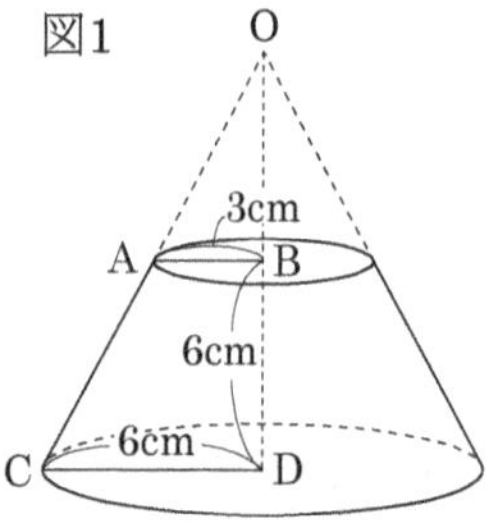

5 (平面図形，割合と比)

基本 (1) 図2において，平行線の錯角により，三角形BFAは二等辺三角形である。したがって，角アは$\{180-(90-60)\}\div2=75$(度)

重要 (2) AB，FL，NE，GM，DCは平行であり，BL：LC＝AF：FH＝1：3

(3) 図3において，直角三角形ABIは30度，60度の内角を含み，ABは$2\times2=4$(cm)である。したがって，(1)より，BCは$4\times2=8$(cm)，長方形ABCDは$4\times8=32$(cm^3)

図2

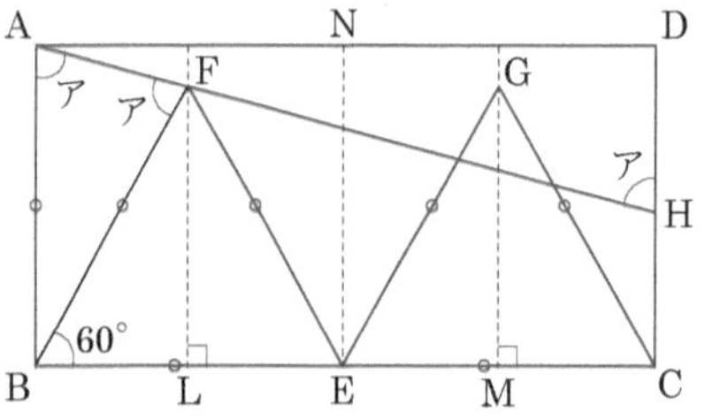

図3

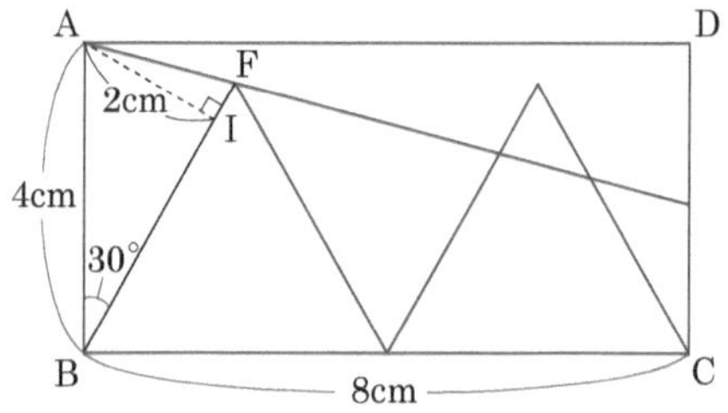

重要 6 (数の性質)

ア…一番小さい素数は2，1は素数ではない。

イ…$12=2\times2\times3$，2×2の約数は3個，3の約数は2個。したがって，12の約数は$3\times2=6$(個)

ウ…$63=3\times3\times7$または$3^2\times7$

エ×オ…$2021=43\times47$　　$40\times40=1600$，$50\times50=2500$より，40台の素数41，43，47の連続する2つの素数の積のうち，$2021=43\times47$があてはまる。

7 (速さの三公式と比，旅人算，グラフ，単位の換算)

基本 (1) 乗用車…グラフより，時速$120\div1=120$(km)

ワゴン車…グラフより，時速$120\div(10-6)=30$(km)

重要 (2) グラフにおいて，三角形ACDとEFDは相似であり，相似比は1：2である。したがって，Dの時刻は$7+(8-7)\div(1+2)\times1=7\frac{1}{3}$(時)すなわち7時20分

(3) グラフにおいて，三角形AMNとEFNは相似であり，相似比は3：2である。したがって，Nの時刻は$8+(9-8)\div(3+2)\times2=8\frac{2}{5}$(時)すなわち8時24分

(4) (3)より，Nの距離は$120\div(3+2)\times3=72$(km)

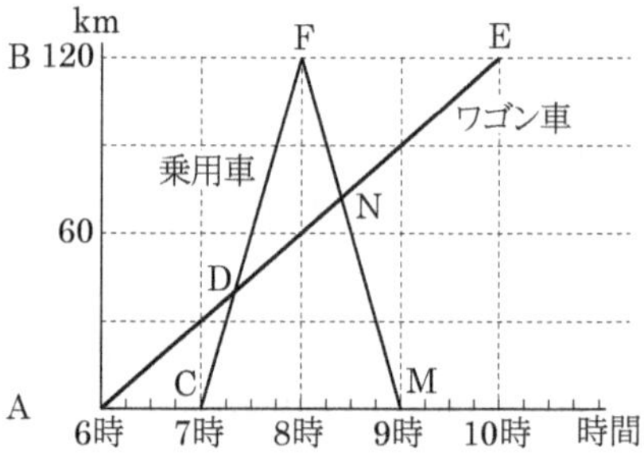

8 (数列・規則性)

重要 (1) 右表より，$\frac{7}{7}$は$1+2+3+\cdots+7=(1+7)\times7\div2=28$(番目)　したがって，$\frac{1}{8}$は29番目である。

(2) (1)より，55番目の分数は$\frac{10}{10}$　　したがって，60番目の分数は$60-55=5$より，$\frac{5}{11}$

$\frac{1}{1}$

$\frac{1}{2}$，$\frac{2}{2}$

$\frac{1}{3}$，$\frac{2}{3}$，$\frac{3}{3}$

やや難 (3) 右表より，各行の分数の和は$1+1.5+2+\cdots$と続き，10行目までの分数の和は$(10+1)\div2=5.5$である。したがって，(2)より，60番目の分数の和は$(1+5.5)\times10\div2+(1+5)\times5\div2\div11=32.5+\frac{15}{11}=33\frac{19}{22}$

★ワンポイントアドバイス★

4「円錐台」の体積は，相似な図形の体積比を利用すると便利であり，5「長方形と正三角形」は平行線の錯角により，二等辺三角形に注目する。7「旅人算」はグラフ上の相似を利用すると計算がらくであり，8「数列」は行列に並べる。

＜理科・社会解答＞

図1

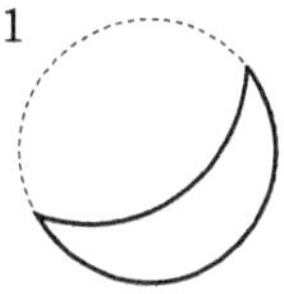

図2

1　A　問1　ウ　　問2　ア　　問3　(1)　ウ　　(2)　上方置換法
問4　①　力点　　②　作用点　　B　問1　ア　　問2　右図1
問3　右図2　　C　問1　(1)　ア　0.9g　　イ　99.1g　　(2)　赤血球
問2　①　肺　　②　じん臓

2　問1　糸の長さ　　問2　13.9　　問3　ア　　問4　おもりのおもさが大きくなると，ものを動かすはたらきが大きくなる。

3　A　問1　エ　　問2　エ　　問3　利益を目的とせず，社会に貢献するために国際的に活動している民間の団体　　問4　地球温暖化　　B　問1　(1)　豊臣秀吉　　(2)　平清盛　(3)　伊藤博文　　問2　人々のために橋や道，池や水路などを作りながら仏教を広めていた。　問3　日宋　　問4　(4)→(2)→(1)→(3)　　C　問1　エ　　問2　幕府の領地は江戸や大阪などの重要な都市の近くに多く，外様大名の領地は江戸や大阪などの都市から遠い場所が多い。　問3　琉球王国

4　問1　暖流と寒流の境目であり，様々な魚が集まるから。　問2　ア　奥羽(山脈)　イ　やませ　　問3　エ　　問4　地球温暖化[海面上昇]　　問5　X　IC工場
理由　空港へのアクセスが良く運送に適している。[市場へのアクセスが容易である。]
問6　ア　　問7　高台に家を建てれば子孫が残せる。[低いところに家を建ててはならない。]

○推定配点○

1　A　問1～問3　各2点×4　　問4　各3点×2　　B　各3点×3　　C　各3点×5
2　各3点×4
3　A問3・B問2・C問2　各3点×3　　他　各2点×10
4　問1・問5理由・問7　各3点×3　　他　各2点×6
計100点

＜理科・社会解説＞

重要　1　A　(小問集合)

問1　ア　冬はロシアや中国から冷たく乾いた風が吹くので，アは間違いである。　イ　関東地方の冬は，晴れて乾燥した日が多いので，イは間違いである。　ウ　日本海側では，冬に雪や雨が多く日照時間が少ない日が多いので，ウは正しい。　エ　北海道では，梅雨がみられないので，エは間違いである。

問2　ア　アブラナの仲間は春に花を咲かせ，夏には枯れてしまうので，アは正しい。　イ　サクラの木が落葉するのは秋から冬の間なので，イは間違いである。　ウ　スギやヒノキは2月下旬

から3月にかけて花粉を飛ばすので，ウは間違いである。　エ　ツルレイシやヘチマは種子で冬越しするので，エは間違いである。

問3　(1)　二酸化炭素は不燃性の気体なので，ウは間違いである。　(2)　アンモニアは空気より軽く，水に非常に溶けやすいので，上方置換法で集める。

問4　アは力点，イは作用点である。

B　(天体—地球と太陽・月)

重要　問1　9月なのでほぼ真東から日出日の入りをするので，アである。

基本　問2　夕方から2，3時間西の空に見えるのは，三日月である。沈む2，3時間前なので，三日月の光っている部分は下方向に光って見える。

重要　問3　月食は，太陽—地球—月の順に並んだ時に見られる現象である。

C　(生物—人体)

重要　問1　(1)　0.9％食塩水100g中に，食塩は100(g)×0.009＝0.9(g)，水は100(g)－0.9(g)＝99.1(g)含まれる。　(2)　血液中に最も多い，丸い形のものは赤血球である。

基本　問2　①　肺から心臓に戻る血管に流れる血液は含まれる酸素が最も多い。　②　じん臓から心臓に戻る血管に流れる血液は，血液中の不要物が最も少ない。

2　(力のはたらき—物体の運動)

重要　問1　ふりこの周期は糸の長さによって決まり，おもりの重さやふれはばは関係ない。

重要　問2　(13.6＋14.0＋14.1)÷3＝13.9

基本　問3　糸の長さが30cmのときも60cmのときも，おもりの高さが高くなるほど，木片が遠くまで動くので，アが正しい。

基本　問4　おもりの質量が大きくなるほど，木片が遠くまで動くことが実験3の表からわかる。

3　(日本の歴史・政治の総合問題)

A　問1　内閣は，参議院は解散することはできないので，エが誤りとなる。アは裁判所の違憲審査制，イは国会における弾劾裁判，ウは衆議院の内閣不信任決議，それぞれ重要なことである。

問2　最高裁判所長官は内閣指名であるから，エが誤りとなる。法律の制定，憲法改正発議，条約の承認は，いずれも国会の仕事として重要である。

重要　問3　貧困・飢餓や紛争，環境破壊や災害など世界で起こっているさまざまな課題に，政府や国際機関とは異なる「民間」の立場から，利益を目的とせず取り組む市民団体が，NGO(Non－Governmental Organization)である。

問4　地球温暖化防止のためには，その原因となっている二酸化炭素排出を抑制することが急務である。

B　問1　信長の後継者となった豊臣秀吉の代表的な政策は，「太閤検地」，「刀狩」，「朝鮮出兵」であることも覚えておくこと。平清盛は有力な武士団平氏の棟梁であり，武士としてはじめて太政大臣になったことも覚えておこう。伊藤博文はプロシア憲法(ドイツ憲法)を参考にして大日本帝国憲法をつくったことも覚えておこう。

基本　問2　行基は，一般の人々の間で布教し，人々とともに橋や用水路をつくった。また，聖武天皇の命を受け，大仏建立に尽力した。

基本　問3　平清盛は，中国の宋との貿易の利益に目をつけ，航路を整え，兵庫(神戸)の港を整備した。この日宋貿易は平氏政権の財源となった。

問4　(4)奈良時代→(2)平安時代→(1)安土桃山時代→(3)明治時代である。

C　問1　福沢諭吉は明治時代の文明開化期に活躍した。

問2　幕府は京都，大阪，奈良，長崎などの重要な都市や鉱山を直接支配し，領地である幕領は，その重要都市周辺に多かった。関ケ原の戦い以後に徳川氏に従った外様大名は，江戸や大阪から遠い場所に配置された。

問3　琉球王国は，現在の沖縄県にあたる場所に1429年(日本では室町時代)のころに誕生した。その後，東アジアや東南アジア重要拠点として発展したが，1609年には現在の鹿児島県を支配していた薩摩藩(島津家)が琉球王国を征服した。明治以後，1879年(明治12年)の沖縄県設置により琉球王国は廃止された。

4　(日本の地理―日本の国土と自然，農業，運輸・通信)

問1　図1の北上しているのは暖流の黒潮(日本海流)，南下しているのは寒流の親潮(千島海流)，この2つ海流が出会う境目には，海流と同じ方向に向かって泳いできた様々な魚が集まる。

問2　図2のアは東北地方の中央を南北にはしる奥羽山脈である。イは夏に，北東から太平洋岸にふくやませとよばれる冷たい風である。やませがふくと曇りの日が続き気温が低くなり，冷害を引き起こすことも多い。

や難　問3　りんごの生産量は1位青森，2位長野，3位山形，桃の生産量は1位山梨，2位福島，3位長野，ぶどうの生産量は，1位山梨，2位長野，3位山形である。それぞれ，ベスト3は覚えておこう。

問4　地球温暖化による海面上昇で，入り組んだ入り江に海水が流れ込み，リアス海岸が形成された。

問5　IC工場は，高価な製品を空港や市場に早く届けるため，高速道路のインターチェンジ付近や幹線道路沿いをはじめ交通網が充実している地域に多くつくられている。

重要　問6　東北地方には，様々な伝統工芸品をつくる産業がある。設問の表にある以外の有名なものに，会津塗(福島県)，山形仏壇(山形県)，鳴子漆器(宮城県)，岩屋堂たんす，秀衡塗，浄法寺塗(岩手県)，樺細工，秋田杉桶樽，川連漆器(秋田県)などがある。

や難　問7「高き住居は児孫の和楽」＝高台に家を建てれば子孫は安泰でいつまでも家が続く。「想へ惨禍の大津浪此処より下に家を建てるな」＝この石碑が立っている場所よりも低いところに家を建てれば大津波の被害を被るので建ててはいけない。石碑の言葉から，津波の教訓を後の世代に残そうとした宮古市民の想いがひしひしと伝わってくる。

★ワンポイントアドバイス★

3A問3　NGOは，市民の代弁者として社会にあるさまざまな課題を生み出す仕組みそのものを変える活動も行っている。3C問2　幕府は，藩の取りつぶしや領地がえを行う力を持っていた。

＜国語解答＞

【一】　問1　①　[主語]　教会が　[述語]　あります　②　[主語]　だれも　[述語]　知らなかった　③　[主語]　なし　[述語]　遊んだ　問2　①　成功すると　②　思いません　③　美しいなぁ　問3　①　エ　②　ア　③　イ　問4　合う

【二】　問1　a　帯　b　経　c　こころ　d　かんよ　e　期待　問2　シンボル　問3　朝は真っ青だった花の色が，夕方には赤紫色になっていること。　問4　ウ　問5　簡単　問6　結果　問7　代表　問8　花がしおれるまでの時間を調整　問9　(1)　ア　(2)　老化現象は抑えることができない　問10　イ　問11　イ問12 Ⅰ ア Ⅱ ウ 問13 エ 問14 親指と人差し指で強く押しつけた花びらの一部分 問15 透明 問16 (例) 日本は長寿の国と言われそれをほこっているのだから，寿命が延びることは良いことだとは思います。しかし，老化現象は抑えられず，ただ寿命が延びるだけなら私はそれを望みません。私が生まれる前からいたペットの犬が老すいで死にました。最期は目も見えなくなっていました。死んじゃいやと泣きましたが，見えない目で私を探す姿を見て，しっかり自分の寿命を生き，安らかになるのだと父に聞き，見送れたからです。

○推定配点○

【一】 各2点×10 【二】 問1・問12 各2点×7 問3・問8・問9(2)・問14 各4点×4 問16 20点 他 各3点×10 計 100点

＜国語解説＞

【一】 (文と分節，慣用句)

基本 問1 主語，述語の問題は述語から探すほうが効率的である。 ① 述語は「あります」。何があるのかと考えて，主語は「教会が」になる。 ② 述語は「知らなかった」。だれが知らなかったのかと考えて，主語は「だれも」である。 ③ 述語は「遊んだ」。だれが遊んだのかと考えると，この文では書かれていないので主語は「なし」となる。

問2 ① 「いつか」は「成功する」と思うのだ。 ② 「少しも」「思わない」と言いたいのである。 ③ 倒置法が使われている。本来の語順に並べ替え一例は「目の前に広がるこの大きな草原は美しいなぁ」となる。「草原は」「美しいなぁ」と感動しているということだ。

重要 問3 ① みんなで計画していたことでも社長一人の反対で中止になったという状況と考えられる。「多くの人の議論や意見をおさえつける、有力者・権威者の一言」のことを「鶴の一声」という。 ② 何度も伝えていたはずだという状況と考えらえる。「同じ言葉を何度も繰り返して言い聞かせるさま」という意味の言葉は「口が酸っぱくなる(ほど)」である。 ③ いよいよ実力を発揮する時がきたと意気込む状況と考えられる。「技能や力を発揮したくてじっとしていられないでいる」ことを「腕が鳴る」という。

問4 「馬が合う」で「気が合う，意気投合する」。「口に合う」で「飲食物が自分の好みに合っている」という意味になる。「息が合う」で「物事を行う調子や気分がぴったり合う」という意味になるので「合う」が共通してはいる言葉になる。

【二】 (説明文－細部の読み取り，指示語の問題，接続語の問題，空欄補充，ことばの意味，漢字の読み書き，記述力)

問1 a 「帯」は全10画の漢字。3画目は2・4画目よりやや長めに書く。 b 「経」は全11画の漢字。7画面始点と8画目の始点はつけない。 c 「試合」の「試」は音読み「シ」，訓読みで「こころ－み(る)」だ。 d 「与」は訓読みは「あた－える」で，音読みは「ヨ」である。 e 「待」は全9画の漢字。6画目は7画目よりやや長めに書く。

問2 「象徴」とは，具体的な事物によって理解しやすい形で表すことであり，その表現に用いられたものを「シンボル」という。

重要 問3 ――線2直前が「ここから」という指示語であることに着目する。事実上「ここ」を考える指示語の問題と言える。「朝は真っ青だった花の色が夕方には赤紫色になっていること」を不思議な現象としているのである。

問4 「ふさわしくないもの」という条件に注意する。ア，イ，エの選択肢の内容は文中で説明されている。ウについては,「酢は,酸性の……」で始まる段落にアルカリ性に対しての反応として,青色から緑色,黄色へと説明しているので「最終的に青」がふさわしくないと判断できる。

問5 「容易」とは,たやすいことという意味の言葉なので「簡単」が類義語である。「平易」でも得点できるかもしれない。

問6 「原因」の対義語は「結果」。

問7 アサガオにはいろいろな種類があるが,研究対象としては,全体を代表するのにふさわしい典型的な「ムラサキ」を用いたということなので「代表」を入れる。

や難 問8 「この遺伝子」が指し示している内容は,直前にある,「はかなく短い寿命を決めている遺伝子」だ。しかし,設問は,どういう遺伝子かではなく,「はたらき」を問いにしていることに注意する必要がある。「はたらき」については,――線6直後に「花がしおれるまでの時間を調整」と挙げて,それを「この遺伝子がはたらくと」とあるので,この部分を抜き出す。

重要 問9 (1) ――線7をふくむ段落の最終文に「寿命は延びても,花の老化現象は抑えられない」とある。――線7直前にも,「花の寿命は延びても」とある。このことから考えると,寿命は延ばすことができても,老化することは止められなかったということだ。「止められない」というだけで速くなったり,ゆっくりになったわけではない。通常通りの老化ということなのでアである。

(2) (1)で考えたように,速くなったりゆっくりになったりするのではなく「止められない」だけということなので「老化現象は抑えることができない」を書き抜くことになる。

問10 アの「鑑賞」は芸術作品を楽しむという場合の表記だ。花を見て楽しむなどの「カンショウ」は,イの「観賞」である。

問11 「暗示」は,「暗に示す」なので,上の漢字が下の漢字を修飾する組み立てである。イの「激しく減る」が同じ組み立ての熟語である。

基本 問12 Ⅰ 前部分は白い色は溶け出さないという内容で,後部分は,白い色は得られないだ。溶け出さないから得られないということだから「だから」である。 Ⅱ 前部分は,海や湖の波は真っ白に見えると述べている。後部分は,すくってみても白くはないというのだから「ところが」が入る。

問13 「ふさわしくないもの」という条件に注意する。線10の「泡」は,液体が空気を包んでできた小さい玉のことで,いわゆる「あぶく」だ。エ以外の「泡」はそのような「あぶく」のことだが,エの「ぬれ手であわ」の「あわ」は漢字表記すると「粟」で穀物だ。

問14 一番短く答えるなら「押しつけた部分」ということになる。この中心になる解答部分に何を押しつけたのかを加えて解答にしよう。

問15 「ところが,白い花……」で始まる段落からは,白の花からは白い色水ができないという話題が最後まで続いている。その理由を説明するために,花以外の例として,海や湖,滝やビールを挙げ,白く見えても,泡がつぶれる,あるいは,追い出すと,無力透明になることを説明している。白い花を指で押しつけると,泡がつぶれ,その部分は「透明」になるのだ。

や難 問16 人間の寿命を延ばすことについてどう思うかということなので,どのように思うかについてで得点の高い低いはない。解答例では,本文の「老化現象は抑えられない」という部分も利用して,単に寿命を延ばすだけということは望まないという趣旨にしたが,もちろん,長生きができるようになるのは大変良いことだという趣旨でも,反対だという内容でもかまわない。大切なのは,どのように思うにしても,ただただ,賛成だ賛成だ。あるいは,反対だ反対だと考えを繰り返しているだけの内容にならないようにすることだ。それには,なぜそう思うのかという理由が加えられていることが重要になる。

★ワンポイントアドバイス★

知識問題は必ずおさえておこう。文の成分，ことわざ・慣用句などをしっかり身につける学習をしよう。

第1回一般

2021年度

解 答 と 解 説

《2021年度の配点は解答欄に掲載してあります。》

＜算数解答＞

1 (1) 25 (2) $\frac{8}{3}$ (3) 5.32 (4) 5

2 (1) 3.8L (2) 252個 (3) 144円 (4) 66個 (5) 12日

3 (AB:BC:CD＝)21：15：28 4 37° 5 3.14cm^2 6 30cm^3

7 (1) Pさん1分間 80m Qさん1分間 50m (2) 4人 (3) 5人以上

8 (1) ア 41 イ 42 ウ 24 エ 25 オ 26 カ 13 キ 14
ク 15 ケ 16 コ 17 (2) 33個

9 (1) 5人 (2) 20人 (3) 13人

○推定配点○

3～6 各5点×4 他 各4点×20(8(1)ア～イ，ウ～オ，カ～コ各完答)

計100点

＜算数解説＞

1 (四則計算)

(1) $42-16-1=25$

(2) $\frac{14}{15}\times\frac{5}{4}+\frac{9}{6}=\frac{8}{3}$

(3) $1.52\times(4.1+1-1.6)=1.52\times3.5=5.32$

(4) $\frac{16}{\square}=\frac{64}{15}\times\frac{3}{4}=\frac{16}{5}$ $\square=5$

2 (割合と比，2量の関係，鶴亀算，倍数算)

重要 (1) $40-\left\{\frac{21}{3}\times15+\left(40-\frac{21}{3}\times15\right)\times\frac{6}{25}\right\}=40-\left(35+5\times\frac{6}{25}\right)=3.8$(L)

基本 (2) $180\div2500\times3500=36\times7=252$(個)

重要 (3) $1200\times\{(1+0.4)\times(1-0.2)-1\}=12\times12=144$(円)

基本 (4) $(80+4)\div(1+5)\times5-4=66$(個)

重要 (5) $(240-6\times30)\div(11-6)=12$(日)

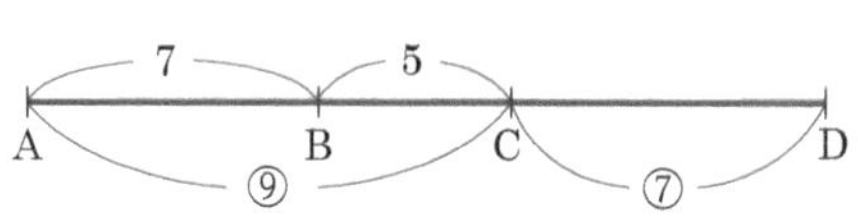

重要 3 (割合と比)

右上図のように，ACを7＋5＝12，9の最小公倍数36にすると
ABは36÷(7＋5)×7＝21，BCは36－21＝15，CDは36÷9×7
＝28 したがって，21：15：28

図1

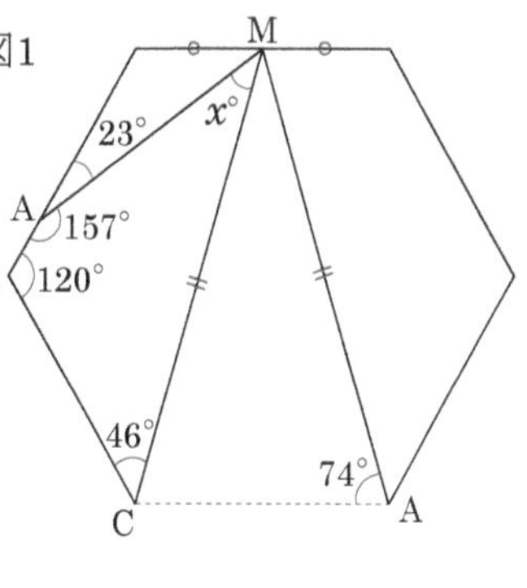

重要 4 (平面図形)

図1において，xは360－(180－23＋120＋120－74)＝360－(420－97)＝37(度)

やや難 5 (平面図形)

次ページの図2において，半径×半径の面積は4×4÷2＝8

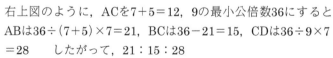

(cm^2)に等しく，求める面積は8×3.14÷8＝3.14(cm^2)

図2

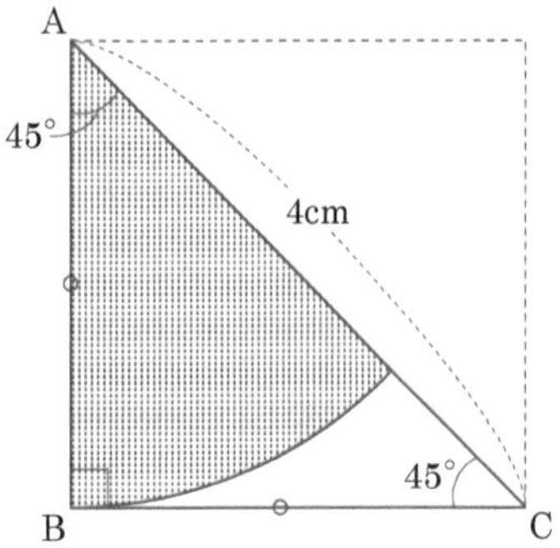

基本 **6** (立体図形)

2×5×3＝30(cm^3)

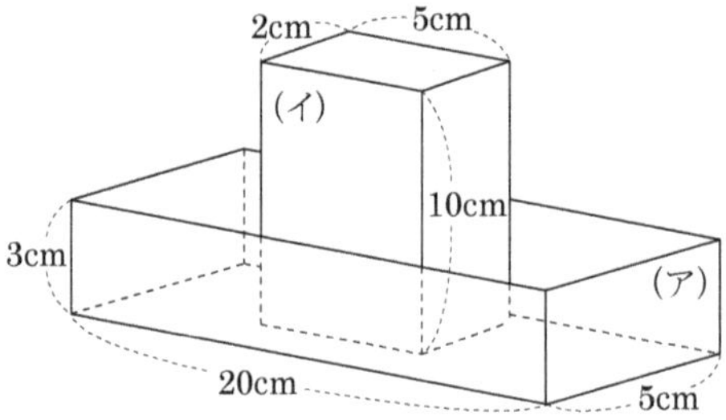

7 (速さの三公式と比，2量の関係，単位の換算)

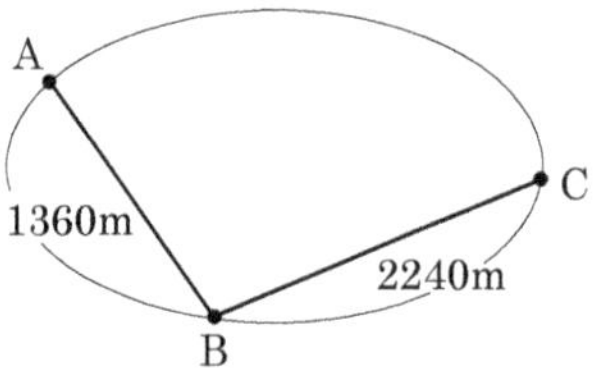

基本 (1)　Pさん…(1360＋2240)÷45＝3600÷45＝80(m)
Qさん…80÷72×45＝50(m)

重要 (2)　Pさん…BC間の分速は2240÷$46\frac{2}{3}$＝48(m)，(80−48)÷80＝0.4　したがって，0.4÷0.1＝4(人)乗った。

やや難 (3)　(1)より，PさんのボートはB地点を出発するまでに1360÷80＋3＝20(分)かかる。したがって，Qさんのボートより遅く着く場合，{80−2240÷(72−20)}÷80÷0.1＝$4\frac{8}{13}$(人)　すなわち5人以上，乗せることになる。

8 (数の性質)

重要 (1)　ア，イ…□＋□＋1＝83より，□＝(83−1)÷2＝41　したがって，41，42
ウ，エ，オ…□−1＋□＋□＋1＝□×3＝75　□＝75÷3＝25　したがって，24，25，26
カ，キ，ク，ケ，コ…□−2＋□−1＋□＋□＋1＋□＋2＝□×5＝75　□＝75÷5＝15
したがって，13，14，15，16，17

やや難 (2)　1320＝11×5×3×8＝33×40より，33個の連続する整数の和の場合，最初の数は40−(33−1)÷2＝40−16＝24，33番目の数は40＋16＝56

9 (統計と表)

基本 (1)　右表より，A～Cを3つとも買ったのは5人

やや難 (2)　右表において，Aを買った個数より，AとBを2つ買った人は49−(5＋12＋24)＝8(人)　したがって，AとCを2つ買った人とAとBを2つ買った人の合計は12＋8＝20(人)

(3)　右表において，Bを買った個数と(2)より，(ア)の人数は61−(5＋8＋35)＝13(人)
【別解】37−(5＋12＋15−8)＝13(人)

	A100円	B150円	C250円	
5人	○	○	○	…500円
ア人	×	○	○	…400円
12人	○	×	○	…350円
15人<	○	○	×	…250円
	×	×	○	…250円
35人	×	○	×	…150円
24人	○	×	×	…100円
	⋮	⋮	⋮	
	49個	61個	37個	

★ワンポイントアドバイス★

5「半径×半径」の面積を直接，計算することができないので「正方形」の面積を利用する。7(3)「Pさんのボートの人数」は問題をよく読めば難しくなく，8(2)は「素数の積」を，9(2)・(3)は表1・2をまとめた「表」を利用する。

<理科・社会解答>

図1
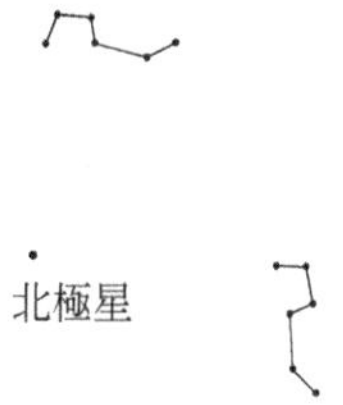

1　A　問1　イ　　問2　イ　　問3　図1　　問4　水のはたらきで海岸まで川を流されているうちに角が削れて丸くなった。
B　問1　1.5A[1500mA]　　問2　(1)　直列つなぎ　　(2)　図2
問3　図3　　C　問1　ア　酸性　　イ　アルカリ性　　問2　ウ
問3　(名称)　塩酸　　(起こる変化)　気体[水素]が発生する

図2
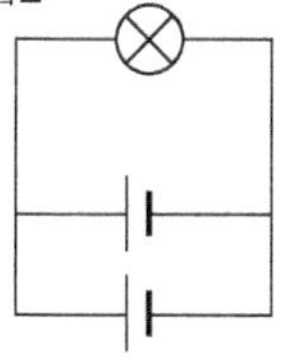

図3
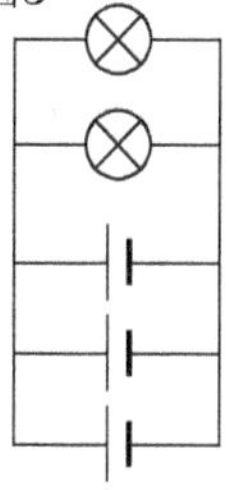

2　問1　ア　　問2　ミミズ，ダンゴムシなど　　問3　ア
問4　イ　　問5　腐った落ち葉から出てくる気体
問6　カブトムシは腐葉土から出てくる二酸化炭素を手掛かりとしてえさを見つけている。

3　A　問1　イ　　問2　戦争放棄[平和主義]　　問3　障害者や高齢者，異文化圏からの来訪者など，どのような人々でも，意味を理解し，施設を利用することのできるデザインのこと。　　問4　性別選択の権利，プライバシーの権利など　　問5　ウ　　問6　国際連合　　B　問1　イ　　問2　(1)　イ　　(2)　800m
(3)　①　果樹園　　②　発電所　　問3　冬，降水量が多く，信号機に積もり，折れないようにするため。　　問4　(1)　富山県，群馬県　　(2)　オ

4　問1　ウ→エ→イ→ア　　問2　島国であること[海に周囲を囲まれていること]　　問3　朝鮮
問4　ウ　　問5　徳川家康　　問6　第一次世界大戦　　問7　戦争には勝ったが，御家人に恩賞として分け与える領地は手に入らなかったため，御家人たちの幕府に対する不信感が高まり，衰退につながった。

○推定配点○

1　A　各3点×4　　B　問1・問2(2)　各3点×2　　問2(1)・問3　各2点×2　　C　各2点×5
2　各3点×6
3　A　問3　3点　　他　各2点×5　　B　問1・問2(1)・問4(2)　各3点×3　　他　各2点×6
4　問2・問7　各3点×2　　他　各2点×5　　計100点

<理科・社会解説>

1　A　(小問集合)

重要　問1　晴れの日は1日の気温差が大きい。

重要　問2　ア　酸素を受け取るのは肺なので，アは間違いである。　イ　小腸は，栄養分を吸収しているので，イは正しい。　ウ　尿を作るのはじん臓なので，ウは間違いである。　エ　肺は酸素を体内に取り入れ，二酸化炭素を体外に排出する器官なので，エは間違いである。また，呼吸に消化酵素はつかわれない。

基本　問3　星は同じ時刻で観察すると，北の空では1か月で30度反時計回りに移動するので，3か月後の夜9時の北斗七星は90度回転した場所にある。

重要　問4　角ばった上流の石は，川の水によって削られ下流に運ばれていくうちに，石どうしがぶつかったり，川底などで削られたりして，角が取れて丸くなる。よって，海岸の石は丸みを帯びている。

重要 B (電流－回路と電流)

問1 5Aの－端子とつながっているので，回路に流れる電流は1.5A(1500mA)である。

問2 (1)・(2) 図1と比べて豆電球を明るくするには，乾電池を直列につなげばよい。

問3 豆電球2個と乾電池3個を使って，図1と同じ豆電球の明るさにするには，豆電球も乾電池も並列につなげばよい。

重要 C (物質と変化―水溶液の性質・気体の発生)

問1 青色リトマス紙を赤くするのは酸性，赤色リトマス紙を青くするのはアルカリ性である。

問2 塩酸は酸性，食塩水は中性，アンモニア水はアルカリ性の水溶液である。

問3 塩酸は鉄と反応して水素を発生させる。

2 (実験・観察)

重要 問1 樹液は，光合成でつくった糖分などをふくむ液体であり，師管の中を流れる。

重要 問2 ミミズやダンゴムシなどの生物を分解者という。

やや難 問3 ア 体重が何倍になったのかの割合が大きいのは20日目から30日目なので，アは正しい。

イ 体重が増加した量が最も多いのは，40日目から50日目なので，イは間違いである。

ウ 体重が何倍になったのかの割合が大きいのは20日目から30日目なので，ウは間違いである。

エ 体重が増加した量が最も多いのは，40日目から50日目なので，エは間違いである

重要 問4 カブトムシは幼虫やさなぎのかたちで冬を越す。

基本 問5 実験2から，気体Aの方に多くのカブトムシが引き寄せられていることがわかる。よって，カブトムシの幼虫は腐った落ち葉から出される気体に引き寄せられることがわかる。

やや難 問6 実験3から腐った落ち葉から出てくる気体は二酸化炭素であることがわかる。また実験4は実験2と同じような結果になったので，カブトムシは二酸化炭素のあるほうに移動することがわかる。

3 (日本の地理・歴史・政治の総合問題)

A 問1 裁判官を裁く弾劾裁判所を設置できるのは国会であるので，イは誤りとなる。

基本 問2 日本国憲法の3つの原則は，国民主権，基本的人権の尊重，平和主義である。

問3 ユニバーサルデザインとは，年齢，性別，障害や能力の差，また国や文化，言語の差を問わず，だれでもわかりやすく，使いやすい物を作るためのデザインのことである。

問4 産業の高度化や科学技術の進歩とともに「新しい人権」が登場している。具体的な例として，環境権，知る権利，プライバシーの権利，自己決定権，性別選択の権利などがある。

問5 三権分立によれば，最高裁判所長官は内閣指名である。したがって，ウは誤りである。

問6 第一次世界大戦の反省から国際連盟が生まれた。しかし，国際連盟は，第二次世界大戦が起きるのを防ぐことができなかった。ふたたび戦争を起こさないように，1945年に国際連合憲章が採択され，国際連合が生まれた。このため，国連は，戦争を防ぎ，世界の平和を維持することを最大の目的としている。

B 問1 松本市は，海から遠いため雨や雪の量が少なく降水量が少なくなり，夏と冬，昼と夜の気温差が大きい内陸性の気候であり，イが該当する。

問2 (1) 図1において，松本城公園のすぐ東には市役所の地図記号がある。図2において，高田公園の周辺には市役所の地図記号は見当たらない。したがって，イが正解となる。アは，2つの城の濠は，すべてうめられていないので誤り。ウは，密集しているのは「神社」ではなく「寺」であるので誤り。エは，高田駅は私鉄の駅であるので誤りとなる。 (2) 2万5千分の1の地形図上の3.2㎝の実際の距離は，3.2×25000＝80000(cm)＝800(m)である。 (3) ①は果樹園，畑と間違わないようにしよう。②は発電所，工場と間違えないこと。

やや難 問3　高田市は，冬の海から蒸発した水分を多くふくむ北西の季節風が山地にぶつかり，たくさんの雪を降らせる日本海側の気候である。大雪に備えて，様々な工夫がみられるが，その1つが画像の信号機で，雪害で折れるのを防ぐため信号機に雪が積もらないように縦につくられている。

重要 問4　(1)　新潟県と長野県の両県に接しているのは富山県と群馬県である。地図帳で確認しておこう。

やや難 (2)　キャベツの生産量第4位は茨城県。レタスの生産量第1位は長野県，2位は茨城県，。ピーマンの生産量第1位は茨城県，西洋なしの生産量第3位は長野県，第4位は新潟県。すいかの生産量第4位は新潟県，となっている。茨城県は，他にはくさい，ねぎ，ほうれんそうなども全国有数の生産量をあげている。

4　(日本の歴史―原始時代から昭和時代)

問1　ウ：民撰議院設立の建白書(1874年明治時代)→エ：関東大震災(1923年大正時代)→イ：五・一五事件(1932年昭和時代)→ア：集団疎開(1941年～太平洋戦争中)である。

基本 問2　日本は日本列島及びその周辺の島で構成されている島国である。

問3　ヤマト政権は，4世紀に，百済や伽耶(任那)地域の国々と結んで，高句麗や新羅と戦ったことが，好太王(広開土王)碑に記されている。

問4　元寇は，文永の役(1274年)と弘安の役(1281年)の2度あった。その後，元のフビライは3度目の来襲を計画していたが，中止した。

問5　1603年，徳川家康は朝廷から征夷大将軍に任命され，江戸幕府を開いた。江戸幕府は，260年余りも続く戦乱のない平和な時代をつくりあげた。

重要 問6　1914年～1918年の第一次世界大戦のとき，日本では大正時代であった。

問7　元寇には勝ったが，外国との戦争だったので，幕府は土地を得たわけではなく恩賞として，御家人に与えるべき土地が与えられなかった。また，領地の分割相続により，御家人の生活はさらに苦しくなり，御家人たちの不満が幕府に向けられ，幕府衰退につながっていった。

★ワンポイントアドバイス★

3A問4　他に，現代の情報社会において，マスメディアに対して個人が意見発表の場を提供することを求めるアクセス権などもある。4問3　この頃，朝鮮半島から渡来人が移り住み，須恵器，絹織物，漢字，儒教，仏教などを伝えた。

＜国語解答＞

【一】　問1　①　[主語]　学校が　[述語]　あります　②　[主語]　なし　[述語]　勉強するぞ　③　[主語]　ケーキは　[述語]　おいしい　問2　①　ある　②　住んでいたことを　③　飛んでいるね　問3　①　ウ　②　カ　③　オ
問4　つける

【二】　問1　a　冷蔵　b　輸送　c　供給　d　ふぜい　e　じょうじゅ　問2　高い精神性や豊かなイマジネーションを育む　問3　かつて腹ぺこに泣かされた欲深ウサギ
問4　Ⅰ　ア　Ⅱ　ウ　問5　ウ　問6　用のないものは収納し，実際に使う時だけ取り出してくること。　問7　ア　問8　エ　問9　イ　問10　あきれる
問11　ウ　問12　廃棄を運命 ～ されること　問13　エ　問14　エ
問15　(例)　筆者は，身の回りにできる限り不要なものを置かずに簡潔にし，置いたも

のを使い込みながら，その物の美しさを感じられることが，暮らしの豊かさだとしている。私は五年生の時，シャープペンシルにこり，安いものを見ればつい買ってしまっていた。そんな時，友人が何年間も使っていたペンがとうとうこわれた。書きやすくて好きだったのにと残念がる友人を見て，私は恥ずかしかった。たくさんペンはあるが心は豊かでなかったからだ。

○推定配点○

【一】　各2点×10　　【二】　問1　各2点×5　　問2・問3　各4点×2　　問6　6点
問15　20点　　他　各3点×12　　計100点

＜国語解説＞

【一】（文と分節，慣用句）

基本　問1　①　主語，述語問題は述語から考えたほうが効率的である。①の述語は「あります」。何が「ある」のかと考えると，主語は「学校が」となる。　②　述語は「勉強するぞ」である。だれが言っているのかと考えると，おそらく自分であると思われるが，この文にはそれがないので主語はなし。　③　述語は「おいしい」だ。何がおいしいのかと考え，主語は「ケーキは」である。

問2　例から考えると，どの語を修飾するかという設問であることがわかる。　①「部屋には」「ある」と続けられる。　②「ぼくが」「住んでいたことを」とつながり，それを彼女も忘れていたのである。　③　倒置法が使われている。本来の語順は「ああ，つばめが空高く飛んでいるね。」である。このことから「空高く」「飛んでいるね」とつながる。

重要　問3　①　得意になって喜んでいたということで「鬼の首を取ったよう」がふさわしい。　②　大騒ぎになったという意味になる言葉としては「蜂の巣をつついたよう」を使う。　③　その様子にぴったりとあてはまる，典型的であるという意味を表す言葉としては「絵に描いたよう」を使う。

問4　「けじめをつける」で，ものごとのけりをつけるという意味になる。「優劣をつける」で，どちらが優れているかおとっているかの判断をするという意味になる。「折り合いをつける」で，たがいにある程度ゆずり合って，どちらも納得できる点をみつけることという意味になるので，「つける」である。

【二】（論説文－細部の読み取り，空欄補充，接続語の問題，ことばの意味，反対語・同類後，漢字の読み書き，記述力）

問1　a　「蔵」は全15画の漢字。15画目の点を忘れずに書く。同音の「臓」と混同しないように気をつける。　b　「輸」は全16画の漢字。8・9画目はつける。　c　「供」は全8画の漢字。6画目は3画目より長く書く。　d　「ふうぜい」としないように気をつける。　e　「成」は音読み「セイ」だが，「成就」の場合は「ジョウ」である。

重要　問2　「高度成長の……」で始まる段落から，――線1のことの説明が始まっている。以前は多くの物を所有することで豊かさを感じていたことを説明した後，「最小限に始末した方が快適」と述べ，簡潔であると「高い精神性や豊かなイマジネーションを育む」としている。

問3　同じ内容を問われているのではない。「同じ内容を，比喩を用いて表現している部分」という条件に注意する。「飢餓」とは※2で説明されているように，「食べ物がなく，うえること」だ。つまり「腹ぺこ状態である。」このことから，「しかしながら，……」で始まる段落にある「かつて腹ぺこに泣かされた欲深ウサギ」という比喩が「戦後＝かつて」，「飢餓状態＝腹ぺこ」，「日本人＝欲深ウサギ」になる。

問4　Ⅰ　前部分は，快適さとは溢れかえるほどの物に囲まれることではない，としていて，後部分は，最小限の方が快適だと比較しているので「むしろ」が入る。　Ⅱ　前部分は過剰にある製品を見ると，物への渇望を経験した人にとっては頼もしい思いをする，ということで，後部分は，「過剰に買い込んでしまう」というのだから，前部分は理由となり「だから」を入れることになる。

問5　筆者は，簡潔さこそが重要という考えである。ごちゃごちゃと物が溢れていたら，「見られたものではない」という考えだ。「見るにたえない・見られたものではない」という意味の言葉は「目も当てられない」である。

やや難　問6　――線3直前が「それが」であることに着目する。「それが作法」ということなのだから，「それ」が指し示す内容が「作法」になる。「それ」が指し示す内容は，A直後の「洗練を～取り出してくる」というまでである。「作法」を問われているのだから，がい当部分から，「行うこと」と判断できる内容をまとめる。

問7　「両手にビスケットを持って」は，あり余るほどの物を抱え込んでいる人の比喩表現だ。その比喩表現を用いたまま，両手が空いているほうが行動が楽にできると言っている。たくさん物を持っていると喜んでいないで「冷静に」判断すると，身動きがとりやすいという長所があるということになる。

重要　問8　「ふさわしくないもの」という条件に注意する。どのような写真集であるのかは,「ピーター・メンツェルという……」で始まる段落で説明されている。筆者は，なくていいものをよくぞここまで取りそろえたと唖然としているのだから，「表情」が深く印象に残ったわけではないのでエがふさわしくない選択肢である。

問9　「多様」とは，いろいろと種類の違ったものがあることという意味である。対義語は，すべてを一様にそろえることという意味の「画一」だ。

問10　――線6直後から「唖然とした」理由が具体的に述べられている。この文の文末に「あきれた」とある。

問11　「生産」は上の漢字と下の漢字が同じような意味で組み合わさっている熟語である。ウの「身体」が「身」と「体」で同じような意味の組み立てだ。

問12　――線8の「もったいない」は，捨てることのみを対象にしてはいけないということだ。筆者の考え方は，「まずは～」で始まる文にあるように，「捨てることではなく」，「廃棄を～移されること」，つまり，捨てることを前提に生産されることだという主張である。

問13　問12で考えたように，筆者は捨てることを前提に生産することを「もったいない」としているのだ。捨てることを前提に生産することを「大量生産」と表現しているとすると，大量生産に批判的，選択肢で言えば「批評的」に見たほうがいいということになる。

問14　――線9冒頭の「これ」が指し示している内容は，良質な旅館が行っていること，そこから感じられる味わいということだ。これが，一般の住まいでも当てはまるということなのだから，良質な旅館が行っているやそこから感じられる感覚を読み取ればエということになる。

重要　問15　筆者は，不要な物を周囲に置かず簡潔な空間を美しいとし，必要な物をそばに置くことでその美しさを感じながら暮らすことが，たくさんの物をかかえこんでいることより「豊か」だと述べている。このような主張をまとめた上で，「あなたの考える『豊かさ』を具体的な例を挙げて」という条件に合わせて書き加える必要がある。

★ワンポイントアドバイス★

作文のような形の記述問題を苦手にしないように練習しよう。

適性検査型

2021年度

解　答　と　解　説

《2021年度の配点は解答欄に掲載してあります。》

＜適性検査問題Ⅰ解答＞

[1]　問題1　お金として機能するためには，誰から見ても価値のあるものと思われ，お金として皆が信用している必要がある。同時に小さくても持ち運びしやすいことも大切である。

問題2　明治の近代化のために，国づくりの基礎となる，生活に必要なものを整備した。同時に，国民の知識や教養を身につけるための教育も重視していた。そして，国民が政府に参加するしくみを導入しようとした。　問題3　日本の寿命の延長などによって，年金や医療などの社会保障費は毎年増えている。しかしながら，若者がどんどん少なくなっているため，社会保障の元手となる税金や保険料を払う人も減っている。　問題4　キャッシュレス化がすすむことによって，お金の支払いや管理が便利になる。いっぽうで，お金の使いすぎや，情報がもれてしまうなどの恐れも問題である。

[2]　問題1　(例)　(淑子さんは，原爆について)自分自身が被爆したおそろしさを語ることで，憎しみを伝えるのではなく，未来をになう子どもたちに平和の大切さを伝えていこうと思った(とぼくは考えます。)

問題2　(3パターンの組み合わせあり／別の組み合わせは不正解)

①　関心がある一つの目標　A　　関連付けられるもの　F

②　関心がある一つの目標　B　　関連付けられるもの　D

③　関心がある一つの目標　C　　関連付けられるもの　E

問題3　(例)　①　AとFの組み合わせ　人への心遣いとやさしさがあれば，だれでも積極的にユニセフ募金や赤い羽根募金などに取り組むことができると思います。また，困っている人を保護したり，水や食料を輸出したりすることも大切だと考えます。　②　BとDの組み合わせ　学校に行って勉強するには文房具やバッグが必要なので，自分たちが使わなくなったえんぴつや手さげ袋などをきふしたいと思います。道具がそろえば学校に行きやすくなり，読み書きできる人が増えると考えます。　③　CとEの組み合わせ　えんぴつや消しゴムなどを小さくなるまで使い切ることで，ゴミを減らし環境破壊を食い止めることができると思います。何気なく使っているものでもそれを作っている人がいることを忘れないことが大切です。

[3]　問題1　ア　　問題2　外国からのお客さんは山陽道を通って都へ向かうため，古代の日本はうまやを立派に整備し，道幅を広くすることで，国家の力を見せつけようとした。

問題3　高度経済成長によって，農業など第1次産業に関わる人口が減少する一方，第2次・第3次産業の成長によって，第2次・第3次産業にたずさわる人口が増加した。それによって，農村部から大都市にむけて大規模な人口移動が生じたから。　問題4　鉄道は二酸化炭素排出量が船や自動車と比べて少なく，温暖化防止につながるため。

○推定配点○

[1]・[3]　各8点×8　　[2]　問題2　6点(完答)　　他　各15点×2　　計100点

＜適性検査問題Ⅰ解説＞

1 問題1　資料1と資料2の小判や蟻鼻銭《ぎびせん》の写真からは，だれからみても価値があると思われるようなものであるという点や，小さくて持ち運びがしやすいという点が見てとれる。資料3からはお金が機能するにはその価値を多くの人が信用していることが必要ということが読み取れる。これらを参考に「お金」が機能し流通するための条件を自分の言葉でまとめる。

問題2　資料4からは福沢諭吉《ふくざわゆきち》が教育に力を入れていたこと，資料5からは渋沢《しぶさわ》栄一が鉄道やガス，学校などの生活に必要なものを整備したこと，資料6からは板垣退助《いたがきたいすけ》が国民の政治参加を主張していたことが読み取れる。以上の3点からどのような国づくりが目指されていたのかをまとめる。

重要

問題3　資料7からは税金や保険料が国によって医療《いりょう》や介護《かいご》，年金などの社会保障に用いられていることがわかる。資料8のグラフからは社会保障給付費が年々増加していることが，資料9の人口ピラミッドからは日本の少子高齢化が進んでいることが読み取れる。以上の資料から，社会保障費として必要な額は増加しているにもかかわらず，それをおぎなう若い世代の人口が減っていることが問題になっているといえる。

問題4　キャッシュレス化をすることによって，現金を持ち歩く必要がなくなり，お金の管理がしやすくなるというメリットがある。しかし，資料12のキャッシュレス化をしたくない理由にもあげられているようにお金を使いすぎてしまう恐れや個人情報が流出してしまう恐れがあることを問題視する意見も多い。

2 問題1　文章中に「淑《よし》子さんのこころから，憎しみが次第に消えていきました」とあることから，淑子さんの中で証言活動についての心境の変化があったことを書くのがふさわしい。淑子さんが語ることで子どもたちになにを伝えられるのかについて書けるとよい。

問題2　Fの1日約200円で生活している人が7億人以上いるという状況はすべての人が健康と福祉を保障されているとはいえないので，Aの目標3と関連している。Dの7億5000万人もの成人が読み書きできないという問題を解決するには教育を充実させることが必要なので，関連する目標はBである。Eの経済活動にともなう環境破壊を食い止めるには，地球の資源から何かをつくる側の責任や作られた商品やサービスを利用する消費者の責任も求められる。よって，この問題に関連する目標はCである。

問題3　Aのすべての人に健康と福祉をという目標を選んだ場合には，ユニセフ募金や赤い羽根募金に協力することなどが身近にできることとしてあげられる。Bの教育の充実に関しては，読み書きのできない人たちがなぜ学校にいけないのかという点に着目して考えられるとよい。Cの目標に関しては，どのような使い方をすれば責任のある消費者になれるのかを考える。

3 問題1　まず他のグラフと比べて，冬の降水量が圧倒的に多いエのグラフは日本海側に位置する金沢があてはまる。次に9月の降水量が他の月に比べて多くなっているウのグラフが，台風が通過することの多い太平洋側に位置する水戸であると考えられる。そしてアよりも最低気温の低いイが，岡山よりも高地に位置する長野にあてはまる。よって，アのグラフが岡山を示すと考えられる。

問題2　会話文や資料3からわかるように，山陽道は奈良の都と外交施設でもある大宰府《だざいふ》をつなぐ重要な道であった。外国からのお客さんは奈良の都まで行くのに長期間山陽道を利用するため，国家の力を見せつけるためにもうまやを立派に整備したり，道幅を広くする必要があったと考えられる。

問題3　資料7からは第1次産業にたずさわる人が年々減少し，第2次産業や第3次産業にたずさわる人が増えていることがわかる。「5万人未満」の農村部では農業の省力化がすすんで兼業《けんぎょう》農家も増えていることから，農村部から都市部へ人口が流出していることが読み取れる。

問題4　資料10から鉄道は自動車や船と比べて二酸化炭素の排出量が少ないことがわかる。二酸化炭素の排出量の増加は地球温暖《おんだん》化《か》の大きな原因の1つである。

★ワンポイントアドバイス★

いくつかの資料から情報を読み取って説明させる問題が多いので，資料や問題文をよく読んで，何を書けばいいのか情報を適切に抜き出して自分の言葉でまとめることに慣れておくとよい。字数制限がある問題に関しては十分に注意して必要なことだけを書くように心がけよう。

＜適性検査問題Ⅱ解答＞

1　問題1　ア　3　　イ　8　　ウ　24

2　問題1　ア　90　　問題2　イ　8

問題3　けんたさんが勝つためにはゆうかさんの出すカードの数字が48以下で，かつ49との最大公約数が8以上でなければならない。しかし，49の約数は1，7，49しかなく，けんたさんが勝つ条件を満たす数字はないから。

3　問題1　右図1　　問題2　右図2

図1

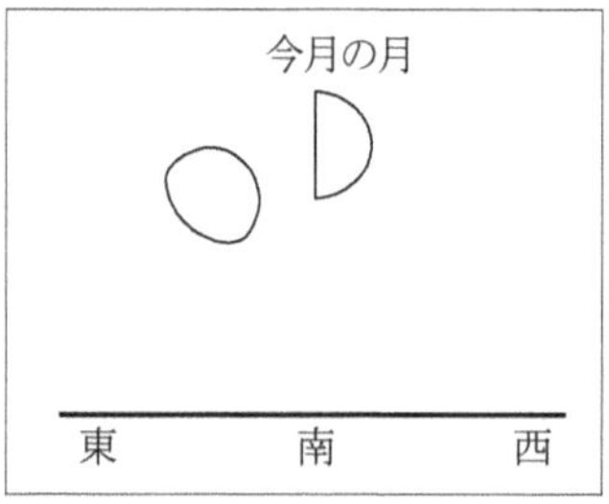

図2

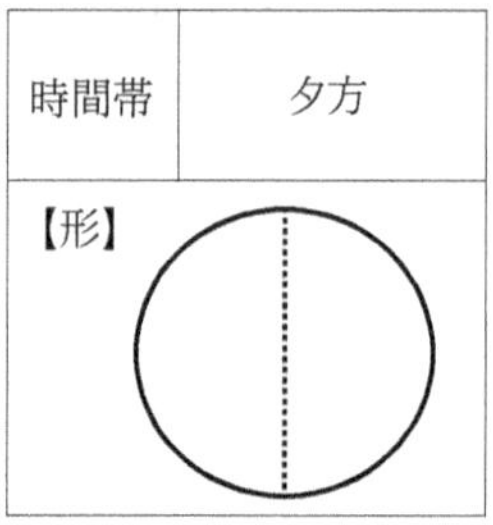

4　問題1　メダカはえら呼吸をするので，水が入った小袋にメダカを入れて観察すると，えら呼吸をしているときの血管の様子を観察することができるから。

問題2　【予想した理由】　呼吸によって体に酸素を取り入れて二酸化炭素を出すため，「はいた空気」の中には酸素は無くなっており，その分が二酸化炭素に代わっていると考えたため。　（別解）　吸った空気の中の酸素は，肺の血管を流れる血液中に取り入れられる。また，血液中の二酸化炭素ははく空気の中へ出される。このしくみによって，「はいた空気」の中には酸素は無くなっており，その分が二酸化炭素に代わっていると考えたため。

【実際の結果】　実際は，「はいた空気の中に酸素は17％も残っており，二酸化炭素は4％程度しか存在していない」　（別解）　実際は「はいた空気」の中にも酸素は減っているがかなり残っており，二酸化炭素は増えているが酸素ほど多くはない。

5　問題1　解答例(1)　かん電池の＋極と－極を反対につないだ。　解答例(2)　モーターを逆につないだ。

問題2　図3　　問題3　図4　　問題4　イ

図3

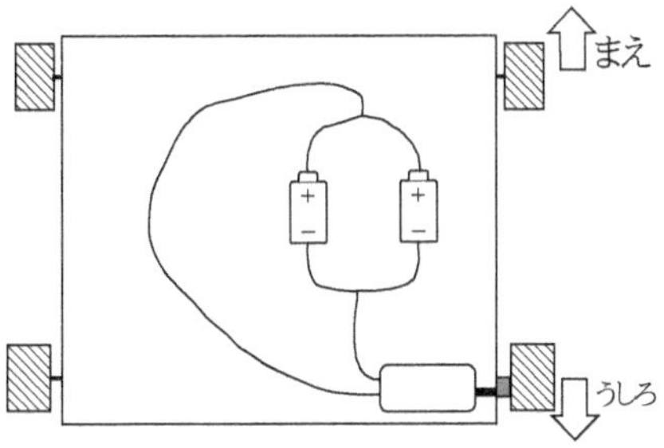

図4

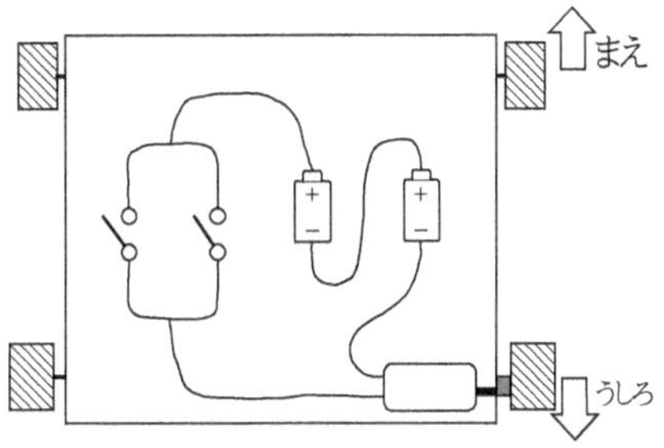

○推定配点○

[1] 各5点×3　[2] 問題3　8点　他　各6点×2　[3] 各10点×2

[4] 問題1　10点　問題2　15点　[5] 問題1・問題4　各4点×2　他　各6点×2

計100点

<適性検査問題Ⅱ解説>

重要 [1] 問題1　ア　ペダルについている歯車には30枚の歯がついているので，ペダルを6回転させると180枚の歯が駆動輪《くどうりん》の歯車とかみ合うことになる。1段ギアの歯車は60枚なので，180÷60＝3より，後ろのタイヤは3回転することになる。

イ　1段ギアで後ろのタイヤを4回転させるとき，駆動輪の歯車は240枚分ペダルの歯車とかみあうことになるので，240÷30＝8よりペダルを8回転させる必要がある。

ウ　2段ギアの歯車の枚数は1段ギアの5分の4より48枚。2段ギアで後ろのタイヤを20回転させるときにペダルとかみ合う歯車の枚数は，48×20＝960より，960枚である。3段ギアの歯車の歯の枚数は1段ギアの3分の2より40枚となるので，このときの後ろのタイヤの回転数は，960÷40＝24より24回転である。

[2] 問題1　10から99まで書かれたカードの合計枚数は90枚である

問題2　24の約数は1，2，3，4，6，8，12，24の8つである。また，56の約数は1，2，4，7，8，14，28，56の8つ。24と56の最大公約数は8である。

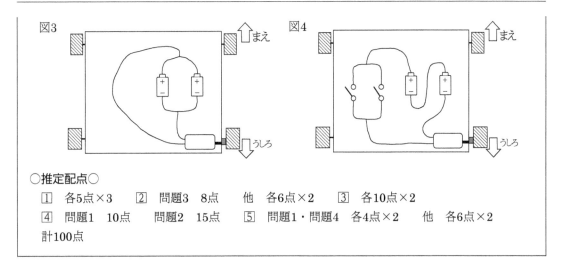

問題3　49の約数は1，7，49しかなく，もしゆうかさんのカードが48以下で49との公約数があったとしても，けんたさんは7点もしくは1点しか得ることができないので，8点のゆうかさんに逆転勝ちをすることはできない。

[3] 問題1　上弦《じょうげん》の月はおよそ1週間かけて満月になっていく。よって今日から3日後の月は半月と満月の中間のような形になると考えられる。日によって，同じ時刻《じこく》に見える月の方角が変わるのは，月が地球の周りを公転しているからである。同じ時刻の太陽の位置はほぼ変わらないが，月と地球の位置関係は変わるので3日後の月は今日の月よりも東よりの空に見える。

問題2　月も太陽もどちらも東の空からのぼって，西の空にしずんでいく。日が西にあるということからこの俳句《はいく》がよまれたのは夕方であると考えられる。月が東の空からのぼるときの形は満月である。

[4] 問題1　メダカを水が入った小袋に入れて観察する理由を，メダカが体内に酸素を取り込む方法と関連させて説明する。人間は肺で呼吸をしているが，メダカはえらを使って呼吸をしている。水が入った小袋に入れておくことで，メダカはえら呼吸をすることができ，えら呼吸をしているときの血管の様子を観察することができる。

問題2　のぼるくんははいた空気に中の酸素の割合は0%で，減少した分の21%が二酸化炭素の割合になると予想している。これは呼吸によって酸素をとり入れ，二酸化炭素を出すことから，減った分の酸素が二酸化炭素にかわっていると予想したからだと考えられる。実際の実験結果では，「はいた空気」の中の酸素は大きく減ってはいるものの残っており，二酸化炭素は増えるが，酸素より多くなることはない。

5 問題1　モーターの回転の向きを変えるには電流の流れる向きを変えればよいので，かん電池の極を入れ替えるか，モーターの向きを入れ替える。

問題2　2個のかん電池を並列につないだときの電流の大きさは，かん電池が1個のときと変わらない。車は後ろに動いたので＋極と－極の向きは図1と同じである。

問題3　かん電池2個を使ってもっと速く車を動かすには，2個のかん電池を直列につなぐ必要がある。スイッチ2個はどちらか一方のスイッチを入れたときに動くようにするので並列につなぐ。

問題4　光に対して垂直に光電池を取り付けたとき，もっとも大きな電流を流すことができるので(イ)を選ぶ。

★ワンポイントアドバイス★

穴埋め問題では問題文中に与えられた質問をよく読んで，正確に計算することが求められる。説明をする問題文では「なぜこのように考えられるのか」をしっかりと考えて自分の言葉でまとめよう。

2020年度

★★★★★★★★★★★★★★★★★★★★★★★★

入　試　問　題

2020年度

東洋大学附属牛久中学校入試問題(専願)

【算　数】（50分）　＜満点：100点＞

1　以下の問いの □ に当てはまる適切な数値を答えなさい。

(1)　$7+180\div20\times3=\square$

(2)　$\frac{21}{4}\div(1.5-0.8)+\frac{3}{2}=\square$

(3)　$19.4\times2.6+19.4\times1.7-19.4\times3.3=\square$

(4)　$4\frac{4}{9}\times\frac{3}{\square}=\frac{5}{6}$

(5)　8193÷133 を計算し，小数点第２位を四捨五入して小数第１位で答えると，□ である。

(6)　81.3kmの □ 割は32520mである。

2　以下の問いの □ に当てはまる適切な数値を答えなさい。

(1)　９mのテープがあります。75cmの長さで５本切り取って使い，さらに残りの$\frac{2}{3}$を使いました。使い切らなかったテープの長さは □ mです。

(2)　160本で280円のくぎがあります。このくぎを300本購入すると □ 円です。

(3)　ある部屋の中で６m^2のブルーシートを広げたところ，部屋の$\frac{3}{5}$の大きさでした。この部屋の大きさは □ m^2です。

(4)　500円で仕入れた品物に，仕入れ値の15％の利益を見込んで定価をつけました。６個売れた時の利益は □ 円です。

(5)　あめ玉が □ 個あります。このあめ玉を１人に８個ずつ配ると，１人に12個ずつ配るときよりも，6人多く配ることができます。ただし，配った時に余るあめ玉はないとします。

(6)　海辺のゴミ拾いを行いました。20個目を拾ったところでゴミ袋の重さを測ると6.4kgでした。そのゴミ袋から20個目のごみを取り出し，重さを測ると120ｇでした。20個目のごみを別のゴミ袋に入れさらに拾い続けました。20個目から30個目のごみの重さの平均は0.4kgでした。このとき，拾った30個のごみの重さの平均は □ ｇです。ただし，ゴミ袋の重さは考えません。

3　下の図のように，線分AD上に２点Ｂ，Ｃがあります。
線分の比が AB：BC＝７：３，AC：CD＝５：４ のとき，AB：BC：CD を求めなさい。

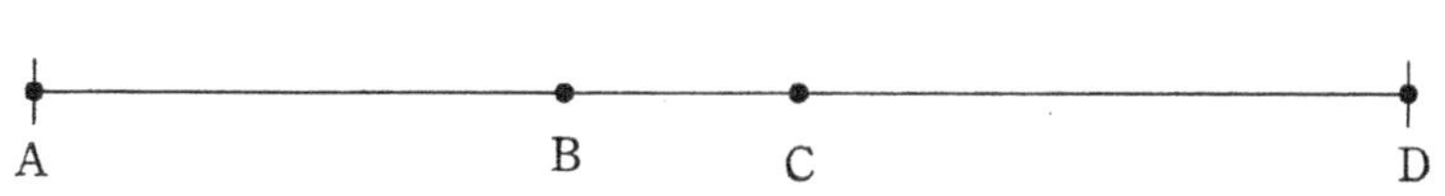

4　下の図において，三角形ABCは AB＝AC，三角形ACDは AC＝CD の二等辺三角形です。このとき，x の値を求めなさい。

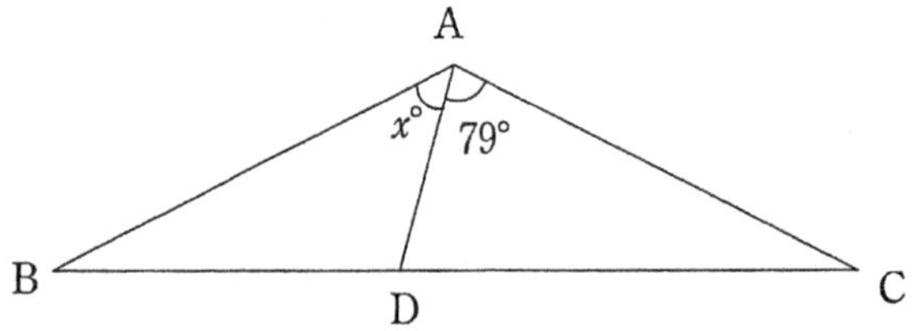

5　下の図は１辺の長さが20cmの正方形の中に同じ大きさの円を４つしきつめたものです。塗りつぶされた部分の面積の大きさを求めなさい。ただし，円周率は3.14とする。

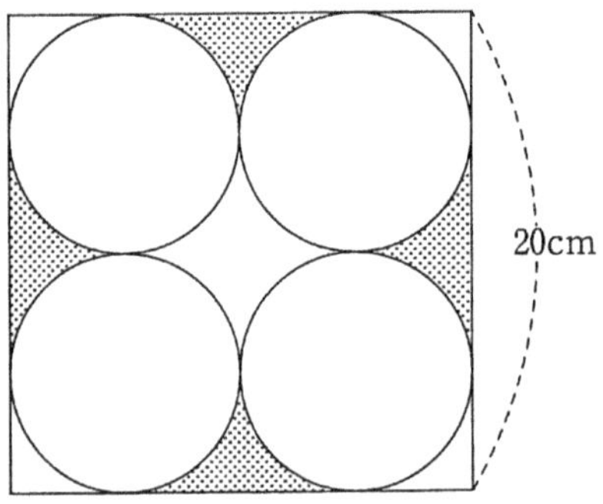

6　下の図はある立体の展開図です。これを組み立てたときにできる立体の体積は □ cm^3である。

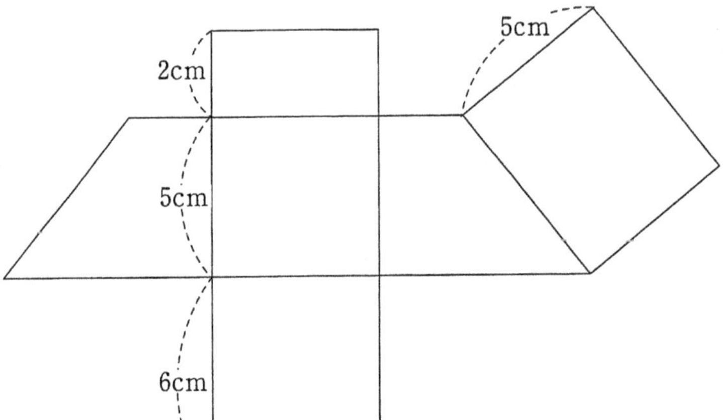

7　ヨシキさんとナオキさんが分数をみて会話をしています。以下の会話文を読み，［ア］に当てはまる式と［イ］に当てはまる値を答えなさい。

（会話文）

ヨシキさん「$\frac{1}{3}-\frac{1}{4}$ って，$\frac{4}{12}-\frac{3}{12}$ だから，$\frac{1}{12}$だよね。」

ナオキさん「そんなの当たり前だろ。なんでそんなこときくの。」

ヨシキさん「ということは，$\frac{1}{12}=\frac{1}{3}-\frac{1}{4}$ ってことでしょ。じつは，これを見てたら，通分しなくても計算できるんじゃないかなって思って。」

ナオキさん「どういうこと。」

ヨシキさん「この問題だよ。」

> 問題　次の式を計算しなさい。
>
> $$\frac{1}{12}+\frac{1}{20}+\frac{1}{30}+\frac{1}{42}$$

ナオキさん「なんか，通分が大変そうな問題だなぁ。」

ヨシキさん「$\frac{1}{12}$をみて，12って分母の3と4の積で，1って　4－3　でしょ。

だから $\frac{1}{12}=\frac{1}{3}-\frac{1}{4}$ なんだよ。ということは，$\frac{1}{20}$でも同じことが言えるんだよ。」

ナオキさん「20は　4×5　で，1は　5－4　ってことか。つまり，$\frac{1}{20}=$［　ア　］ってなるね。」

ヨシキさん「そう。だから，$\frac{1}{12}+\frac{1}{20}+\frac{1}{30}+\frac{1}{42}$ って計算が簡単にできるんだよ。」

ナオキさん「ほんとだ。答えは，［イ］だね。」

8　A君とB君は9：00に公園に集合して遊ぶ約束をしました。A君，B君，公園の位置関係は下の図の通りです。また，A君，B君はともに自転車で移動をします。A君は1時間に12km進む速さで移動します。

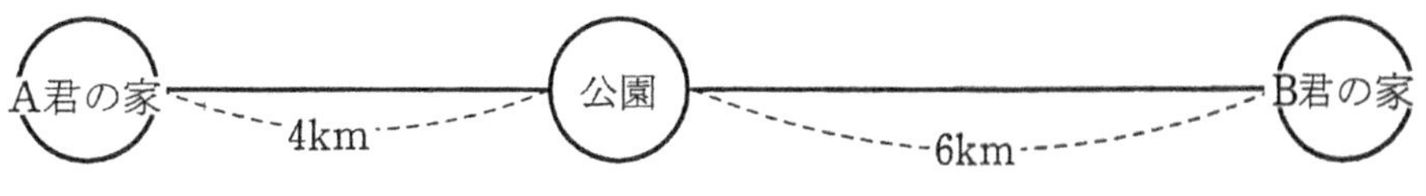

⑴　A君が集合時間に間に合うように公園につくためには，何時何分までに家を出発しなければならないですか。

⑵　B君は8：20に家を出ると集合時間ちょうどに公園につきます。B君の自転車の速さは，1時間に何km進みますか。

⑶　B君は余裕をもって8：10に家を出ました。しかし，公園に行く途中でパンクしてしまい途中から自転車を押して公園に向かいました。自転車を押して進む速さは時速2kmでした。B君は待ち合わせに25分遅れてしまいました。このとき，B君の自転車がパンクしたのはB君の家から何km離れたところですか。ただし，B君の自転車の速さは⑵と同じとします。

9 図のように，ご石を規則にしたがって並べていきます。次の問いに答えなさい。

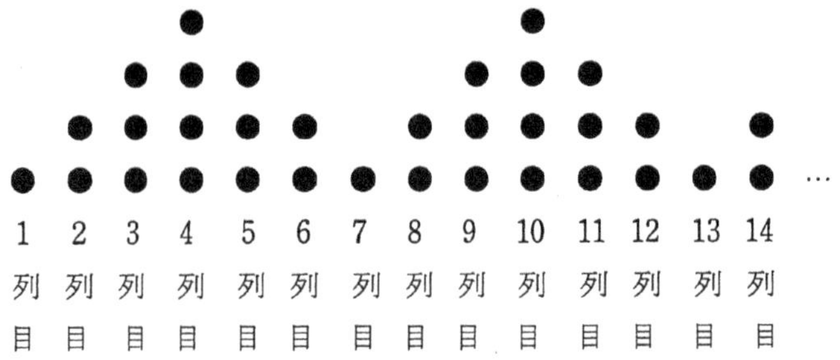

(1) 2020列目はいくつのご石が並ぶか求めなさい。

(2) 2020個目のご石は何列目にあるか求めなさい。

【理科・社会】（50分）　＜満点：100点＞

1　次の**A・B・C**の問いに答えなさい。

A．以下の問いに答えなさい。

問１　顕微鏡《けんびきょう》を使って池の水を観察していたところ，見えている部分の中央に見えなかったので，プレパラートを動かして位置を調整し，中央に見えるようにしたいと考えています。顕微鏡で見えている池の水の位置が**図１**のようになっているとき，プレパラートはどの向きに動かせばよいかを**図２**の**ア**～**ク**から一つ選び記号で答えなさい。

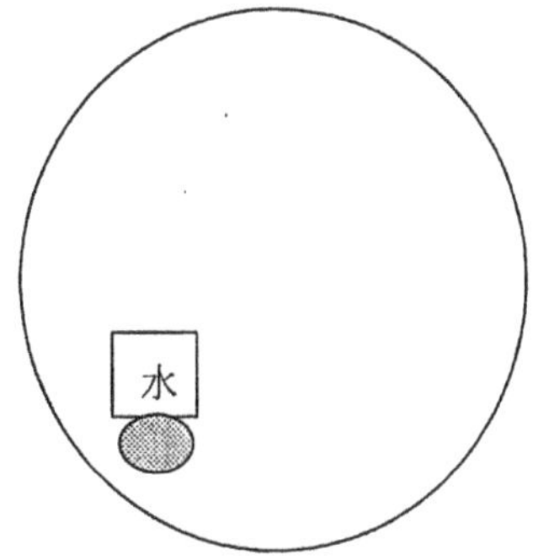

図１　顕微鏡で見えている水の位置

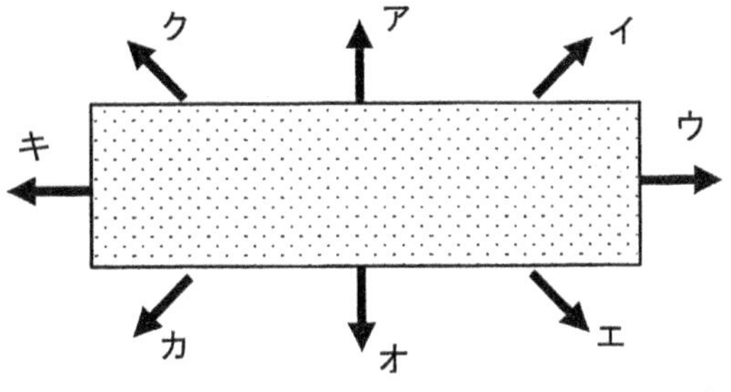

図２　プレパラートを動かす向き

問２　ろうそくのほのおは右の図のように芯《しん》に近い方から「えん心」，「内えん」，「外えん」に分かれており，それぞれ温度も異なっています。一番温度が高いのはどの部分か答えなさい。

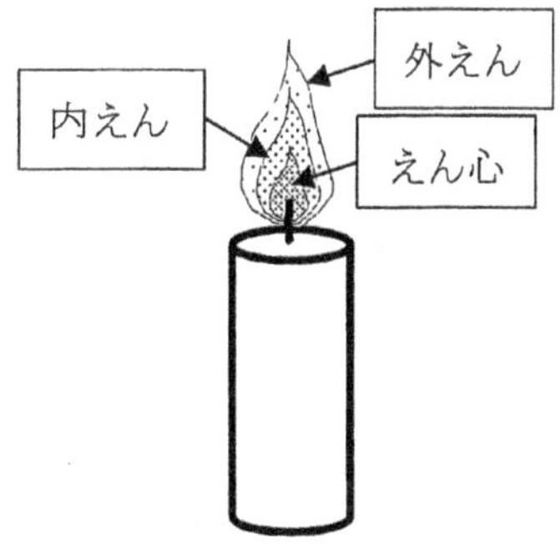

問３　$1\ cm^3$あたりの重さが１ｇより軽いものは水に浮《う》きます。材料の体積・重さと水に浮く性質をまとめた次の表の空欄**ア**・**イ**に当てはまることばをうめなさい。

材料名	体積と重さ	水に浮くか
発泡スチロール	$50cm^3$ で５ｇ	浮く
木片	$30cm^3$ で12ｇ	**ア**
鉄	$40cm^3$ で316ｇ	**イ**

問４　食塩水を熱して蒸発させると溶けていた食塩のあとが残りますが，二酸化炭素が溶けている水溶液やアルコールが溶けている水溶液を熱しても何もあとが残りません。このような違いが生じる理由を簡単に答えなさい。

B．地形に関する以下の問いに答えなさい。

地上において，周囲よりも明確に土地が高く盛り上がっているところを「山」と呼びます。山ができる原因には，①大地の中にたまったマグマが地上へと吹き出してできるものや，より大きな規模での大地の動きによるものなど，さまざまな原因があります。

その逆に，周囲よりも明確に土地の高さが低い場所を「谷」もしくは「盆地《ぼんち》」などと呼びます。山の表面に谷ができ始めると②侵食というはたらきによって長い期間のあいだにだんだん谷が深くなっていきます。

問１　下線部①について，このような種類の山を何といいますか。漢字２文字で答えなさい。

問２　下線部②について，侵食とはどのようなはたらきですか。簡単に文章で説明しなさい。

問３　古い時代に生きていた生き物の死がいが変化し，岩石の中で発見されたものを化石といいます。山の中で化石をほっていると，右の図に示すような，海の中にしか生息していない生物の化石が見つかりました。山の中で海に住んでいる生物の化石が見つかった理由を文章で説明しなさい。

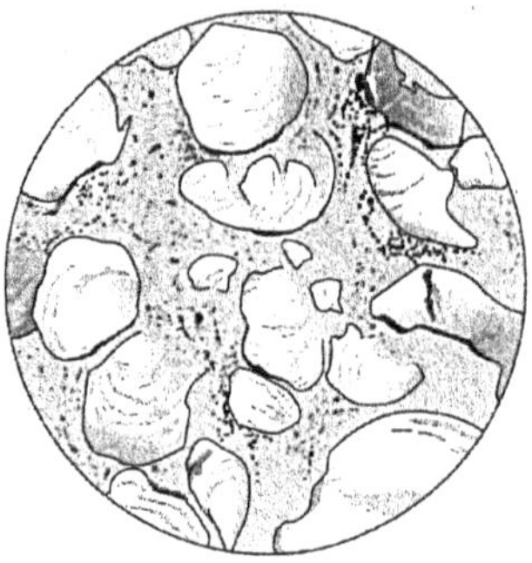

貝の化石

問４　下の地形図の中には川が流れている場所，もしくは雨が降ったときに川になると考えられる場所がいくつかあります。その場所はどこですか。考えられるもののうちの一つについて，図中に線を引いて答えなさい。

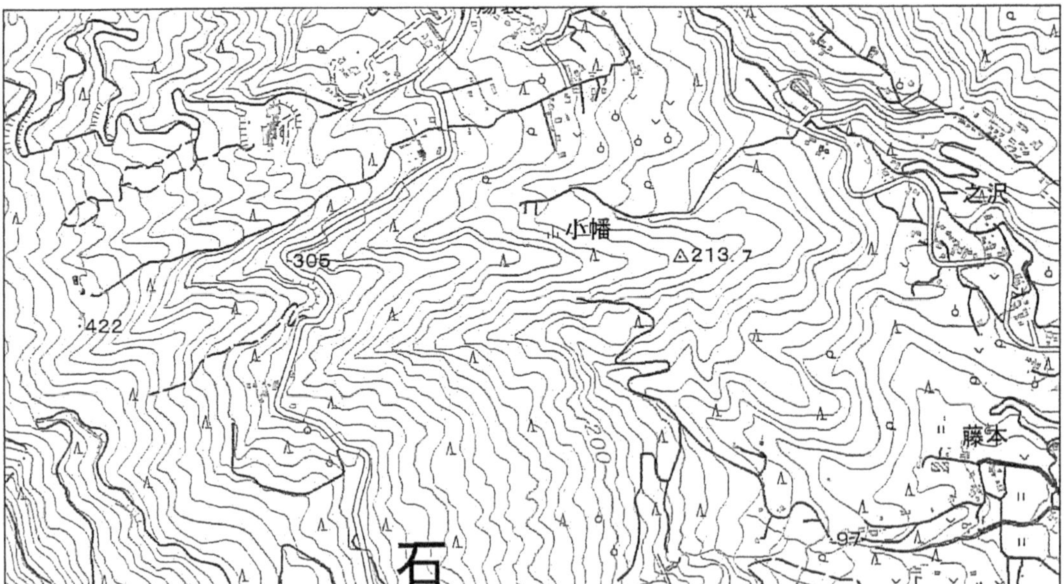

（『国土地理院　２万５千分の１地形図』を作問のために一部改変した）

C．インゲンマメに含《ふく》まれる養分を調べるために以下の**実験１・２**を行いました。

〔**実験１**〕 畑に植える前のインゲンマメの種子を用意し，その断面にヨウ素液をかけた。

結果……［　　　　　　　　］。

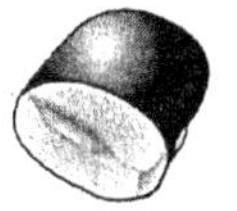

発芽する前の種子

〔**実験２**〕 インゲンマメを植木ばちに植えて日の当たる25℃の場所に30日間置いて育てたところ，発芽して種子は子葉となり大きく育った。育ったあとの子葉の断面にヨウ素液をかけた。

結果……変化は見られなかった。

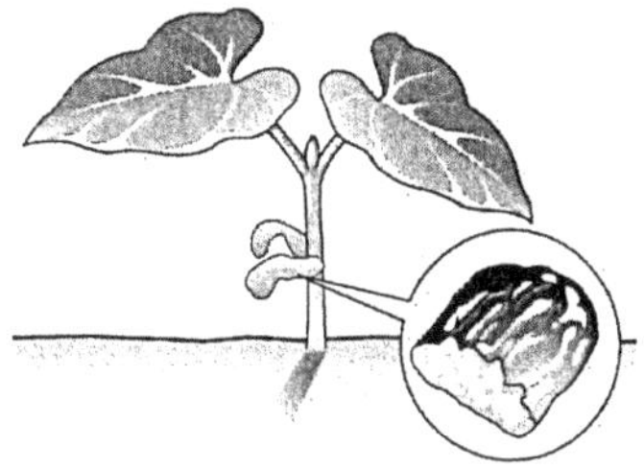

発芽した後の種子

問１　インゲンマメの種子には栄養分としてデンプンが多く含まれています。**実験１**の結果を表した空欄に当てはまる変化を簡単な文章で説明しなさい。

問２　**実験２**の結果になった理由をクラスの中で話し合ったとき，「インゲンマメにふくまれるデンプンが30日間のうちに太陽の光を浴びてなくなった」という答えを書いた友達がいました。この理由が正しいかどうかを調べるためには以下の**ア**～**ウ**のうちどの実験を行ったらよいですか。一つ選んで記号で答えなさい。

ア　インゲンマメを植木ばちの中に植えて日の当たる０℃の場所に30日間置いたのも，ヨウ素液をかけ変化を確かめる

イ　インゲンマメを80℃でよく加熱してから植木ばちの中に植えて日の当たる25℃の場所に30日間置いたのち，ヨウ素液をかけ変化を確かめる

ウ　インゲンマメを植木ばちに植えて日の当たらない25℃の場所に30日間置いたのち，ヨウ素液をかけ変化を確かめる

問３　インゲンマメからデンプンを取り出すために100ｇの乾燥《かんそう》した豆をすりつぶし，布でこして水にさらす作業で取り出したところ，48.4ｇのデンプンを取り出すことができました。この方法ではインゲンマメに含まれる全てのデンプンのうち何％を取り出すことができましたか。以下の表を参考にして計算し，小数第一位を四捨五入して整数で答えなさい。

成分	水分	タンパク質	脂質	デンプン	灰分	合計
重量	15.3ｇ	22.1ｇ	2.5ｇ	56.4ｇ	3.7ｇ	100ｇ

表　「乾燥いんげんまめ 100ｇ」に含まれる各成分の重量

（『文部科学省　食品成分データベース』より）

2　長さ100cmで一様《いちよう》な（部分によって重さのばらつきがない）棒を使って，「てこ」のはたらきについて調べる**実験１～４**をしました。この実験をもとにして，あとの問いに答えなさい。

〔**実験１**〕 棒の中央をO，棒の両はしをA，Bとする。Oを支点にしたところ，棒は水平になってつりあった。

〔**実験２**〕 棒のA-Oのあいだには50ｇのおもりを，B-Oのあいだには20ｇのおもりをつるし，水平になってつりあう位置の関係を調べた。（図は次のページにあります。）

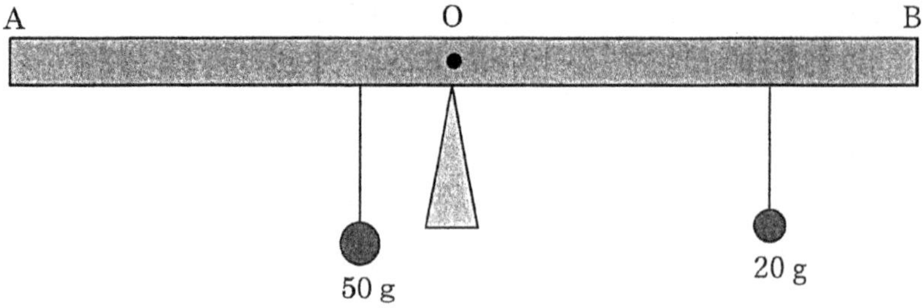

図１　〔実験２〕のようす

〔**実験３**〕　**図２**のように，棒のＡから10cmのところに50ｇのおもりをつるし，動かないようにした。次に，Ａ-Ｏ間には100ｇのおもりを，Ｂ-Ｏ間には200ｇのおもりをつるし，水平になってつりあう位置の関係を調べた。

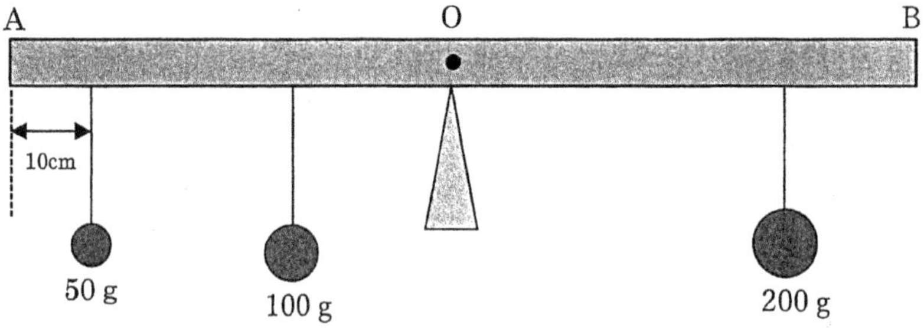

図２　〔実験３〕のようす

問１　てこのはたらきを利用した道具として有名なものに「栓抜《せんぬ》き」があります。栓抜きの支点と作用点はどこになりますか。図の**ア**～**ウ**のうちからそれぞれ一つ選び記号で答えなさい。

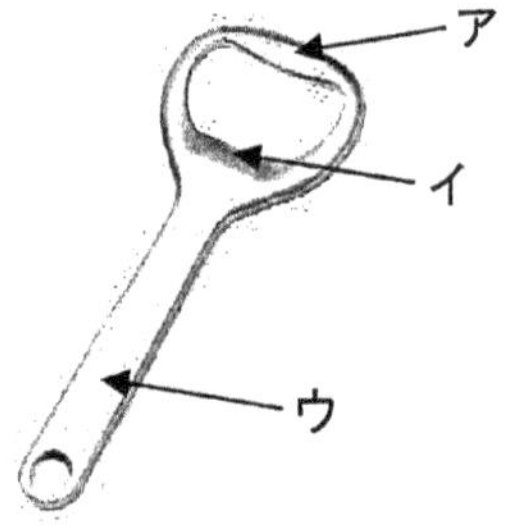

問２　**実験２**で，20ｇのおもりが，支点から30cmのところでつりあいました。このとき，50ｇのおもりをつるした位置は，Ｏから何cmのところか答えなさい。

問３　**実験２**で，50ｇのおもりを支点Ｏから離《はな》れたところにつるすと，20ｇのおもりではつりあわせることができなくなります。それは，50ｇのおもりの位置が，支点Ｏからはかって何cmより遠い位置にあるときか答えなさい。

問４　**実験３**で，200ｇのおもりが支点Ｏからもっとも大きくなる距離《きょり》でつりあうのは何cmのところか答えなさい。

〔実験４〕 棒からおもりをとりはずして，支点をＯからＡに移した。次に**図３**のように，この棒をＢの真上からばねばかりで引き上げて，水平につりあわせたところ，ばねばかりは200ｇを示した。

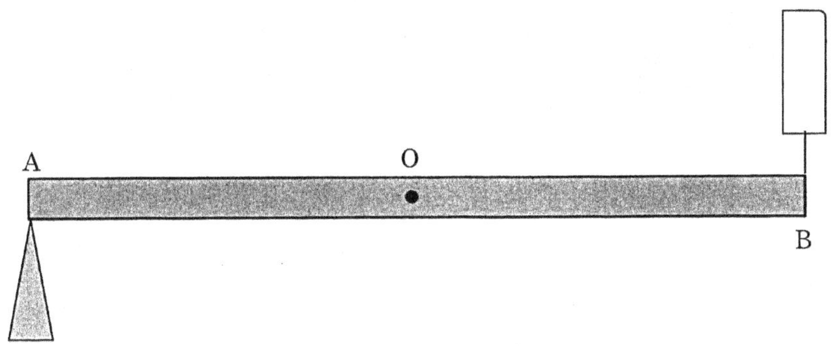

図３　〔実験４〕のようす

問５　**実験１**と**実験４**の結果から，この棒の重さをもとめ，以下の**ア**～**エ**のうちから一つ選んで記号で答えなさい。

ア　50ｇ　　**イ**　100ｇ　　**ウ**　200ｇ　　**エ**　400ｇ

3　次の**Ａ**・**Ｂ**の問いに答えなさい。

Ａ．日本の社会のしくみに関する以下の問いに答えなさい。

問１　たくさんの情報が流れ，社会において情報の役割が大きくなることを何といいますか。漢字３文字で答えなさい。

問２　出生率の低下による子供の数の減少と平均寿命《じゅみょう》ののびによるお年寄りの数の増加が，同時に進行した社会を何といいますか。名称を答えなさい。

問３　日本は国を海外の軍隊などから防衛するために，防衛省の中に或《あ》る組織をもっています。この組織の名称を答えなさい。

問４　日本は憲法の中で戦争を自らしないことを宣言しています。これを「平和主義」といいますが，このことが書かれている憲法の条文は，第何条ですか。数字で答えなさい。

Ｂ．2019年のラグビーワールドカップは北海道・岩手県・埼玉県・東京都・神奈川県・静岡県・愛知県・大阪府・兵庫県・福岡県などで試合が行われました。これらの開催地《かいさいち》の都道府県の社会・歴史に関する問いに答えなさい。

問１　ラグビーワールドカップの決勝が行われた横浜市や，札幌市，神戸市，福岡市などのように，内閣が決めた決まり（政令）によって指定された，都道府県と同じくらいの権限をもつ都市を何といいますか。

問２　次のページの写真は静岡県にある登呂遺跡を復元した風景であり，この遺跡では水田の跡《あと》などが発見されました。この遺跡は何時代の遺跡かを答えなさい。

問３　福岡県は，朝鮮半島や中国に近く，かつて大宰府という役所が置かれていました。この大宰府はどのような役割をもっていたかを説明しなさい。

問４　兵庫県の神戸市は，平安時代の終わりごろ保元の乱や平治の乱を勝ちぬき，武士として初めて太政大臣となった人物が別荘《べっそう》を置き，港の修築《しゅうちく》を行った場所でもあります。この人物の名前を答えなさい。

問５　神奈川県は幕末の開国のきっかけとなった場所です。1853年に神奈川県の浦賀に来航《らいこう》し，江戸幕府に開国をせまった人物の名前を答えなさい。

問６　岩手県は日本で初めての本格的な政党内閣を作ったとされる内閣総理大臣原敬《はらたかし》の出身地でもあります。この原敬などが活やくした時代に自由主義や普通選挙法による民主主義などをもとめる動きが起こりました。この社会的な動きを何と呼びますか。名称を答えなさい。

４　中部地方に関する以下の問いに答えなさい。

中部地方においては日本海側から太平洋側にかけて，その気候の特色により三つの地域に独自の文化が作られました。

地域	特色
日本海側	日本有数の水田地帯であり，越後平野では品種改良などによっておいしい（　Ⅰ　）の栽培《さいばい》に力を入れている。この理由の１つとして，新潟県と長野県には日本最長の河川である（　Ⅱ　）が通っており，水に恵《めぐ》まれていることが考えられる。
中央高地	かつては養蚕《ようさん》が行われていたが，今では果樹栽培がさかんでぶどう狩《が》りやりんご狩りを行う観光農園が見られる。高冷地では，気候の特色を生かした①高原野菜の栽培（八ヶ岳，浅間山のふもと）がさかんである。
太平洋側	第二次世界大戦後にかんがい用水が整備されて発達した知多半島・渥美半島での施設園芸農業《しせつえんげいのうぎょう》（ビニールハウス）が行われている。また，洪水《こうずい》から村や田を守るため，②堤防《ていぼう》に囲まれた集落が見られる。

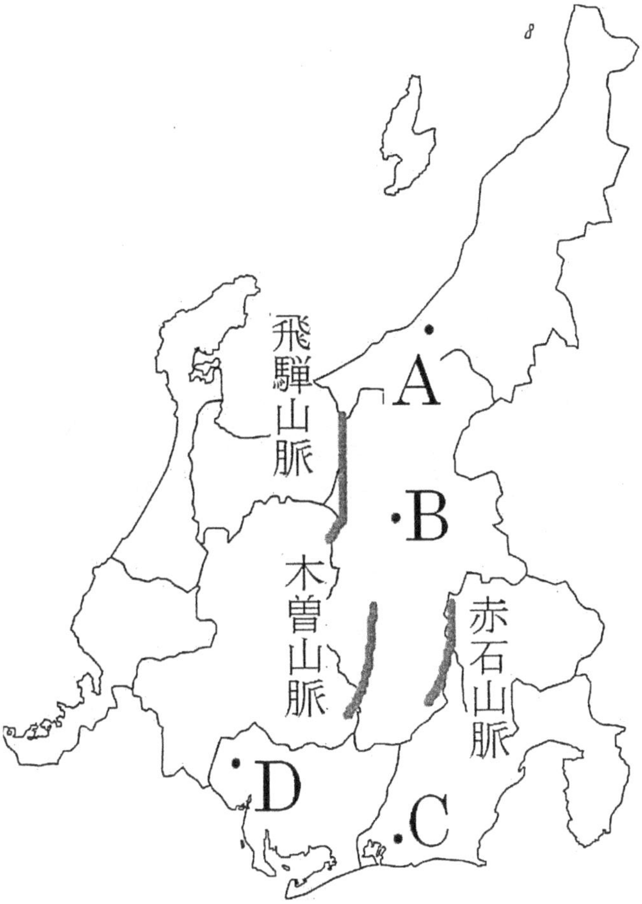

資料１　中部地方の地図

問１　前のページの空欄（Ⅰ）・（Ⅱ）に適当な語句を入れて答えなさい。

問２　以下の雨温図**ア**～**ウ**は，**資料１**の**Ａ**～**Ｄ**のいずれかの都市の気温と降水量を表したものです。**イ**はどの都市の雨温図だと考えられますか，記号で答えなさい。

ア

年気温　16.3 ℃　年降水量　1809.3 mm

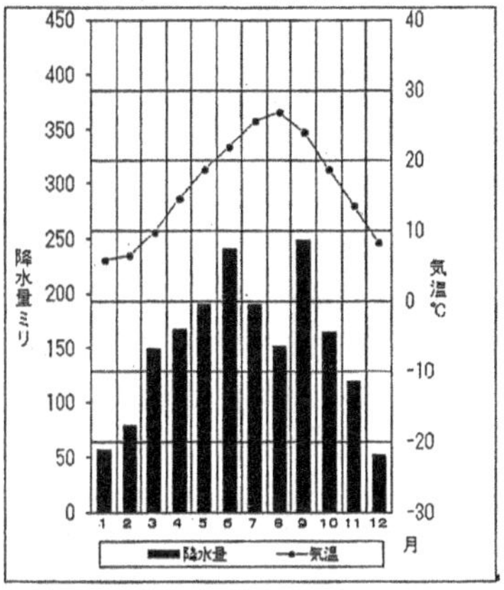

イ

年気温　11.8 ℃　年降水量　1031.0 mm

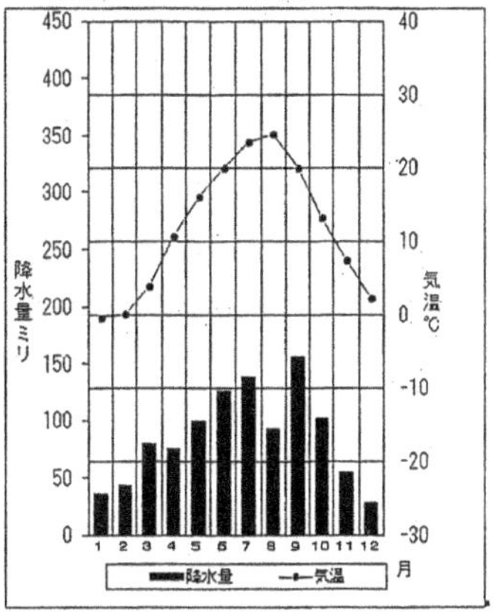

ウ

年気温　13.6 ℃　年降水量　647.5 mm

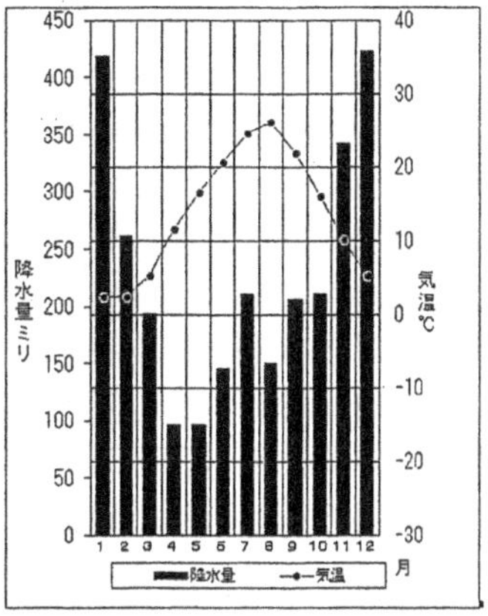

問３　下線部①の農業では，どのような作物が育てられていますか。以下の**ア**～**エ**のうちから一つ選び記号で答えなさい。

ア　電照ぎく　　**イ**　キャベツ・レタス　　**ウ**　みかん　　**エ**　さつまいも

問４　下線部②のような集落を何といいますか。名称を答えなさい。

問５　以下の写真には，冬のあいだに通路を通りやすくするため，ひさしが通路をおおうように長く突き出た「雁木造《がんぎづくり》」という屋根が写っています。この「雁木造」が見られる地域は，前のページの**資料１**の**Ａ**～**Ｄ**のどの都市にもっとも近いか，記号で答えなさい。

問６　以下の**資料２**は，３種類の農産物に関して県別の生産割合をあらわしたグラフです。②はどの農産物か，下の語群の中から一つ選び，記号で答えなさい。

語群 **【**　茶　　ぶどう　　もも　**】**

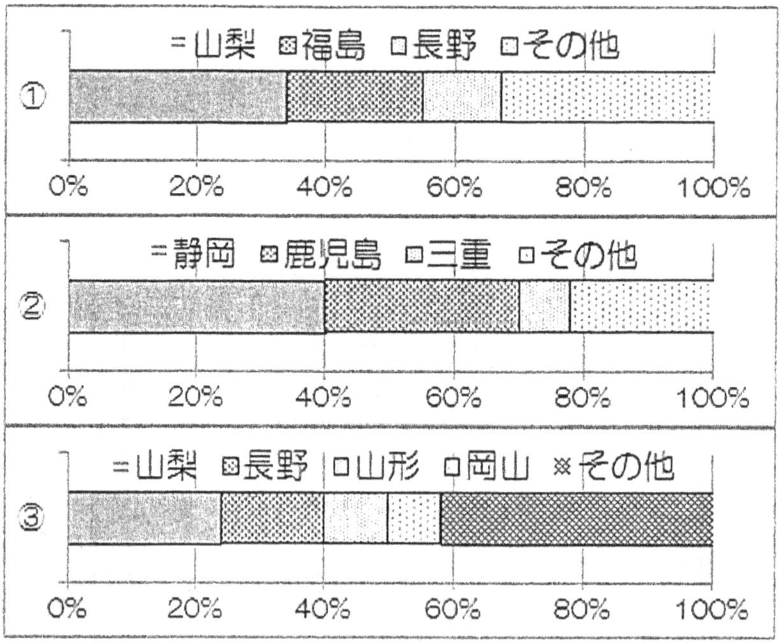

資料２　３種類の農産物の県別生産割合

問７　あなたは，調べ学習の中で，「高速道路の開通により，中部地方の農園が増加した」という結論を出しました。それを発表で，クラスの友達に伝えようとします。相手に納得してもらうためには，どのような資料が必要だと考えられますか。次の**ア**～**エ**の中から，もっとも重要度が低いものを一つ選んで記号で答えなさい。

ア　高速道路が描《えが》かれた中部地方の地図

イ　中部地方の農園がどこに分布しているかがわかる地図

ウ　高速道路が開通した当時の新聞記事

エ　高速道路が開通する前後の農園数の変化が示された表・グラフ

の中からそれぞれ一つずつ選び、記号で答えなさい。

Ⅰ　ア　だから　イ　だが　ウ　そのうえ　エ　かりに

Ⅱ　ア　つまり　イ　また　ウ　ところで　エ　さて

Ⅲ　ア　では　イ　また　ウ　なぜなら　エ　あるいは

問10　傍線部8「革のサイフは、大変だ！助けてくれー！と悲鳴をあげて」に用いられている表現技法をなんと言いますか。正しいものを次の中から一つ選び、記号で答えなさい。

ア　体言止め　イ　倒置法　ウ　擬人《ぎじん》法　エ　直喩《ちょくゆ》

問11　空欄《くうらん》 ★ に身体の一部を表す漢字一字を入れ、慣用句を完成させなさい。

問12　本文で述べられている内容として正しいものを次の中から一つ選び、記号で答えなさい。

ア　筆者は、三ヶ月前に二年ほど使っていたデジカメを失くしたが、失くした事情からデジカメを使用する資格がないとも考え、後継機を買わないことに決めた。

イ　筆者は、三十年ぐらい前にお世話になった人からお祝いにもらったサイフを、先月自転車をこいでいたときに失くしてしまい、いただいた人に責任を感じている。

ウ　筆者がものを失くすのは家の中でも同じで、最近では大根のタネを一時失くしてしまい、結局最後には見つかりはしたが、合計四日間も探しまわることになった。

エ　筆者が今回デジカメを失くしたのは、東京都外を自転車で山越えしていたときのことで、ズボンのポケットに入れていたことが一番の原因だった。

問13　本文の内容を踏まえて、あとの(1)・(2)に答えなさい。

(1)　傍線部9「ないほうが快適だ」とありますが、筆者がそのように考えた理由を二十字以内で説明しなさい。

〈下書き用マス目〉

20

(2)　私たちは「もの」に囲まれて生活しています。その中で、あなたの大切にしている「もの」について、理由とともに百六十字以上二百字以内で書きなさい。また、書くときは次の《きまり》に従いなさい。

《きまり》

・氏名と題名は書きません。
・各段落の最初は一マス下げて書きます。
・「、」や「。」もそれぞれ一文字に数えます。ただし、行の一番上のマス目に「、」や「。」がきてしまうときは、前の行の最後のマス目に文字と一緒《いっしょ》に記入してかまいません。
・文章の途中《とちゅう》で段落をかえたときの残りのマス目は、文字数として数えます。

いほうが快適だということに気付いたのである。写真を撮《と》ることから解放されていたのである。このごろは小さなスケッチブックを持ち歩いている。このほうがデジカメより楽しいということを発見したのである。

（伊藤礼《いとうれい》「失せ物落とし物」光村図書出版）

問1　傍線《ぼうせん》部a～eについて、カタカナは漢字に直し、漢字は読みを書きなさい。

問2　傍線部1「使用」と熟語の組み立てが**異なるもの**を次の中から一つ選び、記号で答えなさい。

ア　豊富　　イ　省略　　ウ　絵画　　エ　予想

問3　傍線部2「暢気にかまえていた」の意味として最も適切なものを、次の中から一つ選び、記号で答えなさい。

ア　安心して忘れていた
イ　楽天的に考えていた
ウ　忠告に従わなかった
エ　気を紛《まぎ》らわしていた

問4　傍線部3「考えざるを得ない」と同じ意味の言葉を、解答欄の字数（十字）に合わせて作りなさい。

考え［　　　　　　　　　　］10

問5　傍線部4「そういうわけ」の指す内容について、本文中の言葉を使って次の空欄を十字以上十五字以内で埋《う》める形で説明しなさい。

デジカメをポケットに入れていたのは［　　　］ため。

問6　傍線部5「仇《あだ》になった」の意味として、最も適切なものを次の中から一つ選び、記号で答えなさい。

ア　害になった
イ　役に立った
ウ　罪になった
エ　敵になった

問7　傍線部6「こういうふうになった」とありますが、どのようなことですか。本文中の言葉を使って三十字以内で説明しなさい。

〈下書き用マス目〉

30

問8　傍線部7「サイフを失くしたら面倒なことになる」とありますが、どのような「面倒なこと」がありますか。本文の内容を踏まえて三つ上げなさい。解答の順序は問いません。

〈下書き用〉

1	
2	
3	

問9　空欄《くうらん》［Ⅰ］・［Ⅱ］・［Ⅲ］に入る語として、最も適切なものを次

てきて、最後にポトリと地面に落ちてしまうのである。

ポトリと落ちれば通常は音がするから気付くはずだが、悲しいことにわたくしは年寄りで耳が遠い。ものごとの気配にたいする感知能力が衰《おとろ》えている。だから長年わたくしにc仕えてくれたデジカメが悲鳴をあげて地面に墜《つい》落していっても、それが分からない。そういう鈍《どん》感な間抜《ぬ》けな主人になっていたのである。今回のデジカメ紛《ふん》失事件もやはり同じような状況《きょう》で起こったに違《ちが》いないのである。6こういうふうになった人間にはもうデジカメなどを使用する資格はないと思わなければいけない。

失くすのはデジカメだけでない。つい先月はサイフを失くした。革の立派なサイフである。こういうものを失くしてしまった場合には、デジカメとはまた違った感想を抱《いだ》くものである。

平素から、7サイフを失くしたら面倒なことになるぞとは思っていた。それが現実に起きてしまったのだから、これは大変だと思ったのである。大変の第一はお金が無くなったことであるが、それより困るのはクレジットカードのことだ。これを誰《だれ》かに悪用されると被《ひ》害甚大《じんだい》になると聞いているからだ。これは、まるで原子力発電所をサイフの中に入れているようなものだ。そんな剣呑《けんのん》なものは持ちたくないが、事情があって持っているところは電力会社並みだ。その他、運転免《めん》許証とか健康保険証とか身体障害者手帳。ほうぼうの病院の受診《しん》カード。年をとっているからこういうのが数枚ある。

今回失くしたサイフは三十年ぐらい前にひとからもらったもので、その当時はわたくしの身分では立派過ぎて、とうてい使う気になれなかった。もっとえらくなったら使おうと思ってしまっておいたものである。

Ⅰ、えらくなる見込《こ》みはないと分かってきたので、思い切って十五年ぐらい前から使いはじめたのである。十五年使うと、さしも立派でぴかぴか、つやつやしていたサイフも、角がすりdへったり、ジャバラが破けたりして、使いやすくなっていた。むこうからわたくしに身分を合わせてくれたのである。これなら死ぬまで使える、と思いはじめていたサイフだ。

これを失くしたのも自転車をこいでいたときだ。やはりこぐ動作でポケットのなかですこしずつ持ち上がってきて、ゆるくなっていたチャックの口を押《お》し開けて出て行ったらしい。前傾姿勢でこぐからそういうことが起こる。8革のサイフは、大変だ！助けてくれー！と悲鳴をあげて道路に落下して行ったのだ。可哀相《かわいそう》なことをしたものである。こういう失くし方には、わたくしは責任を感じるのである。

失くすのは家の外のことだけでない。家のなかでも失くす。さっきまで手にもっていたものがいまは無い。ということはしょっちゅうだ。最近の一例だが、庭に大根を蒔《ま》くためにホームセンターでタネと肥料を買ってきて、庭をeタガヤして肥料も入れ、Ⅱあとはタネを蒔くだけだと思ったが、タネがどこを探してもない。

そのことを友人に話したら、彼《かれ》の家では一日の三分の一は夫婦で探し物をしているという。それを聞いて大いに★をなでおろしたのであった。わたくしのところでは探し物は三日に一日ぐらいであるからだ。Ⅲ、探し物をするというのはどこの家でも同じであって、わたくしの家が特別に間抜けであったのではないと分かったのも良いことであった。

最初に戻《もど》ってデジカメのことであるが、わたくしは後継《こうけい》機は買わないことにした。デジカメなしで三ヶ月、ほうぼうを自転車で走って、9な

【国　語】（五〇分）〈満点：一〇〇点〉

【一】次の問いに答えなさい。

問1　次の各文の傍線部《ぼうせん》は、どこにかかる言葉ですか。例にならって答えなさい。

例）きれいな　赤い　花が　咲《さ》いている。　答：花が

① 向こうに　見える　古い　建物は　教会です。

② 白く　ぬった　壁に　朝日が　さっと　当たる。

③ そんな　ひどい　話は　聞いたことが　ない。

問2　次の各文について、文の内容を変えないで、（　）の指示に従ってそれぞれ文を書きかえなさい。

例）父は　私たちを　しかった。（「私たち」を主語にして）

答え：私たちは　父に　しかられた。

① 先生、　お茶を　飲みませんか。（「先生」に敬意を示して）

② ぼくは　君ほど　背が　高くない。（「君」を主語にして）

問3　次の空欄《くうらん》にあてはまる故事成語を後から選び、記号で答えなさい。

① 友人との信頼関係というものは□には成り立たない。

② 新しい課題を見つけたが、研究方法も分からず□だった。

③ □という言葉があるように、その土地の歴史を探究することで地域の特徴を再発見することができる。

④ 彼のような□は、一人になると急におとなしくなるものだ。

ア　温故知新《おんこちしん》　イ　五里霧中《ごりむちゅう》　ウ　一朝一夕《いっちょういっせき》

エ　推敲《すいこう》　オ　疑心暗鬼《ぎしんあんき》　カ　虎《とら》の威《い》を借《か》る狐《きつね》

【二】次の文章を読んで、あとの問いに答えなさい。

デジカメを失《な》くしてしまった。三ヶ月前のことである。ちいさなデジカメで、二年くらい[1]使用していただろうか。このデジカメは持ち主の性格を[a]ハンエイして、以前からときどきどこかに見えなくなる性質があった。だが数時間か数日たつと、すみませんここに居りましたと言って現れてくるのであった。

今回もいずれ現れるから心配することはないと[2]暢気《のんき》にかまえていた。ところがもう三ヶ月だ。となると、やっぱりどこかで落としてしまったのであると[3]考えざるを得ない。つまり失くしてしまったのである。一時的に姿を消したのとはちがうのである。そろそろ、そういう結論を出すべきときなのである。

わたくしは自転車で東京都内や東京都外を走り回るくせがある。用事があって走ることもあるが、用事がなくても走る。そんなことをしていると、いろいろ面白いものや風景を見ることになる。デジカメはそういうものを写すためであったから、いつもポケットに入れて使っていた。ズボンとかジャンパーのポケットである。いざとなったら即座《そくざ》にとりだしてパチリとやるのである。[4]そういうわけだったので、失くしたのは走行中だった[b]カノウセイ大である。

わたくしは何年か前にも、デジカメを失くしている。これは自転車走行中だったとはっきりしている。山形県の高畠《たかはた》町から上山市に山越《ご》えをしたときである。であるから、ああ、今回もやはりそうだったのか、と考えたのであった。ポケットに入れておいたのが[5]仇《あだ》になったのである。ペダルをぐるぐる廻していると、振動《しんどう》のため、ズボンとかジャンパーの中で、デジカメは少しまた少しと、ポケットの入り口に這《は》い出し

MEMO

大切なことはメモしておこうネ！

2020年度

東洋大学附属牛久中学校入試問題（第１回一般）

【算　数】（50分）　＜満点：100点＞

【注意】 定規・コンパス・電卓の使用を禁止します。

1　以下の問いの □ に当てはまる適切な数値を答えなさい。

(1)　$49-86\div43\times2=\square$

(2)　$\frac{13}{6}\div\left(\frac{9}{4}-0.75\right)+\frac{2}{9}=\square$

(3)　$3.42\times4.6-3.42\times1.5+3.42\times6.9=\square$

(4)　$3\frac{15}{8}\div\frac{\square}{4}=\frac{3}{10}$

(5)　7353÷703 を計算し，小数点第２位を四捨五入して小数第１位で答えると，□ である。

(6)　2.65ｍの40％は □ cmである。

2　以下の問いの □ に当てはまる適切な数値を答えなさい。

(1)　長さ５ｍのロープがあります。このロープから$\frac{3}{7}$ｍを５本切り取り，残りの$\frac{3}{4}$を使用しました。残ったロープは □ ｍです。

(2)　24本で1,152円のジュースがあります。720円払うとき，このジュースを □ 本買うことができます。

(3)　ある冊子の印刷を行うのに，Ａの印刷機では24時間，Ｂの印刷機では８時間，Ｃの印刷機では６時間で印刷が終わります。この冊子の印刷を，３つの印刷機で同時に行うと □ 時間かかります。

(4)　片道20kmの道のりを，行きは車で一定の速さで移動し，帰りは行きの$\frac{1}{10}$の速さで走って移動しました。往復で合計３時間40分かかりました。このとき，車の速さは１時間に □ km進みます。ただし，休憩時間はないものとします。

(5)　Ａ，Ｂ，Ｃ，Ｄ，Ｅの５人が100点満点のテストを受けました。Ａ，Ｄ，Ｅの３人の平均点が81点，Ａ，Ｃ，Ｅの３人の平均点が83点，Ｃ，Ｅの２人の平均点が86.5点の時，Ｄ，Ｅの２人の平均点は □ 点です。

(6)　現在，父は41才，母は35才，Ａ君は８才です。□ 年後には，父と母の年れいの和はＡ君の年れいの６倍になります。

3　下の図のように，線分ＡＤ上に２点Ｂ，Ｃがあります。
線分の比がＡＢ：ＢＤ＝４：７，ＡＣ：ＣＤ＝５：３のとき，ＡＢ：ＢＣ：ＣＤを求めなさい。

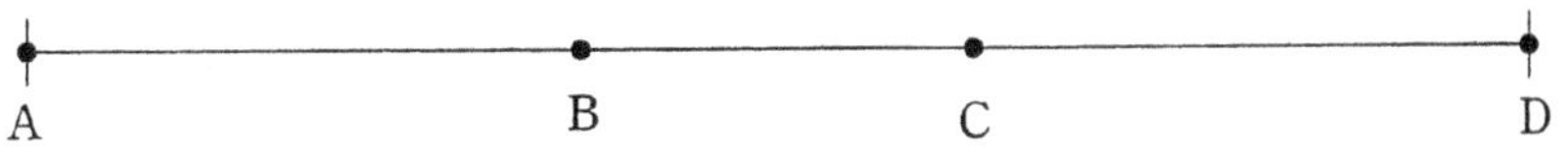

4 右の図のように三角形があります。この図において，x の値を求めなさい。

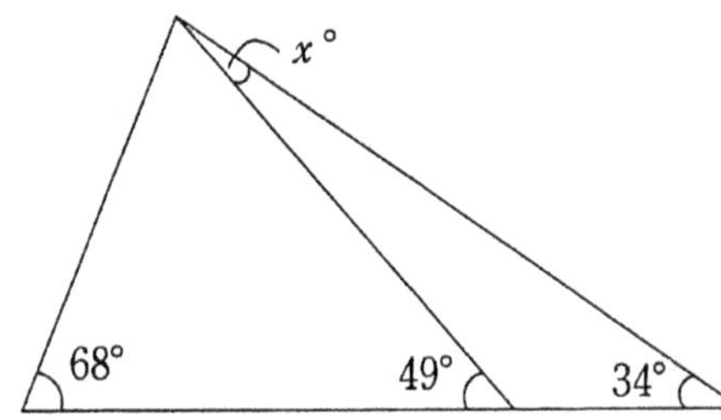

5 右の図は１辺の長さが12cmの正方形に同じ大きさの円を４つ敷き詰めたものです。塗りつぶされた面積を求めなさい。ただし，円周率は3.14とします。

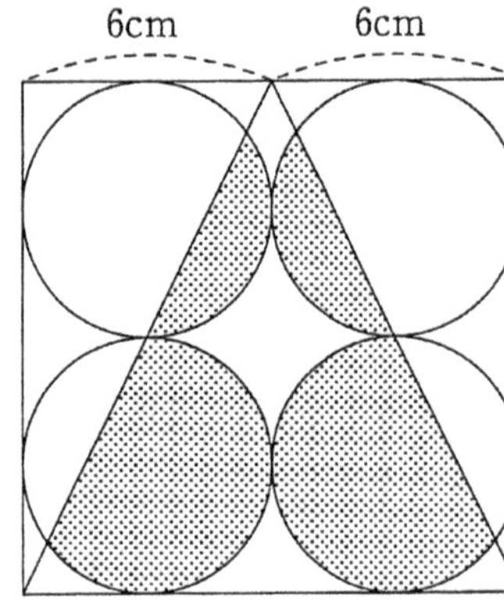

6 右の図は，円柱を半分に切った立体です。この立体の表面積を求めなさい。ただし，円周率は3.14とします。

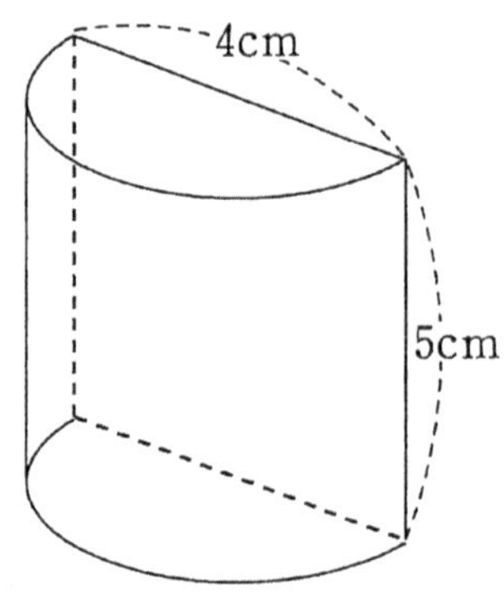

7 ヨシキさんとナオキさんが会話をしています。以下の会話文を読み，［①］～［⑥］に当てはまる適切な数値や語句を答えなさい。ただし，［⑤］と［⑥］の順番は解答に影響しないものとします。

(会話文)

ヨシキさん「とうとう2020年になったね。 2020年にちなんで，答えが2020になる計算式を作ってみたんだけど，見てよ。」

ナオキさん「答えは2020なんだろ。見なくてもいいよ。」

ヨシキさん「途中に数字を入れるんだよ，ほら。」

以下の［ア］～［エ］に５～８の整数を１回ずつ入れて式を完成させなさい。 （６＋４×４×［ア］＋［イ］×［ウ］＋［エ］×９）×10＋４×５＝2020

ナオキさん　「これ，どうやって考えるの。全然わからないよ。」

ヨシキさん　「まずは，式の一番右に４×５があるでしょ。さらに，『かっこ』のすぐ外側に×10があるでしょ。これがヒントだよ。」

ナオキさん　「そうか。ということは，『かっこ』の中が [①] になるね。次はどうするの。」

ヨシキさん　「次は，『かっこ』の中を４つの部分に分けて考えるんだ。『６の部分』，『４×４× [ア] の部分』，『 [イ] × [ウ] の部分』，『 [エ] ×９の部分』の４つね。これを，左から順番に第１部分，第２部分，第３部分，第４部分と呼ぶとするよ。解くときのポイントは，各部分が偶数か奇数かなんだ。第１部分は６なんだから [②] でしょ。第２部分は『４×』とあるんだから [②] だよね。問題は第３部分と第４部分なんだけど，『かっこ』の中を足した答えが [①] っていうのが重要なんだよ。第１部分と第２部分が [②] だから，第３部分と第４部分は『偶数と偶数』か『奇数と奇数』でなければならないんだ。」

ナオキさん　「そうか。奇数は『奇数×奇数』でしか成り立たないよね。さらに， [ア] ～ [エ] には５，６，７，８の整数が１回ずつ入るんだよね。ということは， [エ] に入るのは，６か８ってことだね。しかも， [イ] × [ウ] の値が [③] になることもないね」

ヨシキさん　「その通り。それで，計算すればわかるけど， [エ] に６を入れるとうまくいかないようになってるんだ。だから， [エ] には８がはいるんだよ。あとは，いろいろ試してよ。」

ナオキさん　「できたよ。 [ア] が [④] で， [イ] が [⑤] で， [ウ] が [⑥] だね。なんか，きれいにならんだね。」

ヨシキさん　「そうでしょ。実は，６も１×２×３って書くと，もっときれいなんだよ。」

ナオキさん　「ほんとだ。４がひとつじゃまだね。」

8　ある町でスタンプラリーが行われました。太郎君と花子さんの２人は，スタート地点を９：00ちょうどに出発し，右の図のように，太郎君はA→B→Cの順に，花子さんはC→B→Aの順に自転車で周ります。また，太郎君は１時間に15km，花子さんは１時間に12kmの速さで進み，各地点でスタンプを押すのに１分かかります。

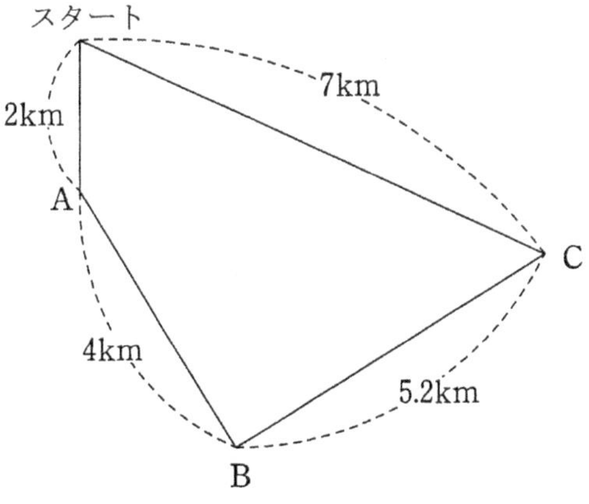

次の問いに答えなさい。

(1)　太郎君が１分間に進む道のりは何ｍですか。

(2)　太郎君がＢ地点に到着するのは何時何分ですか。

(3)　花子さんがＣ地点のスタンプを押し終えるのは何時何分ですか。

(4)　２人がすれ違うのはＢ地点から何km離れたところですか。

【理科・社会】（50分）　＜満点：100点＞

１　次のＡ・Ｂ・Ｃの問いに答えなさい。

Ａ．以下の問いに答えなさい。

問１　生物のうむ「たまご」について説明した**ア**～**エ**の文のうち，あやまっているものを一つ選んで記号で答えなさい。

ア　１回の産卵で１個だけうむ生物もいれば，数百個以上のたまごをうむ生物もいる

イ　たまごの中には，生物がたまごからふ化するまでに必要な栄養がふくまれている

ウ　メダカのたまごもニワトリのたまごも，どちらも固いからでおおわれている

エ　ヒトはたまごをうむかわりに女性の体内で卵《らん》がつくられ，体内で胎児《たいじ》が育つ

問２　以下の**表**は食品100ｇに含まれる成分の量を表したものであり，①～④には「たんぱく質」，「炭水化物」「脂質《ししつ》・脂肪《しぼう》」「水分」のいずれかが入ります。②にあてはまる成分の名前を答えなさい。

表　「食品100ｇあたりに含まれる成分」

	①	②	③	④
たい（魚・生）	72.2	20.6	5.8	0.1
小麦粉（薄力粉）	14.0	8.3	1.5	75.8
ごま（いりごま）	1.6	20.3	54.2	18.5

（『文部科学省　食品成分データベース』より。単位はｇ）

問３　植物の成長に関して，植物は葉に光を浴びることによって吸収した二酸化炭素から必要なエネルギーのもととなる物質を作り出しています。

①　このはたらきを何といいますか。漢字で答えなさい。

②　このはたらきの結果として発生する気体の名前を答えなさい。

問４　下の表は100ｇの水に対してミョウバンと食塩が溶ける量の温度による変化をあらわしたものです。この表をもとにしていえることとして正しいものを二つ選び記号で答えなさい。

	10℃	20℃	30℃	40℃	50℃	60℃
ミョウバン	7.6g	11.4g	16.6g	23.8g	36.4g	57.4g
食塩	35.7g	35.7g	35.9g	36.4g	36.7g	37.0g

ア　水に溶けた食塩を結晶《けっしょう》として取り出すためには，60℃の湯に溶かした食塩水溶液を冷やす方法が適している

イ　水溶液の温度を上げることでよく溶けるようになるものと，溶ける量があまり変化しないものがある

ウ　40℃の水に対しては，食塩よりミョウバンのほうが多く溶ける

エ　水に溶かそうとして溶けのこってしまったミョウバンは，水を加熱することでよく溶けるようになる

B．光の道すじについての以下の問いに答えなさい。

問１　**図１**のように，光は物体の表面に当たると跳《は》ね返り，その光が目に入ると人はその物体を見ることができます。光が跳ね返って進む現象《げんしょう》のことを何というか答えなさい。

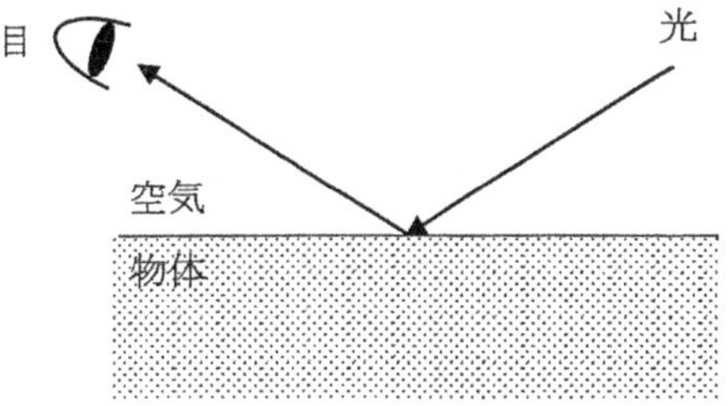

図１　物体の表面付近の光の道すじ

問２　**図２**のように**鏡１**と**鏡２**を直角に置くと，空気の中を進んできた光は鏡に当たり跳ね返って進みます。光が点Ａで**鏡１**と**鏡２**に当たって跳ね返った後の光の道すじをかきなさい。

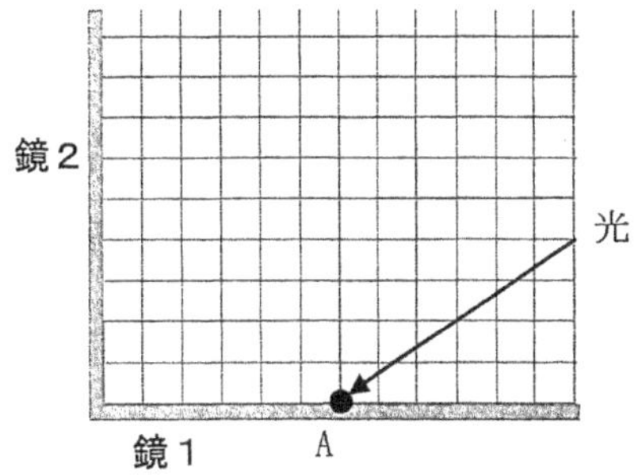

図２　鏡を置いたときの光の道すじ

問３　**図３**の点Ｐにいる人からは，壁が邪魔《じゃま》になり点Ｘにある物体を見ることができません。点Ｐから動かないで点Ｘに固定した物体を見るために，線ab上に鏡を置いてみました。しかし図の場所ではまだ見えないためab上を平行に移動させようと思います。今の場所から何㎝ずらせば見えるようになるか答えなさい。ただし，図のマス目は一マス50㎝とする。

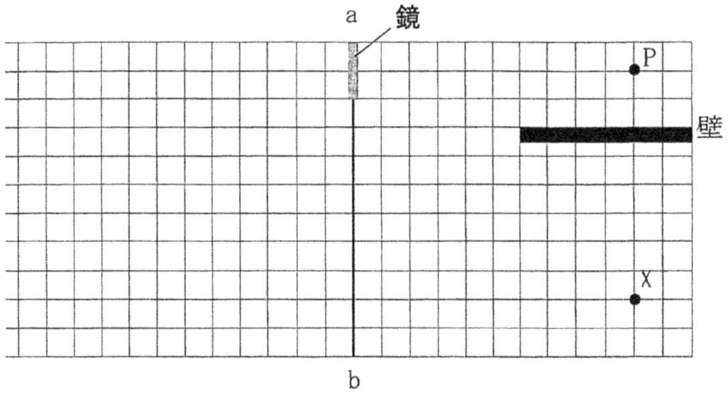

図３　最初の点Ｐと点Ｘと鏡の位置関係

C．以下の問いに答えなさい。

問１　次のページの**グラフ１**は，容器の中に閉じ込めたろうそくを燃焼《ねんしょう》する前と後のそれぞれの空気中の気体の割合を表しています。グラフの中の**気体Ｘ**は何かを答えなさい。

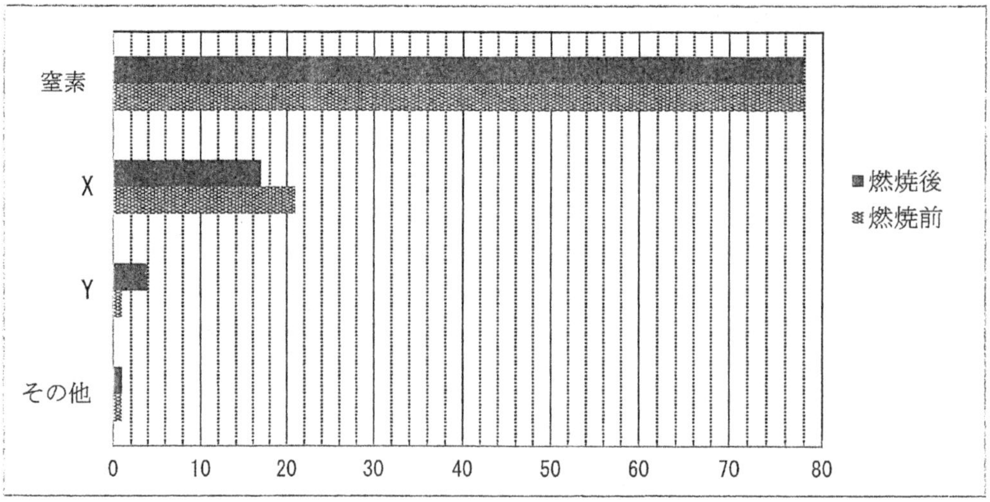

グラフ１　燃焼前後の容器内の空気の気体の割合

問２　**グラフ１**の**気体Ｙ**について，空欄**ア**に入る語句を答えなさい。

気体Ｙは［　ア　］に塩酸をかけると発生する。

問３　**気体Ｙ**は，**あ**と**い**のどちらの集め方で集めることができるか記号で答えなさい。また，理由も簡単に答えなさい。

あ

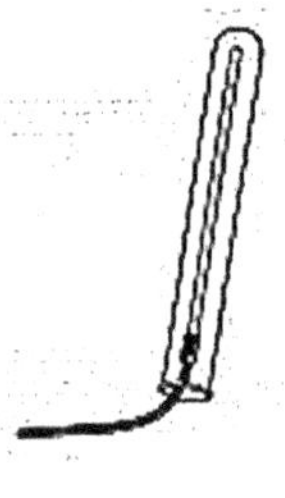

い

２　雲のでき方に関するあとの問いに答えなさい。

広樹くんの家からは筑波山がよく見えます。毎日観察をしているうちに山頂だけをおおいかくすような雲ができる日があることに気づきました。広樹君は不思議に思って雲の写真（次のページ）をとり，先生に見せに行きました。

広樹：先生，ぼくの家から筑波山を見ていると，たまにこのような面白い雲が見えるんです。

先生：おお，すごいね。これは『笠雲《かさぐも》』という雲だね。筑波山のような山でよくみられる雲だよ。

広樹：筑波山のような山って，どのような山ですか。

先生：①独立峰《どくりつほう》といわれる山だね。他にも山梨県にある富士山や，北海道にある羊蹄山《ようていざん》なんかが例としてあげられるね。

広樹：どうして独立峰ではこのような雲ができるのですか？

先生：では，そもそも雲ができるしくみを思い出してみようか

図１　雲がかかる筑波山

広樹：えーと，雨がふったあとにそれが蒸発して [1] になって……，それがどうやって雲になるんでしたっけ？

先生：[1] はそのままでは目に見えないよね。それが雲になったときに白く目に見えるのは，とても②細かい [2] や [3] の粒《つぶ》になって空にうかんでいるからなんだ。

広樹：なるほど。では，[1] はどのようなときに [2] や [3] になるんですか？

先生：それは意外と簡単で，[1] を含《ふく》む空気が冷やされたときだね。たとえば氷水をガラスコップに入れてそのまま置いておくと，コップの表面はどうなる？

広樹：えーと……，コップに [2] の粒がついて，白くくもってきます。

先生：そう！　これも周りの空気が急に冷やされるから。これと同じで，強く吹く風が山にぶつかってその斜面《しゃめん》を急に上へかけあがると，山の上はすごく気温が下がるから [1] を含む空気が冷やされて，雲ができてしまうんだ。ちょっとかんたんな図に書いて説明しようか。

広樹：なるほど『雲』と『くもる』は言葉も似ていますが，できるしくみも同じなんですね。

図２　山の斜面をかけあがる空気によってできる雲

問１　本文中の [1]，[2]，[3] にあてはまる言葉を書き入れなさい。

問２　下線部①独立峰について，次のページに独立峰である「羊蹄山」「富士山」と，独立峰ではない「日光白根山」の地形図をしめしました。この地形図の等高線の様子から読み取れる「独立峰」の地形の特徴を文で説明しなさい。

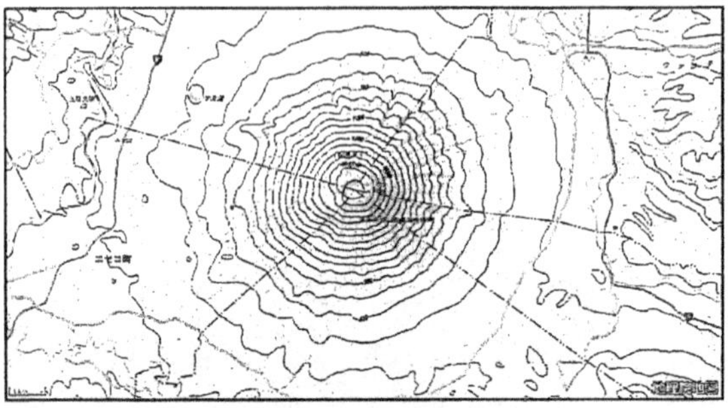

羊蹄山（独立峰）

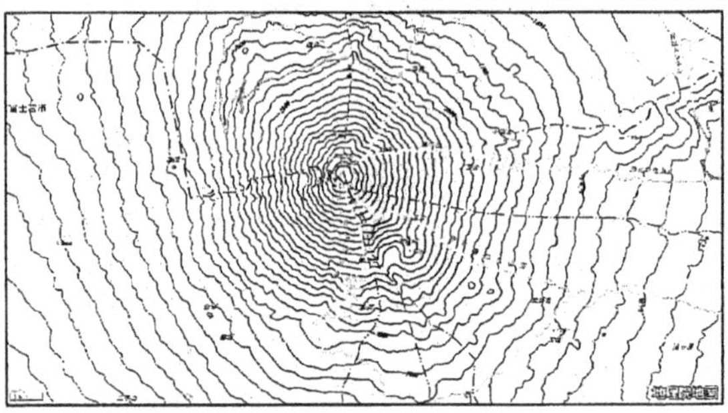

富士山（独立峰）

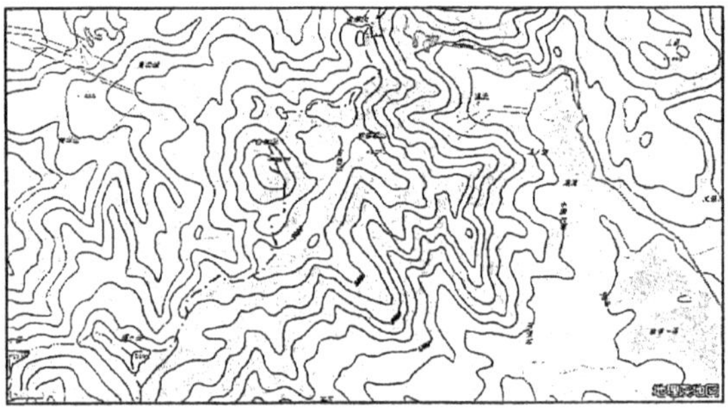

日光白根山

問３　先生が下線部②で言ったような，[1] が細かい [2] や [3] の粒になって白く見えるようすは，家の台所などでも観察することができます。どのようなときに観察できるかを説明しなさい。

問４　山の頂上にかぎらず，地上付近でも雨が降ったあとに気温が変化して [1] が [2] の粒になって観察されることがあります。これを「きり」と呼びます。以下の**ア**～**ウ**に示したのは，11月のある日の降水量とその日の夜から翌朝にかけての気温の変化を示したものです。このうち朝方にきりが観察される可能性が最も高いのはどの日だと考えられますか。一つ選んで記号で答えなさい。

ア　ある日の降水量：10.2㎜

その日の夜～翌朝にかけての気温

	22時	23時	0時	1時	2時	3時	4時	5時	6時	7時
温度（℃）	7.6	7.4	7.0	6.6	6.1	5.7	4.9	4.5	4.2	4.5

イ　ある日の降水量：9.8㎜

その日の夜～翌朝にかけての気温

	22時	23時	0時	1時	2時	3時	4時	5時	6時	7時
温度（℃）	10.6	9.2	8.1	7.2	6.4	5.8	5.1	4.8	4.2	4.4

ウ　ある日の降水量：0.0㎜

その日の夜～翌朝にかけての気温

	22時	23時	0時	1時	2時	3時	4時	5時	6時	7時
温度（℃）	12.4	11.2	10.5	9.7	8.5	7.9	7.0	6.4	5.8	5.5

問５　日本付近で雨や雪を降らせる雲ができるしくみについて説明した以下の**ア**～**エ**の文のうち，あやまっているものを一つ選び，記号で答えなさい。

ア　３月から４月にかけて，上空へ急激に上昇する気流によって「積乱雲（入道雲）」とよばれる巨大な雲がよく発達し，強い雷雨を引き起こす

イ　６月から７月にかけて，湿り気を含んだ空気のかたまりのぶつかりによって広く雨雲におおわれ，雨が長い期間降り続く

ウ　８月から10月にかけて，熱帯地方から強い雨風をともなう雨雲のかたまりが移動してきて災害を引き起こすような強い雨を降らせる

エ　12月から２月にかけて，日本海から蒸発した水分が雲となり，広く日本海側に雪を降らせる

３　次の**Ａ**・**Ｂ**の問いに答えなさい。

Ａ．以下の問いに答えなさい。

問１　大坂城（大阪城）を築き，1590年に全国を統一したことで知られる豊臣秀吉は，武士以外から刀や弓，鉄砲などの武器を取り上げる政策を実施しました。この政策を何というか答えなさい。

問２　蝦夷地《えぞち》と呼ばれていたころから北海道に住んでいた先住民族は，古くから狩りや漁，採集などをして暮らしていました。この先住民族の名前を答えなさい。

問３　茨城県土浦市の遺跡，上高津貝塚ではハマグリなどの貝や土偶や腕輪，土器が発見されています。この遺跡は何時代の遺跡ですか。

問４　1560年の桶狭間の戦いで今川氏を破り勢力をのばしたことで知られる尾張（現在の愛知県）出身の戦国大名は，1576年には安土城を築き，城下で楽市・楽座などの政策を進めました。この戦国大名の名前を答えなさい。

問５　東京はかつて「江戸」と呼ばれていましたが，明治時代に「東京」と改められました。これに関して，次の問いに答えなさい。

⑴　以下の**ア**～**エ**の江戸時代の出来事のうち，あやまりを含むものを一つ選び記号で答えなさい。

ア　三代将軍徳川家光は，大名に江戸と領地を一年ごとに交互に住まわせる参勤交代を制度化した

イ　江戸幕府はキリスト教を禁止し，ヨーロッパ諸国との貿易・通交をまったくしなくなった

ウ　江戸時代には浮世絵が流行し，葛飾北斎などの人気浮世絵師が活躍した

エ　大老の井伊直弼は，アメリカとの間に日米修好通商条約を結ぶことを決定した

⑵　以下の**ア**～**エ**の明治時代の出来事のうち，あやまりを含むものを一つ選び記号で答えなさい。

ア　新橋と横浜の間に，日本で初めてとなる鉄道が開通した

イ　民撰議院設立の建白書の提出をきっかけとして，護憲運動がもり上がった

ウ　不平等条約の改正を目指す日本は，欧米の国々に日本の西洋化・近代化をアピールするため，鹿鳴館を建設し舞踏会を開催した

エ　大日本帝国憲法が公布され，議会が開設された

問６　太平洋戦争中の1945年３月にアメリカ軍が上陸し，1945年の６月まで日本軍との戦いが行われた都道府県はどこですか。

B．洋くんと東先生が２つの地図を見ながら話をしています。以下の会話文を読んで，それぞれの問いに答えなさい。

洋くん：昨年(2019年)の６月に大阪でG20サミット（20か国・地域首脳会合）が開かれましたよね。

東先生：そうだね。この**地図１**を見てごらん。大阪市で開かれたのは首脳会合だけど，その他にも北海道，①新潟県，②茨城県，長野県，愛知県，岡山県，愛媛県，福岡県でも各大臣などの会談が開かれたよ。G20サミットが日本で開かれたのは初めてだね。

洋くん：茨城でも開かれていたんですね。

東先生：つくば市で，貿易・デジタル経済大臣会合が開催されていたね。

洋くん：こういった首脳会談が，日本で開かれたことは今までもあったんですか。

東先生：先進国首脳会議（サミット）が６回開催されているね。開催場所は次のページの**地図２**に示されている４か所だよ。１回目から３回目までは東京で開かれたけど，４回目以降はそれ

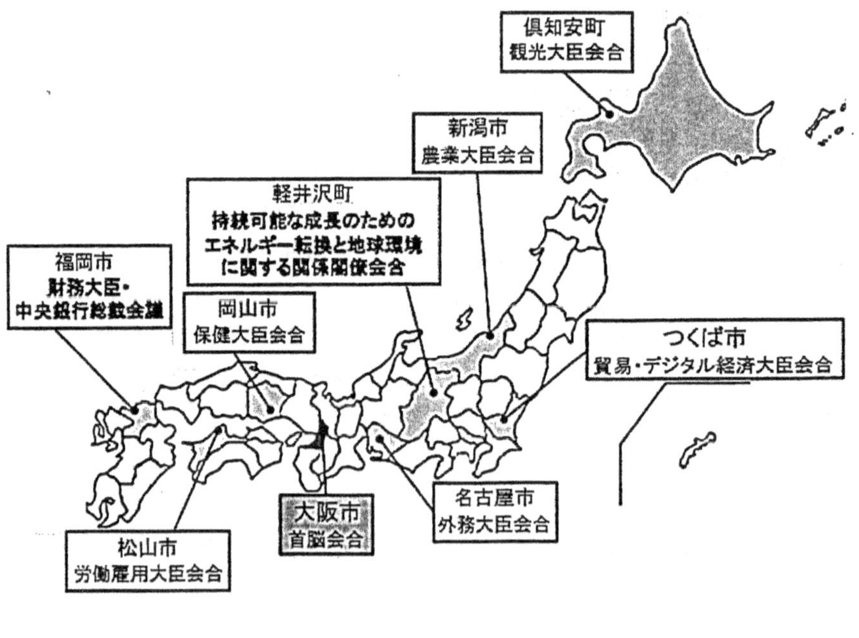

【地図１】2019年G20大阪サミットおよび関係閣僚会合の開催地

以外の場所でも開催されているよ。2000年の九州・③沖縄サミットは日本初の東京以外のサミットとしても注目されたよ。

洋くん：どんなことが話し合われたりするんですか。

東先生：いろいろあるけど，2008年の北海道洞爺湖サミットでは，④地球温暖化問題について話し合われたことが知られているね。また，2016年の⑤伊勢志摩サミット世界的な感染症問題や国際政治の問題の他，④地球温暖化問題について話し合われましたね。また，⑥自由貿易のことについても話し合われたよ。

洋くん：日本でもいろいろな国際会議が開かれているんですね。

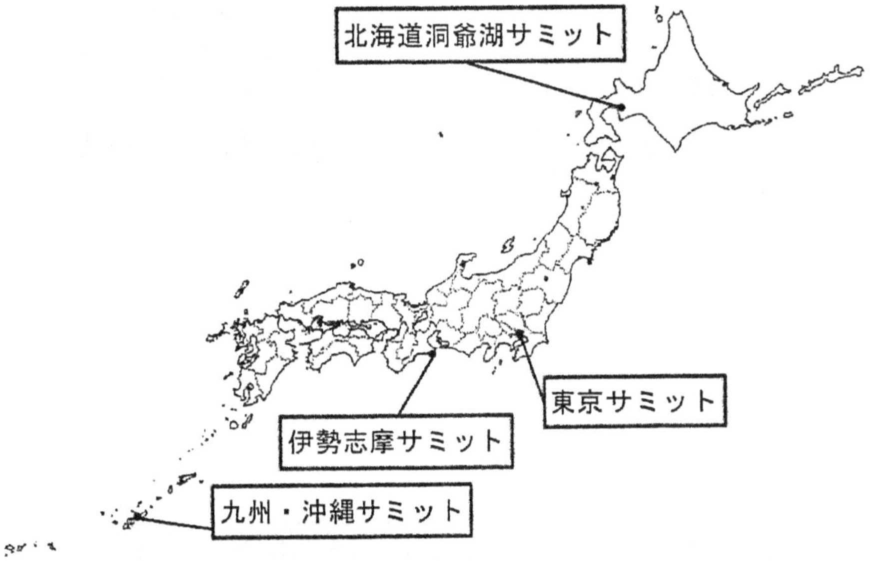

【地図２】日本で開かれた先進国首脳会談（サミット）の開催地

問１　下のア～エの雨温図は，北海道札幌市，新潟県新潟市，長野県長野市，沖縄県那覇市の雨温図です。この中から下線部①の新潟県新潟市の雨温図を選びなさい。

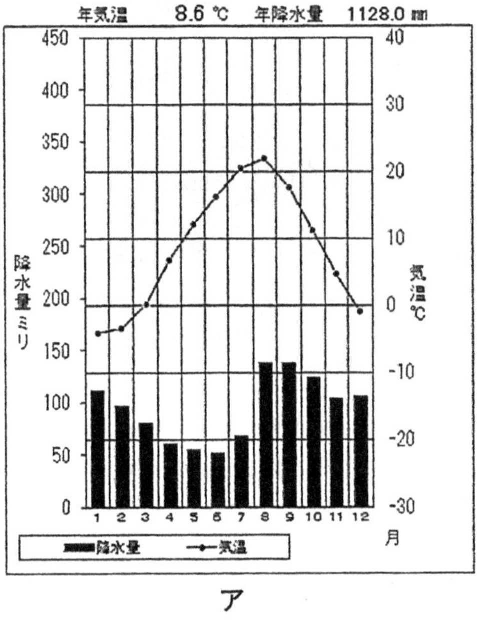

ア

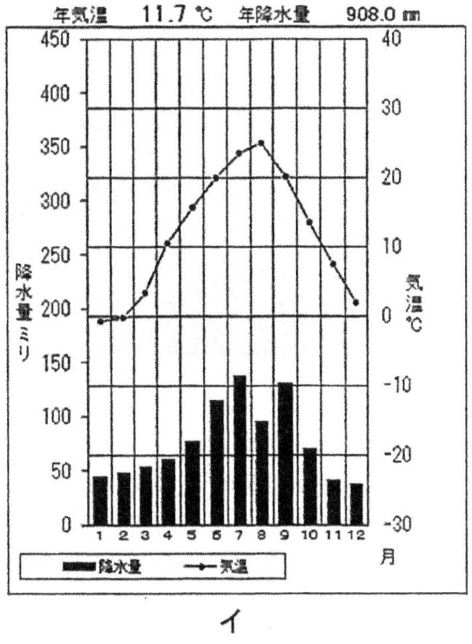

イ

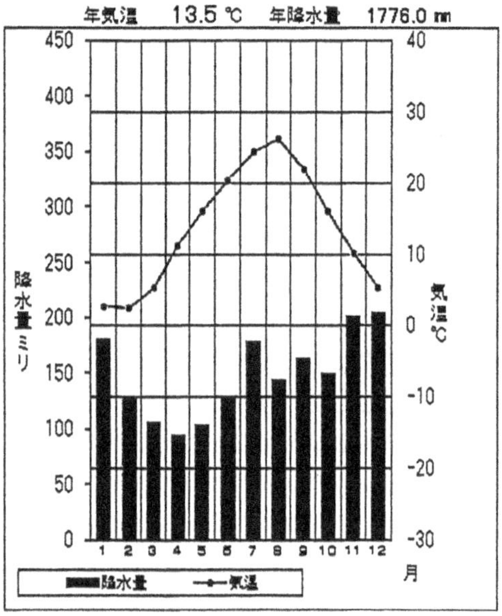

ウ

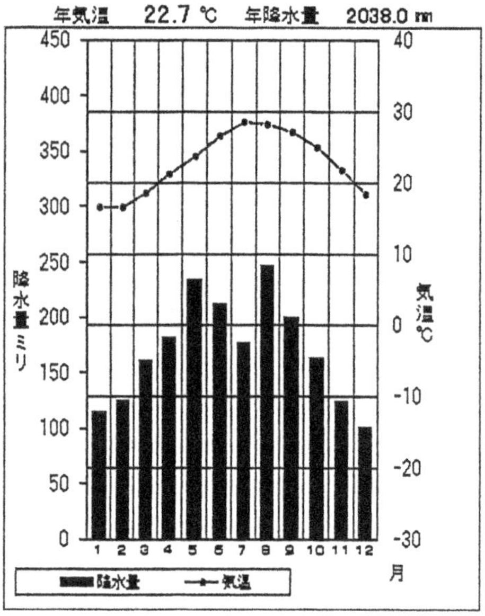

エ

問２　下線部②の茨城県では，東京に近く都市部に新鮮《しんせん》な農作物を届けることができるという立地を生かし，野菜や果物などの栽培が盛んです。このような農業を何といいますか。

問３　下線部③の沖縄は台風が接近，上陸する回数が多いことで知られています。沖縄の伝統的な住宅にはどのような台風対策がとられていますか，下の写真を参考にして答えなさい。

『中村家住宅』ウェブサイトより

問４　下線部④の地球温暖化問題に関して，各国では二酸化炭素の排出量の削減について議論されています。二酸化炭素のように温暖化を引き起こす気体のことを何といいますか。

問５　下線部⑤に関して，三重県の志摩半島では次のページの写真のように，入り江と岬が入り組んだ地形がみられます。このような地形は岩手県の三陸海岸でもみられることで知られています。この海岸地形の名前を答えなさい。

環境省ウェブサイトより

問６　下線部⑥の自由貿易に関して，日本は太平洋を取り囲む国々と自由貿易などの経済の結びつきを強めることを目的とした取り決めを結び，実現しようとしています。この取り決めを何というでしょうか。

4　以下の外国籍住民（日本国民としての身分を持たない住民）に関する文章を読み，問いに答えなさい。

近年，日本国内におけるグローバル化が進んでいる。これまで，外国籍住民の実態について，調査した例はいくつかある。たとえば，かながわ自治体の国際政策研究会では，「①外国籍住民が，母国の制度や文化の異なる日本で生活を営むことは容易ではない。日本人や外国人同士がいかに共生してゆくかは今後の大きな課題」と答えている。

しかし，②団地に住む外国籍住民の生活の実態は，これまでほとんど明らかにされていなかったため，団地における外国籍住民にとって住みやすい環境を考える研究も進められている。

問１　下線部①について，次の問いに答えなさい。

⑴　外国籍や障害，異なる言語を持つ人々が互いに助け合いながら暮らしていける社会の名称を多文化○○社会という。○○に入る言葉を，文中から抜き出しなさい。

⑵　外国人が日本での生活で住みにくいと感じると予想されることの例を１つ挙げ，簡単に説明しなさい。

⑶　歴史の中で育まれ，受け継がれてきた文化として，能や茶道，年中行事や冠婚葬祭などがある。これらを伝統文化という。この伝統文化の継承に注目すると，伝統文化のにない手が減っていることがある。この原因として何が考えられるか簡単に答えなさい。

問２　下線部②について，次の文章を読んで問いに答えなさい。

神奈川県にあるいちょう団地の，日本語教室に通っている11人の外国籍住民に対してインタビュー調査を行った。その結果が次のページの**表１**である。**表１**には，回答者の年齢，性別，そして出身国，来日理由，いちょう団地での入居理由，職業，家族構成がまとめられている。また，**図１**には，インタビューの回答者である11人が，いちょう団地周辺の施設をどのように利用しているのかがまとめられている。

表１　調査の結果

回答者			出身国	来日理由	いちょう団地への入居理由	職業	家族構成（下線は回答者）
No.	年齢	性別					
1	39	女	中国	夫との結婚	夫の両親がいちょう団地にすんでいる	車の組み立て	夫，妻，長男，次男
2	35	女	中国	夫との結婚	夫の両親がいちょう団地にすんでいる	チーズのスライス	夫，妻，長女，次女
3	17	男	中国	母の呼び寄せ	良心がいちょう団地に住んでいる	中華料理の給仕	夫，妻，長男
4	43	女	ベトナム	夫（難民）の呼び寄せ	家賃が安い	プラスチックの検査	夫，妻，長男，長女
5	35	女	ベトナム	夫との結婚	娘を出産し，広い部屋を求めて	電気部品会社	夫，妻，長女，次女
6	15	男	ベトナム	難民	親戚がいちょう団地に住んでいる	中学３年生	夫，妻，長男，長女
7	21	女	ベトナム	日本に興味持った	姉がいちょう団地に住んでいる	ケーブル製造	叔母，姪
8	21	女	ベトナム	難民	姉がいちょう団地に住んでいる	短大２年生/スーパーのレジ打ち	夫，妻，三女，三男
9	30	女	カンボジア	夫との結婚	夫の両親がいちょう団地に住んでいる	基盤検査	夫，妻，長女，長男，友人，友人の長女，友人の次女
10	25	男	カンボジア	難民	家賃安い，友人多数	ホイールの製造会社	長男，長女，次女の夫
11	19	男	カンボジア	難民	父の友人の紹介，家賃安い	チーズのスライス	父，母，長男，長女，

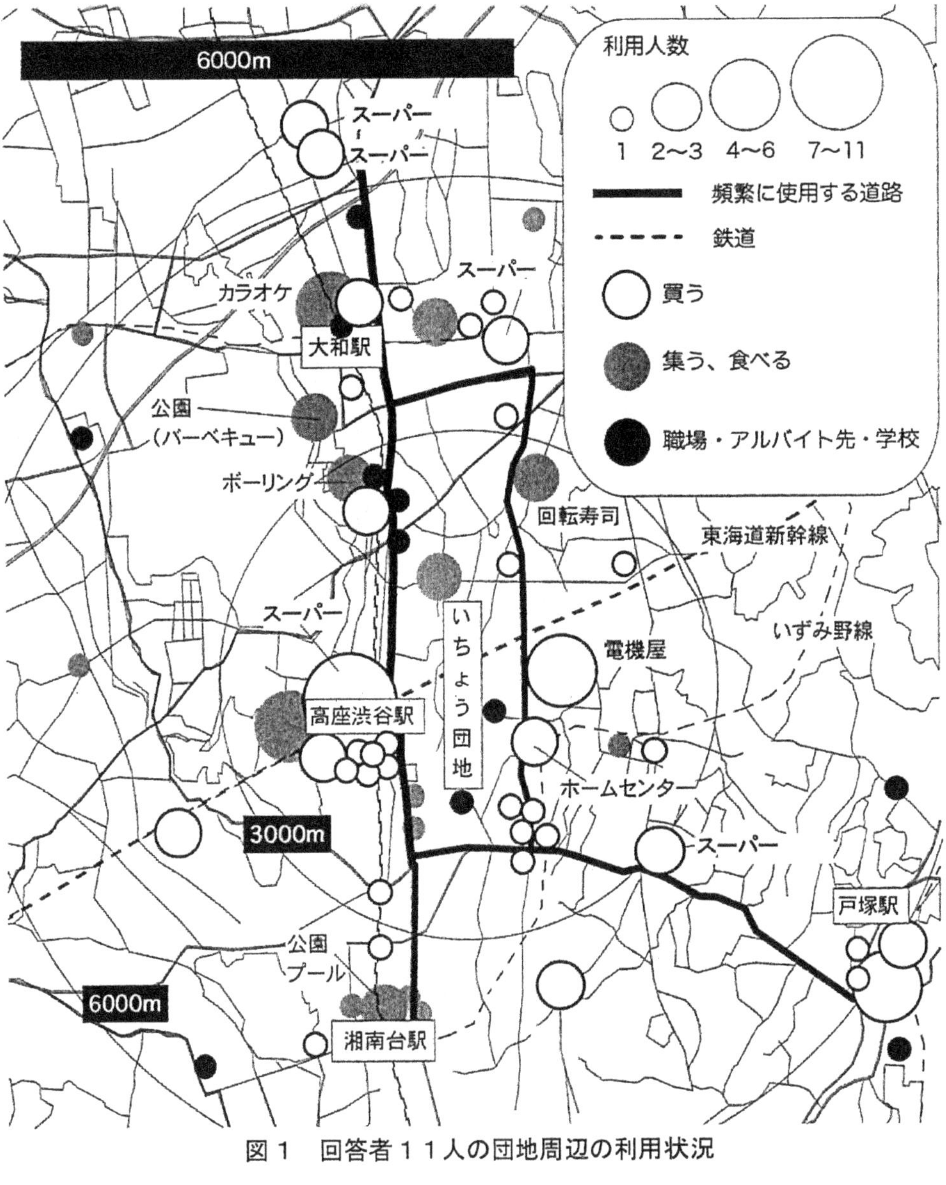

図１　回答者１１人の団地周辺の利用状況

⑴　インタビューしたいちょう団地の住民はどのような地域から多く来ているのか読み取り，以下の**ア**～**エ**から一つ選び記号で答えなさい。

ア　東南アジア　　**イ**　オセアニア　　**ウ**　中東　　**エ**　アフリカ

⑵　住んでいる外国人の職業には，どのような特徴《とくちょう》があるか簡単に答えなさい。

⑶　**表１**，**図１**から読み取れたことを踏まえ，回答者11人にとって「いちょう団地が住みやすい理由」を簡単に説明しなさい。この時，どの場所について述べているかわかるように，解答欄《かいとうらん》の図に印や線を書き入れて答えなさい。

〈下書き用マス目〉

問9 空欄《くうらん》 Ⅱ に入る、〈多くの人が口をそろえて同じことを言うこと〉の意味になる四字熟語を書きなさい。

問10 空欄《くうらん》 A ・ B に入る語として、最も適切なものを次の中からそれぞれ一つずつ選び、記号で答えなさい。

A ア つまり イ もし ウ たとえば エ そこで

B ア だから イ しかし ウ なぜなら エ しかも

問11 傍線部7「まつわる」の本文中での意味として最も適切なものを、次の中から一つ選び、記号で答えなさい。

ア 書かれている イ 魅力を感じる

ウ 興味をもつ エ 関連する

問12 本文で述べられている内容として正しいものを次の中から**すべて**選び、記号で答えなさい。

ア 私たちが、自然の景観を見て感動することと人間の制作した物を見て感動することは、「生きていてよかった」という充実感において共通している。

イ 「視覚」の場合は無意識に美しさに対する感性が刷り込まれているものだが、それに対して「聴覚」は意識して刷り込みをしなければ美しさに対する感性は高まらない。

ウ やきもののすばらしさを知るためには、ただ美術館に足を運ぶだけではなく、やきものを自分のものにして、「素直な目で見る」ことが大切である。

エ やきものに興味をもてるようになるためには機会があるごとにそれを眺め、やきものの話を少しでもいいから聞く体験をすることが重要である。

問13 本文の内容を踏まえて、あとの(1)・(2)に答えなさい。

(1) 筆者が、ものを鑑賞するときに大切だと思っていることは何ですか。本文中から漢字二字で書き抜きなさい。

(2) あなたが「生きているという充実感」を感じるのはどのようなときですか。具体的なことがらをあげて、百六十字以上二百字以内で書きなさい。また、書くときはあとの《きまり》に従いなさい。

《きまり》

・氏名と題名は書きません。

・各段落の最初は一マス下げて書きます。

・「、」や「。」もそれぞれ一文字に数えます。ただし、行の一番上のマス目に「、」や「。」がきてしまうときは、前の行の最後のマス目に文字と一緒《いっしょ》に記入してかまいません。

・文章の途中《とちゅう》で段落をかえたときの残りのマス目は、文字数として数えます。

のにしてしまうとか、自分のいちばん身近にあるものが、いちばん好きになるのです。

　B　、やきものの見方がわからない人は、焼きものの中に飛びこんでいって、自分のものにするか、あるいは美術館でも博物館でもいいから積極的に通って、わからないならわからないなりに毎日眺める、機会があるごとに眺めるという姿勢がもっとも手っとり早い方法です。

　美術館に行くと、やきものがずらりと並んでいます。それをざっと見て終わりにしてしまうと、興味をもつことにはなりません。しかし、それでもあちこち e**オトズ**れていると、どこかに引っかかるはずです。たとえば、ある博物館に、縄《じょう》文土器から近・現代の陶磁器《とうじき》まで、並んでいたとします。そこで、偶《ぐう》然にも、「有田焼は江戸《えど》時代のはじめにこういういきさつでできたのです。これが日本で最初の磁器だったのです」などと聞くと、つぎに行ったときにかならず有田焼の前で立ち止まってしまいます。「前に来たときに、こんな話を聞いたなあ」と思い出しながら、有田焼に目が止まることになります。そのような経験が大切です。

　なにかに 7まつわる話を聞くこと、ちょっとしたきっかけでもいいのです。そうすると、いままでは知らずに通り過ごしていたのに、「ちょっと眺めてみようか」ということで近づくことになります。そんな第一歩がひじょうに大切なのです。

（江口《えぐち》　滉《あきら》『やきものの世界』）

問1　傍線《ぼうせん》部 **a**～**e** について、カタカナは漢字に直し、漢字は読みを書きなさい。

問2　傍線部 **1**「なぜ『見る目を育てる』必要があるのでしょう」に対する答えを、解答欄に合う形で、本文中より十六字で書き抜きなさい。

問3　傍線部 **2**「自然」の類義語、対義語を書きなさい。

問4　空欄《くうらん》 I に入る言葉をひらがな五字で書きなさい。

問5　傍線部 **3**「五感に満足を与《あた》える」について、次の⑴・⑵に答えなさい。

⑴　「五感に満足を与える」を具体的に述べた部分を本文中から三十五字以内で指摘し、その始めと終わりの三字で答えなさい。

⑵　⑴で指摘した「五感」に含まれない〈感覚〉は何ですか。簡潔に答えなさい。（解答はひらがなでもよい）

問6　傍線部 **4**「感性が鋭ければ鋭いほど、……それぞれの反応ができる」の例として**適切でないもの**を次の中から一つ選び、記号で答えなさい。

ア　遠くで音だけ聞こえる花火を聞いて、夜空の彩《いろど》りを想像すること。

イ　風が運ぶ金木犀《きんもくせい》の香りをかいで、秋が深まったと感じること。

ウ　クラスで仲のよい友だちから誘《さそ》われて、神社の夏祭りに行くこと。

エ　明け方の草原で、草におりた露から真白な真珠を連想すること。

問7　傍線部 **5**「必要」と同じ組み立ての熟語を答えなさい。

ア　地震　　**イ**　着陸　　**ウ**　暗示　　**エ**　創造

問8　傍線部 **6**「それ」とは、どのようなことですか。本文中の言葉を使って、四十字以内で説明しなさい。

ろうと思うのです。

少し視点を変えてみます。たとえば私たちは毎日三度ずつご飯を食べます。それは単にお腹をふくらませるだけが目的ではなく、「おいしいものを食べたい」と思います。ただお腹がふくれて生きてさえいればいいというのではなく、それだけでは満足できず、やはり「おいしいものを食べて、充実した気持ちになりたい」のではないでしょうか。3五感に満足を与《あた》えるということが生きがいなのではないでしょうか。「食べるものも、見るものも、外から入ってくるあらゆる刺《し》激に、できることなら満足したい」というのが人間の基本的な欲求ではないかと思います。感性とはそういうものでしょう。「感性が鋭《するど》いか、鈍《にぶ》いかによって、その人の生涯《しょうがい》が幸福か、幸福でないかがきまる」とさえ言えるのではないでしょうか。4感性が鋭ければ鋭いほど、さまざまなものに対してそれぞれの反応ができるのです。生きていることの充実感がわくのです。私は、ものを鑑賞するには、感性が大切だと思っています。

ただ命がつながっているだけで満足するのだったら、ものを鑑賞する必要はありません。その日その日、一分一秒、充実した生活をするために、ものを見て楽しむ、さわって楽しむ、味わって楽しむ、聞いて楽しむということが人生には5必要だと思うのです。

最初の例ですが、虹を見て、あるいは紅葉を見て、だれもが共通して「美しいなあ」と感じるでしょう。そういうものを見てb嫌悪感を覚える人はおそらくいないでしょう。

しかし、庭で虫が鳴いているのを聞いて、どう感じるでしょう。「ああ、秋になったのだ。いい音色だな」と思う人がいる一方で、これが雑音としか聞こえない人たちもいるのです。6それはいったい何故なのでしょうか。何を見たときに「美しい」と感じ、何を聞いたときに「美しい」と思うかは、自分が気づかないうちに、どこかで教えられて、刷りこまれているのではないかという気がします。

同じやきものを見て、多くの人が「美しい」「すばらしい」と思っても、ある人にはなんのことだか、さっぱりcキョウミも関心も感動もわかない。このような例は、ほかにもたくさんあると思います。感動を覚えない人は、これまでに感性を高める教育というか、刷りこみがなされなかったからではないでしょうか。

もし、そうだったら、外から刷りこまれなくても、自分で刷りこんでみたらどうでしょう。そのためには積極的に勉強することが大切です。美学の本を読んでいると、どれにも「素直な目で見ること」と［Ⅱ］に書いてあります。「素直に見れば、美しさは自《おの》ずとわかる」と書いてあります。わたしは「少しちがう」と思います。素直に見たって、わからないものは絶対にわかりません。とりつくきっかけを誰かに教えてもらうことが大切なのです。

それでは、いちばん手っとり早い方法は、積極的にたくさん見ることです。極端《きょくたん》なことをいうと、自分のものにすることです。「自分のものにする」とは買うことです。お金のかかることですから、誰にでもできることではありませんが、手元に置いて毎日眺《なが》めていると好きになります。わからなくても、だんだん好きになります。

［A］、ものづくりの師匠《しょう》とd弟子の関係で、弟子の作品は師匠の作品によく似るのです。弟子は師匠の作品を、毎日見ているから、美しいものの基準がそこに合ってしまうのです。だから似るのです。自分のも

【国語】（五〇分）〈満点：一〇〇点〉

【一】次の問いに答えなさい。

問1　次の各文の傍線《ぼうせん》部は、どこにかかる言葉ですか。例にならって答えなさい。

例）きれいな　赤い　花が　咲《さ》いている。　　答：花が

①　西から　大きな　台風が　やってくる。

②　私は　最後まで　彼のことを　信じようと　思う。

③　世界中の　あらゆる　人が　平和を　願っています。

問2　次の各文について、文の内容を変えないで、（　）の指示に従ってそれぞれ文を書きかえなさい。

例）父は　私たちを　しかった。（「私たち」を主語にして）

　答え：私たちは　父に　しかられた。

①　明日、あなたの　家に　行きます。（「あなた」に敬意を示して）

②　私のほうが　彼よりも　走るのが　おそい。（「彼」を主語にして）

問3　次の空欄《くうらん》にあてはまる故事成語を後から選び、記号で答えなさい。

①　あのドラマの最終回は、まさに□だった。

②　台風が接近して心配していたが、□に終わってホッとした。

③　今回の応募作で特に優れたものはなく、どれも□だ。

④　この原稿はまだ□の余地がある。

ア　紅一点《こういってん》　**イ**　馬耳東風《ばじとうふう》　**ウ**　五十歩百歩《ごじっぽひゃっぽ》

エ　杞憂《きゆう》　**オ**　圧巻《あっかん》　**カ**　蛍雪《けいせつ》の功《こう》

キ　推敲《すいこう》

【二】次の文章を読んで、あとの問いに答えなさい。

　絵や彫刻《ちょうこく》などの芸術作品を鑑《かん》賞するにさいして、よく「見る目を育てる」ということが言われます。[1]なぜ「見る目を育てる」必要があるのでしょう。

　私たちは、「雨上がりに虹《にじ》が出た」「西の空が夕焼けで真っ赤になっていた」というような[a]景色を見て感動します。「虹が出ている。ああ、きれいだなあ」と誰《だれ》もが思います。あるいは山一面に桜が咲《さ》いたり、紅葉になったりというとき、わざわざ出かけていき、花見をしたり、紅葉を見て、「きれいだ」とか「すばらしい」と満足します。

　これらの例は自然の美しさを見ることで感動するのですが、同じ次元で、人のつくったものを見て感動するということがあります。自然現象だったら、わざわざ花見や［　Ⅰ　］に出かけていったり、山や海、川や渓谷《けいこく》を見たりというように、私たちは自然の造形を積極的に見に行こうという姿勢があります。しかもその美しさに感動し、満足して、ちょっと大げさな言い方をすると「ああ、生きていてよかった」という充実《じゅうじつ》感を味わうでしょう。

　[2]自然物ばかりでなくて、人のつくったもの、たとえば城や寺や庭園、場合によっては手元にある小さな花瓶《かびん》でもいいし、壁《かべ》にかかっている一枚の絵でもいいのです。そういうものを見て感動することがあります。「ああ、見てよかった」とか「自分のものにしてよかった」という充実感が、結局は「生きていてよかった」という生きがいにつながるのではないでしょうか。

　ものを見て喜ぶ、鑑賞するということはそういうことではないでしょうか。生きているということの証《あかし》、生きているという充実感につながることだ

MEMO

大切なことはメモしておこうネ！

2020年度

東洋大学附属牛久中学校入試問題（適性検査型）

【適性検査Ⅰ】（50分）　＜満点：100点＞

[1] 【1】 うしおさんたちの学級では，友だちを傷つけてしまう言葉の使い方について話し合うことになりました。うしおさんとひさこさんは，うしおさんたちの学級で行ったアンケートの結果である**資料1**～**資料3**を読みながら，話し合っています。

資料1　傷つく言葉を言われても平気か

・傷つく言葉を言われても平気だ…5％　　・傷つく言葉を言われるのはいやだ…95％

資料2　相手を傷つける言葉を言ってしまったことがあるか

・相手を傷つける言葉を言ってしまったことがあると思う…78％
・相手を傷つける言葉を言ってしまったことはないと思う…22％

うしお：**資料1**と**資料2**からは，[ア]なのに，なぜ，[イ]ことが多いのかという疑問が出てくるよね。どうしてなんだろう。

ひさこ：相手を傷つける言葉を言ってしまうという行為《こうい》は，**資料1**と**資料2**からすると，おそらく，自分で意識的に行っているというよりも，思わず言ってしまっていることが多いのかもしれないわね。どのような時に言ってしまっているのか，**資料3**も見てみましょう。

資料3　どのような時に相手を傷つける言葉を言ってしまったか

・友達と遊んでいる時に，ふざけながら軽はずみに言ってしまった。テレビやマンガでもよく使われている言葉だし，みんなの中にも使っている人がいるから，そのような雰囲《ふんい》気《き》の中で，これぐらいなら言っても大丈夫《だいじょうぶ》かなと思ってしまった。
・友達と口げんかになってしまった時に，相手に負けまいとして言ってしまった。言ってよい言葉と言ってはいけない言葉の区別は分かっていたはずなのに，その時は，相手の立場に立って，その言葉を言われたら傷つくだろうなということを考えることができていなかったと思う。
・友達の勉強の成績が良かったり，スポーツが上手だったりした時に，その友達に対して，わざと傷つける言葉を言ってしまった。今，考えてみると，その時に，自分の思い通りにいかない悩《なや》みや不満をかかえていて，自分に自信がなくて，それをごまかすために，他人を見くだすような言葉を言ってしまったような気がする。

うしお：**資料3**からすると，相手を傷つける言葉を言ってしまう根本的な原因としては，相手を傷つける言葉が使われている雰囲気に流されてしまっていること，[ウ]こと，

エ ことが考えられるかもしれないね。

ひさこ：前のページの**資料 3** を踏《ふ》まえて，相手を傷つける言葉を言うことのないクラスにするために，何ができるだろうね。

うしお：自分に自信がないために相手を傷つける言葉を言ってしまうのだから，ぼくは， オ ことが大切だと思うな。

ひさこ：相手の立場に立って考えることができていないために相手を傷つける言葉を言ってしまうのだから，私は，日頃《ひごろ》から，自分が言われていやなことは相手にも言わないように心がけることが大切だと思うわ。

〔問題 1〕 うしおさんとひさこさんの会話が成り立つように， ア ， イ ， ウ ， エ に入る内容を書きなさい。**ア**は，10字以上20字以内，**イ**は，10字以上20字以内，**ウ**は，50字以上60字以内，**エ**は，30字以上40字以内で書きなさい。ただし，「,」も 1 字に数え，文字に誤りがないようにしなさい。

〔問題 2〕 あなたがうしおさんだったら， オ で，どのように発言しますか。 オ に入る自分の意見を，30字以上40字以内で書きなさい。ただし，「,」や「。」も 1 字に数え，文字に誤りがないようにしなさい。

【2】 ひさこさんたちの学級では，インターネットの利用について話し合いをすることになりました。話し合いの目的は，学級のみんなが，安全に安心してインターネットを利用し，必要な時に情報を世界中から手に入れ，知識の幅《はば》を広げ，生活を豊かにするためです。

ひさこさんたちが，利用状況《じょうきょう》を調べてみたところ，85.6%（2018年現在　内閣府調査）の小学

資料 1　青少年のインターネットの利用時間（平日 1 日当たり）

回答数：小学生 847 名　中学生 1118 名　高校生 894 名

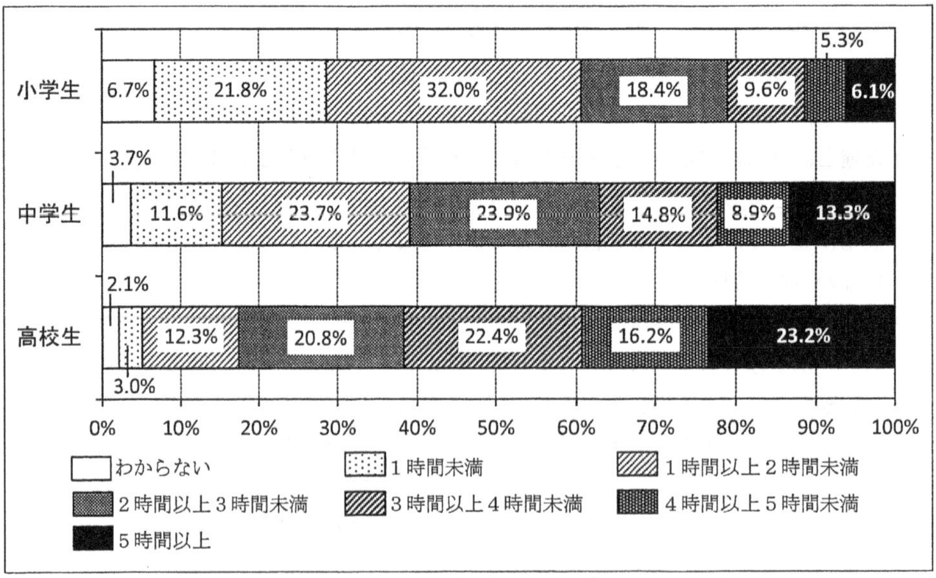

内閣府「平成 30 年度青少年のインターネット利用環境実態調査　調査結果」から作成

生がインターネットを使用していることが分かりました。さらに調べてみると，便利なインターネットですが，使い方に課題があることが分かりました。そこで，学級をＡ～Ｃの３つのグループに分けて課題点をそれぞれあげてもらいました。

［３つのグループからあがってきた課題］

Ａグループ　インターネットの利用時間（前のページの**資料１**）

Ｂグループ　ネット上の投稿《とうこう》内容（**資料２**）

Ｃグループ　ネット上の書き込《こ》み（**資料３**）

資料２　ネット上の投稿内容

① 熊本地震《くまもとじしん》の時に「動物園からライオンが逃《に》げ出した」という合成した写真が投稿され，それを信じた人が拡散させた。

② 常磐《じょうばん》自動車道守谷付近であおり運転があった事件で，全く無関係の女性が，あおり運転をしたうえで暴力をふるった男と一緒《いっしょ》にいた女に間違《まちが》えられて氏名等がネット上にさらされた。

③ 殺人事件の犯人はお笑いタレントＡさんであるとのうその情報がネット上に投稿された。

資料３　ネット上の書き込み

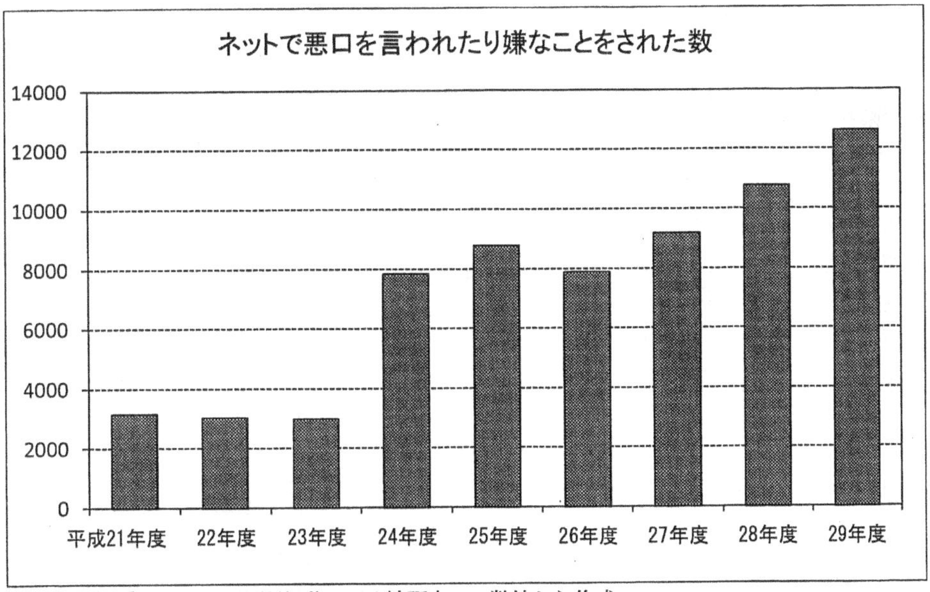

文部科学省「児童生徒の問題行動・不登校調査」の数値から作成

〔**問題３**〕 あなたが学級のメンバーだったら，どのグループに入って意見をまとめますか。

(1) Ａ～Ｃのグループの中から一つ選び，解答用紙の記号に○をつけなさい。

(2) 選んだグループの資料からはどのような問題が起きると考えられますか。60字以内で答えなさい。

(3) その問題を解決するために，あなたならどのような提案をしますか。60字以内で答えなさい。

※「，」や「。」も１字に数え，文字に誤りがないようにしなさい。

2 【1】 うしおさんとひさこさんは，2020年に開催《かいさい》される東京オリンピックの聖火リレーについて調べています。

うしお：オリンピックの聖火は，ギリシャから運ばれて来るんだね。

ひさこ：そうよ。聖火はオリンピック発祥《はっしょう》の地ギリシャのオリンピア市で太陽光を利用して点火されるの。

うしお：その後，飛行機で，宮城県まで運ばれるんだね。

ひさこ：2020年東京オリンピックは，2011年に発生した東日本大震災《だいしんさい》の被災地《ひさいち》復興を応援し，復興のようすを世界に発信するという役割も担っているの。聖火は，まず，宮城県，岩手県，福島県の順番で各2日間「復興の火」として展示されるわ。

うしお：その後，聖火は，福島県をスタートとして121日間をかけて日本全国47都道府県でリレーされるんだね。

〔問題１〕 2020年東京オリンピックの聖火リレーの**都道府県の順番**や**各都道府県に割り当てられた日数**は，東日本大震災《だいしんさい》で大きな被害《ひがい》を受けた都道府県，東京都以外で競技会場のある都道府県のために，どのような工夫がされていますか。**資料１～４から読み取れることをもとに二つ書きなさい。**（資料３，４は次のページにあります。）

資料１　東日本大震災《だいしんさい》の死者および行方《ゆくえ》不明者の数

（2011年３月11日発生）

都道府県名	死者および行方《ゆくえ》不明者の数
青森県	4人
岩手県	6255人
宮城県	11789人
福島県	4070人
茨城県	67人
千葉県	24人

2018年９月１日現在

（『平成30年版消防白書』総務省消防庁による。）

資料２　2020年東京オリンピックにおいて東京都以外で競技会場のある都道府県

都道府県名	会場数	実施される競技
北海道	1	サッカー
宮城県	1	サッカー
福島県	1	野球・ソフトボール
茨城県	1	サッカー
千葉県	2	レスリング、フェンシング、テコンドー、サーフィン
埼玉県	4	サッカー、射撃、ゴルフ、バスケットボール
神奈川県	3	サッカー、セーリング、野球・ソフトボール、
静岡県	3	自転車競技（トラック、ロード、マウンテンバイク）

※2019年11月、マラソンと競歩については、会場が東京から北海道に変更となった。

（公益財団法人東京オリンピック・パラリンピック競技大会組織委員会ホームページによる。）

資料３　2020 年東京オリンピック
聖火リレーの都道府県順

＊地図中の数字は聖火リレーの都道府県順番を示しています。
＊地図中の ⟶ は聖火リレーの都道府県順を示すために記したもので、聖火リレーの実際の通り道を示したものではありません。
＊期間は 2020 年 3 月 26 日(木)〜7 月 24 日(金)、計 121 日間。

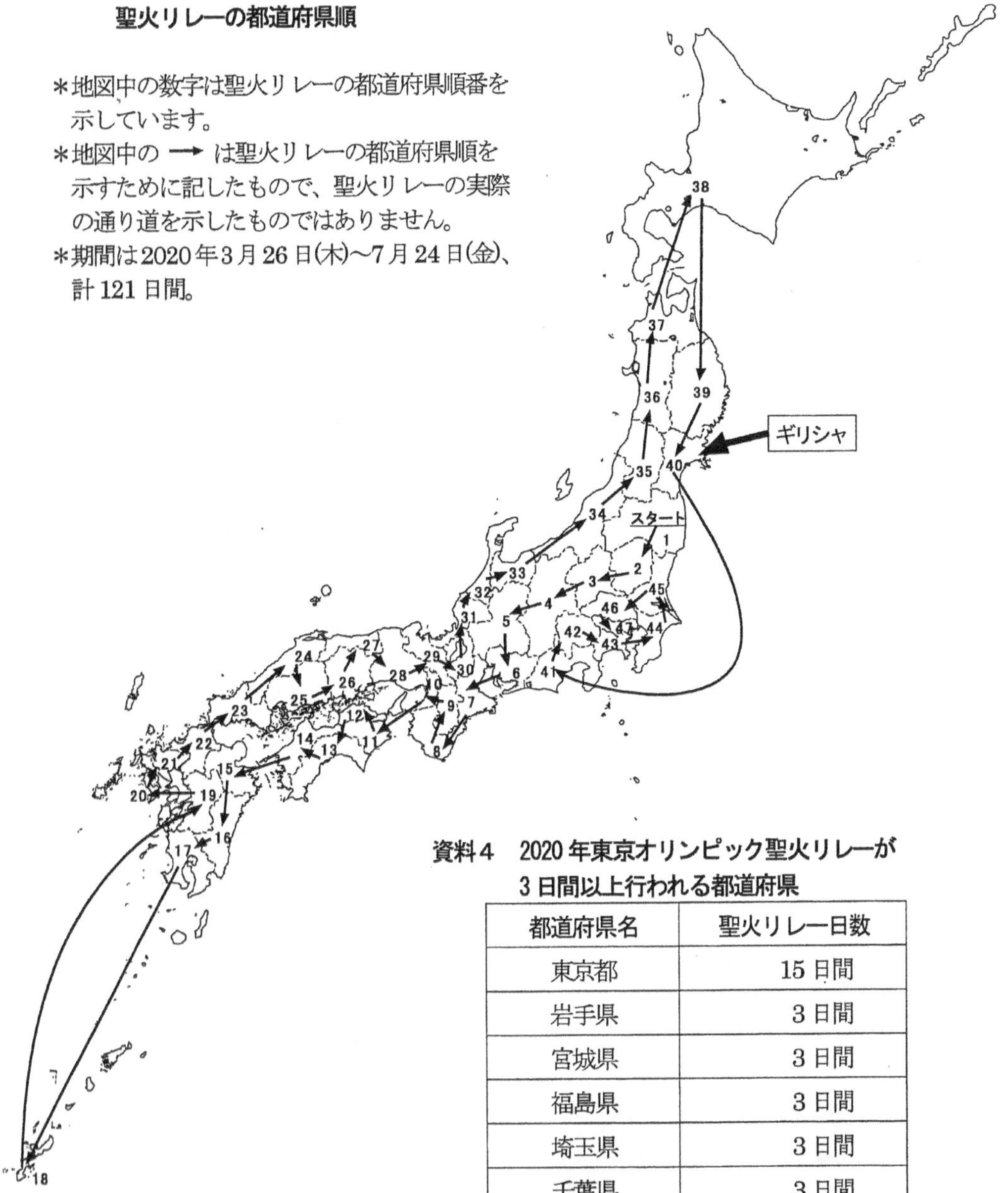

資料４　2020 年東京オリンピック聖火リレーが
3 日間以上行われる都道府県

都道府県名	聖火リレー日数
東京都	15 日間
岩手県	3 日間
宮城県	3 日間
福島県	3 日間
埼玉県	3 日間
千葉県	3 日間
神奈川県	3 日間
静岡県	3 日間

＊その他の 39 道府県は各 2 日間
＊移動日 7 日間

（資料３・４は、公益財団法人東京オリンピック・パラリンピック競技大会組織委員会ホームページによる。）

うしお：聖火リレーは東日本大震災《だいしんさい》の記憶《きおく》をとどめる場所や，世界遺産をはじめとした観光の名所など，各都道府県の魅力《みりょく》を発信する場所を通るんだね。

ひさこ：わたしたちの住んでいる茨城県では，13の市と２つの町で聖火リレーが行われるのよ。

うしお：茨城県の豊かな自然や産業，観光地を知ってもらう良いチャンスだね。

ひさこ：茨城県へ来てくれる人が増えれば，観光に関する仕事も増えて，暮らしが豊かになり，茨城県が元気になるわ。

〔問題２〕　近年，茨城県の観光地を訪れる人の数は，増加の傾向《けいこう》にあります。一方で，茨城県の観光には課題もあります。**資料**５と**資料**６から読み取れる茨城県の観光の課題を書きなさい。また，茨城県を訪れる観光客や観光による収入を増やすには，どのような取り組みが考えられますか。次のページの**資料**７①～③のどれか一つを使って，読み取れることをもとに書きなさい。

資料５　日本人の国内旅行者の人数と国内旅行で使った費用の宿泊旅行・日帰り旅行別の割合

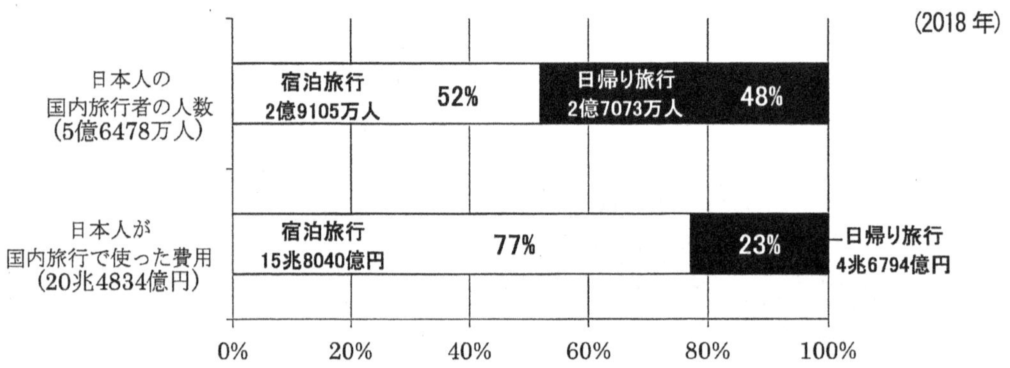

（「2018 年旅行・観光消費動向調査 年報」国土交通省観光庁による。）

資料６　茨城県を訪れた旅行者（外国人を含む）の宿泊旅行・日帰り旅行別の割合（2018 年）

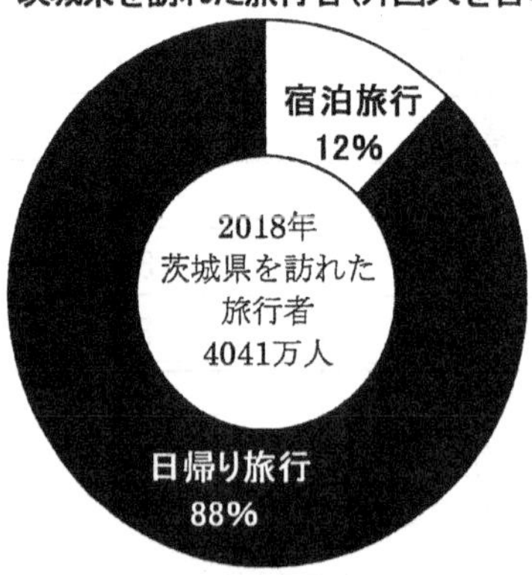

（「2018 年(平成 30 年)観光客動態調査結果について」茨城県観光物産課による。）

資料７

①茨城空港から出ている航空路線

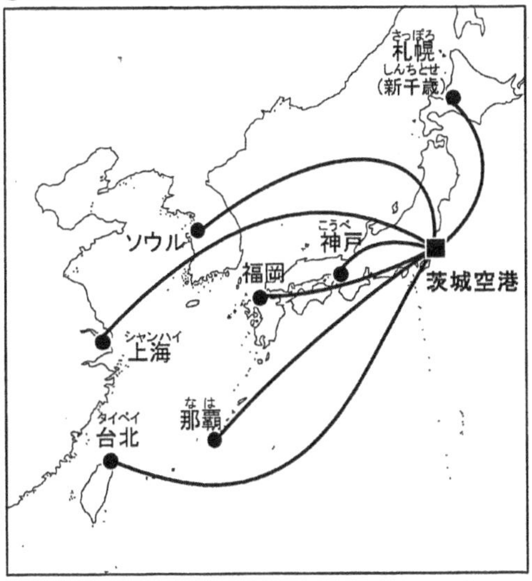

（茨城空港ホームページによる。）

②いばらきグリーン・ツーリズム

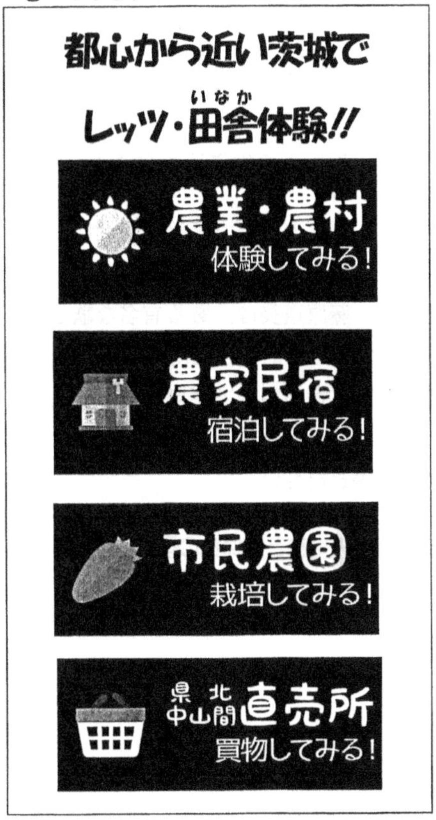

（「いばらきのグリーン・ツーリズム」茨城県農林水産部農地局農村計画課ホームページによる。）

③いばらき観光おもてなし推進条例

茨城県では、「おもてなし日本一」をめざしていくために、「いばらき観光おもてなし推進条例」をつくり、次のことを定めています。

その１　県民が、自然や歴史、文化、食など茨城県の魅力《みりょく》について理解を深め、誇《ほこ》りと愛着を持つこと。

その２　茨城県を訪れた人を、真心のこもった笑顔とあいさつで温かく迎え、誇《ほこ》りを持って茨城県の魅力《みりょく》を伝えていくこと。

その３　県や市町村、県民など全ての人が、協力して「おもてなし日本一」に向けて取り組んでいくこと。

（『茨城おもてなしハンドブック』茨城県観光物産課による。）

うしお：ぼくのお母さんの実家は，長い間都がおかれた京都府にあるんだ。

ひさこ：2020年に開催される東京オリンピックの聖火リレーの日程を見ると，5月26日～27日にかけて京都府を通るようね。

うしお：京都には，平安京に代表される大都市が作られ，日本の文化の中心であったことがわかるね。

ひさこ：都が平安京に移された平安時代には，藤原氏という貴族が大きな力を持っていたわよね。

うしお：授業の課題で，平安時代についての発表があるから，ぼくは藤原氏をくわしく調べてみることにするよ。

〔**問題3**〕　藤原道長は，ある有名な歌をよんでいます。

「この世をば　わが世とぞ思ふ（う）もち月の　かけたることも　なしと思へ（え）ば」

この歌は，世の中全てが自分の思い通りになっているという意味の歌ですが，なぜ藤原道長はこのような歌をうたえるほどの力を持つことができたのでしょうか。資料1から読み取れることをもとに書きなさい。

資料1　天皇家と藤原氏の関係系図（図の中の「＝」は、結婚していることを示しています）

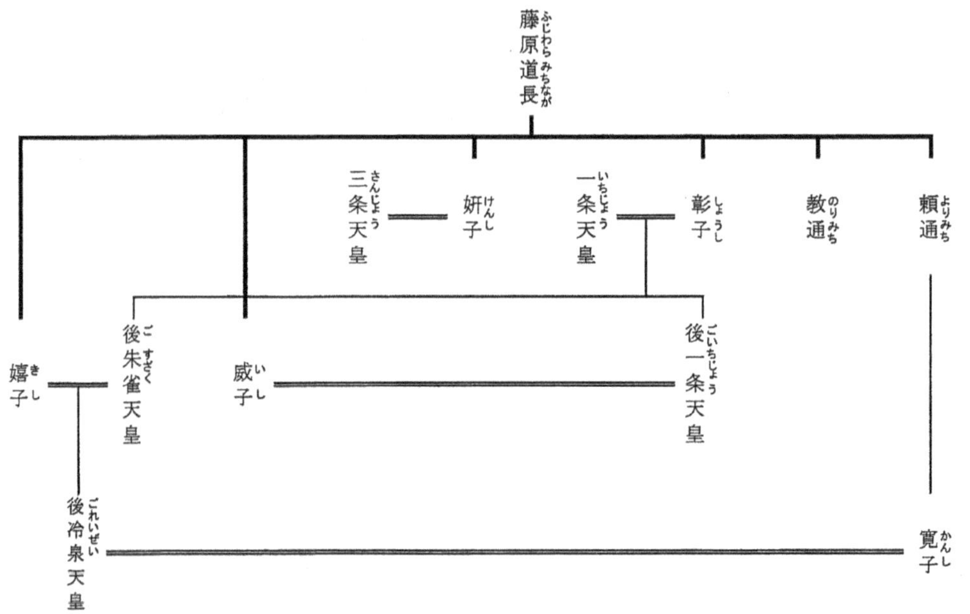

〔**問題4**〕　藤原道長が大きな力を持つことができた理由には，問題3で答えた理由以外にもいくつかあります。47，48ページの資料2～5から読み取れることをもとに一つ書きなさい。

資料２　藤原氏の系図（〇で囲んである数字は、摂政・関白の順番）

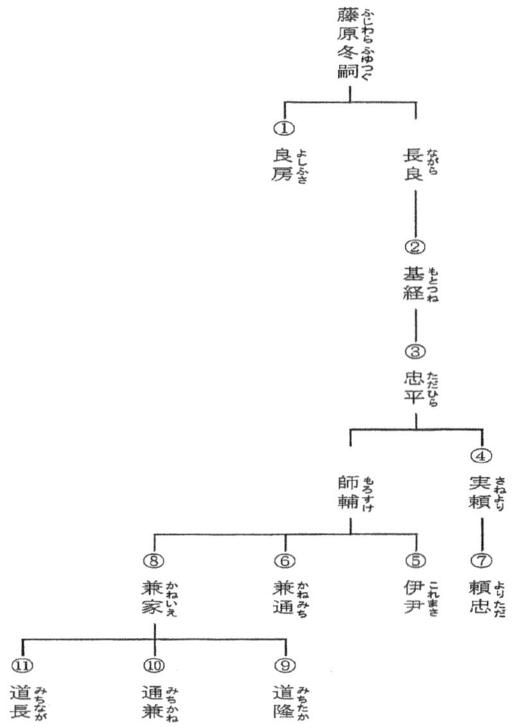

資料３　藤原氏に関係する年表（年表中にある〇で囲んである数字は、資料２の系図中にある〇で囲んである数字を示しています）

８４２年　①藤原良房が橘《たちばな》氏らの貴族を朝廷から追放する。

８６６年　①藤原良房が伴《とも》氏らの貴族を朝廷から追放する。

８８８年　②藤原基経が橘氏らの貴族を朝廷から追放する。

９６９年　④藤原実頼が天皇の子である源氏らの貴族を朝廷から追放する。この事件以後、摂政・関白がつねに置かれるようになる。

９９６年　⑪藤原道長が左大臣に就任し、以後約２０年間、左大臣の職につく。

資料４　先生の話

国の政治は太政官《だいじょうかん》と呼ばれる、今の内閣にあたる機関で行われていました。資料５にあるように、太政官の中で一番身分の高い職が太政大臣でした。以下、左大臣・右大臣・大納言《だいなごん》と続いています。しかし、太政大臣は適任者がいない場合は欠員とされましたので、必ずいつも置かれた職ではありませんでした。

資料５　太政官を構成する官職

太政大臣

左大臣

右大臣

大納言

【適性検査Ⅱ】（50分）　＜満点：100点＞

1　**台1**，**台2**の２つの台があります。小さいものから順に**1**，**2**，**3**，**4**と番号が書かれた大きさの異なる円板が，**台1**に上から順に小さい円板から大きい円板になるように積み上げられています。以下，**図1**の状態を正面から見た図として，**図2**のように表します。

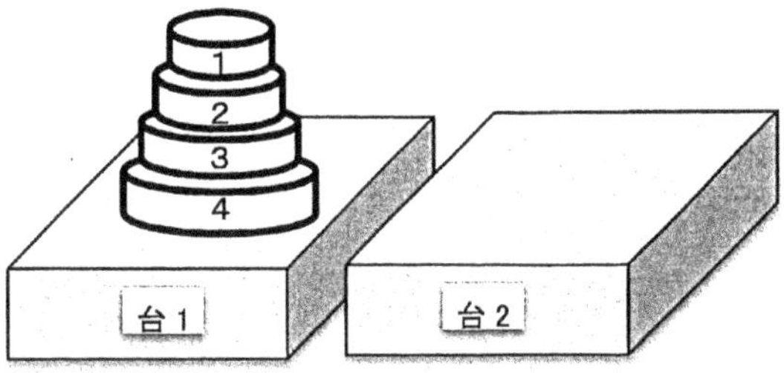

図1

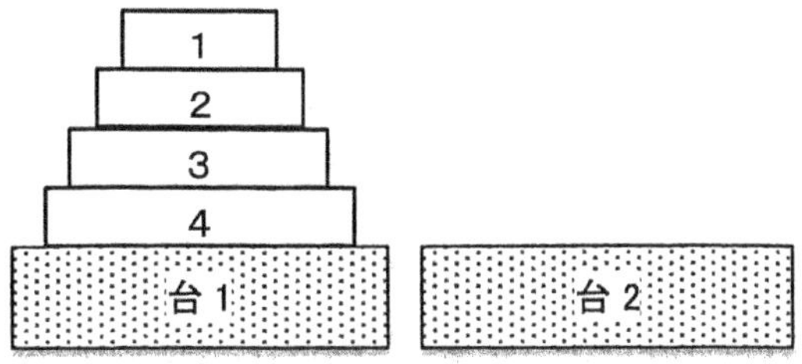

図2

これらの円板を次の操作A，Bによって移動します。

A…**台1**に積まれた円板のうち，１番上の１枚を**台2**に移動する。その際すでに**台2**に円板があるときはその１番上に重ねる。また，**台1**に円板がないときは何もしない。 B…**台2**にあるすべての円板を積まれた状態のまま**台1**に移動する。その際すでに**台1**に円板があるときはその１番上に重ねる。また，**台2**に円板がないときは何もしない。

（例）　操作Aにより下の**図3**は**図4**に変わります。

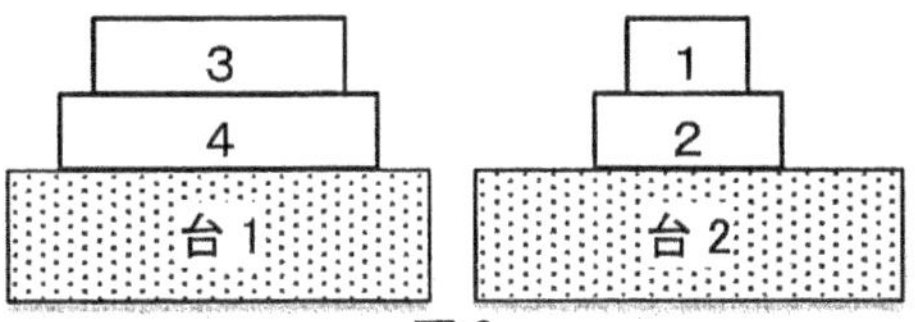

図3

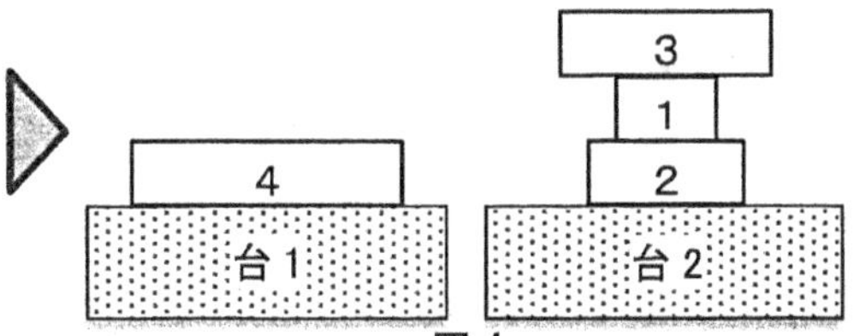

図4

（例）　操作Bにより下の**図5**は**図6**に変わります。

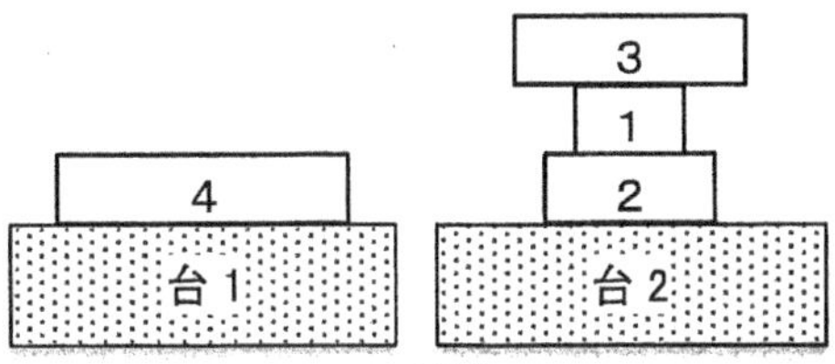

図5

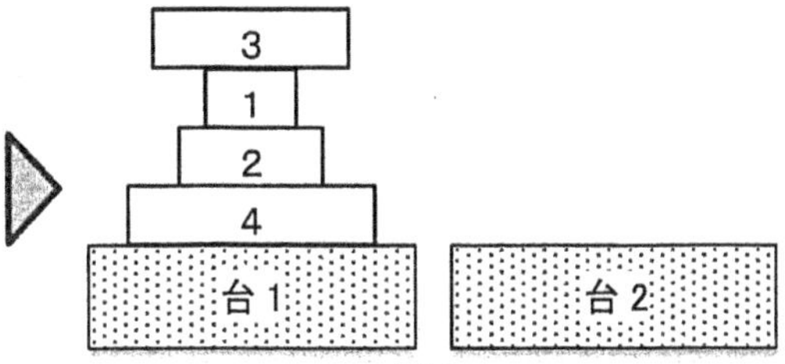

図6

さらに，四角枠の中に数字が書かれた❶，❷，…で次のような命令を与えます。

命令…数字の回数だけ操作Aをおこない，続けて操作Bを１回おこなう。

たとえば図２の状態から命令 ❶ を実行し，次に　命令 ❸ を実行することで，円板の状態は以下のように変わります。（以下これを ❶ → ❸ と表します）

■　最初の状態

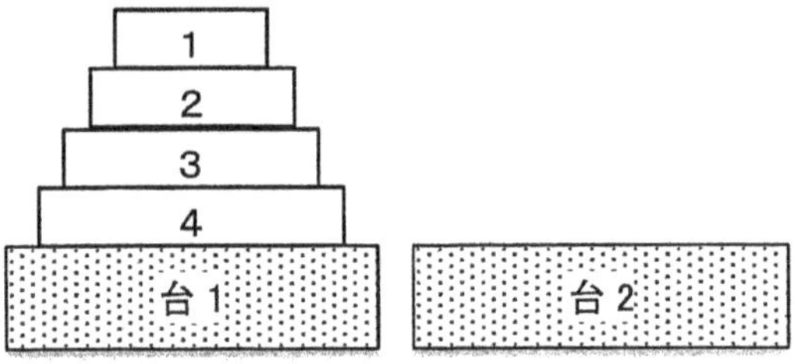

命令 ❶

■　操作Ａ　１回目

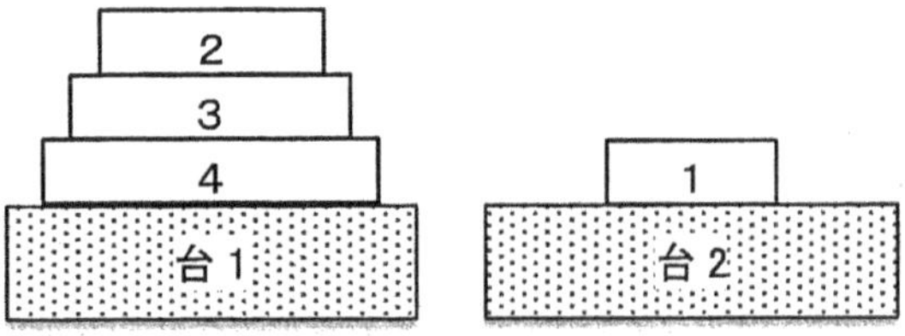

■　操作Ｂ　１回目

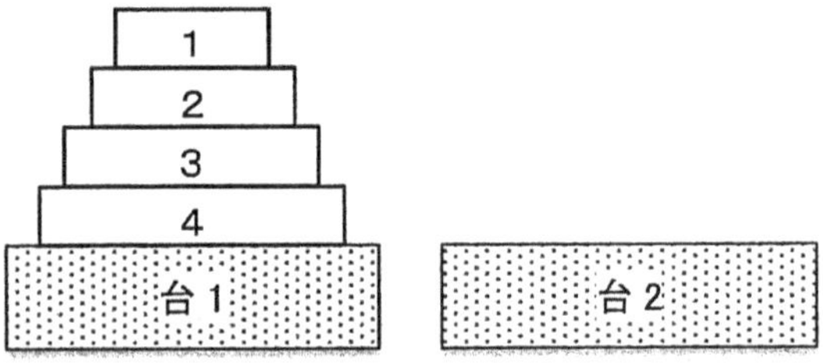

命令 ❸

■　操作Ａ　１回目

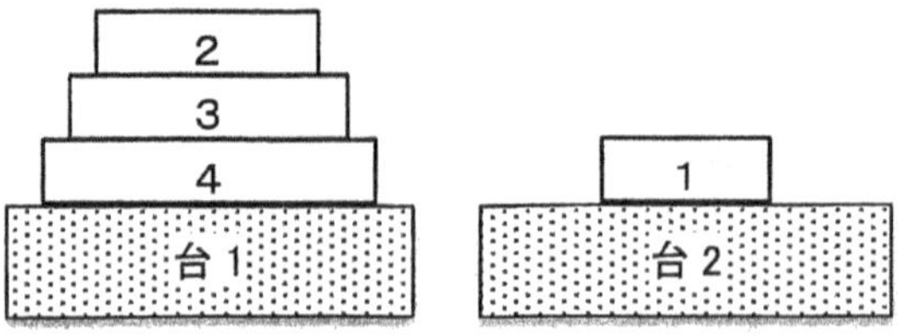

■　操作A　2回目

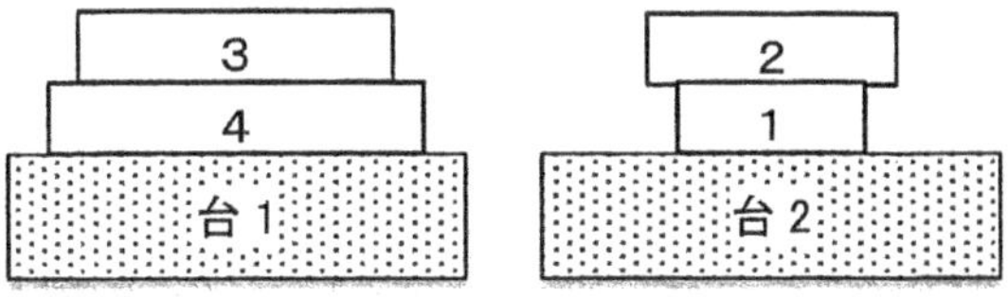

■　操作A　3回目

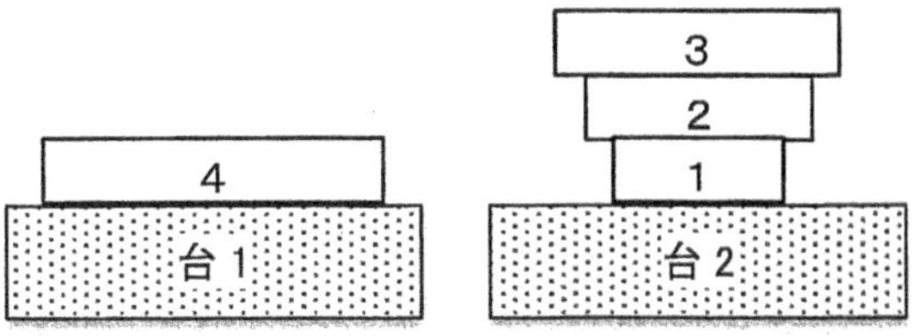

■　操作B　1回目

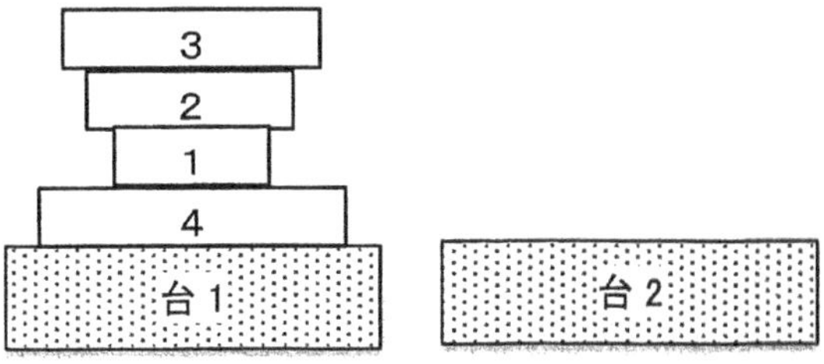

〔問題1〕

⑴　円板はすべて同じ材料でできており，厚さもすべて同じです。円板1，円板2，円板3，円板4の半径はそれぞれ1㎝，2㎝，3㎝，4㎝であり，この4枚の円板の重さの合計は600gでした。円板4の重さは何gですか。

⑵　49ページの図2の状態から命令 ❺ を実行したあとの円板の状態を図にかきなさい。

⑶　図2の状態から命令 ❶ → ❷ → ❸ → ❹ を実行したあとの円板の状態を図にかきなさい。

⑷　図2の状態から ❶ → ❷ → ❸ → …と数字を1つずつ増やしながら命令を実行するたびに円板1と円板2の上下がどう変わるかを観察し，**?** の数字と円板1と円板2の間にどのような関係があるかを文章で説明しなさい。

⑸　図2の状態から命令を何回か実行した結果，台1の上の円板が図7のようになりました。どのような命令を実行したのかを考え，その順番を解答欄《らん》に答えなさい。

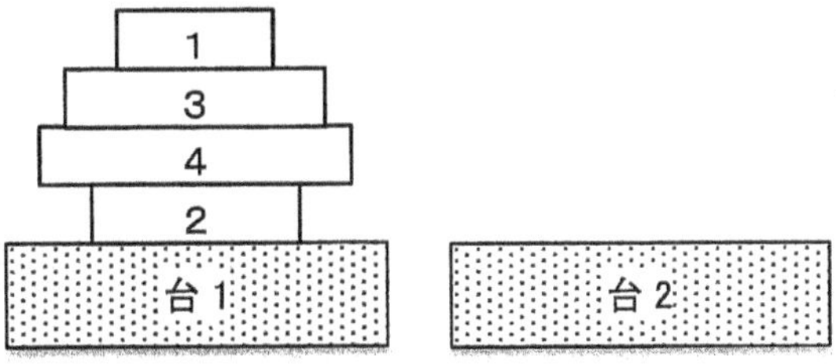

図7

2 【１】 次の表１は，つくば市の2019年５月の気象データの一部です。日付のわかっているのは，５月23日だけです。５月23日は朝からよく晴れており，日の出後は太陽が雲で隠《かく》れることがほとんどない一日でした。グラフ１は５月23日の一日の気温変化を１時間ごとに表したものです。この表とグラフをもとに，次の問いに答えなさい。

表１

日	気温（℃）			湿度（%）	日照時間	朝６時の気温
	平均	最高	最低	平均	（時間）	（℃）
A	18.6	23.4	14.5	68	0.7	17.1
B	17.8	21.9	15.2	81	0.2	16.8
C	18.8	24.3	12.8	73	13.2	16.4
D	18.8	20.7	14.9	94	0.0	19.4
23	18.5	25.4	10.9	56	12.7	13.4

（気象庁のホームページより抜粋）

グラフ１

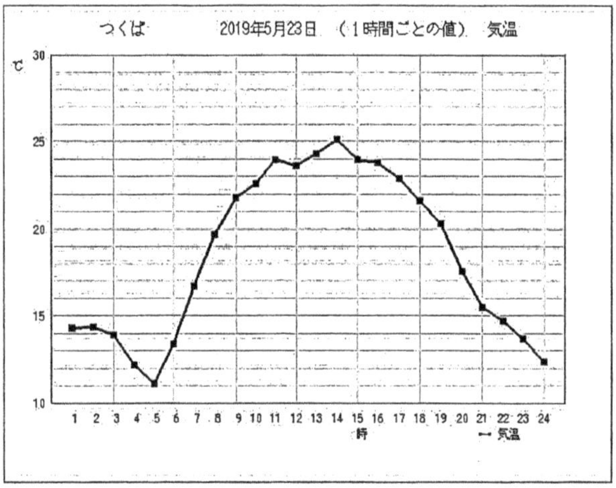

（気象庁のホームページより抜粋）

〔問題１〕 (1) ５月のある日は一日中曇《くも》りで太陽の出ない日でした。朝６時の気温は16.0℃ でした。また，この日の前後の日も曇りの日でした。この日の，一日の気温変化はどのようだったでしょうか。23日の気温変化のグラフを参考にして，解答用紙のグラフに書きなさい。

(2) 表のＡからＤの日に日中に雨の降った日が１日ありました。その日は，ＡからＤのどの日でしょうか。記号で答えなさい。また，それを選んだ理由を書きなさい。

(3) ５月23日は朝からよく晴れており，日の出後は太陽が雲で隠れることがほとんどない一日でした。グラフ１を見るとこの日の最高気温は，太陽が一番高い位置にある昼の12時ごろではなく，午後２時ごろでした。太陽からの熱の伝わり方を考えて，理由を書きなさい。

【2】 A君は先生とB君に『水溶液《すいようえき》当てクイズ』を出しました。

クイズの内容とルール

①同じ形の３つのビーカーにそれぞれ水100ｇを入れる。
②３つのビーカーに食塩、塩化カリウム、ホウ酸のいずれかの固体１種類を６ｇ加え、よく混ぜる。
③どのビーカーにどの固体が入っているかはA君だけが知っており、先生とB君は知らない。
④先生とB君は、固体が全部溶けたかどうかを記録する。（1回目）
⑤A君は、先生とB君に見られないようにそれぞれのビーカーに１回目と同じ固体を６ｇ追加してよく混ぜ、先生とB君は全部溶けたかどうかを記録する。(2回目)
⑥この実験を全部で７回行う予定である。
⑦先生とB君は、実験とグラフ１を参考にどのビーカーにどの固体が入っているかを当てる。
⑧水温はすべて20℃とする。

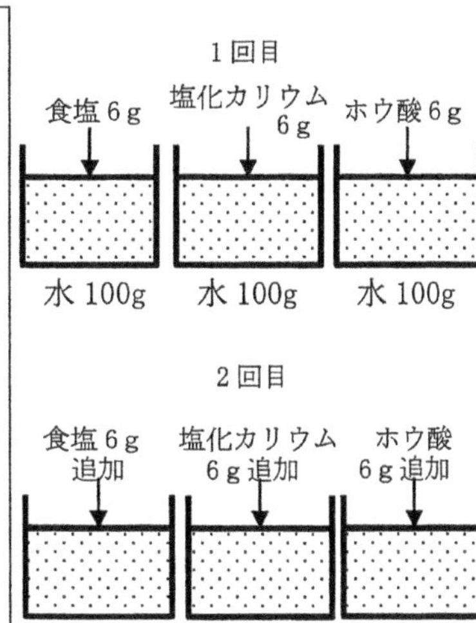

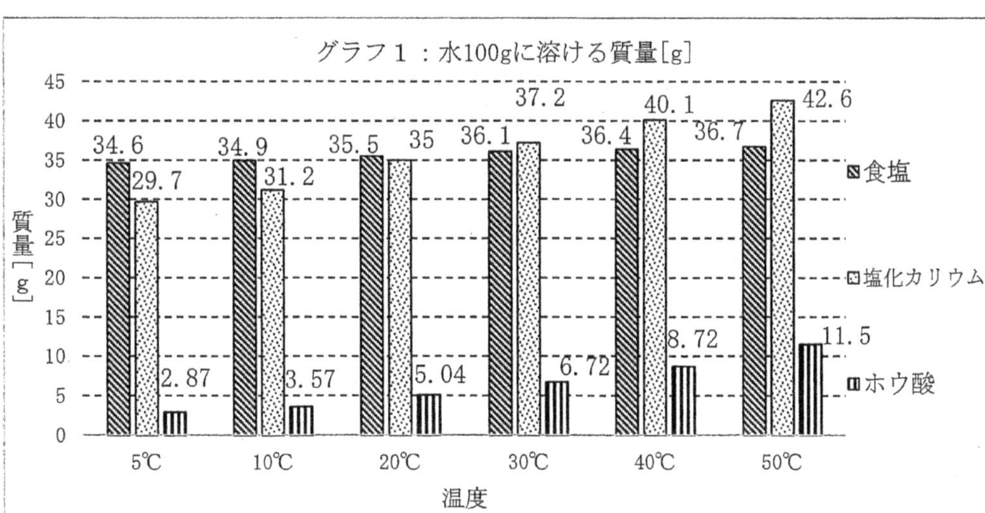

３つのビーカーを区別するためにビーカー(a)～(c)のラベルを付け，表１は実験の記録であり，今５回目の実験が終わったところである。次のページは，先生とA君，B君の会話である。

表１：実験の記録

	1回目	2回目	3回目	4回目	5回目	6回目	7回目
加えた質量	6ｇ	6ｇ	6ｇ	6ｇ	6ｇ	6ｇ	6ｇ
加えた合計質量	6ｇ	１２ｇ	１８ｇ	２４ｇ	３０ｇ	３６ｇ	４２ｇ
ビーカー(a)	×	×	×	×	×		
ビーカー(b)	○	○	○	○	○		
ビーカー(c)	○	○	○	○	○		

×溶け残る　　　　　○全部溶ける

B君：ビーカー(a)だけが１回目から溶け残りがあるね。

先生：そうだね。ということは，グラフ１から，ビーカー(a)に入っているものは（　あ　）とわかるね。

A君：正解だよ。じゃあ６回目の実験から再開し，残りのビーカー(b)，(c)の２つを当ててみよう。

先生：待ってA君，グラフ１を見ると，このまま実験を続けていっても，全部溶けるか溶け残るかを見ただけでは，ビーカー(b)，(c)は区別がつかないと思うよ。

A君：どうしてですか？

先生：６回目の実験を行うと，加えた固体の質量の合計は36ｇになるよね。グラフ１を見ると…。

B君：あ，分かった！36ｇを加えると，（ い ）からだ！

先生：そうだね。ビーカー(b)，(c)を区別する方法としては，水温を上げて実験を行うといいね。その場合，水温を30℃，40℃，50℃のどれにして，何回目の実験で区別できるか予想してみよう。

B君：えっと…。水温は（　う　）℃で，（　え　）回目の実験で区別できるね。

A君：そうか！あと，水温を低くしても区別できるよね。今５回目の実験が終わった所だけど，このあと水温を低くしていって５℃にしたときに溶け残りが出た方が（お）だ。

先生：２人とも正解だ。

〔問題２〕(1)（あ）に入る固体の名称《めいしょう》を答えなさい。また，なぜそのように考えたのかも説明しなさい。

(2)（ い ）に入る，６回目の実験を行っても水溶液(b)，(c)の区別がつかない理由を記しなさい。

(3)（う）に入る温度を30，40，50から１つだけ選び，（え）に入る数字を記しなさい。また，どのように区別できるかも記しなさい。

(4)（お）に入る固体の名称を答えなさい。

専願

2020年度

解　答　と　解　説

《2020年度の配点は解答欄に掲載してあります。》

<算数解答>

1 (1) 34 (2) 9 (3) 19.4 (4) 16 (5) 61.6 (6) 4

2 (1) 1.75m (2) 525円 (3) 10m^2 (4) 450円 (5) 144個 (6) 356g

3 (AB：BC：CD＝)7：3：8　4 57°　5 43cm^2　6 100cm^3

7 ア $\frac{1}{4}-\frac{1}{5}$　イ $\frac{4}{21}$　8 (1) 8時40分 (2) 9km (3) 4.5km

9 (1) 4個 (2) 808列目

○推定配点○

6～9 各5点×8　他 各4点×15　計100点

<算数解説>

1 (四則計算，概数，割合と比，単位の換算)

(1) 7＋27＝34

(2) 21÷0.7÷4＋1.5＝7.5＋1.5＝9

(3) 19.4×(2.6＋1.7－3.3)＝19.4

(4) $\frac{3}{\square}=\frac{5}{6}\times\frac{9}{40}=\frac{3}{16}$　□＝16

基本 (5) 8193÷133＝61.60…より，約61.6である。

基本 (6) 32520÷81300＝0.4より，4割

重要 2 (割合と比，過不足算，平均算)

(1) $(9-0.75\times5)\times\left(1-\frac{2}{3}\right)$＝5.25÷3＝1.75(m)

(2) 280×(300÷160)＝280×15÷8＝525(円)

(3) 6÷0.6＝10(m^2)

(4) 500×0.15×6＝5×15×6＝450(円)

(5) 12個：8個＝3：2，3－2＝1が8×6＝48(個)に相当し，全体の個数は48×3＝144(個)

【別解】 人数…8×6÷(12－8)＝12(人)　あめ玉…12×12＝144(個)

(6) 19個目までの重さ…6.4－0.12＝6.28(kg)

30個の平均の重さ…{6.28＋0.4×(30－19)}÷30×1000＝356(g)

重要 3 (割合と比，平面図形)

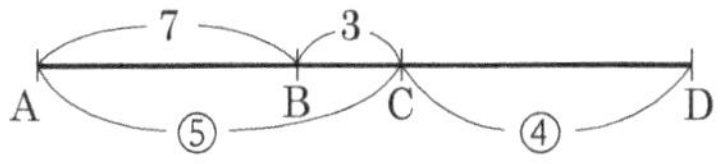

ACの長さを7＋3＝10にすると，CDの長さは4×(10÷5)＝8であり，AB：BC：CDは7：3：8

重要 4 (平面図形)

図1

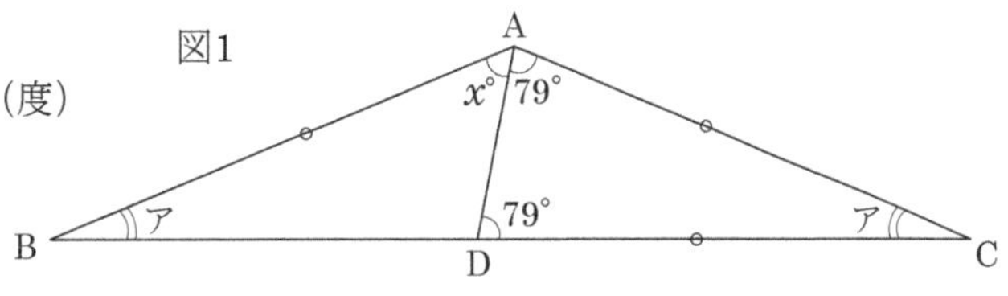

図1において，角アは180－79×2＝22(度)

xは79－22＝57(度)

重要 5 (平面図形)

図2において，色がついた部分の面積は1辺10cmの正方形の面積から半径5cmの円の面積を除いた大きさの2倍に等しく $(10\times10-5\times5\times3.14)\times2=43(\text{cm}^2)$

図2

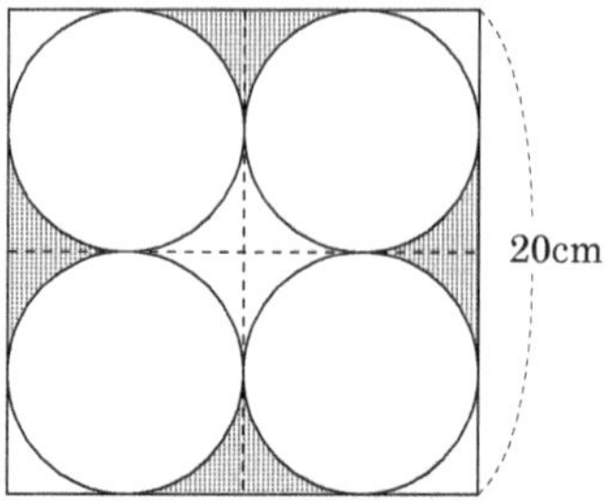

重要 6 (立体図形，平面図形)

右図3より，$(2+6)\times5\div2\times5=100(\text{cm}^3)$

図3

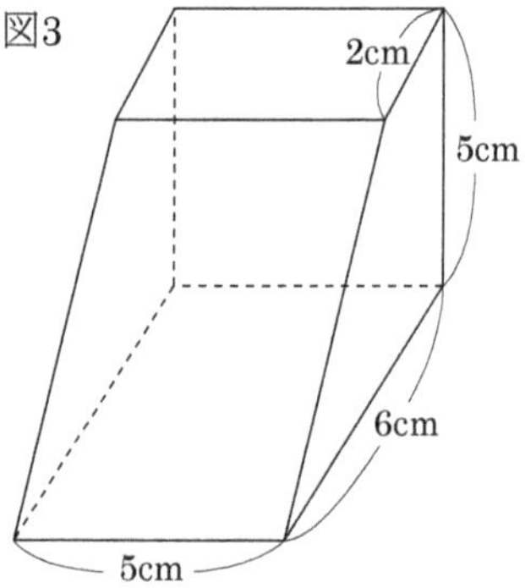

重要 7 (論理)

ア…$\dfrac{1}{20}=\dfrac{1}{4\times5}=\dfrac{1}{4}-\dfrac{1}{5}$

イ…$\dfrac{1}{3}-\dfrac{1}{4}+\dfrac{1}{4}-\dfrac{1}{5}+\dfrac{1}{5}-\dfrac{1}{6}+\dfrac{1}{6}-\dfrac{1}{7}=\dfrac{1}{3}-\dfrac{1}{7}=\dfrac{4}{21}$

重要 8 (速さの三公式と比，鶴亀算，単位の換算)

(1) $60\times\dfrac{4}{12}=20$(分)より，9時－20分＝8時40分

(2) 9時－8時20分＝40分，40分＝$\dfrac{40}{60}=\dfrac{2}{3}$時間であり，時速 $6\div\dfrac{2}{3}=9$(km)

(3) 9時＋25分－8時10分＝1時間15分＝$1\dfrac{15}{60}=\dfrac{5}{4}$時間であり，(2)より，B君が時速9kmで進んだ時間は$\left(6-2\times\dfrac{5}{4}\right)\div(9-2)$ ＝0.5(時間)　したがって，パンクしたのは$9\times0.5=4.5$(km)の位置である。

9 (規則性)

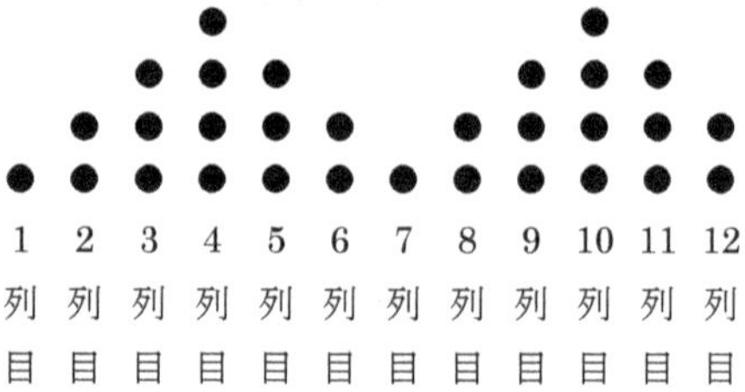

重要 (1) 6列ずつの周期であり，2020÷6＝336…4より，2020列目は4列目と同じ4個

やや難 (2) 1～6列目のご石の個数の和は1＋(2＋3)×2＋4＝15(個)であり，2020÷15＝134…10より，2020個目は6×134＝804(列目)から数えて10個目がある 804＋4＝808(列目)

★ワンポイントアドバイス★

2(6)「ごみの重さの平均」は，ごみ袋自体の重さという要素がないのでやさしい問題設定になっている。8(3)「パンクした位置」は「鶴亀算」を利用し，9「ご石」は，6列ずつの周期であることを利用する。

＜理科・社会解答＞

1 A 問1 カ　問2 外えん　問3 ア 浮く　イ 浮かない[沈む]
問4 溶けているのが固体ではなく，気体や液体なので，空気中に逃げてしまうから
B 問1 火山　問2 水の流れによって，大地がけずりとられるはたらき
問3 大地の動きにより，かつて海だった部分が盛り上がって山になったため
問4 次ページの図のうち1つ　C 問1 青紫色になった　問2 ウ　問3 86%

2 問1 支点 ア　作用点 イ　問2 12cm　問3 20cm　問4 35cm　問5 エ

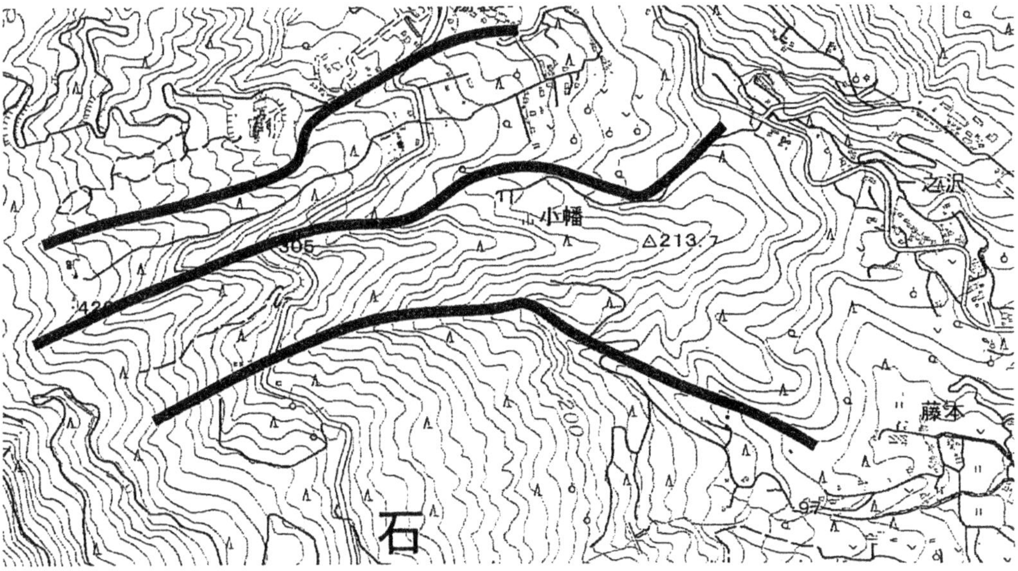

3　A　問1　情報化　　問2　少子高齢化　　問3　自衛隊　　問4　第9条
B　問1　政令指定都市　　問2　弥生時代　　問3　大陸に対する防衛や外交などの役割を行っていた　　問4　平清盛　　問5　ペリー　　問6　大正デモクラシー

4　問1　Ⅰ　水稲　　Ⅱ　信濃川　　問2　B　　問3　イ　　問4　輪中　　問5　A
問6　茶　　問7　ウ

〇推定配点〇
1　B　問1　2点　　他　各3点×11　　2　各3点×5(問1完答)
3　B　問3　7点　　他　各3点×9　　4　問1・問4・問5　各3点×4　　他　各1点×4
計100点

<理科・社会解説>

1　A　(小問集合)

基本　問1　顕微鏡はレンズを通して見ているため，見えているものは上下左右がさかさまになる。よって，見ているものを右上にしたい場合は，プレパラートを左下にすればよい。

重要　問2　一番温度が高いのは，外の空気に触れて完全燃焼している外えんの部分である。

基本　問3　ア　木片の密度は，12(g)÷30(cm^3)＝0.4(g/cm^3)である。よって，水よりも軽いので浮く。
イ　鉄の密度は，316(g)÷40(cm^3)＝7.9(g/cm^3)である。よって，水より重いので沈む。

重要　問4　気体や液体が溶けている水溶液は，加熱しても何もあとが残らない。

重要　B　(地形)

問1　マグマが地上へと噴き出してできた山を火山という。

問2　侵食とは，流水のはたらきにより，大地がけずり取られる働きをいう。

問3　海に生息する生き物の化石が山の中から見つかったということは，かつて海だった場所が大地の動きによって，陸上に盛り上がって山となったことが考えられる。

やや難　問4　地形図の∠の形が連なっている場所が川や雨が降ったときに川になると考えられる場所である。

C (生物－植物)

重要 問1 デンプンにヨウ素液をかけると青紫色になる。

基本 問2 比べる実験は，比べるもの以外すべて同じ条件にしないといけない。よって，日が当たるか当たらないかの違いだけが違うウの実験を行えばよい。

問3 $\frac{48.4(\mathrm{g})}{56.4(\mathrm{g})}\times 100=85.8\cdots$より，86%である。

2 (力のはたらき一てこ)

重要 問1 栓を抜くイが作用点，力を加えるウが力点，アが支点となる。

基本 問2 てこは，左に回す働き＝右に回す働きのときにつりあう。回す働きは，おもりの重さ×おもりをつるした位置と支点までの長さであらわす。よって，50(g)×□(cm)＝20(g)×30(cm)より，50gのおもりをつるしたてこは支点Oから12cmの位置である。

やや難 問3 右に回す働きは最大20(g)×50(cm)＝100なので，50gのおもりを50(g)×□(cm)＝100より，20cmよりも支点Oから遠い位置に置くとてこはつりあわなくなる。

基本 問4 50(g)×40(cm)＋100(g)×50(cm)＝200(g)×□(cm)より，35cmである。

基本 問5 棒の重さは支点Oにすべてかかっているので，□(g)×50(cm)＝200(g)×100(cm)より，棒の重さは400gである。

3 (日本の歴史・政治の総合問題)

重要 A 問1 情報通信技術の発達によって，今日，人は世界中の人々と一瞬のうちにコミュニケーションをとって，大量かつ多様な情報を入手し，共有し，発信できるようになり，情報化が進展した。

問2 出生率が低下し，平均寿命がのびることによって，子どもの数が減り，高齢者の数が増えることを少子高齢化という。

問3 日本国憲法は「戦力」の不保持を定めているが，日本は，国を防衛するために自衛隊を持っているのである。

基本 問4 日本国憲法は平和主義を基本原理の1つとしている。憲法9条は，戦争を放棄し，戦力を持たず，交戦権を認めないと定めている。

B 問1 政令指定都市とは，地方自治法第252条の19に基づいて，政令で指定する人口50万以上の市である。法令上は単に指定都市と表記され，政令市とも略称される。

問2 代表的な弥生時代のむらの遺跡に，吉野ヶ里遺跡(佐賀県)や登呂遺跡(静岡県)などがある。

重要 問3 大宰府は，外交と防衛を主任務とするとともに，行政・司法も所管したとされる。与えられた権限の大きさから，「遠の朝廷(とおのみかど)」とも呼ばれる。

基本 問4 平清盛は，武士としてはじめて太政大臣になった。

問5 ペリーは，1853年，4隻の軍艦を率いて浦賀(神奈川県)に来航し，日本の開国を求めるアメリカ大統領の国書を江戸幕府に差し出した。

問6 政党政治が発展し，普通選挙法が成立した大正時代は，デモクラシーが唱えられ，自由主義の風潮が高まった時代であった。第一次世界大戦やロシア革命の影響を受けて，さまざまな社会運動も活発になった。普通選挙はこうした運動にほぼ共通した主張だった。

4 (日本の地理一日本の国土と自然，農業，土地利用，運輸・通信)

問1 越後平野では，豊富な雪どけ水が得られることから，全国においしい米の生産地として知られている。また，この地域は日本最長の川である信濃川が流れていてることもあって水が豊富である。この豊富な水を利用して水稲の栽培が盛んであり，品種改良も進んでいる。

問2 イは，海から遠いため降水量が少ない内陸の気候を示している。したがって地図中のBに当たる。

問3 八ヶ岳や浅間山のふもとの他に，標高1000mを超える野辺山原でも，すずしい気候を利用したレタスやキャベツ，はくさいなどの高原野菜の栽培がさかんである。

問4　輪中とは，洪水から集落や耕地を守るため，周囲を堤防で囲んだ地域をいう。木曽川・長良川・揖斐(いび)川の下流のものが有名である。

や難 問5　この「雁木造」は積雪地帯である北陸で多く見られる。したがって，Aが正解となる。

問6　茶は，温暖な気候と，水はけのよい土地での栽培が適している。生産量日本一をほこる静岡県では，牧ノ原台地をはじめとした台地や丘陵地などで茶の栽培が盛んである。

や難 問7　エの資料が最も重要だと考えられる。逆に，ウの資料は，当時の新聞記事に，「高速道路と農園増加の関係」を示すものが載っている可能性は低く，重要度は低いと考えられる。

★ワンポイントアドバイス★

[3]A問3　政府は，主権国家には，自衛権があり，憲法は「自衛のための必要最小限度の実力」を持つことは禁止していないと説明している。[4]問1　米をつくるうえで水の管理は大切で，用水路の水量調整も行っている。

<国語解答>

【一】　問1　①　見える　②　当たる　③　話は　問2　①　先生，お茶をお飲みになりませんか。　②　君はぼくより背が高い。　問3　①　ウ　②　イ　③　ア　④　カ

【二】　問1　a　反映　b　可能性　c　つか　d　減　e　耕　問2　エ　問3　イ　問4　ないわけにはいかない　問5　いろいろ面白いものや風景を写す　問6　ア　問7　ものごとの気配にたいする感知能力が衰えてしまっていること。　問8　1　お金がなくなる　2　クレジットカードを誰かに悪用される危険性がある　3　運転免許などを再発行しでもらわなくてはならない　問9　Ⅰ　イ　Ⅱ　エ　Ⅲ　イ　問10　ウ　問11　胸　問12　ア　問13　(1)　写真を撮ることから解放されたから。　(2)　百色の色鉛筆が私の大切にしているものです。私は絵をかくことが好きで，小さいころからクレヨンで独り言を言いながら何かかいていたそうです。そんな私を喜ばせようと，祖父母が百色の色鉛筆をプレゼントしてくれました。きれいなグラデーションで並んだ箱を見ると，今でもうっとりする気持ちになり，様々なイメージが広がる時を過ごせますし，祖父母の愛情を感じられ，短くなった色鉛筆を大切にしています。

○推定配点○

【一】　問2　各3点×2　他　各2点×7

【二】　問1　各2点×5　問4・問5・問7・問8・問13(1)　各4点×7　問13(2)　15点　他　各3点×9　計100点

<国語解説>

【一】　(ことばの用法，故事成語，文と分節，敬語)

基本 問1　①「向こうに」という方向に，教会は「見える」のだ。　②　朝日は「壁に」「当たる」のである。　③　ひどいのは「そんな」「話(は)」だ。

基本　問2　①　「飲む」のは先生だから，尊敬語を使うことになる。飲食は「めしあがる」で言い表せるが，この場合「飲みませんか」なので「お飲みになる」を使ったほうがよい。　②　この文の主語は「ぼく」だが，背の比較をすると，ぼくは君より背が低いということになる。背の高い君を主語にするのだから「背が高い」という文末になる。

問3　①　信頼関係は長い時間かかって成り立つということを言いたいのだから，「一朝一夕では成り立たない」ということだ。　②　直前が「わからず」である。見当もつかずにいるということで「五里霧中」が入る。　③　「歴史を探求することで」とある。昔のことを学んで新しいことを再発見するという意味にするので「温故知新」である。　④　「一人になると急におとなしくなる」のだから，だれかといればおとなしくないのだ。誰かとは，誰でもいいわけではなく，権力のある人が近くにいれば，という意味合いになるように「虎の威を借りる狐」である。

【二】　(随筆－要旨・大意，心情・情景，細部の読み取り，指示語の問題，接続語の問題，空欄補充，表現技法，慣用句，短文作成，記述力)

重要　問1　a　「映」は全9画の漢字。7画目の左右をしっかり出す。　b　「能」は全10画の漢字。7・9画目は右から左方向で書く。「態」と混同しないように気をつける。　c　「仕」は音読み「シ」。訓読みは「つか-える」だ。　d　「減」は全12画の漢字。6画目の横ぼうを忘れないようにする。また「口」の上である。　e　「耕」は全10画の漢字。6画目はとめる。

問2　「使用」は「使うのに用いる」という上が下を修飾する組み立てである。ア～ウはすべて上の字と下の字の意味が類似の組み立て方である。エは「予め(あらかじ-め)想う(おも-う)」なので「使用」とは組み立てが異なる。

基本　問3　忘れ物やなくし物をよくするから，「今回も出てくるだろう」と楽天的に考えていたということが「暢気にかまえていた」ということである。

問4　「～を得ない」は，「～するしかない・～するしかしかたがない」という，もうこれしか方法がないという言葉づかいである。この場合も出てくるだろうと暢気にしていたが，三ヶ月出てこないとなると，落としたと「(考え)ないわけにいかない」ということになる。

問5　「わたくしは自転車で……」で始まる段落で，わたくしが，日常生活で，デジカメをどのように取り扱っていたのかを説明している。制限字数が10～15字なので，自転車でなどという細かいことは書けない。解答の中心は，「いろいろ面白いものや風景を写す」ということを外してはいけない。

問6　「仇」は，「仇討ち(あだうち)」などの使い方では，「うらみ，うらみをはらしたいと思っている相手」のような意味だが，「仇になった」や「恩を仇で返す」のような場合は，「害をなすもの，害悪」という意味である。この場合も，ポケットに入れておいたのが悪い結果の原因，つまり，害悪だったということなのでアだ。

やや難　問7　「ポトリと……」で始まる段落が着目点になる。落としたものはデジカメなのだから，落とせば音でわかるはずなのにわからない，という現実を指しているのだが，単に「落とした音が聞こえない」という解答では物足りない。「鈍感で間抜けな主人になって」という表記からも，ただ，音が聞こえなかったという一つの事実ではなく，「ものごとの気配にたいする感知能力が衰えてしまっている」という状態全体で書こう。

やや難　問8　「平素から……」で始まる段落から読み取る。「大変の第一は」とあるので，一つ目は「お金がなくなる」はすぐに目に入る。「それより困るのは」という比較の言葉で「クレジットカードを誰かに悪用される」が二つ目だ。三つめは，「その他，」という言葉でつなげている「運転免許とか……」で始まる文から考えることになるが，「運転免許など」をどのように書いて「面倒なこと」にするかが難しい。ただ，それらを「なくしたこと」で終わってしまうと，それは「困ったこと」ではあるが，「面倒なこと」にはならない。運転免許，健康保険証，診察カードなどは，再び運転したり，病気にならなかったら不要なものかもしれないが，そのようなことはあり得ない。なければ「困る」ものだ。だから，もう一度発行してもらう手続きをしなければならない。これが「面倒なこと」である。

重要 問9　Ⅰ　前部分は，「えらくなったら使おうと思っていた」ということで，後部分は「えらくなる見込みはない」なので「だが」である。　Ⅱ　前部分は，大根を蒔くための準備をしたということだ。後部分は，いよいよ蒔こうということだから，「さて」である。　Ⅲ　友人の家では一日の三分の一は探し物をしていると聞いて安心した。Ⅲをふくむ文の文末に「わかったの『も』良いことであった」と，「も」を使っているので，二つ目の「良いこと」と考え，「また」を入れることになる。

問10　革のサイフは人間ではないのに，「大変だ！助けてくれ！」と人間のように悲鳴をあげている表記をしているので「擬人法」を用いている。

問11　問9で考えたように，友人夫婦も探し物ばかりしていると聞いて安心したのだから「胸をなでおろす」だ。

問12　アとエで迷うところであるが，筆者は，東京郊外を自転車で走り回るくせがあるとは言っている。デジカメを落としたのもそのようなときであり，「山越え」をしていたわけではない。一方，問7で考えたように，自分のように気配を感じられなくなったような人間がもう次のデジカメを買うのはやめようと思ったのだからアだ。

問13　(1)　――線9直後に着目する。快適なのは「写真を撮ることから解放された」という解放感からである。　(2)　「大切にしているもの」というテーマであるので，どんなものを挙げても，それ自体が正誤の判断にはならないだろう。得点のポイントは，設問の条件にもあるように，「理由とともに」の部分がしっかり書けているかどうかにある。たとえば，現代では，ゲームやスマホなどが一番に思いつく「大切なもの」かもしれない。それらを挙げること自体はしかたがないことだが，ただただのめりこんでいる，面白くてやめられないのような理由になると解答としては良いものとはいえない作文になるだろう。

★ワンポイントアドバイス★

最後にひかえる200字の作文はかなりボリュームがある。どのような話題を選ぶかを素早く考えられるようにしておこう。

第1回一般

2020年度

解 答 と 解 説

《2020年度の配点は解答欄に掲載してあります。》

＜算数解答＞

1 (1) 45 (2) $\frac{5}{3}$ (3) 34.2 (4) 65 (5) 10.5 (6) 106

2 (1) $\frac{5}{7}$m (2) 15本 (3) 3時間 (4) 60km (5) 83.5点 (6) 7年後

3 (AB：BC：CD＝)32：23：33 4 15° 5 56.52cm^2 6 63.96cm^2

7 ① 200 ② 偶数 ③ 35[奇数] ④ 5 ⑤・⑥ 6，7または7，6

8 (1) 250m (2) 9時25分 (3) 9時36分 (4) 4km

○推定配点○

3～6，8 各5点×8 7 各2点×6 他 各4点×12 計100点

＜算数解説＞

1 (四則計算，概数，割合と比，単位の換算)

(1) 49－4＝45

(2) $\frac{13}{6}\times\frac{2}{3}+\frac{2}{9}=\frac{5}{3}$

(3) 3.42×(4.6－1.5＋6.9)＝3.42×10＝34.2

(4) $\square=\frac{39}{8}\times\frac{10}{3}\times4=13\times5=65$

基本 (5) 7353÷703＝10.45…より，約10.5

基本 (6) 2.65×100×0.4＝106(cm)

重要 2 (割合と比，相当算，仕事算，速さの三公式と比，平均算，消去算，年令算，単位の換算)

(1) $(5-\frac{3}{7}\times5)\times\left(1-\frac{3}{4}\right)=\frac{20}{7}\div4=\frac{5}{7}$(m)

(2) 720÷(1152÷24)＝720÷48＝15(本)

(3) 冊子の数量を24，8，6の最小公倍数24にすると，1時間でA，B，Cはそれぞれ24÷24＝1，24÷8＝3，24÷6＝4印刷する。したがって，同時に印刷すると24÷(1＋3＋4)＝3(時間)で終わる。

(4) 行きの時速を求めるものとする。行きの時間は3時間40分÷(1＋10)＝20(分) したがって，行きの時速は20×3＝60(km)

(5) 各人の点数をA～Eで表す。A＋D＋E＝81×3＝243，A＋C＋E＝83×3＝249，C＋E＝86.5×2＝173であり，A＝A＋C＋E－(C＋E)＝249－173＝76である。したがって，D＋E＝A＋D＋E－A＝243－76＝167であり，2人の平均点は167÷2＝83.5(点)

(6) □年後，父母の年令の和は41＋35＋□×2＝76＋□×2であり，これが(8＋□)×6＝48＋□×6に等しい。したがって，□は(76－48)÷(6－2)＝7(年後)

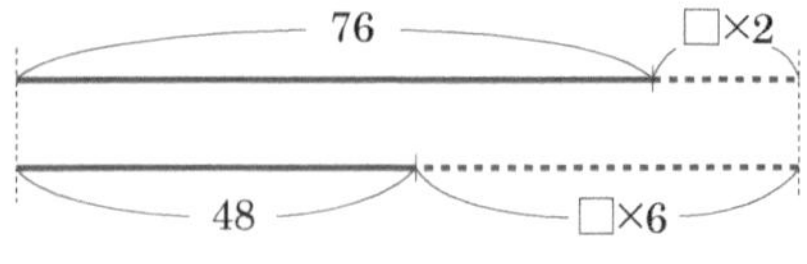

重要 3 (割合と比，平面図形)

ADの長さを4＋7＝11と5＋3＝8の最小公倍数88にすると，ABの長さは88÷11×4＝32，CDの長さは88÷8×3＝33，

BCの長さは88－(32＋33)＝23であり，AB：BC：CDは32：23：33

図1

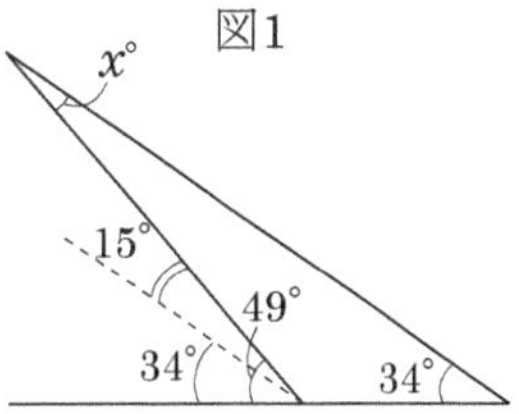

基本 [4] (平面図形)

図1において，xは49－34＝15(度)

重要 [5] (平面図形)

図2において，弓形アの大きさはそれぞれ等しく求める面積は3×3×3.14×2＝56.52(cm^2)

基本 [6] (立体図形)

図3において，2×2×3.14＋(4×3.14÷2＋4)×5＝(4＋10)×3.14＋20＝63.96(cm^2)
…底面積×2＋(底面の周)×高さ

図3

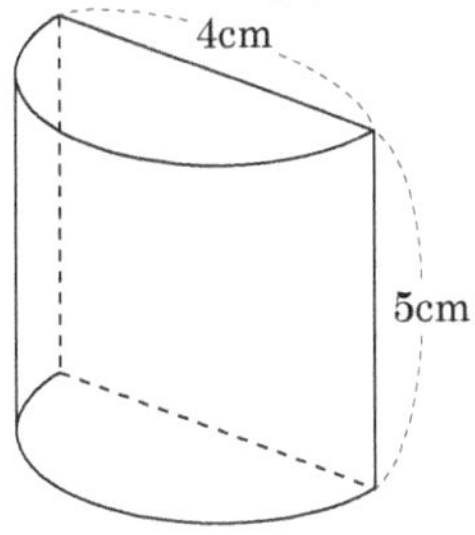

図2

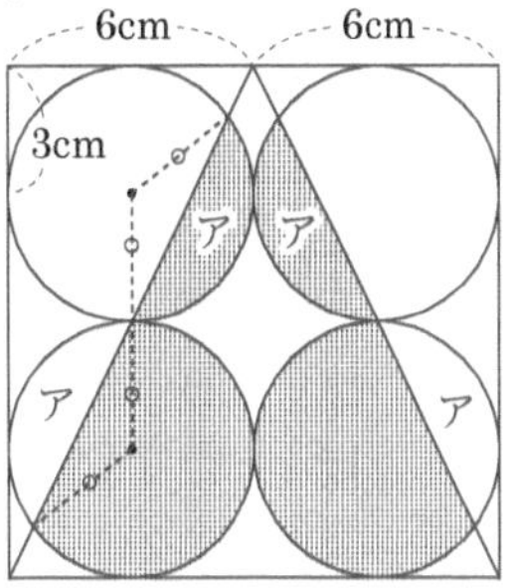

重要 [7] (数の性質，推理)

(6＋4×4×[ア]＋[イ]×[ウ]＋[エ]×9)×10＋20＝2020　① (2020－20)÷10＝200
② 6＝2×3…偶数　偶数×奇数も偶数×偶数も偶数　③ 6＋4×4×[ア]＋[イ]×[ウ]＋[エ]×9は全体として偶数であり，[イ]×[ウ]＋[エ]×9も偶数であるが，あてはめる整数に奇数は5，7しかない。したがって，[イ]×[ウ]も奇数で[エ]×9も奇数という場合はない。つまり，[イ]×[ウ]が奇数で5×7＝35という場合はない。　④～⑥ 6＋4×4×[ア]＋[イ]×[ウ]＋[エ]×9＝200，16×[ア]＋[イ]×[ウ]＋[エ]×9＝200－6＝194
[エ]が8のとき，16×[ア]＋[イ]×[ウ]＝194－8×9＝122，[ア]が5のとき，[イ]×[ウ]＝122－16×5＝42＝6×7
したがって，1＋2＋3＋4×4×[5]＋[6]×[7]＋8×9

[8] (速さの三公式と比，旅人算，平面図形，単位の換算)

基本 (1) 15000÷60＝250(m)

重要 (2) (1)より，(2000＋4000)÷250＋1＝25(分後)の9時25分

(3) $60\times\frac{7}{12}+1$＝36(分後)の9時36分

(4) (2)・(3)より，9時36分までに太郎君は36－25－1＝10(分)進みB地点から$15\times\frac{10}{60}$＝2.5(km)の位置におり，2人の速さの比は15：12＝5：4である。したがって，右図より，2人がすれ違うのはB地点から2.5＋(5.2－2.5)÷(5＋4)×5＝4(km)の位置である。

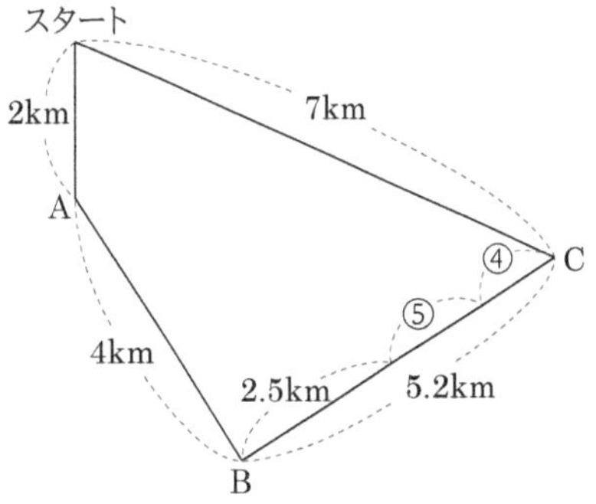

★ワンポイントアドバイス★

[2](4)「車の速さ」は，往復の平均時速ではなく「行きの時速」と解釈する。[5]「図形の面積」は，「弓形の部分」を移動して円を作るようにすることがポイント。[8]の計算では，「スタンプを押す時間」に注意する。

＜理科・社会解答＞

[1] A 問1 ウ　問2 たんぱく質　問3 ① 光合成　② 酸素　問4 イ・エ
B 問1 反射　問2 次ページ図　問3 150cm　C 問1 X 酸素
問2 石灰石，貝殻，チョークなど　問3 記号 あ　理由 水にあまり溶けないため。

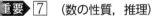

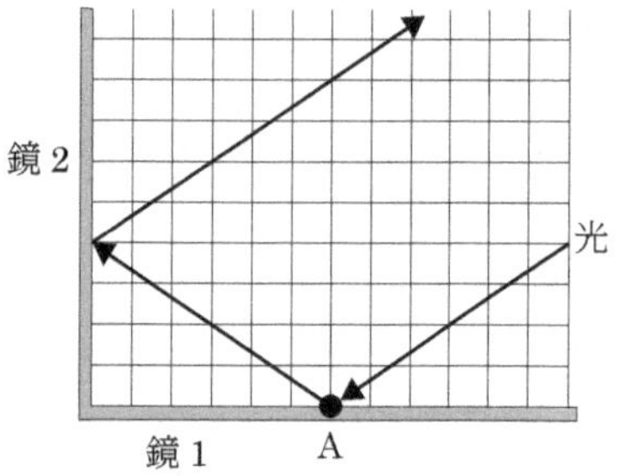

② 問1 1 水蒸気 2 水 3 氷 問2 ・複雑な谷や尾根がない・他の山とつながった山脈を作らない 問3 ・冷蔵庫や冷凍庫を開けたとき・やかんで湯を沸かしたとき 問4 イ 問5 ア

③ A 問1 刀狩 問2 アイヌ 問3 縄文時代 問4 織田信長 問5 (1) イ (2) イ 問6 沖縄県 B 問1 ウ 問2 近郊農業 問3 台風に備えて，屋根を低くし，強風を防ぐための石垣や林で囲んでいる。 問4 温室効果ガス 問5 リアス海岸 問6 TPP[環太平洋パートナーシップ協定，環太平洋経済連携協定]

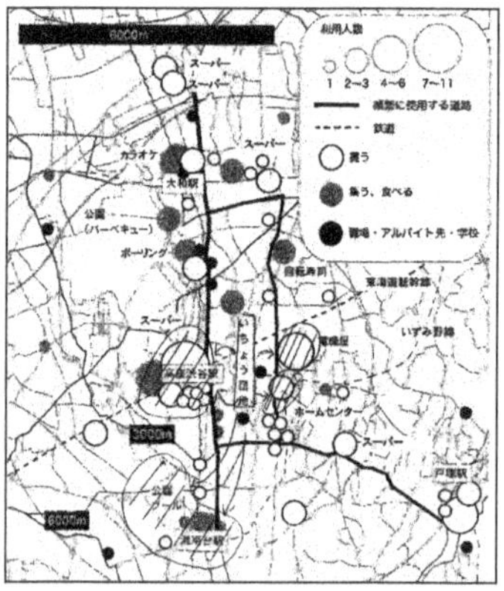

④ 問1 (1) 共生 (2) トイレが和式であること，看板などに日本語しか書かれていないこと (3) 伝統文化のにない手が高齢化し，文化の発信側だけでなく，顧客側なども同時に高齢になっていく。そして，若者が伝統文化に魅力を感じなくなっていくことが原因として考えられる。 問2 (1) ア (2) 単純作業，加工業が多い (3) 理由の説明 電車の駅が近く，通勤・通学に便利だから／公園やプールが近くにあり，子育てに適しているから

○推定配点○

① A 問1・問2・問4，C 問3記号 各2点×5 他 各3点×8

② 問1・問4・問5 各2点×5 問2・問3 各3点×2

③ B 問3 4点 他 各2点×12

④ 問1(2)・(3) 各4点×2 問2(3) 8点 他 各2点×3 計100点

＜理科・社会解説＞

① A (小問集合)

重要 問1 メダカの卵は膜でおおわれているため，ウは間違いである。

問2 ①は水分，②はたんぱく質，③は脂質・脂肪，④は炭水化物である。

重要 問3 ①・② 植物は，二酸化炭素と水を材料にして，光のエネルギーを利用し，デンプンと酸素を作る。この働きを光合成という。

基本 問4 ア 食塩は温度によって溶ける量の変化があまりないので，アは間違いである。 イ ミョウバンは温度が上がると溶ける量が増えていくが，食塩は溶ける量があまり変わらないので，イは正しい。 ウ 40℃では食塩の方がミョウバンより溶けるので，ウは間違いである。 エ ミョウバンは加熱すると，飛躍的に溶ける量が増えるので，エは正しい。

図1

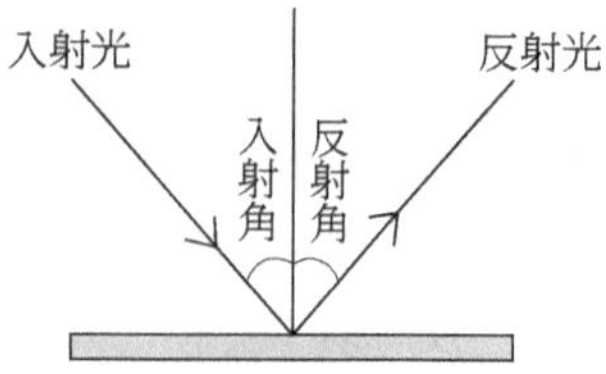

入射角=反射角

B (光－光の性質)

重要 問1 物体に光が跳ね返る現象を反射という。

重要 問2 光の反射は，図1のように入射角と反射角が等しくなる。

やや難 問3 PとXは縦方向に同じ線上にある。PとXはマス目8個分はなれてるので，真ん中のマス目4個分の位置まで鏡を下に下げれば入

射角と反射角が等しくなり，PからXを見ることができる。よって，図2より，鏡をマス目3個分(150cm)下げれば，Pから鏡を通してXを見ることができる。

図2

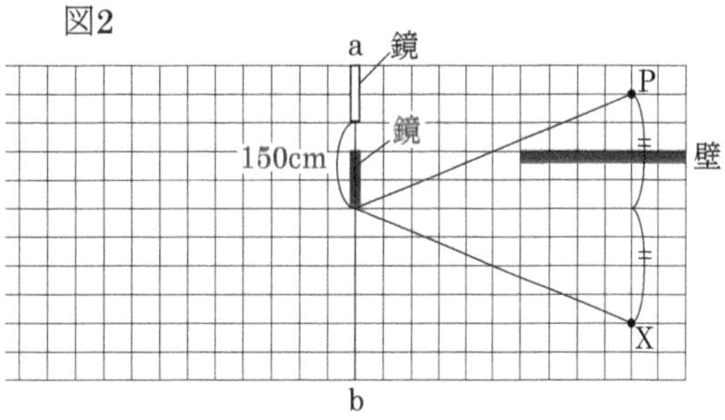

重要 C (物質と変化—気体の発生)

問1　空気中に約20%含まれるのは酸素である。

問2　ろうそくを燃焼させると増える気体であるYは二酸化炭素である。二酸化炭素は塩酸に石灰石などの炭酸カルシウムを含むものを反応させると発生する。

問3　二酸化炭素は空気より重いので，上方置換では集めることができない。また，二酸化炭素は水に溶けるが，溶ける量が少ないため水上置換で集めることができる。

2 (気象)

重要 問1　雨は蒸発すると水蒸気となる。水蒸気が上空に上昇すると，周囲の気温が低下するため，水や氷になるため，雲として白く見える。

基本 問2　独立峰の多くは，成層火山であるので，複雑な谷や尾根がない。

基本 問3　模範解答の他にも，お風呂の鏡が白くくもるなどが考えられる。

や難 問4　ウは降水量がないので，ウの条件ではきりが見られない。アとイは降水量があまり変わらないが，イの方が，夜と明け方での気温差が激しいので，霧が観察されやすいと考えられる。

基本 問5　積乱雲は夏によく発達し，強い雷雨を引き起こすので，アは間違いである。

3 (日本の地理・歴史・政治の総合問題)

A 問1　秀吉は，刀狩を命じて，農民や寺社から刀や弓，やり，鉄砲などの武器を取り上げた。これは，武力による農民の一揆を防ぎ，耕作に専念させるためである。

問2　蝦夷地では，アイヌ民族が13世紀から狩りや漁，交易を行っていた。14世紀になって津軽の十三湊に根拠地を置く豪族の安藤氏がアイヌの人々と交易を行うようになった。

基本 問3　貝塚，土偶などは，縄文時代のものである。

問4　尾張の小さな戦国大名だった織田信長は，駿河の今川義元を桶狭間の戦いで破った後勢力を広げ，足利義昭を援助して京都に上った。

問5　(1)　鎖国下の江戸幕府は，オランダや清とだけは貿易をしていた。したがって，イは誤りである。　(2)　民撰議院設立の建白書の提出をきっかけに，全国に広がっていったのは自由民権運動であるので，イは誤りとなる。

問6　この文章は，太平洋戦争末期の沖縄戦をあらわしているので，答えは，沖縄県となる。

B 問1　新潟県新潟市は，冬の海から蒸発した水分を多く含む北西の季節風が山地にぶつかり，冬にたくさんの雪が降る日本海側の気候であるから，ウが正解となる。

重要 問2　大都市周辺では，市場への近さを生かして，野菜などを新鮮なうちに出荷する近郊農業が発達している。

問3　沖縄では，台風の暴風雨に備えるため，画像にあるように，屋根の瓦をしっくいで固めたり，石垣で囲ったりしている。また，防風林なども多く見られる。

問4　温室効果ガスとは，大気圏にあって，地表から放射された赤外線の一部を吸収することにより温室効果をもたらす気体のことをいう。水蒸気や二酸化炭素などが温室効果ガスに該当する。

基本 問5　小さな岬と湾がくり返すのこぎりの歯のような海岸をリアス海岸という。

や難 問6　環太平洋パートナーシップ(TPP)協定とは，オーストラリア，ブルネイ，カナダ，チリ，日本，マレーシア，メキシコ，ニュージーランド，ペルー，シンガポール，米国及びベトナムの合計12か国で，高い水準の，野心的で，包括的な，バランスの取れた協定を目指し交渉が進められてきた経済連携協定である。

4 **(身近な時事問題)**

問1 (1) 「国籍や民族などの異なる人々が，互いの文化的な違いを認め，対等な関係を築こうとしながら，共に生きていくこと」このような社会を多文化共生社会という。 (2) 外国人が日本での生活で住みにくいと感じることは，様々あるが，身近なことで考察すると，例えば，日本特有の和式トイレなどがある。 (3) 伝統文化を支えてきた中心的存在の人々が高齢化し，担い手が不足することで衰退することも多い。特に，高い技術が必要とされる工芸や芸能などで多くみられる。高齢になっていくのは，文化の発信側だけでなく，ユーザー側(顧客など)も同時に高齢になっていくことも課題である。つまり，文化の衰退を食い止めるには若者の育成は必須となる。また，同時に，その市場自体に若者が魅力を感じているかが重要なポイントになってくる。

やや難

問2 (1) 表1を考察すると，インタビューを行った11人のうち8人が，ベトナム，カンボジアの東南アジア出身の人々であることがわかる。 (2) 表1を考察すると，職業は検査や組み立てなどの加工業やレジ打ちや給仕などの単純作業が多いことがわかる。 (3) 表1の来日理由やいちょう団地への入居理由を考察すると，「家族を持つため」ということが主な理由であると分かる。そして，図1を考察すると，配偶者や子どもなどの家族にとって，駅が近くにあり，通勤・通学に便利であったり，公園やプールが近くにあり，子育てに適しているなどの住みやすい理由が考えられるのである。

重要

★ワンポイントアドバイス★

3A問2 アイヌの人々の交易に対して，15世紀になると，蝦夷地南部に本州の人々(和人)が館を築き，進出してきた。3B問3 沖縄は，このような伝統的な住居にかわって，最近の対策として，鉄筋コンクリートの住居が多くなっている。

<国語解答>

【一】 問1 ① やってくる ② 信じようと ③ 人が 問2 ① 明日，あなたの家にうかがいます。 ② 彼は私よりも走るのが速い。 問3 ① オ ② エ ③ ウ ④ キ

【二】 問1 a けしき b けんお c 興味 d でし e 訪 問2 生きているという充実感につながる 問3 ア 天然 イ 人工 問4 もみじがり

問5 (1) ものを～楽しむ (2) 嗅覚・臭覚 問6 ウ 問7 ウ 問8 虫の鳴き声をいい音色だと思う人がいる一方で，雑音としか聞こえない人もいること。

問9 異口同音 問10 A ウ B ア 問11 エ 問12 ア・エ

問13 (1) 感性 (2) 私の家には，私より先に家にいた犬がいます。もう十四才の老犬になってしまいましたが，私が初めて立った日，七五三，小学校入学式などの写真には必ず映りこんでいます。今よりずっと若々しく，まるで私の兄のような様子ですし，実際，たくさん遊んでくれました。 その犬が年をとり，だんだん弟のようになってきています。私にあまえ，すっかり頼りきって横で眠っている犬をなでるとき，心が満た

され，生きている充実感を覚えます。

〇推定配点〇

【一】 問2 各3点×2 他 各2点×7

【二】 問1 各2点×5 問2 4点 問8・問12 各5点×2 問13 (2) 20点 他 各3点×12 計 100点

＜国語解説＞

【一】 (ことばの用法，故事成語，文と分節，敬語)

基本 問1 ① 「西から」という方向から「やってくる」というかかり方だ。 ② 「最後まで」という期間を「信じようと」というかかり方である。 ③ 「世界中の」という範囲の「人が」というかかり方だ。

基本 問2 ① 「行く」のは自分だ。相手に敬意を示すのだから，自分をへりくだった言い方，つまり，謙譲語に直し「うかがいます。」とする。 ② 今の文は，走るのがおそい私が主語になっている。彼を主語にするということは，走るのが速い彼を主語にするということになるので，主語が変わるということは，「おそい」が「速い」に変わる。

問3 ① すばらしい最終回だったということを言いたいのだから，他のものとくらべて，はるかにすぐれていることという意味の「圧巻」がふさわしい。 ② 心配していたほどのことはなかったということだから，あれこれ無用な心配をすることという意味の「杞憂」を選ぶ。 ③ 「特に優れたものはなく」というのだから，どれも同じようなものということなので「五十歩百歩」である。 ④ まだ考え直したり手を入れたりする必要性があるということだから，最適の言葉や表現を求めて考えを練り上げることという意味の，「推敲」だ。

【二】 (論説文－要旨・大意，細部の読み取り，指示語の問題，接続語の問題，空欄補充，ことばの意味，同類語・反対語，慣用句，ことばの用法，漢字の読み書き，短文作成，記述力)

基本 問1 a 「風景」の場合の「景」は「ケイ」と発音するが，「景色」の場合は「ケ」だけである。 b 「悪」は音読み「アク・オ」がある。 c 「興」は全16画の漢字。「同」の部分から書く書き順ではない。書き順を確認しておこう。 d 「弟」は音読み「テイ。ダイ」がある。弟子は，「ダイ」が「デ」となる場合である。 e 「訪問」の「ホウ」は訓読みで「おとず - れる」だ。

やや難 問2 設問のとらえかたが難しい。――線1が「なぜ～でしょう。」の一文で終了しているのだから，続く「私たちは，……」で始まる段落から，その疑問について考えているという流れである。まず，自然の美しさを見ることで感動する説明の後，同じように，「自然物ばかりでなくて……」で始まる段落からは，「人のつくったもの」を見て感動するという説明が続いている。これらをまとめているのが，「ものを見て喜ぶ，鑑賞する……」で始まる段落だ。この段落に「ものを見て喜ぶ，鑑賞するということは『そういうこと』」とあることからまとめていることがわかる。そのまとめの段落に「生きているという充実感につながる」としている。

問3 「自然」の類義語は，「天然」だ。対義語は「人工」であるが，同音の「人口」と混同しないように気をつけよう。

やや難 問4 直前の「花見」と同じような行事と考える。ひらがな5文字なので，秋の「もみじがり」が最適だろう。桜は「花見」と言い，もみじは「もみじがり」と言い表すが，梅の鑑賞は，「うめまつり」と言っている場合があるので「うめまつり」でも×にはできないかもしれない。

問5 (1) 「具体的に」とあるので，「五感」それぞれに，満足が与えられる感覚を述べている個所を探すことになる。「ただ命が……」で始まる段落に，「ものを見て～楽しむ」とある。それぞれ，視覚，触覚，味覚，聴覚を表している。 (2) 目が視覚，皮膚感覚が触覚，舌が味覚，耳が聴覚である。鼻の「嗅覚，臭覚」がこの個所にふくまれていない感覚だった。

問6 「適切でないもの」という条件に注意する。――線4の内容をごく簡単に言い換えれば，何かを見聞きしたとき，イメージをふくらませて感じられるということになる。想像力が豊かともいえるかもしれない。この考え方で選択肢を見ると，ウ以外はあてはまるが，ウは，ただ友人に誘われて楽しいところに出かけて行ったということだけである。

問7 「必要」は「必ず要する」という，上の字が下の字を修飾している組み立てだ。アは「地が震える」で，上が主語で下が述語という組み立て。イは「陸に着く」で上の字が目的語となっている組み立て。エは「創る，造る」で似た意味の字の組み合わせだ。ウが「暗に示す」で「必要」と同じ組み立てである。

重要 問8 ――線6直後は「何故なのでしょうか」という疑問形である。したがって，何が疑問なのかと考える。「しかし，庭で……」で始まる段落にあるように，「虫の鳴き声を美しいと感じる人もいるのに，一方で雑音としか聞こえない人がいること」である。――線6直後の記述で，「『美しい』と感じ……」とあるので，「それ」の指し示す疑問を「雑音にしか聞こえない人がいる」のはなぜかとしてしまうと，後に続かなくなるので誤りだ。

問9 多くの人が同じことを言うというのは，「異なる口が，同じ音を出す」で「異口同音」である。

問10 A 前部分は，手元に置けば好きになるという考え方を述べている。後部分は，師匠と弟子の作品が似ることを挙げ，身近なものが好きになることを具体的に示しているので，「たとえば」である。 B 前部分は，Aで考えた，具体例での「身近なものは好きになる」だ。後部分は，やきものの見方がわからない人はとにかく飛び込んで行って身近に感じることを勧めているのだから，「だから」である。

問11 「まつわる」は，深い関連がある，という意味で使われることが多い言葉である。「たとえば，ある博物館……」で始まる段落に，有田焼の話を聞くような経験をすると，つぎに有田焼に出会ったとき，目に止まるようになるというような例を紹介している。この話題から考えられるのは，何かに「関連する」ことを聞くと興味を持つようになるということだ。

問12 ア 文章冒頭から，「ものを見て喜ぶ，……」で始まる段落までにアの内容は述べているので合致している。 イ 五感を別々に考えたり，比較している箇所はないので合致していない。ウ 迷うところであるが，必ず「自分のものにする」とは述べていない。美術館に足を運ぶこともじゅうぶん目を養うこととしているので合致していない。 エ ウでも考えた通り，美術館に行くことでも，話を聞く体験でも，とにかくかかわることが大切と言っているので合致する。

やや難 問13 「生きているという充実感」をことさら大げさに考えると，なかなか話題が見つからず時間がかかってしまう。文中にあるように，雨上がりの虹，夕日にそまった真っ赤な空のような体験を「大げさに言えば『生きていてよかった』」という充実感を感じるというのだから，だいそれた出来事を書こうとする必要はない。美しさ，やさしさ，など自分の心が満たされる経験を探そう。

★ワンポイントアドバイス★

知識問題は幅広く学習計画に組み込んでおこう。最後の作文がボリュームがあるので，スピード力も必要だ。

適性検査型

2020年度

解 答 と 解 説

《2020年度の配点は解答欄に掲載してあります。》

<適性検査問題Ⅰ解答>

1 問題1 ア 傷つく言葉を言われるのはいや イ 相手を傷つける言葉を言ってしまう ウ 相手の立場に立って，もし逆に自分がその言葉を言われたら傷つくだろうなということを考えることができていない エ 自分の思い通りにいかない悩みや不満をかかえていて，自分に自信がない

問題2 オ 相手が自信を持つことができるような言葉をいつも言ってあげられるようにする

問題3 (1) Aグループ (2) 夜遅くまでスマートフォンをやっているために，朝起きられないで遅刻したり，授業中眠くなってしまうことが起きる。 (3) 家族の中で，スマートフォン利用時間のルールを決めて，決めた時間以上は使わないようにすることを提案する。

(1) Bグループ (2) 犯人扱いされて，仕事を奪われたり，おどしの電話がひっきりなしにきて身の危険を感じたりと安心した生活が送れなくなる。 (3) 人が発した情報を安易に信じることなく，事実かどうかを確かめて，事実でないことは拡散することのないように提案する。

(1) Cグループ (2) ネット上の悪口やライン外しで，辛くて学校に行けなくなったり，生きていくのがいやになってしまう人も出てくる。 (3) 自分がされて傷つくこと，嫌なことは相手にもしないよう訴えるとともに悪口やいやがらせがあったら大人に相談するよう提案する。

2 問題1 ・東日本大震災で大きな被害を受けた福島県を聖火リレーのスタート地点に選んでいる。 ・東日本大震災で大きな被害を受けた県と競技会場が2か所以上ある県は，聖火リレーが3日間行われ，他の道府県より1日多い。 ・競技会場のある北海道，宮城県，静岡県，神奈川県，千葉県，茨城県，埼玉県と東日本大震災で大きな被害を受けた岩手県は，聖火リレーの順番が最後の方になっている。

問題2 【資料5と資料6から読み取れる茨城県の観光の課題】

・茨城県を訪れる観光客は9割近くが日帰り旅行で，宿泊旅行をする人が少ない。 ・宿泊旅行をする人が少ないため，観光で得られる収入が少ない。

【茨城県を訪れる観光客や観光による収入を増やすために考えられる取り組み】

(資料7①より)

・茨城空港の就航している都市で，茨城の名所・観光地や茨城空港を利用したツアーを紹介する。 ・茨城空港からの海外便を増やして，外国人旅行者を増やす。

(資料7②より)

・農村ならではの体験や地元の人たちとの交流を中心とした観光をさかんにして，都心部からの観光客を増やす。 ・農家に宿泊するなど，日本の伝統的な生活や文化を体験できる施設を増やし，外国人観光客を増やす。

(資料7③より)

・県民一人ひとりが，自然や歴史，文化，食など茨城県の魅力について理解し，茨城の良さを伝えられるようにする。　・県民一人ひとりが観光客に笑顔で親切に接することによって茨城県の印象を良くし，「また来よう」と思ってくれる観光客を増やす。

問題3　藤原道長は自分のむすめを天皇のきさきとし，誕生した子供が天皇として即位するとまた自分のむすめを天皇のきさきにすることで，天皇の外戚《がいせき》(母方の親戚《しんせき》)として大きな力を持った。

問題4　藤原道長以前の段階で，藤原氏は藤原氏以外の有力貴族を朝廷から追放しており，藤原道長に敵対する貴族勢力がすでに中央政界にいなかった。

○推定配点○

[1]　問題1　ア・イ　各5点×2　　ウ・エ　各10点×2　　問題2　オ　10点
問題3　(1)　5点　　(2)・(3)　各10点×2

[2]　問題1・問題2　各5点×3　　問題3・問題4　各10点×2　　計100点

＜適性検査問題Ⅰ解説＞

重要 [1]　問題1　資料を読み取りながら，会話が成り立つようにまとめる。アとイは，資料1と資料2を見たうしおさんとひさこさんが，何を疑問に思ったか，何に着目したかを会話から読み取る。ウとエは，うしおさんの発言が資料3の3つの意見をまとめなおしていることに着目する。

問題2　オは，うしおさんの「自分に自信がないために相手を傷つける言葉を言ってしまうのだから，」という発言に続くように，「自信を持つこと」の必要性をわかりやすくまとめる。

問題3　3つのグループの中から，一つ選び問題と解決の方法を考える。グループAは，インターネットの利用時間の資料から，インターネットをやりすぎることによる問題と利用時間を守るため，短くするためにはどう工夫すればよいかをまとめるとよい。グループBは，ネット上の嘘の情報が拡散されて，罪のない人が傷つけられていることを問題とし，正しい情報を見極める大切さについてまとめるとよい。グループCは，ネット上の悪口やいやがらせによるいじめの問題とその解決方法をまとめる。

[2]　問題1　東日本大震災で大きな被害を受けた都道府県と，東京都以外で競技会場のある都道府県のための工夫を資料から読み取る。資料1からは，東日本大震災の被害が大きかった都道府県がわかり，資料2からは，東京都以外の会場の位置がわかる。資料3や4と照らし合わせて，資料1と2から読み取ったそれぞれの都道府県において，聖火リレーの順番や日数にどのような特ちょうがあるかまとめよう。

問題2　【資料5と資料6から読み取れる茨城県の観光の課題】については，資料5から国内旅行では，宿泊旅行で使われる費用の割合が高いことが読み取れるのに対し，資料6から茨城県は日帰り旅行に利用されることを読み取る。その結果，観光で得られる収入が少ないと考えられることをまとめればよい。【茨城県を訪れる観光客や観光による収入を増やすために考えられる取り組み】については，まとめやすい資料を選びていねいにまとめよう。資料7の①からは，茨城空港が国内の主要な地域や韓国や中国などを結ぶ便があることがわかるので，空港を利用する人たちに茨城県をどのように旅行してもらえばよいかを考える。資料7の②からは，茨城県の田舎体験を通した観光客を増やす取り組みについてまとめる。資料7の③からは，茨城県ではおもてなし推進条例をもとに県民に茨城の魅力を発信し，伝えてもらえるように取り組んでいることに注目しまとめる。

問題3　資料1から天皇家と藤原氏の娘をきさきにしていることが分かる。また，その間に生まれた天皇と自分の娘を結婚させていることも読み取れる。そのことについてていねいにまとめればよい。

問題4　資料3から，藤原道長以前の段階で，藤原氏は藤原氏以外の有力貴族である橘氏，伴氏，源氏らを朝廷から追放しており，藤原道長に敵対する貴族勢力がすでに中央政界に居なくなった後，太政大臣の次に身分が高い左大臣の職についていたことがわかるといった内容を分かりやすくまとめる。

★ワンポイントアドバイス★

本文の会話を参考にしつつ，資料をていねいに読み取って文章を書き進めていくとよい。いくつかの資料から好きなものを選びまとめる問題が多いので，自分がまとめやすい資料を選ぶとよい。

＜適性検査問題Ⅱ解答＞

[1]　問題1　(1)　(円板4の重さ)　320g　(理由)　円板の高さが等しいので，重さは底面積に比例し，底面積は半径×半径に比例する。したがって重さの比は1：4：9：16である。

(2)　右図1　(3)　右図2

(4)　数字が奇数の時は円板1が円板2より上にあり，偶数のときはその逆になる。

(5)　(例)　[2]→[4]→[3]

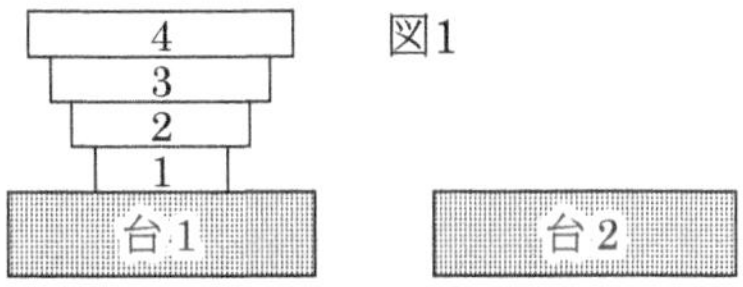

図1

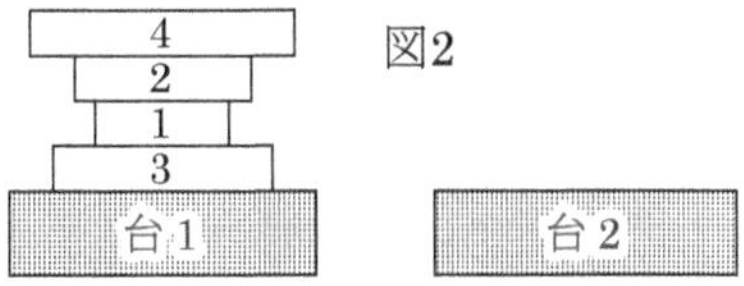

図2

[2]　問題1　(1)　右下グラフ

(2)　(雨の降った日)　D

(選んだ理由)　日照時間が最も少なく0.0時間であり，平均湿度も94%と最も高かった。

(3)　太陽の光による放射で地球表面(地面)が温められ，その地面からの熱伝導によって大気の温度が上がる。

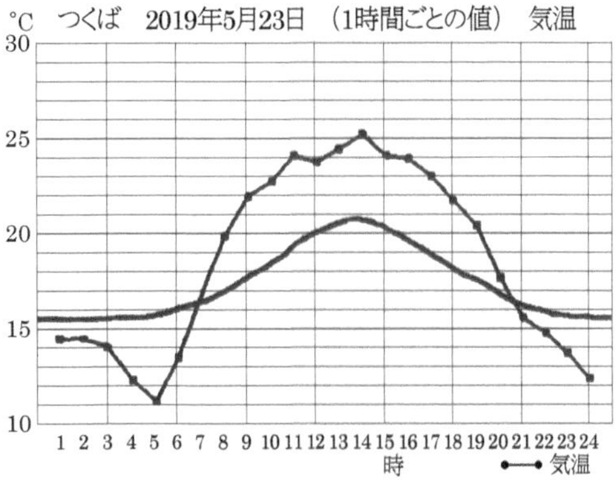

問題2　(1)　(あ)　ホウ酸

理由　(例)　①　20°Cで水100gに6gが溶けないのはホウ酸しかないから。○

②　水に溶ける量は，3つの固体のうち，ホウ酸が最も少ないから。○

③　ホウ酸は3つの固体のうち，最も水に溶けにくいから。○

(2)　(例)　①　食塩も塩化カリウムも，36gは水に溶けないから。○

②　両方とも溶け残ってしまうから。○

(3)　(う)　50°C　(え)　7回目

どのように区別できるか　(例)　①　溶け残った方のビーカーが食塩である。

②　全て溶けた方のビーカーが塩化カリウムである。

(4) (お) 塩化カリウム

○推定配点○

[1] 各10点×5　[2] 問題1 各10点×3　問題2 各5点×4　計100点

＜適性検査問題Ⅱ解説＞

重要 [1] 問題1 (1) 高さが同じなので，円板の重さの比は底面積1：4：9：16に比例する。よって，円板4の重さは，$600\times\frac{16}{1+4+9+16}=320$g となる。

(2) [5]のとき，操作Aを4回続けて，5回目は台1に円板がないので何もしない。操作Bで台2から台1にそのまま移動させるので，解答のようになる。

(3) 順番にかいてみるとよい。

[1]の後は，右の図1のようになる。

[2]の後は，右の図2のようになる。

[3]の後は，右の図3のようになる。

[4]の後は，右の図4のようになる。

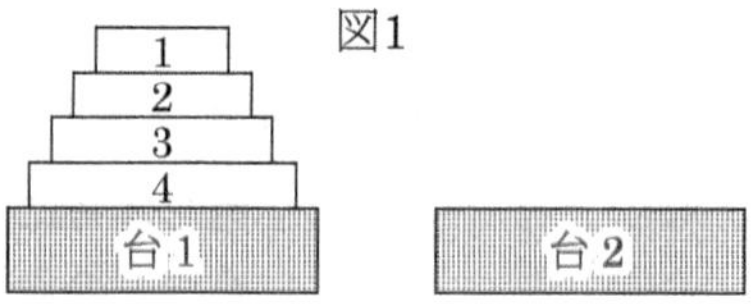

図1

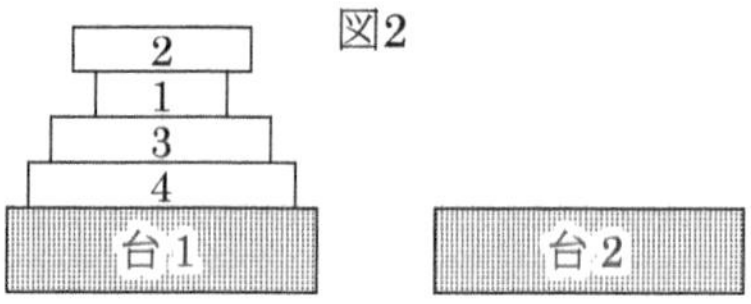

図2

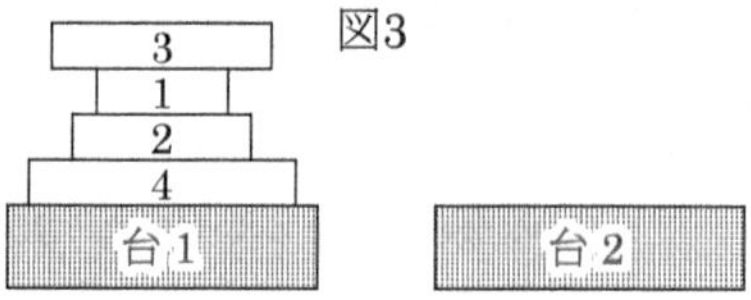

図3

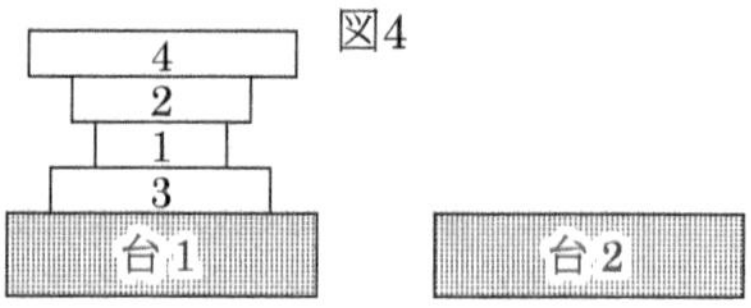

図4

(4) (3)で図をかいて円板1と円板2がどのような関係になっているか見ると，数字が奇数の時は円板1が円板2より上にあり，偶数のときはその逆になっていることがわかる。

(5) まず，円板2が一番上に重なるように[2]の操作をする。その後，円板2を一番下にするために[4]の操作をする。その後[3]の操作で，上の3枚の円板を上下を入れかえる。

[2]→[4]

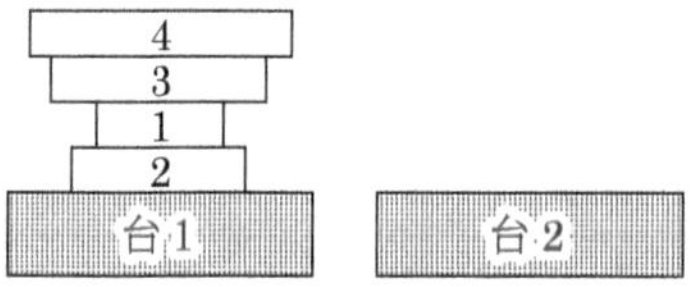

[3]

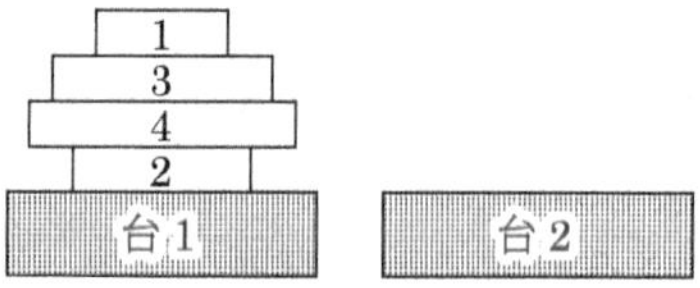

[2] 問題1 (1) 5月のある日は，曇りの日だったので，23日よりも最高気温が低いと考える。また，前後の日も曇りだったので，一日を通してなだらかなグラフになる。よって，朝の気温16.0℃を基準にすると解答のようなグラフになる。

(2) 日中に雨が降ったので，平均湿度が最も高く，日照時間が最も短い0.0時間のDが答えになる。

(3) 気温は，太陽の熱によって地面が温められ，その熱が空気に伝わり上がっていく。太陽の高さが最も高くなるのは，12時であるが，太陽の熱によってあたためられた地面から空気へと熱が伝わって気温が上がっていくので，12時よりも少し遅い時間に気温は最も高くなる。

問題2 (1) グラフ1から，20°Cの水100gに溶けるホウ酸の量は，5.04gであるから，1回目から溶け残ることがわかることをまとめる。

(2) 6回目の実験で加える合計質量は36gであるが，グラフ1から，食塩と塩化カリウムのどちらも20°Cの水では溶け残ってしまうことがわかることをまとめる。

(3) 1回に加える固体の量が6gなので，グラフ1から一方のみが溶け残るのは，50°Cのときであるとわかる。42gまで加えた時，食塩は溶け残り，塩化カリウムはすべて溶けるから，7回目の実験で区別することができるようになる。

(4)　5回目の実験を終えた後なので，加えた固体の量は30gである。水温を下げて5°Cにしたとき，グラフ1より，塩化カリウムは溶け残るようになる。

★ワンポイントアドバイス★

[1]では，ていねいに問題を読み，図をかいて答えを見つける。図を見比べて特ちょうを見抜くことが大切。[2]では，問題1は天気の知識が必要となるので，学習したことをていねいにまとめる。問題2は，問題文とグラフをていねいに読み解いて答えをまとめる。

MEMO

大切なことはメモしておこうネ！

解答用紙集

○月×日 △曜日　天気（合格日和）

◆ご利用のみなさまへ

＊解答用紙の公表を行っていない学校につきましては、弊社の責任において、解答用紙を制作いたしました。

＊編集上の理由により一部縮小掲載した解答用紙がございます。

＊編集上の理由により一部実物と異なる形式の解答用紙がございます。

人間の最も偉大な力とは、その一番の弱点を克服したところから生まれてくるものである。　――カール・ヒルティ――

東京学参株式会社

東洋大学附属牛久中学校（専願）　2024年度

◇算数◇

※ 109％に拡大していただくと，解答欄は実物大になります。

1

(1)	(2)	(3)
(4)		

2

(1) cm	(2) 円
(3) 割引	(4) 歳
(5) 枚	

3

AB : BC : CD ＝

4

5

cm^2

6

(1) 毎分　m	(2)
(3) 分　秒	

7

ア	イ	ウ
エ	オ	カ

8

(1) 時　分	(2) 時　分
(3) 時　分　～　時　分	

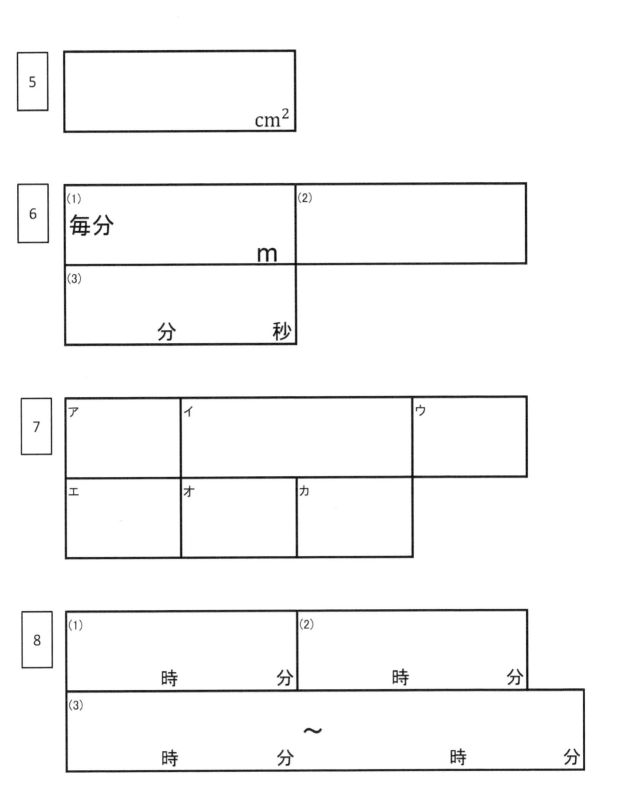

東洋大学附属牛久中学校（専願）　2024年度　◇理科・社会◇

※ 115％に拡大していただくと，解答欄は実物大になります。

1

A	問1		問3 
	問2	①	
		②	
	問4	食塩	
		ホウ酸	
	問5		
B	問1	(1)	(2)
	問2	ので，　のほうが早く消える	
	問3		
C	問1　個	問2　個	問3　cm

2

問1		問2	
問3	雪が降る		
問4	①　体から　体	②　体から　体	③　体から　体
問5			

3

A	問1		問2	
	問3		問4	
	問5			
	問6			
B	問1	ア	イ	
	問2		問3	→ → →

C	問1		問2		問3	
	問4	(1)				
		(2)				

4

問1	1		2			問2	
問3		問4	福島県			ブロイラー	
問5	(1)						
	(2)						

◇国語◇

東洋大学附属牛久中学校（専願）　２０２４年度

※１１５％に拡大していただくと、解答欄は実物大になります。

【一】

問1	① 主語：	述語：
	② 主語：	述語：
	③ 主語：	述語：
問2	①	②
	③	
問3	①	②
	③	④

【二】

問1	a　b づいて　c　d　e
問2	18　人
問3	
問4	20
問5	20
問6	
問7	50
問8	
問9	あ　い　う
問10	

問11

問12

問13

問14

100

150

160

200

東洋大学附属牛久中学校(第1回一般)　2024年度　◇算数◇

※ 109%に拡大していただくと，解答欄は実物大になります。

1

(1)

(2)

(3)

(4)

2

(1) L

(2) 個

(3) 円

(4) 分

(5) 個

3

AB：BC：CD ＝

4

5

cm^2

6

(1) 分 秒

(2) m

(3) 分 秒

7

(1)ア

(1)イ

(2)ウ

(2)エ

(3) 1回目 → 2回目

(4)

(5)

8

(1)

(2)

(3)

※ 111％に拡大していただくと，解答欄は実物大になります。

1

A	問1		問3	②
	問2			
	問3	①		
	問4	実験①	①の結果	
		実験②	②の結果	
	問5			

B	問1	cm	問2	g	問3	g

C	問1		問2	①		②
	問3					

2

問1					
問2		問3			
問4	(1)	という柔軟さ			
	(2)	という柔軟さ			

3

A	問 1		問 2	
	問 3		問 4	
	問 5		問 6	
	問 7			
B	問 1	①	②	
	問 2	(　　　) ➡ (　　　) ➡ (　　　) ➡ (　　　)		
	問 3			
C	問 1		問 2	
	問 3	(1)		
		(2)		

4

問 1			問 2	人/km^2
問 3	記号		文	
問 4	記号			
問 5	記号			

														15
														30
														45
														60

◇国語◇

東洋大学附属牛久中学校(第１回一般)　２０２４年度

※ １１５%に拡大していただくと、解答欄は実物大になります。

【一】

問1	①	主語：	述語：
	②	主語：	述語：
	③	主語：	述語：
問2	①		②
	③		
問3	①	②	③ ④

【二】

問1	a　　けて	b	c	
	d	e		
問2				
問3				
問4	20			
問5	(1)	8		
	(2)	20	24	
問6				
問7				
問8	種子	10	15	
	土壌	10	15	
問9				
問10				
問11				
問12				

- 1 -

問13

45

問14

問15

問16

100

150

160

200

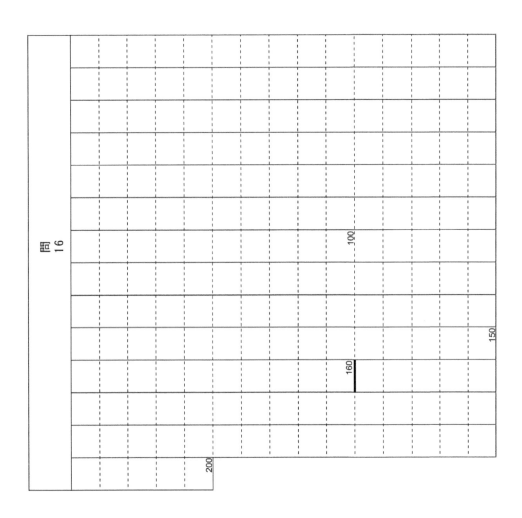

東洋大学附属牛久中学校(適性検査型)　2024年度

◇適性Ⅰ◇

※ 119%に拡大していただくと，解答欄は実物大になります。

1

問題 1	あ
	い
問題 2	う

2

問題 1	
問題 2	

3

問題 1	
問題 2	（理由）
	（直すところ）
問題 3	

4

問題 1	
問題 2	
問 3	

5

問題 1	あ		い		う	
問題 2						
問題 3						
問題 4						
問題 5						

東洋大学附属牛久中学校（適性検査型）　2024年度

◇適性Ⅱ◇

※ 112％に拡大していただくと，解答欄は実物大になります。

1

問題 1											
問題 2											
										20	
									30		
問題 3											
問題 4	①			②			③				

2

問題 1											
								40			
							50				
問題 2	(1)	A			B			C			
	(2)	記号									
		理由									
				10							
				20							
問題 3											

3

問題1

（1）

A	C

（2）

				25					30

ことにびっくりしたよ。

問題2

（1）

（2）

									30
				35	ことが必要だと考えます。				

4

問題1

問題2

（1）

ア	イ	ウ	エ	オ	カ

（2）

B	C	D	E

東洋大学附属牛久中学校（専願）　2023年度

◇算数◇

※ 112％に拡大していただくと，解答欄は実物大になります。

1			
	(1)	(2)	(3)
	(4)		

2		
	(1) cm	(2) 円
	(3) 円	(4) 個
	(5) 円	

3	
	AB：BC：CD ＝

4	

5	cm^2

6	ア	イ	ウ	エ
	オ			
	カ			

7	(1) m	(2) 時　分
	(3) 時　分	

8	(1) cm	(2) cm	(3) cm

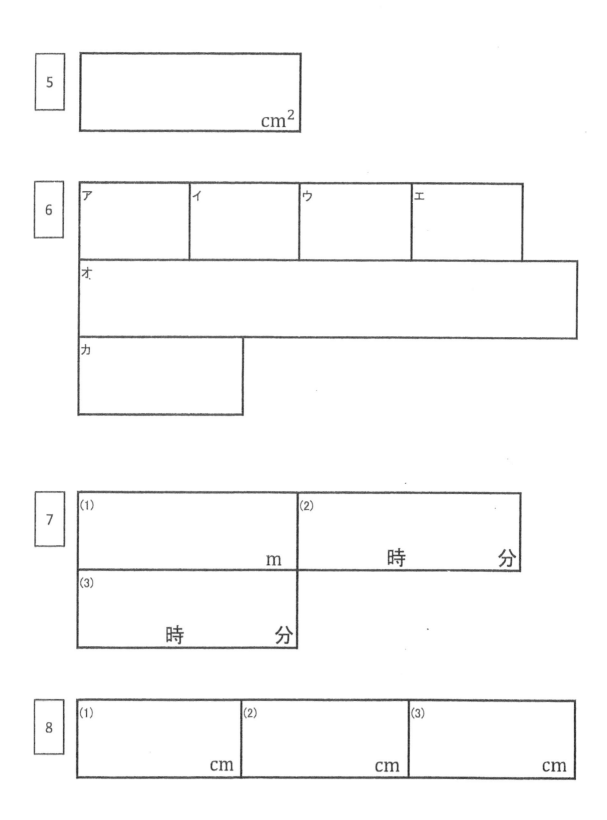

◇理科・社会◇

※ 120%に拡大していただくと，解答欄は実物大になります。

1

A	問1		問3
	問2		
	問4	cm	
	問5	明るさ	
		光り続けられる時間	

問3

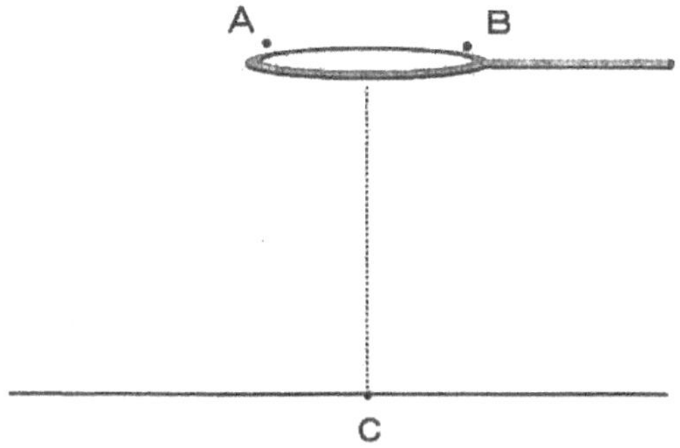

B	問1	①	②	③
	問2			

C	問1		問2	(1)
	問2	(2)		

2

問1		問2	g	問3	

問4	A	B	C

問5	結果	
	理由	

3

A	問1		問2	
	問3		問4	
	問5			
	問6			
	問7			
B	問1	ア	イ	
	問2	→ → →		
	問3			
C	問1		問2	
	問3			
	問4			

4

問1		問2	化
問3			
問4			
問5			
問6			

◇国語◇

東洋大学附属牛久中学校(専願)　２０２３年度

※１２２%に拡大していただくと、解答欄は実物大になります。

【一】

問1	①	主語：	述語：
	②	主語：	述語：
	③	主語：	述語：
問2	①		②
	③		
問3	①	②	③ ④

【二】

問1	a	b	c
	d　え	e	
問2		
問3		
問4	(1)	15
	(2)	
問5		
問6		
問7		
問8		15　45　50
問9		
問10		
問11		30
問12		10

問13

問14

12

問15

問16

20

100

150

160

200

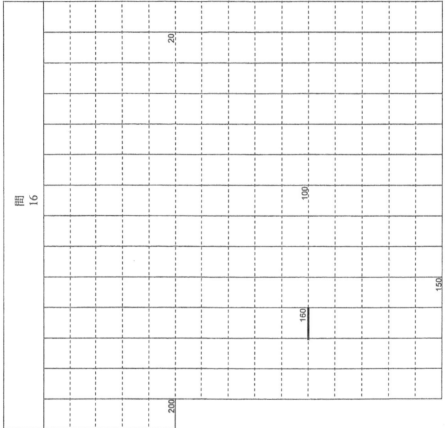

東洋大学附属牛久中学校（第1回一般）　2023年度

◇算数◇

※ 112%に拡大していただくと，解答欄は実物大になります。

1

(1)	(2)	(3)
(4)		

2

(1)　L	(2)　本
(3)　%	(4)　円
(5)　日	

3

AB：BC：CD ＝

4

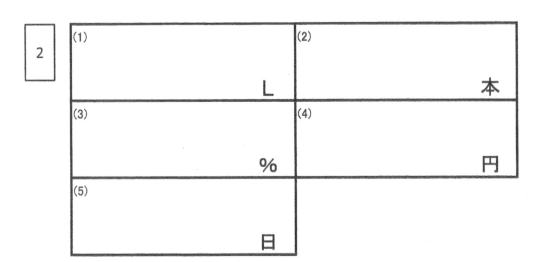

5

cm^2

6

(1) 分

(2) 分

(3) 時 分 秒

7

ア

イ

ウ

エ

オ

8

(1) 個

(2) 個

(3) が 個多く製品を作ることができる

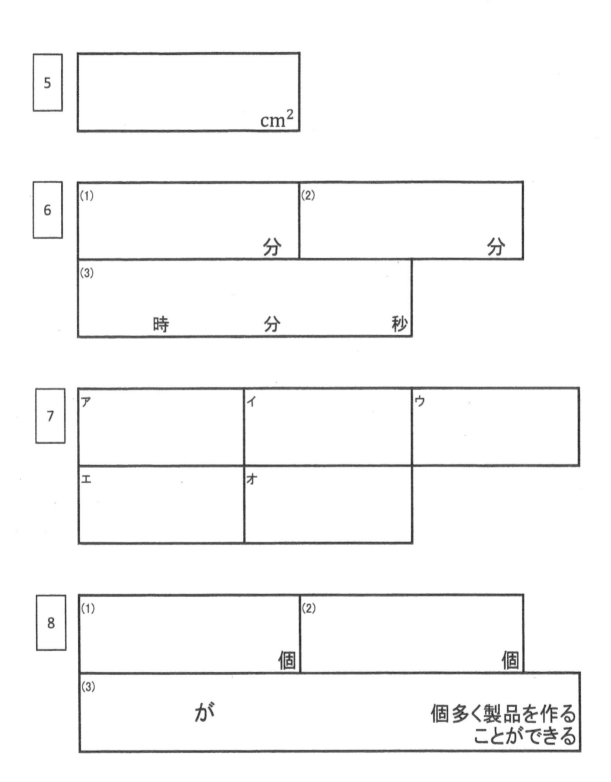

※ 120%に拡大していただくと，解答欄は実物大になります。

1

A	問1		問4①		
	問2				
	問3				
	問4	②			
	問5				
B	問1				
	問2				
	問3	(1)	(2)	(3)	
C	問1		問2		
	問3	(1)	(2) A	B	

問4①

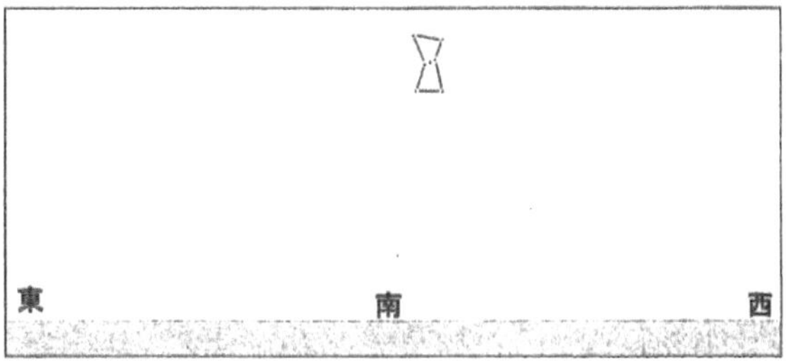

2

問1		問2	
問4	正しい　・　正しくない		
	理由		
問5			

問3

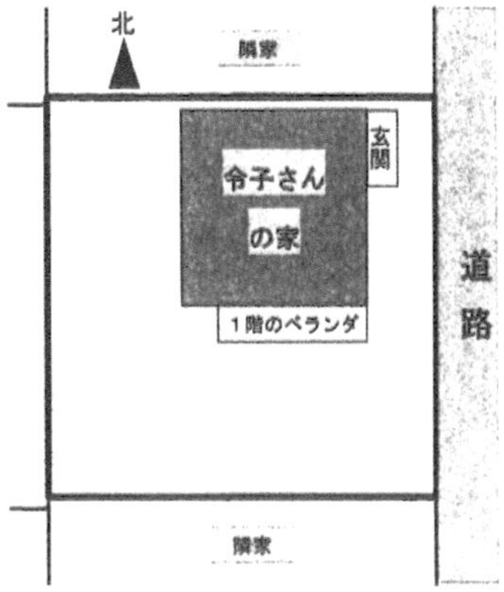

3

A	問1		問2		問3	
	問4					
	問5					
	問6	利点				
		欠点				
B	問1	A		B		
	問2	→ → →				
	問3					
C	問1					
	問2	X		Y		
	問3					

4

問1	A	B	
問2		問3	
問4	山梨県	静岡県	
問5			

東洋大学附属牛久中学校(第一回一般)　２０２３年度

※１２０％に拡大していただくと、解答欄は実物大になります。

◇国語◇

【一】

問1	①	主語：	述語：
	②	主語：	述語：
	③	主語：	述語：
問2	①		②
	③		
問3	①	②	③	④

【二】

問1	a		b		c	い
	d		e	て		
問2						
問3	15					
問4						
問5						
問6						
問7						
問8						
問9	(1)	18				
	(2)	7				
問10	35					
問11						

問12

(1)

30

(2)

5

問13

問14

100

150

160

200

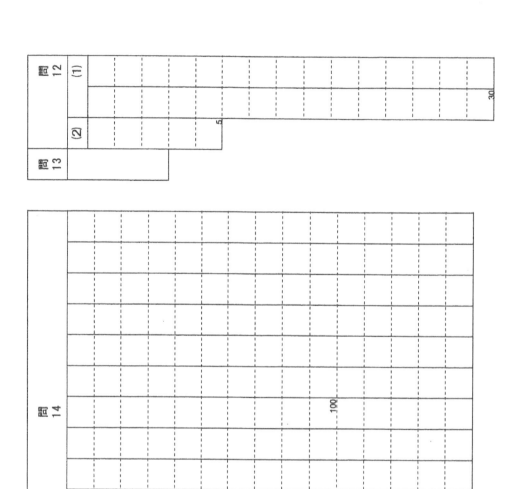

東洋大学附属牛久中学校（適性検査型）　2023年度　　◇適性Ⅰ◇

※ 109%に拡大していただくと，解答欄は実物大になります。

1

問題 1		問題 2		問題 3	

2

問題 1		問題 2	

3

問題 1	
問題 2	
問題 3	
問題 4	
問題 5	

4

問題1	ア	イ	ウ	エ	
問題2	ア	イ	ウ	エ	オ
問題3	ア	イ	ウ	エ	
問題4	ア	イ	ウ	エ	オ
問題5	ア	イ	ウ	エ	オ

東洋大学附属牛久中学校（適性検査型）　2023年度　　◇適性Ⅱ◇

※解答欄は実物大です。

1

【1】

問題1	ア	イ	ウ	エ							
問題2											
問題3											
									20		
								30			
問題4											
問題5											
		35									
	45										

【2】

問題1	ア	イ	ウ	エ							
問題2											
問題3											
								30			
							40				
問題4											

問題５											
		35									
	45										

2

問題１	①				
	②				
問題２					
問題３	A		B		
問題４	１つめ				
	２つめ				
問題５	（１） （２） （３）				

3

問題 1

問題 2

25

35

4

問題 1

問題 2

30

40

問題 3

東洋大学附属牛久中学校（専願）　2022年度

◇算数◇

※ 112%に拡大していただくと，解答欄は実物大になります。

1

(1)	(2)	(3)
(4)		

2

(1) cm	(2) 円
(3) 円	(4) 個
(5) g	

3

$AB : BC : CD =$

4

5	cm^2

6	cm^3

7	(1) 分	(2) km/h	(3) km

8				
	(1)ア	(1)イ	(1)ウ	(1)エ
	(2)オ			
	(3)			

9		
	問1(1)	問1(2)
	問2(1)	問2(2)

東洋大学附属牛久中学校(専願)　2022年度　　◇理科・社会◇

※ 120%に拡大していただくと，解答欄は実物大になります。

1

A	問1		問4 (2)
	問2		
	問3	(1)　　　　倍	
		(2)　　　　秒	
	問4	(1)	
B	問1	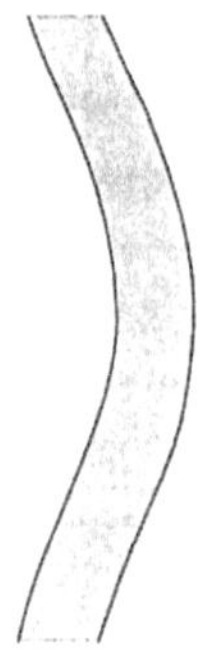	問2 
	問3		
C	問1	①	②	③
	問2		

2

問1		問2	
問3	名称	①の言葉	
問4			
問5			

3

A	問 1		問 2	
	問 3		問 4	
	問 5		問 6	
	問 7	ので,		
		と考えられているため		
B	問 1		問 2	
	問 3		問 4	
	問 5			
C	問 1		問 2	
	問 3	→ → →		
	問 4			

4

問 1					
問 2	A	B		D	
問 3		問 4			
問 5					
問 6					

◇国語◇

東洋大学附属牛久中学校(専願)　２０２２年度

※１２２％に拡大していただくと、解答欄は実物大になります。

【一】

問1	①主語：	述語：
	②主語：	述語：
	③主語：	述語：
問2	①	②
	③	
問3	① ② ③ ④	

【二】

問1	a	b	c
	d	e　しく	
問2			
問3	（35字）		
問4			
問5	（10字）		
問6			
問7			
問8			
問9			
問10			
問11	（20字）がよい。		
問12	〜		
問13	(1)	(2)	

問14

問15

問16

20

100

150

160

200

東洋大学附属牛久中学校（第1回一般）　2022年度　　◇算数◇

※ 112％に拡大していただくと，解答欄は実物大になります。

1

(1)

(2)

(3)

(4)

2

(1) L

(2) 個

(3) ％

(4) 歳

(5) ％

3

$AB : BC : CD =$

4

5

cm^2

6	
	cm^3

7		
	(1) 時間	(2) 時速 km
	(3) km	

8			
	(1)ア	(1)イ	(1)ウ
	(1)エ	(1)オ	
	(2)		

9		
	(1)	(2)
	(3)	

東洋大学附属牛久中学校（第1回一般）　2022年度　◇理科・社会◇

※ 120％に拡大していただくと，解答欄は実物大になります。

1

A	問 1		問 2 (2) 
	問 2	(1)	
	問 3		
	問 4	①	②
	問 5		
B	問 1		
	問 2	%	C-問 3 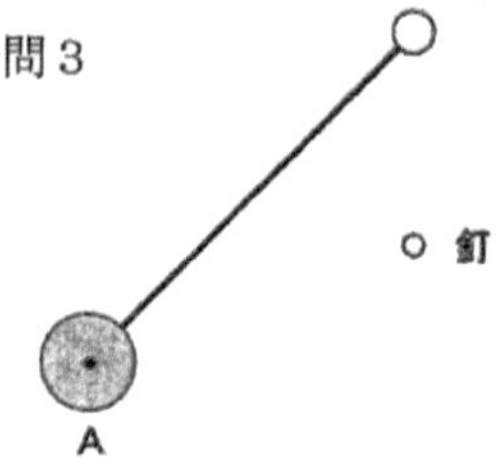
	問 3	g	
C	問 1		
	問 2		

2

問 1	
問 2	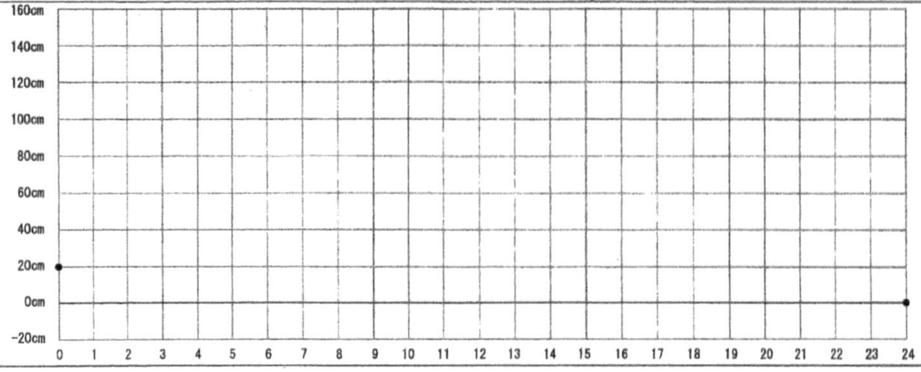

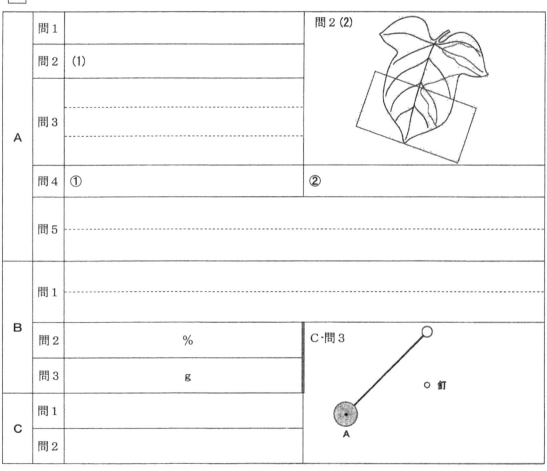

2

問 3		
問 4	①	②

3

A	問 1			
	問 2			
	問 3		問 4	
	問 5			
B	問 1			
	問 2			
	問 3		問 4	
C	問 1	ア	イ	ウ
	問 2			

4

問 1		
問 2	(1) X	(1) Y
	(2)	
問 3	記号	
	理由	
問 4		

◇国語◇

東洋大学附属牛久中学校(第1回一般)　２０２２年度

※１２０%に拡大していただくと、解答欄は実物大になります。

【一】

問1	①主語：	述語：
	②主語：	述語：
	③主語：	述語：
問2	①	②
	③	

問3	①	②	③	④

【二】

問1	a	b	c
	d	e　え	
問2	20		
問3	20		
問4			
問5	10　20		
問6			
問7			
問8	6		
問9	数学というのは　30　40		
問10			
問11			

問12	問13	問14	問15

問16

100

150

160

200

◇適性Ⅰ◇

※ 109%に拡大していただくと，解答欄は実物大になります。

1

問題

あ	い

2

問題

あ	い	う

3

問題 1

あ	い	1番下	2番目	3番目	4番目	5番目	6番目

問題 2

う　1回目	2回目	3回目

問題 3

え

問題 4

原因

4

問題 1

問題 2

問題 3

5

問題 1

問題 2

問題 3

春		夏		秋		冬	

6

問題 1

記号

問題 2

記号

理由

7

問題 1

鏡を置く位置の記号	鏡の角度の記号

問題 2

１まい目の鏡の置く位置の記号	鏡の角度の記号

２まい目の鏡の置く位置の記号	鏡の角度の記号

東洋大学附属牛久中学校（適性検査型）　2022年度

◇適性Ⅱ◇

※ 111％に拡大していただくと，解答欄は実物大になります。

1

問題 1

問題 2

問題 3

2

問題 1

問題 2

もし、

明記するはずがないから。

問題 3

3

問題 1

50

問題 2

問題３

100

4

問題

東洋大学附属牛久中学校（専願）　2021年度　　◇算数◇

※ 112％に拡大していただくと，解答欄は実物大になります。

1			
	(1)	(2)	(3)
	(4)		

2		
	(1)　m	(2)　円
	(3)　円	(4)　歳
	(5)　点	

3	
	$AB : BC : CD =$

4	
	cm^3

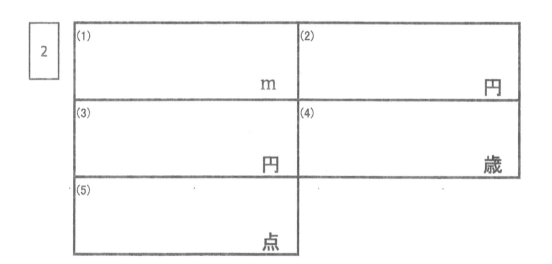

5

(1)	(2)	(3)
		cm^2

6

(1)ア	(1)イ	(1)ウ	(1)エ
(1)オ			

7

(1)乗用車	(1)ワゴン車
km	km
(2) 時 分	(3) 時 分
(4) km	

8

(1)	(2)	(3)
番目		

東洋大学附属牛久中学校（専願）　2021年度

◇理科・社会◇

※ 115％に拡大していただくと，解答欄は実物大になります。

1

A	問1		問2			
	問3	（1）		（2）		
	問4	①		②		
B	問1					
	問2					
	問3					
C	問1	（1）	ア	g	イ	g
		（2）				
	問2	①		②		

2

問1			
問2		問3	
問4			

3

A	問1		問2		
	問3				
	問4				
B	問1	(1)		(2)	
		(3)			
	問2				
	問3				
	問4	→ → →			
C	問1				
	問2				
	問3				

4

問1					
問2	ア		イ		
問3		問4			
問5	X				
	理由				
問6					
問7					

◇国語◇

東洋大学附属牛久中学校(専願)　２０２１年度

※１２２%に拡大していただくと，解答欄は実物大になります。

【一】

問1	①主語：	述語：
	②主語：	述語：
	③主語：	述語：
問2	①	②
	③	
問3	① ② ③	
問4		

【二】

問1	a　び　b　て　c　み　d　e
問2	
問3	20　30
問4	
問5	
問6	
問7	
問8	15　するはたらき
問9	(1)
	(2)　15
問10	
問11	
問12	Ⅰ　Ⅱ

問13

問14

20

25

問15

問16

100

150

160

200

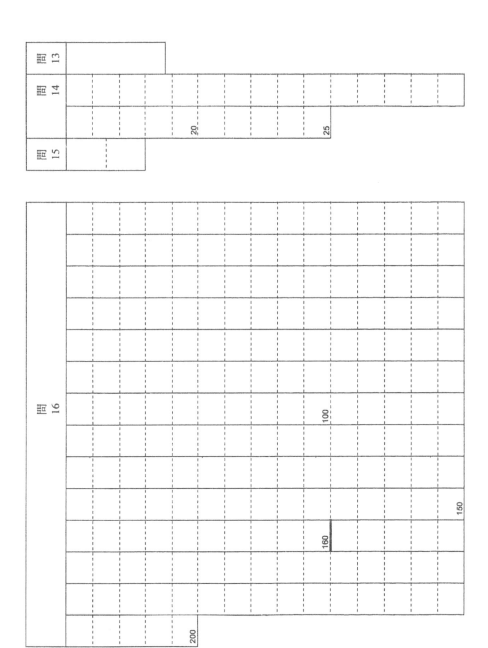

東洋大学附属牛久中学校(第1回一般)　2021年度　◇算数◇

※112%に拡大していただくと，解答欄は実物大になります。

1

(1)	(2)	(3)
(4)		

2

(1) L	(2) 個
(3) 円	(4) 個
(5) 日	

3

$AB : BC : CD =$

4

5

cm^2

6

cm^3	

7

(1) Pさん 1分間に m	(1) Qさん 1分間に m
(2) 人	(3) 人以上

8

(1)ア	(1)イ	(1)ウ	(1)エ
(1)オ	(1)カ	(1)キ	(1)ク
(1)ケ	(1)コ	(2) 個	

9

(1) 人	(2) 人
(3) 人	

◇理科・社会◇

※ 115％に拡大していただくと，解答欄は実物大になります。

1

A

問1		問2	

問3

問4	

B

問1		問2	（1）
問2	（2）	問3	

C

問1	ア	イ	問2	
問3	名称			
	起こる変化			

2

問1		問2	
問3		問4	
問5			
問6			

3

A	問 1		問 2	
	問 3			
	問 4		問 5	
	問 6			
B	問 1			
	問 2	（1）	（2）	
		（3）①	（3）②	
	問 3			
	問 4	（1）		（2）

4

問 1	→ → →		
問 2			
問 3		問 4	
問 5		問 6	
問 7			

◇国語◇

東洋大学附属牛久中学校(第1回一般)　２０２1年度

※１２２%に拡大していただくと，解答欄は実物大になります。

【一】

問1	①主語：	述語：
	②主語：	述語：
	③主語：	述語：
問2	①	②
	③	
問3	① ② ③	
問4		

【二】

問1	a	b	c
	d	e	
問2	15		
	20	ため。	
問3	15		
	20		
問4	Ⅰ	Ⅱ	
問5			
問6	25	30	
問7			
問8			
問9			
問10			
問11			
問12	〜		

問13	
問14	

問15

100

150

160

200

◇適性Ⅰ◇

※ 108%に拡大していただくと，解答欄は実物大になります。

1

問題 1

問題 2

問題 3

問題 4

2

問題 1

10 20

30 40

50 60

70

問題 2

あなたの関心が最もある一つの目標

関連付けられるもの

問題 3

10 20

30 40

50 60

70 80

90 100

3

問題１

問題２

問題３

問題４

東洋大学附属牛久中学校(適性検査型)　2021年度

◇適性Ⅱ◇

※ 118%に拡大していただくと，解答欄は実物大になります。

1

問題 1	ア		イ		ウ	

2

問題 1	ア	
問題 2	イ	
問題 3	ウ	

3

問題 1

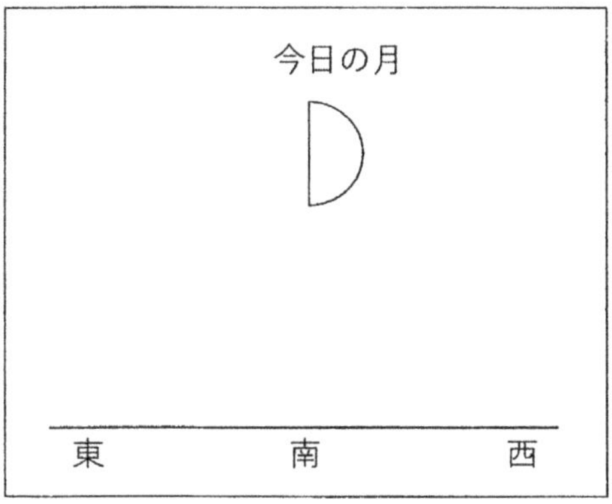

問題 2

時間帯	

【形】

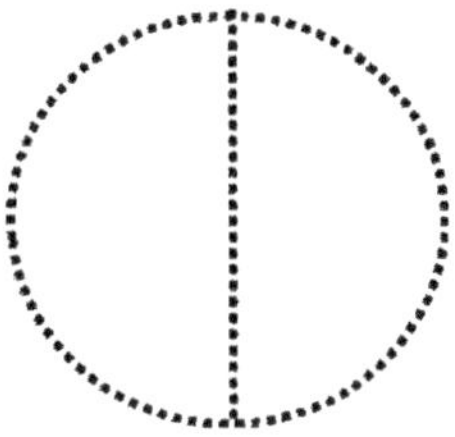

4

問題 1

問題 2

【予想した理由】

【実際の結果】

5

問題 1

問題 2

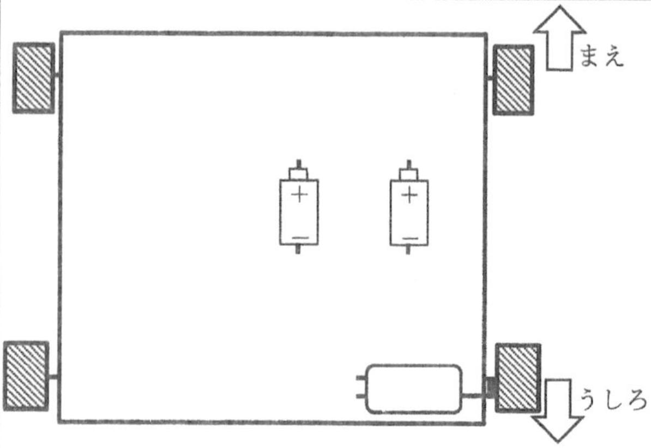

問題 3

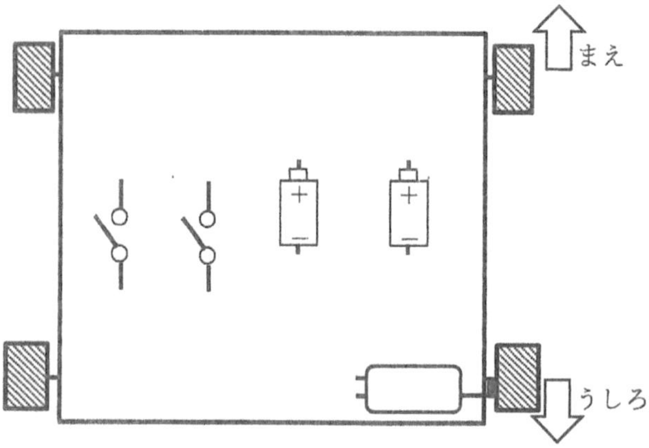

問題 4

東洋大学附属牛久中学校(専願)　2020年度　◇算数◇

※ 110%に拡大していただくと，解答欄は実物大になります。

1

(1)	(2)	(3)
(4)	(5)	(6)

2

(1) m	(2) 円
(3) m^2	(4) 円
(5) 個	(6) g

3

$AB : BC : CD =$

4

5	cm^2	
6	cm^3	
7	ア	イ
8	(1) 時 分	(2) km
	(3) km	
9	(1) 個	(2) 列目

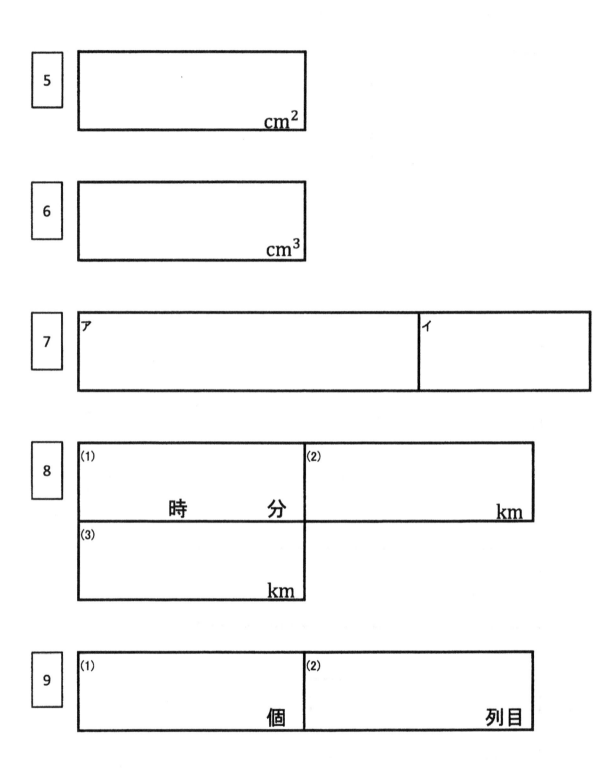

東洋大学附属牛久中学校(専願)　2020年度　◇理科・社会◇

※ 113％に拡大していただくと，解答欄は実物大になります。

1

A	問1		問2		
	問3	ア		イ	
	問4				
B	問1				
	問2				
	問3				
	問4	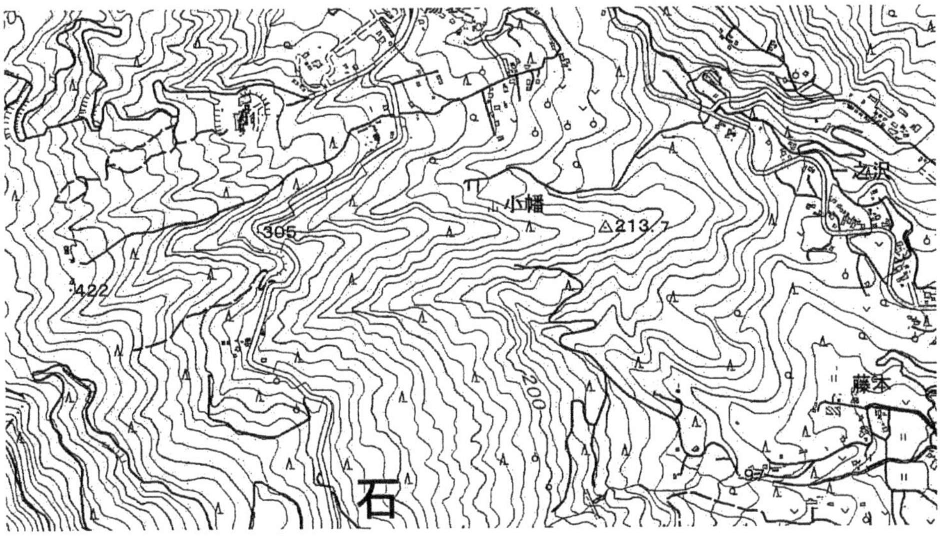			
C	問1				
	問2		問3	％	

2

問 1	支点	作用点	問 2	cm

問 3	cm	問 4	cm	問 5	

3

A	問 1		問 2	
	問 3		問 4	第　　　条
B	問 1		問 2	
	問 3			
	問 4		問 5	
	問 6			

4

問 1	I	II	問 2	

問 3		問 4		

問 5		問 6		問 7	

◇国語◇

東洋大学附属牛久中学校（専願）　２０２０年度

※１１１％に拡大していただくと，解答欄は実物大になります。

【一】

問1	①		②	
	③			
問2	①			
	②			
問3	①	②	③	④

【二】

問1	a		b		c	え
	d	ったり	e	して		
問2						
問3						
問4	考え	10				
問5	10	15				
問6						
問7	20	30				
問8	1					
	2					
	3					
問9	Ⅰ	Ⅱ	Ⅲ			
問10						
問11						
問12						

問13

(1)

20

(2)

100

150

160

200

東洋大学附属牛久中学校(第1回一般)　2020年度　◇算数◇

※ 110%に拡大していただくと，解答欄は実物大になります。

1

(1)	(2)	(3)
(4)	(5)	(6)

2

(1) m	(2) 本
(3) 時間	(4) km
(5) 点	(6) 年後

3

$AB : BC : CD =$

4

5	cm^2

6	cm^2

7	①	②	③
	④	⑤	⑥

8	(1) m	(2) 時 分
	(3) 時 分	(4) km

東洋大学附属牛久中学校(第1回一般)　2020年度　◇理科・社会◇

※ 111%に拡大していただくと，解答欄は実物大になります。

1

A	問1		問2		
	問3	①		②	
	問4				
B	問1				
	問2	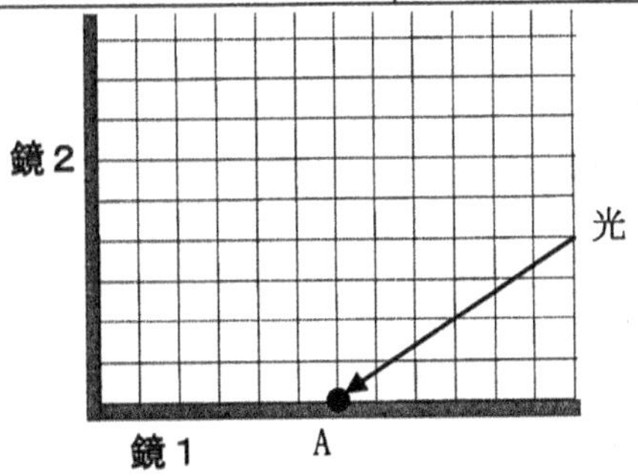			
	問3	cm			
C	問1	X			
	問2				
	問3	記号			
		理由			

2

問1	1		2		3	
問2						
問3						
問4		問5				

3

A	問 1		問 2	
	問 3		問 4	
	問 5	(1)	(2)	
	問 6			
B	問 1		問 2	
	問 3			
	問 4		問 5	
	問 6			

4

問 1	(1)	
	(2)	
	(3)	
問 2	(1)	
	(2)	
	(3)	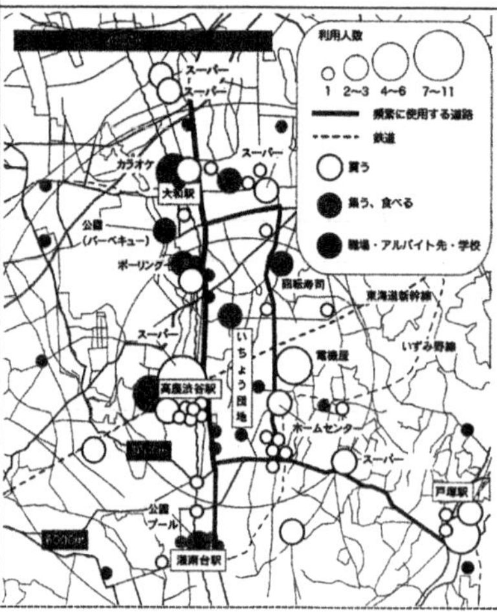 理由の説明

◇国語◇

東洋大学附属牛久中学校(第1回一般)　2020年度

※116%に拡大していただくと，解答欄は実物大になります。

【一】

問1	①　②　③
問2	①　②
問3	①　②　③　④

【二】

問1	a　b　c　d　e　れ
問2	10　16　から。
問3	㋐　㋑
問4	
問5	(1)　～　(2)
問6	
問7	
問8	30　40
問9	
問10	A　B
問11	
問12	

問13

(1)

(2)

100

150

160

200

※ 112%に拡大していただくと，解答欄は実物大になります。

1

問題 1

ア

10　20

イ

10　20

ウ

50　60

エ

30　40

問題 2

オ

30　40

【解答を書き直すときの注意】

○　解答を書き直すときは，下の〔例〕のように，付け加えたり，けずったりしてかまいません。ただし，字数については書き直した文字で数えます。

〔例〕

あまい　たくさん

~~きょう~~，~~赤い~~いちごをもらって

※ 113％に拡大していただくと，解答欄は実物大になります。

1

問題 3

（1）

A	B	C

（2）

60

（3）

60

【解答を書き直すときの注意】

○ 解答を書き直すときは，下の〔例〕のように，付け加えたり，けずったりしてかまいません。ただし，字数については書き直した文字で数えます。

〔例〕

				あまい					たくさん				
~~き~~	~~ょ~~	~~う~~	~~，~~	~~赤~~	~~い~~	い	ち	ご	を	も	ら	っ	て

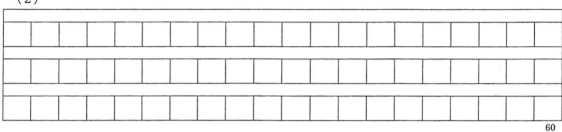

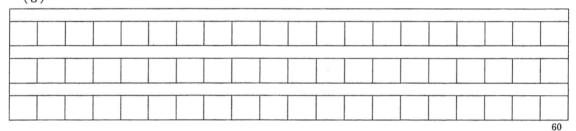

※ 113％に拡大していただくと，解答欄は実物大になります。

2

問題 1

問題 2

資料 5 と資料 6 から読み取れる茨城県の観光の課題

茨城県を訪れる観光客や観光による収入を増やすために考えられる取り組み

説明に使用する資料 7 の番号を○で囲んでください。	①　②　③

問題 3

問題 4

※ 113%に拡大していただくと，解答欄は実物大になります。

1

問題1

(1)	円板4の重さ 理由
(2)	
(3)	
(4)	
(5)	(例) 1 → 2 → 3 と答えたいときは 1 → 2 → 3 と書きなさい。 (答)

※ 114%に拡大していただくと，解答欄は実物大になります。

2

問題 1

（1）	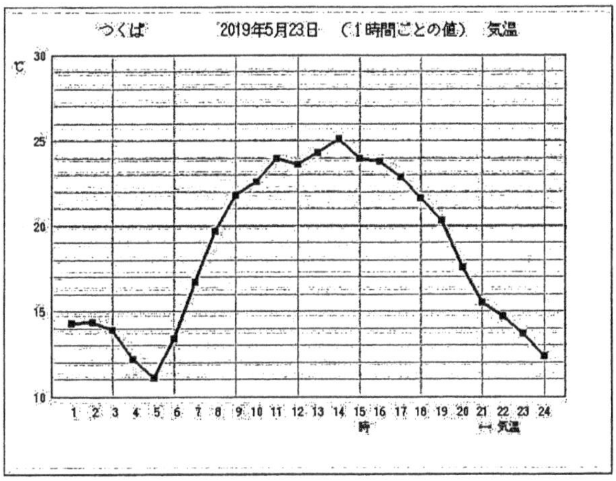	
（2）	雨の降った日	
	理由	
（3）		

問題 2

（1）	（あ）			
	理由			
（2）	理由			
（3）	（う）	℃	（え）	回目
	どのように区別できるか			
（4）	（お）			

MEMO

大切なことはメモしておこうネ！

MEMO

大切なことはメモしておこうネ！

MEMO

大切なことはメモしておこうネ！

MEMO

大切なことはメモしておこうネ！

MEMO

大切なことはメモしておこうネ！

MEMO

大切なことはメモしておこうネ！

〈ダウンロードコンテンツについて〉

本問題集のダウンロードコンテンツ、弊社ホームページで配信しております。現在ご利用いただけるのは「2025年度受験用」に対応したもので、**2025年3月末日**までダウンロード可能です。弊社ホームページにアクセスの上、ご利用ください。
※配信期間が終了いたしますと、ご利用いただけませんのでご了承ください。

中学別入試過去問題シリーズ

東洋大学附属牛久中学校　2025年度

ISBN978-4-8141-3238-6

[発行所] 東京学参株式会社
〒153-0043　東京都目黒区東山2-6-4

書籍の内容についてのお問い合わせは右のQRコードから　⇒

※書籍の内容についてのお電話でのお問い合わせ、本書の内容を超えたご質問には対応できませんのでご了承ください。

2024年4月30日　初版